중국어 어법사 통론

원저 潘允中
편저 崔南圭 · 袁曉鵬 · 徐眞賢 · 金洪臣 · 劉磊磊 · 郝建愛 · 葉鑫琼

신아사

들어가기(편저자)

본 편저서는 반윤중潘允中의《漢語語法學史概要》(中州書畫社出版, 1982)를 기본 자료로 삼아, 편저자들이 다른 전문 어법서에서 제공한 자료, 또는 개인적으로 연구한 자료를 보충한 것이다.

예를 들어, 'V. 문장론'의 '3 판단문의 발전'에서, 반윤중은 "서한 초기에 계사 '是'가 이미 상용되었다는 것은 1973년 말 장사 마왕퇴 3호 한나라 묘지에서 출토된 백서의 혜성도彗星圖의 점복문에서 증명할 수 있다."라 하여 서한 시기에 '是'의 계사 용법 사용 빈도가 높았음을 주장하며 '是'자의 계사의 용법 출현 시기를 서한으로 보았다. 그러나 본 편저서는 최남규의《수호지어법연구睡虎地語法研究》(1994년)의 연구 내용을 참고하여, 진나라 시기에 이미 '是'자가 계사로 사용된 예를 8개 제시하고, '是是' 형식의 계사 문장 구조는 서한보다 더 이른 진 나라 시기에 이미 사용 빈도가 높았음을 보충하였다.

그러나 반윤중 책에서 인용하고 있는 고대문자 갑골문이나 금문은 학자마다 의견이 분분한 경우가 많기에 본 편저서는 필요한 경우 그 예문을 바꾸기로 한다. 예를 들어, 반윤중은 'Ⅱ 품사의 발전'에서 갑골문에서 '魚'자가 동사로 사용하는 예문을《갑골문합집》'48' "貞眾有災. 九月, 魚."(백성들이 재난이 있을까요?"라고 물었다. 9월 달 어魚라는 지방에서.)라는 예문으로 들고 있으나, 일반적으로 '魚'자를 동사가 아닌 지명으로 본다. 따라서 본 편저서에서는 갑골문 '魚'자의 동사 예문으로,《갑골문합집》'12921正' "辛卯卜, 㱿貞, 王往祉(延)魚, 若."(신묘일에 각㱿이 점을 쳐 묻습니다. 왕이 가서 계속해서 고기를 잡으면 순조로울까요?) 구절로 바꾸기로 한다.

이외에도 본 편저서는 반윤중의 책에서 언급하지 않은 어기사 '啊'에 대하여, 일본 太田辰夫(1958)의 주장을 참고하여 어기사 '啊'는 당송시기 가설조사의 '後'에서, 송대의 어기조사 '呵', 원대의 어기사 '阿'에서 유래하였다는 주장을 보충하였다.

반윤중이 인용하고 있는 내용 중에는 당시의 사회적 배경과 사상이 담긴 구절이 곳곳에 보인다. 예를 들어, 현대 중국어 예시문 중에서 《毛澤東選集》을 인용하는 경우가 더러 있다. 그러나 이러한 공산당 선전 책자들은 50년에 이후 중국 내의 언어 어법 현상 변화에 상당한 영향을 끼쳤기 때문에 오히려 현대 어법학을 연구하는 학자들에게 중요한 어법 자료를 제공하기도 한다. 때문에 굳이 바꾸지 않기로 하였다.

이외에도 본 편저서는 반윤중의 책에다 나름대로 내용을 추가하고 수정하여, 어법을 공부하고자 하는 학습자에게 좀 더 많고 정확한 자료를 전달코자 노력하였다. 따라서 본 편저서는 반윤중의 책을 기본 체제로 하였으나, 완전히 동일한 내용을 번역하였다고 볼 수 없고, 하나의 독립된 체제를 갖춘 어법 발전사의 종합서라고 할 수도 있다.

그러나 그렇다고 해서 반윤중의 책을 부정하는 것은 절대 아니다. 반윤중의 책이 1980년 대에 출판되었음에도 불구하고, 당시 역사 어법을 연구하는 학자들은 종종 학생들 수업용 교재로 사용하거나, 어법 연구자들은 또한 반윤중의 책을 참고해 가면서 자료를 보충하거나 의문이 있으면 함께 토론하면서 성장하였던 책이다.

작금, 대학원 학생들과 어법을 공부하다보면 상당히 협소적이고 편협적이라는 것을 알 수 있다. 이는 역사적 관점에서 연구하지 않고, 당대 연구에만 관심을 보이기 때문에 나타나는 현상이기도 하다. 고대 어법이든 현대 어법이든 간에 어법 연구는 역사적 개념으로 연구하는 것이 꼭 필요하다. 갑골문은 현재로부터 약 3300 여 년 전에 완벽한 언어 체제를 갖추어 사용된 언어이다. 그러므로 지금 우리가 알고 있는 중국어의 구조 체제는 지난 3000여 년 동안 끊임없이 발전 및 변화되어 왔기에 갑골문 혹은 서주시기의 언어 구조 체제나 단어들의 용법 등은 현재 우리가 사용하고 있는 어법 구조와는 다를 것이다. 이러한 고대 언어는 중국의 위진 남북조

시기, 불교의 유입과 선종의 발전으로 많이 변화되어 왔고, 지금도 변화 중인 것이 바로 언어 현상이다. 따라서 이러한 변화의 연속을 제대로 이해하여야 만이 중국어 어법의 어원이나 변화 발전을 정확하게 이해할 수 있는 것이다. 이러한 중국의 고대와 현대의 언어, 또는 그 중간의 연결 고리를 찾고자하는 것이 본 편저서의 가장 큰 목적이기도 하다.

본 편저서는 그동안 많은 분들이 함께 고민하고 노력하면서 이루어낸 결과물이다. 같이 고생해 온 분들에게 감사드린다.

책자가 나오고 나면 항상 오자 탈자 등이 보여 얼굴이 붉혀진다. 그렇게 오랫동안 수정했음에도 불구하고 말이다. 언제든지 지도해 주시고 수정해 주시기 바란다.

2022년 7월

全州 訓詁樓에서

목차

Ⅰ. 중국어의 형성과 특징

Ⅱ. 형태론: 품사의 발전

III. 전치사의 발전

Ⅳ. 접속사와 문장과의 관계

Ⅴ. 문장론: 고대 중국어 구법의 변천

중국어
어법사
통론

I 중국어의 형성과 특징

1. 중국어의 형성 과정

이 책은 중국어를 역사학적으로 연구한 책이다. 엥겔스는 일찍이 언어사의 중요성에 대하여 지적한 바 있다.

> '자국 언어의 자료와 형식'을 이해하고자 한다면 반드시 자국 언어의 형성과 그것이 변천해 나간 과정의 근원을 탐구하여야 한다. 첫째로는, 그 언어의 사라진 구조를 고찰하고, 둘째로는 같은 종류의 살아있는 말과 죽은 언어를 고찰해봐야 하는데, 이와 같은 과정이 없다면 언어에 대한 진정한 이해는 불가능하다."[1)]

중국어어법 변천사를 연구하는 목적은 현대중국어를 규범화시키기 위해서이다. 그런 까닭에 먼저 한족漢族의 공동언어인 현대중국어가 어떠한 과정을 거쳐서 형성되었는가에 대하여 개괄적인 인식이 필요하다.

중국어란 북경음계를 표준으로 하며 북방언어를 기초방언으로 하여 한족이 공동어로 사용하는 언어를 말한다. 중국어의 형성과정은 상당히 길고 복잡하다.

※ 본 편저서에는 원서 반윤중潘允中의 《漢語語法史概要》에서 덧붙인 '주석'인 경우는 '원주'라는 표기를 하기로 한다. 나머지는 편저서가 추가한 주석이다. 필요에 따라서는 원주에 약간의 내용을 첨가하기로 한다. 또한 그다지 필요하지 않다고 생각되는 '주'의 내용은 생략하기로 한다.

1) 《反杜林論(반 뒤링론)》 번역본 1979년판 316쪽. Karl Eugen Dühring, 독일. 유물론적인 실증주의의 입장에서 마르크스주의에의 대결자로서 사회민주주의 사상을 전개, 커다란 반향을 일으켰다. 특히 《역학의 일반원리의 비판적 역사》(1872)는 E.마흐의 역작 《발전에서 본 역학》의 선구로서 기념된다. 사회민주주의 사상을 담은 《국민경제 및 사회주의의 비판적 역사》(1871)는 F.엥겔스의 《반 뒤링론》으로 통렬한 비판을 받았다. 주요저서에 《영웅적 인생관에서의 생의 가치 Der Wert des Lebens im Sinne einer heroischen Lebensauffassung》(1865) · 《철학의 비판사 Kritische Geschichte der Philosophie》(1869) · 《국민 경제학과 사회 경제학 강의 Kursus der National und Sozialökonomie》(1873) · 《철학강의 Kursus der Philosophie》(1875) 등이 있다. 만년에는 고고孤高하고 격렬한 성격과 반유대주의적 성향 때문에 사상적으로 받아들여지지 않아 불우한 일생을 마쳤다.
http://cafe.daum.net/dlrmstn3949/C7aY/39?q=Karl%20Eugen%20D%3Fhring&re=1, 참고.

상고전기上古前期 즉 은상殷商 이전시대의 원시중국어는 문헌 부족으로 현재까지 여전히 그것이 어떤 양상인지 자세히 설명하기가 어렵다.

하지만, 하夏(BC 2070 - BC 1600년) · 상商(BC 1600 - BC 1046년)과 서주西周(BC 1046 - BC 771년)의 언어는 아래 세 가지의 이유로 대략 중국 서북부 두 지역의 방언에 속한다고 단정할 수 있다.

첫째, 서주의 문화는 기본적으로 은상殷商을 계승하였으며, 은상문화 역시 하로부터 계승되었다. 공자는 《논어論語 · 위정爲政》에서 다음과 같이 말했다.

> 殷因于夏禮, 所損益可知也; 周因于殷禮, 所損益可知也.《論語 · 爲政》
> 은나라는 하의 예를 근거로 하여 덜고 더한 것을 알 수 있으며, 주나라는 은나라의 예를 이었으니 덜고 더한 것을 알 수 있다.

위의 말은 역사적 사실에 완전히 부합되는 말이다. 언어 역시도 사회현상으로 이와 같이 이해할 수 있다.

둘째, 언어는 문자보다 앞선다. 은상殷商의 갑골문과 서주西周의 금문, 《상서尙書》 중의 《반경盤庚》[2]편과 《주고周誥》[3]편의 문자는 모두 같은 계열 언어에서 진화되어왔으며, 또한 이미 매우 성숙한 문자 형태를 갖추고 있음을 알 수 있다.

셋째, 주나라의 선인들은 은나라 사람들과 통혼을 하였는데, 예를 들어 《시경詩經 · 대아大雅 · 대명大明》에서 "제齊나라의 가운데 딸인 태임이 저 은상으로부터 주나라에 시집오사 서울에서 신부가 되시니."[4]을 보면 은나라와 주나라 두 부족은 이미 통혼을 하였으며, 이는 그들이 공동의 언어를 사용했다는 것을 증명이기

---

2) 盤庚(約BC 1401 - BC 1374)은 太甲으로부터 15번째 임금. 도읍을 殷으로 옮겨 商나라의 중흥을 꾀한 임금으로, 이때부터 나라의 이름을 殷이라 한다. 이글은 반경이 奄(曲阜 동쪽지방)에서 殷(亳, 殷墟)으로 도읍을 옮길 때 쓴 글이라 한다. 갑골문은 일반적으로 제1기 '盤庚'시기부터 제5기 '帝辛'까지의 기록물로 보고 있다. 갑골문은 '殷'자를 ''으로 쓴다.

3) 《尙書 · 周書》 중 《大誥》 · 《康誥》 · 《酒誥》 · 《召誥》 · 《洛誥》 등을 가리킨다.

4) 《詩經 · 大雅 · 大明》: "摯仲氏任, 自彼殷商, 來嫁于周, 曰嬪于京."

도 한다.

이러한 종류의 언어는 '화하어華夏語'라 칭할 수 있는데, 즉《상서尙書》중 위공전僞孔傳《무성武成》편에 "화하와 만맥이 모두 따르지 않는 자가 없었다."[5]에서의 화하華夏와 같은 뜻이다. 물론 춘추전국春秋戰國시대에 이르러서는 화하 범위 내에서도 방언에 해당될 수 있는 언어들이 발생하게 되었다.

맹자孟子는 일찍이 초楚나라의 반유가학파인 허행許行을 "남만의 오디새 혀를 가진 사람"[6]이라고 풍자한 적이 있다. 그는 또 일찍이 초楚나라 사람이 제齊나라 말을 배울 때는 반드시 제나라 사람에게 배워야 한다고 하였고, 더욱 중요한 것은 송宋나라 왕에게 인정仁政을 하도록 하려면 가장 좋은 방법으로 언어를 배우는 환경과 비유해서 설명하였는데, 즉 정치 또한 배우고자 하는 언어를 쓰는 사람들로 좌우를 두어야 배우고자 하는 언어를 제대로 배울 수 있는 것과 같다하였다.

> 맹자가 대불승에게 말하였다. '여기에 초나라 대부가 있는데 그의 아들이 제나라 말하기를 원한다면, 제나라 사람으로 그를 가르치게 하겠는가? 아니면 초나라 사람으로 그를 가르치게 하겠는가?' 대답하기를 '제나라 사람으로 가르치게 하겠지요.' 맹자가 말하였다. '한 제나라 사람이 그를 가르치는데 여러 초나라 사람들이 떠들어댄다면 비록 날마다 종아리를 치면서 제나라 말하기를 요구하더라도 할 수 없을 것이다. 그러나 그를 끌어다가 제나라 장악(도시)의 사이에 수년 동안 둔다면 비록 날마다 종아리를 치면서 초나라 말하기를 요구한 하더라도 역시 할 수 없을 것이다.[7]

이 말은 당시 화하어와 친속 방언간에 차이가 매우 컸다는 것을 반영하고 있는 것임을 알 수 있다.《좌전左傳 · 양공襄公14년》에 실려 있는 융戎의 사자 구駒가 한

---

5)《尙書 · 武成》: "華夏蠻貊, 罔不率俾."

6) "南蠻鴂舌之人."

7) "孟子謂戴不勝曰: '有楚大夫於此, 欲其子之齊語也, 則使齊人傅諸? 使楚人傅諸?' 曰: '使齊人傅之' 曰: '一齊人傅之, 衆楚人咻之, 雖日撻而求其齊也, 不可得矣; 引而置之莊嶽之間數年, 雖日撻而求其楚, 亦不可得矣'."(《孟子 · 滕文公下》)

말이 있다. "우리 제융은 음식과 의복이 화華와 같지 않고, 재화도 통용되지 않으며, 언어도 통하지 않으니"[8]라 했는데, 여기에서 당시의 중국을 '화華'로 칭해지는 것을 볼 수 있고, 또한 화어와 친속 부락어 사이에 언어의 차이가 존재했었음을 알 수 있다. 그러나 방언의 차이 혹은 부락어의 불일치를 막론하고 그것들은 후에 와서 모두 여러 하夏 부족들의 융합을 통하여 화어 속으로 들어갔다. 서한西漢(BC 206 - AD 25) 이후에 이들 언어는 중국어라 칭하졌다.

엥겔스의 《가정, 사유제와 국가의 기원》에서 미국의 각각의 인디안 부락의 특징을 설명한 내용 중에 이러한 정황을 설명한 내용이 있다.

> 독특한 것은, 이 부락들은 모두 방언을 가지고 있다는 것이다. 사실상 부락과 방언은 본질상에서 일치한다는 것이다. 분열을 하여 신 부락과 신 방언이 만들어지게 되는데, 이전에 미국에서 발생했던 이러한 일은 오래된 것이 아니며, 오늘날에 이르러서도 역시 완전히 정지된 것은 아니다. 두 개의 쇠락된 부락이 합하여진 한 지방에서는 어느 때는 예외적으로 동일한 부락에 두 종류의 상당히 근접한 방언을 사용하기도 한다.[9]

이는 의심할 나위 없이 상고上古 중국어는 상고 전기前期에 바로 이런 분화와 정화整化 과정을 걸치면서 세력이 강한 부락언어가 변화 발전하여 부족언어가 되었던 것이다. 하지만 그 내부 속에는 무수한 지역 방언이 포함되어 있는 것이다.

춘추전국시대(BC 770 - BC 221년)에 이르러서도 이러한 현상은 여전했다. 진시황이 분열된 6국의 제후를 멸망시키고, 독재정권을 건립하여 정치상으로 통일하였지만 언어상에서는 여전히 '문자의 다른 형태, 말의 다른 음'[10]이 있었다. 후에 와서 진시황의 명령으로 이사李斯가 일치된 문자규범화의 작업을 시작했는데, 이것이 바로 '서동문書同文'으로 "진문秦文과 합치된 것이 아닌 것은 파기하

---

8) 《左傳 · 襄公14年》: "我諸戎飮食衣服, 不與華同, 贄幣不通, 言語不達."

9) "有獨特的, 僅爲這個部落所有的方言. 事實上, 部落和方言在本質上是一致的; 因分裂而形成新部落與新方言的事情, 不久以前還在美州發生過, 卽在今日, 也未必完全停止. 在兩個衰落的部落合而爲一的地方, 有時例外地在同一個部落內說着兩種極爲相近的方言." 潘允中 원저 2쪽 재 참조. '원주': 中譯單行本, 1972年 89쪽.

10) 許愼《說文解字 · 序》: "文字異形, 言語異聲."

고 …… 사주史籒[11]의 대전大篆을 취하여 번잡한 것은 간략하게 고치도록 한다."[12] 라 하였다. 이것은 진나라가 소전小篆을 사용하면서 6국의 일부 이체자異體字를 없앴고, 전국적으로 서면어書面語를 완전한 통일하였다는 것을 말한다. 진시황이 이렇게 한 것은 새롭게 탄생한 넓고 광활한 땅을 지닌 중국 역사상 최초의 봉건국가로서의 정치, 경제, 문화상 필요에 따른 것이며, 중국사회 변화에 이로운 조치이었다. 문자의 통일은 이후 이천 여 년 동안 한민족의 서면어가 규범화되는 변화과정에서 상당히 중요한 작용을 하게 되었다.

방언의 차이, 당연히 문자의 통일로 인하여 줄어든 것은 아니다. 그러나 설사 그렇다고 해도 주진周秦시기 역시 비교적 공통성을 가진 공동어 '아언雅言'이 있었다고 일반적으로 인식하고 있다. 이 아언은 각 지역 사람들의 소통도구가 되었을 것이다. 《논어 · 술이述而》에서는 공자가 《시경》 · 《상서》를 공부하고 예 의식을 행할 때는 '아언'을 사용했다고 하였다.[13]이는 공자는 평소에는 방언을 말하였다는 것을 알 수 있다. 공자는 중원 열국을 돌아다닐 때 통역을 담당하는 사람이 있었다는 말을 들어 본 적이 없다. 이는 각 지방마다 '아언'이 당시에 비교적 통행되는 교제장의 통용어였다는 것을 알 수 있다.

한漢나라 응소應劭는 정확하게 "아雅는 말의 바름이다."[14]라 하였다. 이는 당시 사용된 운문韻文의 운韻을 통해서 이 문제를 설명할 수 있다. 《시경》은 15국의 시가詩歌와 아雅 · 송頌을 포괄하고, 시가는 넓은 지역은 포함하고 있지만, 운韻은 오히려 같지 않은 것이 없다.

---

11) 《史籒篇》는 周 宣王의 신하가 편집한 《史籒篇》을 가리킨다.

12) 許愼《說文解字 · 序》: "罷其不與秦文合者, ……取史籒大篆, 或頗省改."

13) "子所雅言, 詩 · 書 · 執禮, 皆雅言也."(공자는 표준말은 시경과 서경을 읽거나 예禮를 행할 때었다. 이것들을 다 표준말로 말씀하셨다.) 혹은 朱熹《集注》는 "雅, 常也.('雅'는 '일상적(常)'이라는 뜻이다.")라 하였다.

14) 《風俗通義 · 聲音 · 6》: "雅之爲言正也." '之爲言'이나 '之言'은 성훈聲訓 방법 중의 하나이다. 예를 들어, "爲政以德, 譬如北辰, 居其所, 而衆星共之."(덕德으로 정치를 하는 것은 마치 북극성이 제자리에 있고 여러 별들이 그것을 향하여 도는 것과 같다.)에 대하여 朱熹《集注》는 "政之言爲正也, 所以正人之不正也; 德之爲言得也, 得于心而不失也."('政'이란 즉 '正'이라는 뜻이다. 이른바 사람의 바르지 않음을 바르게 하는 것이고, '德'이란 곧 '得'이라는 뜻이다. 마음을 얻으면 잃음이 없다는 뜻이다.)라 하였다.

왕력王力의 《초사운독楚辭韻讀》에서 초사의 운을 모두 30부로 나누고 있는데, 이 운부韻部는 《시경詩經》의 운과 비교하여 '동冬'부 하나가 많을 뿐이다. 이것이 바로 선진시기에는 확실히 '아언'이 있었고 정음正音이 존재하였다는 것을 증명하는 가장 좋은 예이다.

상주商周에서 동한東漢(AD 25 - AD 220)을 걸치면서, 언어는 점차 변화하기 시작하였다. 어떤 경전의 서면어는 중국어와는 상당한 거리가 있는데, 때문에 사마천司馬遷은 《사기史記》에서 《상서尙書》를 인용한 경우, 그것에 약간의 번역을 추가하였다. 예를 들면 다음과 같다.

> 夏罪其如台? 《尙書 · 湯誓》[15]
> 하왕이 죄가 있으니 어떻게 하여야 하나?
> (夏)有罪, 其柰何? 《史記 · 殷本紀》
> 하왕에게 죄가 있으니 그것을 어찌할까?
>
> 時日曷喪? 予及汝皆亡! 《尙書 · 湯誓》[16]
> 태양이 어떠한 때에 없어질까? 나와 너는 모두 망하였구나!
> 是日何時喪? 予與女皆亡! 《史記 · 殷本紀》
> 태양이 어느 때 없어질까? 나와 너는 다 같이 망하였구나!

한대漢代에는 경전을 설명하는 많은 경사經師가 배출되었으며, 훈고학이 매우 성행하였다. 그 중 가장 큰 원인은 바로 이전의 언어와 지금의 언어, 즉 지역 방언 간의 차이로 인하여 그것들이 소통할 필요가 있었기 때문이었다.

선진先秦 시기의 '아언'은 바로 한대漢代의 '통어通語'에 해당된다. 양웅揚雄은 《방언方言》에서 자주 '통어通語' · '범어凡語' · '범통어凡通語' · '통명通名' · '사방의 통

---

15) '如台(rú yí)'는 '奈何'의 뜻이다. 《實用古漢語虛詞》: "'如' · '若' · '奈'是一聲之轉, 一個詞的不同寫法." 506쪽. 《說文解字》는 '台'자에 대하여 "台, 說也. 从口, 㠯聲."이라 하였고, 阮元 《積古齋鐘鼎彝器款識》은 "古銘'以'多作'台'."이라 하였고, 淸 孫星衍 《尙書今古文注》는 "東京賦云: '如, 柰也. 台 · 何, 音之轉.'"이라 하였다. 《漢語大字典》, 1 - 575쪽 재인용. 일반적으로 '一聲之轉'(雙聲)은 聲母의 관계를, '一音之轉'(疊韻)은 韻母 관계를 가리킨다.

16) '曷' · '何'와 '蓋'는 음전音轉 관계이다.

어四方之通語'라는 언어를 사용하는데, 이는 모두 당시 비교적 점유율이 높은 방언들을 가리키고 이 중에는 또한 이전의 '아언'을 포함하고 있기도 한다.[17] 이 책에는 진어秦語와 진어晉語에 관한 기록이 가장 많고, 다른 지역의 방언을 해석하는 경우 이 두 진어를 중심으로 하였다. 따라서 어떤 학자는 서한西漢 당시의 보통어는 아마도 진어秦語와 진어晉語를 위주로 되었다고 말하기도 한다.[18] 이는 옳다. 왜냐하면 진秦 · 진晉 두 지역은 하夏 · 상商 · 서주西周로부터 전국시대에 이르기까지 특별히 진시황 통일의 중국 이후 정치 경제적 중심이었기 때문에 이들 방언은 우세한 지위를 차지하였으며, 통용된 지역 또한 비교적 광범위했음을 알 수 있기 때문이다.

역사상 민족 내의 중대한 사건 변화는 종종 언어 발전에 영향을 준다. 《사기史記 · 진시황본기秦始皇本紀》에서 다음과 같은 말을 볼 수 있다.

> 병역이나 노역을 피해서 도망간 사람, 몸을 팔아 노예가 된 사람, 장사하는 사람 등을 징발하여 육량 지역을 공격하여 계림, 상군, 남해 등의 군을 설치하고, 죄를 지어 유배된 사람들을 보내 지키도록 하였다.[19]

이때 서북방 국경 수비병은 50만 명이었다. 이들로부터 중원 중국어 일부분이 한족 선조를 따라서 광동 각 지역에 유입되었으며, 후에 형성된 광주어廣州語와 조주어潮州語의 중요한 양대 가지가 되었다.[20]

4세기 초에서 5세기 시기, 즉 15국시기에 이르면(서진西晉 영흥永興 초에서 남

---

17) 《方言》은 원래 《유헌사자절대어석별국방언輶軒使者絶代語釋別國方言》라고 부른다. 양웅揚雄(公元前53 ~ 公元18年)의 자는 자운子雲으로 서한西漢 촉군蜀郡 성도成都(四川 成都) 사람이다. 모두 13권으로 동진東晋 곽박郭璞《方言注》(涵芬樓 四部叢刊本)이 현행본이다. 현재 주요 주소본《方言疏證》(戴震) · 《方言笺疏》(錢繹) · 《方言校笺》(周祖谟) 등이 있다.

18) '원주': 周祖謨, 《方言校箋及通檢自序》

19) 《史記 · 秦始皇本紀》: "發諸嘗逋亡人, 贅壻, 賈人略取陸梁地爲桂林 · 象郡 · 南海, 以適遣戍."

20) '조어潮語' 혹은 '潮州話(Tiê - chiu - uē)'나 '조산화潮汕話'라 부른다. 동부 연안 지구인 조산潮汕 지구인 조주시潮州市 · 게양시揭陽市 · 산두시汕頭市 · 풍순현豐順縣 일대를 가리킨다. 영문로는 'Teochew''Chiuchow(潮州)'라 부른다.

조南朝 송宋 원가元嘉 사이)[21], 중원의 한족은 계속해서 남쪽으로 이주하게 되었고 그 중 한 부류는 민閩,[22] 월粵,[23] 감贛,[24] 계桂[25] 등의 성으로 이주하여 섞여 들어가게 되었는데 이들은 후에 와서 '객가客家'라 불리게 되었으며, 이들로 인하여 '객가어客家語'가 만들어졌다.

16국시기에[26] 다섯 소수부족이 중원에서 큰 전란을 일으키게 되었고, 이러한 과정 속에서 호어胡語와 북방어北方語는 융합되었다. 하지만 중국어에 미친 영향은 다만 어휘詞彙에 국한될 뿐, 중국어구조와 기본어휘에 대해서는 오히려 어떠한 영향의 근거를 찾아낼 수 없다. 스탈린은 《마르크스주의와 언어학문제(馬克思主義與語言學問題)》에서 두 종류의 언어가 융합하는 과정을 다음과 같이 말하였다.

> "통상적으로 그 중 모종의 승리자가 만들어지면, 자기의 어법구조와 기본어휘를 기본적으로 보존하면서 자기의 내재 규율에 따라 계속 발전한다."[27]

중국어와 16국 시기의 정황도 이와 같다. 후대에 역시 역사적으로 이와 같은 유사한 상황이 출현하였다.

일반적으로 중고中古 이후 중국어 북방화北方話의 변화와 발전은 비교적 기타 다른 방언보다 빠르다. 예를 들어, 북방화는 13 · 4세기의 시대에 입성(p, t, k)과

21) 서진西晉은 AD 265 - 316년까지 이며, 그중 영흥永興 초初는 AD304 - 306년을 말한다. 남조南朝 송宋은 AD 420 - 479년 까지 이며, 그 중 원가元嘉는 AD 424 - 453까지를 말한다.

22) '閩(종족 이름 민, mǐn)'은 복건성福建省의 다른 이름이다.

23) '粵(어조사 월, yuè)'은 광동성廣東省의 다른 이름이다.

24) 강서성江西省. 이 일대 중 공강贛江이 주요 강이다. 지금의 주요 도시는 '공주贛州'가 있다. 공주贛州를 혹은 '虔'이나 '虔城' · '贛南'이라 부르기도 한다.

25) '桂(계수나무 계, guì)'는 광서廣西의 다른 이름이다.

26) 五胡十六國(304년 - 439년)은 일반적으로 304년 조연趙淵과 이웅李雄이 각각 한조漢趙와 성한成漢을 건립한 후부터 439년 북위北魏 척발도拓跋燾(太武帝)가 북량北凉을 멸망시킨 때까지를 말한다. 오호五胡는 흉노匈奴 · 갈羯 · 선비鮮卑 · 강羌과 저氐 등을 가리키고, 십육국十六國은 오량五凉 · 사연四燕 · 삼진三秦 · 이조二趙, 성한成漢과 호하胡夏 등을 가리킨다.

27) 원주: "通常是其中某一種成爲勝利者, 保留自己的語法的構造和基本詞彙, 並且按照自己發展的內在規律繼續發展."

운미韻尾 - m이 이미 소멸된 반면,[28] 광주어廣州語, 객가어客家語와 조주어潮州語에는 오히려 지금까지도 여전히 이러한 고대 중국어의 특징이 보존되고 있다. 이것은 오호십육국五胡十六國 시기의 언어융합과 깊은 관련이 있을 것이다. 대체적으로 일찍이 중원으로부터 분화되어 나온 방언은 융합의 영향을 적게 받아 여전히 보존되어진 고음과 고어가 많다.

선진시기의 '아언'에서 한漢 나라 시기의 '통언通言'은 중국어가 복잡한 방언 가운데에서 여전히 자신만의 통일적인 요소를 간직하고 있음을 말한다. 주진周秦시기와 양한兩漢부터 존재한 풍부한 서면어, 즉 후세에서 말하는 '문언文言'은 여러 방언을 지닌 중국에서 일정한 정도의 통일적인 작용을 하였다.

'문언'은 고대의 문학 언어로, 본래는 고대 구어를 기초로 하여 생산되었다. 선진시기에 제자백가 저작가운데 '문언'은 일정부분 당시의 실제 언어를 반영할 수 있었지만 언문일치였다고 말하기는 매우 어려운 일이다.

노신魯迅은 일찍이 "중국의 구어와 문장이 계속해서 지금까지 일치한 적이 없었는데 그 원인은 문자가 쓰기가 어려워 줄여서 쓸 수밖에 없었기 때문이었다."[29]라 하였다.

대략적으로 한대漢代 이후에 문언과 구어口語의 거리는 더욱 더 멀어졌다. 이것은 살아있는 사람의 언어(구어)는 사회의 발전을 따라서 함께 변화해 나가지만 서면어는 문자적 한계로 인하여 비교적 많은 고립성을 가지고 있었다. 또한 역대 일반 백성의 언어와는 거리가 먼 문언을 사용하고자 하는 고문운동은 구어 발전과 더욱더 먼 길을 걷게 되었다.

---

28) 《중원음운中原音韻》은 원대元代 주덕청周德清이 쓴 희곡戲曲(北曲)의 곡운曲韻에 관한 책이다. 중국 최초 북곡곡운北曲曲韻과 북곡음악北曲音樂 운보韻譜에 관한 전문서이다. 주덕청(1277~1365년)의 자는 일담日湛이고 호는 정재挺齋이며 고안高安(江西) 사람이다. 《中原音韻》은 당시 희곡 중 상용되는 운각韻脚 5866자를 당시 사용하는 관화어음官話語音(中原之音)에 따라 19개 운부韻部로 나누고 매 운부마다 다시 평성양平聲陽・평성음平聲陰・상성上聲과 거성去聲 등으로 나누었다. 입성入聲은 당시 희곡의 발음에 따라 平聲陽・平聲陰・上聲과 去聲에 각각 분류하였다. 이는 근대 보통 중국어 발음에 해당된다. http://baike.baidu.com/link?url

29) 《門外文談》: "中國的言文, 一向就並不一致的, 大原因便是字難寫, 只好節省些."

'문언'은 배우기가 쉽지 않고, 사용하고자 해도 실제 언어를 반영한 것이 아니어서 일반대중이 사용하기에 필요한 실질적인 기능을 잃게 되었다. 후에 와서는 일반대중은 자신의 요구에 따라 한자로 실질적 자신의 구어를 기록하게 되었고, 이로 인하여 '백화白話'가 생산되었으며 이는 '문언'과 상호 대립하게 되었다.

서면어를 근거로 한 형태의 초기 '백화'는 9세기 시기의 당唐나라 선사禪師들의 어록語錄에서 찾아 볼 수 있다. 주진周秦 시기에서 수당隋唐 시기의 역대 장안長安 혹은 낙양洛陽의 도읍은 모두 북방 방언구역으로, 당선사어록唐禪師語錄의 '백화'는 바로 당시의 북방화北方話를 대략적으로 반영하고 있다. 후의 백화 어법구조는 이미 《어록語錄》의 어법에 기초로 하고 있었다. 북송北宋의 수도 개봉開封(변汴)으로부터, 금 · 원나라에서 명 · 청에 이르기까지의 수도는 북경이었으며 단지 명나라 초기에 약 35년간만 금릉(金陵, 南京, 寧)으로 도읍을 하였었다.

중국의 정치 · 경제와 문화는 장기간 동안 북방이 중심이 되었기 때문에 북방화의 변화와 창조에 지극히 유리한 조건이 되었다. 송 · 원 이후로부터 끊임없이 생산되었던 많은 저명한 전국적인 독자를 가지고 있던 화본話本소설과 희극戲劇 저작 등은 모두 기본적으로 일상적인 어체語體를 썼다. 그 중에 원나라 관한경關漢卿과[30] 왕실보王實甫[31] 등의 곡본曲本, 명나라의 《수호전水滸傳》[32]과 《서유기西遊記》[33], 청나라의 《유림외사儒林外史》[34], 《홍루몽紅樓夢》[35]과 《아녀영웅전兒女英雄

30) 관한경關漢卿(1219~1301년)은 백박白朴 · 마치원馬致遠 · 정광조鄭光祖와 더불어 '원대사대가元曲四大家'이다. 가장 유명한 작품은 《竇娥冤》이고, 역사극으로는 《單刀會》 · 《單鞭奪槊》 · 《西蜀夢》 등이 있다. 후에 '곡성曲聖'이라 불리운다.

31) 원元대 극작가戲劇家. 이름은 덕신德信, 대도大都(北京)人이다. 잡극雜劇은 모두 14종이 있는데, 그 중 《西厢記》 · 《破窑記》 · 《麗春堂》 등이 전해지고, 《西厢記》의 최앵앵崔鶯鶯과 홍랑紅娘은 전형적인 중국 부녀의 양상을 지닌 두 여인이 되었다.

32) 《水滸傳》 施耐庵의 작품으로 중국 사대 명저 중의 하나. 북송北宋 말년에 송강宋江을 주축으로한 108명의 호한들이 양산梁山을 기점으로 의거한 내용이다.

33) 《西游記》(《西游釋厄傳》 · 《西游證道書》)는 명대明代 오승은吳承恩의 작품으로 중국 고전 사대四大 명저 중의 하나. 낭만주의적 장편 신마소설神魔小說 중의 하나이며 손오공孫悟空 · 저팔계猪八戒 · 사승沙僧 등 세 명이 당唐나라 승 삼장법사三藏法師를 불경佛經을 취하는 과정을 그린 작품이다.

34) 《儒林外史》는 청대清代 오경재吳敬梓의 작품이다. 대략 1749年(乾隆 14年) 쯤 완성된 작품

傳》[36]은 대부분 비교적 순수한 '백화'로 쓰여졌다. 이러한 '백화'는 기본적으로 북방 말이었으며, 특히 《홍루몽》과 《아녀영웅전》의 언어들은 18세기 중엽에서 19세기 중엽의 북경어이다. 이것은 근대 중국어의 모범으로 바로 중국어의 문학 언어가 이미 성숙한 단계에 이르렀다는 것을 의미이기도 하다.[37]

북방어의 어음계통은 공동 구어를 대표하며, 그것은 상당히 이른 시기에 형성되었음을 14세기의 《중원음운中原音韻》을 통해서 알 수 있다. 당시 북방음계의 최대특징은 성조의 평성平聲이 음평陰平과 양평陽平으로 나누어지며, 입성入聲은 각각 3개로 나누어지고 모든 탁성성모(濁聲母)의 소실이다.[38] 이러한 유형의 북방화는 명(1368~1644년) 이후 점점 '관화官話'로 불리어 오다가 신해辛亥혁명(1911년)

이다. 날카롭고 유머러스한 필치로 갖가지 유형의 사대부들을 통해 사리사욕, 불학무식과 무능함, 비굴함, 허위와 부패 등 각양각색의 추태를 묘사하고 있다. 청대 말기의 견책소설譴責小說에 지대한 영향을 끼쳤다.

35) 중국 청대(1644 - 1911년)의 조점(曹霑: 1715 - 63년)이 쓴 소설. 이 소설은 조점이 살아 있을 때 베이징[北京]에서 필사본으로 나왔다. 조점이 죽은 지 거의 30년 후인 1791년 이 소설은 정위원程偉元과 고악高鶚에 의해 총 120장으로 된 완결판이 나왔다. 그러나 마지막 40장은 고악이 위조를 했는지, 조점이 실제로 쓰고 정위원과 고악이 그것을 발견해서 마무리를 했는지, 아니면 무명의 작가가 썼는지 아직도 논란이 계속되고 있다. 등장인물이 400명을 넘으며 그중 주요 인물만도 30명이 넘는다. 그러나 소설의 주인공은 젊고 재능이 많지만 고질병이 있는 집안의 상속자 보옥寶玉이다. 보옥의 이루지 못한 사랑의 대상인 대옥黛玉과 나중에 보옥의 아내가 되는 보채(寶釵)와의 관계가 가장 중심적이다.

36) 중국 청淸나라 도광道光 연간(1821 - 1850년)에 만주 사람 비막문강費莫文康이 지은 장회소설章回小說. 무술과 재색을 겸비한 하옥봉何玉鳳이라는 협녀俠女를 중심으로 한 일종의 의협소설義俠小說이다. 작자는 현세에서 이루지 못한 자신의 꿈을 이 소설에 가탁假託한 것으로, 내용이 다소 진부하지만 설화인說話人의 화술의 묘를 도입하였으며, 또 순수한 베이징어로 쓰여서 어학 교본으로 활용되기도 한다. 모두 40회이다.

37) 王力의 《中國現代語法》은 《紅樓夢》을 언어 자료로 분석한 전문 어법서이다. 《中國現代語法 · 例言》: "本書以說明規律爲主, 不涉及理論方面. 著者另撰《中國現代語法》一書, 和本書相輔而行. ……我們盡先在紅樓夢裏搜尋, 因爲紅樓夢是著名的文學作品, 又是用北京話寫的, 合於國語的條件. 但是, 紅樓夢敍述事情的部分也和口語相差頗遠, 甚至謅文的會話(像賈政對賓客的會話)也不算眞定的口語, 所以我們又儘先在家常的話談裏找. 有時候, 紅樓夢找不着適當的例子, 沒辦法, 只好暫時自造, 或在兒女英雄傳找些來充數."

38) '탁음'이란 발음을 할 때 성대가 진동하는 음을 말한다. '전탁성모全濁聲母'는 並母 · 奉母 · 定母 · 澄母 · 从母 · 邪母 · 床母 · 禪母 · 群母와 匣母 등을 가리키고, 영어 · 불어 · 독일어 · 일어 중의 'b, d, g, v, z' 등의 음이 이에 해당된다.

후 보통화普通話 혹은 국어國語로 불려진다.

위의 서술을 통하여 우리는 다음과 같은 결론을 얻을 수 있었다.

중국어는 북경어음을 중심으로 한 북방화 어음계통이며, 14세기에 형성된북방화를 기초로 한 방언으로 중국어漢語 문학 언어이다. 또한 14세기에 이미 성숙한 단계에 이르렀으며, 18세기에 이르러서는 이미 상당한 단계까지 도달하였다. 그런데 과거에는 수용 조건의 한계로 인하여 여전히 보편적으로 통용되지 못하여 실제 사용범위는 주로 북방에 있었고, 남방에서 보통화를 말할 수 있는 경우는 대체로 상류층의 선비에 국한된 채보통의 백성들에게는 오히려 대단히 생소한 것이었다.

1919년의 5 · 4운동은 전대미문의 문화대혁명이었다. 당시 제창된 문언폐지, 백화문 운동은 5 · 4 전후의 국어운동과 주음자모注音字母 운동이 후에 와서 중국공산당의 지도아래 로마신문자운동[39] 등등과 관련되면서 모두 한민족공동어의 보편적 발전과 언문의 일치화를 가속하게 하였다. 하지만 이러한 운동은 일부 반대로 인하여 더러 전면적으로 충분하게 전개되지 못하였고, 광대한 인민 군중에게 실질적 보급을 이루지 못하기도 하였다.

1949년 중화인민공화국이 성립된 후 중국공산당은 언어 보급 운동을 전개하였다.

> 정치경제의 빠른 발전은 중국어의 변화 변화에 촉진제 역할을 하였고, 언어의 사회적 교제 기능이 높아지게 되었다. 구어는 보통화를 말할 수 있는 사람이 나날이 많아지고, 보통화의 어음은 북경어음으로 접근하길 원하는 요구가 갈수록 강해졌다. 서면어는 이미 기본적으로 '백화'로 통일되어져 원칙상으로 언문일치가 이루어졌다. 게다가 쓸 줄 알고 읽을 줄 아는 사람도 점점 많아져서, 서면어는 구어의 기초 아래 자신의 정밀하고 풍부한 감정

39) '北方話拉丁化新文字'의 준말. 중국어를 표음하는 로마자. 구추백瞿秋白이 1931년 블라디보스톡에서 발표하여 소련 지구에 있는 중국인 노동자의 문맹자 교육에 쓰였으나, 그 뒤 중국에 보급되어 한자의 대용으로서 또는 한자 식자의 수단으로서 사용되었다. 항일전쟁 중에 중국 각지에 연구회를 만들어 보급 활동을 행하였는데, 이를 '中國語拼法拉丁化運動'이라고 한다. 그 방식은 병음법을 통속화하여 성조를 표시하지 않는 것이었다. 1957년 11월, 중국에 '중국어 병음방안'이 공포됨에 따라 쓰이지 않게 되었다.

> 을 더욱 더 자세하게 표현하게 할 수 있을 뿐만 아니라, 동시에 구어의 발전을 집중적으로 할 수 있게 하였고 제고시키는 작용을 하게 되었다.[40]

이는 한나라 민족 공동어가 현재 보급과 발전이라는 두 방면으로 나가고 있다는 것을 설명하고 있다.

1955년 10월 중국과학원은 '현대중국어규범화現代漢語規範化 학술회의學術會議'를 개최하여 중국어발전의 역사적 사실을 총결하였으며, 한민족공동어 및 보통화를 북방화로써 방언의 기초로 삼는다고 확정하였고, 북경어음을 표준음으로 삼았다. 1956년 2월 6일 국무원은 전국에 《국무원이 광범위한 보통화의 지시를 추진함에 관하여(國務院關於推廣普通話的指示)》를 발표하였다. 이로부터 전국 인민은 한민족공동어의 개념을 명확히 했고, 아울러 자기의 언어 실천을 통하여 민족공동어에 대한 지지를 표시하였다. 30여 년 동안 중국의 사회주의 혁명과 사회주의 사화건설四化建設이[41]새롭게 고조되고 일파만파 기세가 올라 10년의 문화대혁명과 같은 큰 재난시기에 방해를 받은 것을 제외하고는 당 중앙의 보통화 방송 소리가 전 중국을 곳곳에 울려 퍼져 한민족 공동어는 정말로 비약적인 발걸음으로 공적인 규범화, 보급화를 향하여 매우 빠르게 진행되었다.

---

40) 원주: 羅常培 · 呂叔湘, 〈現代漢語規範化問題〉, 《現代漢語規範化問題學術會議文件彙編》, 科學出版社.

41) '四化'란 1960년 봄부터 전개한 농촌의 기계화, 수리화, 화학 비료화, 전기화의 네 가지 정책. 80년대의 농업, 공업, 국방, 과학 기술의 현대화. 인민공사에서 아동 교육의 그룹화, 식사의 식당화, 재봉의 기계화, 식량 가공의 기계화. 80년대의 간부의 혁명화, 청년화, 지식화, 전문화, 공업화, 생산의 상품화, 사회화, 현대화를 가리킨다.

2. 중국어 어법의 변천

스탈린(Joseph Stalin, 1879~1953)은 《마르크스주의와 언어학문제(馬克思主義與語言學問題)》에서 역사언어의 변화 시기에 대하여 아래와 같이 설명하였다.

> 언어의 어법구조는 언어의 기본 어휘 변화보다 느리다. 어법구조는 수많은 시대를 걸쳐 형성되었으며 또한 그 규칙은 이미 언어 속에 깊이 뿌리 박혀 있기 때문에 어법구조의 변화는 기본 어휘 변화보다 여전히 느리다. 어법 구조는 시간의 변화에 따라서 당연히 변화하며 점차 개량되어 왔고, 자신의 규칙을 개선 개정하면서 새로운 규칙을 이용하여 더욱 실질화하였다. 그러나 그 기초는 매우 긴 세월 동안 유지되어 온 것이며, 각 역사적 단계를 걸치면서 오래 세월 동안 각각의 시대에 맞게 사회적 봉사를 효과적으로 발휘하여 왔다.[42]

이것은 모든 언어의 공동 규율이며 중국어 역시 그렇다. 중국어의 역사는 서면어 형식인 갑골甲骨 복사卜辭를 말하자면, 삼천 여 년 전의 기록이었지만 그어법 기본구조(어순, 어휘구조론(구사법構詞法)과 기본 구조 등)는 사람을 놀라게 할 정도의 견고성이 있다.

예를 들어, 갑골문을 살펴보면 아래와 같다.

1　于王亥[43]崇我? 《合478正》
　왕해가 나에게 해코지를 할까요?[44]

---

42) 문장 《마르크스주의와 언어학문제(馬克思主義與語言學問題)》는 潘允中《漢語語法史概要》(1982, 中州書畫社)의 제9쪽의 내용을 참고하여 번역한 것이다.

43) '왕해王亥'는 '고조해高祖亥' 혹은 '고조왕해高祖王亥'라고도 한다. 상나라 선공先公 중의 한 명이다.

44) 潘允中《漢語語法史概要》는 갑골문 본 구절을 "王亥殺我."(왕해가 나를 죽일까요.)로 석문하여 전형적인 고중국어 어순으로 이해하고 있으나, 혹은 '王亥' 앞에 '于'자가 있는 것으로 보기도 한다. 만약에 '于'자가 있는 것으로 본다면 해석을 달리해야 할 것이다. '崇'로 예정한 '[illegible]'자에 대하여 의견이 분분하다. 《甲骨文合集》 '10405 正'에 "㞢[illegible]㞢䰻"라는 구절이 있다. '㞢[illegible]'

2 翌甲寅不雨.《合179反》

다음 갑인 날에 비가 오지 않을까요?

3 日之夕矣, 羊牛下來.《詩經 · 王風 · 君子于役》

해가 저무니 양과 소가 내려온다.

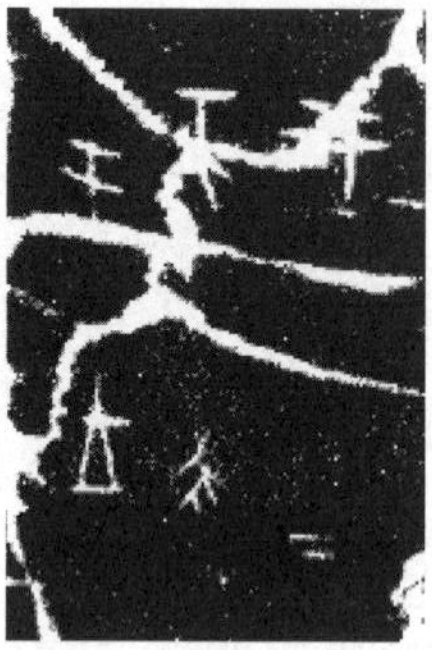

《合478正》

《合179》

위 문장은 시대적으로 이미 삼천 년 간이나 지난 아득히 먼 시기의 문장이지만 금방 알아 볼 수 있다. 그이유는 바로 문장 속의 어법구조가 여전히 현대중국어와 차이가 크지 않기 때문이다.

견고성이라 해서 결코 변하지 않는 것은 아니다. 언어는 사회현상 중에 하나이며, 세계 모든 언어의 어법규율은 변화 발전하는 규율의 제약을 받지 않을 수가 없다. 중국어어법의 기본은 그것이 점차 변화 발전함에 따라서 차츰차츰 자기의 규칙이 개선되었고, 자기의 표현력을 강화시켜 그 능력이 현재와 같이 이렇게 풍부하며 완벽한 단계까지 발달하여 왔다.

아래 내용은 중국어어법이 각 시기에 어떻게 변화 및 발전하였는가에 대한 개

자를 '㞢(有)希'로 읽기도 하고, 혹은 '有祟'로 읽기도 한다. '귀신이 해코지하다'의 의미이다. 徐中舒는《甲骨文字典》에서 '[illegible]' · '殺' · '蔡' 등 세자의 고음이 비슷하기 때문에 서로 통한다고 하면서, '殺'자로 보았다.(《甲骨文字典》, 328쪽; 1055쪽, 참고.) '[illegible]'자는 혹은 '祟(빌미 수; sùi)'로 예정하기도 한다. 裘錫圭는 '求'로 예정하고 '咎'로 읽는다. '《合478正》'의 '合'은《甲骨文合集》을 가리킨다. 또한《懷》는《懷特氏等所藏甲骨文集》을 가리키고,《屯》은《小屯南地甲骨》을 가리키고, '英'은《英國所藏甲骨集》을 가리킨다. 이하 같음.

요이다. 각각 시대 구분은 중국어 역사 발전 특징을 고려하여 결정한 것으로 사회사의 구분과는 다를 수 있다.

(1) 고대어법의 특징

- 상고 시기 어법의 특징 -

은상殷商(BC 1600 - BC 1046년)에서부터 서주西周(BC 1046 - BC 771년)에 이르는 시기를 상고전기上古前期시대라고 하며, 춘추전국春秋戰國(BC 770 - BC 221년)에서 진秦(BC 221 - BC 206년)에 이르는 시기를 상고중기上古中期, 서한西漢(BC 206 - AD 8년)은 상고후기上古後期라고 하며, 동한東漢(25 - 220년)은 과도기이다.

상고전기시대 중국사회는 노예제도에서 봉건제도를 향하여 변화 발전하였고, 모든 사회의 경제 및 정치 구조는 여전히 변화 발전 단계에 있었다. 교제기능의 서면언어 역시 변화 발전하여 서면언어의 어법구조와 표현형식은 비교적 상당히 다양성을 갖추었다. 하지만 한편으로는 어떤 품사와 문법 형식들은 여전히 특수성을 지니고 있었다.

먼저 품사는 여전히 서로 구별되는 어떤 어법표지가 없었다. 명사, 동사, 형용사는 자주 "하나의 몸으로 세 가지 일을 한다."[45]라 할 수 있다. 하지만 그렇다고 해서 단어詞의 특성을 규명하는데 단어의 표지가 없는 것이 단어를 규명하는데 방해가 되는가? 그렇지는 않다. 상고 중국어에서 어떤 단어는 보면 바로 그 단어가 속하는 품사를 알 수 있고, 어떤 단어는 어순語序의 제약을 받아 자신의 독특한 어순을 형성하기도 한다. 어순이라는 것은 바로 단어와 단어 사이의 관계이며, 어순이 다르면 단어의 성질이 변화하게 된다.

---

45) "一身而三任焉."

예를 들어 살펴보면 아래와 같다.

[樹]

• 명사의 용법

4 宴于季氏, 有嘉樹焉.《左傳 · 昭公二年》[46)]

계씨에게는 좋은 나무가 있다.

• 동사의 용법

5 五亩之宅, 樹之以桑.《孟子 · 盡心章上》[47)]

다섯 묘의 넓이의 주택에 모두 뽕나무를 심는다.

• 형용사의 용법

6 無易樹子.《孟子 · 告子章下》[48)]

이미 세운 태자를 바꾸지 말라.

[善]

• 명사의 용법

7 教人以善谓之忠.《孟子 · 滕文公上》[49)]

선으로 사람을 가르친다.

• 형용사의 용법

8 善人者, 不善人之師; 不善人者, 善人之資.《老子 · 道德經二十七》

착한 사람은 착하지 않은 사람의 스승이고, 착하지 않은 사람은 착한 사람의 밑천이다.

• 동사의 용법

9 窮則獨善其身.《孟子 · 盡心章上》[50)]

---

46)《左傳 · 昭公二年》: "既享, 宴于季氏, 有嘉樹焉, 宣子譽之."(향례가 끝난 뒤 계무자季武子가 자신의 집에서 연회석을 마련했다. 당시 계무자의 집에는 아름다운 나무가 한 그루 서 있었다. 한선자韓宣子가 그 나무를 칭송하였다.)

47)《孟子 · 盡心章上》: "五畝之宅, 樹之以桑, 五十者可以衣帛矣."(오무의 집에서 담장 아래에 뽕나무를 심고 부인 한 사람이 누에를 치면 늙은이가 그로써 비단옷을 입을 수 있다.

48)《孟子 · 告子章下》: "誅不孝, 無易樹子, 無以妾爲妻."(환공이 제후들과 맹약하기를, 불효하는 자는 처벌하며, 세자로 세워 놓은 아들을 바꾸지 말며, 첩을 아내로 삼지 말라.)

49)《孟子 · 滕文公上》: "教人以善謂之忠, 爲天下得人者謂之仁."(남에게 선을 가르쳐 주는 것을 忠이라 하고, 헌하 사람들을 위하여 인재를 얻는 것을 인이라 이른다.)

50)《孟子 · 盡心章上》: "窮則獨善其身, 達則兼善天下."(곤궁해지면 의를 잃지 않고 홀로 몸을 닦아 착하게 만들고, 출세하면 천하를 모두 착하게 만든다.)

궁한 즉 그 몸을 홀로 선하게 하다.

상고 중국어에서 어순은 오히려단어의 품사보다 중요하며, 단어의 성질은 비교적 다양성을 가지고 있다. 상고전기의 갑골문 복사卜辭 중에는 형용사가 의동용법意動用法으로 쓰이기도 하고,[51] 동사가 사동용법使動用法으로 쓰이기도 하며,[52] 또한 西周 금문에는 이미 피동식(피동문)이 나타났다.[53] 이러한 역사적 특징은 상고 중국어는 결코 단순한 구조의 언어가 아닌 오히려 상당히 발전된 언어였다.

상고 중기의 춘추전국의 일부 형용사와 부사는 이미 명확하게 단어의 구조적 특징을 갖추고 있었다. '焉' · '乎' · '然'('如' · '爾' · '若' · '而'는 후대에 발생한 것이지만 용법은 같다.)은 상용 접미사接尾詞이고, 후에도 지속적으로 약 이천여 년 동안 문언문에서 사용하였다. 명사 접두어詞頭 '阿'는 상중고기上中古期의 과도시기인 동한東漢에 발생하였다.

상고시기 어법 현상 특징 중에 하나는 일부 품사가 독특한 특징을 지니고 있다. 예를 들어, 어기사語氣詞는 전기인 은상殷商시기에는 비교적 자주 보이지는 않지만, 西周 이후부터는 점차 출현하여 심지어 한 구 가운데 어기사두세 개를 연용하기도 한다.[54]

51) "已未卜, 王, 貞, 气㞢奉于祖乙, 王吉茲卜."(을미일에 왕이 점을 물었다. 장차 조을에게 奉祭를 지낼까요. 왕이 이 점을 길하다고 여겼다.)(《合集》 22913) '吉'자는 '왕은 이 점이 길할 것이라고 여기다'라는 뜻이다. 《說文解字》는 '奉(hū, 許勿切)'자에 대하여 "奉, 疾也. 从夲, 卉聲. 拜从此."(질주하다의 의미. 夲와 소리부 卉로 이루어진 형성자. '拜'자 역시 이 '奉'자로 이루어진 자이다.)라 하였다. '奉祭'는 무고함을 비는 제사의 일종이다. 《甲骨文字典》, 274쪽. 갑골문은 '奉'자를 '' · ''으로 쓰고, 금문은 '' · ''으로 쓴다. '气'는 '將'의 용법으로 쓰인다.

52) "戊寅, 子卜, 丁歸在川人."(戊寅일 子가 점을 쳐 묻습니다. 川지방 사람들을 돌아가도록 할까요?)(《合集》21661) "貞不其來象."(점을 쳐 묻습니다. 코끼리를 보내오지 않을까요?)(《合集》 9173) '合集 21661' 중의 '丁'은 '合集 21662'의 "□卯, 余卜, 貞歸人." 등으로 쓰는 것으로 보아 '貞'의 가차자로 쓰이는 것이 아닌가한다. '歸'는 '돌아가게 하다'는 뜻이다.

53) 《叔䚜方彝》: "弔(叔)䚜易(賜)貝于王姒, 用作寶尊彝."(숙비叔䚜가 문왕文王의 왕비王妃 태사太姒로부터 패를 하사받자 보배로운 제기를 만들다.)(集成 09888) 하사품을 받는 사람은 '숙비'이다.

54) 《논어》 중 세 자의 복음複音 어기조사는 '而已乎' · '而已矣' · '也已矣' · '也與哉' 등이 있다.

10 已焉哉, 天實爲之, 謂之何哉! 《詩經 · 北門》
아서라 그만두어라, 하늘이 나를 그렇게 한 것이니 말한들 무엇 하겠는가!
11 獨吾君也乎哉? 《左傳 · 襄公十五年》
어찌 오직 나만의 군주이겠는가?

어기사는 모두 단지 표음역할을 하고 의미를 나타내는 역할(表意)을 하지 않아, 한자가 음성 부호가 아니어서 사실상 어기를 기록하는 일은 곤란하기 때문이다. 또한 은상殷商시대는 글을 새기는 일이 쉽지 않아서 부득이 이것을 생략하였다. 춘추春秋 이후에는 문자를 가차假借하여 쓰는 경우가 전에 비하여 발달하였기 때문에 서면어 가운데 순수하게 글자를 사용하여 표음을 하는 어기사가 많이 출현하게 되었다.

어법語法에 있어 어순은가장 중요한 특징으로, 상고 어법 중 가장 중요한 수단 중의 하나이다. 아래 문장은 주어와 목적어를 바꿀 수 없다.

12 秦師伐晉. 《左傳 · 宣公二年》
진군秦軍이 진晋 나라를 토벌하였다.
13 晉師伐秦. 《左傳 · 襄公十年》
진군晋軍이 진秦 나라를 토벌하였다.

아래 문장 중 명사 '齊師'가 동사 앞뒤에 놓이는 것에 따라 그 문장에서 주동主動인지 피동被動인지를 결정한다.

14 齊師大敗. 《公羊傳 · 成公二年》
제나라 군사가 대패하다.[55)]
15 大敗齊師. 《左傳 · 哀公十一年》
제나라 군사를 크게 패배시켰다.

55) 만약에 主動을 나타내면 '제나라 군사는 크게 패배시켰다'로 해석할 수 있으나, 《成公二年》은 제나라 군사가 대패을 당한 사건을 기록한 것이기 때문에 피동으로 해석하기로 한다.

동사와 목적어의 어순은 상고 전기에서 이미 상당히 고정적이다. 일반적으로 동사가 앞에 오고 목적어가 뒤에 온다. 그런데 의문문과 부정문의 대사 목적어는 오히려 동사 앞에 둔다(다소 예외가 있다).

16 豈不爾思, 遠莫致之.《詩經 · 衛風 · 竹竿》
어찌 그대를 생각하지 않겠는가. 멀어서 데려올 수가 없는 거지.

17 于嗟闊兮,[56] 不我活兮.《詩經 · 邶風 · 擊鼓》
아아! 그런데 이별하여 우리 함께 살지 못하다니.

'豈不爾思'와 '不我活兮' 구절은 목적어가 동사 앞에 있다. 이와 같이 대사목적어의 어순이 가장 특징적이다. 상고 전기에는 대명사가 목적어로 쓰이는 경우, 설령 부정구가 아니라 하더라도 목적어를 동사 앞에 둔다.

18 民獻有十夫予翼.《尙書 · 大誥》
백성이 열 명을 바쳐와 나를 보좌하게 하다.

여기에서 '여익予翼'의 어순은 '동사 + 목적어'인 '익여翼予'이다.

고대 중국어 어법 중에 하나는 판단구判斷句는 기본적으로 계사繫詞를 사용하지 않았다. 하지만 '乃' · '惟' · '爲' 등은 명사구의 주어主語와 표어表語(Predicative)를 연결시켜주는 역할을 하였기 때문에, 잠시 이를 '준계사準繫詞'라 부르기로 한다.

전국시기 후기에 진정한 계사인 '是'가 발생하기 시작하였다.

19 晏子避席再拜稽首而請曰: 嬰敢與君言而忘之乎? 臣以致無禮之實也. 君若欲無禮, 此是此已[57]." 公曰: "若是, 孤之罪也.[58] 夫子就席, 寡人聞命矣."《晏子春秋 · 內篇》
이에 안자가 자리를 고쳐 앉아 재배하고 머리를 조아리며 이렇게 청하였다. "제가

56) "死生契闊, 與子成說.(죽음과 삶과 만남과 이별을 함께 하자고 그대와 언약하였네.)"《邶風 · 擊鼓》 중의 '契'은 '合'의 뜻이고, '闊'은 '離'의 뜻이다.

57) "黃之宋本'已'作'也'."

58) 王念孫: "案'若'當爲'善', '公曰善者', 善晏子之言也. '是'孤之罪也, 別爲一句, 不與上連讀."

어찌 감히 임금께 드린 말씀을 잊겠습니까? 저는 다만 예를 없앴을 때의 사실이 이러하리라는 것을 보여 드리고 있을 뿐입니다. 군주께서 만약 예를 없애고자 할 때, 그 결과가 바로 이러할 따름입니다." 경공이 그제서야 "그렇군요. 이는 나의 죄입니다. 선생님께서 자리에 앉으십시오. 과인은 명령에 따르겠습니다."

20 "少頃, 東郭牙至. 管仲曰: 此必是已. 乃令賓者延之而上, 分級而立. 管子曰: "子邪, 言伐莒者?" 對曰: "然." 管仲曰: "我不言伐莒, 子何故言伐莒?" 對曰: "臣聞君子善謀, 小人善意. 臣竊意之也."《呂氏春秋 · 重言》
얼마 있다가 동곽아東郭牙가 도착하자 관중이 "이 자가 반드시 그 자일 것이다." 라고 말하였다. 손님을 맞이하는 관리에게 인도해 누대 위로 올라오게 하니 계단을 사이에 두고 섰다. 관자가 "자네인가? 거나라를 정벌할 것이라고 말한 사람이."라고 묻자 "그렇습니다."라고 대답하였다. 관중이 "나는 거나라를 정벌할 것이라고 말하지 않았는데 자네는 무슨 이유로 거나라를 정벌할 것이라고 말했는가?"라고 하자 "군자는 계책을 잘 세우고 소인은 짐작을 잘 한다고 들었습니다. 신이 외람되게 짐작을 한 것일 뿐입니다."라고 하였다.

상고 어법의 특징 가운데 또 하나의 특징은 처음에는 주동主動과 피동被動이 기본적으로 구별이 없다는 점이다.

21 莊公死, 子般弒, 閔公弒, 此三君死, 曠年無君, 設以齊取魯, 曾不興師, 徒以言而已矣.《公羊傳 · 閔公二年》
장공이 죽자, 자반이 시해당하고 민공이 시해당하여 이 세 명의 군주가 죽고, 오랜 기간 비어 있듯이 군주가 없다. 만약에 당시에 제나라가 노나라를 취하고자 하였다면, 군사를 일으키지 않고, 단지 말의 힘을 빌리면 되었을 것이다.

위 문장가운데 "莊公死"는 주동의 문장을 표시하지만 "子般弒"와 "閔公弒"는 오히려 모두 피동의 표시이다. 형식적인면으로 보면 3개 문장은 완전히 같아서 주동과 피동을 구별하는 것은 개념 혹은 단어의미에 의지하여야 한다. '弒(죽일 시, shì)'는 아랫사람이 윗사람을 죽이는 것이기 때문에 피동문被動句이다. 이것은 상고 전기의 문형의 잔류이다. 하지만 서주西周 금문에서는 새롭게 피동식이 생산되기 시작한다. 이로 인하여 문장의 주동과 피동은 구별이 없던 것이 구별이 있게 되었으며, 중요한 것은 전치사 '于', '爲'와 조사 '見'자를 피동문 표지로 사용

함으로써 피동을 나타내게 되었다.[59)]

(2) 중고 어법의 특징

- 중고 시기 -

양진兩晉[60)]에서 16국시기[61)]를 경과하여 수隋(581 - 618년) · 당唐(618 - 907년) 5代(907 - 960년)에 이르기까지, 봉건사회로의 진행이 상당히 발전된 상태로서 문학 언어가 나날이 풍부해진 시대였다. 이 기간 중국어의 어법구조는 상고 시대에 비하여 뚜렷한 발전이 있었는데, 가장 두드러진 것 중 일부분은 단어가 이미 자기의 어법특징을 갖추었다는 것이다.

위에서 말한 바와 같이 명사는 과거에는 어떠한 어법적 표지도 없었다. 동한東漢으로부터 시작되어 처음으로 출현한 인명과 친속親屬 명사의 접두어 '阿'와 그 밖의 명사 접두어 '老'가 만들어졌다. 실사實詞가 허화虛化(어법화)로 인해 만들어진 명사 접미사 '子', '頭', '兒' 역시 이 시기에 생산된 것이다. 그러나 이러한 접두어, 접미사는 모든 명사에서 그다지 보편화되어 사용되지는 않았다.

어떤 단어가 어느 접두어詞頭나 접미사詞尾를 활용할 것이냐는 언어 습관에 따라 결정된다. 대다수 명사는 단지 그 단어의 의미와 기능에 따라 결정되는 것이

59) "Ⅲ · 7 피동문의 발생과 변천' 참고.

60) 진晉나라는 사마염이 세운 서진西晉(256 - 316년)과 이후 남북조 시대에 남쪽으로 내려온 동진東晉(317 - 420년)으로 나눈다.

61) 晉 혜제惠帝 때인 304년(永興 1) 남흉노의 족장 유연劉淵이 5부를 통합하여 한나라를 점거하면서부터 시작되어, 남조南朝 송宋나라 문제文帝 때인 439년(元嘉 16) 북위北魏가 중국 북부를 통일하기까지 135년간 지속되었다. 5호란 흉노匈奴 · 갈羯 · 선비鮮卑 · 저氐 · 강羌의 5개 변방민족을 가리킨다. 역사상 이 시기에 5호가 세운 13국과 한족이 세운 3국을 '5호16국'이라고 하며, 이밖에도 염위冉魏 · 서연西燕과 북위 전신인 대국代國이 있었다. 16국을 보면 다음과 같다. 흉노匈奴: 前趙(304 - 329년), 北涼(397 - 439년), 夏(407 - 431년). 갈羯: 後趙(319 - 350년), 前燕(337 - 370년), 後燕(384 - 407년). 선비鮮卑: 成漢(304 - 347년), 南燕(398 - 410년), 南涼(397 - 414년), 西秦(385 - 431년). 강羌 : 後秦(384 - 417년). 저氐: 前秦(351 - 394년), 後涼(389 - 403년). 한족: 前涼(320 - 375년), 西涼(400 - 420년), 北燕(407 - 436년).

지, 접두어 혹은 접미사에 따라 그 단어의 성격이 결정되는 것은 아니다. 동사, 형용사와 기타 품사 역시 이와 같다. 이러한 점이 인도유럽계 언어와는 명확하게 다른 점이다.

동사는 선진 시기에서는 어떠한 어법 특징도 없었으나 위진 남북조에 이르러서 동사 접미사에 '着', '了'가 발생하기 시작했다. 처음에는 실사實詞의 성질이 강하였지만 중고 후기 당대唐代에 이르러서는 완전히 어법화되었다. 이들의 구분은 동작의 진행체와 완성체의 표시를 통해서 할 수 있다.

부사 접미사 '地'가 남북조로부터 쓰이기 시작하여 수당隋唐 이후에 점차 성행하기 시작하였다. 형용사 접미사 '底(的)'는 당대唐代의 《선사어록禪師語錄》에서 이미 자주 사용되었다. 이러한 특징은 중국어의 품사가 동한東漢 시기의 과도기를 걸쳐 중고 이후에 점차적 스스로의 어법특징을 갖게 되었으며, 각각의 단어마다 그 의의와 역할이 더욱 견고화되어 상고 시기에는 품사 구분이 없던 것이 이 시기에 이르러서는 이미 큰 변화가 발생했다는 것이다. 각각의 중국어 품사가 자신의 특징을 가지게 된 근본 원인은 실사가 어법화된 '着'과, 다음은 방언에서 흡수된 '地' 그리고 고대 중국어에서 전화된 '阿' 등의 사용 때문이다.

이밖에 성조가 단어의 성질을 구별하였고(성조구사聲調構詞, 사성별의四聲別意), 역시 중고시기에 품사가 분화된 또한 하나의 표지이다. 본래 성조구사는 중국어의 큰 특징이며, 통상적으로 하나의 또 다른 의미를 나타낸다. 그래서 어떤 사람은 성조가 단어의 성질을 구별하는 성조구사聲調構詞 자체를 부정하기도 한다.

사실 성조구사聲調構詞에는 두 종류가 있다.

첫째, 성조가 같지 않고 문자의 형태詞形나 문자의 의미詞意가 각각 모두 별개이다. 예를 들면, '媽' · '痲' · '馬' · '罵' 등은 모두 'ma'라는 음은 같으나 성조와 문자의 형태가 각각 다르다.

둘째, 문자의 형태는 같지만 성조가 다르면 품사가 달라지는 경우이다. 예를 들면, 평성平聲의 '衣'는 명사이고, 거성去聲의 '衣'는 동사이다. 이는 새로운 단어를 생산하기 위한 것이 아니라 단지 단어의 성질을 구별하기 위한 것이었다.[62] 이

62) 원주: 周祖謨《漢語音韻論文集 · 四聲別意釋例》 제58쪽, 《因詞性不同而變調者》, 商務印

러한 현상은 동한東漢(25 - 220년)시기에 출현하였으며, 품사가 점점 구분이 생기게 된 원인 때문에 생겨난 현상 중의 하나이다. 예를 들면, 동한 정현鄭玄이 주를 단《주례周禮》·《예기禮記》·《의례儀禮》와 고유高誘가 주를 단《여람呂覽》·《회남자淮南子》와, 복건服虔과 응소應劭가 지은《한서》의 음의音義 표시 중에 한 글자에 두 가지 음을 가진 자가 매우 많다. 이는 옛날 사람들이 품사에 대한 관념이 진일보 발전했다는 것을 가리키기도 한다.

아래에서는 우리가 흔하게 볼 수 있는 예들을 3가지 유형으로 귀납하였다. 이전 사람들은 이를 '독파법讀破法'[63]이라 하였다. 그중에는 상고 언어에서 출현하고 있는 것도 있지만, 이러한 '독파법'은 오히려 중고시기에 보편적으로 사용되었다.

1) 평성은 명사, 거성은 동사인 경우

[喪]

22 天子之喪(sāng)動四海, 屬諸侯.《荀子·禮論》

천자의 상은 천하를 동요케 하고, 각 제후를 소집케 한다.

23 萬變不亂, 貳之則喪(sàng)也.《荀子·禮論》

만물의 변화는 질서정연한 것이나, 만약 그것을 어긴다면 예의 작용이 상실하게 되는 것이다.

[妻]

24 吾妻(qī)之美我者, 私我也.《戰國策·齊策》

나의 아내는 나를 서공보다 아름답다고 여기는데 이것은 그녀가 나에 대하여 사심을 가지고 있기 때문이다.

25 以其子妻(qì)之.《論語·公冶長》

그가 자기의 여식을 그에게 주어 시집보내다.

書館 1957년판 참고.

63) '讀破法'은 혹은 '四聲別意'라고도 한다.

[文]

26 儒以文(wén)亂法.《韓非子 · 五蠹》

유가는 고대경전문헌을 이용하여 지금의 법제를 어지럽힌다.

27 非以爲得求也, 以文(wèn)之也.《荀子 · 天論》

(군주가 가뭄에 하늘에 비를 구하고 점복을 치는 것은) 어떠한 결과를 얻고자 하는 것이 아니고, 형식을 갖추어 위안을 얻고자 하는 것이다.

2) 평성은 동사가 되고, 거성은 명사로 변화는 경우

[縫]

28 可以縫(féng)裳.《詩經 · 魏風 · 葛屨》

바지라도 깁게 하겠네.

29 古者冠縮縫(fèng), 今也衡縫.《禮記 · 檀弓》

고대의 모자는 직봉이었으며 현재는 역시 가로로 바뀌었다.

[傳]

30 名不貴苟傳(chuán), 唯其當之爲貴.《荀子 · 不苟》

명목이란 함부로 전해지는 것을 바래지 않고, 알맞게 전해지는 것으로서 귀하게 여긴다.

31 傳(chuàn)曰 : "不知其子視其友, 不知其君, 視其左右.《荀子 · 性惡》

옛 책에서 설명하기를 그의 자식을 알지 못하면 그의 친구가 어떠한 사람인가 살펴보며, 그 군주를 알지 못하면 그 좌우의 신하들이 어떠한 사람인가를 살피면 된다.

[乘]

32 乘(chéng)鄂渚而反顧兮, 欸(ái)秋冬之緒風.《楚辭 · 涉江》

악저에 올라 조국 산하를 돌아보고, 가을 겨울 바람을 맞으며 슬퍼하며 한탄하네.

33 命子封帥車二百乘(chèng)以伐京.《左傳 · 隱公元年》

정鄭 장공莊公이 자봉에게 명하여 이백 량의 마차로 숙단叔段이 점거하고 있는 경읍을 정벌하게 하였다.

[操]

34 猶未能操(cāo)刀而使割也.《左傳・襄公三十一年》

이는 마치 칼을 사용하게 하지 않고서 벨 수 있는 것과 같다.

35 湯客田甲雖賈(gǔ)人, 有賢操(cào).《漢書・張湯傳》

장탕張湯의 문객 전갑은 비록 상인이었지만 오히려 좋은 품덕을 가지고 있었다.

3) 평성 혹은 상성上聲이면 형용사이고, 거성은 동사로 변하는 경우

[空]

36 而且有空(kǒng)虛窮乏之實矣.《荀子・富國篇》

또한 텅 비고 궁핍해지는 실정에 놓일 것이다.

37 不弔昊(hào)天, 不宜空(kòng)我師.《詩經・小雅・節南山》

불행하도다 하늘이시여, (의롭지 않은 이에게 권력을 주어서) 우리 백성들을 곤궁하게 만들지 않았어야 되는 것을!

[勞]

38 故窮藉而無極, 甚勞(láo)而無功, 貪而無名.《荀子・正名》

그러므로 고생하며 떠들어도 법도가 없고, 매우 수고는 하나 아무런 공적도 없으며, 탐욕만 낼 뿐 좋은 명성도 얻지 못한다.

39 定王使王孫滿勞(lào)楚子.《左傳・宣公三年》

주周나라 정왕定王은 왕손 만滿으로 하여금 초자를 위로하게 하였다.

[好]

• 형용사

40 緇衣之好(hǎo)兮.《詩經・鄭風・緇衣》

검은 옷이 참 좋군요.

• 동사

41 中心好(hào)之.《詩經・小雅・彤弓》

진심으로 그것을 좋아하네.

[惡]

42 如惡(wù)惡(è)臭, 如好(hào)好(hǎo)色.《禮記・大學》

나쁜 냄새를 싫어하는 것처럼 좋은 색을 좋아하는 것처럼

앞의 '好'와 '惡'은 동사이고 거성이다. 뒤의 '好'와 '惡'은 형용사이며 '好'는 상성이고, '惡'은 고대에는 입성으로 반절음은 '오각절烏各切'이며 현대에는 'è'로 읽어 거성이다.

또한 中古시기에는 성모교체법聲母交替法으로 다른 품사가 되었는데, 이는 '독파법' 중의 두 번째 종류이다. 그 예문을 살펴보면 아래와 같다.

[會(huì, kuài)]

會合(회합하다)	- 匣(ɣ)母	- 동사
會計(회계)	- 見(k)母	- 명사

[長(cháng, zhǎng)]

長短(긴)	- 澄(ḍ)母	- 형용사
長輩(선배)	- 知(ṭ)母	- 명사

[齊(qí,jì]

整齊(가지런한)	- 從(dz)母	- 형용사
齊('登'이나 '升'의 의미)	- 精(ts)母	- 동사

[期(jī, qī)]

朞(jī, 주년周年)	- 見(k)母	- 명사
期會(기약하다)	- 群(g)母	- 동사

[樂(yuè, lè)]

樂曲(음악)	- 疑(ŋ)母	- 명사
快樂(즐거운)	- 來(l)母	- 형용사

이상 구별법은 단어의품사를 구별하는 현상 중의 하나로, 현대 중국어 속에도 여전히 존재하지만 이는 일관된 보통 규범이 아니고 단지 일부분 단어에서만 나

타나는 특징이다.

중고시기의 어법에는 상고와 비교하여 아래 네 가지 명확한 서로 다른 특징이 있다.

① 의문사와 부정구의 대사목적어가 상고에는 반드시 동사 앞에 놓였는데 전국시기戰國時期(BC 403 - BC 221년)에는 이미 그렇지 않는 예외가 출현하기 시작하였다. 동한東漢 이후 예외 현상이 규칙으로 발전하였고, 마침내는 일반 문장구조와 같이 동목구動目句(先動后目)로 변하였다.

43 我曹不活女(汝).《悲憤詩》[64]
우리 무리들이 너를 살리지 못하였구나.
44 自爾莫敢近之.《古小說鉤沈·廣記》
그 후부터는 그곳에 감히 접근하지 못했다.

상고에서는 마땅히 "不汝活"나 "莫之敢近"으로 써야 한다. 이러한 변화는 아마도 동질성 작용과 관계가 있는 것이 아닌가한다. 왜냐하면 중국어에서 목적어를 동사 앞에 두는 어순은 결국은 비교적 특수한 것으로 동사가 앞에 오고 목적어가 뒤에 오는 일반 문형의 영향을 받았기 때문일 것이다.

② 피동식被動式이 좀 더 완벽한 형태를 갖추었다.
'爲……所'의 연용連用형식 이외에 '被'자가 사용하게 되었다.[65]

45 同是被逼迫, 君爾妾亦然.《玉臺新咏·古詩爲焦仲卿妻作》[66]

---

64) 채염蔡琰은 자가 문희文姬 혹은 소희昭姬이다. 동한東漢 시기의 문학가 채옹蔡邕의 딸이다.
65) 杜甫의 시 제목 중 〈茅屋爲秋風所破歌〉는 '爲……所' 구조의 피동문이다.
66) 《古詩爲焦仲卿妻作》은 혹은 《孔雀東南飛》라고도 한다. '而'자를 혹은 '爾'자로도 쓴다. '이것'이라는 대사의 의미로 쓰인다. 이 작품은 남조南朝 진陳의 서릉徐陵(507~583)이 편찬한 옥대신영玉臺新咏의 제1권의 원제 《古詩爲焦仲卿妻作》이나 시의 첫 구절이 공작동남비孔雀東南飛로 시작되기 때문에 후세에 이를 작품명으로 부르게 되었으며 악부시집樂府詩集에도 수

동시에 핍박을 당하네, 그대도 그렇고 첩 또한 그렇다네.

이러한 '被'자를 사용한 '피동식被動式'은 이 시대 유행하기 시작한 새로운 형식이다.

③ '처치식處置式'은 중고 시기에서 생겨났고 완성되었다. 이 이전에는 목적어와 동사의 관계, 그 어순이 비교적 단순하였다. 처치식은 삼국三國시기에 생겨났고 당唐 시기에 성행하였다.

46 敢將十指誇針巧, 不把雙眉鬥畫長.《貧女》
열 가락 손가락의 바늘 기교를 감히 자랑할 만하지만, 두 눈썹머리 화장으로 용모를 뽐내지 않는다네.

이와 같은 형식은 동목動目 관계가 하나의 새로운 양상을 가져오게 하였다. 목적어, 그것이 길지 않은 목적어는 전치사 '把'·'將'을 사용하여 동사 앞에 놓게 되었다.

④ 중고시기에 이르러, 복수 표지로 대사와 명사형 끝에 '們'(혹은 '門'을 쓰기도 한다)을 썼다.

47 渠們底箇, 江左彼此之辭.《北齊·王卲·齊志》[67]
그들(渠們)의 '底箇(這個)'는 강남 좌측 지방의 '彼此'라는 뜻입니다.

이것은 대개 오吳 지방의 방언에서 흡수되어 온 것이며, 代詞 용법중 하나의 새로운 표현이며 전에는 없었던 것이다.

록되어 있다.

67) 왕소王劭, 생졸년 미상未詳. 수隋 나라 병주并州 진양晋陽(지금의 태원太原 남교南郊) 사람이다. 왕소는《隋書》80卷을 편찬하였고, 編年體《齊志》20卷, 紀傳體《齊書》100卷을 저술하였다.

이밖에 중고시기는 불경의 번역으로 인하여 범문梵文에서 전래되어진 새로운 문형이 있었다. 《금강경金剛經》의 첫 번째 문장 "如是我聞"라는 뜻은 "這是我(聽來的."[68]이다. 그러나 전통의 문형에서 이러한 문장은 없었다. 《백유경百喩經》의 첫 구에는 반대로 "聞如是"라고 되어 있는데, 분명히 역자가 의도적으로 중국어화漢語化한 것이다. 또 불가의 강창講唱문학의 특수한 체제는 중국어의 문학 언어에 매우 많은 영향을 미쳤다. 예를 들어 변문變文 각 편의 끝에 항상 있는 "乃爲詩曰" 혹은 "其詩曰"은 곧바로 명청明淸시기 장회章回 소설의 "後人有詩嘆曰"의 근원이 되었다.

(3) 근대 어법의 특징

- 근대 -

중국 언어학사에 있어 근대시기는 宋(960 - 1279년) · 元(1271 - 1368년) · 明(1368 - 1644년) · 淸(1644 - 1911년)에서 아편전쟁[69] 이전까지를 가리킨다. 이 시기는 중국어의 문학 언어가 완비되어 성숙되어지는 시대이다. 이 시기의 중국어의 모든 어법구조와 표현형식은 전시대에 비해 더욱 풍부해 졌고 더욱 더 많은 발전을 이루었다. 이 시기에 유명한 작가나 학자가 많이 배출되었다. 매우 풍부하고 다채로운 언어를 운용하여 많은 훌륭한 문학작품을 탄생시켰으며, 그 문학작품 속의 언어구조와 다양화된 언어 표현수단은 근대 이후의 중국어 발전에 견고한 기초가 되었다.

이 기간에는 동사 접미사 '着', '了', 형용사 접미사 '的', 부사 접미사 '地'가 보편적으로 사용되었고, 시간이 흐를수록 더욱 더 통일된 규범을 갖추게 되었다.

---

68) "이것은 내가 직접 들은 것이다." 부처에게서 들은 교법敎法을 그대로 믿고 따르며 적는다는 뜻으로, 불교경전 첫머리에 쓰는 말이다. '나'는 붓다의 설법을 들은 아난다(阿難, Ānanda)를 가리키며, 아난다가 붓다의 가르침을 사실 그대로 전한다는 의미이다. 산스크리트어 '이와 같이 나는 들었다'란 번역한 말이다.

69) 1차 1841년, 2차 1860년.

고대중국어로부터 발전되어온 어미語尾 어기사語氣詞 '麽'·'嗎'·'呢'·'哩'와 '呀'는 근대의 서면어에서 광범위하게 출현하였으며, 대중적 문학작품 《수호전水滸傳》·《홍루몽紅樓夢》·《유림외사儒林外史》 등을 통하여 전 국민 언어 속으로 파고 들어가 일반화되었고, 중국어의 서면 형식 중의 규범화가 되었다.

근대 어법의 어법적 특징을 살펴보면 아래와 같다.

① 앞에서 이미 언급하였다시피, 상고에서는 일반목적어(대사 목적어 제외)는 동사 앞에 놓이지 않았다. 중고시기에 처치식處置式이 발생하면서 목적어를 동사 앞에 둘 수 있었다. 근대시기에 이르러 목적어가 동사 앞에 놓이는 또 다른 형식이 쓰이게 되었다. 즉 전치사와 부사를 연결한 하나의 특수한 구조 '連……也'를 사용하게 되었다.

48 連這句俗語難道也不明白?《紅樓夢·三十回》
이런 평범한 말조차도 설마하니 알아듣지 못하겠니?

② 근대 문학 언어 중 복문複文은 고중국어에 비하여 현저하게 복잡하고 정밀화된 구조를 갖추게 되었다.

48 李逵那里答應, 睜圓怪眼, 拔出大斧, 先砍倒了杏黃旗, 把"替天行道"四個字扯做粉碎, 衆人都吃一驚.《水滸傳·七十三回》
이규는 이를 보고 눈을 크게 뜨고 괴이한 눈을 하고는 큰 도끼를 뽑아들고 먼저 노란 깃발을 찍어버리고, "하늘을 대신하여 도를 행하였다"라는 4개의 글자를 잡아당겨 갈가리 찢어버려 사람들을 크게 놀라게 했다.

49 鴛鴦果命人取(杯子)來. 劉姥姥一看, 又驚又喜: 驚的是一連十個挨次大小分下來, 那大的足足的像個小盒子, 極小的還有手裡的杯子兩個大; 喜的是雕鏤奇絕, 一色山水樹木人物, 並有草字以及圖印.《紅樓夢·四十一回》
원앙은 사람을 시켜서 잔을 가져오게 하였다. 유할멈은 놀라기도 하고 한편으로는 기뻐하였다. 놀랄 일은 열 개의 컵을 순서대로 분류하여 보면 큰 것의 크기는 작은 대야 같았으며, 가장 작은 것은 또한 일반 컵의 두 배 만큼 컸다. 즐거운 것은 컵에는 극히 기이한 조각이 아로새겨 있었고, 산, 물, 나무, 인물이 일색이었으며 아울러 초서 및 인장까지 있었다.

③ 근대 중국어의 동보動補구조는 원래 중고시기에 발생하였는데, 이를 기초로 더욱 더 새롭게 발전되었다. 구조조사構造助詞 '得'의 뒤에 일련의 몇 개의 문장을 사용하여 '得'자구의 표현력을 더욱 강화시키게 되었다.

51 洪太尉倒在樹根底下, 唬得三十六個牙齒捉對兒廝打; 那心頭一似十五個弔桶, 七上八落的響; 渾身都如重風麻木; 兩腿一似斗敗公鷄; 口裏連聲叫苦.《水滸傳 · 一回》

홍태위는 나무 아래로 쓰러졌다. 놀라서 36개의 이빨이 둘씩 짝을 이루어 서로 부딪치는 소리를 냈다. 그의 심장은 15개의 두레박이 흔들리는 것같이 두근두근 하는 소리를 냈다. 온 몸은 모두 중풍으로 마비된 나무 같았고, 두 다리는 전투에서 패배한 수탉 같았으며, 입속에서는 계속해서 고통으로 울부짖는 소리를 냈다.

위의 '得'자구 뒤에 다섯 구는 모두 보어이다. 이렇게 복잡한 보어의 형태는 근대 이전에는 보이지 않았었다.

중국 언어학사의 시기구분을 대해서는 의견이 매우 분분하다. 크게 아래와 같이 세 가지로 분류할 수 있다.

2분법: 고대어법 - 근대어법(현대어법 포함): 呂淑湘《近代漢語指代詞》

3분법: 고대어법 - 근대어법 - 현대어법: 蔣紹愚《近代漢語研究概要》

4분법: 고대어법 - 중고어법 - 근대어법 - 현대어법: 潘允中《漢語語法史概要》

'3분법'에서의 근대어법 시기는 본 책의 중고시기와 근대시기를 포함할 수 있다. 따라서 시기는 '위진魏晉과 오호십육국五胡十六國에서 수당隋唐을 걸쳐 송宋 · 명明 · 원元과 청대의 아편전쟁'까지를 가리킨다 하겠다.

(4) 현대 어법의 새로운 변천
- 현대 -

5 · 4운동(1919년) 이후를 현대시기라 한다. 중국어는 상고에서 현대까지 지속적으로 발전하여 왔고, 사법詞法(詞의 구성방식)은 물론 구법句法(문장의 구성방식) 등 모든 면에서 상당히 풍부하며 우아하고 아름다운 정도에 까지 이르게 되었다. 지구상에서 각기 다른 유형의 언어들은 각각 다른 어법특징을 가지고 있으며, 중국어는 인도유럽계 언어와는 달라중국어는 인도유럽계 언어처럼 그렇게 복잡한 형태는 아니지만 그래도 중국어 역시 그 자신에 상응하는 완성된 어법특징을 갖추고 있다. 이러한 특징은 아래 세 방면으로 나타났다.

첫 번째, 신흥 접미사의 발생이다.

이 '新'이란 것은 일종의 상대적 개념으로, 사실상 신흥 접미사는 본래 고중국어에 있었던 실사가 현대에 와서 비로소 어법화(허화)로 완성되었고 순수한 접미사가 되었다. 예를 들면 '者' · '家' · '式' 등이다. 어떤 것은 일본어를 번역하는 과정에서 차용된 것으로 예를 들면, '型' · '性' · '化' 등이다.

신흥 접미사의 아래와 같은 기능 역할을 한다.

문장의 신축성을 넓혀서 많은 동사는 모두 '者' 혹은 '家'와 함께 쓰여 명사화 시킨다. 또한 많은 명사와 형용사는 모두 '化'와 함께 쓰여 그것들을 동사화 시킨다. 동시에 이런 이유로 이것들 접미사는 바로 단어詞의 성분을 명확히 하는 기능을 담당한다. 예를 들면 '老' · '家' · '性'은 명사의 표지가 되며, '式' · '型'은 형용사의 표지가 되고, '化'는 동사의 표지가 되기 때문에 한 번 보면 대번에 알 수 있다.

둘째, 접미사 '的' · '地'의 결구가 갈수록 복잡하게 되는 것이다.

단어와 단어가 결합한 구까지도 '地'가 붙어 그것을 부사화 시키며, 아울러 연속으로 몇 개를 붙여서 문장을 만들 수 있다. 이것은 송원宋元의 사곡詞曲 속에서 계승되어 왔고 현대에 이르러서는 더욱 발전된 구조이다. 예를 들면 다음과 같다.

茫茫 → 白茫茫 → 白茫茫的
온통 끝없이 하얗다.
冷的 → 冰冷的 → 冰冷冷的
쌀쌀하다. 차디차다.
慢慢地 → 慢吞吞地 → 慢條斯理地
느긋느긋하다. 느릿느릿하다. 태연자약하다.
糊塗 → 糊塗地 → 糊里糊塗地
얼떨떨하다. 흐리멍덩하다. 어리벙벙하다
堅持不渝 → 堅持不渝地
생각이나 포부가 끝까지 변함 없음

생각이나 포부가 변함없이 끝까지 변함이 없다.

信心百倍 → 信心百倍地
자신만만하다. 자신감에 차다.

셋째, 동목식動目式의 동사화動化로, 그 뒤에 목적어를 가져올 수 있다.

이러한 형식은 현대 중국어어법의 큰 특징으로 고대에는 거의 없었고 근대에서도 보기 드문 현상으로 최근 50년 사이에 발전해온 것이다. 그 예를 아래에서 살펴보자.

動員群衆. 投資實業. 關心政治. 評價作品. 登陸關島.
出席會議. 注意健康. 安心工作. 致力革命

이러한 현상은 동목구動目句 단어가 동사화되면서 원래의 목적어가 형태소화되어 쌍음절 동사와 분리될 수 없게 되었기 때문으로, 원래 있던 기능은 없어지게 되고 다른 목적어를 이끌어내게 되었다.

이러한 중국어가 지닌 품사적인 특징은 상고에서는 명확하지 드러나지 않은 상태였다가 점차 발전하여 현대에는 비교적 명확한 상태가 되었다고 할 수 있다.

이는 보편적 규율이지는 않지만, 이미 적지 않은 단어가 신축성을 유지하면서 중국어 품사가 품사의 특징을 갖추게 되었다는 점에서는 오히려 긍정적이다. 품사의 특징은 결코 형태적 특징이 아니며 중국어와 인도유럽계어의 언어 형태와는 달라서 절대로 인도유럽계의 형태로써 중국어를 가늠할 수 없다. 하지만 중국어학자 마백락馬伯樂은 중국어는 어법범주와 품사가 없으며, 중국어는 명사도 동사로 분류할 수 없는 언어라 하였다.[70] 그러나 이는 사실과 다르며 오히려 자신이 중국어에 대한 지식이 짧음을 폭로한 셈이다.

구법句法(형태론)에 있어, 현대 중국어는 이전시기에 비하여 매우 크게 발전하였다. 가장큰 발전은 주로 5 · 4 이후에 시작되었다.

5 · 4 운동은 중국 문화가 구문화에서 신문화로 발전되어가는 전환점이 되었다. 이 이후로 1949년 공산주의가 들어서고 사회주의 혁명이 이어지면서 자연히 교제도구로 사용할 수 있는 중국어의 활용과 변혁이 요구되어 중국어의 어법구성을 개선시켰다. 이는 중국어가 5 · 4로부터 현재까지 전대미문한 큰 발전을이룬 중대한 원인이다. 이러한 원인은 중국어 내부 조직의 변화와 발전을 가속시켰으며 문언폐지라는 문체 전환을 촉진시켰고, 대량의 외국어 어법 성분을 흡수하게 하였다.

아래에서는 이 시기에 비교적 현저하게 드러난 문장 형태론에 대하여 살펴보도록 한다.

1) 복잡한 시제를 표현하는 새로운 문법의 탄생

중국어의 시간 표시(현재, 과거, 미래)는 부사로 표현되어진다. 시간부사時間副詞는 자신이 시간을 표시하는 특징을 지니고 있기 때문에, 일반적으로 문장 중 술어는 통상적으로 하나의 부사를 사용하게 된다. 만약 그렇지 않으면 술어의 시간이 정확하지 않은 상황이 발생하게 된다. 그래서 한 문장에서 동시에 두 개의 시간 부사를 사용하지않으며, 각각의 문장은 각기 다른 시간(현재, 과거, 미래)

70) 원주: Maspero, N. "LaLangue Chinoise(論漢語)."

을 표시하는 부사를 사용한다. 즉 한 문장에서 술어 앞에 과거 · 현재 · 미래를 나타내는 부사가 동시에 출현하는 것을 허용하지 않았다. 그러나 5 · 4 운동 이후에 새로운 변화가 발생하였다. 과거를 표시하는 부사와 현재를 표시하는 시간부사가 동시에 사용하게 되었다. 이것은 확실히 이전에 없었던 새로운 어법형식이다. 아래에서는 《모택동전집毛澤東全集》의 문장을 예를 들어 설명하면 다음과 같다.[71)]

52 他們在鬥爭中已經改造或正在改造自己, 我們的文藝應該描寫他們的這個改造過程.[72)]

그들은 투쟁의 과정에서 이미 변화되었거나 혹은 자신을 변화시키기 중에 있으며, 우리들의 문예활동은 그들을 이러한 변화되는 과정을 마땅히 묘사하여야 한다.

혹은 어느 때는 동시에 동작의 완성체를 표시하는 '了'와 함께 현재 시간를 표시하는 부사를 사용하여 동시에 과거와 현재를 표현하고, 혹은 부사 뒤에 다시 진행체의 '着'을 추가하여 복잡한 시태時態를 표시한다.

53 建立了或正在建立民選的共産黨人和各抗日黨派及無黨無派的代表人物合作政府, 亦卽地方性的聯合政府.[73)]

건립되었거나 마땅히 건립하고 있는 민선의 공산당원과 각 항일당파 및 무 당원파의 대표 인물들이 정부에 협조하는 것을 역시 지역적 연합정부라고 한다.

54 我們黨在自己的二十四年奮鬥中, 克服了和正在克服着這些錯誤思想, 使得我們的黨在思想上極大地鞏固了.[74)]

우리당은 우리들의 24년 투쟁가운데 바야흐로 이러한 잘못된 사상을 극복하였거나 극복 중에 있으며 더하여 우리들 당의 사상은 더욱더 공고하게 하였다.

55 一九四二年和一九四三年, 兩年先后開始的帶着普遍性的整風運動和生産運動, 曾經分別地在精神生活方面和物質生活方面起了和正在起着決定性的作用.[75)]

---

71) 원주: 본 저서에서 인용하는 아래 《毛澤東選集》의 쪽수는 1969년 출판한 《毛澤東選集》을 가리킨다.(이하 같음)

72) 원주: 《毛澤東選集》 제806쪽.

73) 원주: 《毛澤東選集》 제946쪽.

74) 원주: 《毛澤東選集》 제995쪽.

75) 원주: 《毛澤東選集》 제1007쪽.

1942년과 1943년, 두 해에 전후로 일반적인 정풍운동과 생산운동을 개시 하였으며, 이것들은 각기 정신생활방면과 물질생활방면에서 결정적인 작용을 일으켰거나 일으키고 있다.

본래 '了', "着"은 모두 단지 표체表體(완성체, 진행체)로, 시간을 표시하지 않았으나, 예문 53 - 55의 문장 중 '了'는 뒤에 쓰이는 부사의 영향으로 구체적이고 명확한 과거시간을 표시하는 작용을 한다. 이러한 형식은 새로운 변화로 매우 효과적으로 단순한 서술어를 복잡한 서술어로 변화시키며, 단순한 시태를 복잡한 시태로 변화시킨다. 행위의 과거 혹은 현재를 정확하게 표현할 수 있기 때문에 이러한 어법 형식은 문장을 더욱 정밀하게 하는 작용을 하였다.

2) 두 개의 조동사가 동시에 사용되는 어법 탄생

조동사('可以', '應該' 등)의 전통적인 용법은 동사 앞에 놓여 동사와 공동으로 합성合成 서술어를 만들며, 그 자신은 또한 합성 서술어의 일부분이 된다. 그렇기 때문에 일반적으로 단지 하나의 조동사를 사용하며(예 '可以做', '應該說'), 혹은 예외적으로 두 개 이상을 연용하여 그 뒤의 주요 동사의 수보다더많아지기도 한다. 그러나 '5·4' 이후 사용한 새로운 문법은 오히려 이러한 한계성을 타파하여 하나로 합성 서술어에 두 개의 조동사를 연용할 수 있게 되었다.

예를 들면 다음과 같다.

56 在民主革命階段內, 國內階級間, 黨派間, 政治集團間的矛盾和鬥爭是無法避免的, 但是可以而且應該停止那些不利于團結抗日的鬥爭. ……[76)]

민주혁명의 과정에서 국내 계급간, 당파간, 정치집단간의 모순과 투쟁은 피할 수 없는 것이다. 그러나 단결하여 항일 투쟁하는데 이익이 되지 않는 것은 멈출 수 있을 뿐만 아니라 마땅히 멈추어야 한다.

57 但是, 這種矛盾, 這種不同的要求, 在整個新民主主義的階段上, 不會也不應該使

---

76) 원주:《毛澤東選集》제240쪽.

之發展到超過共同要求之上.[77]
그러나 이러한 모순, 이러한 다른 요구는 신민주주의 발생 과정에서 공동적 요구를 넘어서는 것은 마땅히 할 수도 없고 해서도 안 된다.

예문 56은 원래 두 가지 층면의 의미를 포함하고 있다. 즉 "可以停止那些不利于團結抗日的鬪爭"[78]와 "應該停止那些鬪爭"[79]이다. 예문 57 역시 "不會使之發展到超過共同要求之上"[80]와 "也不應該使之發展到那樣"[81]두 층은 의미가 다르다. 두 가지 각기 다른 측면 "可以而且應該"[82]와 "不會也不應該"[83]구절을 융합하여 한 구절로 만드는 구성방식은 문장 구조를 더욱 다양화하고 긴밀하게 하였다.

3) 새로운 병렬 서술문의 탄생

위에서 언급한 두 개 조동사 연용의 구조에서 둘중하나만이 주요동사가되고, 뜻은 비록 복잡해도 문장은 결국 하나의 술어문이다. 이러한 구조는 병렬 서술문으로 바뀔 수 있지만 일반적의 병렬 서술문과는 다르다. 이 종류의 병렬문은 두 개의 서로 다른 서술어를 병렬하지만 같은 서술어의 병렬한 것으로 하나는 조동사를 가지며, 하나는 가지지 않는다. 대부분은 부정문이나 가끔은 긍정문일 수도 있다.

예를 들면 다음과 같다.

58 魯莽的、專凭熱情的軍事家之所以不免於受敵人的欺騙……就是因爲他們不知道或不願意知道任何軍事計劃, 是應該建立于必要的偵察和敵我情況及其相互關

77) 원주:《毛澤東選集》제957쪽.
78) "단결하여 항일 투쟁하는데 이익이 되지 않는 그것들을 멈출 수 있다."
79) "마땅히 그러한 투쟁을 멈추어야 한다."
80) "공동의 요구를 넘어서는 것까지 진전되게 할 수는 없다."
81) "거기에 까지 이르도록 하는 것은 역시 마땅하지 않다."
82) "할 수 있을 뿐만 아니라 마땅히 해야 한다."
83) "할 수 없을 뿐만 아니라 마땅하지도 않다."

系的周密思索的基礎之上的緣故.[84]

무모하게 열정만을 가진 군사가들은 적의 기만을 당하는 것을 면할 수가 없으며…… 왜냐면 그들은 몰랐거나 본래 어떤 군사적 계획을 알려고 하지 않았기 때문이다. 그래서 이는 마땅히 필요한 정찰, 적과 우리의 상황, 그 상호 관계에 있어 미묘한 생각을 기초로 한 원인 등을 근거로 해서 수립하여야 한다.

59 魯莽家不知改變, 或不愿改變, 只是一味盲干, 結果非碰壁不可.[85]

무모한 사람은 변함을 모르고, 혹 변하기를 원하지 않거나 단지 덮어놓고 맹목적으로 하기 때문에 그 결과는 벽에 부딪치지 않을 수 없다.

60 它取得了和可能取得數百萬産業工人, 數千萬手工業人和雇傭農民的同意, ……[86]

수백 만 산업공인, 수천 만 수공업인과 고용농민의 동의를 얻거나 얻을 수 있으면 ……

이러한 종류의 병렬서술어 특징은 바로 동일한 서술어의 병렬이며 서로 다른 서술어의 병렬이 아니다. 이러한 형식은 단순한 문장으로 다양 효과를 거둘 수 있다.

4) 복잡한 연동문 구조

몇 개 동사나 혹은 동사성動詞性 문장을 연용하는 문형은 원래 상고시기에서 이미 발생하였고 중고와 근대 중국어에서 보편적으로 존재하였다. 그렇지만 이전의 문장 방식은 일반적으로 그렇게 복잡한 연동구조가 아닐 뿐만 아니라 몇 개의 동사가 하나의 목적어를 공동으로 관리하여 연용구가 아니다.

예를 들면 다음과 같다.

61 吾嘗跂而望矣, 不如登高之博見也.《荀子 · 勸學》

내가 일찍이 발돋움 하여 바라보았으나 높은 곳에 올라 널리 바라보는 것만 못하였다.

84) 원주:《毛澤東選集》제164쪽

85) 원주:《毛澤東選集》제164쪽

86) 원주:《毛澤東選集》제957쪽

62 項莊拔劍起舞.《史記 · 項羽本紀》
항장이 검을 뽑아 들고 춤을 추기 시작하였다.

63 (蘇峻)將至吳, 密敕(命令)左右, 令入閶門放火以示威.《世說新語 · 規箴》
소준이 장차 오나라에 이르렀고, 부하에게 密令을 내려 대문으로 들어가 불을 놓고 위세를 떨쳐 보이도록 하였다.

64 忽見襲人招手叫他.《紅樓夢 · 二十五回》
홀연히 손으로 손짓하여 그를 부르는 습인을 보았다.

65 我少不得忍著疼下去取去.《紅樓夢 · 三十五回》
나는 가서 가지고 오지 않을 수가 없다.

5 · 4 이후에 이르러, 연동구조는 점점 복잡해져 하나의 문장이 3, 4개 이상의 동사 혹은 동사구가 연용되거나 몇 개의 동사가 공동으로 하나의 목적어를 취하기도 한다. 이러한 형식은《모택동선집》에서 가장 먼저 두드러지게 나타나고, 현대문학 작품 속에도 역시 적지 않게 쓰인다.

66 這就需要我們和全國人民更大地發展抗日和民主的運動, 進一步地批評、推動和督促國民黨, 團結國民黨內主張和平、民主、抗日的分子, 推動動搖猶豫的分子, 推除親日分子, 才能達到目的.[87]
이것은 바로 우리들과 전국인민에게 항일과 민주운동을 더욱 크게 발전시켜야 한다고 요구하며, 한걸음 더 나아가서 국민당을 비평하고 독려하고 독촉하여야 하며, 국민당내에서 화평, 민주, 항일을 주장하는 사람을 단결시켜야 하며, 동요하는 안일한 분자들을 몰아내며 친일분자를 제거하여야만 비로소 목적에 도달할 것이다.

67 中國的革命的文學家藝術家, 有出息的文學家藝術家, 必須到群衆中去, 必須長期地無條件地全心全意地到工農兵群衆中去, 到火熱的鬥爭中去, 到唯一的最廣大最豐富的源泉中去, 觀察、體驗、硏究、分析一切人、一切階級、一切群衆、一切生動的生活形式和鬥爭形式, 一切文學和藝術的原始材料, 然后才有可能進入創作過程.[88]
중국의 혁명적 문학가 예술가, 장래성 있는 문학가 예술가는 반드시 군중속으로 들어가야 하며, 반드시 장기적이며 무조건적으로 모든 마음과 모든 뜻으로 공농병의 군중속으로 들어가며, 뜨거운 투쟁속으로 들어가야 하며, 오직 하나의 가장 광대하

87) 원주:《毛澤東選集》제235쪽
88) 원주:《毛澤東選集》제817, 818쪽

며 가장 풍부한 원천속으로 들어가 모든 사람, 일체의 계급, 일체의 군중, 모든 생동적인 생활형식과 투쟁형식, 일체의 문학과 예술의 원시재료를 관찰 체험 연구 분석해야만 비로소 창작과정에 진입할 수가 있다.

68 (有翼)說着跑過去握着玉梅的手腕又寫了一個, 果然寫得好一點.《蘭州學刊》
유익은 말하면서 달려가서 옥매의 손을 잡고 또 하나를 썼는데 과연 잘 썼다.

69 如果不是廿五年前習武騎馬跌傷了腿 …… (矛盾《子夜》)
만약 25년 전에 무술을 익히다가 말에서 떨어져서 넓적다리를 다친 것이 아니라면

이러한 문장의 특징은 (1) 하나의 주어가 연속성의 동작을 나타내며, 그것은 병렬구조와는 다르다. (2) 몇 개의 동사가 서로 관련될 뿐만 아니라 서로 의존및 제약하여 그들의 어순은 일반적으로 바꿀 수 없다. (3) 연동식 가운데 또 연동이 있다.

이렇게 구성된 연동식은 중국어의 구법(형태론)이 더욱 복잡하고 정련되어지고 엄밀해졌다.

5) 복잡한 수식어

수식어란 것은 명사를 관형어와 동사를 수식하는 부사어를 포함한다. 이러한 수식 구조는 상고시기에는 매우 간단했다. 중고시기에 수식어는 어느 정도는 비교적 복잡해졌지만 기본적으로 여전히 간단한 것 위주였다. 아래의 몇 가지는 비교적 긴 명사수식어의 문장을 가지고 있지만 그수는 적고, 긴 부사어를 지닌 문장은 근본적으로 없다고할수있다.

70 於是遂使吏盡滅春申君之家, 而李園女弟初幸春申君有身而入之王所生子者遂立.《史記・春申君列傳》
그리하여 이원은 아전을 시켜서 춘신군의 가족을 진멸시켰으나, 이원 여 동생인 처음에 춘신군의 총애를 받았을 때 임신하여 왕의 첩이 되어서 난 아들이 옹립되게 되었다.

71 雜兵器弓矢旌旗刀劍矛盾弓服矢房甲胄之屬, 缾盂簦笠筐筥錡釜飮食服用之器, 壺矢博弈之具, 二百五十有一, 皆曲極其妙.《韓愈・畫記》
이런 저런 무기와 활과 화살과 깃발들 그리고 칼과 창과 방패와 활집과 화살통 및

갑옷과 투구, 물 긷는 항아리와 사발과 우산과 삿갓과 네모난 광주리와 둥근 광주리 그리고 다리가 있는 솥과 없는 솥 및 먹고 마시는 그릇들, 그리고 투호 기구와 장기와 바둑 도구 등이 이백 스물 하나인데, 모두가 극도로 세밀하게 그 모양을 잘 그렸다.

72 況禹跡所揜揚州之近地, 刺史縣令之所治, 出貢賦以供天地宗廟百神之祀之壤者哉?《韓愈·祭鱷魚文》

하물며 우의 족적이 다스렸던 양주와 가까운 고장이며, 자사와 현령이 다스리는 곳으로써 공물과 세금을 바치어 하늘과 땅의 신과 종묘와 온갖 신들을 제사지내도록 하는 땅이어서 잘 다스리지 않겠는가?

근대의 백화소설 속에서 점차 이러한 복잡한 명사 한정어가 있지만, 길고 긴 부사어는 여전히 드물게 보인다. 예를 들면 다음과 같다.

73 敝府管下黃泥岡上一夥賊人, 共是八個, 把蒙汗藥麻翻了北京大名府梁中書差遣送蔡太師的"生辰綱"軍健一十五人.《水滸傳·十七回》

저의 관내 황니강에 한 무리의 도둑떼가 있는데 모두 8명으로 북경대명부의 양중서에게 보내는 채태사의 "생진강(생신예물)"이라는 선물을 들고 가는 병사 15명을 몽환약을 써서 마비시켰습니다.

74 莫不是人叫他'三寸丁谷樹皮'的武大郎?《水滸傳·二十四回》

설마 이 사람이 사람들이 말하는 삼척껍데기(키가 작고 보잘 것 없는)의 무대랑이 아닌가?

75 襲人也把打發宋媽媽給史湘雲送東西去的話告訴了寶玉.《紅樓夢·三十七回》

습인은 송마마를 시켜서 사상운에게 물건을 가져다 주며 한 말까지도 공옥에게 알렸다.

76 彼時賈母又命將袪邪守靈丹及開竅通神散, 各樣上方秘制諸藥, 按方飲服.《紅樓夢·五十七回》

그때 가보옥 어머니가 또 거사수령단과 개규통신산, 각각 비밀스럽게 만든 약을 꼭 먹는 방법을 따라서 먹으라고 했다.

5·4 이후의 현대중국어와 상술한 각 예문과는 크게 다른 점이 있다. 이 시기 사회현상은 어느 때보다도 더 복잡하며 다양한 신사상이 발생하였고, 서방 언어

방면의 지속적인 영향을 받아 중국어는 복잡한 현실 요구에 부합하는 문장들의 사용이 요구되었다. 아래의 길고 복잡한 한정어 혹은 부사어를 가진 문장은 5 · 4 이후에 비로소 성행하기 시작했다.

77 著《歐洲戰役史論》, 主張德國必勝, 后來又主張對德宣戰的政客, 也只得跟着人家湊一湊熱鬧, ……[89)]

《유럽전역사론》을 저서하여 독일의 필승을 주장하였고, 후에 와서 다시 독일에게 전쟁을 선포하도록 주장한 정객은 어쩔 수 없이 다른 사람들의 주장에 휩싸이게 되었다.

78 在世界資本主義戰線已在地球的一角(這一角佔全世界六分之一的土地)崩潰, 而在其餘的角上又已經充分顯露其腐朽性的時代, 在這些尙存的資本主義部分非更加依賴殖民地半殖民地便不能過活的時代, 在社會主義國家已經建立并宣布它願意爲了扶助一切殖民地半殖民地的解放運動而鬥爭時代, 在各個資本主義國家的無產階級一天一天從社會帝國主義的社會民主黨的影響下面解放出來並宣布他們贊助殖民地半殖民地解放運動時代, 在這種時代, 任何殖民地半殖民地國家, 如果發生了反對帝國主義, 卽反對國際資產階級, 反對國際資本主義的革命, 它就不再是屬于舊的世界資產階級民主主義革命的範疇, 而屬于新的範疇了.[90)]

세계자본주의 전선에서 벌써 지구의 한 부분이 붕괴되었지만, 그러나 그 남은 여지에서 또 이미 충분히 그 시대의 부패성이 드러난 시대에, 일찍이 이러한 자본주의는 존재해왔던 식민지나 반식민지에 의지하지 않으면 생활해 나갈 수 없는 시대에, 사회주의 국가에서는 그것이 원하는 것을 위하여 일체의 식민지 반식민지의 해방운동을 도와주어 투쟁 할 수 있는 시대에, 각개의 자본주의국가의 무산계급은 날마다 사회제국주의의 사회민주당의 영향 아래 해방되어져서 아울러 그들이 돕는 식민지 반식민지의 해방운동을 선포한 시대에, 이러한 시대에 있어, 어떤 식민지 반식민지 국가가 제국주의에 반대하여 일어났으며 이미 국제자산계급을 반대하고 국제자본주의의 혁명을 반대한다면, 그것은 바로 다시는 구세계의 자본계급민주주의 혁명의 범주에 속하지 않으며 새로운 범주에 속하게 되는 것이다.

---

89) 원주: 李大釗,《布爾什維克(Bolshevik)的勝利》.

90) 원주:《毛澤東選集》 제628쪽

예문 77의 중심어는 '政客'이며 앞에 3개의 동목구動目句로이루어진 관형어가 쓰인다. 예문 78은 반복하여 4개의 시간부사어 '在…… 時代'를 표시하였고, 다시 5번째의 '在這種時代'를 사용하여 전면에 있는 4개의 부사어를 간단하게 요약하였다. 그 중 몇 개의 부사어는 모두 매우 복잡한데, 예를 들면 첫 번째 부사어 "在世界資本主義戰線已在地球的一角(這一角佔全世界六分之一的土地)崩潰, 而在其餘的角上又已經充分顯露其腐朽性的時代"는 만약 '在'와 '的時代'를 제거하면, 하나가 두 개의 단문을 포함하는 복문이 된다. 기타 3개 부사어 역시 긴 문장을 포함하고 있다. 이렇게 복잡한 관형어, 부사어 같은 구조는 5 · 4 이후에, 특별히 전국 해방 이후에 대량적으로 출현했다. 이는 중국어 문장의 어법이 나날이 세밀화되고 발전되어 현대중국어는이미 완성된 단계에 도달했다고 볼 수 있는 것이다.

그밖에 5 · 4 이후 중국어는 외래어를 흡수하면서 여러 새로운 어법성분을 흡수하여 그 어법 구조가 풍부하게 되었다. 예를 들면 '主要的是因爲……' · '有……必要' · '基本上' 등의 문장은 모두 외래어를 번역하면서 중국어로 흡수된 것이다.

II 형태론: 품사의 발전

1. 명사의 발전

(1) 상고시기 물질 개념의 발생과 발전

상고시기, 사물을 표시방법은 주로 단어의 의미와 문법기능만을 이용할뿐 다른 형태는 존재하지 않았다. 갑골문 중 명사를 표시하는 일부 단어(대다수는 기본 어휘에 속한다)는 명사적 의미를 명료하게 나타난다. 예를 들어, 사물명사로는 '天'·'地'·'山'·'水'·'木'·'石' 등이 있다. 방향명사는 '東'·'南'·'西'·'北'·'中' 등이 있으며, 가족관계명사는 '祖'·'妣'·'父'·'母'·'兄'·'弟'·'女'·'子' 등이 있다. 이러한 명사들은 문장에서 주어나 목적어 역할하고 또한 관형어의 수식을 받을 수 있다. 예를 들면 다음과 같다.

1 天其永我命於茲新邑.《尚書 · 盤庚上》
하늘은 이 새로운 도읍에서 우리의 명을 영원토록 하시네.

이 점은 지금까지 예외가 없다. 또는 한 단어는 원래 명사와 동사를 구분하지 않았었기 때문에 부호 표기(자형字形)로 구분이 생기게 되었다. 명사와 동사를 구분하지 않았을 때는 어떤 것이 기본적인 의미이며 어느 것이 파생적 의미이고 또 어떠한 품사에 속하는지도 구별하기가 어려웠다. 예를 들면, '庭'과 '廷'은 같은 뜻으로 쓰이며 명사이다.

2 王命眾, 悉至於庭.《尚書 · 盤庚上》
왕께서 여러 사람에 명령하여 조정에 모이게 하였다.
3 率懷不廷方.《毛公鼎》
조견하기 않는 주변 국가들을 회유하다.
4 以王命討不庭.《左傳 · 隱公十年》

그래서 왕의 명으로 조회하러 오지 않는 제후를 토벌하도록 하였다.

여기서의 '廷'과 '庭'은 동사의 역할을 한다. '不廷' 혹은 '不庭'은 조정(朝廷)에 오지 않는 뜻이고 '不廷方'은 조정(朝廷)에 오지 않는 나라로 동사가 명사를 수식어하는 것이다. 또한 명사가 명사를 수식한다고 할 수도 있다.

아래 예문 역시 명사와 동사가 구분되지 않은 전형적인 예다.

5　今爾尚宅爾宅, 畋爾田. 《尚書 · 多方》
지금 너희들은 여전히 너희들의 거처에서 살고 있으며, 너희들의 농지에서 계속 농사를 짓고 있다.

다음의 문장에서는 의미적으로만 품사의 종류를 구별할 수 있다.

[명사]
명사로 '田' · '魚' · '禽'자를 사용 예는 다음과 같다.

6　邛方[91]亦[牛+㑴](侵)我西鄙田. 《合06057正》
공방은 또한 우리나라의 서쪽 지방의 땅을 침범하였다.

《合 06057正》

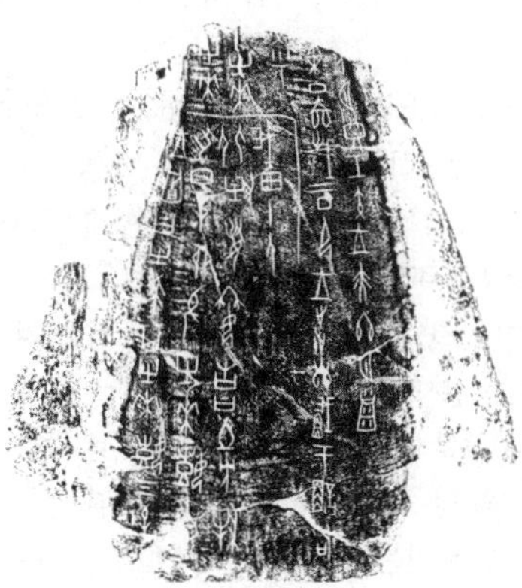
《合 06057 反》

91) '邛方'은 당시 국경 지대의 소수 부족의 칭호, 아래 문장의 '土方'도 똑 같은 의미이다.

7 土方𢒇(侵)[92]我田十人.《合06057反》
토방이 나의 사냥터를 침략하여 열 명을 잡아갔다.

8 大田多稼.《詩經 · 小雅 · 大田》
큰 논에 많은 농사를 짓다.

9 丁卯卜, 王☐豖(大)隻(獲)魚.《合20739》[93]
정묘일에 점을 쳐 묻습니다. 왕이 많은 고기를 잡을 수 있을까요?

10 南有嘉魚.《詩經 · 小雅 · 南有嘉魚》
남쪽에는 가어嘉魚가 있다.

11 田有禽.《周易 · 師》
논에 짐승이 있다.

[동사]
동사로 '田' · '魚' · '禽'자를 사용 예는 다음과 같다.

10146

12 𠱱(畢)往田, 不來歸.《合10146》
필畢 지방에 가서 사냥을 하면 돌아오지 못할까요?

13 曾孫田之.《詩經 · 小雅 · 谷風之什 · 信南山》
증손이 경작을 하네.

14 辛卯卜, 㱿貞, 王往𢓊(延)魚, 若.《合12921正》[94]

92)《漢語語法史概要》는 '合集 06057 反' 중의 '侵'자와 같은 자를 '合集 06057正'의 예문에서는 '牧'으로 예정하고 있다. 이 자는 '牛'와 '⺺'으로 이루어진 자로 '侵'으로 읽는다. '침범하다'는 의미로 쓰인다.《殷墟甲骨文字通釋稿》, '1537', 405쪽.

93)《合集》'10471'은 "癸卯卜豖獲魚(?)其三萬不☐"로 쓴다. '魚'는 제명으로도 쓰인다. 예를 들어, "丙戌卜貞, 疾, 用魚"(병술일에 점을 쳐 묻습니다. 병이 났는데 어제를 드릴까요?) 구절 중에 '魚'는 명사적 용법 '魚祭'의 의미로 쓴다.

94)《漢語語法史概要》는 '合集, 48' "貞眾有災. 九月, 魚.("백성들이 재난이 있을까요?"라고 물었다. 9월 달 魚라는 지방에서.)" 구절 중의 '魚'자를 동사의 용법으로 소개하고 있으나, '在'가 '魚'자 앞에 있는 것으로 보아 "魚地方에서"라고 해석을 할 수 있다.《合集》'24382' "壬辰卜, 出貞, 今夕亡禍. 十月, 在魚."(壬辰일에 出이 점을 쳐 묻습니다. 오늘 밤에 재난이 없을까요? 十月에 魚 지방에서)라는 문장을 참고하면 '魚'는 지명으로 쓰인다.《殷墟甲骨文字通釋稿》, '828', 228쪽. 動詞로 쓰인 예는 "辛卯卜, 㱿貞, 王往𢓊(延)魚, 若."(合 12921正) 구절로 바꾸기로 한다.《殷墟甲骨文字通釋稿》, '824', 227쪽.

신묘일에 각殼이 점을 쳐 묻습니다. 왕이 가서 계속해서 고기를 잡으면 순조로울까요?

15 智伯親禽颜庚.《左傳 · 哀公二十三年》
지백이 직접 제나라 대부 안경颜庚을 잡았다.

《合 12921正》

《合 48》

그러나 갑골문에서부터 이미 표기상에서 명사와 동사를 구별하였다. 예를 들면 '打魚(물고기를 잡다)'라는 행위를 '漁'로 표기하고 명사는 '魚'로 표기하였다. 예를 들면 다음과 같다.

16 ☐王漁. 十月.《合10475》[95]
왕이 고기를 잡다. 시월에

95) 《漢語語法史概要》에서 예로 든 "貞弗其畢, 九月漁.(접점을 쳐 묻습니다. 잡을 수 없을까요? 구월에 漁지방에서)"(合 10994) 구절 중 '漁'자는 '地名'으로 쓰인다. '漁'자가 전문적으로 동사로 쓰이는 자는 '[illegible]'로 쓰고, 《合》 '10475' "☐王漁. 十月"(왕이 고기를 잡다. 시월에)라는 구절이 있다. 《殷墟甲骨文字通釋稿》, '830', 228쪽.

《合10994》

《合10475》

하지만 당시에 이런 예들은 아주 적었으며, 서주西周 이후부터 점차 많아지기 시작하였다. 예를 들면 다음과 같다.

17 以佃以漁.《周易・繫辭下》

그물로(罟)[96]들짐승을 잡고, 어망(网)[97]으로 물고기 잡는다.

18 是我兵未出而勁韓以威擒.《韓非子・存韓》

이때, 우리 병사는 출동하지 않았어도 강한 한韓을 위세로 굴복시켰다.

고대 초기에 명사의 개념과 동사의 개념에 대해 아직은 미약하긴 했지만 이미 이에 대해 인식하기 시작하였고, 일부 단어는 형성자形聲字의 형식으로 이러한 개념을 표현하게 되었다. 그러나 문자 형태의 제한성으로 인도와 유럽의 언어(印歐語)와 같은 문법형태는 생겨나지 않았고, 문자가 가지고 있는 자신의 본래 기능이 주가 되었다.

96) 땅에서 짐승들을 잡는 것을 '罟'라 한다.

97) 물에서 물고기를 잡는 것을 '网'이라 한다.

(2) 근대 이전 명사 앞 발어사와 접두어의 탄생

1) 근대 이전의 발어사

상고시기 중국어에는 현대 중국어의 형태처럼 명사의 앞에 어떠한 성분, 즉 접두사(詞頭)를 붙이지 않았다. 그러나 접두사와 비슷한 허사(虛詞, 기능사)는 존재하였는데, 옛날 사람들은 이것을 '발어사發語詞'라 하였다. 발어사의 예를 살펴보면 아래와 같다.

[有]

19 何憂乎驩兜, 何遷乎有苗[98].《尚書 · 皐陶謨》
어찌 환두驩兜를 염려하며 어찌 묘를 귀양 보내겠는가!

20 亮采有邦.《尚書 · 皐陶謨》
나라의 일을 밝힐 것이며

21 盤庚遷於殷, 民不適有居.《尚書 · 盤庚上》
반경이 도성을 은으로 옮기려 하자, 사람들이 그 새로운 곳에 거하는 것을 원하지 않았다.

22 投畀有北, 有北不受, 投畀有昊.《詩經 · 小雅 · 巷伯》
북방의 불모지에 던져 주리라, 북방이 받아주지 않거든 하늘에게 던져 주리라.

23 籩豆之事, 則有司存.《論語 · 泰伯》
제기를 다루는 등의 소소한 일로 말하면 사司(담당자)가 있어 하는 것이다.

상고전기上古前期에 이미 많은 나라 이름, 부락이름과 성씨의 앞에 '有'자를 붙였다. 예를 들면, '유우有虞' · '유하有夏' · '유주有周' · '유잉有仍' · '유격有鬲' · '유호有扈' · '유췌有萃' · '유웅有熊' · '유궁有窮' · '유소씨有巢氏' 등이다. 이때의 '有'는 마치 명사의 접두사와 같다.

사실, 이 예문들은 지금 우리가 말하는 접두사가 아니다. 왜냐하면 여기서 나

98) 본래는 부락명칭이었는데 그 부락의 우두머리의 이름으로 부르기도 하였다. 여기에서는 사람이름으로 불렸다.

오는 '有'는 전체 명사에 보편적으로 적용되지 않기 때문이며, 또 진秦 이후에는 (몇몇 고문을 모방하여 만든 작품 이외에)이런 용법이 없어졌다. 그럼, 이 '有'는 대체 무엇일까? 위의 예문에서 보았듯이 '有'는 고유명사 앞에 붙을 수 있으며, 보통명사의 앞에도 쓰일 수 있어(有司나 有北 등) 명사와 관계가 제일 밀접한 것 같다. 그러나 상고시기上古時期에는 형용사 앞에도 '有'가 올 수 있었다.

예를 보면 다음과 같다.

24 四牡有驕, 朱幩(fén)鑣鑣.《詩經 · 衛風 · 碩人》
네 마리 말은 건장하며 붉은 말 재갈 선명도 하다.

25 魯道有蕩, 齊子豈弟.《詩經 · 齊風 · 載驅》
노나라 길이 평탄하거늘 제자(齊子)가 즐겁고 화평하도다.

26 桃之夭夭[99], 有蕡其實.《詩經 · 周南 · 桃夭》
복숭아나무 화사함이여 탐스런 열매가 열려있네.

위의 경우를 보면 '有'는 명사 앞에 올 수 있고 형용사 앞에도 올 수 있다. 만약 어느 품사 종류에만 국한되는가는 연구한다면 좋은 성과를 얻지 못할 것이다. 문법구조면에서 관찰하면 두 가지 특징을 발견할 수 있다.

첫째, 예문 19과 예문 21은 각각 두 구절로 되어있다. 각 문장은 5자로 되어 있고, 예문 20, 예문 22, 예문 23, 예문 24, 예문 25, 예문 26은 모두 4자로 되어 있다. 문장에서 '有'는 문장을 채워주는 역할을 한다.

둘째, '有苗[100]'는 다른 곳에서 '三苗'로도 쓴다. 예를 들면 다음과 같다.

27 放驩兜於崇山, 竄三苗於三危.《尚書 · 堯典》
환두[101]를 숭산에 유배하고 삼묘를 삼위에 유배하다.

---

99) "나이가 젊고 예쁜 모양. 안색이 온화한 모양."

100) "묘민苗民"과 "유묘有苗"는 중국 요순우(堯 · 舜 · 禹)시대의 부락 명칭 중의 하나이다.

101) 환두驩兜는 혹은 환두驩頭라고도 칭한다. 순 나라 시대 사흉四凶 중의 하나이다. 순임금은 후에 곤鯀과 공공共工, 환두驩兜, 삼묘三苗를 제거하고, 각 부락의 우수한 인재를 등용하여 천하를 다스렸다.

'有蕩' 또한 '蕩蕩'으로 쓴다.

28 蕩蕩懷山襄陵.《尚書 · 堯典》
출렁이는 물살이 산을 에워싸고 언덕을 넘는다.

'有'는 이럴 때에는 문장을 채워주는 역할을 하는 것을 볼 수 있다. 문장을 채워주는 역할을 하든지 단어를 채워주는 역할을 하든지 '有'가 꼭 필요한 것은 아니다. 단지 글자의 수를 맞추기 위해서 허자虛字 역할을 할 뿐이고, 언어학적 접두사(사두詞頭)와는 아무 상관이 없다. 그래서 어조사語助辭라고 말한다면 더 적당할 것 같다.

'維'의 경우도 마찬가지로 접두사가 아니다. 그 예는 다음과 같다.

[維]

29 維葉萋萋, 黃鳥於飛.《詩經 · 國風 · 葛覃》
잎이 무성 하거늘 황조가 날다.

30 維鵲有巢, 維鳩居之.《詩經 · 召南 · 鵲巢》
까치가 둥지를 트니 비둘기가 와서 살도다.

31 維此王季, 帝度其心.《詩經 · 大雅 · 皇矣》
이 왕계를 상제께서 그 마음을 법도에게 맞게 하다.

32 維三代尚矣.《史記 · 太史公自序》
하상주夏商周 세대의 역사는 오래되었다.

이외, 선진시대에 나라명칭 '於越'과 '句(勾)吳'가 있고, 인명으로 '勾踐'(또는 '句踐'으로 쓴다.)이 있는데, 그 중에 '於' · '句'[102]는 모두 의미가 없고 접두사 '阿'와 비슷하지만 방언의 개별적 현상이지 접두사라고 할 수는 없다.

102) '句踐'이라 하고 'gōu jiàn'로 읽는다.

2) 접두어 '阿'와 '老'의 출현

접두사라고 볼 수 있는 성분 '阿'와 '老'는 상고시기上古時期에 형성되어 중고시기中古時期에 발전되었다. '阿'(ā)는 인명과 가족호칭의 접두사로 쓰이며 한대漢代부터 있었다.《日智錄 · 卷三十二》는 아래와 같이 설명하고 있다.

33 隸釋漢殽阬碑陰云: '其間四十人, 皆字其名而系以阿字, 如劉興阿興, 潘京阿京之類.'《日知錄 · 卷三十二》
예서로 쓴 한나라의《효갱비》의 음각에 말하기를 "그 사십 명 가운데 모두 그 이름 앞에 '아'자를 붙였는데 유흥劉興은 아흥阿興이라고 부르고 반경潘京은 아경阿京라고 불렀다"고 하였다.

이것으로 볼 때, 사람의 이름 앞에 '아'를 붙이는 것은 동한시대에 이미 성행하였던 것 같다. 또《한무고사漢武故事》의 문제武帝의 왕후王后 이름이 '아교阿嬌'의 기록이 있다.《한무고사》가 비록 사람들에게 위서라고 의심을 받기는 하지만, 그러나《세설신어世說新語 · 문학文學》을 살펴보면 "殷中軍見佛經云"[103]과 같은 구절을 류효표劉孝標가《세설신어》에 주를 달 때, 이미《한무고사》를 이미 인용하고 있는 것으로 보아 남북조南北朝 이전에 이 책이 이미 유행하고 있었음을 알 수 있다. 따라서 한 무제의 후비 '阿嬌'는 고염무顧炎武《일지록日智錄》의 설명 등을 통하여 증명할 수 있고 믿을 만하다 하겠다. 이 이후의 자료로는 조조曹操의 자字는 '아만阿瞞'이고 유선劉禪의 자字는 '아두阿斗' 등이 있다.

34 雖有五男兒, 總不好紙筆. 阿舒已二八, 懶惰故無匹. 阿宣行志學, 而不愛文術.《責子詩》[104]
비록 아들이 다섯이나 있으나 모두 종이와 붓을 좋아하지 않네. 아서阿舒는 나이가 16세이나 게으르기 비할 데 없고, 아선阿宣은 15세가 되었으나 학문을 좋아하지 않다.

---

103) "중군 장군 殷浩는 불경을 보고 말하길."
104) 東晉시기 도연명陶淵明의《責子詩》이다.

위와 같은 문장을 통해 동진東晉시기부터 접두어가 있다는 것을 볼 수 있다. 남북조南北朝 시기에는 사람 이름 앞에서 접두어 '阿'를 사용하는 현상이 한층 더 유행하게 되었다.

《세설신어》에서도 이러한 예를 많이 볼 수 있다.

35 王文度弟阿智.《世說新語 · 假譎篇》
왕문도(왕탄지王坦之)의 동생 아지(왕처지王處之).

36 娶太原孫綽女, 字阿恒.《世說新語 · 假譎篇》
태원太原 손작孫綽의 딸은 부인으로 맞았는데 그녀의 자는 아항阿恒이다.

37 阿大羅羅請疏.《世說新語 · 賞譽篇》[105]
아대(阿大: 王忱)는 뚜렷하고 맑고 깨끗하여 광채가 있는 사람이다.

38 向見阿苽, 故自未易有.《世說新語 · 賞譽篇》
아까 아고阿苽를 만나는데 역시 보기 드문 인물이었소.

39 阿戎了了解人意.《世說新語 · 賞譽篇》
왕융군은 사람의 의향을 똑똑하게 이해한다. 깨달음이 빠르고 내 마음을 잘 알아낸다.

'阿'가 접두사로 가족 호칭 앞에 붙여 사용된 예는 한대漢代에서부터 찾아볼 수 있다.

40 故濟北王阿母, 自言足熱而懣.《史記 · 扁鵲倉公列傳》
제북왕[106]의 유모가 발에 열이 올라 괴롭다고 호소하였다.

'阿母'에 대하여 《정의正義》는 복건服虔의 말을 인용하여 '유모乳母'라 하였다. 한대의 악부樂府 《초중경처焦仲卿妻》에서 그러한 예문이 잘 나타나고 있다. 그 예를 들면 다음과 같다.

105) 張撝之 撰,《世說新語譯註》(上海古籍出版社, 1996년), 409쪽 참고.

106) 고故 제북왕濟北王는 유흥거劉興居이다. 유비劉肥의 아들. 漢 문제文帝 2년 제북왕에 봉해졌는데 문제 4년에 모반을 일으켜 주살 당하였다.

41 阿母謂阿女.《樂府 · 焦仲卿妻》
아모阿母(어머님)가 아녀阿女(딸)에게 말하였다.

42 阿兄得聞之.《樂府 · 焦仲卿妻》
아형阿兄(오라버니)이 그 말 듣고

43 舉言謂阿妹.《樂府 · 焦仲卿妻》
큰 소리로 아매阿妹(누이동생)에게 말하였다.

이 시는《옥대신영玉臺新咏》에 이미 수록되어 있으며 동한東漢시대의 사람의 작품이 아니라 해도 육조六朝 이전의 작품라고는 할 수 있다. 진晉나라 효무제孝武帝(372 - 396) 태원太元 말기의 동요(京口遙)에서도 이러한 현상을 볼 수 있다.

44 黃頭小兒欲作賊, 阿公在城下, 指縛得.《宋書 · 五行志二》
아이가 도적질하려 하려고 하는데 아버지가 성 아래에서 말리고 있네.

이러한 것을 볼 때, 가족 호칭 앞에서 '阿'를 붙인 것은 이미 오래된 것이다.

오늘날에도 성씨 앞에 '阿'를 붙여 쓰는데(阿陳, 阿黃 등), 최초의 이런 용법은 남북조(南北朝)에서 볼 수 있다.

45 (韋)英早卒, 其妻梁氏不治喪而嫁,…… 英聞梁氏嫁, 白日來歸, 乘馬將數人至於庭前, 呼曰: "阿梁, 卿忘我耶?"[107]《洛陽伽藍記 · 卷四》
영이 일찍 죽었다. 그의 아내 양씨가 상도 치르기 전에 시집을 갔다. ……영이 양씨가 시집을 갔다는 소리를 들었다. 대낮에 돌아와 말을 타고서 여러 사람을 데리고 집 앞에 찾아와서는 큰소리로 "아양阿梁, 나를 잊었어?"라고 외쳤다.

접두사 '老'는 '늙다'라는 의미의 '老'자가 어법화된 것인데 최초에는 경어로 쓰였다.

---

107) 北魏 楊衒之,《洛陽伽藍記》(권四), 科學出版社, 周祖謨 譯註本 83쪽.

46 子曰: 述而不作, 信而好古, 竊比於我老彭.[108]《論語 · 述而》
공자께서 말씀하셨다. "전술하기만 하고 창작하지 않으며, 옛것을 믿고 좋아함을 내 몰래 노팽老彭에게 견져 본다.

이 예문을 통하여 노팽老彭은 팽조彭祖의 존칭이라 할 수 있다. 그 후에 '老'는 경어로 쓰기도 하고 자칭으로 쓰기도 한다. 이러한 현상은 전국시대부터 양한兩漢시기의 작품에서 많이 나타났다.

47 老夫耄[109]矣, 無能爲也.《左傳 · 隱公四年》
나는 늙어서 일도 할 수 없습니다.
48 太后曰: 老婦不能.《戰國策 · 趙策》
태후 왈: "나는 할 수 없다."
49 爲老妾語陵.《史記 · 陳丞相世家》
나를 대신하여 능陵에게 알려주게.

경어든 자칭自稱이든 '老'는 아직은 반은 실질적인 의미를 지니고 있다. 그러나 《방언方言》[110]에서는 어법화된 접두사로 쓰인다.

50 蝙蝠, 自關而東, 謂之伏翼, 或謂之飛鼠, 或謂之老鼠, 或謂之仙鼠.《方言》
하제河濟 지역에서 박쥐는 복익伏翼로 부르기도 하고, 그것을 비서飛鼠로 부르기도 한다. 혹은 그것을 노서老鼠라고 부르기도 하며, 혹은 선서仙鼠로 부르기도 한다.

위진 사람이 지은 《열리전列異傳》을 보면 '노별老鱉'이란 말이 있다.

51 汝南有妖, 常作太守服. …… 及費長房來, 知是魅, 乃呵之, 即解衣冠叩頭, 乞自改

108) 《論語 · 述而》의 포함包咸《注》는 "老彭, 殷賢大夫, 好述古事."(노팽은 은나라 대부로 현자이며, 고사를 진술하는 것을 좋아하였다.)라 하였다.
109) 고대에서 80세나 90세를 지칭한다.
110) 서한西漢 양웅揚雄(BC 53년~BC 18년)의 작품.

變爲老鱉, 大如車輪. 《列異傳》[111]

여남汝南에 요괴가 있었다. 항상 태수의 옷을 입었는데, ……비장방이 군수로 온 이후에 요괴가 하는 짓을 알고서 그를 질책하였다. 즉시 옷을 벗고서 무릎을 꿇으며 애걸하기를 자신이 다시 자라로 변하게 해달라고 하였다. 크기가 마치 수레바퀴 같았다.

위에서 쥐나 거북이는 나이를 따지지 않기 때문에 '老'가 접두사인 것을 의심할 여지가 없다. 이후에는 성씨 앞 뿐만 아니라 물건을 표시하는 명사 앞에도 쓰게 되었다. 청대 학자 전대흔錢大昕은 《십가재양신록十駕齋養新綠 · 권19》에서 '老'자에 대해서 아래와 같이 설명하였다.

52 今世友朋相狎, 呼其姓加以'老'字, 亦有本. 白樂天詩: '每被老元偷格律.', 謂微之(元稹). '試覓老劉看.', 謂劉夢得. 《北史》: "石曜持絹一匹, 謂斛律武都曰: 此是老石机杼, 聊以奉贈." 是北齊人嘗以'老石'自稱矣. 《十駕齋養新綠 · 卷十九》

오늘날 친구들은 서로 스스럼이 없이 부를 때 그 사람의 성에 '老'자를 붙여서 부른다는데, 그 근본 이유가 있다. 백락천白樂天의 시 '매번 원진元稹에 의해서 격식이 도둑질 당했다.' 중 '老元'은 원진을 가리킨다. '유몽득을 찾아가 보시오.'에서 '老劉'는 유몽득을 가리킨다. 또 《북사》에서는 '석요가 비단 한 필을 들고서 휘율무도에게 말하기를 "우리(老石) 집에 있는 베틀로 만든 것이니 당신에게 선물로 드리겠습니다.'라 하였는데, 앞의 예 중 '노석'은 북제 사람들이 자신을 가리킬 때 쓰는 말이다.

3) 접미사 '頭' · '子' · '兒'의 탄생

다음은 접미사가 '頭' · '子' · '兒'의 기원에 대하여 살펴보도록 한다.

상고上古 후기後期 서한西漢 이전에 '頭'자는 실사였다. 유희劉熙《석명釋名 · 석천釋天》에서는 '頭'가 이미 머리라는 뜻이 아닌 의미로 쓰이고 있다.

53 天, 豫司兗冀以舌腹言之, ……青徐以舌頭言之. 《釋名 · 釋天》

111) 원주: 鲁迅, 《古小說鉤沈》, 人民文學出版社, 1954년판, 110쪽.

'天'자는 예豫 · 사司 · 연兗 · 기冀 지역에서는 설면(舌說)으로 발음하고 …… 청淸 · 서徐 지역에서는 그것을 혀끝(舌頭)으로 발음한다."

《석명 · 석천》에서는 '頭'와 '腹'을 대조적으로 쓰고 있다. '頭'는 당연히 실사로 사람의 '頭'가 아니고 '舌頭'의 '頭'이다. 따라서 '頭'는 어법화된 현상임을 알 수 있다. 남북조시기의 작품가운데 '頭'자가 어법화 된 의미로 쓰이는 현상을 많이 볼 수 있다. 이는 접미사의 초기형식으로 볼 수 있다. 이때 이 자의 의미의 특징은 방위의 뜻을 내포하고 있다. 이러한 경우 명사의 예를 들면 아래와 같다.

54 暮至黑水頭.《木蘭詞》
저물 때에 黑水의 끝에 도착했다.
55 盡日欄杆頭.《樂府 · 西洲曲》
해가 지면 지붕 끝에 걸린다.
56 帝自捉刀立床頭.《世說新語 · 容止》
황제(曹操)자신은 칼을 차고 어좌(御座)옆에 서 있었다.
57 高高山頭樹.《樂府 · 紫騮馬歌》
높고 높은 산꼭대기의 나무
58 兩槳橋頭渡.《樂府 · 西洲曲》
두 개의 작은 노로 다리 끝가지 건너가네.

같은 시기 즉 서기 5~6세기의 남북조 작품 중에 '頭'가 완전히 어법화되어 확실히 접미사로 사용되는 예도 있다.

59 諺曰: "鋤頭三寸澤", 此之謂也.《齊民要術 · 雜說》
속담에서 "호미질은 삼촌三寸의 강우량의 은택이다."란 이를 두고 하는 말이다.
60 何當大刀頭? 破鏡飛上天.[112]《玉臺新咏 · 古絕句》
남편은 언제 들어옵니까? 달은 반월이 될 때.
61 設七日頭或能不死, 何爲預哭?《白喻經上》
만약 7일이면 혹 죽지 않을 수도 있는데 어째서 미리부터 우는 것입니까?

112) 참고: http://blog.sina.com.cn/s/blog.

62 傘頭亦似有角, 團圓下垂.《洛陽伽藍記 · 卷五》
우산 위에 역시 뿔이 있는 것같이 둥글게 아래로 드리워졌다.

위 예문 중 '頭'자는 실제 의미가 없어 완전한 접미사로 쓰이는 것을 알 수 있다. 송대宋代에서는 추상적인 개념에 '頭'자를 붙여 쓰는 것을 알 수 있다.

63 一時念頭差了.《京本小說 · 菩薩蠻》
생각이 잠시 틀렸다.

64 蔡京奏道: '獻土、納土, 皆非好話頭.'《宣和遺事 · 元集》
채경은 "헌사 · 납사는 모두 좋은 화제가 아니다"라는 말씀을 드렸다.

'子'자는 상고시기에 이미 접미사로 쓰였다. 접미사 '子'자는 '작다(小)'라는 의미에서 변하여 접미사가 되었다.

65 童子佩觿[113].《詩經 · 衛風 · 芄蘭》
동자가 뿔송곳을 찾았다.

66 互鄕難與言, 童子見.《論語 · 述而》
같은 고향의 사람들과는 더불어 말하기 어려웠던 같은 고향의 동자가 찾아와 공자를 뵈었다.

67 存乎人者莫良於眸子.《孟子 · 離婁上》
사람에게 있는 것 중에 눈동자보다 더 확실한 것은 없다.

한漢 나라 사람에게 '동자瞳子'의 '子'는 작은 의미로 쓰였다.《석명 · 석형체釋形體》는 "'童子' 중의 '童'은 '重'이라는 뜻이다. 피부막이 겹으로 두텁게 쌓고 있는 것을 말한다. 소칭小稱 '子'는 작다라는 의미이다."라 하였다.[114] 이른바 '소칭小稱'이란 바로 명사의 접미사 '子'의 전신이다. 하지만 춘추시대부터 양한시대까지 '子'는 다만 소칭小稱에 속하지 않고 가끔 생물이나 명사 사물 뒤에 사용하여 현대

113) '觿'은 뿔 송곳의 의미.

114)《釋名 · 釋形體》"童子: 童, 重也, 肤幕相裹重也; 子, 小稱也."

접미사 '子'와 같은 용법으로 쓰였다.

68 諺曰: "狼子野心." 是乃狼也, 其可畜乎?《左傳 · 宣公四年》
속담에 승냥이의 새끼는 야심이 있다고 하니 이 아이가 바로 승냥이이다. 가히 기를 수 있겠는가?

69 乌弋地暑热莽平……而有桃拔, 師子、犀牛.《漢書 · 西域傳上》
조익烏弋에 도발桃撥[115]이 있다. 그리고 사자, 코뿔소도 있다.

70 卻與小姑別, 淚落連珠子.《孔雀東南飛》
소고小姑와 이별하려니 눈물이 구슬처럼 떨어지네.

'子'의 용법은 중고시기 이후 더욱 확대되어 보통 명사 뒤에도 사용할 수 있었는데, 이는 '子'자가 이미 완전한 어법화된 접미사로 쓰이게 되었다는 것을 알 수 있다.

71 走馬上前阪, 石子彈馬蹄.《樂府 · 明下童曲》
말을 타고 전판으로 달려가니 돌 날아가 부딪히는 소리가 말발굽에서 나네.

72 艇子打兩槳, 催送莫愁來.《樂府 · 莫愁樂》
배 옆에 달린 두 노를 저어 莫愁(여자)를 데리고 와라.

73 長檣鐵鹿子[116], 布帆阿那起.《樂府 · 烏夜啼》
긴 돛대를 들고 돛을 올리다.

74 鷂子經天飛, 群雀兩向波.《樂府 · 企喻歌》
비둘기 떼 온 하늘에 가득 날고 참새 떼 이리저리 흩어지네.

75 牌子鐵裲襠.《樂府 · 企喻歌》
방패는 철로 만들 조끼이다.

76 黃桑柘屐蒲子履.《樂府 · 捉搦歌》
누런 산뽕나무 나막신이나 부들 짚신 신고

77 豆子山, 打瓦鼓.《樂府 · 綿州巴歌》
豆子山에서 와고瓦鼓를 두드리는 소리를 들었다.

78 刀子鈍, 可以磨之.《高僧傳》

115) '도발桃撥'은 혹은 '부발符撥'이라 한다. 사슴과 비슷하고 긴 꼬리를 가졌다 한다.

116) '배의 돛대에 돛을 달다는 장치'.

칼이 무디어지면 갈 수 있다.

당대唐代 이후 접미사 '子'는 더 발전되었다. 옷차림 명칭 중 '비녀花子' · '홑상의 衫子홑상의' · '조끼背子' · '저고리袄子' · '신발鞋子신발' · '부채扇子' · '축자竺子' · '불자拂子' · '홑옷衩子' · '손수건手帕子' · '관冠子' · '모자帽子' · '수건巾子'[117] 등에도 쓰인다.

접미사 '儿'도 원래는 '작다'라는 의미(小稱)에서 왔다. 《설문해자說文解字》는 "'儿'은 '어린 아이'라는 뜻이다."라 하였고, 단옥재段玉裁《설문해자주說文解字注》는 "'儿'자와 '孺(젖먹이 유, rú)'자는 음성이 쌍성雙聲관계이다. 이 뜻이 확대되어 이른바 모든 어린 아이를 지칭한다."라 하였다.[118]

79 黃髮兒齒.《詩經 · 魯頌 · 閟宮》
누런 머리와 아이 이빨이 나셨도다.

'儿'은 원래 '미미하고 작은'의 뜻이다. 그러나 한대漢代나 위魏와 육조六朝시대에 '儿'자는 명사(명사화 된 단어) 뒤에 붙었으며 '작음의 의미(小稱)'을 나타낼 뿐만 아니라, 접미사의 성질을 가지고 있었다. 예를 들면 다음과 같다.

① 소칭小稱이란 실제 의미를 가지는 경우

80 上用倉浪天故, 下當用此黃口兒.《樂府 · 東門行》
위로는 푸른 하늘 내려다보고 계시고 아래로 이 어린 자식들 있음을 생각하셔야지요

81 太祖喜, 持彰鬚曰: "黃鬚兒竟大奇也!"《三國志 · 魏書 · 任城威王彰傳》
조조는 기뻐서 조창曹彰의 수염을 쓰다듬으면서 말하였다. "붉은 수염, 젊은 그대도 이런 일을 할 수 있구나."

---

117)《中華古今注》와《通俗編》참고.

118)《說文解字》: "兒, 孺子也." 段玉裁《說文解字注》: "兒孺双聲, 引申爲凡幼小之稱."

② '행위는 가볍고 천박하다'의 의미. 어법화되기 시작하였지만 완전히 어법화된 것은 아님

82 田舍兒, 強學人作爾馨語!《世說新語 · 文學》
　 촌녀석 같으니라고, 억지로 남의 흉내를 내면서 그 따위 말을 하다.
83 襄陽白銅蹄, 郎殺荊州兒.《南朝 · 宋童謠》
　 양양 지방 백동제 노래, 그대는 형주의 사람을 죽이네.

③ '작고 가볍다'는 뜻은 아니나, 뜻이 반쯤 어법화된 경우

84 不惜彈馬蹄, 但惜馬上兒.《樂府 · 明下童曲》
　 말발굽에 채이는 것은 두렵지 않지만 말을 타는 것은 아깝다.
85 愁殺行客兒.《樂府 · 折楊柳歌辭五首》
　 나그네 죽이는 것을 근심하다.
86 我是虜家兒, 不解漢兒歌.《樂府 · 折杨柳歌辞五首》
　 나는 노虜사람이어서 漢사람의 노래를 이해 못한다.

④ 비교적 완전히 어법화된 의미로 쓰이는 경우

87 偷兒在此.《世說新語 · 假譎》
　 도둑이 여기에 있다.
88 快馬常苦瘦, 剿兒常苦貧.《樂府 · 幽州馬客吟》
　 빠르게 뛰는 말은 항상 수고하고 여위며, 바쁜 사람은 항상 곤궁하다.
89 屠蘇鄣日覆兩耳, 當見瞎兒作天子.《晉書 · 五行誌》
　 고기 장사하는 소蘇씨는 두 귀를 막고 허할許瞎의 아들이 황제가 되는 것을 보았다.

여기서 주의해야 할 것은 예문86~88은 모두 동사 뒤에 '兒'자가 붙어 명사화되었다.

따라서 남북조南北朝 시기 일정 부분 '兒'자는 반 어법화 되었고, 어떤 부분의 '兒'자는 완전히 어법화되었으며, 또한 새롭게 발전하여 동사의 명사화가 되었다.

당대唐代 이후는 '兒'자가 접미사로 사용하는 경우는 많아졌다.

90 牽來河里飲, 踏殺鯉魚兒. 《唐・民謠・中宗時惠》
가축을 끌고 와 물을 먹이며 물고기를 다 밟아 죽이네.
91 打起黃鶯兒, 莫教枝上啼. (金昌緖《金縷曲》)
황앵黃鶯을 쫓아내서 나뭇가지에서 울게 하지마라.
92 一心專憶外頭兒. 《父母恩重經講經文・二》
오로지 마음은 다른 곳에 있는 아들뿐.
93 三三結伴趁猧兒. 《父母恩重經講經文・一》
세 명씩 무리 짓고 발바리를 좇는다네.

송원명宋元明대의 평화平話 소설에서 '兒'자는 보편적으로 명사 접미사로 상용된다. 예를 들어, '酒望兒(酒望子)(술집간판)'・'臉兒(얼굴, 용모)'[119]・'你兩口兒(당신부부)'・'曲兒(곡)'・'門兒(문, 한집안)'[120] 등이다. 특히 《수호지水滸誌》(74회) 중의 '兒'화 용법에는 명사 '帶兒(끈)'・'扣兒(단추)'・'冰棍兒(얼음과자)' 뿐만 아니라, 수량사 '些兒(조금)'・'一块兒(함께)' 등도 사용된다. 이러한 접미사의 '兒'화 현상은 남송・원・명시기에 새롭게 발전하였다.

(3) 5・4 이후의 명사 접미사 '家'・'者'・'手'

현대 중국어에서 자주 쓰이는 명사 접미사는 '家'・'者'・'手' 등이 있는데, 이것들은 고대 중국어의 실사가 어법화 되면서 나타나게 되었다. 이외의 '性'은 일본어에서 차용된 것이다. 고대 중국어에서 생겨났거나 외래어에서 들어오거나를 막론하고 이와 같은 새로운 접미사는 품사를 구별하게 하는 문법기능을 가지고 있다.

'家'는 중국어에서 학술 유파라는 의미를 갖고 있다. 최초의 단어는 《장자莊子》

119) 《新編五代史記平話》에 보인다.
120) 《大宋宣和遺事》 중에 보인다.

에 나타난다.

94 其數散於天下而設於中國者, 百家之學, 時或稱而道之.《莊子 · 天下篇》
그들의 법도가 온 천하에 흩어져서 중국에 유행하게 된 것이 백가의 학문인데, 간혹 그것들을 칭송하고 따르기도 한다.

그 후《한서漢書 · 예문지藝文志》에서는 유가儒家 · 도가道家 · 음양가陰陽家 · 법가法家 · 명가名家 · 묵가墨家 · 종횡가縱橫家 · 농가農家 · 소설가小說家 · 병가兵家 등을 열거하였다. 이렇게 전문적인 지식이나 기능을 갖추고 있는 사람들을 가리키면서 시가詩家 · 서가書家 · 화가畫家 · 경학가經學家 · 금문학가今文學家 · 고문학가古文學家 등의 명칭이 나타났다. 또 전문적으로 어떤 업종에 종사하는 사람들을 일컬었다. 예를 들면 '상가商家상가', 심지어 자선 사업에 종사하는 사람을 '자선가慈善家', 수집하여 보관하기를 즐기는 사람을 '수집가收藏家'라고 하였다. 이것은 '家'의 접미사 기능이 중국어 역사상 내원이 오래되고 보편적이었음을 설명한다. 5 · 4 이후, '家'는 계속 접미사의 기능을 하면서 일련의 새로운 단어들이 생겼다. 예를 들면 다음과 같다.

'작가作家' · '전문가專家' · '예술가術家' · '혁명가革命家' · '문학가文學家' · '실업가實業家' · '정치가政治家' · '이론가理論家' · '자본가資本家' · '공업가工業家' · '철학가哲學家' · '과학자科學家'

'者'는 상고시기에 대사代詞(지칭指稱) 역할을 했다. 본래는 독립적으로 쓰일 수 없는 구조적 역할을 하는 구조조사였다. '者'는 동사나 형용사의 뒤에 첨가되어 명사화의 역할을 하기 때문에 접미사로 볼 수도 있다. 예를 들면, '학자學者'[121] · '인자仁者' · '지자智者'[122] · '작자作者'[123] 등이 있다.

121)《孟子》: "北方之學者, 未能或之先也."(북방의 학자들이 혹시라도 그보다 앞선 자가 없었다.)
122)《論語 · 里仁》: "仁者安仁, 知者利仁."(인자는 인을 편안히 여기고 지자는 인을 이롭게 여긴다.)
123) 韓愈《進撰〈平淮西碑文〉表》: "碑石所刻, 動流億年, 必得作者, 然後可盡能事."(비석에 새겨진 각서刻書는 이른바 만년 대대로 전해 내려오는 것이니, 그 작자를 알아야 만이 능히 그

5 · 4 이전에 이미 '기자記者' · '노동자勞動者' 등의 단어가 나타났다. 그 후 외래어의 영향을 받았기 때문에 '者'의 접미사 기능이 더 발전하여 끊임없이 새로운 단어가 생겨났다. 예를 들면 '제국주의자帝國主義者' · '침략자侵略者' · '박삭자剝削者(착취자)' · '조직자組織者' · '고무자鼓舞者' 등 이다.

'手'는 고대중국어에서 원래 기술을 통해 전문적 기능을 갖춘 사람을 가리킨다. 예를 들면 '화가畫手'[124] · '선원水手'[125] · '노잡이篙手'[126] 등이다.

5 · 4 이후 '手'는 한층 어법화 되는 추세를 보이면서 '가수歌手' · '기수旗手' · '탱크병坦克手' · '포수炮手' · '만능인多面手' 등과 같은 새로운 단어가 끊임없이 생겼다. '手'의 접미사화는 갈수록 더욱 현저하게 나타나고 있다.

'性'은 처음에 일본어를 번역하면서 흡수된 명사접미사인데 그 후 완전히 어법화되어 중국어에서 상당히 활발한 조어형태소(構詞素)로 발달하였다. '性'이 붙은 많은 신조어들은 모두 중국어 자체로부터 생긴 것이다. '性'의 내원은 영어접미어 - ness, - ship, - hood, - ty 등을 모두 '性'으로 번역할 수 있다. 예를 들면 'typicalness(전형성典型性)', 'partisan ship(당성黨性)', 'falsehood(허위성虛僞性)', 'possibility(가능성可能性)' 등이다.

(4) 명사의 어법 특징

앞에서 이미 말 하였듯이 명사의 어법기능은 주어나 목적어로 쓰이고, 앞의 형용사의 수식을 받을 수 있다. 이는 고대 중국어 명사의 가장 전통적인 특징이다.

중국어의 명사는 몇 가지 역사적인 문법적 특징을 가지고 있다.

앞에 일반적으로 부정부사 '不'을 둘 수 없다. 그러나 부정을 나타내는 동목구

일을 알 수 있다.)

124) 張彥遠《歷代名畫記》: "顧景秀, 宋武帝時畫手也."(고경수는 송나라 武帝 때 그림전문가이었다.)

125) 《舊唐書 · 食貨志》: "江南百姓不習河水, 皆轉顧河師水手."(강남의 백성들은 하물에 이속하지 않기 때문에 하사河師의 선원을 구했다.)

126) 蘇軾《杭州召還乞郡狀》: "梢工篙手."(배를 젓는 노잡이)

動賓詞組가 수식어가 될 때, 그 중에 동사를 생략되어 부정부사 '不'는 직접 목적어와 결합하여 구(词组)가 된다. 이러한 구조는 명사 목적어가 대부분 형용사성形容詞性 단어로 변하게 된다. 이러한 문법은 선진 때부터 나타났다. "君子不器"[127] 중의 '不器'가 바로 형용사 성격을 지닌 서술어이다. 원래의 구조는 "不若器然, 施於一物"[128]의 뜻이다.

고대 중국어에 유사한 예들을 보면 다음과 같다.

[不毛]: 其地不生毛(五穀) — 不毛之地.[129]
[不法]: 強徒不守法—不法之徒.[130]
[不軌]: 民不循軌—不軌之民.[131]
[不君]: 君失君之道—晉靈公不君.[132]
[不臣]: 不守臣禮—有不臣之心.[133]
[不群]: 不與群同—卓爾不群.[134]

현대 중국어는 명사 앞에 '不'이 올 수 없다. 그러나 '비규범不規範' · '무례不禮貌' · '비위생不衛生' · '부도덕不道德' · '비과학不科學' 등과 같이 명사 앞에 '不'을 쓰는 경우가 있기도 하는데 이는 고대 중국어의 흔적이다.

---

127) 《論語 · 爲政》: "君子不器."(군자는 그릇처럼 한 용도에 국환 되지 않는다.)
128) "기구와 같이 한 가지 용도로만 쓰이지 않는다."
129) "그 땅은 불모지이다." - "불모지의 땅"
130) "강도는 법을 준수하지 않는다." - "법을 지키지 않는 무리."
131) "백성은 법도를 지키지 않는다." - "법도를 지키는 않는 백성."
132) "군주가 군주의 도를 잃다." - "진晉 영공靈公은 군주의 도를 지키지 않았다."
133) "신하의 예의를 지키지 않는다." - "신하의 예를 갖추지 않는 마음이 있다."
134) "같은 무리를 이루지 못하다." - "무리들보다 월등하다."

2. 동사의 발전

(1) 상고시기 동사 특징

이미 앞에서 살펴보았듯이 상고시기에는 하나의 단어(詞)가 동시에 동사, 명사나 형용사의 용법으로 동시에 쓰인다. 그래서 상고시기의 중국어는 특별히 품사의 구분이 없었음을 미루어 짐작할 수 있다. 그러나 상고시기 한자가 생겨난 후 상당한 기간이 지난 후에, 낱말의 개념에 따라 명사와 동사에는 구별이 생기게 되었다. 이러한 현상은 갑골문에서 찾아 볼 수 있다. 하지만 중국어에 있어 동사를 동사라고 하는 이유는 형태에 의거하여 표시하는 것이 아니라, 의미 · 어순 그리고 문장 중의 문법 기능에 의하여 정해진다. 즉 동사는 서술어가 될 수 있고 부사의 수식을 받을 수 있다. 예를 들면, 갑골문의 '(射)' · ' 殺'[135] · '(伐)' · '(行)' · '(去)' · '(往)' · '(來)' · '(食)' 등의 자는 의심할 여지없이 동사 성질을 지니고 있다.

이외에 극소수의 동사는 글자 모양에서도 명사와 좀 다른데, 예를 들어, 한자의 편방('扌', '刂' 등)을 표시하는 형성자形聲字는 일반적으로 동사와 관련이 있다. 이는 지금 사람들이 가리키는 문법적 형태와는 같이 논할 수는 없지만 당시의 동사 개념의 반영을 부정할 수 없다.

상고 중국어에 있어 동사 단어(構詞法으로 이루어진 詞)는 일반적으로 단음절을 위주로 하지만, 이음절 복합동사(雙音節複合動詞)[136]와 이음절 단순어(雙音節單

135) 徐中舒, 《甲骨文字典》, 328쪽 참고. 《說文解字》: "(殺), 戮也. 从殳, 殺聲. (㣻), 古文殺; (㪍), 古文殺; (布), 古文殺."

136) 《卜辭》의 "來歸"(甲3342) · "往來"(通695), 《詩》 · 《書》와 기타 경전에 보이는 "陟將"(오르내리다) · "出遊" · "登假"(승하하다) · "出征" · "毁壞" · "逋逃"(도주하다) · "撲滅"(박멸하다) · "經營" 등이 있다.

純詞)[137]가 나타나기 시작했다. 현대 중국어의 동목구動目句(동빈식) 동사('動員' · '注意' 등)는 중고中古 이전에는 나타나지 않았었다. 그러나 단음절동사가 동시에 행동의 대상을 나타내는 경우가 있다. 예를 들면, '聝(벨 괵, guó, guō)'[138]자가 있다. '聝'은 사람을 살해한 후 사람의 좌측 귀를 베는 것을 말하며 이 자는 또한 '(馘)'으로 쓰기도 한다. 《설문說文》은 '(聝)'자에 대하여 "'전쟁할 때 적의 귀를 베다'라는 뜻이다."[139]라 하였다.

1　攸聝安安. 《詩經 · 大雅 · 皇矣》
　귀를 베어 바치기를 천천히 하다.

위의 구절 에 대하여 《모전毛傳》은 "'괵聝'자는 '얻다'라는 뜻이다. 불복종하는 사람을 죽인 후 그 좌측 귀를 잘라 바치는 것을 '聝'이라 한다."라 하였다.[140] 이외에 '刵'(èr)자는 "귀를 자르다"이며,[141] '刖(yuè)'자는 "발꿈치를 절단하다",[142] '劓(yì)'자는 "코를 베다",[143] '髡(kūn)'자는 "머리를 자르다"[144]는 뜻으로 쓰여, 모두가 고대 형벌의 일종을 표시한 특수한 단어(詞)들이다.

137) '쌍음절단순사'는 "頡頏(xiéháng)"(우열을 가리기 어렵다), "邂逅"(만나다), "猶豫"(주저하다) 등이 있다.

138) 적을 죽이고 그의 왼쪽 귀를 잘라냄.

139) 《說文解字》: "聝, 軍戰斷耳也."

140) 《毛傳》: "聝, 獲也, 不服者殺而獻其左耳曰聝."

141) 《說文解字》: "(刵), 斷耳也. 从刀, 从耳."

142) 《說文解字》: "(刖), 絕也. 从刀, 月聲." 갑골문은 ''로 쓴다. 《甲骨文字詁林》(吉林大學), 1冊 310쪽 참고.

143) 《說文解字》: "(𠜎), 刑鼻也. 从刀, 臬聲. 《易》曰: '其人天且𠜎.' (劓), 臬或从鼻." 갑골문은 ''로 쓴다. 《甲骨文編》(中華書局), 200쪽 참고.

144) 《說文解字》: "(髡), 鬄髮也. 从髟, 兀聲. (髨), 或从元."

(2) 동사의 접두사 문제

상고 시기의 동사 역시 명사와 같이 접두사나 접미사 같은 부가성분이 없었다. 다만 이와 비슷한 것이 있는데 선진시기의 운문韻文에는 많이 나타나고 산문에는 아주 드물게 나타나다가 한대 이후에는 거의 없어졌다. 옛날 사람들은 이것을 '허사虛辭' 혹은 '어조사語助辭'라고 해석했다. 그 중 비교적 중요한 것이 '言'·'於'·'曰'·'爰'·'薄(엷을 박, báo,bó,bò)'·'聿(붓 율, yù)' 등 여섯 개가 있다.

[言]

2 言告師氏, 言告言歸.《詩經·周南·葛覃》
사씨師氏(유모)에게 여쭈어, 친정에 갈 것을 말하려 했다.

3 翹翹錯薪, 言刈其楚.《詩經·周南·漢廣》
쑥쑥 뻗은 잡목 속에 회초리나무를 베어내리라.

4 陟彼南山, 言采其蕨.《詩經·召南·草蟲》
저 남산에 올라가 고사리를 뜯다.

5 言旋言歸, 復我邦族.《詩經·小雅·黃鳥》
곧바로 돌아가 우리 방족에 돌아가다.

6 既盟之後, 言歸於好.《左傳·僖公九年》
맹약한 뒤로는 좋은 친구로 돌아가다.

여기서 '言'은 모두 동사 앞에 쓰이고 있다. 이것을 상고 중국어 중 동사 접두사로 볼 수 있는가? 대답은 그렇지 않다. 왜냐하면 동사의 접두사는 반드시 동사의 어근과 결합하는 고정적인 접사(詞綴)여야 하는데[145)]'言'은 그렇지 않다. '言'자는 동사의 앞에만 오는 것이 아니라 동사나 명사의 뒤에도 붙을 수 있다.

---

145) 일부 어법 책에서는 '詞綴'과 '詞嵌'을 구별하지 않는 경우도 있다. 그러나 엄격히 구별한다면 詞綴은 接頭語·接尾語의 단어의 일부이고, '詞嵌'은 조사 역할을 하는 어법 성분을 가리킨다. '詞綴'을 혹은 '中綴'이라고도 한다.《言語學百科事典》, 上海辭書出版社, 1993년. 57쪽. '詞嵌'은 혹은 '接腰辭'라 한다. '독립하여 쓰이지 못하고, 다른 말 중간에 끼어 함께 한 낱말을 이루는 접사'를 가리킨다. 그러나 접요사는 문자와 문자 사이에 낀 요소를 가리키기 때문에 漢語에서는 적절한 용어가 아닌 듯 하다.

7 星言夙駕, 說於桑田.《詩經 · 鄘風 · 定之方中》
별을 보고 일찍 멍에 하여 뽕나무 밭에 멈추었다.
8 寤言不寐, 願言則嚏.《詩經 · 邶風 · 終風》
잠깨어 잠 못 이루며 이것을 생각하면 눈물콧물이 나오누나.
9 駕言出遊, 以寫我憂.《詩經 · 邶風 · 泉水》
말에 멍에하고 나가 놀아 내 근심을 쏟아볼까?
10 睠言顧之, 潸然出涕.《詩經 · 小雅 · 谷風之什 · 大東》
빤히 이 길을 돌아보고 산연히 줄줄줄 눈물을 흘리노라.

여기서의 '言'은 앞에서 살펴보았던 명사 앞에 발어사 '有'자와 같이 실질적 의미가 없는 어조사 역할을 한다. 따라서 상고시기 중국어의 이러한 성분은 단어의 구성부분이 아니라 문장의 구성부분임을 알 수 있다. 이런 성분은 동사의 앞에만 붙을 수 있는 것이 아니라 문장의 가운데나 문장의 끝에 붙어서 문장의 음절을 구성한다. 이는 훈고학자들이 말하는 '어조語助'에 해당된다. 《이아爾雅 · 석고釋詁》의 "'言'은 '사이'의 뜻이다."[146]의 말처럼 여기서의 '言'은 단어와 단어사이에 끼워 넣을 수 있는 것이라는 뜻이다. 다른 명칭을 사용한다면, '詞嵌(사감, 詞綴, 接腰辭. 助詞)'라고도 할 수 있다. 그러나 가끔씩 허사를 대신하는 문법적 기능도 가지고 있다.

예를 들어, 예문10의 '권언睠言'은[147] 《순자 · 유좌편宥坐篇》은 '권연眷然'으로 쓰고, 《후한서後漢書》(87권)의 《유도전劉陶傳》은 '권연睠然' · '산언潸焉'으로 쓴다. 이처럼 '言'은 음이 비슷한 '焉' · '然'을 대신하였다. 예문 2 - 6의 '言'은 또 허사 '乃'를 대신하는 역할을 하고 있다. 그리고 예문 9는 동사의 사이에서 접속사連詞 '以'나 '而'를 대신하는 역할도 하고 있다. 《시경 · 노송魯頌 · 유필有駜》 "醉言舞"[148] · "醉言歸"[149] 구절 중 '言' 역시 마찬가지로 접속사 역할을 한다. '于'와 '曰'자의 문법적 기능 또한 조사이지 접두어가 아니다. 하지만 '爰'자 역시 '於'와 "曰"과 같은

146) 《爾雅 · 釋詁》: "言, 間也."
147) '睠(돌아볼 권 juàn)言'은 '돌아보는 모양'을 뜻한다. '言'은 조사의 용법으로 쓰인다.
148) "취해 춤추다."
149) "취해 돌아가다."

용법으로 분석하고 있으나 이에 대해서는 자세한 분석이 필요하다.

[于][150]:

11 黃鳥于飛.《詩經・國風・葛覃》
황조가 날다.

12 王于興師, 修我戈矛.《詩經・秦風・無衣》
왕명으로 군대를 일으키시거든 우리 과모戈矛를 수선하다.

13 王于出征, 以佐天子.《詩經・小雅・南有嘉魚之什・六月》
왕이 이에 출정하여 왕국을 바로잡으라 하시다.

14 于疆于理, 至于南海.《詩經・大雅・江漢》
나라 땅을 다스려서 남해에 까지 이르네.

[曰]

15 我送舅氏, 曰至渭陽.《詩經・秦風・渭陽》
내 외삼촌을 전송하여 위양(渭陽)에 이르다.

16 曰爲改歲, 入此室處.《詩經・豳風・七月》
해가 바뀌게 되었으니 이 집에 들어와 거처할 지어다.

17 朋酒斯饗, 曰殺羔羊.《詩經・豳風・七月》
두어 술 마련해 동네 분들 술대접하고자 염소 잡아 안주 마련하네.

18 曰歸曰歸, 歲亦莫止.《詩經・小雅・采薇》
돌아감이여, 돌아감이여 해 또한 저물었도다.

19 我東曰歸, 我心西悲.《詩經・豳風・東山》
내 동쪽에서 돌아올 때, 내 마음 서쪽을 향해 슬퍼하였다.

20 雨雪瀌瀌, 見晛日消.《詩經・小雅・角弓》
함박눈이 펄펄 내리나 햇빛을 보면 사라지다.

[爰]

21 爰有寒泉? 在浚之下.《詩經・邶風・凱風》
차가운 샘물이 준읍(浚邑)의 아래에 있다.

22 其在高時舊勞於外, 爰暨小人.《尚書・無逸》

---

150)《爾雅・釋詁》: "于・爰, 曰也." "爰, 于也."

높은 자리에 오르면 옛날에는 고생을 많이 했기 때문에 백성을 좋아하다.

23 樂土樂土, 爰得我所.《詩經 · 魏風 · 碩鼠》

악토樂土여, 악토여 이에 내 살 곳을 얻으리로다.

이상의 '于(於)'와 '曰'의 용법은 모두 조사助詞(詞嵌)로 해석할 수 있다.

다만 위의 '爰(이에 원, yuán)'자 예문은 모두 실제적 의미를 가지고 있다. 예문 21의 '爰'은 의문대명사 '焉'(어디)로 해석되고, 예문 22의 '爰'은 접속사로 '於是'로 해석할 수 있으며, 예문 23의 '爰' 역시 '於是'(거기에)의 뜻인 전치사구의 용법으로 쓰인다.[151]

결론적으로 '於', '曰'은 '言'과 같이 동사의 접두사가 아니라 일종의 부가성분이다. 예문 12과 13의 '於'자는 이음절의 합성동사의 구성부분이 아니고 단어 사이에 끼워 넣어 4개의 글자를 만들기 위한 성분이다. 그리고 예문 18의 '曰'은 접속사接續詞 '而'와 부사 '則'을 대신하는 역할을 하고 있어 '消(사라질 소, xiāo)'의 일부분인 접두사라고 볼 수 없다.

'薄' · '聿' · '遹(비뚤 휼, yù)'자도 선진시기 고서에서 자주 동사 앞에 쓰인다. 이전 사람 사람들은 '薄'자를 발성사發聲詞, 혹은 "'薄'은 허사"[152]라 하거나, 혹은 '어두조사語首助詞(접두사 형식의 조사)'라 하였다. 사실 '聿' · '遹'자는 앞에서 살펴본 상고시기 '於'자와 같이 운모 '云'이고, 모두 의미가 없는 어조사(詞嵌)로 쓰인다. '聿'자 또한 '曰'자와 통한다. 《시경詩經 · 7월七月》 "曰爲改歲"[153]구절의 '曰'자를 《한서》에서는 '聿'로 쓴다.

[薄]

24 薄汙我私, 薄澣我衣.《詩經 · 周南 · 葛覃》

내 편복便服을 빨며, 내 예복을 빠네.

---

151) 楊伯峻 <'爰'字上古作'焉'字用例証>, 《中國語文》, 1962(2), 67쪽 참고.

152) "薄, 辭也."

153) "해가 바뀌게 되다."

25 薄言追之, 左右綏之.《詩經 · 周頌 · 有客》
奚아가서 좌우로 편안히 하노라.
26 采采芣苢, 薄言采之.《詩經 · 周南 · 芣苢》
캐고 캐는 부이芣苢를 뜯노라.
27 薄伐玁狁, 至於大原.《詩經 · 小雅 · 六月》
험윤을 정벌하여 태원太原에 이르다.

[聿(遹)]

28 聿修厥德.《詩經 · 大雅 · 文王》
덕德을 닦을 지어다
29 爰及姜女, 聿來胥宇.《詩經 · 大雅 · 綿》
강녀(姜女)와 함께 집을 보러 왔다.
30 昭事上帝, 聿懷多福.《詩經 · 大雅 · 大明》
하늘을 밝게 섬기고 많은 복을 오게 하다
31 遹求厥寧, 遹觀厥成.《詩經 · 大雅 · 文王有聲》
그 편안함을 구하자 그 성공을 보시니 문왕이 훌륭한 군주이시도다.

위와 같이 상고시기 동사의 접두사와 비슷한 부가성분(詞嵌)은 대부분《시경詩經》이나《서경書經》에 많이 나타나고, 선진시기에는 매우 드물게 나타났으며 중고시기 이후에는 종적을 감추게 되었다. 이와 유사한 다른 접두사성 조사助詞도 출현하지 않았다. 때문에 중국어의 동사는 고대뿐만 아니라그 어느 시기에도 접두사라는 것은 존재하지 않다.

한편 상고시기 동사의 형태접미사(形尾) 문제에 대해서는 좀 더 분석해 볼 필요가 있다.[154] 상고시기에 접미사와 비슷하게 뒤에 붙는 성분들이 있었던 것은 사실이다. 옛날 사람들은 이것을 '어이사語已詞' 혹은 '어미조사(語尾助詞, 語末助詞)'라고 불렀다. 이는 모두 문법적인 각도에서 말하는 것이지 현대 언어학에서 일컫는 접미어(接尾語, 詞尾)가 아니다. 이러한 성분은 단지 형태접미조사(形尾)로만 여길

154) 원주: 王力,〈關于漢語有無詞類問題〉(《北京大學學報》, 1995年 2期), 136 - 142쪽.《漢語的詞類問題 (論文集) 》(第2集) 47 - 56쪽.

수 있다. 사실 이런 성분은 상고시기 시문에서 몇 가지 용법으로 사용되는데 모두 의미없는 허사라고만 단정할 수 없다.

《시경詩經》 중 123차례 출현하고 있는 '止'자를 예로 들어 살펴보도록 하자.

양수달楊樹達은 《사전詞詮》에서 '어말조사'라 하였고, 배학해裴學海의 《고서허자집석古書虛字集釋》 중에서는 '止'자를 '矣' · '之' · '焉'으로 해석하여 학자마다 의견이 분분하다.

최근 고대문자학자인 우성오于省吾는 〈詩經中"止"字的辨析〉[155]에서 고대문자의 형태와 의의를 근거로 하여 '止'자와 '之'의 차이에 대해 자세히 분석하였다. 이 논문은 그 동안의 학설에 대한 오해를 바로잡아 주고 있다. 아래에서 우성오가 주장한 내용을 간단하게 소개하기로 한다.

'止'자를 복사卜辭는 ''나 ''로 쓰고, 상대商代 금문은 ''로 쓴다. '足趾(발)'라는 의미의 '趾'자의 초기형태이다. 후에 금문에서는 형태를 ''[156]로 쓴다. 《설문》은 "식물이 성장하여 뿌리의 근간이 있는 모양"[157]이라 설명하고 있으나, 이는 잘못된 설명이다.

갑골문 중 '之'자를 ''자나 ''로 쓰는데, '止'가 '一' 위에 놓인 형태로이 중 '一'은 땅을 가리키며, 전체적으로 발이 땅에서 걸어 다닌다는 뜻이다. 이 중 '止'는 의미부이자 소리부로 쓰이기도 한다. 소전小篆에서 형태가 변하여 ''로 쓰고, 《설문》은 이 형태를 근거로 하여 "식물이 屮의 형태를 넘어서 가지와 줄기다 점점 커진 모양"[158]이라 잘못 설명하였다. 예서隸書에서는 ''로 써서 현재 해서楷書의 형태가 되었다. 《시경》 중 '容止'와 '止息'의 '止'자는 '**止**'로 써야 하는데, 후세 현행본들이 모두 '止'자로 잘못 쓴 썼다는 것을 청나라 《설문》 학자들도 모르는 것은 아니었다.[159] 우성오가 예로 든 28개[160]의 예를 살펴보면 모두 '止息'(그치다,

155) 于省吾, 《詩經中"止"字的辨析》, 《中華文史記論叢》, 1963年 第 3輯.

156) 《五年召伯虎簋》, 西周晚期, 《集成》 '4292'.

157) 《說文解字》: "象艸木出有址."

158) 《說文解字》: "象艸過屮, 枝莖益大有所之. "

159) 于省吾, 《詩經中'止'字的辨析》: " 《詩經》中的'止'字, 有的應作'之', 有的乃'**止**'字之訛. 其用作'容止'和'止息'之'止'者, 應改作'**止**', 這是由于傳抄或傳刻之訛; 其用作指示代詞和語末助詞之'止'者應釋作'之', 這是由於漢人竄改未盡所致."

멈추다) 혹은 '留止'(머무르다, 거주하다)의 '止'로 해석해야 한 예문이다.

《시경》에서 지시대명사와 어말조사로 쓰인 '止'자는 고문자의 '之'이다. 후세의 전세본傳世本이 '止'자로 잘못 쓴 것이다. 이것은 2000여 년을 내려오면서 시를 다루는 사람들이 모두 모르고 있었던 사실이다. 우성오는 두 가지 부류로 나누어서 설명하였다.

> 첫째, '止' 즉 '之'자가 문두에 쓰여 지시대명사로 쓰이는 경우
> 《公劉》(第 6章)의 "止基迺理"·"止旅乃密"의 '止'는 '兹'로 읽었다.
>
> 둘째, '止' 즉 '之'자가 문미에 쓰여 지시대명사로 쓰인 경우
> 모두 11개의 예문이 있다. 《草蟲》의 1·2·3章, 《南山》의 1 - 4章, 《敝苟》의 1·2·3章, 《采芑》의 1 - 4章, 《小弁》의 3章, 《車舝》의 5章, 《大明》의 5章, 《韓奕》의 4章, 《閔予小子》·《敬之》·《賚》의 문미 '止' 자 등이다. 모두 '之'로 해석해야 하며 전부가 지시대명사에 속한다.
>
> 셋째, '止' 즉 '之'자가 조사로 쓰이는 경우
> 《采薇》의 1·2·3章, 《杕杜》의 1·2·4章, 《楚茨》의 5章, 《賓之初筵》의 3·4章, 《文王》의 4章, 《民勞》의 1·3·4·5章, 《抑》의 12章, 《雲漢》의 4·8章, 《召旻》의 4章, 《閔予小子》·《良耜》의 '止'자 등이 있다. 이 '止'자는 어미조사語尾助詞 '之'이며, 조사에 속한다.

우성오의 이러한 분석은 고대한어 학자들이 '止'를 동사 접미사로 잘못 해석해 왔던 것을 바로 잡는 데 큰 도움을 되었다.

'止'와 비슷한 것으로 또 '只'가 있다. 가끔씩 동사의 뒤에 붙는데 이것은 역시 동사의 고정적인 부가성분이 아니라 어조사에 불과한 것이다. 또는 '思'가 있는데 문두나 문중文中에서 역시 어조사의 역할을 한다.

---

160) 《陟岵》1장의 '止', 《終南》1장 2장의 '止'. 《黃鳥》1,2,3장, 《墓門》 2장, 《四牡》4장, 《采芑》1,2,3장, 《庭燎》의 1,2,3장, 《沔水》1장, 《祈父》1장, 《正月》3장, 《雨無正》2장, 《小旻》5장, 《甫田》1,3장, 《大田》4장, 《瞻彼落矣》1,2,3장, 《青蠅》1,2,3장, 《綿蠻》1,2,3장, 《綿》3장의 "曰止曰時", 4장의 "迺慰迺止", 《生民》의 1장, 《鳧鷖》5장, 《卷阿》7장, 《桑柔》3장, 《雲漢》7장, 《振鷺》"我客戾止", 《雝》"至止肅肅", 《訪落》"訪予落止", 《泮水》1,2,3장, 《玄鳥》 "維民所止"의 '止'.

(3) 현대 중국어 동사 어조사 '了'와 '着'의 유래

고대 한어에는 동사 접미사가 없었다. 현대 중국어의 조사들은 고대 동사가 점차 어법화하면서 나타난 것이다. 당오대唐五代 선종 어록 중 '완료'를 나타내는 실사 동사는 '竟(다할 경, jìng)' · '已' · '畢(마칠 필, bì)' · '訖(이를 흘, qì)'과 '了'자 등이 있다.

32 師云: "我今為汝懺悔竟, 汝今宜依佛法僧寶."《祖堂集 · 卷二》
조사가 말하였다. "내 지금 그대를 위하여 참회하게 하였다. 그대는 그저 불 · 법 · 승 삼보三寶에 의지하만 하라.

33 師有時說法竟, 大眾下堂, 乃召之, 大眾迴首, 師云: "是什麼?"《景德傳燈錄 · 卷六》
대사가 가끔 설법을 마치고 나서 대중들이 흩어지면 곧 그들을 불렀다. 대중이 머리는 돌려 바라보면 "이것이 무엇인가?"라 했다.

34 未離兜率已降王宮, 未出母胎度人已畢.《大慧普覺禪師語錄》
도솔을 떠나기 전 이미 왕궁에 왕림하였고 모태를 떠나기도 전에 이미 득도하였다.

35 至夾山化緣畢, 初開落浦, 後住蘇溪矣.《祖堂集 · 卷九》
협산이 세상을 떠나자 처음으로 낙포 선원禪院을 개당하고 나중에는 소계로 옮겨 살았다.

36 慧能領得其銀, 分付安排老母訖, 便辭母親.《祖堂集 · 卷二》
혜능은 그 은전을 받아 노모의 시중에 쓰도록 안배해서 부탁을 하고는 곧 어머니에게 하직하였다.

37 乾德丙寅三月示疾, 垂誡門人訖, 怡顏合掌而滅, 壽八十五, 臘六十五.《景德傳燈錄 · 卷十五》
건덕 병인(6060) 병이 나서 문인들에게 훈계를 내리고 편안한 얼굴인 채로 합장하고 입멸하니 수명은 85세이고 법랍은 65세였다.

38 師付法已, 則現神通, 飛行自在, 卻至本座, 而入寂定.《祖堂集 · 卷一》
조사는 법을 전한 뒤에 신통을 나타내어 자유로이 날아다니다가 다시 본자리에 돌아와서 적정에 들었다.

39 王聞偈已, 心即開悟, 乃悔謝前非, 咨詢法要, 朝夕忘倦, 迄于九旬.《景德傳燈錄 · 卷三》
왕이 이 게송을 듣고 마음이 열려서 앞서의 허물을 뉘우쳤다. 그리고는 법의 요체를 물으면서 아침저녁으로 피로를 잊은 채 90세까지 이르렀다.

40 有一般瞎秃子, 飽喫飯了, 便坐禪觀行.《鎮州臨濟慧照禪師語錄》
눈이 멀고 머리가 벗겨진 사람이 밥을 먹고서는 좌선하여 수련하였다.

41 明朝到山下村院, 得見師兄, 說藥山語了, 相共轉來藥山, 直到終, 不離左右.《祖堂集·卷四》
이튿날 새벽 마을 여관에 가서 사형을 만나 선사의 말씀을 전하고는 함께 돌아와서 영영 곁을 떠나지 않았다.

42 泉云: "師兄喫茶了, 普願未曾喫茶."《景德傳燈錄·卷七》
남전南泉이 말하였다. "사형은 이미 차를 마셨지만 저는 아직 차를 마시지 못했습니다."

당오대 어록 중 이러한 동사 완료동사 용법 이외에 완료를 나타내는 동태조사로 쓰었다. '卻'·'取'·'得'·'了'자는 완료를 표시하는 동태조사로 쓰였다.

[却(卻)]

43 黑漆漆地緊閉卻雙眼, 喚作默而常照.《大慧普覺禪師語錄》
앞이 보이지 않게 꼭 두 눈을 감아 버리고, 묵묵히 말을 하지 안고 가만히 오랫동안 관찰을 하여 본성을 찾는 선수행법이 '默照禪'이다.

44 見爾迷卻路. 為爾作箇指路頭主人而已.《大慧普覺禪師語錄》
네가 길을 잃어버렸을 때, 너를 위해 길을 인도해주는 주요 역할을 한다.

45 師云: "若有白納衣, 一時染卻."《祖堂集·卷第十》
선사가 말하였다. "만약에 흰 누더기가 있다면 몽땅 물들여 버리겠도다."

46 一句子活卻天下人, 一句子死卻天下人.《祖堂集·卷第七》
한 구절은 천하 사람을 살리고 한 구절은 천하 사람을 죽인다.

47 聚卻三五百眾, 目視雲漢, 云是南方宗旨, 把他《壇經》改換.《景德傳燈錄·卷第二十八》
3백 5백명의 대중을 모아놓고, 눈으로는 하늘을 멍하니 바라보면서 말하기를 남방의 종지라고 합니다. 또한 단경을 꺼내다가 이리저리 바꾼다.

48 師曰: "添卻淨缾水著."《景德傳燈錄·卷第十四》
대사가 그에게 말했다. "깨끗한 병에 물을 넣어 가지고 오너라."

[取]

49 馬師云: "汝但識取汝心, 無法不備."《祖堂集 · 卷第十五》

마조가 말하였다. "그대가 마음을 알아차리기만 하면 갖추어지지 않는 법이 없으니라."

50 師上堂云 : "說取一丈, 不如行取一尺 ; 說得一尺, 不如行取一寸. 說取那行處, 行取那說處."《祖堂集 · 卷第十七》

선사가 상당하여 말하였다. "한 길을 이야기 하는 것이 한 자를 행하는 것만 못하고 한 자를 이야기하는 것이 한 치를 행하는 것만 못하다.

51 師曰: "三公九卿排班位, 看取金雞豎也無？"《景德傳燈錄 · 卷第二十》

대사가 말하였다. "삼공과 구경이 차례로 늘어서서 금계(황제가 조서를 내릴 때 세우는 기)가 세워졌는가를 살펴본다."

[得]

52 師得十歲兒子, 養得八年, 有一日, 兒子啟和尚曰: "某甲欲得受戒去, 還得也無？"《祖堂集 · 卷第五》

선사가 10세 가량 되는 아이를 얻어서 8년이나 길렀는데, 어느 날 그 아이가 승려에게 말하였다. "저는 계를 받으러 가고자 하는데 가도 좋겠습니다."

53 師蒙攝受, 過得三年後, 受戒一切了.《祖堂集 · 卷第六》

선사는 오설이 거두어들인 지 3년이 지나자 계를 받고 모든 것을 다 깨쳤다.

54 行得三兩日, 忽然思量道: "法眼和尚是五百眾肉身大士, 道我不是, 必有長處."《虛堂和尚語錄》

이삼일을 행하자 홀연히 생각이 들어 말하였다. "법안화상은 500 교도의 육신보살이나 나는 그렇지 않으니 반드시 좋은 점을 있을 것이다."

55 (龍)牙過取禪板與微, 接得便打.《明覺禪師語錄》

용아화상은 선판禪板을 취미화상에게 건네주자, 선판을 받아서는 (용아화상을) 후려쳤다.

[了]

56 林花謝了春紅, 太匆匆. (李煜《烏夜啼》)

숲속 봄의 붉은 꽃 떨어지길 너무 너무 빠르다네.

57 唱喏走入, 拜了起居, 再拜走出.《唐太宗入冥記》

큰 소리로 읍하며 들어와서는 기거하는 자에게 절을 마치고 일어나 다시 한 번 절을 하고 나갔다.

58 見了師兄便入來.《變文集 · 難陀出家緣起》
사형을 보고 이내 들어왔다.

59 迷了菩提多諫斷, 悟時生死免輪迴.《維摩詰經講經文(一)》
의심을 끊고 보리를 깨달으라. 이를 깨들으면 생사는 윤회를 면하리라.

이러한 완료동태조사는 후에 모두 '了'에 의하여 대체되었다.

경험을 나타내는 동태조사 '過'는 선종어록 중에서는 주로 '방향보어'로 쓰이고 '결과보어'로 쓰이는 경우는 많지 않다. 즉, 선종어록에서 '過'는 경험을 나타내는 동태조사로 쓰이는 않는다.

[방향보어]

60 師曰: "汝若學我看經, 牛皮也須穿過."《祖堂集 · 卷第四》
대사가 말하였다. "네가 내가 경을 보는 것을 배운다면 쇠가죽이 반드시 뚫을 것이니라."

61 大師云: "猶在這裏, 何曾飛過?" 政上座豁然大悟.《祖堂集 · 卷第十五》
이에 대사가 말하였다. "아직 여기에 있는데 어찌 날아갔단 말인가?" 정 상조가 활짝 깨달았다.

62 師云: "已進不退." 乃推車碾過.《景德傳燈錄 · 卷第八》
대사가 말하였다. "이미 나아간 수레라서 물러날 수 없습니다." 이에 그대로 수레를 밀고 지나갔다.

63 師曰: "穿過髑髏, 不知痛處."《景德傳燈錄 · 卷第二十》
대사가 말하였다. "해골을 꿰뚫어도 아픈 줄을 모르는구나.

64 師乃迴信曰: "頂門上中此金剛箭, 透過那邊去也."《景德傳燈錄 · 卷第二十三》
대사가 답장을 보냈다. "정수리를 맞힌 이 금강전이 저쪽을 꿰뚫고 갔습니다."

65 師曰: "松竹乍栽山影綠, 水流穿過院庭中."《景德傳燈錄 · 卷第二十四》
대사가 말하였다. "송죽을 가꾸니 산 그림자가 푸르고 흐르는 개울이 절 마당을 통과해 지나간다."

66 譬如夢裏度河, 船師度過河北. 忽覺床上安眠, 失卻度船軌則.《景德傳燈錄 · 卷第二十九》
비유컨대 꿈속에 강을 건너는데 사공이 강 건너로 주었으나, 평상 위에 편히 잠든 것을 홀연히 깨닫고 나면 나룻배도 법칙도 모두 잃어버리네.

[결과보어]

67 我常道: 汝若有達悟處, 但去卻人我, 披露將來, 與汝驗過.《景德傳燈錄 · 卷第二十八》
내가 항상 말하기를 "그대가 깨들은 곳이 있다면 너와 나를 여의고서 드러내 갖고 오라. 그대를 위해 시험해 주리라."

아래에서는 동태 조사 '了'와 '着(著)'에 대해서 살펴보기로 한다.

1) '了'

'了'는 항상 동사의 뒤에서 행동의 완성을 나타낸다. '완료(完了)' 혹은 '마침(了結)'을 나타내는 동사 '了'가 어법화된 것이다.《광아廣雅 · 석고사釋詁四》에서 "'了'는 '끝나다'는 뜻이다)"라 하였는데,[161] 이는 즉 완료의 뜻이다. 사실, 완료를 나타내는 '了'가 처음으로 사용된 시대는 동한東漢 시기의《광아》보다 더 이른 시기이다. 서한西漢 시대 왕포王褒가 쓴《동약僮約》"晨起灑掃, 食了洗滌."[162] 문장 중의 '了'는 다 끝났음을 나타냈다. '了'의 이러한 용법은 당시 살아있는 언어의 반영이다. 이로서《광아》의 해석은 갑자기 생긴 것이 아닌 근거가 있는 것임을 알 수 있다.

潘允中(1982)에서 아래 예문은 중고시기 남북조南北朝때, 점차 '了'가 뚜렷하게 완료를 나타내는 형태적 요소로 쓰이기 시작하였고 항상 동사의 뒤에 붙여 쓰인다 하였다.[163]

68 禾秋收了, 先耕蕎麥地, 次耕餘地.《齊民要術 · 雜說》[164]
가을에 추수를 마친 후에 메밀과 보리를 심은 논밭을 먼저 갈고 그 다음에 남은 논

161)《廣雅 · 釋詁四》: "了, 訖也."

162)《僮約》: "晨起灑掃, 食了洗滌."(아침 일어나서 청소하고 식사를 마치고 다음에 몸을 세척하다.)《僮約》은 기원전 1세기 작품이다.

163) 潘允中《漢語語法史概要》, 48쪽 참고.

164)《齊民要術》은 北魏 말년(533 - 544年) 농학가 賈思勰가 쓴 작품으로 世界 최초의 농사 전문 서적이다.

밭을 갈았다.

69 自地亢[165]後, 但所耕地, 隨餉蓋之, 待一段總轉了, 即橫蓋一徧.《齊民要術・雜說》
땅이 메마르기 시작하면 흙을 갈아 업어야 하는데, 자주 세로방향으로 갈아 업고, 다른 땅을 다시 갈아 업은 다음 후에, 다시 가로로 갈아 덮어야 한다.

70 見世人耕了, 仰著土塊, 並待孟春蓋.《齊民要術・雜說》
내가 지금 사람들의 농사짓는 것을 보니, 논밭 가는 것을 마치고 모두 흙덩이만 바라보고 있다가 봄이 오기를 기다린다.

그러나 蔣紹愚(2005)는 위의 예문 중의 '了'는 동태조사가 아닌 실사의 용법으로 쓰인 것이며《제민요술齊民要術》은 후인이 위탁하여 쓴 책이라 하였다.[166] 또한 장소우는 '了'자가 만당오대晩唐五代 시기에 이르러서야 허사의 용법으로 쓰였다 하였고 다음과 같은 예문을 들었다. 이는 앞에서 '了'의 용법에서 예를 든 것과 거의 같다. 따라서 시기적으로는 만당오대 시기가 아닌가 한다.

林花謝了春紅, 太匆匆. (李煜《烏夜啼》)
숲속 봄의 붉은 꽃 떨어지길 너무 너무 빠르다네.
幾時獻了相如賦, 共向嵩山采茯苓. (張喬《贈友人》)
언제 사마상여의 부를 바쳤던가, 함께 숭산에 가서 복령이나 채취하게나.
各請萬壽暫起去, 見了師兄便入來.《難陀出家緣起》
지금 금방 청하고 나갔다가 사형은 만나보고서 이내 들어오리다.
唱喏走入, 拜了起居, 再拜走出.《唐太宗入冥記》
네하고 큰 소리로 대답을 하고 들어와 기거하는 자에게 절을 하고는 다시 절을 하고 나갔다.
大王聞太子奏對, 遂遣於國門外高縛彩樓, 詔其合國人民, 但有在室女者, 盡令於綵樓下集會, 當令太子自揀婚對. 尋時縛了綵樓, 集得千萬個室女, 便思(私)發願.《悉達太子修道因緣・卷三》
대왕은 태자의 대답을 듣고 나서 도성 밖에 높다란 채루를 세우게 하였다. 그리고 온 나라의 백성들에게 집안에 있는 처녀들을 모두 채루 아래 모이도록 하게 한 다음 태자로

---

165)《漢語語法史概要》는 '亢'은 '仰着'의 뜻이라 하였다.《齊民要術》은 "地顯得有些乾燥之後"로 번역하였다. 23쪽 참고.

166) 蔣紹愚(2005)《近代漢語研究概要》, 139 - 140쪽 참고.

하여금 직접 배우자를 고르도록 하였다. 오래지 않아 채루가 세워졌고 천만의 처녀들이 모여 들었다. 태자는 채루 위에 올라 마음속으로 발원하였다.

但看木傀儡, 弄了一場困.《寒山子詩集》

나무로 만든 괴뢰를 보고 한바탕 곤궁함을 당했다.

이와 동시에 '了'는 동사 '終了'로도 사용되는 경우가 있다. 이것은 '了'의 두 가지 용법이 동시에 존재한다는 것을 알 수 있다. 그렇다고 해서 '了'자가 완료 조사 형태로 쓰였다는 사실을 부정할 수는 없다. 아래는 동사 '了'의 발전 과정이다.

71 儀常規畫分部, 籌度糧穀, 不稽思慮, 斯須便了.《三國志 · 蜀書 · 楊儀傳》

양의는 자주 제갈량을 도와 군대를 계획하고 배치하였으며 곡식을 모아고 헤아려, 신경을 쓸 필요가 없이 곧 바로 문제를 끝마치곤 하였다.

72 天下大器, 非可稍了. …… 官事未易了也.《晉書 · 列傳第十七》[167)]

천하는 너무 커서 모두 헤아릴 수가 없으나, ……관의 일은 그에게 쉽게 헤아릴 수가 있는 것이 아니다.

73 純曰: "旦有小市井事不了, 是以來後. "《晉書 · 列傳第二十》

순이 말하였다. "게다가 작은 저자거리의 일은 해결하지 못했으니, 이것을 뒤로 미룬다."

당대唐代 이후 문학 언어에서 '了'는 동사의 조사助詞로 광범위 하게 사용되었다. 그러나 동시에 완료의 의미를 나타내는 실사로도 사용되었다.

① 동사의 완료를 표시하는 조사助詞로 사용되는 경우

74 且說《漢書》修制了, 莫道詞人唱不眞.《捉季布傳文》

모두가《한서》가 수정하여 개작하여 쓴 것이니 사인詞人이 진실이 아닌 것을 얘기했다 말하지 말라.

75 朝臣知了淚摧摧.《歡喜國王緣》

조정의 신하들은 그 사실을 알고 눈물을 줄줄 흘리네.

167) 楊濟: "江海之流混混, 故能成其深廣也. 天下大器, 非可稍了, 而相观每事欲了. 生子痴, 了官事, 官事未易了也. 了事正作痴, 复爲快耳 ! "《晉書列傳·第十七》

76 夫人聞了, 又自悲傷.《歡喜國王緣》

부인께서 듣고 또 스스로 마음 아파하였다.

77 聖君才見了, 流淚兩三行.《歡喜國王緣》

왕은 그것을 보자 두세 줄기 눈물을 흘린다.

78 說了夫人及大王, 兩情相顧又迴惶.《歡喜國王緣》

부인과 대왕은 말을 마치고 서로를 바라보며 두려워하는데.

79 借物莫交索, 用了送還他. (王梵志《敦煌掇瑣》)

빌려서 쓴 물건은 소진하지 않고 쓰고 돌려준다.

90 征衣裁縫了, 遠奇邊虞.《敦煌曲子詞集》

갑옷을 마름질 하고 꿰매어서 멀리 있는 우虞에게 보내다.

② 실사 '완료' 의미의 동사로 사용되는 경우

91 悲歌已了, 更複向前.《伍子胥變文》

슬픈 노래를 마치고 앞으로 향해 가네.

92 拜別了, 唯諾即行.《降魔變文》

사직 인사를 올리고 명령을 받들어 즉시 길을 떠났다.

93 有一般瞎禿子, 飽喫飯了. 便坐禪觀行.《鎮州臨濟慧照禪師語錄》

어떤 머리 깎고 눈 먼 사람이 밥을 먹고 난 후 앉아서 좌선을 하고 관행의 수행을 한다.

94 明朝到山下村院, 得見師兄, 說藥山語了, 相共轉來藥山, 直到終, 不離左右.《祖堂集 · 卷第四》

이튿날 새벽 마을 여관에 가서 사형을 만나 선사의 말씀을 전하고는 함께 돌아와서 영영 곁을 떠나지 않았다.

95 泉云: "師兄喫茶了, 普願未曾喫茶."《景德傳燈錄 · 卷第七》

남전이 말하였다. 사형이 차를 마셨으나 저는 아직 차를 마시지 않았다.

이러한 '了'의 조사와 동사 두 가지 용법은 지금까지도 사용되고 있다.

2) 着(著)

'着'은 현대 중국어에서 행동의 지속 형태를 표시한다. 처음에는 하나의 동사로

'부착附著'(부착하다), '착락著落'(귀결되다)의 뜻으로 쓰였다. 후에 어법화되어 동사 뒤에 붙는 조사助詞로 사용되었다. 아래는 '着(著)'의 기본 의미로 쓰인 용례이다.

96 伯棼射王, 汰輈, 及鼓跗, 著於丁寧.《左傳 · 宣公四年》
백분이 조나라의 왕을 향해 활을 쏘니, 그 화살이 수레의 끌채를 지나 북의 받침대를 뚫고 징을 맞추었다.

97 而淮陽之比大諸侯, 勢如黑子之著面.《漢書 · 賈誼傳》
회양은 다른 제후의 땅과 비교하면 마치 얼굴에 검은 점이 있은 듯하다.

98 案味甘之露, 下著樹木; 察所著之樹, 不能茂於所不著之木.《論衡 · 是應》
달콤한 맛의 이슬이 나무에 내려 붙어 있을 때, 그 부착되어 있는 나무는 그 감로가 부착되어 있지 않은 나무보다 무성하지는 않다.

중고시기에 '着'자는 분화되기 시작하였다. 기본적 의미를 가지면서 동사 뒤에 붙는 조사助詞로 어법화되어 단독으로 쓰이지 않고 동사의 뒤에 붙어서 행동의 진행을 나타냈다. 예를 들면 다음과 같다.

99 新買五尺刀, 懸著中梁柱.《瑯玡五歌》
새로운 산 칼을 집안 중앙 기둥에 걸어 놓았다.

100 長文尚小, 載著車中.《世說新語 · 德行》
손자인 장문(진군陳群)은 아직 어렸으므로 수레에 태웠다.

101 寄君蘼蕪葉, 插著叢臺邊.《玉台新咏 · 卷六》
당신에게 보낸 마무엽蘼蕪葉을 총대叢臺 옆에 끼어 놓았네.

위에서 살펴본 '着'은 약간 '부착附着'의 뜻을 가지고 있으며 '在'에 가깝다. "載着車中"은 바로 "載在車中(수레로 태웠다)"의 뜻이다. 이것은 현대 중국어에서 행동의 진을 나타내는 동사 조사 '着'과는 약간의 차이가 있다. 그러나 남북조南北朝 시기의 작품 중에 '着'자는 행동의 진행도 나타내고, 어떤 경우에는 '着'자 뒤에 목적어를 가질 수도 있다. 현대 중국어에서 '着'자 뒤에 목적어가 쓰이는 경우가 바로 여기에서 기원한 것이다. 그 예를 살펴보면 아래와 같다.

102 看乾濕, 隨時蓋磨著切.《齊民要術・雜說》

땅의 습기 상태를 관찰하여, 수시로 땅을 고라야 한다.

103 見世人耕了, 仰著土塊.《齊民要術・雜說》

남들이 논밭 갈아서 모두 땅이 위로 솟아 있다.

104 而諸比丘尼不奉佛教, ……貪著五欲, 為色聲香味之所惑亂.《百喻經上》

하지만 여러 비구니는 불교에 받들지 않고 오욕을 탐하여 음악, 향기 나는 음식 등 미혹에 빠진다.

당대唐代 이후 '著'자는 일반적으로 '着'자로 바꿔 사용되었으며 뒤에 목적어를 가질 수도 있고 가지지 않을 수도 있어 현대 중국어의 용법과 대체로 거의 비슷하였다. 이는 '著(着)'이 완성된 형태의 동사의 조사로 사용되었다는 것을 알 수 있다. 예를 들면 다음과 같다.

105 有一黑狗出來, 捉汝袈裟, 銜著作人語, 即是汝阿娘也.《大目乾連冥間救母變文》

검은 개가 튀어나와 당신의 가사袈裟를 물면서 인간의 말을 홍얼거리면 그 개가 바로 너의 모친이다.

106 卿與寡人同記著.《捉季布傳文》

경과 과인이 함께 기억하고 있는데.

107 子細掛尋着. 茫然一場愁.《寒山詩》

그대 너무 세심하게 마음에 두고 찾으니, 마음 더욱이 근심만 쌓이네.

109 今日踏青歸較晚, 傳聲留着望春門. (王建《宮詞》)

오늘 봄놀이 늦게 돌아와 망춘문望春門에 있다는 것을 전해주구려.

110 物掛着則不倒地.《唐悟本・禪師語錄》

물건을 걸려 있어 쓰러지지 않는다.

111 忽然逢着夜叉王.《唐悟本・禪師語錄》

갑자기 야차왕과 만나게 되었다.

112 總是獄中毒氣, 吸着和尚化爲灰塵處.《唐悟本・禪師語錄》

더욱이 감옥 중의 독기 많아, 이를 마신 승려들 황천 가네.

113 閑憑着綉床, 時拈金針, 擬貌舞鳳飛鸞.《敦煌曲子詞・傾杯樂》

한가하게 비단 침상에 기대어 때때로 수바늘을 들고 춤추는 봉황 날아가는 원앙을 수놓네.

114 記着南唐移樹時.《李義山詩》

남당에서 나무를 옮겨 심을 때를 기억하고 있다.

선종어록 중에 행동 지속을 나타내는 동태조사는 '著'자 이외에도 '取'자가 있다.

115 師云: "分明記取, 已後擧似作家."《祖堂集·卷十六》

대사가 말했다. "분명히 기억해 두었다가 작가를 만나거든 말해라."

116 道得則留取, 道不得則撲破去也.《袁州仰山慧寂禪師語錄》

말할 수 있으며 남겨 놓고, 말할 수 없으며 깨트려 버려라.

117 記取白雲抱幽石.《明覺禪師語錄》

하얀 구름이 아득한 바위를 휘감고 있는 것을 기억하네.

118 頂門具眼人, 記取這公案.《大慧普覺禪師語錄》

탁월한 혜안을 가진 자는 이 일을 기억한다.

119 師云: "這老漢合取口作恁麼語話!"《景德傳燈錄·卷八》

선사가 말하였다. "이 늙은이 입으로 무슨 말을 하는 것인가!"

3) 동사 접미사 '化'

5.4 이후 새로운 동사 접미사 '化'가 나타났다. 이것은 영어 '- ize'의 일본어 번역에서 기원한 것인데 지금은 완전히 중국어화 되어 아주 광범위하게 사용되고 있다. 동사 접미사 '化'는 명사 혹은 형용사에 붙어 동사화 시키는 역할을 하고 있다. 예를 들면 '개념화概念化'·'공식화公式化'·'공업화工業化'·'녹화綠化'·'군사화軍事化'·'사화四化[168]' 등으로 아주 흔하게 나타났다.

168) 農業現代化(농업 현대화)·工業現代化(공업 현대화)·國防現代化(국방 현대화)·科學技術의 現代化(과학 기술 현대화)의 합칭.

(4) 동사 중첩의 기원

중국어의 대다수 동사는 중첩이 가능하고, 중첩을 통해 새로운 의미가 부가된다. 예를 들면, '說說'와 '笑笑'는 '試'(…아/어 보다) 혹은 '一下'(시험 삼아 한번 해보다)의 뜻이기 때문에 단어 '說'나 '笑'가 가지고 있는 뜻과는 아주 뚜렷한 차이를 보인다. 이는 중국어 동사가 가지고 있는 특징으로 오래 전부터 이러한 용법을 사용해왔다. 《시경 · 주남周南 · 권이卷耳》 "采采卷耳"의 구절에 대하여 《모전》은 "'채채采采'는 '뜯다'라는 뜻이다"라 하였다.[169] 즉 "캐고 또 캐다"라는 의미이다. 또 《시경 · 대아大雅 · 공류公劉》 "于時處處, 于時廬旅, 于時言言, 于時語語" 구절은[170] '여기서도 살고 저기서도 좀 살며, 여기서도 이야기하고 저기서도 이야기하다'라는 뜻이다. 이외에도 《시경 · 주송周頌 · 유객편有客篇》 "有客宿宿, 有客信信."구절은 '손님을 묵고 또 묵게 하네.' 라는 뜻으로 사용된 것 등이 있다. 따라서 동사의 중첩은 기원전 6세기 이전에서 이미 사용했음을 알 수 있다. 하지만 《시경詩經》의 예문은 개별적인 현상 중의 하나일 뿐이었다.

중고中古시기 이후 점차 동사의 중첩이 사용이 증가하였다. 예를 들면 다음과 같다.

120 還往觀消息, 看看似別離.《敦煌 · 曲子詞》

옛 소식(편지)을 살펴보니, 보아하니 이별과 같았네.

121 赤肉團上有一無位眞人[171], 常從汝等諸人面門出入, 未證據者看看.《臨濟慧照禪師語錄》

육체의 몸에 무위진인無位眞人이 있는데, 항상 너를 비롯한 사람들의 몸을 출입하나, 하지만 그 흔적은 찾아 볼 수 없다.

---

169) 《詩經 · 卷耳》: "采采卷耳."(뜯고 또 뜯네 도꼬마리를.) 毛傳: "采采, 事采之也."(采采는 '뜯다'라는 뜻이다.)

170) 《大雅 · 公劉》: "于時處處, 于時廬旅, 于時言言, 于時語語."(살 곳을 정하고, 이에 머물며 살며 서로 말하고 서로 얘기하게 되었네.)

171) '無位眞人'은 도를 닦는 마음이 뛰어나서 차별差別이 없는 자리에 있는 진인眞人.

동사 중첩의 중요한 발전 중의 하나는 구조 가운데 수사 '一'을 삽입할 수 있는 것이다. 이것은 중고 후기와 근대 전기의 문학 언어에 많이 나타난다.

123 問問狹路相逢時如何, 師便攔胸托一托.《傳燈錄 · 十二》
　협로에서 서로 만날 때 어떻게 해야 하는지 물어보자, 스승은 오히려 가슴을 막히고 심장이 뛰었다.
124 師以腳踢空, 吹一吹云: 是什麼義?《傳燈錄 · 十》
　사부께서 발로 허공을 차고 입으로 숨을 내시면서 이것은 무슨 의미인가라 했다.

여기에서 두 번째 '托(밀 탁, tuō)'과 '吹(불 취, chuī)'는 동량사動量詞 같지만 사실은 그렇지 않다. 왜냐하면 동량사 앞에 오는 수사는 모두 실질적인 의미를 가지지만 예문에 제시된 '一'은 실질적인 의미를 지닌 수사가 아니기 때문이다. 그리고 '托一托'과 '托托', '吹一吹'와 '吹吹'는 의미상에서 다른 점이 없다. '一'의 유무는 외형적인 변화일 뿐이고 사실상 구조적으로는 동일하다. 동사의 이 두 가지 중첩방법은 현대 중국어에서 지금까지도 사용하고 있다.

현대 중국어에서는 쌍음절 동사도 중첩하여 쓴다. 또한 어떤 단어는 목적어를 가질 수도 있다. 예를 들면 다음과 같다.

125 我從此以後要做點慈善事業, 積積德, 彌補彌補. (曹禺《日出》)
　나는 이 이후 자선사업에 좀 참가하여 덕을 쌓고 부족한 부분을 보충하려 한다.
126 我應該多觀察觀察這一幫東西. (曹禺《日出》)
　나는 이 녀석들을 당연히 주의 깊게 관찰해 봐야겠다.

3. 형용사와 부사의 발전

(1) 고대 형용사 어조사의 문제

선진先秦 문헌 《상서尙書》와 《시경詩經》 중 '其'자와 '丕'자가 형용사 앞 성분으로 쓰이는 것을 자주 볼 수 있다. 소위 말하는 접두사(詞頭)와 비슷해 보이지만, 실은 그렇지 않다. 왜냐하면 그것들은 형용사의 앞이나 뒤에 위치할 수 있을 뿐만 아니라, 동사 앞에 위치할 수 있기 때문이다. 이와 같이 자유로운 어법 성분은 결코 소위 접두어가 될 수 없으며, 앞에서 말한 '有'처럼 문장을 채워주는 성분이나 혹은 조정의 어기를 나타내는 어조사로 사용된다. 아래의 예문을 비교해 보자.

형용사 앞에 위치하는 경우:

1 北風其涼, 雨雪其雱.《詩經 · 邶風 · 北風》
북풍(北風)이 차갑게 불어오며 함박눈이 펑펑 내리네.

2 擊鼓其鏜, 踊躍用兵.《詩經 · 邶風 · 擊鼓》
북을 둥둥 치니, 군사들이 활기가 넘치네.

3 丕顯文武.《尙書 · 文侯之命》
크게 드러나도다, 문왕과 무왕이시여.

4 汝丕遠惟商耇成人, 宅心知訓.《尙書 · 康誥》
너는 멀리 상商나라의 나이 많고 경험 많은 사람들의 말을 들어 깊이 생각하며 마음을 정하고 가르침을 삼을 지어라.

동사 앞에 위치하는 경우:

5 蟋蟀在堂, 歲聿其莫(暮). 今我不樂, 日月其除.《詩經 · 唐風 · 蟋蟀》
귀뚜라미가 당(堂)에 있으니, 이 해가 드디어 저물었도다. 지금 우리가 즐거워하지 않으면, 세월이 가버리리라.

6 其丕能諴于小民, 今休.《尙書 · 召誥》
소민小民들을 화和하여, 이제 아름답게 하소서.

형용사 뒤에 위치하는 경우:

7 坎其擊鼓.《詩經 · 陳風 · 宛丘》
둥둥 북을 치네.

8 絺兮綌兮, 凄其以風.《詩經 · 邶風 · 綠衣》
가는 갈포(葛布)와 굵은 갈포(葛布)여, 쌀쌀한 바람 불어오도다.

상고上古 중국어에서의 구사법構詞法(조어법) 중에 하나의 특징은 연음사(連音詞, 複音詞, 迭音詞, 疊音詞, 重言)의 앞 혹은 뒤의 한 음절은 허사와 바꿔 사용할 수 있으며 그 작용과 의미가 연음과 같다는 점이다. 예를 들어, 예문7과 예문8 중 '坎其'는 '坎坎'과 같고, '凄其'는 '凄凄'와 같다. 따라서 '其'는 접미사가 아니라 한 음절을 대체하는 역할을 한다는 것을 알 수 있다. 예문1과 예문2의 '其'는 단음절의 앞에 위치하여 네 음절로 된 문장의 구조를 보충하는 작용을 한다. 예문5의 '其'는 동사 앞에 위치하여 그 역할은 예문1,2와 같다. 다른 점이라면 예문1,2는 '其'자가 형용사 앞에 위치하고, 예문5의 '其'자는 동사 앞에 위치한다. 예문4와 예문6의 '丕'는 마치 음절수와는 무관한 듯 보이지만 전체의 문장에서 살펴보아 어기를 조정하는 역할을 하여, 소위 말하는 '조사語助'와 같다. 앞서 언급한 '사감詞嵌(접요사接腰辭)'[172]이지 접두어는 아니다.

이러한 어조사 성분은 춘추전국春秋戰國시대 이후 드물게 보인다.

(2) 고대 형용사와 부사의 발전

상고시대 형용사와 부사는 일반적으로 공통적인 어법 특성을 갖추고 있다.

172) '접요사接腰辭', 단일한 어기의 중간에 삽입되는 요소. 독립하여 쓰이지 못하고, 다른 말 중간에 끼어 함께 한 낱말을 이루는 접사다.

첫째, 단어 구성에 있어 모두 두 가지의 중첩법을 사용할 수 있다.

낱개단어(단사單詞) 중첩과 합성어(複詞)중첩이다. 또한 공통적 접미사인 '然' · '如' · '若' · '爾' · '而' · '焉' · '乎' 등을 사용할 수 있다.

둘째, 형용사와 부사의 형식구조는 일반적으로 같고, 기능상의 차이만 있다. 즉 형용사는 술어와 관형어로 쓰이고, 부사는 부사어로 쓰인다.

1) 낱개단어單詞 중첩

낱개단어 중첩은 갑골복사에서는 보이지 않지만, 《상서》, 《시경》에 사용된 오랜 역사를 지닌 형식 중의 하나이다.

〔形〕

9 蕩蕩懷山襄陵, 浩浩滔天. 《尙書 · 堯典》 〔形〕
출렁이는 물살이 산을 에워싼 언덕을 넘어, 가없이 드넓게 하늘까지 번지네.

10 關關雎鳩, 在河之洲. 《詩經 · 周南 · 關雎》 〔形〕
관관關關히 우는 물수리, 하수(河水)의 모래섬에 있도다.

11 維葉萋萋, 黃鳥于飛. 《詩經 · 周南 · 葛覃》 〔形〕
잎이 무성도 하거늘, 꾀꼬리 날아가네.

12 驅馬悠悠, 言至于漕. 《詩經 · 鄘風 · 載馳》 〔副〕
말 몰기를 멀리하여, 조읍漕邑에 이르려 하였는데.

13 悠悠南行, 召伯勞之. 《詩經 · 小雅 · 黍苗》 〔副〕
유유(悠悠)한 남쪽 길을 소백召伯이 위로하도다.

14 蕭蕭馬鳴, 悠悠旆旌. 《詩經 · 小雅 · 車攻》 〔形〕
히힝히힝 말의 울음소리, 펄럭펄럭 흔들리는 깃발이로다.

예문12의 의미는 "멀고 먼 길을 말을 몰고 가서, 조국인 조읍에 다다랐다."는 뜻이다. '유유悠悠'는 부사로, 술어인 '구마驅馬'를 수식하는 부사어이다. 예문13의 '유유悠悠' 역시 부사이며 '남행南行'을 수식한다. 예문14의 '悠悠'는 명사 '패정旆旌'을 수식하는 형용사이다.

이 후 형용사의 낱개단어 중첩은 전국시기에 발전되어 하나의 형용사 뒤에 다시 낱개단어를 중첩하는 구조가 쓰이게 되었다. 이러한 형식은 《초사楚辭》에서 자주 보인다. 예를 들면, "수울울愁郁郁"[173] · "망망망莽芒芒"[174] · "막만만藐蔓蔓"[175] · "표면면縹綿綿"[176] · "수초초愁悄悄"[177] 등이다. 《초사》의 《비회풍悲回風》에도 이러한 예문이 보인다.

2) 합성어중첩

합성어(複詞)중첩은 《시경》 시기에 이미 성행하였다. 역대 작품에서는 이러한 구조로 된 신조어가 끊이지 않고 지속적으로 대량으로 출현하였고, 이 중 어떤 중첩사는 현대 중국어까지 줄곧 사용되고 있다.

15 嘽嘽焞焞, 如霆如雷.《詩經 · 小雅 · 采芑》
전차가 많고 성하여, 천둥같고 우레같도다.

16 戰戰兢兢, 如履薄冰.《詩經 · 小雅 · 小宛》
전전긍긍하여, 살얼음을 밟는 듯하노라.

3) 어근語根에 접미사가 더해진 경우

어근에 접미사가 더해진 경우의 접미사는 '然' · '如' · '若' · '爾' · '而' · '焉' · '乎' 등의 자가 자주 쓰인다. 이 일곱 개는 음성상으로 두 가지 종류로 나눌 수 있다.

① 성모가 n계통으로, '然' · '如' · '若' · '爾' · '而' 등이다. 이 낱말들은 고대 성모가 모두 n이고 의미가 같으며, 용법 역시 같기 때문에 어원이 같은 접미사이다. '焉'

173) "우수에 차 근심하다."
174) "무성하게 우거지다."
175) "덩굴이 우거지다."
176) "흩어져 휘날리다."
177) "근심 걱정하다."

자는 상고 중국어에서 자주 '然'으로 대체되어 사용되며, 이 '焉'과 '然' 두 자는 모두 고운古韻이 '元'부部에 속하며 통한다. 따라서 성모가 n계통인 자들은 모두 '然'자로 대표될 수 있으며, '그러하다(那樣)'의 의미를 가진다. 그러나 이 후 어법화되어 완전히 접미사 역할을 하게 되었다.

② 다른 하나는 ɣ의 계통으로 여기에 해당되는 것은 '乎' 한 자이다.

위에서 나열한 일곱 개의 접미사는 선진시대 고전적에서 아주 보편적으로 사용되어졌지만 약간의 차이점이 존재한다. 예를 들어 《시경》과 《장자》에서는 비교적 '然'자가 많이 사용되었고, 《맹자》에서는 '然'이 '如'보다 많이 사용되었고, 《논어》와 《주역》에서는 '如'가 '然'보다 많이 사용되었다. 《좌전》에서는 자주 '焉'을 사용하였다.

[然]

17 終風且霾, 惠然肯來.《詩經 · 邶風 · 終風》

하루 내내 바람불고 또 흙비가 내리나, 혜연惠然히 즐겁게 오기도 하건마는.

18 好人提提, 宛然左辟.《詩經 · 魏風 · 葛屨》

아름다운 님의 가는 허리, 살랑살랑 걸어가며 왼쪽으로 피하네.

19 皎皎白駒, 賁然來思.《詩經 · 小雅 · 白駒》

깨끗하고 깨끗한 흰 망아지, 빛나게 타고 오면.

20 人生天地之間, 若白駒之過郤(隙), 忽然而已.《莊子 · 知北游》

천지 사이에 살아 있는 시간이란, 마치 백마가 벽의 틈새를 휙 지나가는 것과 같으니, 순식간일 뿐이다.

'忽然'은 '忽焉' · '忽而'로도 쓸 수 있다.

21 瞻之在前, 忽焉在後.《論語 · 子罕》

바라봄에 앞에 있더니 홀연히 뒤에 있도다.

22 宋忠, 賈誼忽而自失, 芒乎無色, 悵然噤口不能言.《史記 · 日者列傳》

宋忠과 賈誼가 돌연 망연자실하여, 얼굴빛을 잃고, 낙담하여 입을 닫으니, 대꾸할 말도 없었다.

위의 문장을 통하여 '然' · '焉' · '而'는 어원이 같다는 것을 증명할 수 있다.

[焉]

23. 睠言顧之, 潸焉出涕.《詩經 · 小雅 · 大東》
빤히 이 길을 돌아보고 산연潸然히 줄줄줄 눈물을 흘리노라.
24. 然而厭焉, 有千歲之國.《荀子 · 王霸》
(그런데 나라를 다스리는 세월도 짧고 사람의 수명도 짧은데,) 하지만 엄연히 안전하게 천 년이 이어지는 나라가 있다.
25. 夫狡焉思啓封疆以利社稷者, 何國蔑有?《左傳 · 成公八年》
무릇 교활한 마음으로 영토를 넓혀 국익을 꾀하고자 하는 사람이 어느 나라인들 없겠습니까?
26. 簡公喟焉太息曰: ……《呂氏春秋 · 愼勢》
簡公이 한숨 쉬며, 크게 탄식하여 말하기를……
27. 禹湯罪己, 其興也悖焉; 桀紂罪人, 其亡也忽焉.《左傳 · 莊公十一年》
우왕과 탕왕은 죄를 자신에게 돌리니, 문득 나라가 흥했다. 걸왕과 주왕은 죄를 타인에게 돌리니, 일거에 나라가 망했다.

예문24을《순자 · 유좌편》에서는 예문28과 같이 인용하였다.

28 眷焉顧之, 潸然出涕.《荀子 · 宥坐篇》
이 길을 돌아보고 산연潸然히 줄줄줄 눈물을 흘리노라.

예문26의 '厭焉'은《예기 · 대학》에서는 '厭然'으로 쓴다.

29 見君子而後厭然.《禮記 · 大學》
군자를 보면 그런 일이 없었다는 듯이.

예문26의 '喟焉'은《논어 · 자한》에서는 '喟然'으로 쓴다.

30 顔淵喟然嘆曰.《論語 · 子罕》
안연이 크게 탄식하며 말하였다.

[如]

31 屯如邅如, 乘馬班如.《周易 · 屯》
진(陣)을 치고 머물듯, 말을 타고 갈라지듯

32 色勃如也, 足躩如也.《論語 · 鄉黨》
발연히 낯빛을 변하시며, 발걸음을 조심하셨다.

예문32의 '勃如'는 또한 '勃然'으로도 쓸 수 있다. 예를 들어,《맹자孟子 · 만장상萬章上》이 있다.

33 王勃然變乎色.《孟子 · 萬章上》
발연勃然히 얼굴빛을 변하자.

[若]

34 桑之未落, 其葉沃若.《詩經 · 衛風 · 氓》
뽕잎이 떨어지기 전에는, 그 잎이 검고 윤택했느니라.

35 今有人于此, 驩(歡)若愛其子.《墨子 · 天志中》
지금 여기에 한 사람이 있는데, 그의 아들을 사랑하는 것처럼 기뻐하기를

예문 35의 '환약驩若'은《좌전左傳》에서는 '환언驩焉'으로 쓴다.

36 君若驩焉, 好逆使臣, 滋敝邑休怠, 而忘其死, 亡無日矣.《左傳 · 昭公五年》
군주가 만일 오(吳)나라의 사신을 기꺼이 영접하면, 폐읍의 나태함을 조장해, 장차 죽을 가능성이 크다는 사실조차 잊게 함으로써 폐읍의 멸망이 얼마 남지 않게 됩니다.

《사기》의《순우곤전淳于髡傳》에서는 '환연歡然'으로 쓴다.

37 若朋友交遊, 久不相見, 卒然相睹, 歡然道故.《史記 · 滑稽列傳》
친구와 교유하여, 오랫동안 서로 보지 못하면, 졸연히 서로 바라보며, 기뻐서 옛 일을 이야기한다.

[爾]

38 子路率爾而對.《論語 · 先進》
자로(子路)가 경솔히 대답하였다.

39 夫子莞爾而笑.《論語 · 陽貨》
공자께서 빙그레 웃으셨다.

'率爾'는 또한 '率然'으로도 쓸 수 있다.《후한서 · 가복전賈復傳)》에서는 '率然'으로 쓴다.

40 復率然對曰: '臣請擊郾.'《後漢書 · 賈復傳》
가복(賈復)이 갑작스럽게 당황하여 대답했다. "신은 청컨대 郾을 격파하길 원합니다."

'莞爾'는 또한 '莞然'으로도 쓸 수 있다.《후한서 · 채옹전蔡邕傳)》에서 볼 수 있다.

41 莞然而笑.《後漢書 · 蔡邕傳》
"빙그레 웃었다."

[而]

42 突而弁兮.《詩經 · 小雅 · 甫田》
우뚝히 관을 쓰고 있느니라.

43 舒而脫脫兮.《詩經 · 召南 · 野有死麕》
가만가만 서서히 와서

44 俄而可以爲其有矣.《左傳 · 桓公二年》
순식간에 그것을 소유할 수 있다.

'突而' · '突爾'와 '突然'은 같은 단어이며, 단지 형태만 다를 뿐이다. '俄爾'는 곧 '俄然'이다.

45 昔者莊周夢爲蝴蝶, 栩栩然蝴蝶也, 俄然覺, 則蘧蘧然周也.《莊子 · 齊物論》
지난 어느 날, 장주가 꿈에 호랑나비가 되어, 훨훨 나는 것이 확실히 나비였다. 깜짝 놀라 깨어보니, 놀랍게도 장주가 아닌가.

또한 '俄爾'로도 쓸 수 있다.

46 石季龍在鄴, 有一馬尾有燒狀, 入其中陽門, 出顯陽門, 東宮皆不得入, 走向東北, 俄爾不見.《晉書 · 志第十九》
석계룡(石季龍)은 업 지방에 있을 때, 말 한 필이 있었는데, 꼬리가 불탄 형상이었다, 양문(陽門)으로 들어가, 현연(顯然)히 문을 나서니, 갑자기 말이 보이지 않았다.

[乎]

'乎'자는 일찍이 복사卜辭에서 보이는데, 아마도 단어의 끝음을 표시하는 역할만을 담당하고 원래 실질적인 의의는 없는 것으로 보인다.

47 確乎其不可拔.《周易 · 乾 · 文言》
뜻이 확고하여 뽑을 수 없는 것이 잠겨 있다.
48 煥乎其有文章.《論語 · 泰伯》
찬란한 그 문장이여!

4) 어근 중첩 후 접미사를 덧붙이는 형식

어근 중첩 후 접미사를 덧붙이는 형식은 앞에서 서술한 세 종류와 비교했을 때 비교적 늦게 생겨난 것이지만, 아주 늦은 편은 아니다. 춘추시대에 어근을 중첩하고 접미사를 덧붙이는 예문이 적지 않고, 전국戰國시대에는 보편적으로 사용되었다.

49 夫子循循然善誘人.《論語 · 子罕》
공자께서 차근차근히 사람을 잘 이끄시어
50 硜硜然小人哉!《論語 · 子路》
국량이 좁은 소인(小人)이여!
51 則吾進退, 豈不綽綽然有餘裕哉?《孟子 · 公孫丑》
그렇다면 나의 진퇴가 어찌 작작綽綽하게 여유가 있지 않겠는가?

52 始舍之, 圉圉焉, 少則洋洋焉, 悠然而逝.《孟子 · 萬章上》
처음에 고기를 놓아주자 어릿어릿하더니, 조금 있다가는 양양(洋洋)해서 유유(悠悠)히 가더이다.

53 且年未盈五十, 而諄諄焉如八九十者, 弗能久矣.《左傳 · 襄公三十一年》
게다가 나이가 오십도 채 되지 않았는데, 순순諄諄하여 마치 팔, 구십 살 먹은 사람과 같았다. 오래 살지 못할 것이다.

54 孔子于鄉黨, 恂恂如也, 似不能言者.《論語 · 鄉黨》
공자께서 향당에 계실 때에는 신실信實히 하여 말씀을 잘하지 못하는 것처럼 하셨다.

55 朝, 與下大夫言, 侃侃如也, 與上大夫言, 誾誾如也.《論語 · 鄉黨》
조정에서 하대부와 말씀하실 때에는 강직하게 하시며, 상대부와 말씀하실 때에는 은은誾誾하게 하셨다.

56 喪事欲其縱縱爾, 吉事欲其折折爾.《禮記 · 檀弓上》
장례식은 빨리 처리하려고 하고, 결혼식은 여유있게 치르고자 한다.

57 故騷騷爾則野, 鼎鼎爾則小人, 君子蓋猶猶爾.《禮記 · 檀弓上》
그러므로 너무 소란하게 급히 서두르면 야인 같고, 너무 천천히 조용하게 하면 소인 같다, 군자는 대개 황망하여 허둥지둥하지 않는다.

58 曾子曰: 堂堂乎張也, 難與並爲仁矣.《論語 · 子張》
증자께서 말씀하셨다. "당당하구나, 자장이여! 함께 인을 하기는 어렵다."

5) 어근이 중첩음 접미사와 연결하여 쓰는 경우

어근에 중첩음重疊音 접미사를 연결하여 쓰는 경우에 어근은 본래 형용사이다. 원래의 단음 형용사와 비교해서 중첩음 접미사를 덧붙인 후에는 형용성이 더욱 풍부해진다.《상서 · 대전大傳》의《경운가卿云歌》는 순舜이 우禹에게 양위한 내용을 기록하였다.

59 卿云爛兮, 糺(糾)縵縵兮, 日月光華, 旦復旦兮.《卿云歌》
오색의 상서로운 구름, 뭉게뭉게 모여서, 햇빛과 달빛처럼, 영원히 빛나리라."

위 문장 중 '규만만糺縵縵'은 어근이 중첩음 접미사와 연결하여 쓰는 형용사이다.《경운가》의 실질적인 연도에 문제점이 있다고 하더라도,《논어》에서도 이런 종류의 단어가 있는 것으로 보아 춘추시기 이전에 생겨났다고 볼 수 있다. 전국시기의《초사》에 중첩음 접미사에 형용사를 첨가한 단어가 대량으로 사용되었고, 그 후《원곡》에서는 더욱더 풍부하게 사용된다.

60 君子坦蕩蕩.《論語 · 述而》
군자는 평탄하여 여유가 있다.

61 杳冥冥兮以東行.《楚辭 · 九歌 · 東君》
캄캄한 가운데 동쪽으로 가노라.

62 慘鬱鬱而不通兮.《楚辭 · 九章 · 哀郢》
슬프고 답답하여 펼 길이 없으니.

63 彗星光芒長, 參參如埽篲.《前漢 · 文帝紀有長星出于東方注》
혜성의 장삼長參 같은 빛발, 마치 빗자루로 쓴 것 같네.

64 昏鄧鄧黑海來深, 白茫茫陸地來厚, 碧悠悠青天來闊; ……. 俺娘呵, 將顫巍巍雙頭花蕊搓, 香馥馥同心縷帶割, 長攙攙連理瓊枝挫.《西廂記 · 崔鶯鶯夜聽琴雜劇》
어두워 등등鄧鄧한 흑해처럼 깊고, 희여 망망茫茫한 육지처럼 두텁고, 푸르러 유유悠悠한 푸른 하늘처럼 멀도다……. 나의 어머니시여, 부드러워 외외巍巍한 쌍두화 송이를 찢고, 향내 가득한 동심결 띠를 베고, 길게 삐죽삐죽한 연리지 가지를 꺾는도다.

이상은 형용사와 부사의 다섯 가지 종류의 단어 결합법이다. 모두 자체적으로 어법적 특징이 명확하게 드러나며, 대부분은 지금까지 계속 사용된다. 세 번째 종류 중 접미사 '然'은 지금도 사용하는 단어 중 하나이다. 현대 중국어의 '快快儿(빨리빨리)' · '慢慢儿(천천히)' · '長長儿(긴)' 중 '儿'은 네 번째 종류의 접미사 '爾(尔)'를 직접적으로 계승한 것이다. '爾(尔)'와 '儿'은 고음이 유사하여 서로 통한다.

(3) 구조조사 '之'의 용법과 '的'과 '地'의 탄생과 발전

1) 구조조사 '之'의 용법

고대 중국어에서 '之'자는 구조조사와 대사 용법으로 모두 쓰인다. 두 가지 용법의 음音 또한 같다.

갑골문에서는 '之'자를 '𡳿'로 쓰고, 발가락의 뜻인 '止'와 땅의 뜻인 '一'로 이루어진 자이다. 발이 땅 위에서 움직이는 것을 형상화 한 문자이기 때문에 본뜻은 '가다'이다. 전치사 '之'와 대사 '之'는 동음가차자同音假借字이다.

2) '之'의 용법

전치사 '之'는 주로 세 가지 기능이 있다.

① 명사의 종속 관계

② 명사와 형용사를 수식하는 관형어 역할을 하는 경우

③ 주어와 술어의 사이에서 구조조사로 쓰여 문장에서 단어를 구로 만든다. 형용사의 전치사 '之'에 관해서는 이미 앞에서 형용사 어미를 설명할 때 언급하였기 때문에 생략하기로 한다.

① 명사의 종속 관계를 표시하는 경우

'之'는 명사의 종속 관계 표시하는 용법은 고대 초기언어에서도 사용하였다. 일반적으로 '之'자의 이 용법은 예의를 표시하는 대사의 종속 관계를 표시하고, 일반적 대사代詞 뒤에서는 일반적으로 '之'자를 쓰지 않는다.

65 齊侯之子, 衛侯之妻, 東宮之妹, 邢侯之姨, 譚公維私.《詩經 · 衛風 · 碩人》
제후의 따님이요, 위후의 아내요, 동궁의 태자님의 누이요, 형후의 처제요, 담공의 형부가 되시네.

66 適子之館兮.《詩經 · 鄭風 · 緇衣》
그대의 관사에 가시는 군요.
67 此則寡人之罪也.《孟子 · 公孫丑下》
이것은 과인의 죄입니다.
68 吾願去君之累, 除君之尤, 而獨與道遊於大莫之國.《莊子 · 山木》
나는 너의 수고를 덜고, 너의 근심을 없애, 대도와 단독으로 공허하고 적막한 왕국을 노닐고 싶다.
69 西人之子, 粲粲衣服; 舟人之子, 熊羆是裘.《詩經 · 小雅 · 大東》
서인의 자식은 선명하고 선명한 의복을 입었도다. 주인舟人의 자식은 곰 가죽으로 갑옷을 만들어 입다.

② 명사와 형용사를 수식하는 관형어 역할을 하는 경우

'之'는 명사를 수식하는 관형어로 쓰이는 경우이다. 이러한 용법은 이른 고대 중국어에서 보편적으로 사용되었다.

70 關關雎鳩, 在河之洲.《詩經 · 國風 · 關雎》
꽥꽥 우는 수구雎鳩새 하수의 모래 섬에 있도다.
71 凡今之人, 莫如兄弟.《詩經 · 小雅 · 常棣》
무릇 지금 사람들은 형제만한 이가 없느니라.
72 椒聊之實, 蕃衍盈升.《詩經 · 唐風 · 椒聊》
후추의 열매여 번연蕃衍(반성)하여 한 되에 가득차도다.

이와 같은 명사를 수식하는 관형어의 전치사 '之'는 고대 중국어에서 가끔 생략된다. 현대 중국어에서 이 용법은 명사 수식하는 관형어 조사 '的'을 생략한다.

73 七年, 春王正月, 鼷鼠食郊牛角.《春秋 · 威公七年》
칠년, 춘, 주력 정월, 생쥐가 교제에 바칠 쇠뿔을 갉아 먹다.
74 爲社稷計, 在兩君掌握耳.《史記 · 酈生陸賈列傳》
사직을 위하여 생각해볼 때, 나라의 안위가 두 분의 손에 달려 있습니다.
75 臣請言大王功略.《史記 · 淮陰侯列傳》
신이 대왕의 공과 지략을 말씀드려보겠습니다.

76 夫駑馬, 女子筋力, 骨勁, 非賢於騏驥, 孟賁也.《戰國策 · 齊策》

노둔한 말과 여자의 힘은 그 골격의 세기를 기기騏驥의 준마나 맹분같은 용사에 비교할 수 없다.

77 王子宮室、車馬、衣服, 多與人同.《孟子 · 盡心上》

왕자의 궁실과 거마車馬와 의복이 남과 같은 것이 많다.

③ 주어와 술어 사이의 구조조사로 쓰이는 경우

주어와 위어 사이의 전치사 '之'는 문장단위를 구로 변화시켜 각종 성분 역할을 한다. 이러한 용법은 선진 시기에 이미 사용되었다.

78 心之憂矣, 如匪瀚衣.《詩經 · 邶風 · 柏舟》

마음의 근심함이여 빨지 않은 옷을 입은 듯 하노라.

79 人之無良, 我以爲兄.《詩經 · 鄘風 · 鶉之奔奔》

선량하지 못한 사람을 내 兄이라고 한단 말인가.

80 古者言之不出, 恥躬之不逮也.《論語 · 里仁》

예전에 말씀을 내지 않은 것은 몸이 미치지 못함을 부끄러워한 것이다.

81 夫子之言性與天道, 不可得而聞也.《論語 · 公冶長》

선생님이 성性과 천도天道를 말씀하시는 것은 듣지 못하였다.

82 欲勿予, 即患秦兵之來.《史記 · 廉頗藺相如列傳》

그렇다고 주지 않으려니 진나라 군대의 침공이 걱정되었다.

83 晉太史屠黍見晉之亂也, 見晉公之驕而無德義也, 以其圖法歸周.《呂氏春秋 · 先識覽》

晉太史屠黍가 晉나라가 어지러운 것을 보고 晉나라 왕이 교만하고 도의 없는 것을 보고 주나라로 돌아갈 방법을 도모했다.

84 秦之圍邯鄲, 趙使平原君求救, 合從於楚.《史記 · 平原君虞卿列傳》

진나라가 한단邯鄲을 포위하자, 조나라는 평원군을 시켜 초나라에 구원을 청하여 합종하게 하라고 하다.

'之'는 또한 주어와 전치사구 사이에 놓일 수 있다.

85 孟子曰: 人之于身也, 兼所愛.《孟子 · 告子上》

맹자께서 말씀하였다. "사람이 자기 몸에 대해서 사랑하는 바를 두루두루 하는 것이다."

86 口之於味也, 有同嗜焉; 耳之於聲也, 有同聽焉; 目之於色也, 有同美焉.《孟子・告子上》
입이 맛에 있어서 똑같이 즐김이 있으며, 귀가 소리에 있어서 똑같이 들음이 있으며, 눈이 색에 있어서 똑같이 아름답게 여김이 있다.

'之'는 뒤에 접속사 '所以'를 이을 수 있고, 도리道里・근거・원인 등 의미를 표시한다.

87 此下之所以事上, 非上之所以畜下也.《莊子・天道》
이것은 아래 백성들이 임금을 섬기는 방법이지, 임금이 백성들을 양육하는 방법은 아니었던 것이다.

88 民之所以生活, 衣與食也.《文中子・微明》
백성들이 생활하는 이유는 의복과 음식 때문이다.

89 此人之所以貴也.《漢書・董仲舒傳》
이것이 사람이 귀한 이유인 것이다.

이상 '之'의 세 가지 용법은 중고시기 이후의 작품에서는 계속하여 사용하지만, 구어나 구어에 가까운 문학 언어 안에서는 큰 변화가 생기게 되었다.

① 종속관계와 ② 수식관계의 '之'는 송원宋元시대에 형용사를 수식하는 관형어 뒤에 쓰인 '之'와 같이 '的'로 변천되었다. '之'와 '的'은 고대의 어음이 가깝기 때문에 서로 치환하여 사용될 수 있기 때문에 변화된 이유를 알 수 있다. ③ 주어와 술어 사이에 사용하는 전치사 '之'의 용법은 당송唐宋 이래의 변문變文, 탄사彈詞, 평화平話, 소설 등에서 이미 거의 사용되지 않는다. 그런데 5・4 전후의 문언문에서는 오히려 사용되었다. 예를 들어, 1915년 출판된 《신청년新青年》에 다음과 같은 문장이 있다.

90 青年之於社會, 猶新鮮活潑細胞之在人身.《新青年・一期》
청년이 있는 사회는 오직 신선하고 활력있는 세포가 사람의 몸에 있는 것과 같다.

91 新舊之不能相容, 更甚於水火冰炭之不能相入也.《新青年・新舊問題》

신구가 서로를 용납하려 하지 않는 것은 물과 불, 얼음과 숯덩이가 서로를 받아들이지 못하는 것보다도 더욱 심하다.

92 乃懼他人之察覺, 必懼良心之察覺也.《新青年 · 二期 · 共和國家與青年之自覺》
남의 알아차리는 것이 걱정된다면 반드시 양심이 자신을 관찰하는 것을 두려워해야 한다.

93 然則國家之立業, 立于人, 國體之變也, 變于人.《新青年 · 三期 · 上文續》
국가의 일이 바로서면 사람이 서고 국체가 변하면 사람도 변한다.

만약 예문91 - 93의 '之'를 '的'으로 바꾸면 바로 현대 중국어의 구조가 된다. 현대 주어와 술어 사이에 조사 '的'을 사용하여 구를 이루는 문장 구조는 이 형식이 외래어로 영향을 받았다기보다는 옛 전통의 형식을 다시 새롭게 쓴다는 표현이 더 나을 것이다.

2) 구조조사 '的' · '地'의 탄생

현대 중국어에서 형용사 접미사인 '的'과 부사 접미사인 '地'는 당唐 · 송唐시대에 비로소 통용되기 시작했고 이 글자들의 전신은 고대 중국어의 '之'와 '者'이다.

장태염章太炎은 '的'의 어원에 대해 "'之'자는 음이 정자절丁兹切로 변하여 통상적으로 '的'으로 쓴다."라 하였고, 또한 "지금 사람들이 말하는 '底'와 '的'은 모두 세 가지 의의를 가진다. 문장 중간에 쓰는 '的'은 즉 '之'자이며, 문장 끝에 쓰여 지시 의미를 나타내는 '的'은 '冷的' · '熱的' 중 '的'과 같은 즉 '者'자이다. 만약 문장 중 필연의 의미를 나타내는 '我一定要去的' 중의 '的'은 즉 '只'자이다. '底'자는 또한 '只'와 근접하다."[178]라 하였다. 장태염의 주장은 기본적으로 맞지만 지나치게 간단하게 설명하였다. '之', '者'의 변천 과정은 더욱 자세하게 고찰하고 분석해야 한다.

---

178) 원주:《章氏叢書經 · 新方言一》. "今凡言'之'者, 音變如丁兹切, 俗或作'的'." "今人言'低'言'的', 凡有三義: 在語中者, '的'卽'之'字. 若語末者, 若有所指, 如云'冷的' · '熱的', '的'卽'者'者. 若爲詞之必然, 如云'我一定要去的', '的'卽'只'. 作'低'者, 亦與'只'近."

고대 형용사의 뒤에는 '之'나 또한 '者'가 연접할 수 있었는데, '者'자가 비교적 많이 쓰인다. 후에 '之'와 '者'는 음운 변화로 분화되기 시작되었으며, 그 일부분은 그 효용에 따라 점점 구어의 '的'으로 바뀌게 되었다. 고음 '之' · '者'와 '的'자는 매우 근접하다. 아래는 주법고周法高의 상고음上古音이다.

之 tjiəɣ 之部

者 tjaɣ 魚部

底 ter 脂部

的 teawk 藥部

아래의 예문 중 '之' · '者'자는 현대 중국어 중 형용사 뒤에 위치하는 '的'의 기능과 완전히 일치한다.

[之]

94 漸漸之石.《詩經 · 小雅 · 漸漸之石》
높고 험한 돌.

95 有杕之杜.《詩經 · 唐風 · 有杕之杜》
독특한 붉은 앵두나무.

96 夫忿滀之氣, 散而不返.《莊子 · 達生》
무릇 사무친 기운이 흩어져 돌아오지 않는다.

97 朕以眇眇之身承至尊.《史記 · 孝武本紀》
짐은 미천한 몸으로 지존한 권위를 이어받았습니다.

[者]

98 楚楚者茨.《詩經 · 小雅 · 楚茨》
무성한 찔레 밭.

99 蓼蓼者莪.《詩經 · 小雅 · 蓼莪》
길고 큰 아름다운 쑥.

100 菁菁者莪.《詩經 · 小雅 · 菁菁者莪》
무성하고 무성한 새발 쑥이여.

101 翩翩者鵻.《詩經 · 小雅 · 南有嘉魚》

편편翩翩히 나는 비둘기여.

102 皇皇者華.《詩經 · 小雅 · 皇皇者華》

휘황한 꽃이여.

103 彼蒼者天, 殲我良人.《詩經 · 秦風 · 黃鳥》

저 푸른 하늘이여, 어이 우리 님을 죽이셨는가.

104 彼姝者子.《詩經 · 鄘風 · 干旄》

저 아름다운 그대는.

105 彼茁者葭.《詩經 · 召南 · 騶虞》

저 무성한 갈대.

106 丘何爲是栖栖者輿?《論語 · 憲問》

孔丘는 무엇 때문에 이렇게 까닭 없이 바쁘게 돌아다니는 것인가?

107 客曰: 夥頤! 涉之爲王沈沈者!《史記 · 陳涉世家》

객이 말했다. "과연 많도다! 진섭이 왕이 되더니 훌륭한 물건들이 많기도 하구나. 궁전은 깊고도 그윽하구나!"

위의 각 예문을 통해서 볼 때, '之', '者'의 용법은 분명히 같다. 그렇다면, '之'와 '者'는 상호 대체될 수 있는 것인가? 일반적으로는 가능하나, 실제로 이렇게 보는 사람은 매우 적다. 현대 언어학자 당월唐鉞이 1934년에 쓴《백화자음고원白話字音考原》에서 '之'가 '者'를 대신하는 예문을 하나 들고 있다.[179)]

108 且有損而後益者, 若瘧(瘧)病之于瘧也.《墨子 · 經說下》

또한 덜어낸 뒤에 이익이 되는 것은 마치 학질을 앓는 사람과 학질의 관계나 같다.

예문104의 "彼姝者子" 구절을 왕충王充의《논형論衡 · 솔성편率性篇》에서는 이 문장을 인용하여 '者'로 쓰고,《본성편本性篇》에서는 '之'자로 쓴다. "彼姝者子" 구절을 동한東漢 시대에 "彼姝之子"로 쓰는 것으로 보아, '之'자와 '者'자의 당시 독음과 의미가 같았던 것으로 볼 수 있다. '之'자와 '者'자는 상고음이 모두 설두음舌頭音에 속하여 쌍성雙聲관계어로, 고대에는 쌍성이 보편적인 전환되는 현상을

179) 원주:《國故新探》卷二.

지니고 있다. 후에 '之'와 '者'자가 '的'으로 변천된 것은 바로 이러한 이유에서이다. 특히 '之' · '底'와 '的'자의 성모와 운모가 모두 매우 유사하다. 그래서 '之'와 '者'는 먼저 '地'와 '底'로 변천된 뒤, 다시 '的'으로 전환되었다.[180)]

'地'자는 '底'자에 비하여 일찍 사용되었으며, 5세기 남조南朝 유송劉宋시기의 작품 가운데 이미 그 용례를 찾아볼 수 있다. 《세설신어世說新語 · 방정方正》 편에서는 다음과 같은 문장이 등장한다.

109 使君如馨地(那样地), 寧可鬪戰求勝? 《世說新語 · 方正》
사군使君은 어찌하여 그렇게 전쟁하여 승리를 얻으려고 하시오?

'여형지如馨地'는 '那样地'의 뜻이다. 위의 문장은 비교적 이른 시기에 발견된 예문이지만 보편적인 것은 아니다. 후에 당唐나라 사람의 작품에서 수시로 출현하였고, 송대宋代 이후에는 더욱 보편적으로 통용되기 시작한다. 대체적으로 부사의 접미사로 많이 사용된다. '地'는 기본적으로 부사의 표지를 나타낸다. 당대唐代의 예문은 아래와 같다.

110 幾時來翠節, 特地引紅妝. (杜甫《陪相中丞觀宴將士詩》)
언제 파릇파릇한 시절이 왔나, 특별히 붉고 화려한 옷을 입고 왔네.
111 爾若自信不及, 即便忙忙地徇一切境轉. 《臨濟錄》
네가 만약 스스로를 믿지 못하면, 곧 허둥지둥 모든 현상에 따라 돌아다닐 것이다.
112 直是不出門, 亦是草漫漫地. 《洞山語錄》
그야말로 두문불출 하였더니, 역시 풀이 가득하구나.

송대宋代 이후의 용례는 아래와 같다.

113 平白地爲伊腸斷. 《蘇東坡詞》
괜스레 저 때문에 몹시 슬퍼 창자가 끊어지는 듯하네.

180) 원주: 呂叔湘, 〈論'底' · '地'之辨及'底'字的由來〉, 《漢語語法論文集(第2卷)》, 117쪽.

114 好好地看了, 却自生怕怖.《傳燈錄 · 卷十八》

잘 보았더니, 오히려 스스로 만들어낸 두려움이었네.

'地'가 다음과 같이 간혹 형용사의 접미사로 쓰인 경우가 있는데, 후에 점점 쓰이지 않게 되어 그 용례를 찾아보기 힘들다.

115 自己心里黑漫漫地.《傳燈錄 · 卷十九》

자신의 마음 속에 어둠이 가득하구나.

116 凜凜地身材七尺五.《董西廂 · 一》

당당한 신체가 칠척 반이나 되네.

117 百媚地鶯鶯不勝悲哭.《董西廂 · 一》

아름다운 앵앵이 너무 슬퍼 눈물을 흘리네.

형용사 접미사 '底'는 당대唐代에 시작된 것이며, 이후에도 계속해서 사용해 왔다. 예문은 아래와 같다.

118 不錯底事作麼生?《洞山語錄》

하지 않은 일이 어떻게 과연 어떻게 일어난 것인가?

119 柢是丑陋底人.《曹山語錄》

저(柢)는 추악하기가 바닥에 이른 사람이구나.

120 王介甫家, 小底不如大底. (王銍《默記》)

왕개보王介甫 가문은 나이 어린 사람이 나이 든 사람만 못하다.

송대 이후에 '的'은 이미 형용사의 접미사로 규범화되어 사용되었고, 그 중《동해원서상기董解元西廂》에 많이 보이고, 그 용법은 현대 중국어의 용법과 이미 다를 것이 없다. 예문은 다음과 같다.

121 小顆顆的朱脣, 翠彎彎的眉黛.《董解元西廂 · 卷一》

작디 작은 붉은 입술 굽이굽이 아름다운 눈섭

122 穿對兒曲彎彎的半折來大弓鞋.《董解元西廂 · 卷一》

반절이 휘어청청 굽어진 한 쌍의 큰 가죽신을 신었네.[181]

이를 통해 '的'이 비로소 원대元代부터 통용되었다는 것을 볼 수 있다. '的'과 '地'는 어원이 같다. 원나라 사람들은 대부분 '地'를 부사의 접미사로 썼으며, 예문87 - 88의 관형어는 예외적이다. '的'은 형용사 접미사로 쓰였다. 이러한 규범적인 용법은 현대 중국어에서도 계승하여 활발하게 쓰고 있다.

5 · 4 이후 '地'의 접미사 용법은 확대되었다. 다만 송 · 원대에는 형용사와 중첩어 뒤에 접미사 '地'를 덧붙여 사용하였으나, 현재는 형용사화 된 명사나 혹은 구 뒤에도 '地'를 사용하여 부사화 시킨다. 예를 들어, '科學地(과학적)' · '藝術地(예술적)' · '有规律地(규율적)' · '堅持不喻地(변함없이 확고히)' · '信心百倍地(자신있게)' 등이 있다.

(4) 부정부사 '弗', '勿'의 변천

몇몇의 어법학자들은 부정부사 '弗'과 '不', '勿'과 '毋'는 선진先秦시기에 엄격한 구별이 있었으며, '弗'은 '不……之'와 같고, '勿'은 '毋……之'와 같다고 하였다.[182] '弗'과 '勿'이 본래 대사성질의 '之'를 포함하고 있어서 뒤에 오는 동사는 타동사이지만, 목적어가 올 수 없다는 것이다. 만약 목적어가 올 경우에는 앞에 오직 '不'만을 사용해야 하며 '弗', '勿'은 사용할 수 없다. 이로 인하여 자동사 앞에는 '不'과 '毋'만을 사용할 수 있으며 '弗'과 '勿'은 사용할 수 없다. 그러나 우리들의 연구에 의하면 이러한 현상은 일부 문헌에 부합되는 현상이지, 이 두 개의 부정부사否定副詞가 모든 선진시기 전체 역사적 상황을 대변하는 것은 아니라는 것이다.

---

181) '弓鞋'는 전족 신발을 가리킨다.

182) 원주: 丁聲樹, 〈釋否定副詞 "弗", "不"〉, 《慶祝蔡元培先生65歲文集》.

1) '弗'

'弗'의 고음은 'pĭwət'이며, '不'의 음은 'pĭwə'로 매우 유사하다. 그래서 갑골문甲骨文에서 '弗'과 '不'자는 대부분 구별 없이 쓰인다.

123 弗受禾.《合28232》- - 不受禾.《合28231》
풍성한 수확을 얻지 못하겠습니까?
124 貞我弗其受麥年?《合00795正》- - 不其受麥年?《合00376正》
점을 쳐 묻습니다. 우리는 보리가 풍성한 수확을 얻을 수 없을까요?
125 貞弗其受黍年.《合9963》- - 貞我不受黍年.《合 9947》
우리는 기장이 풍성한 수확을 얻지 못할까요?

《상서》와 《시경》에서 '弗'과 '不'은 서로 대체될 수 있다.

126 九載績用弗成.《尙書・堯典》
곤鯀이 9년간 치수하였지만, 공적이 조금도 없었다.

'成'은 자동사이며, 앞에 '弗'이 쓰인다.

아래 《사기》 문장을 통하여 서한西漢 사람들이 '弗'과 '不'을 같은 용법으로 사용하였다는 것을 알 수 있다.

127 九歲功用不成.《史記・五帝本紀》
9년 동안 공적이 이루어지지 못하였느니라.
128 子祇弗服厥父事, ……于弟弗念天顯, 乃弗克恭厥兄.《尙書・康誥》
자식이 그 아버지의 일을 공경히 하지 아니하여, ……그리고 아우가 하늘의 드러난 이치를 생각하지 아니하여 능히 그 형을 공경하지 않으면.

여기에서 '弗' 뒤에 오는 세 개의 동사 '服'・'念'・'恭'자는 모두 타동사로 목적어를 동반하므로 '弗'은 '不'과 같고 '不……之'와는 같지 않다는 것을 알 수 있다.

129 予弗知乃(汝)所訟.《尙書 · 盤庚上》

나는 너희들이 다투는 바를 알지 못하겠다.

130 汝曷弗告朕?《尙書 · 盤庚上》

너희들은 어찌 나에게 고하지 않고.

131 今天降疾, 殆, 弗興弗悟?《尙書 · 顧命》

이제 하늘이 병을 내리시어 위태로워 일어나지 못하고 깨닫지 못하게 되었는가?

위의 문장 중 '興'자와 '悟'자는 모두 자동사이기 때문에 '弗'은 당연히 '不……之'와 같을 수 없다. 따라서 선진시기의 비교적 이른 시기의 문헌에서 '弗'과 '不'은 어법상 구별이 없음을 확인할 수 있다.

하지만 언어는 변화발전 되는 것으로 춘추전국시대의 문헌들에서는 '弗'이 확실히 '不……之'와 같게 쓰이는 것을 볼 수 있다.

132 以是爲不恭, 故弗却也.《孟子 · 萬章下》

이것을 불공不恭이라 한다. 그러므로 퇴각退却하지 않는 것이다.

위 문장의 '弗却'은 '弗却之'와 같다.

133 辭順而弗從, 不祥.《左傳 · 文公十四年》

언사가 사리에 맞는데, 이를 따르지 않으면 상서롭지 못할 것이다.

위의 문장 중 '弗從'은 '不從之'의 뜻이다.

134 治而攻之, 不祥莫大焉; 亂而弗討, 害民莫長焉.《呂氏春秋 · 召類》

다스려지는데 그것을 공격하면 상서롭지 못한 일이 그 보다 더 큰 것이 없고, 어지러워지는데 토벌하지 않는 것은 백성을 해롭게 하는 일이 이것보다 더한 것이 없다.

위 문장 중 '弗討'는 '不討之'와 같다.

《공양전公羊傳 · 환공십년桓公十年》 문장에 대하여 하휴何休는 "'弗'은 하지 않음이 심함을 나타낸다."라 하였다.[183] 이는 '弗'과 '不'이 서로 구별이 있음을 말한다. 그러나 춘추전국시대에 '弗'과 '不'을 서로 구분하여 사용하기도 하였으나 구분하지 않기도 하였다. 왜냐하면 아래와 같이 '弗'의 뒤에 목적어를 사용하는 예문이 적지 않기 때문이다.

135 亦可以弗畔[184]矣夫.《論語 · 雍也》
또한 도(道)에 어긋나지 않을 것이다.

위의 예문 중 '畔(두둑 반, pàn)'은 자동사이다.

136 女弗[185]能救與?《論語 · 八佾》
네가 그것을 바로잡을 수 없겠느냐?

위의 예문 중 '弗'자 뒤에는 목적어 '之'가 의미적으로 내포되어 있다.
기타 고전적에서는 '弗'자의 뒤에 목적어를 동반하여 사용하였다.

137 秦王以公孫郝為黨於公而弗之聽.《戰國策 · 韓策 · 韓一》
진왕은 공손학(公孫郝)으로서 당(黨)으로 삼았으나, 공손학(公孫郝)은 그것을 듣지 않았다.
138 雖與之俱學, 弗若之矣.《孟子 · 告子上》
비록 그와 더불어 똑같이 배운다 하더라도 그만 못할 것이니.
139 故其好之也一, 其弗好之也一.《莊子 · 大宗師》
고로 그것을 좋다고 해도 하나이고, 그것을 싫다고 해도 하나이다.

이상의 세 예문에서는 '弗' 뒤에 모두 목적어 대사 '之'가 쓰이고 있다. '弗' 뒤에

183) 何休: "弗者, 不之深也."
184) 자동사.
185) '弗' 뒤에서 목적어 '之'가 생략됨.

'之'가 쓰이는 것으로 보아 '弗' 자체는 '之'를 포함할 수 없다고 볼 수 있다. 그러므로 당시 '弗'과 '不'의 구별은 결코 어법 규율 현상이 아니었다.

한漢나라 이후 '弗'과 '不'은 구별하여, '弗' 뒤에 목적어를 동반하지 않는 경우도 있다.

140 智誠知之, 決弗敢行者, 百事之禍也.《史記 · 淮陰侯列傳》
지혜로 그것을 알면서도, 과감히 행동하지 않는 것은 모든 일의 화근이 된다.

141 陛下雖得廉頗, 李牧, 弗能用也.《史記 · 張釋之馮唐列傳》
폐하께서는 염파나 이목을 얻더라도, 그들을 쓰지는 못하십니다.

하지만 또는 '弗'과 '不'을 구별하지 않고 '弗' 뒤에 목적어 '之'를 동반하여 쓰기도 한다.

142 王公由之, 所以一天下臣諸侯也; 弗由之, 所以損社稷也.《史記 · 禮書》
왕공은 이를 말미암아 천하를 통일하고 제후를 신하로 삼는 것이나, 이를 말미암지 않는다면, 사직을 버리게 되는 것이다.
143 長安中諸公莫弗稱之.《史記 · 魏其武安侯列傳》
장안이 공公에게 청하니, 그것을 칭하지 못하도록 하였다.

《사기》만 놓고 보면, 두 종류가 모두 존재하기 때문에 '弗'과 '不'은 반드시 어법상의 구별이 있다고 말하기 곤란하다.

따라서 중고시기 이후, '弗'과 '不'은 다시 초기 용법을 회복하여 완전히 상호 교체되어 사용할 수 있게 되었으며, 또한 '不'자는 점점 '弗'자 대신 사용하여 일부 방고주의仿古主義[186]의 고대 언어를 제외하고는 모두 '不'로 대신하게 되었다.

186) 방고주의仿古主義(archaism)는 혹은 의고주의擬古主義 또는 고문체古文體라고도 한다.

2) '勿'

'勿'자의 고음은 'mǐwət'으로 '毋(無)'의 음은 'mǐwa'로 매우 유사하다. '勿'은 금지사이고 '毋' 역시도 금지사이다. 이 두 단어의 용법은 상고시대에 차이가 있었을까? '勿'은 '毋……之'인가? 이러한 현상은 상고 전기에는 '弗'자와 같이 구별이 없었다. 그런데 춘추전국시대 일부 문헌에서는 구별하여 사용하였으나 보편적이지는 않았다.[187] 한 · 위 시대 이후에도 여전히 차이가 없었다.

144 勿用非謀非彝.《尙書 · 康誥》
나쁜 꾀와 떳떳하지 않은 법을 쓰지 말고.

145 勿替敬典.《尙書 · 康誥》
공경해야 할 법을 폐하지 말아서.

146 勿庸殺之.《尙書 · 酒誥》
죽이지 말고.

147 式勿替有殷歷年.《尙書 · 召誥》
무왕은 은殷 나라의 역년歷年을 폐하지 말라.

148 公勿替刑.《尙書 · 洛誥》
공이 모범이 됨을 폐하지 않으면

149 制彼裳衣, 勿士[188]行枚.《詩經 · 豳風 · 東山》
저 의상을 만들어 행매行枚를 일삼지 말지어다.

동시에 '無'(毋)를 사용할 수 있으며, '勿'의 의의와 확연한 차이가 없다. 예문은 다음과 같다.

150 無虐煢獨, 而畏高明.《尙書 · 洪範》
경독煢獨을 학대하지 말고 고명高明을 두려워하지 말라.

151 無我怨.《尙書 · 多士》
나를 원망하지 말라.

---

187) 원주: 呂叔湘, 〈論毋與勿〉《漢語語法論文集》(第2卷), 遼寧教育出版社, 98쪽.

188) '士'는 '事'의 뜻이다.

152 無此疆而界.《詩經 · 周頌 · 思文》
이 경계와 저 경계를 없게 하시고.
153 無思遠人, 勞心忉忉.《詩經 · 小雅 · 甫田》
멀리 있는 사람을 그리워하지 말지어다. 마음에 애 닳기를 도도忉忉히 하리라.
154 毋忝爾所生.《詩經 · 小雅 · 小宛》
너를 낳아주신 분을 욕되게 하지 말지어다.

이상의 예문144 - 149의 여섯 가지 예문들은 '勿'의 뒤에 모두 목적어를 가진 타동사가 쓰이고, 예문150 - 154까지의 예문은 '無' 뒤의 동사는 역시 목적어를 동반하고 있다. 따라서 '勿'과 '無'의 용법은 서로 교체되어 사용할 수 있다. 이는 상고시대의 문헌에서는 '勿'이 결코 '毋(無)……之'와 같지 않다는 것을 알 수 있다. 이러한 어법형식은 춘추전국시대까지 계속 사용되었다.

155 百畝之田, 勿奪其時.《孟子 · 梁惠王上》
백묘의 토지에 농사철을 빼앗지 않는다면.

위의 예문은 '勿'자가 뒤에 목적어를 수반하고 있다.

156 能全天之所生, 而勿敗之, 是謂善學.《呂氏春秋 · 尊師》
하늘이 만들어낸 것을 보전하여, 상처입지 않게 하는 것이다. 이렇게 하는 것을 잘 배우는 것이라고 하는 것이다.

위의 예문은 '勿'이 뒤에 목적어를 수반하고 있다.

157 稼欲生於塵而植於堅者, 愼其種, 勿使數, 亦無使疏.《呂氏春秋 · 辨土》
벼의 씨를 뿌려서는 연한 흙에서 나서 견실堅實한 흙에서 자라게 해야 한다. 반드시 파종播種은 삼가 조심하여, 너무 많이 뿌리지 말고, 또 너무 드물게 뿌리지 말며.

위의 예문에서는 '勿'자와 '無'자가 서로 같은 용법으로 교체되어 사용되고 있다.

158 已矣! 勿言之矣.《莊子 · 人間世》

그만하게. 더 말 말게.

위의 예문은 '勿'자 뒤에 목적어를 수반하고 있다.

예문157 중의 '勿使數'와 '無使疏' 구절은 동시에 '勿'과 '無'가 서로 같은 용법으로 사용되고 있는 것을 알 수 있다. 하지만 동시에 '勿'은 '之'를 포함하여 '毋……之'의 용법으로 사용되기도 한다.[189)]

159 取之而燕民悅, 則取之, 取之而燕民不悅, 則勿取.《孟子 · 梁惠王下》

취해서 연燕나라 백성들이 기뻐하거든 취하소서. 취해서 연나라 백성들이 기뻐하지 않거든 취하지 마소서.

우의 예문은 '勿取之'의 형식으로 쓰지 않고 있다.

160 子路問事君.子曰: "勿欺也, 而犯之."《論語 · 憲問》

자로가 임금 섬기는 것을 물었다. 공자께서 대답하셨다. "속이지 말고 얼굴을 대놓고 간쟁해야 한다."

위의 예문은 '勿欺之'로 쓰지 않고 있다.

161 齊候將許之, 管仲曰: "……君其勿許."《左傳 · 僖公七年》

제환공이 이를 허락하려고 하자 관중이 만류했다. "……군주는 그의 말을 좇지 마십시오."

위의 예문은 '勿許之'로 쓰지 않는다.

162 趙取周之祭地, 周君患之, 告於鄭朝. 鄭朝曰: "君勿患也."《戰國策 · 東周策》

189) 呂叔湘, 〈論毋與勿〉, 《漢語語法論文集(第2卷)》, 98쪽.

조나라가 주나라의 제전祭田을 빼앗자 주군周君이 그것을 근심하여, 정조鄭朝에게 고했다. 정조가 말했다. "주군께서는 근심하지 마십시오."

위의 예문은 '勿患之也'로 쓰지 않는다.

예문에서와 같이 한 · 위 시대 이후의 언어에서는 '勿'자와 '毋'자가 차이 없이 쓰인다.

현대 중국어 중 '勿'은 문언 성분으로 가끔 사용되기도 한다. 그러나 비교적 많이 사용되는 금지사는 역시 '莫'이다.

고대 언어 중 '莫'은 몇 가지 용법으로 사용되었는데, 그 중 금지禁止부사의 용법은 한대에 이르러 '勿' · '毋'자와 동의어로 사용되어 위진육조魏晉六朝 시대에는 보편적으로 사용되었다. 아래는 한 · 위 시대 악부樂府의 예문들이다.

163 莫以豪賢故, 棄捐素所愛; 莫以魚肉貴, 棄捐葱與薤.《塘上行》

현인과 호걸이라 하여 사랑하는 이를 버리지 마세요. 물고기와 고기 귀한 것으로만 여기고 파와 염교[190]를 버리지 마세요.

164 促令辨粗飯, 愼莫使稽留.《樂府 · 隴西行》

그대 빨리 거친 밥 지어, 신중히 지체하지 말도록 하시길.

165 君復自愛莫為非.《樂府 · 東門行》

당신께서는 다시 행동을 삼가고, 품행을 바르게 하여, 잘못을 저지르지 마세요.

166 屬累君兩三孤子, 莫我兒饑且寒, 有過愼莫笪(撻)笞.《樂府 · 婦病行》

당신에게 어미 없는 아이 두셋을 맡기니, 내 아이를 배고프고 춥게 하지 말아주세요, 잘못이 있어도 조심해서 매질하지 마세요.

167 遣去愼莫留.《孔雀東南飛》

쫓아내서 다시는 들이지 말아라.

168 久久莫相忘.《孔雀東南飛》

오래도록 서로 잊지 말아요.

169 汝莫愁也, 我教汝出.《百喩經下》

네가 근심하지 않도록, 내가 너를 출가出家토록 한 것이다.

---

190) 백합과에 딸린 여러해살이 풀.

4. 인칭대사의 발전 및 변격 문제

상고시대의 인칭대사에는 일인칭 대사 '吾', '我', '卬(나 앙, áng), '余', '予', '台(나 이, yí)', '朕' 등이 있고,[191] 이인칭 대사 '女(汝)', '爾', '若', '而', '乃', '戎'[192] 등이 있으며, 삼인칭 대사 '彼', '其', '之' 등이 있다. 인칭대사의 변천과정 및 그 격 변화에 대하여 살펴보도록 한다.

(1) 1인칭 대사의 발전

1) 상고 일인칭 대사

'吾', '我', '卬'자는 상고시대 모두 '의모疑母(ɧ)'에 속하는 자로 동원사同源詞이다. '余', '予'는 중고시대는 '유모喩母'에 속하며, 상고시대에는 '台'와 함께 '余母'(d)자에 속했다. '朕'은 중고시대 '징모澄母'(ɖ)에 속하고, 상고음은 '정모定母'(d)로, '台', '余', '予'와 함께 설두음에 속하므로 동원사이다. 이렇게 상고시대 일인칭 대사는 대체로 두 가지 계통으로 종합된다. 즉, '의모疑母'와 '정모定母' 계통이다. 아래는 주법고周法高 의 상고 의음擬音이다.

의계疑系

吾 ŋaɣ(魚部)

我 ŋa(歌部)

卬 ŋjaŋ(陽部)

---

191) 《爾雅 · 釋詁》: "卬 · 吾 · 台 · 予 · 朕 · 身 · 甫 · 余 · 言, 我也"

192) '戎'이 대사로 쓰이는 경우 이인칭 대사로 '你' · "你们" 뜻으로 쓰인다. 《詩經 · 大雅 · 民勞》 "戎雖小子, 而式弘大."(그대들은 자식같은 입장이라 하더라도 그 영향력은 넓고 큰 것이라네.)

魚 ŋjaɣ(魚部)

정계定系

余 riaɣ(魚部) - 0io(以母魚韻)

予 riaɣ(魚部) - 0io(以母魚韻)

台 riəɣ(之部)

朕 diəm(侵部) - ḍiım(澄母寢韻)

그러나 두 계통이 상고시대에 어찌하여 동시에 존재하였는가? 이는 두 종류의 부족어 혹은 방언을 대표한다고 할 수 있는데, 모두 'd'계통에 속하는 '余', '朕'의 용법과 'ɦ'계통에 속하는 '我', '魚'의 용법이 동일하기 때문이다. 은상殷商의 갑골문甲骨文, 서주西周 금문金文, 춘추春秋 전후의 많은 고전적에서의 사용되어지는 인칭대사가 차이만 있을 뿐 분명히 다른 어떤 격변화의 차이는 찾아볼 수 없다.

인칭대사가 상고시대에 그 용법의 차이, 즉 '격 변화(변격)'가 있었는지에 대하여 살펴보도록 한다. 이 문제는 다년간 논의되었으나 아직 결론이 나지 않은 문제이다. 이미 세상을 떠난 스웨덴의 학자 칼그린(高本漢)[193]은 일찍이 인도 · 유럽 계통의 언어의 현상을 이용해 고대 중국어 어법 현상을 해석하였다. 그는 고대 중국어 대사는 격 변화가 있다고 결론을 짓고, '吾'자는 주격과 소유격(영격領格)에만 사용되고, '我'자는 목적격(빈격賓格)에 사용된다고 하였다. 또한 '汝'자는 주격과 소유격에 사용되지만 '尒(爾)'자는 목적격에만 사용된다고 하였다.[194]

吾: 주격, 소유격

我: 목적격

汝: 주격, 소유격

193) Bernhard Karlgren (1889 - 1978년). 스웨덴 출신의 세계적인 한학자.

194) 원주: 高本漢《原始中國語爲變化語說》,《東方雜志》1929年, 第26卷5期. '주격' · '소유격' 등은 'case grammar'의 관념으로 분석한 내용이다. '主格'은 '주어', '所有格' 혹은 '領格'은 '관형어'에 상당한다. 당시 해당하는 학자들의 사용언어이기 때문에 잠시 그대로 이 용어를 잠시 사용하기로 한다.

尒(爾): 목적격

호적胡適이 쓴 《어아편吾我篇》과 《이여편爾汝篇》에서는 칼그린의 주장에 대한 문제점을 지적하였다.[195)]

이러한 주장에 대해 일부 학자들은 반대하고, 일부 학자는 애매모호한 입장을 취하기도 한다. 또한 어떤 학자들은 상고 중국어에는 '격 변화'가 있었다가 후에 사라졌다고 주장하기도 한다.

그러나 분명히 상기하여야 할 두 가지가 있다.

첫째, 중국어는 굴절어가 아닌데, 어째서 상고시대의 일부 대사代詞가 오히려 굴절 형태를 갖는가(즉, 격 변화가 있는가)? 이것은 가능한가?

둘째, 대사 용법이 어떤 방언에서는 차이가 있는데,[196)] 이는 결코 상고시대 중국어 대사의 격 현상과는 같이 논할 바가 아니다.

상고시대에 각각 다른 여러 가지 대사가 존재한 까닭에 대해서는 지속적인 분석과 연구를 통해 그 원인을 밝힐 필요가 있다. 여기에서는 역사상의 언어 사실을 통하여 대사의 격 변화에 대하여 살펴보도록 한다.

갑골문 중에 1인칭 대사는 '我', '余', '朕', '魚' 등 네 가지가 있다. '我'는 격 변화와 단복수의 분별이 없고, 주격, 소유격, 목적격, 복수(중수衆數)와 단수에 모두 통용된다. 예문은 다음과 같다.

[주격]

1. 甲辰卜, 爭貞: 我伐馬方, 帝受我又(佑)? 一月. 《合06664 正》
   갑신일에 爭이 점을 쳐 묻습니다. 우리는 마장馬方을 토벌하면 상제는 우리나라를 보우해 줄까요?

[소유격(영격領格)]

2. 貞: 我史(使)弗其方? 《合06771正》

---

195) 원주: 胡適, 〈吾我篇〉·〈爾汝篇〉, 《胡適文存》(第一集).

196) 현재 객가어(客家話)에는 대사가 격 변화가 있다.

점을 쳐 묻습니다. 우리나라 사관은 방국에 의해 재해를 입지 않을까요?[197]

[목적격(빈격賓格)]

3. 己未卜, 爭貞: 王亥殺(祟)我?《合07352正》
기미일에 쟁爭이 점을 쳐 묻습니다. 왕해王亥가 저에게 해코지를 할까요?

'余'는 주격으로 사용되고, 다른 격으로 사용된 예는 아직 발견되지 않았다.

주격:

4. 余見它(蛇)在之.《合17375》
나는 꿈에 뱀이 그곳에 있는 것을 보았다.
5. 乙丑卜, 王, 貞余伐猷.《合6926》
을축일에 왕이 점을 쳐 묻습니다. 제가 유猷지방을 정벌해야 할까요?

'朕'은 주격과 소유격으로 사용되었고, 목적격으로 사용된 예는 아직 발견되지 않았다. 예문은 다음과 같다.

[주격]

6. 戊寅卜, 朕出今夕.《合22478》
무인일에 점을 쳐 묻습니다. 제(朕)가 오늘 저녁 나가도 될까요?

[소유격]

7. 甲戌卜, 王, 余令角帚叶朕史(事).《合5495》
갑술일에 왕이 점을 쳐 묻습니다. 나는 각족角族의 부녀에게 명령하여 나의 일에 협조하도록 할까요?

'魚'자는 '吾'자의 최초의 가차자假借字이다. 갑골문에서 '魚'자가 대사로 쓰이는

197) 같은 갑골문 도판에 "貞方其𢦏我使."와 "貞方弗其𢦏我使."라는 구절이 있는 것으로 보아 '我使'가 피해를 당하는 受事주어로 해석하기로 한다. 갑골문 석문은 胡厚宣 主編《甲骨文合集釋文》을 참고하기로 한다.

경우는 많지 않지만, 주격으로 쓰이는 예문 하나만을 찾아볼 수 있다.

8. 戊寅卜貞: 魚㞢(有)彡歲自(母辛)衣.《合23429》[198]
무인일에 점을 쳐 묻습니다. 나는 모신母辛부터 의제衣祭를 지내기 위하여 유제㞢祭 · 삼제彡祭 · 세제歲祭를 지낼까요?

《合23429》

《合23429》 중 '魚'자는 잘 보이지 않아 확실치 않다. 다만 갑골문은 '魚'자를 일반적으로 '' · '' 등으로 쓴다.

이상의 예문들을 보면, 동사 '伐'자는 '我伐'로 쓰기도 하고, 또는 '余伐'로 쓰기도 한다. 1인칭 소유격은 '我史(使)'로 쓰거나 혹은 '朕史(使)'로 쓴다. 따라서 '余, 我, 朕'은 갑골문에서 어법상 반드시 구분되어야 하는 점이 없다는 것을 알 수 있다.

금문 역시 구분 없이 사용된다.

금문에서의 '我'자는 갑골문에서와 같이 세 가지 격으로 동시에 쓰인다. '余'자는 갑골문에서 주격으로만 쓰이지만,[199] 금문에서는 세 가지 격으로 모두 쓰인다. 또한 '我', '余', '朕', '予' 간에 어법상 큰 구별이 없다. 예를 들어, "我命令你"의 의미 구절을 《令彝》에서 "今我唯令女(汝)二人"로 쓰고,[200] 《師獸簋》[201]에서는 "余

---

198) 《甲骨文合集釋文》은 본 복사를 "□寅卜貞: 汎㞢彡歲自母辛衣."로 석문하였다.

199) '余'자는 갑골문에서 '주어' 이외에 목적어로 쓰인다. 예를 들어, "己酉卜, 王貞: 師不余其見.(기유일에 왕이 점을 쳐 묻습니다. 사관師官은 와서 나를 접견하지 않을까요?)(合20391) 등이 있다. 張玉金, 《甲骨文虛詞詞典》, 302쪽.

200) 혹은 《夨令方彝(作冊令方彝)》라고도 칭한다. 서주西周 초기의 성왕成王 시기의 기물이다. 《殷周金文集成》의 '09901'에 해당된다. "今我唯令女(汝)二人"은 '내가 지금 너희 두 사람(亢과 夨)에게 명령한다'는 뜻이다.

令女(汝)"로 쓴다.

9 女(汝)有隹小子, 余令女(汝)死(尸)我家……. 《師𩰫簋 · 4311》
너는 비록 아직 어리지만 나는 너에게 우리 집을 주관하여 관리하도록 한다.[202]

《대극정大克鼎》에서는 "我的命令"의 뜻을 "朕令"으로 쓴다.

10 王若曰: "克, 昔余既令女出內(納)朕令, 今余隹𤕌(緟)䝿(景)乃令." 《大克鼎 · 2836》
"克아! 내가 이전에 나의 명령을 전달하도록 너를 임명하였듯이, 지금 나는 그대에게 또 다시 명령을 내린다.[203]

'𤕌'자는 '緟'자와 통하여 '재차' · '거듭'이라는 뜻으로 쓰이고, '䝿'자는 '景'자와 통하여 '밝히다'라는 뜻으로 쓰인다. "余隹𤕌(緟)䝿(景乃令" 중 '余'는 주어이고, '𤕌(緟)䝿(景)'은 동사적 용법으로, '乃'는 이인칭 대사로 목적어1의 용법이고, '令'은 목적어2의 용법으로 쓰인다.

또한 제기齊器 《숙이종叔夷鐘》에서는 "辝[台]命"으로 쓴다.

11 女(汝)敬共(恭)辝命. 《叔夷鐘 · 0272》
너는 나의 명령을 공경하여야 한다.

"我自己"의 뜻을 "余朕身"으로 쓰고, 또한 "朕余"나 "予身"으로도 쓴다.

12 女(汝)台(以)卹余朕身. 《叔夷鐘 · 0272》
너는 나 자신을 위하여 고심하여야 한다.

13 朕余名(銘)之. 《吉日劍 · 11696(晉)》[204]

---

201) 《師𩰫簋(毀敦, 伯龢父敦)》, '《集成》 04311', 서주 말기.

202) 馬承源, 《商周青銅器銘文選》, '384'.

203) '乃令' 중의 '乃'자는 이인칭대사의 용법으로 쓰인다. "今余隹𤕌(緟)䝿(景)乃令."은 ""지금 나는 그대에게 다시 명령을 내린다."의 뜻이다.

204) 혹은 《少虡劍》이라고도 하고, 춘추 말기의 검이다.

나 자신은 이를 새긴다.

14 永保怠(予)身.《義楚鍴 · 06513(徐)》[205]

나 자신을 영원히 보호하여야 한다.

《모공정毛公鼎》[206]에서는 "余一人"으로 쓰기도 하고, 또한 "我一人"으로 쓰기도 한다.

15 女(汝)毋(毋)敢妄(荒)寧, 虔夙(夙)夕, 惠我一人, 雝(雍)我邦小大猷.《毛公鼎 · 2841》

너는 감히 경거망동하거나 안일함을 추구하지 말고, 언제나 밤낮으로 경건한 마음으로 임하며, 나에게 은혜로움을 주어서 우리나라의 모든 일들의 준칙을 옹호하라.

16 虩許上下若否, 雩(與)四方, 死(尸)毋(毋)童(動)余一人在立(位).《毛公鼎 · 2841》

방국邦國 상하가 항상 경건한 마음으로 순종하도록 하고, 천하의 따르는 국가와 함께 나를 지켜서 나 자신의 왕위가 흔들림이 없도록 해야 한다.[207]

혹시 어떤 사람들은 이는 분명 주격과 목적격이 다른 관계에 있기 때문이라고 말할 수도 있다. 즉 주격에는 '余'를 사용했지만 목적격에는 '我'로 바꾸어 쓴다고 주장할 수 있다. 그러나 이는 결코 사실에 부합하는 것이 아니다. 금문 중 '余'가 결코 목적격으로 쓰이지 않는 것은 아니기 때문이다. 예컨대《종주종宗周鐘》에서는 "保余小子"으로 쓰기도 하고, 또는 "降余多福"로 쓰기도 한다.

17 隹(唯)皇上帝百神, 保余𡮠(小子).《宗周鐘 · 00250》

위대한 上帝 百神이 어린 나를 보호하사

18 降余多福, 福余順孫, 參(三)(壽)隹(唯)琍.《宗周鐘 · 00250》

하늘에서 영원하고 풍성하게 나에게 많은 복을 내리셨고, 자손을 보호해 주시고, 장수와 이득을 내려 주셨다.

---

205) 혹은《徐王義楚觶(郐王義楚觶)》이라도 하며, 춘추 말기의 청동기 잔이다. 張亞初《殷周金文集成引得》은 '怠'자를 '台'로 읽는다. 119쪽 참고.

206) 주周 선왕宣王 시기의 기물.

207) '虩許'는 연면사로 '두렵고 경건한 모양'의 뜻이고, '若否'는 '순종하다'는 뜻이다.

금문에서는 '朕考', '余考', '我考' 구조로 쓰인다. 예문은 다음과 같다.

19 用作朕皇祖考伯寶林鐘.《克鐘 · 00205》[208)]
그래서 나의 위대한 선조와 先父에게 제사드릴 때 사용할 편종을 만든다.

20 用作朕文考惠白(伯)尊簋.《諫簋 · 04285》[209)]
그래서 나의 덕행이 훌륭하신 부친 혜백공惠伯公에게 제사드릴 때 사용하려 한다.

《소백호궤召伯虎簋》에서는 아래와 같이 '余考'나 '我考'로 쓴다.

21 余老(考)止(致)公僕(附)臺(庸)土田.《召伯虎簋(琱生簋) · 04292》[210)]
나 유백幽伯(召伯虎의 부친)은 국가에 속하는 토지에 대하여 소송을 고찰해 보니

22 余弗敢亂, 余或(又)至(致)我考我母令.《召伯虎簋(琱生簋) · 04292》
나는 감히 부친 명령을 위반하지 않고, 나는 또한 나의 부친 모친의 명령을 이행하려 한다.

금문에서 '余'는 볼 수 있으나, '予'는 보이지 않으며, "余小子"는 여러 번 보인다. 《상서》에서는 '予'는 보이지만, '余'는 보이지 않으며, "予小子"는 여러 번 보이고, "台小子"라고도 쓴다. 따라서 '余' · '予' · '台'는 사실상 서로 통가자通假字로 쓰인다고 볼 수 있으며, 음이 같은 동일한 세 자의 어형語形이라고 말할 수 있다. 격의 종류와는 전혀 관계가 없다.

'我'와 '余'자는 모두 세 가지 격(case)이 통용되며 어떤 구분도 없지만 유일하게 '朕'자만 복사卜辭와 금문 중 주격과 소유격만이 보이고 목적격은 보이지 않는다. 이 때문에 '朕'자가 목적격으로 쓰이지 않는다고 단정하기도 하지만 그렇지 않다. 왜냐하면 《상서》 중 '朕'의 용법은 '我' · '余' · '予'자와 같이 목적격으로 사용될 수 있다. 아래의 예문 《반경하》의 '朕'은 목적격이다.

208) 西周 말기의 청동기에 속한다.
209) 西周 말기의 기물이다.
210) 馬承源,《商周青銅器銘文選(3)》, 289쪽 참고.

23 爾謂朕 : "曷震動萬民以遷?"《尙書 · 盤庚下》

너희들은 짐朕에게 이르기를 '어찌하여 만민을 동요시켜 옮기는가' 하는구나.

24 汝曷弗告朕?《尙書 · 盤庚下》

너희들은 어찌 나에게 고하지 않고.

'吾'자는 갑골문 중 '魚'자의 가차자로 쓰이며, 주격으로 쓰이는 한 예문만 보인다. 금문에서 여전히 많이 보이지 않는다. 그러나 '魚'자는 이미 '𢁉' 혹은 '𪭢'로 변화되었고, 이 자는 또한 '虞'나 '吳'로 쓰기도 한다. 왕국유王國維의 《귀방鬼方 · 곤이험윤고昆夷玁狁考》에서 '𢁉' · '𪭢'나 '魚'자는 실제로 같은 자라 하였다.[211] 곽말약郭沫若 《양주금문사대계고석兩周金文辭大系考釋》에서는 종주宗周 청동기 162기와 열국 164기를 수록하고 있는데, 이들 명문銘文 중 '𢁉'와 '𪭢'자는 모두 세 개의 기물에서 다섯 차례 보인다. 이 중 주격은 세 차례, 소유격은 두 차례로 쓰인다. '虞'자는 한 기물에서 한 차례 보이며, 소유격으로 쓰인다.

25 以宴以喜, 以樂佳賓.《徐器 · 沇兒鐘 · 00203》[212]

나는 이 기물로 향연을 베풀고 즐거운 일에 쓰고, 좋은 손님들을 즐겁게 하는데 사용코자 한다. (주격)

26 保𢁉兄弟……保𢁉子姓.《齊器 · 子仲羌鎛 · 00271》[213]

나의 형제를 보호해주고, 나의 자손을 보호해 주시다. (소유격)

27 𢁉以爲弄壺, 虞以匽(燕)飲.《燕器 · 杕氏壺 · 09715》[214]

나는 이로써 호를 만들고, 나는 이 호로 사용하여 연회를 베풀어 마시는데 사용하고자 한다. (주격)

28 昔者, 𢁉(吾)先祖桓(桓)王, 邵(昭)考成王, 身勤社稷, 行四方.《中山王鼎 · 02840》[215]

211) 원주: 王國維,《觀堂集林》(卷十三), 8쪽. "古魚吾同音, 故往往假'𢁉 · 𪭢'."

212) 혹은《沇兒鎛》라고도 한다. 春秋末期.

213) 혹은《𩊚鎛(齊侯鎛)》이라고도 한다. 春秋中期.

214) 혹은《杕氏福及壺》라고도 한다. 春秋末期.

215)《漢語語法史概要》의 예문 "台(以)樂虞?家."(越器,《越王鐘》) 혹은《越王者旨於賜鐘》(00144)이 아닌가 한다.《越王者旨於賜鐘》는 "台(以)樂可康, 嘉而(爾)賓客"로 쓴다. 이와 유사한 구절로는《令狐君嗣子壺(命瓜君嗣子壺)》(9719)는 "台(以)樂我家"로 쓰고,《配兒鉤鑃》

옛 나의 선조인 환왕桓王과 위대하신 부친 성왕은 성실근면하게 나라 일을 돌보고 주변국가를 대하였다. (소유격)

이외에도 진기晉器 《란서부欒書缶》 명문銘文에서도 그 예문을 찾아볼 수 있다.

29 簷(吾)㠯(以)肵(祈)釁(眉)耄(壽), 䜌(欒)書之子孫, 萬枼(世)是寶(寶).《欒書缶 · 10008》[216]

또 나는 이 기물로써 장수를 기원하고자 하니, 난서欒書의 자손들은 이 기물을 만년 대대로 보배로 간직할지어라.

금문에서 사용된 일곱 차례의 '吾'자의 용례 중 주격은 네 차례이고, 소유격은 세 차례, 목적격으로 사용된 것은 없다. 기타 비교적 이른 시기의 고적에서는 '吾'자를 대사로 쓰이는 예는 많지 않다. 예를 들어 《상서》에서는 두 번 쓰이는데, 그 중 하나는 주격으로 쓰인다. 위작僞作 고문 《상서 · 진서秦誓》의 아래 구절 중 '吾'자를 일본 고대 사본寫本 《주서周書》는 '魚'자로 쓴다.

30 吾有民有命.《尚書 · 秦誓上》

나는 백성을 거느리고 있고, 천명을 받고 있다.

다른 하나는 소유격으로 금문今文 《상서 · 미자微子》에 보인다.

31 我其發出狂(往), 吾家耄遜(遁)于荒.《尚書 · 微子》[217]

나는 떠나가 버릴까요, 우리 집에서 늙도록 황야에서 숨어 살까요.

고예서古隸書로 쓰여진 돈황본敦煌本 《상서》는 위의 문장을 "我其發出狂, 魚家旄孫于荒"으로 쓴다.

(00427)는 "以樂我家諸父"로 쓰는데, '我'자가 '소유격'으로 쓰인다. 따라서 《中山王鼎》의 소유격으로 쓰이는 '簷(吾)'자의 예문을 대신 수록하기로 한다.

216) 원주: 容庚編,《商周彝器通考 · 下》, 圖803. 馬承源,《商周青銅器銘文選(3)》'886(蓋)'.

217) 원주: 孫星衍,《尚書今古文注疏》.

전국시기 《시경》에서는 '吾'가 대사로 쓰인 예는 보이지 않는다. 그러나 1973년 마왕퇴馬王堆에서 출토된 한묘漢墓 백서帛書 《전국종횡가서戰國縱橫家書》에는 많은 수의 '魚'자가 '吾'자의 가차자로 쓰인다. 그 중 《소진자제헌서우연왕장蘇秦自齊獻書于燕王章》편의 후반부에 세 개의 예문이 나온다.[218)]

종합적으로, ŋ계통의 1인칭 대사는 하나의 특징을 지니고 있다. 이들 대사는 모두 몇 번의 연변 과정을 결쳐 가차假借로 쓰였다.

갑골문에서 최초로 '魚'자가 '我'자의 가차자로 쓰였고, '我'는 줄곧 변함없이 안정적인 추세로 쓰였다.

'魚'자는 또한 후에 음이 '𠀘'·'𪊨'나 '虞'로 변화하여 가차자로 쓰였고, 나중에 정형화되어 '吾'자로 쓰였다. 그러나 상고 후기의 고전적 가운데 여전히 많은 수가 '吾' 대신 '魚'를 사용하고 있다. 종합해보면 '魚'자의 출현 시기는 이르지만 변형이 많아 쓰임이 적어 결코 보편화되지 않아 그것들은 은·상시대 ŋ계통 중 일종의 두 번째에 해당되는 방언이었을 것이다. '吾'자는 쓰임이 횟수가 적어 격(case)의 쓰임이 두루 나타나지 않았다. 그래서 금문에서의 일곱 번의 용례 중 목적격이 보이지 않는다. '吾'자는 춘추시대 이후 비로소 대량으로 사용되기 시작했다. 대량으로 사용한 시기에 각각의 격 또한 두루 사용되었으나 각 쓰임이 그리 큰 차이가 생기지 않게 되었다.

'吾'자가 목적격으로 쓰이는 예문들은 살펴보면 아래와 같다. 그 중에는 도치

218) 《戰國縱橫家書》, 文物出版社 1976年. 11쪽. "王謂臣曰: "魚(吾)必不聽衆口與造言, 魚(吾)信若遁齕也. 大, 可以得用于齊; 次, 可以得信; 下, 苟毋死. 若無不爲也. 以奴(孥)自信, 可; 與言去燕之齊, 可; 甚者, 與謀燕, 可. 期于成事而已." 臣恃之詔, 是故無不以口齊王而得用焉. 今王以衆口與造言罪臣, 臣甚懼. 王之于臣也, 賤而貴之, 蓐(辱)而顯之, 臣未有以報王. 以求卿與封, 不中意, 王爲臣有之兩, 臣擧天下使臣之封不擊 (慚). 臣止于趙, 王謂干徐爲: "止某不道, 猶免寡人之冠也." 以振臣之死. 臣之德王, 深於骨隨(髓). 臣甘死·蓐(辱), 可以報王, 願爲之. 今王使慶令(命)臣曰: "魚(吾)欲用所善." 王笱有所善而欲用之, 臣請爲王事之. 王若欲剸(專)舍臣而槫(專)任所善, 臣請歸擇(釋)事, 句得時見, 盈願矣." 《馬王堆帛書戰國縱橫家書》, 工藤元男 等 譯註, 1993년, 日本朋友書店, 75쪽.

구문(倒裝)[219]의 용례 뿐 아니라 정상구문(順裝)[220]의 용례도 있다.

32 不吾知也.《論語 · 先秦》
나를 알아주지 못한다.

33 如有政, 雖不吾以, 吾其與聞之.《論語 · 子路》
만일 국정國政이었다면 비록 나를 써주지는 않으나 내가 참여하여 들었을 것이다.

34 子曰: 以吾一日長乎爾, 毋吾以也.《論語 · 先進》
공자(孔子)께서 말씀하셨다. "내 (나이가) 다소, 너희들보다 많다 하여, 나 때문에 어렵게 여기지 말라."

35 何由知吾可也?《孟子 · 梁惠王上》
무슨 이유로 나의 가능함을 아십니까?

36 楚弱于晉, 晉不吾疾(急)也.《左傳 · 襄公十一年》
초나라는 진나라 보다 약하지만 진나라는 초나라에 비해 우리나라를 얻는 데 관심이 많지 않소.

37 不吾叛也.《左傳 · 襄公三十一年》
나를 배반하지 않을 것이다.

38 不吾廢也.《左傳 · 昭公二十七年》
나를 폐하지 못할 것이다.

39 故不吾遠也.《左傳 · 昭公二十年》
나를 가까이하게 되었다.

40 何不吾諫?《左傳 · 哀公十一年》
어찌하여 나에게 충고하지 않았던 것이오?

41 我勝若, 若不吾勝, 我果是也? 而果非也邪?《莊子 · 齊物論》
내가 너를 이기고, 네가 나를 이기지 못하였을 것 같으면, 내가 과연 옳을까? 그 어느 사람이 옳을까?

42 吾問焉而不吾告.《莊子 · 達生》
제가 그 까닭을 물었으나, 제게 이야기해 주지 않았습니다.

43 汝服吾也亦甚忘. ……雖忘乎故吾, 吾有不忘者存.《莊子 · 田子方傳》
네가 나를 생각하는 것도 매우 빨리 잊게 될 순간적인 것이다. ……비록 옛날의 나를 잊어버린다고 해도, 나에게는 언제나 잊혀질 수 없는 참된 나도 그 중에 존재하

219) 목적어 '吾'가 타동사 앞에 위치.

220) 타동사 뒤에 직접적으로 '吾'가 쓰여 목적어 역할을 하는 것.

는 것이다.

44 丘雖不吾譽, 吾獨不自知邪?《莊子 · 盜跖篇》

네(丘)가 나를 칭찬해 주지 않더라도, 내가 어찌 스스로 알지 못하겠는가?

45 厚攻則厚吾, 薄攻則薄吾.《墨子 · 公孟》

두터이 공격해 오면 나를 두터이 방어하고, 엷게 공격해 오면 나를 엷게 방어합니다.

46 彼若不吾假道, 必不吾受也.《呂氏春秋 · 權勛》

그가 만약 우리에게 길을 빌려주지 않는다면, 반드시 우리의 예물을 받지 않을 것입니다.

47 昔者吾喪姑姊妹亦如斯, 未吾禁也.《禮記 · 檀弓下》

지난날 내가 고모의 상에도 또한 그와 같이 했건만 예가 아니라고 나에게 하지 못하게 한 일이 없었다.

48 雖失國, 弗損吾異日也.《穀梁傳 · 桓公七年》

비록 나라를 잃었으나, 내 후일에는 손해보지 않으리라.

49 武子曰: "燮乎! 女亦知吾望爾也乎?"《國語 · 晉語》

무자가 말했다. "섭(燮)아! 너 또한 내가 너를 기다린 것을 아는가?"

50 待吾爲子殺之.《國語 · 晉語》

나를 대신하여 아들이 그를 죽였다.

51 言仁義而不吾毁.《墨子 · 公孟》

인과 의를 말한다면 나를 헐뜯지 말라.

52 故辟門除塗, 以迎吾入.《荀子 · 議兵》

문을 열고 길을 치워놓고서 우리가 들어가는 것을 마중한다.

53 不吾知其亦已兮.《楚辭 · 離騷》

나를 알아주지 않아도 그 또한 그만이어라.

54 退靜默而莫余知兮, 進號呼又莫吾聞.《楚辭 · 惜誦》

물러나 고요히 침묵하고 있어 나를 알지 못하고, 나아가 소리쳐보지만 또한 내 말을 들어주지 않네.

55 哀南夷之莫吾知兮.《楚辭 · 涉江》

남방의 오랑캐가 나를 알아주지 않는 것이 서러우니

56 憍吾以其美好兮.《楚辭 · 抽思》

그대 용모의 아름다움으로 나에게 자랑하고

위에서 예문들을 통하여 선진先秦 시대 1인칭 대사 '吾', '我', '余', '予', '台', '朕'은 결코 어떤 격변화에 의해 분류되는 것이 아니라, 기본적으로 통용됨을 볼 수 있다.

위에서 '吾'자가 목적어의 용법으로 쓰인 용례를 특별히 나열하였는데, 25개 문장 34개의 '吾'자 중[221] 직접적으로 동사 뒤에서 목적어로 쓰인 것은 7개이고, 전치사 목적어로 쓰인 것은 1개, 동사 앞으로 도치된 것은 20개이다. 이외에도 주어로 쓰인 것은 4개이다. 이는 결코 우연한 현상이 아닌 '吾'자는 격의 제한이 없다는 것을 알려주는 것이다. '吾'자는 주어로도 쓰일 수 있고, 목적어로도 쓰일 수 있다. 만약 목적어로 쓰인 것이 소수라고 한다면 이는 예외적인 현상일 텐데, 이 예외적인 용례가 이렇게 많을 수는 없다. 이외에도 '吾'자는 겸어식兼語式의 문장 중 앞 동사의 목적어로 쓰인다.

57 女亦知吾望爾也乎?《國語・晉語》
너 또한 내가 너를 기다린 것을 아는가?
58 若俟吾避, 則加遲矣.《國語・晉語》
내가 벗어나기를 기다린다면, 더욱 늦어질 것이다.

《양주금문사류연구(허사편)兩周金文詞類硏究(虛詞篇)》은 주대周代 언어의 제일인칭 대사의 용법에 대하여 아래와 같이 종합 정리하고 있다.[222]

금문 중에서 일인칭대사 '我'(109차례)・'朕'(177차례)・'余'(199차례)・'𠭯'(13차례)와 '辝'(11차례) 중 '朕'자는 주로 서주 중기와 말기에 보이고, '我'・'余'자는 서주말기와 춘추시기에 보이며, '𠭯'와 '辝'는 동주시기에 보인다. '朕'・'我'・'𠭯'・'辝'는 주로 관형어로 쓰이고, '余'는 주로 주어로 쓰인다.

'我'와 '朕'자는 양주 금문 중 출현 횟수가 가장 많은 일인칭 대사로 '我'자는 109차례, '朕'은 177차례 쓰인다. 이 두 자는 모두 관형어로 쓰이는 것이 주를 이룬다. 이 두 자는 또한 관형어로 쓰일 경우 사람 명사(指人名詞)를 수식하고, 또한 사람이 아닌 명사(非指人名詞)를 수식하기도 한다. 이 중에서도 사람 명사를 주로 수식할 때에는 친족호칭親屬稱

221) 예문 14, 15, 23, 24, 25, 26, 27, 28은 각각 2개의 용례의 자를 포함하며, 예문 24에서는 3개의 용례의 자를 포함하고 있다.
222) 武振玉,《兩周金文詞類硏究(虛詞篇)》, 吉林大學博士學位論文, 2006, 36 - 41쪽.

謂 명사를 주로 수식한다.

'我'와 '朕'자의 차이점은 '我'는 서주말기와 춘추시기에 주로 쓰이고, '朕'은 서주 중기와 말기에 주로 쓰여 시기적으로 '朕'이 조금 이르다고 할 수 있다. 어법적으로 '朕'은 하나의 예를 제외하고는 거의 모두 관형어로 쓰이고, '我'자는 주로 관형어로 쓰이나 기타 다른 성분으로 쓰이는 경우가 '朕'에 비하여 높다. 특별히 주어로 쓰이는 비율이 '朕'에 비하여 높다.

'我' · '朕'자가 관형어로 쓰이는 경우에도 각각 차이가 있다. 비율상 '朕'(176차례)자가 '我'(68차례)보다 높다. '朕'자가 사람명사를 수식하는 경우 친족호칭 명사의 비율이 상당히 높다.(137차례). 하지만 '我'자는 사람명사를 수식하는 비율이 그다지 높지 않다.(40차례). 즉 '朕'자는 사람이 아닌 명사를 수식하는 비율이 낮고(26차례), '我'자가 사람이 아닌 명사를 수식하는 비율이 비교적 높다(28차례). '朕'자가 수식하는 친족호칭 명사 앞에 거의 모두 '文' · '皇' · '烈' 등의 형용사성 성분이 쓰여, '朕文考' · '朕皇祖' · '朕烈考'와 같이 쓰인다. 하지만 '我'자가 수식하는 친속호칭 명사 앞에는 이러한 형용사성 성분이 거의 쓰이지 않는다. 따라서 '朕'자가 관형어로 쓰이는 경우 이 자만이 가지고 있는 독특한 언어적 풍격을 지니고 있다. 즉 '朕'자는 장엄한 언어적 환경에 쓰이고, '我'자는 일반적인 언어 환경에 쓰인다. 이러한 특색은 '朕'자가 후에 제왕帝王만을 전문적으로 칭하는 원인이기도 할 것이다.

'我'와 '朕'이 수식을 하는 성분은 '我'자는 주로 '家' · '邦' · '國' 등의 명사를 수식하고, '朕'자는 '朕令' 등과 같이 추상명사를 수식한다.

'我'자와 '余'자는 모두 주어 · 목적어나 동위어同位語로 쓰이고, 서주 말기와 춘추시기에 주로 쓰인다. '余'자는 주어로 주로 쓰이고(149차례), 관형어로 쓰이는 예는 많지 않다. 반면에 '我'자는 주로 관형어로 쓰이고(68차례), 주어로 쓰이는 예는 모두 26차례가 보인다. '余'자가 주어로 쓰이는 시기는 서주 말기와 춘추시기이고, '我'자는 서주초기가 상대적으로 많다. '余'자가 주어로 쓰이는 경우 모든 문장에 모두 쓰이나, '我'자는 일반적으로 객관적인 진술문에 주로 쓰인다. '余'자는 이중 목적어의 간접목적어로 쓰이나, '我'자가 목적어로 거의 쓰이지 않는다.

'𪉷' · '辝'와 '我'는 모두 관형어로 주로 쓰인다. '𪉷'자는 8차례, '辝'자는 11차례, '我'자는 68차례 보인다. 시기별로 '𪉷'와 '辝'자는 비교적 늦게 출현하였고, '我'자는 상당히 이른 시기부터 쓰이기 시작하였다. 춘추전국 시기에 이 세 자 중 '我'자가 가장 많이 쓰이고, ('𪉷'자와 '辝'자를 합한 숫자보다 많다) '我'자가 수식하는 성분은 사람명사 이외에도 '邦國' · '室家' 등의 명사를 수식한다. '𪉷'자는 사람명사만을 수식하고, '辝'자는 사람명사 이외에 '命' · '心' · '身' 등의 추상명사를 수식한다. 일반적으로 '𪉷'과 '辝'은 '國 · 家 · 民' 등의 집합개념 명사를 수식하지 않고, '𪉷' · '辝'자는 또한 일반적으로 정제된 문장이나 짧은 운문韻文 중에 주로 쓰인다.

종합적으로 살펴보면, 일반적으로 겸어로 쓰이는 경우는 매우 드물고, 목적어로 쓰이는 경우는 '余'자가 더러 보이고 다른 대사는 거의 보이지 않는다. 동위어同位語는 '余'자가 가장 많이 보이고(19차례), '我'자가 그 다음이다(9차례). 1인칭 대사는 관형어와 주어로 가장 많이 쓰이고, 이 중 관형어로는 '朕'이 가장 많고, '我'·'辝'·'𢑚'·'余'순이다. 주어는 '余'자가 가장 많고, '我'자가 그 다음이고, '𢑚'와 '朕'은 매우 적다.

'余'자는 주로 주어로 쓰이고, '朕'·'𢑚'·'辝'은 주로 관형어로 쓰이고, '我'자는 주로 관형어로 쓰인다.

'辝'자와 '朕'자 중 '辝'자는 모두 11차례가 관형어로 쓰이고, '朕'자는 176차례가 관형어로 쓰인다. '余'자는 149차례가 주어로 쓰이고, 42차례가 기타 다른 성분으로 쓰인다. '𢑚'자는 모두 13차례 중 8차례가 관형어로 쓰이고 5차례가 주어로 쓰인다. '我'자는 비교적 다양하게 쓰인다. 즉 관형어로 68차례, 주어로 28차례, 기타 다른 성분으로 13차례 쓰인다.

갑골문과 금문의 1인칭 대사를 비교해 볼 때, '我'·'余'와 '朕'자가 갑골문과 금문에 가장 많이 쓰이는 1인칭대사이고, 춘추 이후에 '𢑚'와 '辝'가 출현하였다. '我'·'余'·'朕'자의 어법성분은 갑골문과 금문이 거의 일치한다. '朕'자는 갑골문과 양주금문 중에서 거의 대부분이 관형어로 쓰이고, '余'자는 주로 주어로 쓰이며, '我'자는 주어나 관형어로 주로 쓰인다.

갑골문과 금문의 차이는, '𢑚'·'辝'자는 금문에서 비로소 출현하였고, '我'자는 갑골문에서는 주어로 가장 많이 쓰이고, 그 다음이 관형어나, 양주 금문에서 '我'자는 관형어로 쓰이는 예가 가장 많고 그 다음이 주어로 쓰인다. '我'자는 갑골문에서 목적어로 쓰이는 예가 적지 않지만 양주 금문 중에서는 거의 보이지 않는다. 양주 금문 중에서 '余'자가 주로 주어로 쓰이고, '我'자가 주어로 쓰이는 예는 많지 않다.

양주 금문과 《상서》, 《시경》과 비교해 볼 때,[223] 금문今文 《상서》 중에 1인칭 대사는 '我'·'予'·'朕'·'卬'·'台'·'吾' 등 여섯 개가 있다. 이 중 '我'는 196차례 보이는 데, 이 중 주어로 74차례, 목적어로 72차례, 동위어로 29차례, 관형어로 19차례, 겸어兼語로 2차례 쓰인다. '予'자는 모두 146차례 보이는데, 이 중 주어는 98차례, 동위어는 33차례, 목적어는 8차례, 관형어는 5차례, 겸어는 2차례 보인다. '朕'자는 모두 58차례 보이는데, 관형어로 33차례, 주어로 20차례, 동위어로 3차례, 목적어로 2차례 쓰인다. '卬'자는 모두 2차례 보이고, '台'와 '吾'는 각각 한 차례 보인다.

《시경》에서 '我'자는 관형어로 245차례, 목적어로 186차례, 주어로 129차례 쓰인다. '予'자는 《시경》에서 주어로 36차례, 관형어로 29, 목적어로 24차례 쓰이며, '朕'자는 주어로 1차례, 관형어로 3차례 쓰이며, '卬'자는 3차례 보인다.[224]

---

223) 錢宗武, 《今文尚書語法研究》(北京商務印書館, 2004), 110~116쪽,

224) 黃盛璋, 〈古漢語的人身代詞研究〉, 《中國語文》, 1963年 6期, 443~473쪽.

양주금문兩周金文과 《상서》, 《시경》과 비교하여 살펴보면 양주금문은 '余' · '朕' · '我' · '𤖃' · '辝' 등 다섯 개가 쓰이고, 《상서》는 '余' · '朕' · '我' · '吾' · '台' · '卬' 등 여섯 개가 쓰이고, 《시경》은 '我' · '予' · '朕' · '卬' 등 네 개가 있다. 이중 '吾(𤖃)' · '台(辝)' · '卬'자는 1인칭대사로는 비교적 적게 사용되는 대사이다.

'朕'자는 양주금문과 《상서》에서 자주 쓰이는 대사이고, 《시경》에서는 4차례만 쓰인다. '我'와 '余'자는 양주금문과 《서경》과 《시경》 모두에서 자주 쓰이는 대사이다.

'朕'자는 양주금문과 《서경》, 《시경》 중 관형어로 주로 쓰이고, 이 중 《상서》에서 '朕'자가 주어로 쓰이는 비율이 양주금문에 비하여 많다. '余' 《상서》와 《시경》에서는 모두 '予'자로 쓴다)는 양주금문과 《서경》 《시경》 중 주어로 주로 쓰이고, 양주금문 중에서 '余'자가 17차례 목적어로 쓰이고 《상서》에서는 8차례만 목적어로 쓰인다. 하지만 《시경》 중에서 '予'자는 목적어로 쓰이는 경우가 비교적 많다. 또한 '余'자는 양주금문과 《상서》에서 모두 동위어로 쓰이나 《시경》에는 보이지 않는다. 《시경》 중에서 '予'자가 관형어로 쓰이는 비율이 높으나, 양주 금문과 《상서》에서는 비교적 낮다.

'余(予)'자의 용법은 양주금문과 《상서》가 비교적 가깝고, '我'자는 주로 관형어로 쓰이고 주어가 그 다음으로 쓰인다.

결론적으로 '朕'자는 소유격으로 가장 많이 쓰이고, '余'자는 주격으로 가장 많이 쓰인다. 양주금문의 1인칭 대사의 용법과 《상서》가 가장 비슷하다. 그 중 1인칭 대사의 수량도 같고 그 용법 또한 가장 가깝다. 예를 들어, '朕'자가 자주 쓰이고, '余(予)'자가 주어로 쓰이는 예문 수가 비교적 높다. 그러나 《시경》은 상대적으로 문체의 특징상 가장 많은 차이가 있다.

따라서 칼그린 등은 상고 중국어의 1인칭 대사는 격의 차이가 있는 것으로, 반윤중潘允中의 《중국어어법사개요漢語語法史概要》에서도 격 차이가 없는 것으로 보고 있으나 무진옥武振玉은 사용되는 빈도의 차이가 확실히 있다고 주장하고 있음을 알 수 있다.

그렇다면 왜 빈도의 차이가 있을까? 이는 아마도 근원인 어음 'η - a(r - a)'가 중심이 된 방언의 차이를 한자로 표시하였기 때문일 것이다. 또한 각 방언 중에는 각각의 용법에 따라 그 음이 약간씩 차이를 두었기 때문에 그 음을 형태화하면서 다양한 문자가 형성되게 되었을 것이다. 이는 굴절 언어와는 그 특징이 다르다. 굴절어는 각 용법에 따라 조사 '표지MARK'를 달리 사용하는 것이지만, 중국어의 대사는 각 용법에 따라 그 음의 강약이 약간씩 달라지거나 혹은 약간의 차이를 두었을 가능성이 있다. 다만 이러한 주장은 방언 중 객가화客家話나 민남어閔南語 혹은 상해말 등에 이러한 현상이 있다면 더욱 확고한 증거를 제공할 수 있을 것이다.

또한 그 빈도의 차이를 보이는 것은, 각 용법에 따른 음이 큰 차이를 보이지 않기 때문에 이를 문서화하는 작자가 같은 자로 표기하여도 무방하다고 생각하였기 때문에 용법의 차이에도 빈도의 경중이 있었을 것이다.

한국어 중에 2인칭 대사를 '너' · '니'와 '네'와 같은 세 가지 발음으로 쓰이는 경우와도 같은 현상일 수도 있을 것이다.

또한 각 대사의 용법의 차이는 각각의 경전의 독자적 특징과도 연관이 있을 것이다. 각각의 경전은 각 작가의 사상과 작자의 방언과도 밀접한 관련이 있기 때문이다. 작자는 각기 자신의 음을 기준으로 하여 문서화하기 때문에 작자의 성향이 포함되어 있다.

적어도 이러한 현상은 동주東周 이전까지는 이에 해당될 것이다. 이때는 제1방언과 제 2방언의 차이를 두면서도 동주시기처럼 큰 혼동이 없었기 때문이다. 동주시기에는 이 이전 시기 언어의 영향을 받고, 각 지역의 특징이 가미되면서 상당히 혼동된 언어를 사용하게 되어 각 대사의 용법이 큰 차이를 보이지 않게 되었다.

2) 중고시기 이후 1인칭 대사의 변화

① '余' · '予'

대사 '余' · '予'는 고대 문헌을 모방하여 쓴 작품을 제외하면 적게 사용되었고, 일반적으로 구어의 작품인 《세설신어世說新語》에서는 모두 '吾', '我'를 자주 쓰나, '我'자가 우세를 점하고 있다. 이는 음성의 변화로, '余' · '予'자와 구어의 발음이 점점 멀어지게 되었기 때문이다. 혹은 한족漢族이 각 민족을 융합하는 과정 중 원래 '余', '予'(d系)를 사용한 부족어나 방언이 점점 '吾', '我'(ŋ系)를 사용한 부족어나 방언으로 대체되어진 것으로 보인다. 그래서 '吾', '我' 계통이 우세를 점하게 되었고 특히 '我'는 당대唐代의 선사어록(唐禪師語錄)과 송 · 원 이후의 민간문학

작품에서 가장 통용되는 1인칭 대사가 되었다. 또한 중고시대 이래의 문언문에서는 윗사람에게 자신 스스로를 '余', '予'라고 칭할 수 없었는데 이 역시 상고시대와 다른 점이다.

② '朕'

상고 전기 시기에는 존귀하거나, 비천하거나 모두 '朕'이라고 스스로 칭할 수 있었다. 그러나 시황제를 시작으로 천자만을 오직 '朕'자를 쓸 수 있도록 규정하였다. 이러한 습관은 한漢 나라 이후에도 계속해서 사용했다. 이때부터 '朕'은 계급을 나타내는 언어가 되었다.

③ '身'

대사 '身'은 상고 후기에 성행한 자칭自稱 대사이다.

59 予遭天役遺, 大解難於予身, 以為孺子, 不身自卹.《漢書 · 翟方進傳》
나는 하늘의 부리심을 받은 것이니, 나의 자신에게는 큰 해결할 점이 남겨졌느나 어려워, 또한 어린 사람인 나에게는 내 자신을 걱정할 겨를이 없었다.

60 飛據斷橋, 瞋目橫予曰: "身是張翼德也, 可來共決死!"《三國 · 蜀書 · 張飛傳》
장비가 끊어진 다리에 잡고, 눈을 부릅뜨고 나를 노려보며 말하였다. "나는 장익덕이다. 죽고자 하는 놈들은 모두 와도 좋다!"

61 丞相自起解帳, 帶麈尾語殷(浩)曰: "身今日當與君共談析理."《世說新語 · 文學》
승상은 스스로 일어서서 장막을 걷고, 총채를 손에 든 다음 은호에게 말을 걸었다. "나는 오늘 그대와 함께 명리(名理)를 해명하는 것에 대해 담론을 하고 싶네."

예문59의 '불신자휼不身自恤'은 아래의 문장에서 유래된 것이다.

60 越予沖人, 不卬自恤.《尙書 · 大誥》
나 어린 사람(沖人)은 스스로 구휼할 겨를이 없다.

위의 문장에서 '卬'은 '身'으로 바꿀 수 있기 때문에 '身'을 1인칭 대사로 볼 수 있다. 한나라 때에 이렇게 사용하였다. '身'은 선진시기에 이미 1인칭 대사로 사용되었는데, 보편적인 것은 아니었다. '身'의 본래 뜻은 '그 자체(本身)'이었는데, 스스로를 칭하는 대사로 바뀌게 되었다. 《이아 · 석고》는 "'身'은 '자신'을 가리킨다."[225]라 하였다. 이는 '身'이 선진시기에 이미 대사로 쓰였음을 알 수 있다. 만약 《이아》 이전에 이미 이와 같은 용법으로 사용되지 않았다면, 《이아》는 이렇게 해석하지 않았을 것이다. 선진시기의 용례는 다음과 같다.

61 魯人從君戰, 三戰三北. 仲尼問其故. 對曰: "吾有老父, 身死, 莫之養也."《韓非子 · 五蠹》
노나라 사람이 임금을 따라 싸우는데, 세 번 전쟁하여, 세 번 패했다. 공자가 그 까닭을 묻자, 대답하여 말하였다. "제게는 늙은 아비가 있는데, 제가 죽으면, 모실 사람이 없습니다."

62 且王令三將軍為臣先曰: "視印[226]如身." 是重臣也.《呂氏春秋 · 應言》
또한 왕께서는 먼저 세 장군에게 명령을 내려 "맹앙 보기를 자신과 같이 하라."라고 하였다. 이것은 신을 중히 여기신 것입니다.

④ '咱'의 용법

근대 송과 금의 사詞와 곡曲 안에서 '咱(나 찰, zá)'이 출현하였다. '自家' 두 자의 합음으로 '我' · '你'의 뒤에 연결되어 함께 쓰였다. '我咱', '你咱'은 즉 '我自家', '你自家'의 뜻이다.

63 思量都爲我咱呵, 肌膚消瘦.《董西廂》
모두 나 자신을 생각하니 몸이 또 야위었네.

64 兀的[227]般言語, 怎敢着我咱左右?《董西廂》
이러한 말투를 어떻게 감히 우리들에게 하는가?

65 你咱說謊, 我着甚痴心沒去就.《董西廂》
너희들 자신이 거짓말을 하면 나는 어떤 좋아하는 마음으로 다가갈 수 없다.

66 你咱實話沒些個.《劉宮調》

---

225) 《爾雅 · 釋詁》는 "身, 我也."

226) 이름으로 맹앙孟印을 가리킨다.

227) "兀的(wùde)"은 '這' · '這個'의 뜻이다.

당신 자신이 한 말 중에서 진실된 말은 한 개도 없네.

그러나 또한 '咱'자는 이미 단독으로 사용되어 1인칭 대사로 쓰인다.

67. 咱有服制, 誰人敢爲作媒?《新編五代漢史平話》
내가 상복을 입고 있는데, 누가 감히 중매서겠는가?
68. 教惺惺浪兒每都伏咱.《董西廂》
말씨 좋은 멋진 사내로 하여금 나를 설복시키려 한다.
69. 也是咱運拙時乖.《陽春白雪》
또한 내 운이 나빠서 시기마저 어그러지는구나.

그러나 '咱'자는 결코 '我'로 치환된 것이 아니라, '我'와 동시에 사용되었는데, 지금까지 줄곧 이렇게 사용된다.

(2) 2인칭 대사의 변천

1) 상고시기의 2인칭 대사

2인칭 대사 다섯 개 '女'(汝), '尒(爾)', '若', '而', '戎'의 상고(上古) 음은 '泥' 모음이고, 중고시기는 '日'모음에 속한다. '乃'는 중상고 시기에 '泥' 모음에 속했거나 혹은 '泥' 모음에 가깝다. 이들 2인칭 대사들의 상고시기 고음 계통으로 보면 확실히 같은 어원이라는 것을 알 수 있다. 그래서 《상서 · 반경盤庚》 아래 두 문장 중 '汝'와 '乃'자를 《한석경漢石經》에서는 모두 '尒(爾)'자로 쓴다.

70 今予將試以汝遷.《尙書 · 盤庚中》
이제 나는 장차 너희들 때문에 천도하여.
71 度乃口.《尙書 · 盤庚上》
너희 말을 법도에 맞게 하라.

그러나 위에서 언급했듯이 칼그린이나 호적 등은 2인칭 대사 '尒(爾)', '汝', '乃' 중 '汝'는 주격과 소유격으로 쓰이고 '尒'는 목적격으로만 쓰인다고 주장하고 있으나 사실은 이는 잘못된 주장이다.

지금 갑골문와 금문 가운데 2인칭 대사의 용례를 살펴보기로 하자. 가장 이른 시기의 복사에는 '女(汝)'와 '乃'자가 있고, '尒(爾)'는 보이지 않는다. '女', '乃'는 소유격으로 사용되며, 차이점은 없다. '女'는 목적격으로도 사용될 수 있지만, 주격으로 사용된 용례는 출현하지 않고 있다. 예문은 다음과 같다.

[소유격]

72 貞: 王曰: 疾(侯)虎 𩛥得女(汝)史𢀛.《合03297正》
점을 쳐 묻습니다. 왕은 "제후 虎𩛥은 너의 사관으로 하여금 협조를 얻도록 하여라"라고 말해야 할까요?[228)]

73 戊戌卜, 㲋貞: 王曰: "侯虎 㞷(往), 余不𣠮(爾)其合, 以乃史歸"《合3297正》
무술일에 㲋이 점을 묻습니다. 王은 "후호侯虎 너는 앞으로 가거라. 나는 너와 함께 가지 않고자 하니 너의 부하를 데리고 돌아가도록 하라"라고 말해야 할까요?

[목적격]

74 叀王不女(汝)娸?《合738正》[229)]
왕은 당신에게 와제娸祭를 지내지 못하도록 할까요?

《合738正》

위 문장 중 '女', '乃'는 동일하게 소유격으로 쓰이며, 차이점은 없다. 고로 '女史'는 '乃史'이다. 이는 금문에서도 마찬가지다.

75 爲女(汝)敵(隸)寮(僚).《叔夷(尸)鐘 · 272》[230)]
너의 노예 종족으로 삼도록 하라.[231)]

---

228) 석문은 胡厚宣 主編의《甲骨文合集釋文》을 참고하기로 한다.
229)《殷墟甲骨刻辭摹釋總集》은 본 구절을 "女(?)娸王不橐"으로 석문하였다.
230) 馬承源,《商周青銅器銘文選(3)》, '848甲' 참고.
231) 馬承源,《商周青銅器銘文選(3)》, '847'《叔夷鎛》, 注 10, 542쪽 참고.

76 逻[232]乃(汝)敵(嫡)寮(僚).《叔夷鎛 · 272》
너의 노예 종족에 관한 일과.[233]

상고 언어 중 '史'와 '事'자는 같은 용법으로 쓰이며, 갑골문 중 '女史'와 '乃史'를 금문에서는 '爾(尒)事'나 '而事'로 쓴다.

77 萬事無疆用御爾事.《齊器 · 洹子壺 · 09729》[234]
만사는 영원토록 그대에게 주어진 일에 힘써야 한다.
78 女(汝)夙夜宦執而(汝)政事.《叔夷鎛 · 00285》
너는 밤낮으로 네가 해야 할 일을 잘 학습하고 잘 돌보고 처리하도록 하여야 한다.[235]

위의 예문 중 '女史', '乃史', '爾事', '而事'가 동시에 사용되었다는 것은 이 2인칭대사가 격에 구별 없이 썼다는 유력한 증명인 것이다. 고대 '汝', '爾', '乃', '而'는 모두 소유격으로 쓰일 수 있지 결코 '汝'에 한정되는 것이 아니다.

금문 중 '汝'자는 '女'자로 쓰며, 모두 85개의 예문이 보이는데, 이 중 주격으로 23번 쓰이고, 목적격으로 62번 쓰인다. '尒(爾)'자는 모두 6개의 예문이 보이는데, 주격과 목적격으로 각각 한 번씩 쓰이며, 소유격으로 네 번 쓰인다.

《상서》에서 '女'자는 모두 161번 출현하는데, 주격은 107번, 목적격은 66번, 소유격은 8번 쓰인다. '尒(爾)'자는 모두 162번 보이는데, 주격은 26번, 목적격은 53번, 소유격은 83번 쓰인다. 이와 같이 금문과 《상서》 중에서 '女'와 '尒(爾)'자는 세 가지 격으로 모두 쓰임을 알 수 있다.

금문 중 '乃'와 '而'는 오히려 소유격으로 편중되어 사용되고 있다. 이러한 현상은 금문에서만 이렇다고 할 수 있는 것이지, '乃' · '而'가 본래 역대 전문적으로 소

232) 연사 '과'의 뜻인 '及'의 의미이다.
233) 馬承源, 《商周青銅器銘文選(3)》, '847' 《叔夷鎛》, 注 11, 542쪽 참고.
234) 혹은 《洹子孟姜壺》라고도 하며, 《商周青銅器銘文選(3)》'850乙'과 郭沫若 《大系》 '錄256'을 참고할 수 있다.
235) 馬承源, 《商周青銅器銘文選(3)》, '847' 《叔夷鎛》, 注 4, 541쪽 참고.

유격으로만 쓰이고 다른 용법으로 쓰이지 않는다는 것은 아니다.

아래 예문 중《상서 · 강고康誥》의 '乃'자는 주격으로 쓰이고,《논어 · 미자微子》의 '而'자 역시 주격으로 쓰인다.

79 朕心朕德, 惟乃知.《尙書 · 康誥》
짐의 마음과 짐의 덕을 오직 그대만 아는구려.

80 且而與其從辟人之士也.《論語 · 微子》
또 그대는 사람을 피하는 선비를 따르는 것보다는.

아래《좌전 · 소공15년昭公十五年)》구절 중 '爾'는 목적격과 주격을 겸한 겸어兼語로 쓰인다.

81 余知而無罪也.《左傳 · 昭公二十年》
나는 네가 무죄임을 안다.

고대 언어 중 '乃'자와 '而'자는 사실상 음이 같은 자(一音二字)로 일반적으로 서로 통용하며 가차로 사용된다. 그래서 만약에 두 자를 각각 격이 다른 용법으로 쓰인다고 인식하면 이는 잘못된 것이다. 따라서 위의 예문 중 '而'자의 용법은 실제로 '乃'의 기능과 같다.

은주殷周시대에 생성된 다른 하나는 2인칭 대사 '若'이 있다. '若' 역시 '而', '乃'자와 음전音轉관계인 동원사이다.

이외에 2인칭 대사 '戎'이 있다. '戎'의 고대 성모는 n이며, 지금의 오어吳語[236]의 '儂'자와 동원자이다.[237]

82 戎雖小子, 而式弘大.《詩經 · 民勞》
네 비록 소자(小子)이나 하는 일은 매우 홍대(弘大)하니라.

236) 상해 · 강소성 동남부 · 절강성 대부분 지역의 방언.
237) 원주: 章太炎,《新方言》二 참고.

이상의 1인칭 대사 '吾', '我', '余', '予', '朕'과 2인칭 대사 '汝', '爾', '而', '乃', '若'에 관련된 역사적 변천 상황을 종합해보면, 기본적인 결론을 도출해 낼 수 있다.

상고시대에 이런 대사들은 공통적인 특징을 가있는데 그 첫째로, 형태적 변화가 없다는 것이다. 둘째로, 격의 차이 없이 세 가지 격식(주격, 목적격, 소유격)이 완전히 통용될 수 있다는 점이다. 이러한 대사들이 동시에 존재하고 차이가 없었던 주요 원인은 은주殷周시대에 이미 같은 음의 자들을 통용하거나 가차하여 사용하는 것이 성행하였고, 음이 같으나 형태가 다른 자들이 생겨났기 때문이다. 일찍이 동한東漢의 정현鄭玄은 이 현상을 지적 한 바 있다.

> 其始書之也, 倉卒無其字, 或以音類比方叚借爲之, 趣於近而已.[238]
>
> 그 처음에 그것을 기록하였는데, 갑작스럽게 그 글자가 없으면, 혹은 음을 서로 비교하여 닮은 것을 가차하여 써서, 근접한 것을 취했을 뿐이다.

동음가차로 인하여 그것들은 경전과 고전적 안에서 서로 보완 · 대체된다.[239] 반드시 지적해야 할 것은 이러한 대사가 사용될 때, 그 상황이 실제로 서로 다르다는 것이다. 어떤 고전적이 어떤 대사를 많이 쓸 수 있고 어떤 대사는 적게 쓸 수 있다. 그래서 어느 때는 어떤 대사가 어떤 격으로 쓰이는 경우는 많거나, 혹은 적을 수 있다. 또는 근본적으로 사용하지 않거나, 다른 대사로 바꾸는 경우도 있다. 이러한 현상이 발생하게 된 원인이 결코 칼그린이나 호적이 말한 문법상의 격 관계에 의한 것은 아닌 아래의 세 가지로 설명될 수 있다.

첫째, 시대의 전후와 지역적 차이가 대사의 용법 사용이 다르게 나타난다. 예컨대 위에서 이미 지적한 바와 같이, '吾'자는 처음엔 사용양이 적었지만 춘추시대 이후 보편적으로 사용되었다. '朕'자는 《상서》에서는 많이 사용되었지만 다른 고서에서는 비교적 적게 나타난다. 진秦대 이후 '朕'자는 다시 황제가 스스로를 칭하는 전용사로 변화되었다. 곽말약郭沫若의 《양주금문사대계고석兩周金文辭大系

---

238) 원주: 《經典釋文 · 敍》.

239) 오직 극소수의 예외만 있을 뿐이다. 예컨대 '吾'와 '乃'가 목적격으로 사용되는 예는 적다.

考釋》은 서주西周 162개의 청동기, 열국列國의 164개 청동기를 수록하고 있는데, 이 중 '女(汝)'자는 모두 137개가 보이고, '爾'자는 또한 제기齊器 《원자호洹子壺》와 진기晉器 《진공정晉公㽵[240]》에서만 찾아볼 수 있고 그 수는 총 6개 이다. 다른 나라의 청동기에서는 '爾'자를 사용하지 않고, '女(汝)'자를 사용하였다.

둘째, 각지의 방언과 제2방언이 사용되면서 언어의 습관이 다른 관계로 격의 차별적인 현상을 발생시켰다고 할 수 있다. 예컨대 고서에서 '我國'·'我王'·'我皇'·'我民'과 '吾國'·'吾王'·'吾皇'·'吾民'은 흔히 보이나 '余國'·'余王'·'余皇'·'余民' 혹은 '予國'·'予王'·'予皇'·'予民'의 구절은 매우 드물게 보인다. 그러나 우리는 결코 이로 인해서 어법상 '余', '予'가 소유격으로 쓰이지 않는다고 단정 지어서는 안 된다. 이와 반대로 '我'는 목적격으로 상용되지만, '吾'는 사용되지 않거나 적게 사용된다. 마찬가지로 이 때문에 이것을 하나의 규율로 단정 지을 수는 없다. 순수하게 숫자만을 의지해 어법 현상을 연구하는 것은 결코 완전한 방법이 아니다.

셋째, 책을 기술한 작자의 성향과 관계가 있다. 예를 들어, 《좌전》은 '我'를 매우 자주 사용한다. 《성공13년成公十三年》 "晉侯使呂相絶秦" 구절 중 '我'자가 43번 연이어 사용되고, 각각 세 가지 격으로 모두 쓰인다. '吾'자는 세 번 사용되었고, '余'자는 두 번만 사용되었다. 또한 《좌전》에서는 어느 때는 '吾'자를 많이 사용하고, '我'자를 적게 사용하기도 한다. 예를 들어 《양공31년襄公三十一年》 "鄭人游于鄉校" 구절과 "子産是以能爲鄭國" 구절 중에서 '吾'자는 17번 사용되고, 각각 세 가지 격으로 모두 사용되며, '我'자는 단지 여섯 번만 사용된다.

《맹자孟子》의 어느 구절에서는 오로지 '予'만을 사용하는 경우가 있다. 예를 들어 《공손추장하公孫丑章下》의 "夫尹士惡知予哉?"(윤사尹士가 어찌 나를 알겠는가?) 구절은 모두 121자인데, 이 중 열 세 개의 '予'자를 연이어 사용하고 있고 모든 종류의 격이 쓰인다. 《맹자》에서는 '吾'와 '我'를 서로 통용하여 사용하며 마치 고의적으로 바꿔 사용한 것처럼 하였다.

240) 즉 㽵자, 음은 鄭, 일종의 瓦器이다.

83 不得吾心.《孟子 · 梁惠王上》
내 마음을 알지 못하였는데.

84 于我心有戚戚焉.《孟子 · 梁惠王上》
내 마음에 척척戚戚함이 있습니다.

어떤 부분에서는 '吾'는 많이 사용하지만, '予' 혹은 '余'는 사용하지 않는다. 예컨대《양혜왕장상梁惠王上)》"齊宣王問曰" 단락에서는 '吾'만이 사용되고, '吾'가 목적격으로 사용된 것은 한번 뿐이다. 이러한 것들은 모두 작자의 성향이라고 볼 수 밖에 없으며 어법상 격과는 무관하다.

무진옥《양주금문사류연구(허사편)》은 주대周代 언어의 2인칭 대사의 용법에 대하여 아래와 같이 종합 정리하고 있다.[241]

관형어로 쓰이는 '乃' · '爾'와 '而' 세 대사 중 '乃'자는 서주시기에 주로 보이고, '爾'자는 동주시기東周時期에 주로 쓰인다. 또한 '汝'만이 주어 · 목적어와 겸어로 모두 쓰인다. 양주금문 중 2인칭 대사 '乃'는 1인칭 대사 '朕'이나 '我'와 함께 쓰이는 경우가 많고, '汝'자는 '余'자와 함께 쓰이는 경우가 많다.

갑골문에는 2인칭 대사가 '汝'와 '乃' 두 개가 있고, 그 용법 또한 제한적이다. 양주금문에서 이 두 대사 뿐만 아니라, '爾'(尔) · '而' · '若' 등 세 개의 2인칭 대사가 출현하였다.

《상서》와《시경》중에 2인칭 대사가 이미 비교적 완비되었다고 볼 수 있다. 錢宗武《今文尚書語法研究》의 통계에 의하면,[242] 금문今文《상서》중 '汝'자는 모두 148차례 보이고, 주어로 92차례 목적어로 31차례, 동위어로 16차례, 관형어로 5차례, 겸어로 4차례 보인다 하였다. '尔'자는 모두 161차례 보이는데, 주어로 63차례, 관형어로 39차례, 목적어로 18차례 쓰인다. '乃'자는 모두 66차례 보이는데, 관형어로 64차례, 주어로 2차례 쓰인다. '而'자는 모두 4차례 보이는데, 관형어로 3차례 쓰인다 하였다.

黃盛璋《고한어적인신대사연구古漢語的人身代詞研究》의 통계에 의하면,[243]《시경》중에서 '汝'자가 목적어로 쓰이는 예가 26차례, 주어로 쓰이는 예가 20차례 있으며, '尔'자는 주어로 15차례, 관형어로 107차례, 목적어로 72차례 쓰인다 하였다.

241) 武振玉,《兩周金文詞類研究(虛詞篇)》, 吉林大學博士學位論文, 2006, 50~52쪽.

242) 錢宗武,《今文尚書語法研究》, 123~128쪽.

243) 黃盛璋,《古漢語的人身代詞研究》,《中國語文》, 1963年 6期, 471쪽.

向熹《시경사전詩經詞典》의 통계에 의하면,[244]《시경》중 2인칭 대사 '乃'는 한번 출현하는데 관형어로 쓰이고, '而'자는 3차례 출현하는데 모두 주어로 쓰인다하였다.

수량적으로 볼 때, '汝'자는 양주금문이 절대적으로 많다. 이는 양주금문의 내용과 관련이 있다. 양주금문과《시경》중에서 '汝'자는 주로 목적어로 쓰이고, 그 다음으로 주어가 많이 쓰인다.《상서》중에 '汝'자는 주어로 주로 쓰이고, 목적어가 그 다음이다. 총체적으로 볼 때, 주어와 목적어로 주로 쓰인다.

'乃'자는 양주금문과《상서》에서 그 출현 횟수가 비교적 많고,《시경》에서 단 한차례만 보인다. 양주금문과《상서》는 모두 주로 관형어로 쓰이고, 주어로 쓰이는 경우는 많지 않으며, 기타 다른 성분으로는 쓰이지 않는다.

'尔'자는《상서》와《시경》에서 그 출현횟수가 비교적 많고, 양주금문에서는 비교적 적다. 양주금문과《시경》중에서 '尔'자는 주로 관형어로 쓰이고,《상서》에서는 주로 주어로 쓰인다.

'而'자가 2인칭 대사로 쓰이는 경우는, 금문이 4차례,《상서》가 4차례,《시경》이 3차례 보여 그 횟수가 많지 않다. '而'자는 금문과《상서》에서 모두 관형어로 쓰이고,《시경》에서는 주어로 쓰인다.

2인칭 대사 '若'자는 양주금문 중 단지 한 차례만 보이고 주어로 쓰이며,《시경》에는 없다. 2인칭 대사 '若'자는《상서》(주서周書)와《일주서逸周書》에만 보인다.

85 予惟曰: 汝劼毖殷獻臣, 侯、甸、男、衛, 矧太史友、內史友, 越獻臣百宗工, 矧惟爾事服休, 服采, 矧惟若疇.《尚書 · 酒誥》

너는 은(殷)나라의 어진 신하들과 후(侯) · 전(甸) · 남(男) · 위(衛)의 제후(諸侯)들에게 힘을 삼가 도록해야 하고, 너를 섬기는 태사친구들, 내가 친구들, 어진 신하와 여러 높은 관리들에게도 힘들 삼가도록 하라.

'若疇'는 '你的助手'의 뜻이다.[245]

양주금문 중 2인칭 대사와《상서》,《시경》과 비교해 볼 때, 대사의 수량은 기본적으로 같고, '而'와 '若'자가 비교적 적게 보인다. '汝'자의 어법 기능은 기본적으로 같으나 '乃'자는 양주금문과《상서》에서는 기본적으로 같으나,《시경》과는 다르다. '尔'자는《상서》와《시경》에서의 출현횟수는 거의 비슷하나 양주금문과는 차이가 있다.

244) 向熹,《詩經詞典》, 成都四川人民出版社, 1997年.

245) 周民,《尚書詞典》(成都四川人民出版社, 1993), 188쪽 참고. 向熹《簡明漢語史》(52쪽)는 周代에 第二人稱 代詞 중 '戎'가 있으며,《詩經 · 大雅》중 4차례 보인다 하였다. 張玉金《西周漢語語法研究》(91쪽)은 "作爲第二人稱代詞的'戎'只見于《詩經》(雅颂)里, 而未見于其他的西周時代的語料之中."이라 하였다.

2) 중고시기 이후 2인칭 대사의 발전

아래에서는 중고시기 이후 2인칭 대사의 발전에 대해 간단히 설명하기로 한다. '爾'는 중고시기에 '尒'로 간단하게 쓰였는데, 예컨대 《세설신어世說新語》 당대唐代 사본 잔권殘卷에서는 '尒'자로 쓴다. '尒'는 '你'자로도 쓴다. 《옥편玉篇》에서는 "你의 음은 '乃'와 '里'자의 반절이다. 尒의 의미이다."[246]라 하였다.

《광운廣韻》에서 '你'자는 성모가 '泥'이고 운韻이 '止'에 속한다. '尒'자는 상고에서 중고까지 음과 의미의 큰 변화 없었고, 자형은 '尒'와 '你'로 간략하게 썼다. '你'자는 고어의 용법이 비교적 완전하게 보존된 단어라고 할 수 있다. 《돈황변문敦煌變文》에서 '你'는 2인칭 대사로 상용된다. 예문은 다음과 같다.

86 你是王法罪人.《燕子賦》
너는 왕법을 어긴 죄인이다.

87 呵你不聞道…….《茶酒論》[247]
술(你)이여, 너는 도를 듣지 못했는가…….

매조린梅祖麟(1986)은 돈황본 《육조단경六祖壇經》의 아래 예문 중 '儞(你)'자가 2인칭 대사로 쓰인다하였다.

童子答能曰 : "儞不知大師言, 生死事大, 欲傳衣法, 令門人等, 各作一偈, 來呈吾看."《六祖壇經》

동자가 혜능에게 대답하였다. "너는 모르는가? 큰 스님께서 말씀하시기를, 나고 죽는 일이 크니 가사와 법을 전하라고 하시고, 문인들로 하여금 각기 게송 한 수씩을 지어 와서 보이라 하였다.……"

당대 이후의 민간문학 안에서 '你'는 모두 상대방을 지칭하는 대사로 사용되었

246) 《玉篇》: "你, 乃里切, 尒也."

247) 《돈황변문교주2》(전홍철 등 역주)는 "呵你不聞道"나 혹은 "呵你不見道"로 쓴다. 443쪽, 453쪽.

고, 지금까지 줄곧 사용되었다.

(3) 3인칭 대사의 변천

갑골문 중에 3인칭 대사에 대하여 학자마다 의견이 분분하다. 향희向熹[248] · 곽석량郭錫良[249]과 이희李曦[250] 등은 부정적인 견해를 가지고 있다. 갑골문에서 '之'와 '其'자를 3인칭 대사 용법으로 쓰이는 것으로 보기도 한다. 그러나 황성장黃盛璋은 "'其'자는 후에 지시사指示詞 · 대사代詞와 어기사語氣詞 등으로 분화되어 쓰인다. 하지만 갑골문에서는 지시사와 대사로 아직은 쓰이지 않는다."라 하였고,[251] 장옥금張玉金은 《갑골금문중'기'자의의적연구甲骨金文中'其'字意義的研究》에서 "아래에서 인용하고 있는 갑골문은 이전에는 대사의 용법으로 이해하였다. '庚寅卜, 王余燎于其配?'(英國 1864)[252] 중의 '其'자를 '他的'로 해석하였다. 그러나 '其'자가 대사로 쓰이는 용례는 이 예문 단 한 차례만 보이고, 서주 금문에서도 보이지 않는다. …… 따라서 갑골문에서 '其'자는 모두 부사의 용법으로만 쓰인다."라 하였다.[253] 따라서 갑골문에서 '其'자는 3인칭 대사로 쓰이지 않는 것으로 보는 것이 옳겠다.

'之'자는 일반적으로 갑골문에서 지시대사로 쓰이나 3인칭 대사로 쓰이지는 않는 것으로 본다. 장옥금은 '之'자는 은상殷商 언어 중에서 3인칭 대사로 자주 쓰인

---

248) 向熹, 《簡明漢語史》, 56쪽. "商代卜辭中還沒有出現第三人稱代詞."

249) 郭錫良, 《漢語第三人稱代詞的起源和發展》(《漢語史論集》, 商務印書館, 1997年): "殷商時代第三人稱代詞還沒有产生. 甲骨文中除第一 · 二人稱代詞外, 還有'之''玆'兩個代詞, 都只作指示代詞用." 1~23쪽.

250) 李曦, 〈殷墟卜辭語法〉(270쪽) "第三人稱代詞尚未發現."

251) 黃盛璋, 《先秦古漢語指示詞研究》, 《語言研究》(1983年 2期), 136~157쪽. "'其'在后來分化爲指示詞 · 代詞 · 語氣詞, 但在甲骨文中指示詞 · 代詞的用法都還沒有出現."

252) "庚寅卜, 王余燎于其配?"(경인날에 점을 쳐 묻습니다. 왕인 나는 배우자에게 요제燎祭를 드릴까요?)

253) 張玉金, 〈甲骨金文中'其'字意義的研究〉《殷都學刊》, 2001年1 期), 12~20쪽.

다 하였으나,[254] 양봉빈楊逢彬은 은허 갑골문에서 '之'자는 지시대사로 쓰이지 3인칭 대사로 쓰이지 않는다고 하였다.[255] 반윤중潘允中《한어어법사개요》는 선진 언어 중에는 전문적으로 3인칭 대사로 쓰이는 자가 없고 3인칭 대사는 지시대사인 '彼'나 '夫'자를 가차자로 썼고, 상고시기에는 지시대사인 '其'와 '之'자를 3인칭 대사로 썼고, 한대 이후에 비로소 3인칭 대사가 쓰이기 시작했다고 하였다.[256] 사존직史存直의《한어어법사강요漢語語法史綱要》는 상고 한어에는 3인칭 대사가 없고, 지시대사를 사용하여 표현하였으며 '之'·'其'·'彼'·'夫'가 비록 인칭 대사로 쓰이지만 원래는 지시대사라 하였다.[257] 향희向熹의《간명어법사簡明漢語史》는 상대商代 갑골문 중에는 3인칭 대사가 없고, 주대周代 역시 전문적으로 쓰이는 3인칭 대사가 없으며, '厥'·'其'·'之'·'彼' 등 네 자는 원래 지시대사인데 3인칭 대사로 쓰였다하였다.[258]

선진시기에는 3인칭으로만 전문적으로 쓰인 대사가 없었다. 명사를 중복(복설법復說法)하여 3인칭을 표시했다.

254) 張玉金,《西周漢語語法研究》, 92쪽. "在殷商漢語中, 第三人稱代詞主要有'之'. ……'之'作爲兼職第三人稱代詞, 在殷商時代已很常用."

255) 楊逢彬,《殷墟甲骨刻辭詞類研究》, 221~222쪽. "我們注意到, 一些辭例相同相近的刻辭, 當其中'之'是承指前面出現過的人時, 有些學者一律將其歸入人稱代詞; 而當其中'之'承指事時, 這些學者則一律將其歸入指示代詞……根據我們對指示代詞和第三人稱代詞的理解, 將上列刻辭中的'之'一律歸入指示代詞. 凡承指人的'之', 我們理解爲'该人'. 总之, 從語言系统上看, 殷墟甲骨刻辭中的'之'應是指示代詞而非第三人身的代詞."

256) 潘允中,《漢語語法史概要》, 82쪽. "先秦没有专用作第三人稱的代詞, ……遇有需要第三人稱代詞的時候, 則借用指示代詞'彼'或'夫'. ……此外, 上古時期還用指示代詞'其'和'之'來作第三人稱, 漢以後沿用."

257) 史存直《漢語語法史綱要》, 110~111쪽. "上古漢語里没有眞正爲第三人稱代詞, 所以在說到第三者的時候, 只好用指示代詞來表示. ……'之·其·彼·夫', 雖然指的是人, 可是它們一般又可以指物, 所以不是眞正的人稱代詞, 而是指示代詞. '之·其·彼·夫'雖不是人稱代詞, 而是指示代詞, 可是這些代詞的指人用法却是一直未改变的."

258) 向熹《簡明漢語史》, 56쪽. "商代卜辭中還没有出現第三人稱代詞. 周代也没有产生純粹的第三人稱代詞. 而是借用'厥·其·之·彼'四個指示代詞作爲第三人稱代詞."

88 陽貨欲見孔子, 孔子不見. 歸(饋)孔子豚.《論語 · 陽貨》
양화가 공자를 만나고자 하였으나, 공자께서 만나주지 않으시자, 양화가 공자에게 삶은 돼지를 선물로 보냈다.

1) '彼'와 '夫'의 용법

3인칭 대사가 필요한 경우에는 지시대사 '彼' 혹은 '夫'를 빌려 사용하였다. '夫'와 '彼'는 상고시대에 모두 '幫' 모음에 속했으며 동음가차자同音假借字이다. 그러나 용법은 완전히 다르다. '彼'는 주어와 목적어로 상용되었고, '夫'는 주로 주어로 사용되었으며 목적어로는 어쩌다 한 번 정도 사용되었을 뿐이다. 예문은 다음과 같다.

[彼]

89 薄言往愬(訴), 逢彼之怒.《詩經 · 邶風 · 柏舟》
잠깐 가서 하소연하다가 그 자의 노여움만 만났노라.

90 天作高山, 大王荒之. 彼作矣, 文王康之.《詩經 · 周頌 · 天作》
하늘이 높은 산을 만드시거늘 태왕太王이 다스리셨도다. 저 만드시거늘 문왕이 편안히 하신지라

91 彼丈夫也, 我丈夫也, 吾何畏彼哉!《孟子 · 滕文公上》
저들도 장부이며 나도 장부이니, 내 어찌 저들을 두려워하겠는가!

92 御者且羞與射者比, 比而得禽獸, 雖若丘陵, 弗爲也, 如枉道而從彼, 何也?《孟子 · 滕文公下》
말 모는 어자御者도 활을 쏘는 사수射手와 더불어 아부하는 것을 부끄러워해서, 아부하여 금수禽獸를 잡기를 비록 구릉丘陵과 같이 할 수 있더라도 하지 않았으니, 선비가 만일 도를 굽혀 저를 따른다면 어찌 하겠는가?

93 我老矣, 彼不死, 則我死矣.《穀梁傳 · 僖公三十三年》
나는 노쇠하였는데, 그대는 세상 뜨지 않았으니, 내가 먼저 죽을 것이다.

[夫]

94 夫焉能相與群居而不亂乎?《禮記 · 三年問》[259)]

259) 荀子는《禮論篇》에서 '夫'자를 '彼'자로 쓴다.

그대가 서로 더불어 다른 대중과 함께 살아도 어지럽지 않을 수 있겠는가?

95 夫旣或治之, 予何言哉!《孟子 · 公孫丑下》

그가 이미 혹은 그것을 잘 다스렸는데, 내 어찌 말할 것이 있겠는가!

96 使夫往而學焉, 夫亦愈知治矣.《左傳 · 襄公三十一年》

그를 한 번 내려 보내 배우게 하면 그대는 곧 봉읍을 어떻게 다스리는지 알게 될 것이오.

97 公曰: 夫不惡女(汝)乎?《左傳 · 襄公二十六年》

송평공이 물었다. "그가 너를 싫어하지 않느냐?"

위의 예문들로부터 보면, '彼', '夫'는 기본적으로 차이가 없다. 다만 '夫'가 목적어로 매우 적게 사용된다는 것이다.

2) '其'와 '之'의 용법

상고시대에는 '其'와 '之' 같은 지시대사가 3인칭으로 사용되었는데, 한대漢代 이후에도 계속 사용되었다. '其'는 처음에는 습관적으로 소유격과 겸어兼語로만 사용되었지만, 전국시기와 진대秦代 이후에 주격으로 사용되었고, 목적격으로는 사용되지 않았다. '之'는 목적격과 겸어로 많이 사용되었다.

[其]

· 주격(겸어)

98 愛之欲其生, 惡之欲其死? 旣欲其生, 又欲其死, 是惑也.《論語 · 顔淵》

사랑할 때에는 그가 살기를 바라고, 미워할 때에는 그가 죽기를 바라는가? 이미 그가 살기를 바라고, 또 그가 죽기를 바라는 것, 이것이 의혹이다.

99 子謂顔淵曰: 惜乎!吾見其進也, 未見其止也.《論語 · 子罕》

공자께서 안연을 두고 평하셨다. "아쉽구나! 나는 그가 전진하는 것만을 보고, 멈추는 것을 보지 못하였다."

100 秦王恐其破璧, 乃辭謝.《史記 · 廉頗藺相如傳》

진시황은 그 화씨벽이 깨어질 것을 두려워하여, 이에 사절(謝絶)하여 물리쳤다.

101 父在觀其志, 父沒觀其行.《論語 · 學而》

아버지가 살아 계실 때에는 그(자식)의 뜻을 관찰하고 아버지가 돌아가셨을 때에는 그가 행동하는 것을 관찰하는 것이다.

• 주격

102 上明見, 人備之, 其不明見, 人惑之, 其知見, 人飾之, 其不知見, 人匿之, 其無欲見, 人伺之, 其有欲見, 人餌之.《韓非子 · 外儲》

군주가 현명한 것을 알게 되면, 사람들은 그것을 조심하고, 군주가 현명하지 못한 것을 알게 되면, 사람들은 군주를 기만한다. 군주가 어떤 일을 알고 있음을 알게 되면, 사람들은 그것을 꾸미고, 군주가 모른다는 것을 알게 되면, 사람들은 그것을 숨긴다. 군주가 욕심이 없다는 것을 알면, 사람들은 실정을 탐지하려 하고, 군주가 욕심이 있다는 것을 알면, 사람들은 이익을 도모한다.

103 薛公之相魏昭侯也, 左右有欒子者, 曰陽胡, 潘, 其于王甚重, 而不爲薛公.《韓非子 · 外儲》

설공이 위나라 소공의 재상으로 있을 때, 왕의 곁에 쌍둥이가 시중을 들었는데, 하나는 양호요 하나는 반이라 하였다. 그들은 왕의 총애가 깊었으나, 설공에게는 공손하지 못했다.

104 扁鵲曰: 其死何如時?《史記 · 扁鵲倉公列傳》

편작이 말했다. "그가 언제 죽었습니까?"

혹은 '其'가 선진(先秦)시기에는 소유격으로만 사용되었다가 한 · 위 시대 이후 소유격이 아닌 다른 격으로 사용되었다고 하였다.[260] 하지만 위의 예문102 - 104를 각각 살펴보면, 결코 이와 같지 않다는 것을 알 수 있다. '其'는 주周나라 말로부터 서한西漢에 이르기까지 주격으로 사용되었다.

중고 초기에는 '其'는 목적격으로 사용될 수 있었다. 이는 이전에는 보이지 않았던 현상이다. 예문은 다음과 같다.

105 可引軍避之, 與其空城.《三國 · 魏書 · 陳登傳》

군대를 이끌고 피하여 그에게 성을 비어주다.

106 從子將婚, 戎遣其一單衣.《晉書 · 列傳第十三》

260) 원주: 呂叔湘,《漢語語法論文集》, 181쪽. "二, 非領格的其."

조카가 장차 혼인하매, 왕술王戌은 그에게 단별 예복을 남겼다.

이렇게 '其'는 발전하여 세 가지 격으로 모두 사용되었다. '其'의 상고 음은 'g'iə' 이며, 중고 시기에는 구어에서 '渠'(g'lwo)자로 쓰기도 하였다. '其'자와 '渠(도랑 거, qú)'자는 운모도 유사하고 모두 대사로 사용되어 이 두 자는 동원사이다. '渠' 자는 3인칭 대사로 사용된 용례는 《삼국오지三國吳志 · 조달전趙達傳》에서 가장 먼저 찾아 볼 수 있다.[261]

107 女婿昨來, 必是渠所竊.《三國志 · 吳志 · 趙達傳》
어제 며느리가 어제 왔는데, 필시 그가 몰래 가지고 갔을 것이다.

이후 줄곧 방언에서 상용되었다. 《사통史通 · 외편外篇》에서는 "渠門의 이 말은 강좌江左 지방에서도 '彼此'와 같은 말이다."[262]라 하였다. 현재 광주어(廣州話)에서 여전히 이 대사를 사용하고 3인칭으로 쓰인다. '渠'자는 광주어로 'koey'로 읽고, 객가어(客家話)에서 3인칭 대사 'ki'로 읽는다. 모두 '其'의 음이 변화된 것이며 세 가지 격으로 모두 쓰인다. 이는 중고 전후의 '其'자의 사용과 완전히 동일하다.

[之]

108 有臣柳莊也者, 非寡人之臣, 社稷之臣也. 聞之死, 請往.《禮記 · 檀弓下》
신하가 있는데 유장이라는 자이다. 과인의 신하가 아니라, 조정의 신하이다. 그가 죽었다는 것을 들어, 가보고자 한다.

---

261) '渠'字는 《三國志 · 吳志 · 趙達傳》 "女婿昨來, 必是渠所竊." 구절에 처음으로 보인다. 이 '渠'자는 '其'에서 변화된 것이다. 唐代에 이르러 '渠'자는 보편적으로 사용되었다. 《游仙窟》 중의 예문을 살펴보면 다음과 같다. ① "聊將代左腕, 長夜枕渠頭." ② "即今無自在, 高下任渠攀." ③ "今朝忽見渠姿首, 不覺殷勤着心口." ④ "聞渠擲入火, 定是欲相燃." '伊'자와 '渠'자는 六朝와 唐代에 주로 사용되었으나, 宋代 이후, '他자가 口語에서 보편적으로 사용됨에 따라, '伊' · '渠'자는 이미 거의 사용되지 않게 되었다. 지금은 '他'자 이외에 '伊' · '渠'자는 방언이외에는 사용되지 않고 있다. 上海 말 중에 '伊'(0i)가 쓰이고, 廣州 말에 '渠'("佢", $k^høy$)가 쓰이고, 客家話 말 중에 '渠'(k^hi)가 쓰인다.

262) 《史通 · 外篇》: "渠門底箇, 江左彼此之辭."

109 窈窕淑女, 寤寐求之.《詩經 · 關雎》
요조숙녀를 자나깨나 그녀를 보고 싶어하네.

110 窈窕淑女, 琴瑟友之.《詩經 · 關雎》
요조숙녀를 거문고와 비파로 그와 친히 하고자 하네.

111 易王母, 文侯夫人也, 與蘇秦私通; 燕王知之, 而事之加厚.《史記 · 蘇秦列傳》
역왕의 모친은 문후의 부인인데, 소진과 더불어 사통하였다. 연왕은 그것을 알면서도, 그를(소진) 더욱 두텁게 대하였다.

선진 제자백가에서는 자주 '之'자를 '其'자 대신 사용하였는데, 그 중에서도 특히나 《순자》에서 이런 용례를 찾아볼 수 있다. 그러나 '之'가 주격으로 사용된 예는 매우 드물게 보여 지는데, 아래의 예문들은 소수의 예외 가운데 하나이다.

112 立身則從佣俗, 事行則遵佣故, …之所以接下之人百姓者則庸寬惠, 如是者則安存. ……之所以接下之人百姓者則好取侵奪, 如是者危殆.《荀子 · 王制》
몸가짐은 일반 습속을 따르고, 일을 처리함에는 일반 관습을 좇는다. 그것이 아랫사람이나 백성들을 대하는 태도가 너그럽고 은혜로운 방법을 쓴다면, 이와 같은 사람은 안락하게 존속할 것이다. ……그것이 아랫사람이나 백성들을 대함이 취탈하는 것을 좋아한다면, 이와 같은 자는 위태로울 것이다.

3) '他'의 용법

현대 중국어 3인칭 대사 '他'자는 오래된 역사를 지니고 있다. 갑골문 복사는 뱀의 형상인 ''로 쓰고, 명사로 쓰였다. 금문에서는 ''《鄭伯匜》자로 쓴다. 상고 원시생활은 사람들이 그것('蛇')을 걱정하였기 때문에 '亡(無)它'[263]라고 물었던 것이다. '亡它'는 《전국책戰國策 · 제책사齊策四》 "民亦無恙耶?王亦無恙耶?"[264] 중의 '무강無恙'과 같은 의미이다.

263) "재해를 없을까요?"
264) "백성들도 무탈한가? 왕도 무탈하신가?"

후에 '佗'자는 '他'자로 쓰며 명사로부터 무정대사無定代詞로 변화되어 사물을 지칭하는 대사가 되었다. 《상서 · 진서秦誓》에서 '他'는 '다른 어떤 것'을 가리킨다.

113 斷斷猗, 無他[265]技"《尙書 · 秦誓》
단단斷斷하고 기묘하여 다른 어떤 기예技藝가 없으나.

《시경 · 용풍鄘風 · 백주柏舟)》에서 '它'는 '그들의 마음'을 가리킨다.

114 之死矢靡它.《詩經 · 鄘風 · 柏舟》
죽을지언정 맹세코 다른 곳으로 가지 않으리라.

또한 '다른 사람들'을 가리키기도 한다.

115 子不我思, 豈無他人?《詩經 · 鄭風 · 褰裳》
그대가 나를 그리워하지 않을진댄 어찌 다른 사람이 없으리오?
116 他人有心, 予忖度之.《詩經 · 小雅 · 巧言》
다른 사람이 가지고 있는 마음을 내가 헤아리노니)
117 豈伊異人? 兄弟匪他.《詩經 · 小雅 · 頍弁》
"어찌 저이들이 남남일까? 다른 사람 아닌 형제들이라네."

위의 '他'는 모두 '别人(다른 사람)', '别的人'을 뜻한다. 당연히 현재 사용되는 '他'처럼 정확히 3인칭 대사를 가리키는 것은 아니다.

그러나 《좌전 · 소공5년昭公五年》에 있는 아래의 두 문장은 주의해야 할 필요가 있다.

118 公室四分, 民食於他.《左傳 · 昭公五年》
정권政權은 사분되고, 백성들의 식량은 그들에게 있네.

---

265) '它'자로 쓰기도 한다.

위의 문장에 대하여 두예杜預는 "他, 謂三家也."[266]라 하였다. 즉 '他'는 '他們'을 가리킨다. 이는 '他'가 3인칭 대사로 쓰인 가장 이른 시기의 신뢰할 수 있는 예문이라 할 수 있다.

전국시대에 이렇게 '他'가 3인칭 '他們'을 가리키는 것으로 사용되었다면 아래 《후한서 · 방술전方術傳》 중 '他'자는 3인칭 대사로 쓰인다는 것을 알 수 있다.

119 (費)長房曾與人共行, 見一書生黃巾被裘, 無鞍騎馬, 下而叩頭. 長房曰 : "還他馬, 赦汝死罪." 人問其故, 長房曰 : "此狸也, 盜社公馬耳."《後漢書 · 方術列傳下》
비장방費長房이 일찍이 사람들과 함께 동행을 하게 되었을 때, 한 서생을 만났는데 그 서생은 붉은 두건에 가죽 옷을 입고 있었고, 안장이 없는 말을 타고 있었다. 말을 내려 절을 하자, 장방은 '그 자의 말을 돌려주면 내가 너의 죄를 용서해 주겠다.'라 하였다. 사람들이 그 까닭을 묻자 장방은 '그 자는 여우인데, 사동社公의 말을 훔쳤다.'라 하였다."

위 문장 중 '赦汝罪' 구절 앞에 주어인 '我'가 생략되었고, 문장은 전체적으로 '我' · '汝' · '他'에 관한 내용을 언급하고 있기 때문에, '他'는 의인화 된 '社公'을 가리키고, 분명하게 '다른 사람(別人)'으로는 해석될 수 없다는 것을 알 수 있다.[267]

삼국三國시대에 이르러 이와 같은 용법으로 쓰이거나, 더욱 정형화된 용례를 찾아볼 수 있다. 삼국 위魏나라 한단순邯鄲淳이 편찬한 《소림笑林》에는 다음과 같은 예문이 있다.

120 甲與乙爭鬥, 甲齧下乙鼻. 官吏欲斷之, 甲稱乙自齧落. 吏曰: "夫人鼻高耳口低, 豈能就自齧之乎?" 甲曰: "他踏牀子就齧之."[268]
갑과 을이 서로 싸우다가 갑이 을의 코를 물어뜯었다. 관리가 이에 대해 판결을 내리려하자 갑은 을 자신이 스스로 물어뜯은 것이라 주장하였다. 관리가 "이른바 사

---

266) "他는 세 가문을 이르는 것이다."

267) 蔣紹愚(2005)《近代漢語研究概要》는《後漢書 · 方術傳》중의 '他'는 비록 어떤 한 사람을 가리키지만 '無定' 대사이기 때문에 아직은 3인칭대사가 아니라 하였다. 115쪽.

268) 원주: 魯迅,《古小說鉤沈》, 人民文學出版社, 1954年, 59쪽.

람들은 코가 높고 귀와 입은 낮게 달려 있는데, 어떻게 자기 자신이 그것을 물어뜯는단 말인가?"라 묻자, 갑은 "그자는 침대에 올라가 물어뜯었습니다."라 하였다.

이후에 진대晉代 소설 민가民歌에서 점점 '他'자가 3인칭 대사로 사용하기 시작한다. 예문은 다음과 같다.

121 適來飮他[269]酒脯, 寧無情乎?《搜神記 · 卷三》

마침 그의 술과 사슴포를 먹었으니, 어찌 무정히 대하겠습니까?

122 士爲將軍何可羞, 六月重裀披豹裘, 不識寒暑斷他頭.《樂府 · 幷州歌》

선비가 장군이 됨에 부끄러워 할 것이 무엇이 있나, 6월에 무거운 겹옷과 표범 가죽으로 만든 갑옷을 걸치니, 그의 머리가 추운지 더운지 판단하여 알 수 없네.

123 仙人在郎傍, 玉女在郎側; 酒無沙糖味, 爲他通顔色.《樂府 · 聖郎曲》

선인은 사내 옆에 있고, 옥녀는 사내 곁에 있네. 술이 달지 않으니, 그를 위해 얼굴빛을 교류하네.

남북조南北朝 이후 '他'자의 용법은 더욱 보편적으로 사용되었다.

124 雄鴿見已, 方生悔恨: "彼實不食, 我妄殺他!" 卽悲鳴命喚雌鴿: "你何處去?"《百喩經下》

수비둘기가 자신을 보아, 무릇 후회와 원망이 생겼다. "저자는 실로 훔치지 않았는데, 내가 허망하게 그를 죽였구나!" 곧 슬픈 울음소리로 암비둘기를 불렀다. "그대는 어디로 갔는가?"

125 有二估客, 共行商賈, 一賣眞金, 其第二者賣兜羅綿. 有他買眞金者, 燒而試之, 第二估客卽便偸他被燒之金, 用兜羅綿裹.《百喩經上》

두 상인이 있었는데, 함께 행상을 하여 물건을 팔았다. 한 사람은 진짜 금을 팔고, 그 중의 한 사람은 두라면兜羅綿을 팔았다. 어떤 자가 진짜 금을 사서 이를 태워 진짜 금인지 알아보려 하였다. 두 번째 상인은 그 사람에 의해 태워진 금은 훔쳐서 얼음 같이 하얀 솜으로 쌌다.

126 他自姓刁, 那得韓盧後邪?《晉書 · 列傳第五十六 · 張軌》

그가 스스로 붙인 성은 조刁인데, 어찌 한로韓盧의 후손이라고 할 수 있겠는가?

269) '안경顔景'을 가리킨다.

'他'는 중고음과 상고음은 모두 성모가 '透'母이고 운모가 '歌'韻에 속한다. 이는 'tá'라고 읽으며 현재의 독음과는 별다른 차이가 없다. 이 자는 고음고어가 지금 구어에서 비교적 완전하게 보존된 것 중의 하나이다. 다만 방지대사旁指代词에서 3인칭 대사로 변화되면서사물을 가리키는 대사로는 '它'가 지속적으로 사용되게 된 것이다.

그러나 장소우蔣紹愚(2005)에서는 위에서 예를 든 예문들은 '他'자가 두루 지칭하기 때문에 진정한 3인칭 대사 용법으로 쓰이지 않는다 하였고, 곽석량郭錫良(1980)은 '他'자가 3인칭 대사로 쓰이기 시작한 때는 당대라 하였다.[270)] 한산시寒山詩나 《유선굴遊仙窟》에 3인칭대사의 용법이 보인다하였다. 특히 아래 고적高適의 《어부가漁父歌》의 '他'자는 확실하게 3인칭 대사로 쓰인다.

曲岸深潭一山叟, 駐眼看鈎不移手.
世人欲得知姓名, 良久問他不開口.
笋皮笠子荷葉衣, 心無所營守釣磯.
料得孤舟無定止, 日暮持竿何處歸.
구불구불 산기슭 깊은 연못, 산 속에 사는 늙은 어옹이,
낚시 줄 들어놓고 낚시 대만 쳐다보고 손은 움직일 줄 모르네.
세상 사람들 이름을 알고 싶어 하나,
오랫동안 그에게 물으나 입을 열지 않고.
대나무 삿갓, 연잎으로 만든 옷 걸치고,
마음은 낚시 자리 연연하지 않으니,
정처 없이 떠 있는 외로운 배,
날 저물면 낚싯대 들고 어디로 돌아갈꼬.

5 · 4 이후 외국어를 받아들이는 과정에서 여성을 대표하는 '她'가 생겨났고 독음은 '他'와 동일하였다.

---

270) 蔣紹愚(2005), 《近代漢語研究概要》, 115쪽. 郭錫良(1980)의 〈漢語第三人稱代詞的起源和發展〉(《言語學論叢(第6輯)》의 문장은 蔣紹愚(2005)의 인용문을 페이지를 참고한 것이다. 郭錫良의 〈漢語第三人稱代詞的起源和發展〉은 《漢語史論集(增補本)》(商務印書館, 2005)의 1 - 33쪽에도 수록하고 있다.

4) '厥'의 용법

위에서 살펴 본 3인칭 대사 이외에 금문에서는 '厥'자도 3인칭 대사로 쓰인다. 금문 중의 '厥'자가 화자 자신을 가리키거나 청자를 가리키는 용법은 기타 다른 현행본 고전적에는 자주 사용되지 않는 현상 중에 하나이다. 이러한 현상에 대해 주법고周法高는 '1인칭, 2인칭, 3인칭의 전환轉換' 용법이라 하고, 장옥금張玉金은 '대사의 활용용법'이라 하며 아래와 같이 설명하였다.

> 말하는 사람은 3인칭 대사를 일인칭이나 2인칭 대사로 전환하여 쓴다. 화자가 3인칭 대사를 써서 자기 자신을 가리키기도 한다. '厥'자의 예를 들면, 청동기 중에서 기물을 만든 자가(作器者)가 '厥'자를 써서 자기 자신을 가리킨다. "滕虎敢肁(肇)乍(作)氒(厥)皇考公命中(仲)寶尊彝"《滕虎簋》, 서주중기)[271] 등의 예문이 있다. '其'자를 예를 들면, "尸(夷)典其先舊, 及其高祖."《叔尸鐘》,《集成》'00272 - 00281', 춘추말기)[272] 등이 있다. 이상의 예문들은 금문에서 먼저 앞 구절에서 기물을 만든 자의 이름을 언급하고, 뒤 구절에서 대사 '厥'이나 '其'자를 사용하여 자신을 지칭한다. 마치 이는 제 3자의 입장에서 말하고 있는 것과 같다. …… 이외에도 3인칭이 2인칭으로 전환되어 사용되기도 한다.[273]
>
> 3인칭 대사 '厥'자는 일반적으로 '他的'·'他們的'의 뜻으로 쓰인다. 하지만 혹은 '我的' 혹은 '你的'의 뜻으로 쓰이기도 한다. 이러한 용법을 일종의 활용 용법으로 볼 수 있다. ……'我的'으로 번역할 수 있는 '厥'자는 화자가 자신을 제 3자의 입장에서 말할 때 사용하는 대사의 용법이다. '你的'이라고 번역할 수 있는 '厥'자는 청자를 제 3자의 입장으로 간주한 대사의 용법이다.[274]

---

271) "滕虎敢肇作厥皇考公命中(仲)寶尊彝"(등호는 감히 자신 조상인 명중命仲을 위하여 보배로운 이기를 만들다.)

272) "叔夷는 옛 조상과 자신의 고조를 위하여 몇 차례 전례典禮를 지냈다." 馬承源 주편《商周青銅器銘文選4》, 538 - 543쪽 참고.《左傳·昭公十五年》"籍父其無後乎? 數典而忘其祖." 중의 '典'의 의미와 같다.

273) 周法高,《中國古代語法·稱代編》, 22쪽. "由于說話語氣的關系, 第三身代詞可以和第一, 二身代詞換用. 有時說話者用第三身代詞來指自己. '厥'字之例, 如銅器中作器者用'厥'自稱. 如'滕虎敢肇作厥皇考公命中寶尊彝'等. '其'字之例, 如'尸典其先舊, 及其高祖. '以上的許多例子, 如金文中先稱名, 后來又用'厥'·'其'指稱, 仿佛站在第三者的立场來叙說似的. ……第三身和第二身換用, 也有一些例子."

274) 張玉金,《西周漢語語法研究》, 93쪽. "作爲第三人稱代詞, '厥'一般都是'他的·他們的'這

> 서주 금문 중에서 대사 '氒'자는 3인칭 대사의 용법으로만 쓰인다. 이러한 용법으로 쓰이는 것은 자신이 가지는 본래의 용법이고, 이외에 또한 활용하여 쓰기도 한다. ……인칭대사의 활용 용법은 인칭대사 '氒'이 화자 자신을 가리키거나 혹은 청자를 가리킨다. ……말하는 사람이 3인칭 대사를 사용하여 자신을 가리킴으로써 일종의 소원한 정감을 표시하면서 겸손함을 나타낸다. ……대사 '氒'자의 두 번째 활용은 화자가 3인칭 '氒'를 사용하여 화자의 상대방인 청자를 가리킨다. ……우리는 화자가 '氒'자를 써서 청자를 가리키는 경우는 찬양을 하는 내용이고, 화자가 '氒'자를 사용하여 자기 자신을 지칭할 때는 겸손을 나타낸다는 것을 확실히 알 수 있다.[275]

《통해通解》는 인칭대사 '厥'자의 용법을 3인칭과 자기 자신을 지칭하는 경우와 청자를 가리키는 경우 등 세 가지 용법으로 나누었다.[276] 그러나 '厥'자가 자신을 가리키는 경우도 있으나 제 3자의 입장의 대사 용법으로 쓰이기 때문에 '他的'라고 번역할 수 있다.

양주 금문 중 3인칭 대사 '厥'은 모두 159차례 보이는데, 그 중 '他人'을 지칭하는 경우는 모두 60차례, 자기 자신을 가리키는 경우가 95차례, 청자를 가리키는 경우 4차례로 활용 용법으로 쓰이는 경우가 모두 99차례이다.

그러나 본래의 용법으로 쓰이는 경우는 서주시기에 증가하는 추세이고, 활용 용법은 서주 말기에 그 숫자가 급속히 감소하고 있다. 이는 대사 '厥'자의 자신을 가리키는 용법이 시간이 지날수록 안정적으로 전형화 되었음을 알 수 있다. 양주 금문의 '厥'자의 특수적 용법은 일시적인 현상 중의 하나였다.

일반적으로 '厥'자는 관형어의 용법으로만 쓰이는 것으로 인식하였다. 예를 들

樣的意思. 但是, 它偶尔可譯爲'我的'或'你的', 這可以看作是一種活用……可譯爲'我的'的'厥', 是說者把自己當作第三者來講述時使用的代詞; 可譯爲'你的'的'厥'是作者把听者當作第三者來講述時使用的代詞."

275) 張玉金,《西周金文中"氒"字用法研究》,《古文字研究》第二十五辑, 106~109쪽. "在西周金文中, 代詞'氒'只有第三人稱代詞的用法. 這種'氒'有本用, 也有活用. ……活用的人稱代詞'氒'指代說話者本人或談話對方. ……說話人用第三人稱稱呼自己, 是表示情感的疏遠, 是表示自谦的. ……代詞'氒'的第二種活用, 是說話人用第三人稱'氒'指代說話的對方. ……現在, 我們可以明確地說, 當說話人用'氒'指代說話對方時有赞揚義; 當說話人用'氒'指代自己時, 則有谦卑之義."

276) 張世超 等(1996),《金文形義通釋》, 中文出版社, 2927쪽.

어 용경容庚과 주법고周法高는 관형어로만 쓰이는 것으로 분석하였다.

'闕'자는 금문에서 '其'자와 같이 소유격으로 쓰인다.[277)]

'厥'자는 갑골문에서 아주 적게 보인다. 또한 대사로 쓰이지 않는다. 금문과 《서경》 중에 자주 보인다. 《시경》 중에서는 《아송雅颂》에 보이고, 춘추 열국 시기에는 적게 보인다. 이는 이미 이때 '其'자가 대신 쓰였기 때문이다. '厥'자는 일반적으로 3인칭 소유격으로 쓰인다.[278)]

'厥'자는 대사 중 소유격으로만 쓰인다.[279)]

그러나 일부 학자는 또한 '厥'자는 주어로 쓰인다고 하였다.

'厥'자는 두 가지 용법으로 쓰인다. 하나는 주어이고, 다른 하나는 관형어이다. 관형어가 주요한 용법으로 쓰이고, ……주어로 쓰이는 경우는 매우 드물다.[280)]

이 자는 금문에서 거의 모두 소유격으로 쓰이고, 가끔 주어로 쓰인다.[281)]

전체적으로 '厥'자는 양주 금문에서 관형어로 모두 159차례 쓰이고, 주어로 5차례 쓰인다.

《滕虎簋》《集成》, 03828 - 03832, 서주중기

277) 容庚, 《周金文中所見代名詞釋例》. "厥, 金文用于领格, 與其字同."

278) 周法高, 《中國古代語法 · 稱代編》, 11쪽. "'厥', 甲骨文中很少見, 也不作代詞用. 金文和《書經》中常見. 《詩經》惟《雅颂》有. 春秋列國時代少見, 已被'其'字所替代了. '厥'通常用作第三身表领位的代詞."

279) 馬國權(1981), 《兩周銅器銘文代詞初探》. "'厥'字在他稱代詞中只用于领格."

280) 韓耀隆(1966 - 1967), 《金文中稱代詞用法之研究》. "'厥'之用法有二: 起詞 · 领屬性加詞. 以用爲领屬性加詞者爲主. ……用爲起詞者至爲罕見."

281) 楊伯峻 · 何樂士, 《古漢語語法及其發展》, 121쪽. "這個字在金文中, 絶大多数用在领位, 偶尔也用作主語."

(4) 인칭대사 복수 표시법의 발전

상고 시기 대사는 단수와 복수의 구별이 없다. '吾', '我', '爾', '汝', '彼' 등은 단수 뿐만 아니라 복수로도 쓰인다. 복수의 예문은 다음과 같다.

127 格汝衆.《尚書 · 盤庚上》
이리 오라. 너희들아.

128 汝萬民乃不生生.《尚書 · 盤庚中》
"너희 만민들이 생업에 종사하며 즐겁게 살아가지 못하여"

129 帝曰: "咨! 汝二十有二人."《尚書 · 堯典》
순임금이 말씀하셨다. "아! 너희 스물 두 사람아."

130 今王鼓樂於此, 百姓聞王鍾鼓之聲, 管龠之音, 擧疾首蹙額而相告曰: 吾王之好鼓樂, 夫何使我至於此極也?《孟子 · 梁惠王下》
지금 왕이 이곳에서 음악을 타시면 백성들이 왕의 종소리, 북소리와 피리소리, 젓대소리를 듣고는 모두 머리를 아파하고 이마를 찌푸리며 서로 말하기를 "우리 왕께서 음악을 타시기 좋아하시니, 어찌 우리들로 하여금 이 곤궁함에 이르게 하시는가?"

131 先軫曰: 秦不哀吾喪, 而伐吾同姓.《左傳 · 僖公三十三年》
선진先秦이 반박했다. "진나라는 우리의 국상에 애도를 표하기는커녕 오히려 우리와 동성同姓인 정나라를 공격하였습니다."

132 文嬴請三帥, 曰: 彼實構[282]吾二君.《左傳 · 僖公三十三年》
문영文嬴[283]이 진양공에게 진나라의 세 장수를 놓아줄 것을 청했다. "그들 세 사람은 두 나라의 군주가 서로 싸우도록 도발한 사람들이오."

133 以吾一日長乎爾, 毋吾以也.《論語 · 先進》
내 (나이가) 다소 너희들보다 많다 하여, 나 때문에 어렵게 여기지 말라.

호적은 《오아편吾我篇》과 《이여편爾汝篇》에서 상고시대 대사의 단수 · 복수 구별에 대해 언급한 바 있는데, '我', '爾'는 복수로 쓰이지만 '吾', '汝'는 단수를 표시한다 하였다. 그러나 위의 예문들을 보면 그렇지 않다는 것을 알 수 있다.

---

282) '構'는 '圖謀, 擺佈'의 뜻이다.

283) 문영文嬴은 진양공의 적모嫡母로 진목공의 딸이다.

전국시기 이후에 복수를 표시하는 '儕(동배 제, chái)' · '輩(무리 배, bèi)' · '等(가지런할 등, děng)' · '屬(엮을 속, shǔ)'과 '曹(마을 조, cáo)' 등의 단어들이 잇따라 출현하였다. 이 자들은 단독적으로 쓰일 수 없으며, 반드시 인칭대사의 뒤에 연접해서 쓰여야만 의의를 나타낼 수 있기 때문에 접미사와 같은 기능을 한다. 예문은 다음과 같다.

134 吾儕小人, 皆有闔廬, 以辟燥濕寒暑.《左傳 · 襄公十七年》
우리와 같은 소인배도 집(闔廬)이 있어, 조습한서를 피한다.
135 吾儕小人食而聽事.《左傳 · 襄公三十年》
우리와 같은 소인배는 밥 먹고 시키는 대로 명을 받들 뿐이다.
136 公等錄錄, 所謂因人成事者也.《史記 · 平原君虞卿列傳》
그대들은 그저 따라왔을 뿐이니, 이른바 남의 힘에 의지하여 일을 이룩하는 자들일 뿐이오.
137 雍齒尙爲侯, 我屬無患矣.《史記 · 留侯世家》
폐하의 원수 같은 옹치雍齒도 제후가 되었는데, 우리들이 무슨 걱정이 있겠는가.
138 我曹言願自殺.《漢書 · 外戚傳下》
내 동행한 무리들이 스스로 목숨을 끊길 원한다고 말합니다.

그러나 이러한 복수를 표시하는 단어들은 모두 실제적인 의미를 지니고 있다. 모두 '한 떼(一批), 한 세대(一輩), 한 무리(一班)' 등의 뜻을 가지고 있다. '吾輩'는 즉 '나와 같은 무리'라는 뜻이며, '公等'은 즉 '당신들 몇 분'의 뜻이다. 이것과 현대 중국어에서 복수를 표시하는 접미사 '們'의 기능은 비슷하지만 그 기원과 의의는 서로 다르다.

'們'은 중고기에 이르러서야 생성되었다. 아마 남북조南北朝시기에 오吳 지방에서 유행하던 방언이었을 것이다. 당唐 나라 유지기劉知幾의《사통史通 · 卷十六》잡설상雜說上》의 '北齊諸史' 구절 중 왕소王邵의《제지齊志》에서 사용한 용어에 대해 설명하면서 '們'을 언급하고 있다.

139 渠們底箇, 江左彼此之辭; 乃若君卿, 中朝汝我(爾?)[284]之義.《史通 · 卷十六》
그들(渠門, 他們)과 '이것(底箇, 那箇)'는 강좌江左 지방에서는 '피차'라는 뜻으로 쓰인다. '乃若'과 '君卿'은 중조中朝[285] 시기에는 '汝爾(피차)'의 뜻이라 하였다.

이 이전에는 '們'자는 출현하지 않았고, 출현 후에도 보편적으로 사용되지는 않았다. 당唐 나라 작품에 '們'과 어음이 비슷한 '弭(활고자 미, mǐ)' 혹은 '偉'자가 있다. 예문은 다음과 같다.[286]

140 我弭節家沒處得盧皮遐來.《因話錄 · 4 · 10》
우리 집에서는 노피하가 와서 머무른 적이 없는데요.

141 兒郞偉,[287] 重重祝願, 一一誇張.《司空表聖文集 · 障車文》
사내들의 위대함이여, 축원하고, 또 축원하노니, 하나, 하나 자랑하며, 크게 하는 도다.

예문141의 '偉(훌륭할 위, wěi)'는 명사 뒤에 쓰이며, 이 접미사는 대사와 명사 모두에 쓰인다고 볼 수 있다. 송대宋代에는 '懣(滿)' · '瞞(懣)' · '門(們)' 등이 쓰였고, 이 자들은 모두 명사 뒤에 위치할 수 있었다.

여숙상呂淑湘(1985)은 '們'자는 고대한어의 '輩'(儕, 等, 曹, 屬 등의 의미)에서 '弭' · '偉'로 발전하였고 후에 '們'으로 발전되었다고 하였다.[288]

142 孫兒懣切記之, 是年且莫教我吃冷湯水. (王銍《默記》)
손자들이 절실하게 그것을 기록한다. 이번 해에 또 나를 실망시키지 말기를.

143 朝廷又不曾有文字交我管. 他懣有事, 都不能管.《揮塵錄余話》
조정에 그들을 관리하도록 하는 문장을 나에게 건네주지 않았다. 그들 일이 생기면

284) '汝尔'는 '彼此'라는 뜻이다.

285) 서진西晉이나 북송北宋을 '中朝'라고도 하고, 남북조南北朝 시기에는 '南朝'를 '中朝'라 하였다.

286) 원주: 呂叔湘, 〈說們〉,《漢語語法論文集》, 145쪽.

287) '兒郞'는 '男兒'나 '男子'의 뜻이다.

288) 蔣紹愚(2005),《近代漢語研究概要》, 116쪽 재인용.

관리할 수 없다.

144 失笑他满恁撩亂.《克齊詞》

그들이 시비를 걸어와 실소하네.

145 不因你瞞番人在此, 如何我瞞四千里路來?《齊東野語》

자네들 이민족(番人)이 이곳에 있는 연유가 아니라면, 무엇 때문에 우리가 4천리 길을 왔겠는가?

146 看他門, 得人憐, 秦吉了.《辛稼軒詞 · 千年調》

그들을 보니 사람의 동정을 얻은 것 구관조(秦吉了)라네.

147 本朝大人門煞怒. (王繪《紹興甲寅通和錄》[289])

본 왕조의 대신들 어찌 노하는가.

송 · 원 화본話本에서는 '每'를 사용하였다.

148 黃巢思量: "咱每今番下了第, 是咱的學問短淺."《五代史平話 · 上》

사념에 잠겨있던 황소가 말했다. "우리가 이번 과거 시험에서 낙방한 것은 내가 학문이 얕아서이다."

149 秀才, 爾每下第不歸故鄉?《五代梁史平話 · 上》

수재여, 당신들은 매번 과거에 낙방하여 고향에 돌아가지 않는 것이오?

150 教普天下顚不剌的浪兒每許.《董西廂》

만천하를 어지럽히는 최고의 불량배에게 허락하다.

중국어 중 '們'의 의미를 포함한 복수 대사로는 '俺(나 엄, ǎn)=我們' · '您=你們'이나 '偺(빌 참, jiàn)=咱們' 등이 있다. 이 중 대사 '俺'과 '您'은 송대에 출현하였고 '偺'은 원대에 출현하였다. '俺' · '偺'과 '我們' · '你們'의 차이는 의미적으로 전자는 배제식排除式이고 후자는 포괄식包括式이라는 점이다.[290]

명明 소설 안에서 '們'은 점점 규범화되어 용법 또한 명확해졌다. 그래서 '們'은 대사의 뒤, 명사 뒤에 위치하여 복수를 표시하는 역할을 하였다. 예문은 다음과 같다.

289) 《三朝北盟會編》 참고.

290) 蔣紹愚(2005), 《近代漢語硏究概要》, 121쪽 참고.

151 我這酒, 挑上去只賣與寺內火工、道人、直廳、轎夫、老郎們、做生活的喫. 本寺長老已有法旨, 但賣與和尚們喫了, 我們都被長老責罰.《水滸傳 · 三回》
이 술은 메고 가서 절 내에 불 때는 사람, 도사, 당집지기, 가마꾼과 막일꾼들에게 에게 파는 것입니다. 그런데 본 절 長老께서 법지를 내리셨으니, 만약에 스님에게 술을 팔면 벌책들 받습니다.

현대 중국어에서 1인칭 대사의 복수인 '我們'과 '咱們'은 차이가 있다. '我們'은 제 3자를 배제한 배제식排除式이고, 제 3자를 포함하는 포괄식에는 '咱們'과 '我們'을 모두 사용할 수 있다. 그러나 송 · 원시대에는 이러한 차이가 없었고 복수 접미사 '們'의 용법이 여전히 규범화되지 않아 예문 148과 149와 같이 어느 경우에는 단수에 '每(們)'를 사용하기도 했다.

152 黃巢道: "……咱每寒酸貧儒, 縱有行如顏, 冉, 文如班, 馬, 也不中選. 看來只好學取長槍大劍, 乘時作亂, 較是活計. 咱每貧儒, 處這亂世, 飢來有字不堪餐, ……."《五代梁史平話 · 上》
황소가 말했다. "……우리는 춥고 배고픈 가난한 유생이지요. 거침없는 행위는 顏이나 冉과 같고 문장은 班과 馬와 같을 지라도 또한 선발되어 관직을 받지도 못하지요. 그러니 오직 긴 창과 큰 검을 잘 배워서 두었다가, 나라가 환란이 일어나면 그 틈을 타서 살 궁리를 해야 하지요. 우리 가난한 유생들은 이 난세에 배고파도 몇 자 안다고 밥을 먹을 수 없 없습니다, ……."

153 黃巢大怒曰: "當初咱每與明公共立大誓, 橫行天下."《五代梁史平話 · 上》
황소가 크게 노하여 말했다. "당초에 우리와 명공明公은 함께 큰 결의를 맹세하고 천하를 호령하고자 하였다."

예문152는 황소黃巢가 주오경朱五經에게 하는 말이다. 주오경은 학관의 나이 든 유생으로 황소가 이른바 '咱每寒酸貧儒'라고 한 것은 당연히 상대방인 주오경을 포함하는 것이다. 그러나 예문153에서 '咱每'는 상대방을 지칭하는 '明公'과 함께 쓰이는 것으로 보아 '咱每'는 다만 황소 무리의 사람들을 자칭하는 것이라는 것을 알 수 있다. 즉 현대 중국어에서 습관적으로 지칭되는 '我們'의 의미로 쓰인다. 따라서 송 · 원시기에는 '咱們'과 '我們'은 같은 뜻으로 쓰이며, 이른바 포괄

식과 배제식의 구별이 전혀 없었다고 볼 수 있다.[291)]

18세기의 저명한 소설 《홍루몽紅樓夢》에서는 '咱們'과 '我們'을 명확하게 구별하여 쓴다. '咱們'은 반드시 대화자가 포함하며, '我們'은 상대방을 제외하는 의미로 쓰인다.

154 香菱道: "本姓夏, 非常的富貴.……如今大爺也沒了, 只有老奶奶帶著一個親生的姑娘過活, 也並沒有哥兒弟兄.可惜他竟一門盡絕了後." 寶玉忙道: "偺們也別管他絕後不絕後, 只是這姑娘可好? 你們大爺怎麽就中意了?" 香菱笑道: "……妳哥哥一進門就咕咕唧唧求我們太太去求親.……只是娶的日子太急, 所以我們忙亂的很. ……" ……寶玉笑道: "只怕再有個人來, 薛大哥就不肯疼你了." 香菱聽了, 不覺紅了臉, 正色道: "這是怎麽話？素日偺們都是廝抬廝敬, 今日忽然提起這些事來, 怪不得人人都說你是個亲近不得的人!"《紅樓夢 · 七十九回》
향릉이 말했다. "그 집의 성씨가 본래 하씨인데다 아주 대단한 부자란 말예요. ……그런데 지금은 주인이 돌아가시고 마님이 딸 하나를 데리고 있을 뿐 대를 이을 사내자식은 하나도 없다는군요. 그런 대갓집에서 대가 끊어진다는 건 정말 애석한 일이예요." 보옥이 서둘러 말했다. "그 집에서 대가 끊어지든, 아니든, 그건 너와 내가 알 바가 아니야. 그런데 그 댁의 아가씨가 얼마나 잘 생겼기에 향릉이네 서방님이 반하게 되었을까?" 향릉은 방긋이 웃으며 대꾸했다. ……"그런데 서방님은 집으로 들어서기가 무섭게 그 아가씨를 아내로 맞아들이게 해 달라고 우리 마님한테 졸라대시는 게 아니겠어요. ……다만 혼삿 날을 너무 급하게 정하다 보니 우리는 요사이 여간 바쁘지 않아요.……" ……보옥은 냉소했다. "아마 또 다시 어떤 사람이 왔으니, 큰 형님께서 널 아끼려고 하지 않을거야." 보옥의 이런 말을 듣고 향릉은 얼굴이 빨개진 것도 모르고, 정색하며 말했다. "그게 무슨 말씀이세요? 지금까지 우리 서로 존경해 온 것으로 생각했는데, 오늘 홀연히 이런 일을 언급하시다니, 남들이 도련님은 사귀기가 까다로운 분이라고 하더니 정말 그렇군요!"

《홍루몽》을 통하여 볼 때, '咱們'과 '我們'의 포괄식과 비포괄식 용법은 18세기의 시기에 일반적으로 쓰이기 시작하였음을 알 수 있다.

---

291) 《新編五代史平話》에는 1인칭 대사는 '我' · '吾' · '咱' · '予' · '朕' · '俺'이 있고, 2인칭대사는 '您' · '你' · '尔' · '汝' · '恁'이 있고 3인칭 대사는 '他' · '之' · '其' · '彼' · '它' · '伊' 등이 있다.

5. 지시대사와 의문대사의 발전

(1) 지시대사의 발전

고대 중국어의 지시대사는 현대 중국어와 같이 근지시대사近指代詞(근칭近稱)와 원지시대사遠指代詞(원칭遠稱) 두 가지 종류가 있다. 지시대사는 방지旁指 · 허지虛指 · 무지無指 · 축지逐指 · 범지凡指 · 특지特指 등으로 나누기도 하고, 또한 근지시대사와 원지시대사로 나누기도 한다.[292] 갑골문 중 지시대사는 '玆'와 '之' 두 개가 있고,[293] 금문은 '玆' · '之'자 이외에 '是' · '此' · '若' · '斯' · '厥' · '其' · '乃' · '皮(彼)' · '它' · '者(諸)' · '者' 등이 있다. 전통적인 분류법에 의하면, '玆' · '之' · '是' · '此' · '若' · '斯'는 원지대사에 해당되고, '厥' · '其' · '乃' · '彼'는 원지대사이고, '它'자는 방지대사旁指代詞이며, '諸'자는 범지대사이고, '者'자는 특수대사特殊代詞로 본다.

현대 지시대사와 고대 지시대사는 역사와 상호적인 발전관계가 있다. '此' · '斯' · '玆' · '是' · '寔' · '時' · '之'는 고대에 자주 볼 수 있는 근지 대사이고, '彼' · '夫' · '匪' · '其' · '若' · '爾'는 원지 대사이다. 이러한 지시대사는 모두 관형어로 쓰일 수 있다.

---

292) 周秉钧《古漢語綱要》(365쪽)은 指示代詞를 近指 · 遠指 · 旁指 · 虛指 · 無指 등 다섯 종류로 나누었고, 楊伯峻 · 何樂士《古漢語語法及其發展》(139쪽)은 指示代詞를 近指 · 遠指 · 兼指 · 他指 · 旁指 · 虛指 · 無指 · 分指 등 여덟 종류로 나누었고, 向熹《簡明漢語史》(59쪽)은 上古漢語의 指示代詞를 特指 · 虛指 · 無指 · 旁指와 特殊 指示代詞("者"나 "所"자)로 나누었다.

293) 周法高《稱代編》, 114, 152쪽.

1) 근지대사의 근원

고대 중국어의 근지대사는 비록 몇 개밖에 안되지만, 상호간에 서로 그 어원적 관계가 있다.

[此]

'此'자에 대하여 《광운廣韻》의 운모는 '雌氏切'이고, 성모는 '精'母이라 하였다. 《논어》에서는 '斯'를 사용하고 '此'는 사용하지 않지만 기타 고전적에서는 자주 보이고, 주어 역할을 하거나 관형어 역할을 한다.

155 燕婉之求, 得此戚施. 《詩經 · 邶風 · 新臺》
고운 님 찾아왔건만, 이런 곱추 같은 놈 만났네.
156 今夕何夕, 見此良人. 《詩經 · 唐風 · 綢繆》
오늘 밤이야 말로 즐거운 저녁, 우리 님을 만났노라.
157 此謂修身在正其心. 《禮記 · 大學》
이것을 일러 '몸을 닦음이 그 마음을 바르게 함에 있다.'고 하는 것이다.
158 此則寡人之罪也. 《孟子 · 公孫丑下》
이것은 과인의 죄(책임)입니다.

[斯]

'斯'자의 《광운》의 음은 '息移切'이고 성모는 '心'母이다. 《논어》에서 비교적 많이 사용한다.

159 有美玉於斯. 《論語 · 子罕》
아름다운 옥이 여기에 있다면.
160 先王之道, 斯爲美. 《論語 · 學而》
선왕의 도는 이로 인하여 아름답게 여겼다.
161 子曰: 攻乎異端, 斯害也已. 《論語 · 爲政》
공자께서 말씀하셨다. "이단을 전공하면 이런 해가 될 뿐이다."
162 曾子以斯言告於子遊. 《禮記 · 檀弓上》

증자는 이 말을 자유에게 고했다.

[玆]

《광운》의 음은 '子之切'이고 성모는 '精'母이다. 《상서》에서 가장 많이 사용하지만 다른 경전에서도 보인다.

163 貞: 玆邑其有降禍?《合集 7852》

점을 쳐 묻습니다. 이 도읍에 재앙이 내려질까요?

164 玆不忘大功. 《書經 · 大誥》

이것은 큰 공을 잊지 않고자 해서이니.

165 文王旣沒, 文不在玆乎? 《論語 · 子罕》

문왕이 이미 죽었으나, 문화가 이곳 나에게 전해지지 않고 있는가?

166 失玆三者. 《左傳 · 成公十七年》

이 세 사람을 잃었다.

[是]

《광운》의 음은 '承紙切'이며, '禪'母이다. 여러 경전에서 모두 볼 수 있다.

167 反是不思, 亦已焉哉! 《詩經 · 衛風 · 氓》

이것이 뒤집어질 줄을 생각지 않았는데, 이제는 끝장이 났는가!

168 是可忍也, 孰不可忍也? 《論語 · 八佾》

이 짓을 차마 한다면 무엇을 차마 하지 못하겠는가?

169 今之孝者, 是謂能養. 《論語 · 爲政》

지금의 효라는 것은 이는 (물질적으로) 잘 봉양한다고 이를 수 있다.

[寔]

'寔'자는 '是'자와 음 전환관계이다. 《광운》의 음은 '賞職切'이고, 선진 고전적에서 사용한 예는 많지 않다.

170 桓五年冬, 洲公如曹; 六年春正月, 寔來. 《左傳 · 桓公五年》

환공 오년 겨울, 주공은 조나라 갔다. 육년 봄 정월에 이 사람이 왔다.

[時]

《광운》의 음은 '市之切'이고 성모는 '禪'母이다. '時'는 '是'와 음이 같아 통가자로 쓰인다.

171 奉時辰牡, 辰牡孔碩.《詩經 · 秦風 · 駟驖》
그 암놈 수놈 짐승을 몰아오는데, 뛰쳐나온 짐승들은 크기도 하네.

172 于時處處, 于時廬旅, 于時言言, 于時語語.《詩經 · 大雅 · 公劉》
이에 집에 거처를 정하고, 이에 나그네들을 붙여 살게 하며, 이에 말할 것을 말하며 이에 논란을 말하시니라.

위의 몇 가지 근지대사를 먼저 문자 방면에서 살펴보기로 한다.

'此'자는 소리부가 '止'로, '止'자의 상고 성모는 '端'母에 속했다.[294] 고대 언어 중 '此箇(이것)'를 중고 언어에서는 '底箇'로 쓴다.

소리부가 '是'인 자는 '提' · '題' · '堤' 등의 자와 소리부가 '寺'자인 '特' · '等' · '待' 등의 자는 모두 설두음舌頭音에 속한다. 따라서 '是'자와 소리부가 '寺'자인 '時'자는 모두 설두음舌頭音임을 알 수 있다.[295] 그래서 상고 언어에서 '是'자와 '時'자는 서로 통가자로 쓰인다.

'此' · '斯' · '茲'자의 중고 반절음反切音 앞 자는 모두 '정'계삼등운'精'系三等韻에 속하며 치두음齒頭音이다. '是' · '寔' · '時'자는 모두 '조'계삼등운'照'系三等韻에 속하며 정치음正齒音에 속한다.[296] 이 두 계열의 성모는 상고음이 가깝고[297] 의미 또한 서로 통했다. 《이아爾雅 · 석고釋詁》는 "'茲' · '斯'는 '此'의 뜻이다." · "'時'와 '寔'

294) 《說文解字》: "此, 止也. 从止, 从匕. 匕, 相比次也."

295) 《說文解字》: "時, 四時也. 从日, 寺聲. 旹, 古文時, 从之 · 日."

296) 正齒音은 "照穿牀審禪"을 가리키고, 광운의 음은 "莊初崇生俟"과 "章昌常書船" 두 종류로 나눌 수 있다.

297) 원주: 章炳麟은 上古聲母을 20紐로 분리하였다. "精, 清, 從, 心, 邪"의 음을 "照, 穿, 床, 審, 禪"에 포함시키고 있는데, 근거가 없는 건 아니다.

은 '是'의 뜻이다."라 하였다.[298] 《광아》는 또한 "'是'는 '此'의 뜻이다."[299]라 하였듯이, 이러한 근지시대사는 상고 언어에서 분명히 동원관계였다. 장태염《新方言 · 釋詞1》은 '時'와 '是' 혹은 '特'자의 관계에 대하여 다음과 같이 설명하였다.

> 《이아》는 "'時'와 '寔'은 '是'의 의미이다."라 하고《광아》는 "'是'는 '此'의 의미이다."라 하였다. 회서淮西 기주蘄州에서 '이것'을 일컬어 '時箇'라고 말하고, '時'의 음은 '特'과 같이 발음하였다. 회남淮南 양주揚州에서 사물과 사람을 가르켜 '時'라 하고, '特'과 같이 발음하였다. 강남江南 송강松江과 태창太倉에서는 '이것'을 '是箇'라 하였고 발음은 '遞(갈마들 체, dì)'와 같다. 또는 '寔箇'라 말하고 '敵(원수 적, dí)'처럼 발음 하였다. 고음에는 설상음舌上音이 없었고, 치음齒音을 설두음舌頭音으로 발음하였다. '時'는 '待'로 읽고, '是'는 '提'로 읽고, '寔'은 '敵'로 읽는 것은 지금도 여전하다.[300]

위의 문장에서 알 수 있듯이 일부 지시대사는 지금 여전히 방언 속에 남아 있고, 독음 또한 상고음이라는 것을 알 수 있다. 아래는 주법고의 상고음이다.

• 치두음齒頭音 지시대사

此 tsʰjieɣ(支部)

斯 sjieɣ(支部)

茲 tsjieɣ(支部)

• 정치음正齒音 지시대사

是 djieɣ(支部)

寔 djiek(錫部)

時 djieɣ(支部)

---

298) 《爾雅 · 釋詁》: "玆 · 斯, 此也." · "時 · 寔, 是也."

299) 《廣雅》: "是, 此也."

300) 원주: 章太炎《新方言 · 釋詞》: "爾雅: '時, 寔, 是也.' 廣雅: '是', 此也. 淮西蘄州謂此曰時箇, 音如特. 淮南揚州指物示人則呼曰時, 音如特. 江南松江太倉謂此曰是箇, 音如遞; 或曰寔箇, 音如敵. 古無舌上音, 齒音亦多作舌頭. 時讀如待, 是讀如提, 寔讀如敵, 今僅存矣."

2) '之'에서 '者'로, '者'에서 '遮(這)'로의 변화

'之' 역시 고대에 자주 보이는 근칭대사이고 중고음은 '조'계삼등운'照'系三等韻에 속하며 상고음 성모는 단모端母에 가까웠다.

앞 문장에서 소리부가 '寺'인 자들은 모두 설두음舌头音이라는 것을 언급하였다. 사실은 또한 '寺'자는 소리부가 '之'이기 때문에 '時' · '是' 등자와 음이 가깝다는 것을 알 수 있다.[301)]

갑골문에서는 '之日'(這日)이나 '之夕'(這晚) 등과 같이 '之'자가 대사의 용법으로 쓰인다.

173 江有汜, 之子歸.《詩經 · 召南 · 江有汜》
강에 갈라진 물줄기가 있거늘 이 여자(之子)가 시집갈 적에.

174 乃如之人兮, 逝不相好!《詩經 · 邶風 · 日月》
이에 이 사람이여 서로 좋아해 주지 않네요.

175 之二蟲又何知!《莊子 · 逍遙遊》
이 두 벌레를 또 어찌 알겠는가!

176 雖然, 之二者有患.《莊子 · 人間世》
비록, 이 두 가지에도 조심해야 할 것이 있다.

중고 시기 당대에는 '之'자는 이미 '者'로 변하였고, 또 다시 '這'자로 변했다.[302)] 당대에는 '赭(붉은 흙 자, zhě)' · '遮(막을 차, zhē)'나 '者'로 쓰고, 송대에는 '遮'자로 쓰며 이는 현대 중국어 '這'자의 근원이다.

---

301) 《說文解字》: "(時), 四時也. 从日, 寺聲. (旹), 古文時, 从之 · 日." 《說文解字》: "是, 直也. 从日 · 正. 昰, 籀文是, 从古文正." '是'자를 금문은 ' '로 쓴다. 숟가락 모양의 ' '와 소리부 '止'로 이루어진 자가 아닌가 한다. 陳初生, 《金文常用字典》, 155쪽 참고.

302) 周法高(1963) 등은 玄應《一切經音義》의 "適生, 三蒼古文適 · 這二形, 同之尺反."('適生' 중의 '適'자를 三蒼古文은 '適'자나 혹은 '這'자로 쓴다. 모두 반절음이 '之尺'이다.) 구절을 참고하여 '這'자는 '適'의 가차자에서 온 것이라 하였다. 즉 《玉篇》의 "這, 迎也."나 《廣韻》의 "這, 魚變切" 중의 '這'자는 '適'의 가차자라 하였다.

177 我是曲江臨池柳, 者人折了去那人攀.《敦煌曲子 · 望江南》
나는 원래 굽은 강변의 버드나무인데, 이 사람은 부러뜨리고 가버리고, 저 사람은 나를 밟고 올라가네.

178 冰窟千年, 到者身心顫.《匡語錄》
얼음 동굴 천년, 이 몸과 마음이 떨리네.

179 雖然如此, 也須是實到者箇田地始得.《匡語錄》
비록 이렇지만, 모름지기 실질로 이 정도는 깨달아야 되는 것이다.

예문179를 송대《경덕전등록景德傳燈錄》에서는 '遮箇'로 썼다.

'之'는 왜 '者'로 바뀌었을까? 이것은 두 글자가 한대漢代에 이미 동음통가同音通假였기 때문이다. 이것은 위에서 살펴본 왕충王充의《논형論衡》의 예를 가지고 설명 할 수 있다.《시경 · 용풍鄘風 · 간모幹旄》의 "彼姝者子."[303] 구절을《논형 · 率성편》에서는 '者子'로 쓰고,《본성편本性篇》에서는 '之子'로 쓴다. 따라서 '之'자와 '者'자는 통가자로 쓰이고, 그 역사가 오래 되었음을 알 수 있다. 그렇다면 왜 '這'자로 썼는지에 대해서는 그동안 확실하게 설명한 사람은 별로 없었다. 하지만 최근에 이 글자에 대한 연구가 활발하게 진행되고 있다.

1964년《중국어문中國語文(제6기)》의《근지시사近指指示詞 '這'의 기원 近指指示詞'這'的來源》이라는 문장에서는 '這'자는 '適'자의 초서로 모양이 서로 비슷하기 때문에 잘 못 변한 것이라고[304] 한진간漢晉簡의 필적을 참고하여 증명했다. 이 주장은 상당히 신뢰도 있는 귀중한 발견이다. 그런데 음이 '魚變切'인 '這'('唁'의 음이다)자가 어떻게 당시 이미 사용하고 있는 '者' · '遮'자를 대신 할 수 있었을까? 이에 대해서는《근지시사 '這'의 기원》(1964)의 분석이 충분하지 않다. '這'자의 형태 변화에 대한 주장은 설득력이 있지만, 독음과 의미에 대한 변천에 대해서는 여전히 다시 논의할 필요가 있다. 내가 보기에 '適'자는 자주 '這'로 쓰이기 때문에 '這'자를 '適'자의 '之石切'('照'母'昔'韻) 음으로 읽었거나, 혹은 이 음과 비슷한 기타 다른 한자로 썼을 것이다. 그래서 당송 통속 문학에서 근지시사를 어떤 때에

303)《詩經 · 鄘風 · 幹旄》: "彼姝者子."(아름다운 그대.)

304) '適'자의 초서는 일반적으로 ''으로 쓰기도 하며, '這'자는 '' 등으로 쓴다.

'者'(《廣韻》, 章也切, 照母馬韻)로 쓰거나, 어떤 때는 '遮'(《廣韻》, 正奢切, 照母麻韻)자로 쓴다. 혹은 간혹 '柘'((산뽕나무 자, zhè)' 《廣韻》, 之夜切, 照母禡韻)로 쓰기도 한다. 《이릉변문李陵變文》 중 "拓回放後庭(定)還來"[305] 구절 중에 '拓'자는 '柘(산뽕나무 자, zhè)'자를 잘못 쓴 잘못된 것이다. '拓回'는 곧 '遮回' · '這回'이다. 하지만 당시 변문에서는 '這'자의 사용빈도가 점점 우세를 차지했고, 오늘날 사용하는 '這' 의미인 근칭지시사로 변했다.

180 季布乃言: "今有計, 弟但看僕出這身……. 《捉季布傳文》
계포가 이에 말했다: "지금 당장 계획이 있다네. 자네는 네가 죄를 모면하는 것을 지켜만 보게나."

181 牟尼這日發慈言. 《維摩詰經講經文 · 四》
석가모니는 이날 자애로운 말을 했다.

182 豈合將書囑這箇事來! 《唐太宗入冥記》
어찌 내게 편지로 이런 일을 부탁하는가!

'這麽'를 당대에는 '秖麽'와 '與麽'를 많이 쓰고, 송대에는 '只麽'나 '與麽'를 썼다. 이것은 '秖(벼 처음 익을지(저), zhī)'와 '與'의 발음이 서로 비슷하기 때문이다. 결국 '這'자는 단지 하나의 음을 표시하여 어떤 고정된 한 자를 써서 정형화한 것은 아니다.

183 爾秖麽幻化上頭作模作樣. 《慧語錄》[306]
너는 이렇게 환상적인 것에 여러 가지 형태를 만들어내면.

184 若與麽來, 恰似失卻, 不與麽來, 無繩自縛. 《慧語錄》
만약 이렇게 하면, 마치 이를 잃은 것과 같으니, 이렇게 하지 않으면 자승자박하는

305) 《李陵變文》: "拓回放後庭(定)還來."(이렇게 두고 간다면 한의 군대는 반드시 돌아온다.)

306) 鎭州 臨濟 慧照禪師 語錄. 《천성광등록天聖廣燈錄》에 30권 중에 실려 있다. 《천성광등록》은 송宋의 이준욱李遵勗이 천성 7년(1029)에 엮었다. 석가모니불에서 서천이십팔조西天二十八祖와 동토육조東土六祖를 거쳐 남악회양南嶽懷讓 문하 8세, 청원행사靑原行思 문하 12세까지 불법佛法을 계속 이어온 336명에 대한 행적, 스승과 제자의 인연, 깨달음에 대한 문답, 어록을 정리한 저술이다.

것과 같다.

185 與麼無禮, 合喫山僧手裏棒.《宋五燈會元》

이렇게 무례하면, 사찰 스님의 손맛을 볼 수 있다.

3) 원지대사의 근원

원지대사는 문언과 구어에서 각각 사용된다. 아래에서는 '彼' · '夫' · '匪' · '其' · '若' · '爾'의 용법을 살펴보기로 한다.

[彼]

원래는 원칭의 지시대사이고, 후에 역시 제 3인칭대사로 쓰였다. 원지대사로 쓰이면서 관형어의 용법으로 쓰이는 예는 선진 고전적 중에서 많이 찾아볼 수 있다.

186 采采卷耳, 不盈頃筐; 嗟我懷人, 寘(置)彼[307]周行.《詩經 · 周南 · 卷耳》

권이卷耳를 뜯고 뜯되 기운 광주리에도 채우지 못하고서,

아 내 임을 그리워하는지라 광주리를 큰길가에 버려두네.

187 彼[308]一時也, 此一時也.《孟子 · 公孫丑下》

저것도 한 때이며, 이것도 한 때이다.(그러한 경우도 하나의 경우이고, 이러한 것도 하나의 경우이다.)

188 召彼故老, 迅之占夢.《詩經 · 小雅 · 正月》

저 원로 한 노인을 불러, 꿈을 점쳐 알아보게 하리.

189 彼人之心, 於何其臻[309]?《詩經 · 小雅 · 菀柳》

저 사람의 마음은 어떻게 되어 먹은 건가.

[夫]

앞에서 이미 설명하였듯이 '夫'자의 고음은 '彼'자와 같다. 따라서 '夫'자와 '彼'

307) '彼'자는 '頃筐'을 가리킨다.

308) '事情'을 가리킨다.

309) "於何其臻"은 "臻於何" 도치문이다. '臻'는 '이르다'의 뜻이다.

자는 사실상 동음이형사異形詞이다. 하지만 중고까지는 '夫'자는 자주 사용되지 않았다. 선진 중국어에서 '夫'자는 관형어로 자주 쓰였으나 사물을 지칭하는 지시대사로 쓰이는 경우는 드물다.

190 夫袪猶在.《左傳 · 僖公二十四年》
저 소매자락은 여전히 있다.
191 不以夫一害此一, 謂之壹.《荀子 · 解蔽篇》
저쪽의 하나 때문에 이쪽의 하나가 방해받지 않는 것을 한결같은 상태라 하는 것이다.
192 請東人之能與夫二三有司言者, 吾與之.《左傳 · 文公十三年》
청컨대 동인을 보내 저쪽의 두세 명 관리들과 나누기 바랍니다. 그러면 제가 그와 함께 가서 애기해보겠습니다.

[匪]
'匪'자는 상고 중국어에서 '彼'나 '夫'자와 동음이형사이다.

193 匪直也人, 秉心塞淵.《詩經 · 鄘風 · 定之方中》
다만 이 사람의 마음가짐이 착실하고 깊을 뿐만 아니라.
194 匪風發兮, 匪車偈兮.《詩經 · 檜風 · 匪風》
그 바람이 몰아쳐서도 아니요 그 수레가 급히 달리네.

이상 '彼' · '夫'와 '匪' 등 3개의 원지대사는 상고에 동일음계(P)에 속하지만 후에 각각 그 발전 변천이 서로 달라진다. 지금 구어에서 '彼'가 문언성분의 대사 용법이 아직 남아있는 것 이외에는, '夫'와 '匪' 두 글자의 고대 음과 의미는 모두 현대 언어 중에서 점차 사라졌다. 그래서 현대 중국어 지시대사 '那'와는 어떠한 어원관계도 없다.

아래는 '彼' · '夫'와 '匪'자의 주법고의 상고음이다.

彼 piwa(歌部)

夫 pjwaɣ(魚部)

匪 pjiwər(微部)

[其]

'其'는 고대 중국어에서 광범위한 용법으로 사용된다. 이 자의 원래 의미는 대나무 키인데, 가차되어 원칭대사로 사용되었다. 앞에서 이미 언급한 제 3인칭 대사 '其'(他的)는 이 지시대사에서 차용한 것으로, 아래 예문은 '其'가 관형어로 쓰이는 예이다.

195 爾愛其羊, 我愛其禮.《論語 · 八佾》
너는 그 양을 아까워하느냐? 나는 그 예禮를 아까워한다."

196 其人美且仁.《詩經 · 齊風 · 盧令》
그 사람 아름답고 또 인자하도다.)

197 其歲, 新垣平事覺.《史記 · 孝文本紀》
그해, 조나라 사람인 신원평의 사건이 발각이 되었다.

198 其日, 乘輿先到辟雍禮殿.《後漢書 · 禮儀上》
그날, (황제의)가마가 먼저 대학예전에 도착했다.

주법고는 '其'자를 3인칭 대사에 놓고 있으나, '之'의 용법과 같이 원지대사로 쓰인다 하였다.[310)]

양주 금문 중 지시대사로 쓰이는 '厥'자는 모두 108차례 보이고, '其'자는 모두 148차례 보인다. 하지만 이 두 지시대사는 차이점이 있다.

첫째, '厥'자는 '其'자에 비하여 그 용법이 다양하다. 지시대사 '其'의 용법은 비교적 단순하여 "作器"나 "擇其吉金"과 관련된 문장 이외에 기타 다른 형식으로 쓰이는 경우가 드물다.

둘째, 출현 시기를 살펴보면 '厥'자는 서주시기에 가장 활발하게 쓰이고, '其'자는 춘추시기에 가장 많이 보인다. 주법고는 이 두 자의 차이를 아래와 같이 설명

310) 周法高,《稱代編》, 131쪽. "有時用作遠指代詞, 和'之'字用作近指代詞相當."

하였다.

> '厥'자와 '其'자는 용법상에 있어 상당히 유사하다. 그렇다면 이 두 자는 같은 발전단계를 거치고 있는가? '厥'자는 문헌 중에서 대부분 소유격의 3인칭 대사로 쓰이고, 어기사語氣詞와 부사副詞로 쓰이는 경우는 많지 않다. 그래서 우리는 대사가 주 용법이라고 가정할 수 있다. 즉 '根柢'의 '氒'자를 가차하여 3인칭 대사로 쓰게 되었다. 그러나 '其'자는 먼저 어기사와 부사로 쓰였고, 관형어의 3인칭 대사의 용법은 비교적 뒤의 일이다. 이 두 자의 발전상황은 다르다.[311)]

당옥명唐钰明은 '厥'자와 '其'자의 시기별로 그 용법의 차이에 대하여 아래와 같이 설명하였다.

> 《이아 · 석언釋言》은 '厥'은 '其'의 뜻이라 하였다. 그래서 현대 학자들은 '其'자와 '厥'자는 ……동의어이고 음이 서로 통하기 때문에 가차자로 쓰인다하였다. ……우리의 조사에 의하면 《合集》 중 '其'자 1872개 예문은 모두 부사로 쓰인다. ……서주초기 이전에 '其'자와 '厥'자는 분명한 차이가 있었다. 서주중기 이후에 '其'자와 '厥'자는 점점 그 용법이 모호하게 되었다. 본래 부사로만 쓰인 '其'자가 점점 '厥'자의 영역을 침범하여 대사의 용법으로 쓰이는 경우가 생겨나게 되었다. ……고대 고전적 중 《상서》의 '厥'자는 대사로 182차례 쓰이고, 조사로 16차례 쓰인다. '其'자는 부사로 136차례 쓰이고, 대사로 47차례, 조사로 13차례 쓰인다. 하지만 《시경》에서는 서주에서 동주로 가면서 점점 감소하는 상황을 대변하고 있다. ……그 변화 시기는 서주 중기 말이고, 서주말기에 이르러 그 차이가 심화되었다. 동주시기에 이르러서는 '其'자가 '厥'자보다 압도적인 우세를 취하게 되었다.[312)]

---

311) 周法高, 《稱代編》, 16~17쪽. "'厥'和'其'二者在用法上有很多類似的情形. 它們是不是具有平行發展的情形呢? '厥'字在文獻中大多是用作第三身领位的代詞, 其語氣詞或副詞的用法只占少数. 我們不妨假定代詞是它本來的用法, 即用'根柢'之'氒'的字形表示語言中的第三身领位代詞. 而'其'字較早的用法却是用作語氣詞或副詞, 而'其'字用作第三身领位代詞却是較后的時代才盛行的. 二者的情形并不大一樣."

312) 唐钰明, 《其 · 厥考辨》, 《中國語文》, 1990年 4期. "《爾雅 · 釋言》指出: '厥, 其也.' 當代的學者也認爲: '其'與'厥'……是同義詞, 是'音通假借'……我們的調查, 《合集》'其'字 1872 例, 全部

[若]

'若'의 중고 음의 성모는 '日'母에 속했고, 상고上古에는 '泥'母(n)에 속하여 '那' 음과 아주 가까웠다. 장태염은 '那'와 '若'자는 일음지전一音之轉(음의 전환)이라 하였다. 여숙상 역시 같은 의견을 가지고 "'若'자가 '那'로 변하는 것은 충분히 가능한 것"[313]이라 하였다. '若'자는 일반적으로 '동사성動詞性 대사'라 하고, 곽석량郭錫良은 이를 '술어성謂詞性 대사'라 하였다.

> 양수달《고등국문법》은 '尔'·'若'과 '然' 등 세 개의 지시대사를 '如此'와 같은 대사에 귀속시키고, '此'·'是'·'斯' 등과 구별하였다. ……왕력의《중국어법이론》에서 '尔'와 '若'은 현대 한어 중의 '這樣'·'這麽着'이나 혹은 '那樣'·'那麽着'의 용법과 같다고 하였다. 양수달이나 왕력의 주장이 맞다. ……따라서 '尔'와 '若'자는 선진 중국어에서 지시대사로 많이 쓰이지 않고, 지시대사로 쓰이는 경우 '尔'자는 일반적으로 목적어로 주로 쓰이고, '若'은 단지 관형어로만 쓰인다. 양수달이 말한바와 같이 '尔'와 '若'은 '如此'나 혹은 '如是'로 이해할 수 있다, 즉 동사의 성격을 지닌 대사이다. ……이러한 대사는 명사성(체사성體詞性) 지시대사와 명확한 구별이 있다.[314]

양주 금문 중에서 지시대사 '若'은 두 가지 형식으로 출현한다.

하나는 '王若曰' 형식이다. 이러한 형식은 모두 20차례 보인다. 그 중에서 18차례는 '王若曰'로 쓰고(서주초기 2차례, 서주중기 5차례, 서주말기 11차례), 나머

用作副詞……西周早期以前的'其'和'厥', 的確是涇渭分明的兩個詞. 進入西周中期以後, '其'和'厥'的界限開始模糊了, 本來只作副詞的'其'字, 逐漸侵入'厥'字的领地, 出現了代詞的用法……上古典籍中的《尚書》中有'厥'作代詞的 182 例, 助詞 16 例; '其'作副詞 136 例, 作代詞 47 例, 助詞 13 例. 而《詩經》表現出明顯的從西周到東周逐漸減少的情況. ……變化主要發生在西周中晚期之交, 到了西周晚期, 這種進程加快了. 到了東周時期, '其'取代'厥'取得了壓倒的優勢."

313) 원주: 呂叔湘,《漢語語法論文集》, 商務印書館, 180쪽.

314) 郭錫良(2005),〈試論上古漢語指示代詞的體系〉《漢語史論集(增補本)》, 82~105쪽. "'尔''若''然'三個指示代詞, 楊樹達先生的《高等國文法》把它們歸在'如此'一義的下面, 與'此''是''斯'有別. ……王力先生在《中國語法理論》中也認爲'爾'·'若'相當于現代漢語的'這樣''這麽着'或'那樣''那麽着'. 他們的意見是對的. ……可見, '爾'·'若'在先秦很少用作指示代詞; 用作指示代詞時, '爾'多用作賓語, '若'只作定語. 正如楊樹達先生指出的, '爾''若'都可以理解爲'如此'或'如是', 即帶有謂詞性. ……這三個詞與體詞性的指示代詞有着明顯的區別."

지는 "叔氏若曰" (《集成》1 · 60~3《逆鐘》, 서주말기)과 "伯龢父若曰" (《集成》8 · 4311,《師毀簋》, 서주말기) 등으로 쓴다. 이러한 형식은 '若'이 부사어로 쓰여 동사 술어인 '曰'을 수식한다. 따라서 이러한 형식의 '若'자는 술어성 대사로 볼 수 있다. 두 번째는《中山王壺》중 "允哉若言" 구절과 같은 형식이다. 어법 형식을 살펴보면 '若'자는 관형어로 명사인 '言'을 수식한다.

'若'은 상고시기에 이미 지시대사나 관형어로 쓰였는데, 하지만 원지와 근지의 경계는 뚜렷하지 않았다. 하지만 어음계통으로 보아 원지에 넣는 것이 비교적 적합한 것 같다.

199 爾知寧王若勤哉!《尙書 · 大誥》
너희들은 나라를 편히 하신 임금(文王)이 어떤 일에 근로함을 알 것이다.

200 出若入若, 天下莫不均平, 莫不治辦, 是百王之所同.《荀子 · 王覇》
나가고 들어가는 것이 모두 그것과 같듯, 천하는 불평등하지 말아야 하고, 힘써 다스리지 않는 것이 없는 것은 모든 왕이 매 한가지이다.

201 君子哉若人!《論語 · 憲問》
군자(君子)로구나, 그 사람이여.

202 公曷爲出若言?《晏子春秋 · 內篇》
공은 어째서 그런 말을 했는가?

[爾]

'爾'는 상고 언어 중 '若' · '乃'와 같이 성모가 '泥'母에 속하거나 '泥'母에 가깝다. 그래서 선진 언어에서 '若'자와 같은 원칭대사로 쓰이거나, 또는 '乃'자가 오늘날의 '那'와 '那樣'의 용법으로 쓰였다.

203 子無乃稱.《莊子 · 德充符》
그렇게 말하지 마세요.

204 公曰: 吾聞之, '五子不滿隅, 一子可滿朝.' 非迺(乃)子邪?《晏子 · 外篇七》
공이 말했다. '아들이 다섯이더라도 집 귀퉁이 하나 채우지 못하는데, 하나뿐인 아들이 조정을 채우네'라 하였는데, 이는 바로 그대 같은 효자를 두고 한 말이 아니겠는가?

중고 시기 《세설신어》에서 '爾'가 비교적 원칭으로 비교적 많이 쓰이는데, 현대 중국어의 '那'와 같다. 어느 경우에는 '乃'와 결합하여 쌍음사 '乃爾'를 이루어 지금의 구어인 '那樣' 또는 '這樣'의 의미와 완전히 동일하게 사용되었다.

205 樂廣笑曰: 名敎中自有樂地, 何爲乃爾也.《世說新語 · 德行》
악광은 이를 비웃으며 말했다. 성현의 가르침 속에 저절로 즐거움이 많은데, 무엇 때문에 저렇게 까지 해서 즐거움을 찾을까.

206 安豊曰: 婦人卿壻, 於禮爲不敬, 後勿復爾.《世說新語 · 惑溺》
안풍이 말했다. 부인이 남편을 칭하여 경卿이라 하는 것은 예의가 없는 것이니, 앞으로 다시는 이렇게 부르지 말라.

206 旣爾相關, 不得不與人語.《世說新語 · 假譎篇》
이미 이렇게 서로 관심이 있다고 한다며, 나와 말하지 않을 수 없다.

207 劉(遵祖)爾日殊不稱.《世說新語 · 排調》
류준조의 그 날의 말은 그의 명성과 특별히 맞지 않았다.

208 謝仁祖年八歲, 謝豫章將送客, 爾時語已神悟.《世說新語 · 言語》
사인조가 팔세 때, 사예장(사곤謝鯤)이 그와 함께 손님을 송별하는데, 그 때 그의 말은 이미 상당히 깊은 의미 있는 뜻을 담고 있었다.

209 許掾嘗詣簡文, 爾夜風恬月朗.《世說新語 · 賞譽》
허연(허현도許玄度)이 간문제簡文帝를 조견하였을 때, 그날 밤 바람은 평안하고 고요하며, 달은 밝았다.

210 衛玠體素羸, 恒爲母所禁, 爾夕忽極, 於此病篤, 遂不起.《世說新語 · 文學》
위개의 몸은 원래 허약하여, 항상 어머니에게 (담론하는 것을)저지를 당하곤 하였다. 그 날 밤 갑자기 심해져, 이에 병이 깊어지고, 세상을 뜨고 말았다.

4) '若' · '乃' · '爾'에서 "那"로의 발전

이상의 예를 통해 볼 때 현대 중국어의 '那'(nà)의 근원은 상고 언어의 '若' · '乃' · '爾'라는 것을 알 수 있다. 하지만 '那'는 선진 언어에서 이미 사용되었고 남북조 시대에는 의문대사로만 쓰였는데, 일부에서는 원지대사 '那個' · '那邊' · '那樣'의 '那'의 의미로 쓰였다.

211 那漢何處來?《幽明錄》

그 사내는 어디서 왔는가?

당대唐代 언어에서는 '那'가 완전히 '乃' · '爾'를 대신하여 '那人' · '那邊'의 용법으로 쓰이게 되었다. 예를 들면 아래와 같다.

212 我見那漢死, 肚裏熱如火, 不是惜那漢, 恐畏還到我.《敦煌寫本 · 王梵志詩》

나는 그 사내가 죽는 걸 보았는데, 배 속에 불같은 화를 뿜었네. 그 사내를 걱정하는 것이 아니라, 그 죽음이 나에게 올까 두렵네.

213 這邊走, 那邊走, 只是尋花柳.《醉莊詞(五代前蜀后主 王衍)》

이쪽으로 갈까 저쪽으로 갈까, 오직 꽃과 버들 찾아가네.

그러나 여숙상(1985)은 '那'자의 유래를 지시대사와 의문대사로 나누어 설명하였다. 2인칭 대사 '那'는 '若'에서 유래되었고, 의문대사 '那'는 '若何'와 관련이 있다하였다. 왕력(1989)은 의문대사는 '奈何'의 합음에서 유래되었다 하였다.[315]

한편, 양주 금문 중에는 '玆' · '之' · '是' · '此' · '若' · '斯' · '厥' · '其' · '乃' · '皮(彼)' · '它' · '者(諸)' · '者' 등 모두 13개의 대사가 쓰인다.[316]

(1) 양주 금문의 대사 출현 횟수를 보면, '之'자가 가장 많고(약 250차례), 그 다음이 '其'(148차례), 그 다음이 '厥'(108차례)이다. 다음으로는 '玆'(42차례), '是'(36차례), '諸'(31차례), '若'(21차례), '乃'(15차례), '者'(10차례), '此'(4차례), '彼'(2차례), '斯'(2차례), '它'(1 차례) 순이다.

(2) 시기별 대사의 사용현황을 보면 '厥' · '玆' · '若' · '乃'자는 서주시기에 많이 보이고, '之' · '其' · '是'는 춘추기시에 많이 보이며, '斯' · '它'자는 서주시기에만 보이고, '此' · '彼' · '者'는 동주시기에만 보인다. '者(諸)'자는 서주말기와 춘추전국시기에 주로 쓰인다.

315) 蔣紹愚(2005),《近代漢語硏究概要》, 124 - 125쪽 재인용.

316) 武振玉,《兩周金文詞類硏究(虛詞篇)》, 吉林大學博士學位論文, 2006, 84 - 85쪽.

(3) 대사의 어법 기능에서 보면 '之'자는 목적어로만 쓰이고, '是'자는 전치된 목적어와 복지複指 전치목적어로 주로 쓰이며, '若'자는 기본적으로 '王若曰' 구조에서 부사어로 쓰인다. '其'·'厥'·'兹'·'諸'·'此'·'乃' 등은 주로 관형어로 쓰이나, 그 중 '乃'자는 '申就乃命' 구조에 주로 쓰이고 '諸'자는 특수한 용법으로 사용되지만, '此'자의 용법은 극히 적다. '其'·'厥'자는 일반적으로 '作+其·厥+器名'이나 '擇其·厥吉金' 구조로 많이 쓰인다. 특히 '厥'자는 서주시기에 '其'자는 춘추시기에 자주 보인다.

'兹'와 '厥'자는 그 용법이 상당히 유사하고 서주시기에 많이 보인다. 그러나 '兹'자는 갑골문에서 지시대사로 자주 쓰이고, '厥'자는 서주시기에서야 보이기 시작한다. 또한 '兹'자는 후에 '此'나 '是'로 대체되어 사용되고, '厥'자는 '其'자에 의하여 대체되어 사용된다.

대사를 갑골문과 비교하면 양주 금문은 수량 면에서 대대적으로 증가하였다. 갑골문에는 '兹'·'之'만이 쓰였으나, 양주 금문에는 13개가 쓰였다. 또한 양주 금문에서 '之'·'其'·'厥' 등 세 개의 대사의 사용 빈도가 높으며, 이미 전래본 문헌 중의 상용대사는 금문에서 기본적으로 출현하였다. 하지만 양주 금문 중 '是'·'此'·'彼'의 사용 빈도가 비교적 낮다. 특히 '是'자는 고대중국어 중 전래 문헌에 비하여 매우 낮게 쓰인다. 양주 금문 '其'·'厥'·'乃' 중 특히 '厥'자가 어느 문헌 자료보다 양주 금문에서 대량으로 쓰인다.

(2) 의문대사의 발전

고대 중국어의 의문대사는 인칭대사, 사물대사 겸 장소대사, 장소대사 총 세 종류로 구분 될 수 있다. 그들의 음계에 따라 :

(一) 인칭대사(指人): '誰'·'孰'은 모두 선모禪母(ʑ)자에 속한다.

(二) 사물대사 혹은 장소대사(指事物, 혹 處所): '何'·'曷'·'奚'·'胡'는 모두 갑匣母(γ)자에 속한다.

(三) 장소대사(指處所): '惡(烏)' · '安' · '焉'(혹 '爰'자로 쓰기도 함)은 모두 影母자에 속한다.

1) '誰'와 '孰'

상고 시기 음은 성모가 같고 의미도 대략 같다. 사실상 동일어음의 단어이다. 아래 《中山王譻鼎》에서만 한 예문이 보인다.

214 非恁(信)與忠, 其隹(誰)能之, 其隹(誰)能之? 《集成》5 · 2840, 《中山王譻鼎》, 전국 시기 말기)
신뢰가 없고 충성스럽지 않음을 누가 행하겠는가 누가 행하겠는가.

서주 언어 중 '誰'자는 《시경》에서만 보인다.[317] 그러나 춘추전국 시기에는 보편적으로 사용되어 다른 의문대사 대신 사용하게 되었다. 단지 조금 다른 점은 '誰'는 인칭대사에 제한되고, '孰'은 사물대사까지도 겸한다.

215 夫執輿者爲誰? 《論語 · 微子》
수레 고삐를 잡고 있는 분이 누구인가?
216 吾誰欺? 欺天乎! 《論語 · 子罕》
내 누구를 속이겠는가? 하늘을 속이겠는가!
217 心之憂矣, 其誰知之! 《詩經 · 魏風 · 園有桃》
마음에 근심함이여 그 누가 이것을 알리오.
218 誰其尸之? 有齊季女. 《詩經 · 召南 · 采蘋》
누가 이것을 주관하는가? 제나라 임금 막내딸이네.
219 天下其孰能宗予? 《禮記 · 檀弓上》
천하에서 그 누가 나를 종주로 받들겠가?
220 哀公問: 弟子孰爲好學? 《論語 · 雍也》
애공이 "제자 중에 누가 학문을 좋아합니까?" 하고 묻자

---

317) 張玉金, 《西周漢語語法硏究》, 112쪽.

221 王自以爲與周公孰仁且智?《孟子 · 公孫丑下》

왕께서 스스로 생각하시기에 주공과 더불어 누가 더 인하고 또 지혜롭다고 여기십니까?

예문 215 - 221의 '誰'와 '孰'은 모두 사람을 가리킨다.

222 禮與食孰重?《孟子 · 告子下》

예와 밥[음식] 은 어느 것이 더 중한가?

223 事, 孰爲大? 事親爲大.《孟子 · 梁惠王上》

섬기는 일 중에 무엇이 가장 큼이 되는가? 어버이를 섬김이 큼이 된다.

224 萬物一齊, 孰短孰長.《莊子 · 秋水》

만물이 모두 가지런한데, 어떤 것은 짧고 어떤 것은 길겠는가.

예문222 - 224에서 '孰'도 사물을 가리킨다.

현대 중국어의 '誰'는 고대 중국어에서부터 지속적으로 사용했다는 것에 대하여 의견을 제기하는 사람은 없다. '孰'자는 '誰'자와 음이 전환된 관계로, '誰'자와는 조금 다르다. '孰'자는 사람과 사물을 겸용하는 의문대사이다. 이러한 기능은 '孰'자가 새로운 발전을 하고 있음을 나타내는 것이다.

2) '何(底)' · '害(曷)' · '奚' · '叚(胡)'와 '盍'

'何(底)' · '害(曷)' · '奚' · '叚(胡)'자는 모두 갑모匣母(γ)자에 속하며, 상고(上古) 언어에서도 동일어원(동원자)인 의문대사였다. 용법상 '何'가 인칭대사를 겸할 수 있는데, 이 외 자는 모두 사물과 처소를 가리키는 대사이다. 이 자들은 소리도 같고 의미도 같은 단지 한자의 형태만이 다른 동원자이다. 한자만이 가지고 있는 이러한 형태적 특징을 인식하여야만이 고대 중국어의 형태론을 제대로 분석할 수 있다.

① 사물대사

현대 중국어의 '什麼'의 의미와 같다. 또 관형어로 쓰일 수 있다.

[何(底)]

225 內省不疚, 夫何憂何懼?《論語·顔淵》

안으로 반성하여 조그마한 하자도 없으니, 무엇을 근심하며 무엇을 두려워하겠는가?"

226 何器也? 曰:瑚璉也.《論語·公冶長》

"어떤 그릇입니까?" 하고 다시 묻자, "호연이다." 하고 대답하셨다.

227 諸將云何?《漢書·張陳王周傳》

장수들은 어떻게 말하였는가?

228 害澣害否? 歸寧父母.《詩經·周南·葛覃》

이것저것 모두 깨끗이 빨아 입나니, 친정에 가서 부모님께 문안들이기 위함이네.

중고 시사詩詞 중에서는 '何'자 대신 '底'를 자주 사용했다. '底'의 어원은 방언의 일종이다. 앞에서 이미 제시한 《사통史通》 "'渠們'은 '底箇(이것)'라는 뜻이다."[318] 구절 중 '底'는 '此'와 같고 근칭대사이다. 의문대사의 '底'와는 동일한 근원은 아니지만, '底'는 의문대사의 용법으로 쓰이고 또 관형어로 사용될 수 있다. 현재 방언 조주화潮州話에는 이러한 용법이 남아 있다.[319] 예를 들어, "哪裏?(어디인가?)"라는 말을 "底塊"라고 말한다. 'ti - kou'라고 한다.

아래는 예문은 남북조에 쓰이는 예이다.

229 日冥當戶倚, 惆悵底不憶?《樂府·子夜歌》

날이 저물어 창가에 기대니 원통함에 어찌 생각나지 않겠는가?

230 寒衣尚未了, 郎喚儂底爲?《樂府·秋歌》

겨울 옷 아직 만들지 못했는데, 낭군은 어찌하여 나를 부르는가?

---

318) 《史通》: "渠們底箇."

319) '潮州話'는 廣東省 東部 연안의 潮汕 지역 일대를 가리킨다.

[害(曷)]

'害(曷)'는 《모공정毛公鼎》에서만 하나의 예문이 보인다.

231 司余小子弗彶, 邦𣪘(將)害(曷)吉.《毛公鼎 · 5 · 2841》
왕위를 계승받은 내가 이를 미쳐 인식하지 못하면 나라가 어찌 장차 이롭겠는가?

위 구절에 대하여 정성수丁聲樹는 "'害'자는 '曷'의 용법과 같다. "司余小子弗及, 邦將害吉?"은 "내가 미처 이를 인식하지 못하면, 나라가 어느 날 비로소 이롭게 되겠는가?"라는 뜻이다. '害'(曷)자는 미래시간의 의문을 표시한다. 이는 《시경》의 용법과 같다. 또한 '將'자는 미래의 뜻을 더욱 뚜렷하게 나타낸다."라 하였고,[320] 주법고는 "의문대사 '曷'자는 '害'로도 쓰고, 주대 금문과 《서경》·《시경》 등에도 보인다."라 하였다.[321]

양백준楊伯峻 · 하락사는 의문대사가 아닌 부사로 보았다.

'曷'자는 일반적으로 부사로 쓰이고 '何時'의 의미이다. ……상용되는 의문부사는 대부분 의문대사의 역할을 겸한다. 왜 의문대사로 보지 않는가? 이러한 의문부사는 일반적으로 사람 · 일 · 물건 혹은 처소를 지칭하지 않고 주어나 목적어로 쓰이지 않으며 일반적으로 부사어로 쓰여 '왜(爲什麽)' · '어찌(怎麽)'이나 반문을 나타낸다. 또한 이러한 자는 부사로 쓰이는 비율이 높기 때문에 의문대사가 부사어로 쓰이는 것으로 보는 것이 적합지 않다.[322]

---

320) 丁聲樹, 《論詩經中的"何""曷""胡"》《史語所集刊》(第十本), 358쪽. "'害'與'曷'同. '司余小子弗及, 邦將害吉?'意謂: 我如不急起直追, 國家到哪一天才得安吉? '害'(曷)字正是表示未來時間的疑問之詞, 與詩中的用法正合, 而句中着一'將'字, 未來的意義更爲清楚."《丁聲樹文集》(商務印書館, 2020)을 참고할 수 있다.

321) 周法高, 《中國古代語法 · 稱代編》, 263쪽. "疑問代詞'曷', 又作'害'. 周金文 · 《書》 · 《詩》有之."

322) 楊伯峻 · 何樂士, 《古漢語語法及其發展》, 164쪽, 333쪽. "曷, 一般用作副詞, '何時'的意思. ……常見的疑問副詞大都由疑問代詞兼任, 爲什麽不把它們歸入疑問代詞呢? 因爲它們不是詢問人 · 事 · 物或處所, 不用作句中主語或賓語, 而是用作狀語, 表示'爲什麽' · '怎麽'或反詰. 同時它們作爲副詞出現的頻率也相當高, 不宜視爲疑問代詞用作狀語."

그러나 반문은 의문의 일종이기 때문에 금문에서의 '曷'자는 반문을 표시하는 의문대사로 볼 수도 있다.

232 懷哉, 懷哉! 曷月予還歸哉?《詩經 · 王風 · 揚之水》
그리고 그립나니 어느 달에나 내 집에 돌아갈런고.

233 時(是, 此)日曷喪? 予及汝偕亡!《尙書 · 湯誓》
이 해는 어느 때나 없어질까? 내 너와 함께 모두 망했으면 하네.

[奚(어찌 해, xī)]

234 衛君待子而爲政, 子將奚先?《論語 · 子路》
위나라 군주가 선생님을 기다려 정사를 하려고 하십니다. 선생께서는 장차 무엇을 우선하시렵니까?

235 問臧(奴仆)奚事? 則挾策讀書; 問穀(童子)奚事? 則博塞以遊.《莊子 · 駢拇》
그 하인에 무엇을 하고 있었는가라고 물으니, 책을 들고 공부하려 하러 갔다하고, 하녀에게 무엇을 하고 있었느냐 물으니 주사위를 가지고 놀았다고 한다.

[叚(胡)]

'叚(胡)'자는 금문에서는 아래 한 예문이 보인다.

236 天賜(賜)之福, 曾伯霥叚(遐)不黃耇萬年眉壽無疆.《曾伯霥簠》

주법고는 위의 금문을 인용하여, "의문대사 '遐'자는 '叚'이나 '瑕' 등으로도 쓰고, 《역경》·《시경》이나 동주東周에 쓰이며, '不'자와 함께 연용하여 '遐(叚)不'로 써서 '何不'라는 의미로 반문을 나타낸다."라 하였고,[323] 《통해通解》는 "'叚'자는 의문대사로 쓰이면 고전적에서는 '遐'로 쓴다. '胡'와 같고, '何'의 용법과 같다. 《시경 · 소아 · 남산유대南山有臺》 '어찌 오래토록 장수하지 않으리' 중 '遐'자에 대하여 방준익方濬益은 '또한 瑕자로 쓴다. 瑕자의 古音은 胡자와 같다. 《소아 · 어조지십魚

323) 周法高, 《稱代編》, 268쪽. "疑問代詞'遐', 又作叚 · 瑕, 《易經》《詩經》及東周金文有之, 與'不'同用. '遐(叚)不', 何不也, 反诘之詞."

藻之什 · 습상隰桑》'어찌 말하지 않으리.' 구절을 《예기禮記 · 표기表記》는 '瑕不謂矣'로 쓰고 《注》에서 '瑕'자를 '胡'의 뜻이다"라 하였다.[324)]

237 人之爲言, 胡得焉?《詩經 · 唐風 · 采苓》
참소하는 사람의 말이 어찌 먹혀들 수 있으리오.

238 微君之躬, 胡爲乎泥中?《詩經 · 邶風 · 式微》
당신을 위한 몸이 아니라면 어이하여 진흙 속에 있으리오.

② 처소대사

현대 중국어의 '哪裏(어디)'를 나타내는 대사이다. 고대 장소를 가리키는 대사는 '何' · '奚' · '盍' 등이 있다.

[何]

239 有是三者, 何向而不濟?《左傳 · 昭公四年》
이 세가지 요소가 있는 한, 어느쪽을 선택하든 성공하지 못할 리가 있겠는가?

240 軫不之楚何歸乎?《史記 · 張儀列傳》
진軫이 초나라로 가는 길이 아니면, 어디로 돌아갈꼬?

[奚]

241 子路宿於石門. 晨門曰: 奚自?《論語 · 憲問》
자로가 석문에서 유숙하였었는데, 신문晨門이 묻기를 "어디에서 왔는가?"

242 水奚自至?《呂氏春秋 · 貴直》
물은 어디에서 왔는가?

'曷'자는 '胡'와 습관상 모두 처소로 쓰이지 않는다. '何'는 인칭대사로 사용할 수 있다.

---

324) 《通解》, 648쪽. "叚, 疑問代詞, 典籍作'遐', 即'胡'若'何'. 《詩經 · 小雅 · 南山有台》: '遐不眉壽.' 又'遐不黃耇'. 方濬益曰: '又通作瑕, 瑕之古音同胡. 《詩經 · 隰桑》'瑕不謂矣', 《禮記 · 表記》作'瑕不謂矣', 注曰: 瑕之言胡也. 《綴遺齋彝器款識考釋》一卷 8쪽."

243 段者何? 鄭伯之弟也.《公羊傳 · 隱元》

단段은 누구인가? 정백의 동생이다.

[盍]

이 외에 '盍'도 '何' · '曷' 등과 동원자이다. 다만 '盍'자는 '何'와 '何不'의 두 의미를 가지고 있고 또한 반문을 나타내는 부사(反詰副詞)로 제한적으로 사용된다. 그러나 사물대사 또는 처소대사로 사용되지 않는데, 이러한 점은 '何' · '曷'자와 다른 점이다.

이상 살펴본 의문대사는 중고 이후 문언 작품에서 대부분 계속 사용된다. 그러나 구어에서는 '誰' · '何'자를 제외하고는 사라졌다.

③ 의문대사 '什麽'

구어의 의문대사 '什麽'는 당대唐代에 생겨난 새로운 단어이고, 인칭대사 · 사물대사나 처소대사로 모두 쓰일 수 있다. '什麽'는 '甚'자로 쓰기도 한다. 당대 작품에서 '甚'자로 쓴다.[325] 어떤 사람은 먼저 '甚'자가 있은 후에 '什麽'가 있었다고 주장하기도 하나, 그렇지 않다. '甚'은 아마 '什麽'의 합음合音일 것이다. 하지만 당대는 '甚麽' 혹은 '甚沒'로 쓰기 때문에 합음合音이 아닐 가능성도 있다. 또는 '是勿'로 쓰는데 이는 아마도 '什麽'의 일종의 방언 발음으로 그 근원은 위진남북조인의 '何物'이 될 것이다. 동진 간보干寶《수신기搜神記 · 劵十九》는 "爾作何物也, 令我一杯大醉 ……?(너는 무엇이기에, 나를 만취하게 하였는가?)"라 하였다.

그것의 변천 과정은 다음과 같다.

何物 → 是勿(物) · 是勿 → 什麽(甚麽)

325) 원주: 唐鉞《國故新探》(卷二)은 '甚'자를 '什麽'로 해석하고, 宋대 이후에 流行했다고 했는데, 이는 잘못된 주장이다.

'何物' 등은 사물대사로 쓰일 수 있고 , 또한 관형어로 쓰일 수도 있다.

244 沈令起彷徨, 問: 牛屋下是何物?《世說新語 · 雅量》

심령이 일어나 정원을 배회하다가 물었다. 외양간 아래는 어떤 사람인가?

245 玄宗問黃幡綽: 是勿兒得人憐?《因話錄 · 卷四》[326]

현종은 황번작에 물었다. 무엇이 사람의 사랑을 얻게 하는가?

246 也不饑, 喫甚麼飯?《悟本語錄》

배가 고프지 않으면, 무엇을 먹는단 말인가?

247 單于問: 是甚沒人?[327]《李陵變文》

선우가 물었다. 이는 어떤 사람인가?

248 早個緣甚不應?《大目乾連冥間救母變文》

무슨 연고로 왜 즉각 응하지 않는가?

249 韓愈問牛僧孺: "且道拍板爲什麽?" (王定保《唐摭言》)

한유가 우승유에게 물었다. 박판으로 무엇을 하는가?

《돈황변문집敦煌變文集》에서는 '甚沒' · '什沒' · '甚謨'로 쓰거나 혹은 한 글자로 '沒' · '莽' · '甚'으로 쓴다. 《조당집祖堂集》은 '甚摩' · '什摩'로 쓰고 《경덕전등록景德傳燈錄》은 '甚麽' · '什麽'로 쓴다. 志村良治(1984)는 의문대사들의 발전관계를 아래와 같이 표시하였다. 또한 志村良治는 '是物(勿)' 중의 '是'자는 '等'→'底'→'是'의 발전변화 과정이 있었다 하였다.[328]

是物(沒)	是沒	是沒	甚沒 甚謨	甚摩 什麽	甚麽 什麽
8세기 전반	8세기전반 - 중반	8세기후반	9세기	10세기중반	10세기후반

326) 唐 趙璘《因話錄 · 角之次》: "玄宗問黃幡绰: '是勿儿得人憐?' 對曰: '自家儿得人憐.'" "是勿儿, 犹言何儿也."

327) '是甚沒人'은 '是甚麽人'의 뜻이다.

328) 蔣紹愚(2005)《近代漢語研究概要》, 126쪽.

④ '惡(烏)'·'安'·'焉(爰)'의 용법

'惡(烏)'·'安'·'焉(爰)' 등의 의문대사는 모두 성모가 영모影母(영성모零聲母)에 속한다. '惡'와 '烏'자는 음이 같고 형태만 다를 뿐 다른 차이는 없다. 의미를 살펴보면 '惡'·'烏'·'安'·'焉'자는 모두 처소사로 실질적으로 가리키는 것이 아닌 허지虛指로 '何'와 매우 가깝고 구어의 '哪裏'의 뜻을 지닌다.

250 惡得賢?《孟子·滕文公上》

어찌 어질 수 있겠습니까?

251 君子去仁, 惡乎成名?《論語·里仁》

군자가 인을 떠나면 어찌 이름을 이룰 수 있겠는가.

252 惡在其爲民父母也?《孟子·滕文公上》

어찌 거기에 백성의 부모를 위한 것이 있겠는가?

253 吾惡能知其辯?《莊子·齊物論》

내가 어찌 그 말을 알 수 있겠는가?

254 齊楚之事, 又烏足道乎!《漢書·司馬相如傳》

초나라를 다스리는 일이 어찌 도의 근본이겠는가!

255 暴而不戢, 安能保大? 猶有晉在, 焉能定功?《左傳·宣公十二年》

난폭함이 그치지 않았으니, 어찌 능히 큰 것을 지킬 수 있겠는가? 또한 강대한 진나라가 존재하고 있는데 어떻게 공로를 정할 수 있겠는가?

256 子非魚, 安知魚之樂?《莊子·秋水》

그대가 물고기가 아닌데, 어찌 물고기의 즐거움을 알겠는가?

257 焉有仁人在位, 網(網)民而可爲也?《孟子·滕文公上》

어찌 자리에 있으면서 백성을 그물질하고서도 왕도정치를 해낼 수 있는 인인仁人이 있겠습니까?

258 聽其言也, 觀其眸子, 人焉廋哉?《孟子·離婁上》

그의 말을 들어보고 그의 눈동자를 관찰한다면 사람들이 어떻게 〈자신을〉 숨기겠는가."

259 焉得人人而濟之?《孟子·離婁下》

어찌 사람 사람마다 모두 건네줄 수 있겠는가.

'焉'자는 '爰'자로도 쓰며 '哪裏'의 뜻이다. '焉'·'爰'의 운모 모두 원부元部에 속하고, 첩운疊韻관계이기 때문에 《시경》에서 종종 '爰'를 '焉'자로 쓴다. 이 두 글자는 음이 비슷하고 의미도 같다.

260 亂離瘼矣, 爰其適歸?《詩經·小雅·四月》
난리를 만나 병드니 어디로 가서 돌아갈꼬.
261 爰有寒泉? 在浚之下.《詩經·邶風·凱風》
차가운 맑은 샘물이 어디에 있는가? 준읍浚邑의 아래에 있도다.
262 爰采唐矣? 沬之鄉矣.《詩經·鄘風·桑中》
어디에서 새삼을 캐는가? 매읍沬邑의 시골에서 하도다.

몇몇의 처소대사를 나타내는 의문대사는 남북조 이후의 문장 또는 구어체 작품에서는 사용되지 않았다. 이는 당시 사람들의 언어에 또 다른 의문 대사가 있었기 때문이다.

(3) 현대 중국어의 의문 대사 '哪'·'怎'의 기원과 무지대사

1) '哪'의 용법

'哪'는 선진 언어에서 '那'로 쓴다. 《좌전·선공2년宣公二年》 "棄甲則那?"[329] 구절에 대하여 진晉나라 두예杜預는 "'那'자는 '何'의 의미이다."[330]라 하였다. "투구와 갑옷을 잃어버리고 또 어떻게 한단 말인가?"의 뜻이다. '那'자의 이러한 용법은 선진 언어에서 드물게 보이며 '如何'의 합음이 아닌가한다.[331] 2인칭 대사 '那'는 '若'에서 유래되었고, 의문대사 '那'는 '若何'와 관련이 있다고 하였다. 왕력(1989)

329) "갑옷을 버리고 어찌하리오?"

330) 杜預: "那猶何也."('那'자는 '何'의 의미이다.)

331) 원주: 顧炎武,《日知錄》(卷32): "直言之曰那, 長言之曰奈何, 一也."(바로 말하면 '那'라 하고, 이를 길게 늘려 말하면 '奈何'로 발음한다.) '奈何'는 즉 '如何'와 같고, '那'는 '哪'는 그 어원이 같다.

은 의문대사 '哪'를 '奈何'의 합음에서 유래되었다 하였다.[332)]

남북조 작품 중에 '那'는 아주 많이 사용되었으며, 현재 언어인 '哪'와 같다. 5·4운동 이후에 거성去聲으로 지시대사 '那'와 구별하기 위하여 '哪'를 썼다.

263 桓曰: 我若不爲此, 卿輩亦那得坐談?《世說新語·排調》
환온이 말했다. 내가 만약 이렇게 하지 않으면, 당신들이 어찌 나와 같이 앉아 한가하게 이야기를 할 수 있었겠는가?

264 (郝)隆曰: 千裏投公, 始得蠻府參軍, 那得不作蠻語也?《世說新語·排調》
학륭郝隆이 말했다. 내가 멀리 천리 밖에 그대의 공무를 수행하기 위해 남쪽 오랑캐 군영 벼슬 관아의 참여군이 되었는데, 어찌 오랑캐 말을 사용할 줄 모르겠는가?

265 雙眉畵未成, 那能就郎抱?《樂府·讀曲歌》
한 쌍의 눈썹도 그리지 못하고서, 어찌 사내를 품을 수 있단 말인가.

266 敗橋語方相, 欺儂那得度?《樂府·讀曲歌》
망가진 다리에서 서로 말만하니, 그대를 속이고 어떻게 건널 수 있겠는가?

267 爲歡顦顇盡, 那得好顔容?《樂府·冬歌》
기쁨으로 인해 다 초췌해졌는데, 어째서 좋은 얼굴이겠는가?

'那個(那箇)'는 '阿那個'로 쓰기도 한다. 중당中唐 이전에는 잘 보이지 않은 '那個(那箇)'는 만당오대晩唐五代 문헌에서 자주 보인다.

268 二瓶任君看, 那個瓶牢實?《寒山子詩集·一瓶》
두 개의 병을 임방任昉에게 보이며 어떤 병이 더 견고한가요?

269 開山磻蹬路行難, 那個是我家鄉道.《舜子變》
험하디 험한 산길 뚫는데 어느 길이 우리 집 고향 가는 길인가.

270 相公問: 昨夜西院內, 阿那個[333)]佳(家)人念經之聲.《廬山遠公話》
상공이 물었다. 어제 저녁 서원 안에서 어느 누가의 독경 소리였던가?

---

332) 蔣紹愚(2005),《近代漢語硏究概要》, 124 - 125쪽 재인용.

333) '阿那個'는 '那一個'와 같은 뜻이다.《돈황변문교주2》(2015), 153쪽.

2) '怎'

'怎'자는 고대 방언에서 발전하여 보통화가 된 것이다. 양웅揚雄《방언方言》(10권)에서 소개하고 있는 '曾'·'訾(헐뜯을 자, zǐ, zī)'는 지금의 '怎'자라 하였다.

> 상수와 담수의 상류와 형주 남부지역에서는 '何'를 '曾'라 하고, 또는 '訾'이라 한다. 중원지역 하夏나라 말 '何爲'의 뜻과 같다."[334]

당대唐代의 작품에서는 대부분 '爭'자로 쓰고 아주 보편적으로 사용하였다. 이 단어가 이미 당시의 보통어에 속했음을 알 수 있다. 송대는 '怎'으로 쓰고, 후에는 '怎'자를 계속 사용하게 되었다.

271 蘇武爭禁十九年. (杜牧《邊上聞笳詩》)
소무는 흉노에게 어찌하여 19년간 감금당했을꼬.
272 如今爭識文與書?《敦煌零拾》
오늘날 어찌 글과 책을 알게 됐을까?
273 鶯啼燕語撩亂, 爭忍不思家?《敦煌曲子詞·臨江仙》
꾀꼬리가 울면 제비 소리가 어지러운데, 어찌 집 생각이 나는 것을 참을 수 있겠는가?
274 長槍短劍如麻亂, 爭奈失計無投竄.《敦煌曲子詞·酒泉子》
창 칼이 매우 어지럽게 엉켰을 때, 어찌 하여 도망칠 기회를 찾지 못하는가?
275 瀟灑襟懷怎許(怎樣)傳? (楊無咎《鵲鷓天詞》)
호쾌한 마음 속 생각을 어찌 전하겠는가?
276 仗何人細與, 叮嚀問呵, 我如今怎向(怎樣)? (秦觀《鼓笛慢詞》)
무기든 사람 조그마한 목소리로 조심스럽게 묻기를 나는 지금 어찌 해야 좋을까요?

현대 중국어의 '怎麼'는 당송인唐宋人들이 '作麼'·'作麼生'·'則麼' 등으로 사용하였다. '生'은 의미 없는 어미조사이다.

---

334) 《方言》: "湘潭之原, 荊之南鄙, 謂何爲曾, 或謂之訾, 若中夏言何爲也." (상수와 담水 상류의 형주 남부지역에서는 '何'를 '曾'라 부르고, 또는 '訾'라 불렀다. 이와 같은 가운데 하夏나라 말은 어떠하였는가.)

277 汝等諸人作麽生會?《慧照語錄》

너희 같은 무리의 모든 사람들은 어찌 만날 수 있겠는가?

278 皎然易解事, 作麽無精神?《寒山詩》

결백하게 명백하면 쉽게 일을 풀 수 있는데, 어찌 정신이 없을 수 있는가?

279 醉到天曉待則麽? (劉過《紅酒歌》)

새벽까지 취해 기다리면 어찌 한단 말인가?

원곡에서는 '則麽'로 쓰기도 하고 '怎麽'로도 쓴다.

280 煩惱則麽耶, 唐三藏!《西遊記》

무엇을 고민하는가! 당삼장!

281 則麽諸葛孔明, 博望燒屯?《西遊記》

어떻게 제갈공명은 박망파博望坡에서 불태웠던가?

282 我只道他喜孜孜開笑容, 怎麽的顫欽欽添怕恐?《雜劇 · 長天師斷風花雪月》

나는 단지 그에게 즐겁게 웃는 얼굴로 이야기 했는데, 어찌하여 떨며 두려워하는가?

명청시기 소설까지 줄곧 계속해서 '怎麽'를 사용하는 것이 유행하였고, '作麽' · '則麽'는 사용하지 않았다. 후에 현대 중국어에서는 '怎麽'가 계속해서 사용되게 되었다.

283 他搬了, 怎麽就不叫我們一聲?《西遊記 · 二十一回》

그가 이사했는데 어찌 우리에게 알리지 않았는가?

284 八戒道: "哥哥莫扯架子. 他怎麽伏你點札?"《西遊記 · 二十一回》

팔계가 말했다. "형 너무 큰 소리 치지 말아요. 아무리 얼빠진 귀신이기로 형이 부른다고 만만하게 찾아와 대령할까요?

285 旣遭荒歉, 怎麽就躲離城郭?《西遊記 · 三十七回》

이미 흉년을 만났거늘, 어떻게 바로 성을 떠났겠는가?

286 鴛鴦看見, 忙拉了他嫂子, 到賈母跟前跪下, 一面哭一面說, 把邢夫人怎麽來說, 園子裏他嫂子怎麽說, 今兒他哥哥又怎麽說, ……《紅樓夢 · 四十六回》

원앙이 보고서, 그의 올케를 급히 끌어당기며, 대부인 가모賈母 앞에 무릎을 꿇고 울면서 말했다. 형 부인이 와서 어찌 말한 것, 올케가 원내에서 하던 말과, 오늘 또 오빠가 졸라대며 어떻게 말했는지……말했다.

287 你說你的. 底下怎麼樣?《紅樓夢 · 五十四回》
자기들 말만 하면, 아랫사람은 어떻게 하라고요?

3) 무지대사無指代詞

대사 중 인칭 · 지시 · 의문대사 이외에 무지대사無指代詞가 있다. 무지대사를 혹은 무정대사無定代詞라 하기도 한다. '누군가가가 없다(沒有誰) · 무엇이 없다(沒有什麼)' 등의 의미이다.

무지대사는 갑골문에 보이지 않고, 전래본 문헌 중에는 '莫' · '无' · '罔' · '靡' 등이 있다. 가장 많이 쓰이는 무지대사는 '莫' · '无' 등이다. 양주 금문 중에는 '亡' · '莫' · '无' 등 세 자가 보인다. 하지만 이러한 무지대사를 혹은 범위대사範圍代詞에 포함시켜야 한다고 주장하는 학자도 있다. 주생아周生亞의 《"莫"字詞性質疑》[335] · 사질빈謝質彬의 《論古代漢語否定性的範圍副詞》[336] · 임해권林海權의 《否定詞"莫"字的詞性研究》[337]와 유수생喻遂生의 《甲金語法札記三則》[338]이 대표적이다.

양백준楊伯峻은 무지대사에 대하여 아래와 같이 설명하고 있다.

---

335) 周生亞, 〈"莫"字詞性質疑〉,《中國語文》, 1964年 4 期 301~303 转 294쪽. "謂'莫'表示'沒有誰' · '沒有哪一種東西'這些意思是'莫'在具體語言環境中所表現出的語法意義, 不能當成判定'莫'詞性的依據. 事實是: '莫'作爲一個否定副詞, 就結構上說, 它否定的當然是它后面的謂詞; 但是就意念上說, 它實在構成了對它前面的主語所體現的範圍的一種全稱否定. 就這個意義上說, 它是表範圍的否定副詞."

336) 謝質彬, 〈論古代漢語否定性的範圍副詞〉,《社會科學戰線》, 1982年 3期, 338~342쪽. "否定性的範圍副詞, 是指古代漢語中當'无人'或'无物'講的'莫 · 无 · 亡 · 罔 · 靡'等字. ……這種用法的'莫'字, 馬建忠 · 黎錦熙 · 楊樹達 · 王力 · 呂叔湘 · 楊伯峻諸語法學家都認爲是指示代詞. 或稱'约指代字'(馬建忠), 或稱'否定的指示代詞'(黎錦熙), 或稱'無指代詞'(楊樹達 · 楊伯峻), 或稱'否定性的無定代詞'(王力), 或稱'無定指稱詞'(呂叔湘). 他們在肯定'莫'字是指代詞的同時, 還指出它的句法功能是作主語. 本文的目的, 是試圖從語言實際出發, 依靠有關材料, 論證'莫'字的詞性是否定性的範圍副詞而不是指代詞. 它的句法功能是作状語而不是作主語."

337) 林海權, 〈否定詞"莫"字的詞性研究〉,《福建師範大學學報》, 1983年 1期, 166~177쪽.

338) 喻遂生, 〈甲金語法札記三則〉,《甲金語言文字研究論集》(成都巴蜀書社, 2002), 57~64쪽. "這些用例(指一般視爲無指代詞的'亡')我們暫歸入動詞, 但有學者指出, 這類所謂'無定代詞'實際上是否定性範圍副詞, 實際上這樣處理可能更妥當一些."

고대한어 중 일종의 부정사否定詞가 대사로 쓰여 '無人'·'無物'의 의미를 나타낸다. 양수달의《고등국문법》·《사전》중에서는 이를 '무지대명사'라 부른다. 이러한 종류의 대사는 많은 경우 '莫'자와 같이 쓰인다.《고등국문법》·《사전》에서 많은 예문을 제시하였다. 그러한 제시한 예문은《좌전》과《논어》이다. 최근에 금문 중에서 '亡'자를 발견하였는데,《상서》중 '罔'자와 같다. 이 자는 무지대사로 쓰인다.[339]

금문 중 아래 '亡'은 무지대사로 보기도 한다.[340]

288 文王孫亡弗褱(懷)井(型), 亡克竞厥烈.《集成4341 · 班簋(서주중기)》
문왕의 왕손들은 선조들이 이루어 놓은 공적을 가슴에 간직하여 모범으로 삼지 않은 것이 없으며, 어느 누구 또한 이 공적을 비길 바가 없다.

289 三年靜東國, 亡不成, 䀠天愄(威), 否(不)畀屯(純)陟.《集成4341 · 班簋(서주중기)》
삼년 내에 동국들을 평정시켜야한다, 만약에 이렇게 되지 않는다면 하늘의 위엄을 훼손시키는 경우가 되어 하늘은 이후에 계속해서 은덕을 베풀지 않을 것이다.

290 上帝后〈夒〉尢保受天子綰(綰)令厚福豐年, 方䜌(蠻)亡(無)不䚻.《集成10175 · 史牆盤(서주중기)》
상제 후직后稷은 천자의 장수, 많은 복과 풍년을 보우해 주셨고, 방국과 만이가 영원히 조견을 하게 되었다.

291 衒(率)褱(懷)不廷方, 亡不閈于文武耿光.《集成2841 · 毛公鼎(서주말기)》
문왕과 무왕은 진심으로 하늘의 대명을 잘 받들어서 조견하기 않는 주변 국가들을 회유하니, 문왕과 무왕의 빛나는 업적을 찬양하지 않은 자가 없었다.

292 肆皇帝亡昊(斁), 臨保我有周, 雩四方民亡不康静.《集成4342 · 師訇簋(서주말기)》
황제께서 어여삐 여겨서 우리 주나라에 임하여 보호해 주시니 주방 주변국가가 강건하고 편안하지 않은 곳이 없게 되었네.

293 有厥忠臣賙, 克巡(順)克卑(俾), 亡不率𡰥(仁)……侖其德, 眚(省)其行, 亡不巡(順)道.《集成2840 · 中山王嚳鼎(전국말기)》

339) 楊伯峻,〈上古無指代詞"亡"·"罔"·"莫"〉,《中國語文》(1963年 6期), 473~474쪽. "古代漢語有時用一種否定詞來作代詞, 表示'無人''無物'的意思, 楊樹達先生在它所著的《高等國文法》和《詞詮》中, 叫它做'無指代名詞'. 這種詞, 最常見的有'莫'字,《高等國文法》和《詞詮》兩書有很多例證, 不過其最早的例證僅始于《左傳》和《論語》. 近年我發現, 在金文中有'亡'字, 在《尚書》中有'罔'字, 也可以用作無指代詞."

340) 갑골문에서 '亡'자는 동사의 용법으로 쓰인다.

충신인 상방相邦 주賙는 화순하고 선량하여 인의적인 행위를 행하지 않음이 없고, ……덕德의 도리를 헤아려 행동거지는 항상 성찰하여 도리에 어긋나는 일을 절대 하지 않았다.

294 隹(雖)有死辠(罪), 及参(三)殜(世), 亡不若(赦).《集成2840 · 中山王■鼎(전국말기)》

그대의 죽을죄가 자손 三世를 멸한 죄라 할지라도 사면하지 않을 수 없을 것이며, 그대의 덕망을 온 천하에 밝히며, 그대의 공적을 높이 높이 찬양하노라.

예문287을 당란唐蘭은 "문왕의 후세들은 이러한 전형을 그리워하지 않은 적이 없고, 어떤 사람도 이러한 공적에 이의를 제기한 자가 없었다."로 번역하였고,[341) 《독본讀本》은 "文王의 자손들은 공적을 그리워하지 않은 자가 없었고, 또한 문왕을 정치의 본보기로 삼았으며, 어떤 누구도 그의 혁혁한 공로에 비길 바가 없다."로 번역하였다.[342)]

예문 288은 진몽가陳夢家는 "亡不咸戰天畏"로 쓰고 "하늘의 위엄에 순복하지 않은 자가 없었다."로 번역하고,[343)] 당란唐蘭은 "亡不成戰天畏(威)"로 쓰고 "하늘의 위엄에 평정되지 않은 죄악이 없었다."로 번역하였다.[344)]

'亡'자 다음에 부정부사 '不'가 있고, 또는 '亡尤' 구조로 쓰이나 '不'와 '亡' 사이에 다른 성분이 추가되어 쓰이지 않는 것으로 보아 동사의 용법으로 쓰인다는 것을 알 수 있다. 즉 '亡'자는 뒤에 부정사가 쓰여 '亡不'나 '亡弗' 구조로 쓰여 이중부정 형식을 취하거나, 혹은 '亡'자 등에 조동사 '克'이 쓰이는 것으로 보아 부정부사가 아닌 무지대사로 볼 수 있다. 양주 금문과 대략 같은 시기의 전래본 문헌 중 《상서》과 《시경》에는 무지대사가 쓰인다.

전종무錢宗武의 《금문상서어법연구今文尚書語法硏究》에 의하면 금문今文 《상서》

341) 唐蘭,《西周青銅器銘文分代史徵》(中華書局, 1986), 348쪽. "文王的後人沒有不懷想這個型範, 沒有人能爭辯這功烈."

342) 劉翔 · 陳抗 · 陳初生 · 董琨編著(1989),《商周古文字讀本》(語文出版社). 97쪽, 注 22. "文王子孫無不思慕并以他爲效法的典型, 沒有人能與他顯赫的功業相比."

343) 陳夢家,《西周銅器斷代》(上下卷)(中華書局, 2004). 27쪽. "即无不咸服天威"

344) 唐蘭,《《西周青銅器銘文分代史徵》(中華書局, 1986), 348쪽. "在天威之下, 沒有不平定的罪惡."

중에 '亡' · '莫' · '无(無)' 등 세 자는 모두 무지대사의 용법으로 쓰이지 않지만, '罔'은 무지대사로 모두 34차례 보인다. 모두 주어로 쓰이며, 부정부사 '非' · '不'이나 '弗'과 연용하여 이중 부정문을 만든다.(이중 부정문은 모두 28차례 보인다)[345]라 하였다. 향희向熹의 《시경사전詩經詞典》[346]은 《시경》 중에 '亡' · '罔'과 '无(無)' 등 세 자는 무지대사로 쓰이지 않고, '莫'자는 무지대사로 쓰인다하였다.[347] 양백준楊伯峻은 "'亡'자와 '罔'자는 古音이 완전히 같다. '莫'자는 소리부가 '茻'이며 후에 모부模部로 변하였다. 그래서 '亡'이나 '罔'자와는 음양대전陰陽對轉관계이다. 예를 들어, '亡'자를 '忘'이나 '无'로 읽을 수 있는 것과 같다. 그래서 '亡' · '罔'과 '莫' 등 세 자는 모두 가장 일찍 출현한 무지대사이다."라 하였다.[348] 또한 양백준楊伯峻 · 하락사何樂士 《고한어어법급기발전古漢語語法及其發展》은 "'罔'자는 상고한어에서 무지대사로 쓰이며, 《상서》에 자주 보인다. 이 자는 가장 이른 시기에 보이는 무지대사일 것이다. 그 후에 '莫'자로 바꾸어 썼다. '莫'자 중 자부字部 '茻'은 소리부 역할도 한다. '茻'자를 현재는 '莽'자로 쓰기도 한다. '莽'자와 '罔'자는 고음古音과 현대음이 모두 같은 운부에 속한다."[349] 따라서 양주금문은 '亡' · '莫'과 '无(無)'자가 무지대사로 쓰이고, 《시경》에서는 '莫'자가 《상서》에서는 '罔'자가 무지대사로 쓰인다. 이 세 자는 모두 고음이 서로 비슷하며, 특히 '亡'자와 '罔'자는 이체자 관계이다.

---

345) 錢宗武, 《今文尚書語法研究》: "凡 34 見, 全部作主語. 形式上多與否定副詞'非''不''弗'連用, 構成句子形式的双重否定(有 28 見)".

346) 向熹, 《詩經詞典》(成都四川人民出版社, 1997), 663 · 665 · 684 · 433쪽.

347) 向熹, 《詩經詞典》의 통계에 의하면 無指代詞 "莫"는 《風》에서 2개의 예가 보이고, 《雅》에서 21개의 예문이 보이고, 《頌》에서는 11의 예문이 보인다하였다. 錢宗武 《今文尚書語法研究》(158쪽)에서는 "文獻語言中還有一個無指代詞是'靡', 例見 《詩經 · 大雅 · 蕩》 '靡不有初, 鮮克有終.'"라 하였으나, 向熹 《詩經詞典》 (420~421쪽)에서는 "靡"자에 대하여 언급하지 않고 있다.

348) 楊伯峻, 〈上古無指代詞"亡""罔""莫"〉, 《中國語文》(1963年 6期), 473~474쪽. "'亡'和'罔'古音完全相同, '莫'字从'茻'得聲, 其音后來转入模部, 和'亡' · '罔'也是陰陽對转, 猶如'亡'可讀'忘' · '无'兩音一樣, 所以'亡' · '罔' · '莫'三字都是最早出現的無指代詞."

349) 楊伯峻 · 何樂士, 《古漢語語法及其發展》, 154쪽. "'罔'在上古用作無指代詞, 《尚書》屢見. 它可能是最早所用的無指代詞, 其后改用作'莫'. '莫'本从'茻', 也从'茻'得聲, '茻'今天写作'莽', '莽'和'罔'古音今音都同韵部."

6. 수사와 양사의 발전

(1) 수사의 탄생과 변천

1) 상고 시기의 숫자를 쓰는 방법

중국에서 수학에 대한 개념은 그 역사가 아주 오래 되었다. 수사에 대한 개념 명칭은 은주殷周시대에 이미 적지 않게 출현하였고, 서한 시기의 중국 고대 수학서인 《구장산술九章算術》에서 이르러서는 이미 상당히 완비 되었다.[350] 이러한 산술법은 당시 사람들이 만들어낸 실제 수요에서 생성되고 발전하기 시작한 것이다. 하지만 상고·중고 시기의 기수법記數法은 근대나 현대 중국어와는 차이점이 있다.

대략적으로 살펴보면 상고의 기수법은 두 가지 종류가 있다.

첫째, 정수整數(十, 百, 千, 萬)와 끝자리 숫자 사이에 접속사 '又(有)'나 '㞢(有)'자를 추가하는 방식이다. 갑골문에서 이와 같이 사용하였다.

• 수사 + 又(有) + 수사

1 允禽(擒)三百又(有)卌(四十)八.《合33371》
확실히 348마리를 잡았다.

• 수사 + 有 + 수사 + 有 + 수사

2 壬申允狩, 擒, 獲兕六·豕十㞢(有)六·兔百十㞢(有)九十㞢(有)九.《合10407》
임신일에 확실히 사냥을 하여 짐승을 붙잡았다. 여섯 마리의 외뿔소와 열여섯 마리의 산 돼지, 199마리의 토끼를 붙잡았다.[351]

---

350) 西漢의 張蒼과 耿壽昌이 增補하고 整理하여 아마 東漢 초기에 완성된 것으로 보인다. 지금 전세본은 대략 三國 時期 魏元帝景元四年(263年)에 완성된 것으로 劉徽의 注本이다.

351) '獲兕六' 등의 구절은 혹은 '兕六'은 '獲'의 목적이고, '兕六' 중 '兕'의 주어(주제)이고 '六'은 술어로 분석할 수 있다.

• 수사＋名／量＋有＋수사

3 貞: 來 乙亥酒祖乙十伐㞢(有)五, 卯十宰.《合892 正》

점을 쳐 묻습니다. 오는 을해일에 조을祖乙에게 포로 희생물을 사용하여 주제酒祭를 지낼까요? 열 마리의 묶어 기른 작은 양을 사용하여 묘제卯祭를 지낼까요?

춘추이전 시기에 기본적으로 이러한 기수법을 계속 사용했다.

4 六百又(有)五十又(有)九夫.《大盂鼎》

659 명의 사람.

5 朞三百有六旬有六日.《尚書 · 堯典》

일년은 삼백육십육일.

6 肆高宗之享國五十有九年.《尚書 · 無逸》

그래서 고종의 나라를 다스리는 기간이 오십구년이다.

7 吾十有五而志於學.《論語 · 爲政》

나는 열 다섯 살에 학문(學問)에 뜻을 두었다.

둘째, 접속사 '又(有)'나 '㞢(有)'를 사용하지 않은 방법이다. 갑골문과 금문에서 볼 수 있다.

8 允戈伐二千六百五十六人.《合7771》

확실하게 창으로 2656명을 징벌했다.

9 擒允獲彪二兕一鹿二十一豕二麑百二十七虎二兔二十三雉二十七, 十一月.《合10197》

사냥을 하여 확실히 호랑이 두 마리, 외뿔소 한 마리, 사슴 21마리, 돼지 두 마리, 어린 사슴 127마리, 토끼 23마리, 꿩 27마리 잡았다. 11월에.

10 隻(獲)鹿百六十二, ……《合10307》

사슴 162 마리를 잡아서.

11 孚(俘)人萬三千八十一人.《小盂鼎》

13081명을 포로로 사로잡다.

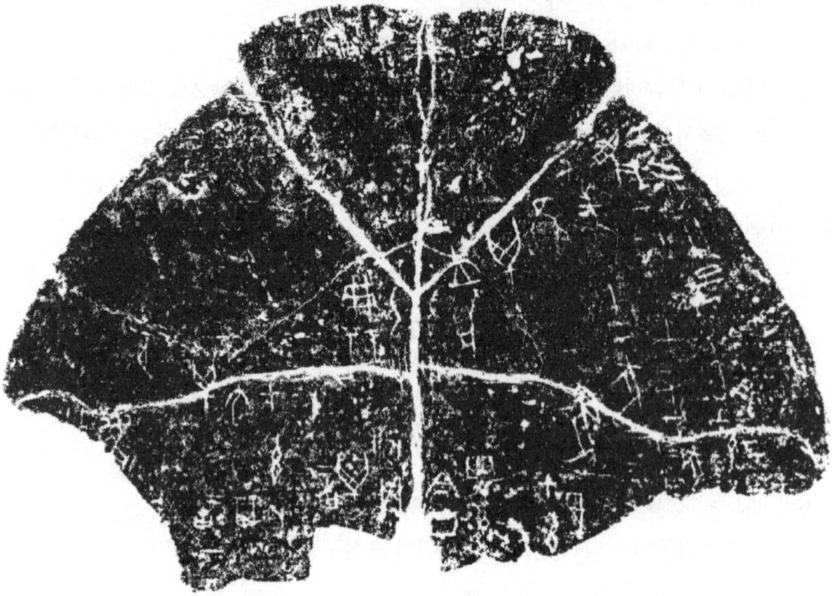

《合10197》

《춘추春秋》에서는 접속사 '又(有)'를 사용하는 방법을 사용하였지만, 《좌전》에서는 '又(有)'를 사용하지 않는 방법을 사용하였다. 대략 전국시기에 이미 '有' 또는 '又'를 끝자리의 사이에 접속사로 사용하지 않았으며, 이사李斯가 쓴 진각석명사秦刻石銘詞에도 이와 같이 사용하지 않는다. 이후 이러한 기수법은 오늘까지 계속 사용되었다.

갑골문에서 수사는 3만 개가 가장 큰 숫자다. '萬'은 원래 곤충 이름이었으나, 숫자로 가차자되어 사용되었다. 만 이상의 수사 '億'은[352], 서면어로는 《일주서逸周書》(4권)에 처음 보이기 시작했고, 또한 《시경 · 벌단伐檀》에도 보인다.

352) 원주: 陳夢家 《殷虛卜辭總述》(109쪽)에서는 복사에서 가장 많은 숫자는 '三萬'이라 하였다. 徐中舒 編 《漢語古文字字形表》(卷八)은 금문에서 '億'자자를 수록하고 있고, 高明 編 《古文字類編》에서는 수록하지 않았다. 《逸周書 · 世俘解》(第四十) "俘人三億萬. 有二百三十" 구절로 보아 적어도 주나라 초기에는 '億'자가 있었다.

12 不稼不穡, 胡取禾三百億兮?《詩經 · 伐檀》
심지 않고 수확하지도 않고, 어떻게 멋대로 벼 삼백 억을 취하는구나.

위 구절에 대하여 모형毛亨은 "만萬에 만은 억億이다."[353]라 하였다. 그러나 정현鄭玄은 "십만十萬을 억이라 한다."[354] 북주北周 견란甄鸞이 쓴 《오경산술五經算術》에서는 모형의 기수법은 만에 만을 단위로 계산한 것으로, "만에 만은 억이고, 만만억萬萬億은 조兆라 하고, 만만조萬萬兆는 경京이라 한다."[355]라 하였고, 정현鄭玄은 십진법을 사용하여 "십만十萬을 억億이라 하고 십억은 조를 말하며 십조는 경을 말한다."[356]라 하였다. 진한秦漢의 《산해경山海經 · 해외동경海外東經》 "오억십만구천팔백보五億十萬九千八百步"라는 말이 있는데, 이것은 아마도 모형이 말한 만만萬萬이 억億이 되는 기수법으로 진한 시기에 보편적으로 사용되었다. 이러한 용법은 《시경》과 완전히 동일하며, 이것이 바로 현재 기수법의 근원이다.

2) 고대 수사 '三'과 '九'의 특징

'三'과 '九' 두 숫자는 고대 중국어에서 꼭 실제적인 숫자를 가리키는 것이 아니라 각자 하나의 허수를 나타낸다. '三'은 많음을 나타내고, '九'는 매우 많음을 나타냈다. 이러한 허의虛義의 근원은 오랜 역사를 지니고 있고, 청대清代 왕중汪中은 《석삼구釋三九》에서 '三'과 '九'를 자세히 설명하였다.

13 季文子三思而後行.《論語 · 公冶長》
계문자는 여러 번 생각한 후에 행한다.
14 曰, "山粱雌雉, 時哉時哉!" 子路共之, 三嗅而作.《論語 · 鄉黨》
"산의 다리목 까투리는 때를 아는구나, 때를 아는구나."라고 하였다. 자로가 함께 구경을 하자 꿩은 여러 번 냄새를 맡아 보고는 날아가 버렸다.

---

353) 毛亨: "萬萬曰億."
354) 鄭玄《箋》: "十萬曰億."
355) "萬萬曰億, 萬萬億曰兆, 萬萬兆曰京."
356) "十萬曰億, 十億曰兆, 十兆曰京."

15 匡章曰: '陳仲子豈不誠廉士哉? 居於陵, 三日不食, 耳無聞, 目無見也. 井上有李, 螬食實者過半矣, 匍匐往將食之, 三咽, 然後耳有聞, 目有見.'《孟子·滕文公下》
광장이 말하였다. 진중자는 어찌 참으로 청렴한 선비가 아니겠습니까? 오능於陵에 거주하면서 삼일 동안 먹지 못하여 귀가 들리지 않았고 눈에는 보이는 것이 없었다. 우물가에 오얏나무가 있었는데, 굼벵이가 열매를 먹은 것이 반뿐이 남지 않았는데, 기어가 따먹어 여러 번 씹은 뒤에야 귀가 들리고 눈이 보였다.

위의 예문은 모두 숫자 '三'의 개념으로 해석할 수 없다.

16 子張問曰, 令尹子文三仕爲令尹, 無喜色, 三已之, 無慍色. 舊令尹之政, 必以告新令尹. 何如?《論語·公冶長》
영윤 자문은 여러 차례 벼슬을 살아 영윤 노릇을 하였는데 기쁜 기색이 없었고, 여러 차례 그 벼슬에서 물러났는데 성내는 기색이 없었으며, 전임 영윤이 한 정적政績을 반드시 신임 영윤에게 일러주었으니, 이 사람은 어떻겠습니까?
17 吾嘗三仕三見逐於君, 鮑叔不以我爲不肖, 知我不遭時. 吾嘗三戰三走, 鮑叔不以我怯, 知我有老母也.《史記·管晏列傳》
(관중이 말하였다.) 여러 차례 벼슬을 하고 군주에게 여러 차례 쫓겨났는데, 포숙아는 이를 못난 놈이라고 여기지 않고, 아직 때를 만나지 못한 것으로 여겼다. 나는 일찍이 여러 차례 전쟁에 참여하여 여러 차례 도망쳤는데, 포숙아는 나를 겁쟁이라 여기지 않았다. 그는 내가 노 부모가 있는 것을 알기 때문이다.
18 鄒忌以爲然, 乃說王而使田忌伐魏. 田忌三戰三勝.《戰國策·齊策一》
재상 추기가 공손한의 계략을 받아들여, 왕에게 전기를 위魏 나라와 전쟁하는데 참가하도록 설복하였다. 그래서 전기는 여러 차례 전쟁에서 승리를 거두었다.
19 (范蠡)十九年之中三致千金, 再分散與貧交疏昆弟. "《史記·貨殖列傳》
범려는 십구년 동안 많은 재산을 벌여 들여 가난한 벗들에게 나누어 주었다.

위의 예문 역시 '三'은 꼭 셋을 가리키는 것이 아니라 허수虛數이다.

20 亦余心之所善兮, 雖九死其猶未悔.《楚辭·離騷》
이는 내 마음 진실에서 바라는 바이니, 비록 여러 번 죽는다하더라고 후회하지 않는다.
21 是以腸一日而九回, 居則忽忽若有所亡, 出則不知所如往.《漢書·司馬遷傳》

그래서 고통이 매일 가슴 속 애간장이 끌고 끌어, 집에 있어도 홀연히 망연자실한 듯하고, 집을 나서도 어디로 향할지 모르다.

22 假令僕伏法受誅, 若九牛亡一毛, 與螻螘何以異?《漢書 · 司馬遷傳》
가령 법을 어겨 주살을 당한다 해도 많은 소 가운데 털 하나를 잃은 것과 같으니 개미가 죽은 것과 무엇이 다르겠는가?

위의 '三'과 '九' 수사는 만약 숫자대로 해석을 하면 어색한 해석이 된다. 위의 예문들은 왕중의 《석삼구》를 참고한 것으로 이러한 상고시기 기수법은 현대 중국어에서도 여전히 사용된다.

- 三心二意
  마음속으로 확실히 정하지 못하다. 딴마음을 품다.
- 三言兩語
  몇 마디 말, 언변이 능란하다.
- 九牛二虎
  굉장히 큰 힘, 엄청난 노력, 매우 큰 힘.
- 千方百計
  천 가지 방법과 백가지 계책, 온갖 꾀.

위의 예문 중의 수사 역시 하나의 수사修辭 방법으로 허수를 나타낸다.

3) 수사 '兩'과 '二'의 변천

상고시기에 일반적으로 '二'자를 사용하고, '兩(두 량{양}, liǎng)'자를 사용하지 않았다. 두 사물이 서로 대칭되는 상황에서만 '兩'자를 사용하였다. 이는 '兩'자는 원래 한 짝을 이루거나 짝수인 숫자를 가리켰기 때문이다. 예를 들어, 원고가 있으면 반드시 피고가 있기 때문에 '양조兩造'[357]라고 한다.

357) '원고와 피고' · '쌍방' · '양쪽'.

23 兩造具備, 師聽五辭.《尙書 · 呂刑》
원고와 피고가 모두 갖추어지면, 옥관은 다섯 가지 형벌을 근거로 하여 그들의 변론을 들어야 한다.

하늘과 땅은 서로 대칭되기 때문에 고대인들은 천지를 관장하는 것을 '양의兩儀'라 하였다.

24 易有太極, 是生兩儀.《周易 · 系辭上》
역易에 태극太極이 있으니, 이것이 양의兩儀를 낳고.

마차가 두 바퀴이기 때문에 고대인들은 마차 수를 계산할 때 '兩'을 양사로 취하였다. 후에 '兩'자에 의미부 '車'를 추가하여 '輛(수레 량{양}, liàng)'자로 썼다.

25 之子於歸, 百兩將之.《詩經 · 鵲巢》
새아씨가 시집옴에 많은(백량百輛) 수레로 맞이하네.
26 戎車三百兩.《(僞古文)尙書 · 牧野》
전차 삼백 대.

또한 짚신은 항상 짝을 이루기 때문에 '兩'을 양사로 사용하였다.

27 葛屨五兩.《詩經 · 齊風 · 南山》
짚신 다섯 켤레

'一', '二', '三', '四'라는 숫자를 말할 때, '一', '兩', '三', '四'라고 말하지 않았고, 또한 '二百'은 '兩百'이라 하지 않았다. 하지만 한대漢代에 이르러 변화하기 시작했다. 지금 우리는 '兩三' 혹은 '一兩'이라 말하는데, 이것은 서한西漢과 동한東漢 작품에 상당히 보편적으로 사용된 것이었다.

28 日暮欲歸, 當送乾薪兩三束. (王褒《僮約》)
날이 저물어 돌아가고자 하는데, 마른 땔감 두세 다발을 보내야 하네.

29 得來還, 千人一兩人耳.《史記 · 匈奴列傳》
집으로 돌아간 사람은 천인 중의 한두 명 뿐.

30 兄弟兩三人, 中子爲侍郎.《樂府 · 相逢行》
형제 두어 명 중 둘째는 시랑이 되었네.

31 屬累君兩三孤子.《樂府 · 病婦行》[358]
그대에게 귀찮게 두어 명 잘 고아를 부탁하오.

32 兄弟兩三人, 流宕(蕩)在他縣.《樂府 · 艷歌行》
형제가 두세 명은 타지를 떠도네.

중고中古 전기前期에 '三三兩兩'[359]라는 단어를 사용하였다. 아래는 남조南朝 악부민가樂府民歌《교녀시嬌女詩》중의 일부이다.

33 (魚)行不獨自去, 三三兩兩俱.《嬌女詩》
물고기 홀로 노닐지 않고, 삼삼오오 서로 어울려 헤엄치네.

이러한 첩자법疊字法은 중국어 어법의 일반적인 형태로 변하여 지금도 '三三二二'라고 말하지 않았다. 과거와 현재의 '兩'과 '二'의 용법은 공통점과 어느 정도의 차이점도 가짐을 알 수 있다.

4) 서수序數의 발전.

현대 중국어 '第一'이나 '第二' 등의 용법은 그 근원은 아주 오래 되었다.《논어》에서는 그 편명을 '학이제일學而第一' · '위정제이爲政第二' · '팔인제삼八佾第三' · '이인제사里仁第四' 등으로 썼고,《여씨춘추》에서는 '맹춘기제일孟春紀第一' · '중춘기제이仲春紀第二' 등으로 쓴다. 그러나 이는 '명사 + 서수'의 형식이다. 이외에 '서수 + 명사'의 순서로 '第一人'이나 '第二名'과 같은 형식으로 쓴다. 이러한 용법은 중

358) '屬(zhǔ)'은 '부탁하다'의 '囑'의 의미와 같고, '累'를 '누를 끼치다'의 뜻이고, '孤子'를 '孤儿'를 가리킨다.

359) '三三兩兩'은 '삼삼오오'의 뜻이다.

고中古 한위육조漢魏六朝 시기부터 사용하였다.

34 云有第三郎, 窈窕世無雙.《焦仲卿妻》
세 번째 사내가 있고, 잘 생기기가 세상에 둘도 없다.)

35 晉哀帝王皇后有一紫磨金指環, 至小, 可第五指帶.《(六朝)俗說》
진 애제의 왕황후는 자줏빛 금가락지가 있었는데, 작은 것은 다섯 번째 손가락에 낄 수 있네.

36 邵一見便云: "汝南第三士也."《(六朝)小說》
허소許劭가 한번 보고 말하였다. 여남의 셋째 선비이다.

37 有婦人, 浣於江渚, 曰: "第四車中人解."《(六朝)小說》
한 부인이 강가에서 빨래를 하며 말했다. 네 번째 마차가 중인 해解이다.

38 羊去, 卞(範之)語曰 : "我以第一理期卿, 卿莫負我."《世說新語 · 寵禮》
양부羊孚(자도子道)가 가려할 때 변卞이 말하였다. 내가 가장 중요하게 여기는 일을 당신에게 기탁할 것이니, 나의 부탁을 거절하지 마시오.

서수의 이러한 용법은 시간이 지날수록 규범화되었고, 현재까지 계속해서 사용되고 있다.

⑵ 양사의 기원과 발전

1) 양사의 기원

양사의 기원은 사회 경제 생산의 발전과 밀접한 관련이 있다. 씨족 공동체 시대에는 공동으로 일하고, 그 결과 얻어진 생산물들은 공동으로 소비하였다. 만약에 그들의 생산물품이 그들이 생활하기에 필요한 양 정도로 남는 것이 없다면 당연히 교환도 없었을 것이다. 그렇다면 도량형度量衡의 양사 '斤' · '兩' · '斗' · '升' 등이 필요가 없다. 생산력이 점점 많아지게 되고 가축을 사육함에 따라, 원시 공동사회 부락은 전문적으로 목축에 종사하는 부락이 생겨나게 되었다. 이것이 제1의 사회 노동 분업이다. 이 시기에 각 부락의 목축 생산품은 점점 잉여물이 생겨나게 되었고, 부락과 부락 사이에 교환 경제가 생기게 되었다. 이때에 교환 방식은 물건 개수에 따라 대략적 계산하는 방식이었을 것이다. 상호 물물 교환 사회에 서로 적응하기 위하여, 인간은 그들의 언어에서 목축을 계산하는 자연물 양사 '隻' · '匹' 등을 발명하게 되었다. 중국 상대商代가 바로 이 시기에 해당한다. 그 후 한층 더 발전하여 사회는 제2의 분업이 발생하게 되었고, 수공업은 농공업에서 분업하기 시작하였으며, 교환 경제 사회는 더욱더 크게 확충되었다. 이로인해 계급 사회와 사유재산이 발생하였으며, 교환은 부락과 부락 간 뿐 만 아니라 개인적으로도 행해졌다. 이때 사람들은 생산 건수에 따라 대략 계산하는 방법으로만은 부족함을 느끼게 되었고, 그들은 교환 물품의 수량과 질량의 가치를 따지기 시작하였다. 이에 따라 도량형度量衡 양사가 생겨나게 된 것이다.

위고문僞古文《상서 · 순전舜典》에서는 "도량형을 통일시키다"[360]라 하였다. 물론 위고문은 그 시기를 확신할 수 없지만 이 내용은 대략적으로 상대商代 후기에서 서주西周에 해당될 것이라 추정한다.

상고 초기에는 양사가 아주 발달되지는 않아 갑골문에서는 3가지 상황이 동시에 존재하였다.

첫째, 양사를 사용하지 않고 수사가 명사 바로 앞이나 또는 뒤에 쓰이는 경우이다. 이러한 형식은 아마도 원고遠古 시기 중국어 어법 형식의 잔류일 것이다.(A형식)

둘째, 명사를 중복 사용하여 양사를 대체시키는 '명사 + 수사 + 명사' 형식이다. 이것은 상고 초기 양사를 사용하는 방법일 것이다. (B형식)

셋째, 양사를 이용한 방법이다. 이때 이미 전용專用 양사가 이미 생겨났고, 그 형식은 '명사 + 수사 + 양사'이다. 아래에서 이에 대하여 살펴보기로 한다. (C형식)

A형식: 양사를 사용하지 않는 경우

360) 《尙書 · 舜典》: "同律度量衡."(도량형을 통일시키다.)

숫자는 명사 앞 또는 명사 뒤에 모두 쓰일 수 있다.

39 擒允獲彪二兕一鹿二十一豕二麑百二十七虎二兔二十三雉二十七, 十一月.《合10197》

사냥을 하여 확실히 호랑이 두 마리, 외뿔소 한 마리, 사슴 21마리, 돼지 두 마리, 어린 사슴 127마리, 토끼 23마리, 꿩 27마리 잡았다. 11월에.

40 十五犬, 十五羊, 十五豚.《合29537》

개 열다섯 마리, 양 열 다섯 마리, 돼지 열다섯 마리.

41 十犬又五犬卯牛一.《合32775》

열 다섯 마리의 개와 소 한 마리를 살육하여 제사를 드릴까요.

《合32775》[361)]

B형식: 명사를 중복 사용하여 양사를 대체하는 경우

수사가 명사 사이에 놓인다.

42 羌百羌.《合32042》[362)]

오랑캐 백 명

43 甲午卜, 貞: 翌乙未侑于□□羌十人, 卯窜一有一牛.《合324》[363)]

361) "甲午[卜]……妝……丁于……". "甲午卜, 又于子……一." "甲午卜, 又[illegible]戠十犬卯牛一."

362) 郭沫若《殷契粹編》'190'

363) 《釋文》은 '□□'을 '祖乙'로 쓴다.

갑오일에 점을 쳐 묻습니다. 다음 날 을미일에 조을에게 강족 열 명을 바쳐 유제侑祭를 지낼까요, 묶어 기른 양과 한 마리의 소를 사용하여 묘제卯祭를 지낼까요?

‘羌 + 수사 + 人’이란 형식은 갑골문에 자주 보인다. ‘合336’ · ‘合337’ · ‘合338’ · ‘合339’ · ‘合380’ · ‘合383’ · ‘合390正’ · ‘合394’ · ‘合397’ · ‘合400’ · ‘合496’등에도 이러한 형식이 보인다.[364)]

C형식: 양사를 사용하는 경우

명사는 수사와 양사 앞에 놓인다.

44 馬五十丙.《合11459》

말 오십 마리.

45 其蒸新鬯二必(升)一卣于☐[365)].《合30973》

새로 담은 울창주(제삿술)두되 한 통을 사용하여 증제蒸祭를 지낼까요?

《合30973》

예문44 - 45로 보아 갑골문 시대에 이미 자연양사 ‘丙’과 도량형度量衡 양사인 ‘必(升)’이 있었음을 알 수 있다.

후에 서주西周 금문에서 A형식은 이미 도태되어 사용되지 않았고, B, C 형식은 같은 시기에 계속 사용되었다. 예를 들면 아래와 같다.

B형식:

46 乙亥王易(賜)□[illegible]玉十丰(玉) · 章(璋)一, 用乍(作)且(祖)丁彝.(商代末期.《亞鳶作且丁簋 ‘3940’》

을해일에 □[illegible]에게 구슬 열 개와 홀 璋 한 개를 하사하자 이를 기념하기 위하여 선조 丁에게 제사지낼 때 사용할 이기彝器를 만들다.

364) 이외에도 羅振玉《殷墟書契菁華》‘6’에는 “人十㞢(又)六人.”(사람 열여섯 명)란 구절이 있는 이 형식 역시 ‘명사 + 수사 + 명사’의 형식이다.

365) ‘중간 크기의 술잔을 가리킨다.’

《集成 3940》

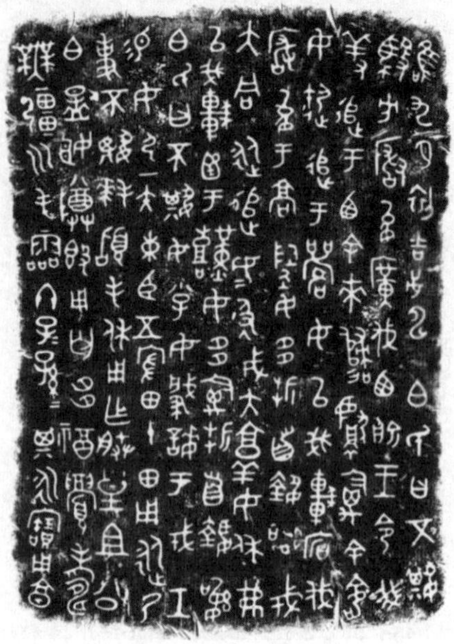

《集成 4328》

47 白氏曰: 不嬰(其), 女(汝)小子, 女(汝)肇(肇)誨(敏)于戎工. 易女(汝)弓一・矢束・臣五家・田十田, 用從乃事. 不嬰(其)拜(拜)䭫手(首)休, 用乍(作)朕皇且(祖)公白孟姬障(尊)𣪘(簋), 用匄多福. 釁(眉)耈(壽)無疆(疆), 永屯(純)霝(令)冬(終). 子子孫孫其永寶用亯(享).《'서주말기', 不嬰簋 '4328'》[366)]
백씨는 말하였다: "불기不其아! 나의 관리여! 너는 큰일을 민첩하게 잘 처리하였기에, 나는 너에게 하나의 궁弓과 백개의 시矢와 다섯 가족의 신하와 전답 십전十田을 하사하노니, 너의 일을 수행하는데 사용하도록 하여라"라고 했다.
불기不其는 머리 숙여 큰 절을 올리고 찬미하며, 조부인 공백公白과 조모祖母 맹희孟姬에게 제사드릴 때, 사용할 존귀한 궤을 만들어, 다복과 영원토록 장수하기를

366) '誨(敏)于戎工' 중 '誨'자는 '敏'자와 통하여 '일을 민첩하게 잘 처리하다'의 의미이다; '戎'은 '大'의 뜻이며, '工'은 '功'과 통하여 '事'의 의미로 쓰인다. '戎'을 '兵戎'으로 해석하여 '戎工'을 '兵戎의 큰 일'로 해석하기도 한다. '矢束' 중 화살 한 '束'을 50개라고 하는 설과 100개라고 하는 설이 있으나, 확실치 않으나, 《小盂鼎》의 문장 중 "弓一矢白"이란 구절을 참고하면, 100개가 아닌가 한다. '匄'은 '乞求'의 의미인 '기원하다'의 뜻이다. 《金文常用字典》, 1054쪽, 참고, '永屯(純)霝(令)冬(終)' 중 '屯(純)'은 '厚'・'美'・'善'의 의미이고, '霝(令)冬(終)'은 '善終'의 의미이다.

기원하며, 영원히 풍요로운 복을 받아 좋은 편안한 노후가 있기를 기원한다. 자자손손 영원히 이 보배를 사용하여 제사 지내기를 바란다.

C형식:

48 隻(獲)聝(馘)四千八百□二聝(馘), 孚(俘)人萬三千八十一人, 孚(俘)馬四□□匹, 孚(俘)車卅兩(輛), 孚(俘)牛三百五十五牛, 羊廿八羊. ……孚(俘)聝(馘)二百卅七聝, 孚(俘)人□□人, 孚(俘)馬百四匹, 孚(俘)車百□兩(輛).《서주초기小盂鼎'02839'》
사람 목은 48□□2명을 베었고, 포로 13081명을 붙잡았고, 말 4□□필을 노획하였고, 마차 30대를 빼앗았고, 소 355 마리를 노획하였고, 양 28리를 노획하였다. 목을 237명의 베었고, 포로를 □□인 붙잡았고, 말 104마리를 노획하였고, 마차 1□□대를 노획하였다.

《소우정小盂鼎》에서 사용되고 있는 양사는 우리에게 많은 것을 시사해 주고 있다. '匹'·'兩'과 같은 명량사名量詞는 많이 사용하지 않았기에 소나 양을 계산할 때 여전히 명사를 중복하는 옛 방식을 계속 쓸 수밖에 없었다. 서주西周 이후 명량사는 점점 발달되어 B형식은 다시 도태되고, C형식 중 양사를 사용하는 형식이 계속해서 발전하게 되었다.

중국어 양사는 일부 자연양사와 모든 도량형 양사는 명사와 함께 사용되므로 명량사라 부른다. 자연양사 중 일부는 동사와 함께 사용되었다. 이러한 양사를 동량사動量詞라 부른다. 따라서 양사는 명량사와 동량사로 나눌 수 있다.

2) 명량사의 발전

중국어 양사의 특징 중 자연 단위를 나타내는 명량사는 처음에 모두 그 사물 자체의 단위를 나타내기 위해 만들어졌다. 이는 일종의 특수화된 단어로 해당 사물 이외에 다른 범주 사물에는 적용되지 않았다. '匹'은 말의 단위로 소나 양의 양사로 사용되지 않았고 지금까지도 이와 같이 사용된다.

마차(車)의 단위는 두 바퀴(양윤兩輪)의 '兩'을 사용하고, 말·소·양에는 사용하지 않았다. 후에 양사는 특수적인 것에서 일반적인 상황으로 발전하여, '兩'자는 《시경》에서 신발을 나타내는 단위로도 사용되었다.

49 葛屨五兩, 冠緌雙止.《詩經 · 齊風 · 南山》
칡신 다섯 켤레도 모두 짝이 있고, 갓끈도 모두 두 가닥이 한 벌이라네.

당연히 일반이라는 것은 단지 상대적인 개념으로 이 양사의 사용범위는 여전히 한정적이었다. 예를 들어, 현재 우리는 '一條櫈子'(한 개의 탁자)라고 말할 수는 있지만, '一條桌子'라고는 말하지는 않는다. 또한 '一張紙'라고 말하고 '一個紙'라고 말하지 않는다. 그러나 어찌됐건, 양사 사용의 범위는 결국은 상대적으로 확장된 것이다.

아래의 주요 양사의 발생과 발전 상황에 살펴보기로 한다.

① 個(箇)

원래는 대나무(竹) 하나(一枚)를 '個'라 하고, '箇(낱 개, gè)'로 쓰며 '個'로도 쓴다. 《설문해자》는 "箇(箇)'자에 대하여 "'箇'는 대나무의 가지이다"[367]라 하고, 《사기史記 · 화식전貨殖傳》 "竹竿萬個."[368]라 하였다. 따라서 '個'자는 처음에 대나무의 단위이었다는 것을 알 수 있다. 그러나 선진시대에 이미 '個'자 그 용법이 확대되어 사용되었다. '箭(화살 전 jiàn)'에도 '箇'자를 양사로 사용하였다.

50 負服[369]矢五十箇.《荀子 · 議兵篇》
화살 오십 개가 담긴 화살통을 매다.

'한 사람'을 일컬어 '一個'라고 하였다.

---

367) 《說文解字》: "箇, 竹枚也. 从竹, 固聲."
368) "죽간 만개."
369) '服'은 '箙'으로 화살을 넣는 통이다.

51 又弱一個焉, 姜其危哉.《左傳 · 昭公三年》

이제 또 한 사람이 죽었으니 강성씨족이 매우 위태롭게 되었다.

52 君亦不使一個, 辱在寡人.《左傳 · 昭公二十八年》

노나라 군주는 응당히 한 사람이라도 보내 과인을 욕되게 하지 말아야 한다.

두예杜預는 "'일개一個는 한 사람을 시키다'라는 뜻이다."[370]라 하였다. '個'는 상고시기에 보통 '介'자로 쓰기도 한다.

53 如有一介臣.《尚書 · 秦誓》

만약에 한 명의 신하가 있어.

54 若有一介臣.《大學》

만약에 한 신하가 있어.

현대 객가어客家語에 아직도 이 고대 단어를 사용하여 '一個'를 '一介'라 한다.('介'자를 'kεy'로 읽는다.)

② 條

《설문》은 '(條)'자에 대하여 "'條'는 '작은 가지'이다. '木'과 소리부 '攸'로 이루어진 자이다."[371]라 하였다. 이것은 '條'자는 후에 파생되어 '분조分條'라는 의미로 쓰이게 되었다.

55 條奏毋有所諱.《漢書 · 元帝記》

상소문에 이른바 거짓이 있어서는 안 된다.

남북조 시기에도 계속 사용하였다.

56 有佛袈裟十三條.《洛陽伽藍記 · 卷五》

370) 杜預: "一個, 單使."

371)《說文解字》: "條, 小枝也. 从木, 攸聲."

불교 가사袈裟 열세 벌이 있다.

근대 중국어는 이러한 용법을 계속 답습했고, '가늘고 긴 물건'은 대부분 '條'라는 양사를 사용하였다.

57 有座主來參, 値師鋤草, 忽然見一條蛇.《景德傳燈錄 · 廬山歸宗寺智常禪師 · 七》
불경 강설하는 좌주座主가 와서 참선하고 있을 때, 지상智常 선사禪師가 제초를 하고 있었는데, 마침 갑자기 뱀 한 마리가 나타났다.

이후로 모든 '얇고 긴 물건'은 모두 양사 '條'로 사용할 수 있었다. 예를 들어, '一條櫈(한 탁자)' · '一條路(한 길)' 등이다.

③ 枚

《설문》은 '𣏂(枚)'자에 대하여 "'枚'는 '나무줄기'라는 뜻이다. '木'과 '攴'으로 이루어진 자이다."[372]라 하였다. 따라서 원래는 명사이고 후에 '나무'의 수를 세는 양사로 변했음을 알 수 있다. 《사기 · 화식전》 "竹竿萬個."[373] 구절에 대하여 《사기소은史記素隱》과 《사기정의史記正義》는 모두 《석명》의 "대나무는 '個(個)'로 말하고, 나무는 '枚'로 말한다."[374]란 말을 인용하였다. 이것은 원래 '枚'의 뜻이다. 남북조 이래로 '枚'자는 나무 종류뿐만 아니라 기타 사물에도 쓰였다. 심지어 종이나 전병 같은 물건에도 '枚'자를 쓰는 등 비교적 광범위하게 쓰였다.

58 隻, 鳥一枚也.《說文解字》
'隻'은 새 한 마리다.
59 木器髤[375]者千枚.《史記 · 貨殖列傳》
목기 옻칠하는 것 천개

---

372) 《說文解字》: "枚, 榦也. 可爲杖. 从木, 从攴."
373) 《史記 · 貨殖傳》: "竹竿萬個."(죽간 만개)
374) 《釋名》: "竹曰個(個), 木曰枚."
375) '髤(옻칠할 휴 xiū)'는 '칠하다'의 뜻이다.

60 廬江郡常歲時生龜長尺二寸者二十枚輸太卜官.《史記 · 龜策列傳》
여강군은 항상 세시(歲時)에 그 땅에서 나는 거북이 중 길이가 이촌인 놈 이십 마리를 대복관太卜官에게 보냈다.

61 乃命左右悉取珊瑚樹, 有三尺四尺條幹絶世, 光采溢目六七枚.《世說新語 · 汰侈》
이에 좌우 신하에게 모든 산호수를 내오도록 명하였는데, 그 중 삼척 크기의 혹은 사척 크기의 줄기 가지는 매우 아름다워 눈부시게 광채가 나는 것이 여섯, 일곱 개였다.

62 譬如有人, 因其饑食, 食七枚煎餠.《百喻經上》
예를 들어 어떤 사람은, 굶주림으로 인해 전병을 일곱 개나 먹었다.

63 王右軍爲會稽令, 謝公就乞箋紙; 檢校庫中, 有九萬枚, 悉以付之.《裴子 · 語林》[376]
왕우군이 회계령으로 있을 때, 사공이 종이를 요구하자 창고에 점검해보니 곳간 속에 구만 매가 있어 모두 이를 주었다.

④ 隻 · 雙

'隻'자는 원래 손으로 한 마리의 꽁지가 짧은 새를 잡은 형상인 회의자이다. 만약 손으로 두 마리를 잡으면 '雙'이라 한다.[377] 《의체儀禮 · 빙례聘禮》는 "凡獻, 執一雙.(이른바 헌납은 한 쌍으로 한다.)"라 하였다. '隻'자와 '雙'자는 원래 모두 날짐승을 세는 양사로 사용되다가 후에 확대되어 일반 양사가 되었다.

64 匹馬觭輪無反(返)者, 操之急矣.《漢書 · 五行志中之下》
(秦軍이)말 한 필 수레 하나도 돌아 올 수 없는 것은 바로 조급함 때문이다.

65 又是載玉萬隻.《穆天子傳》
또 옥 만개를 실었다.

66 冠緌雙止.《詩經 · 齊風 · 南山》
갓 끈 한 쌍.

67 我持白璧一雙, 欲獻項王.《史記 · 項羽本紀》
나는 백옥 한 쌍을 들고 항왕項王에게 바치고자 했다.

376) 진晉나라 배계裴啓의 작품이다.
377) 《說文解字》: "隻, 鳥一枚也. 从又持隹. 持一隹曰隻, 二隹曰雙." 갑골문은 '隻'자를 ''로 쓴다.

나중에는 신체나 사람에 관한 명사에도 '隻'을 쓸 수 있었다. '척신만리隻身萬里.(몸은 만리)' · '형단영척形單影隻(아무 데도 의지할 곳 없이, 몹시 외로움) 등 고대 중국어에서 자주 볼 수 있는 것이었지만 현대 구어에는 이러한 용법이 없어졌다. 현대 중국어에서는 '隻'자를 '只'로 쓰고, '雙'자를 '双'으로 쓴다.

⑤ 頭

'頭'는 원래 동물 형체의 일부분을 뜻하나, 후에 양사로 가차되어 사용되었고 목축에만 제한적으로 사용되었다. '頭'가 양사로 쓰인 최초의 예문은 당인唐人이 주석에서 인용하고 있는 《사마법司馬法》에서 찾아볼 수 있다. 공영달은 《좌전 · 애공2년襄公二年》 "齊侯伐萊, 萊人使正輿子賂夙沙衛以索牛馬, 皆百匹.(제나라 제후가 내萊나를 초벌하자 내나라 사람이 현대부 정여자正輿子를 시켜 제영공의 충신 숙사위夙沙衛에게 정선된 말과 소 각 백 필을 뇌물로 주게 하였다.)"라는 구절을 설명하면서 《사마법》을 인용하여 아래와 같이 설명하였다.

68 《司馬法》: '丘, 出馬一匹, 牛三頭'. 則牛當稱頭, 而亦云匹者, 因馬而名牛曰匹, 並言之耳. (孔穎達《正義》)
《사마법》은 "丘(구역단위)에서는 말 한 필과 소 세 마리를 세금으로 내야 한다."라 했다. 즉 '牛'의 양사는 '頭'로 쓰고 있는데, 이에 또한 양사 '匹'을 쓰는 것은 '馬'의 양사를 쓰기 위한 것으로 '牛'자를 명목과 함께 언급하였기 때문이다.

《사마법》은 이미 없어진 책으로 공영달이 인용하고 있는 이 두 구절은 현대 우리가 볼 수 없지만, 인용한 자는 반드시 직접 모든 원서를 봤을 것이다. 이 인용문에서 '頭'의 양사를 설명하고 있는 것으로 보아 그 기원은 선진 시기임을 알 수 있다. 상고 후기의 한대漢代에 이르러 양사 '頭'는 자주 쓰이게 되었다.

69 馬千匹, 牛倍之, 羊萬頭, 粟以萬鍾計.《漢書 · 貨殖傳》
말 천 필, 소 그 두 배, 양 만 마리, 곡식 수만 종鍾의 재산을 이루었다.

70 馬牛羊驢橐駝七十餘萬頭.《漢書 · 西域傳下》
말, 소, 양, 당나귀, 낙타 칠십 여 만 마리.

71 責單于馬萬匹, 牛三萬頭, 羊十萬頭."《漢書 · 王莽傳中》
흉오匈奴 선우單於에게 말 만 필, 소 삼만 마리, 양 십만 마리를 받치도록 요구했다.

남북조 시기에는 양사 '頭'의 사용이 더 성행하였다. 《남제서南齊書 · 지십志十》에서 모든 코끼리, 거북이, 참새, 새, 쥐, 토끼 등 금수 종류는 모두 양사 '頭'를 사용하였다. 예를 들어, '白象九頭(하얀 코끼리 아홉 마리)' · '玄龜一頭(검은 거북이 한 마리)' · '金色魚一頭(황금 물고기 한 마리)' · '白雀一頭(흰 공작 한 마리)' · '白鳥一頭(백조 한 마리)'와 '白鼠一頭(흰 쥐 한 마리)' 등이 있다.

북위北魏 《낙양가람기洛陽伽藍記》(5권)에서는 '獅子兒兩頭(사자 두 마리)' 라는 구절에서와 같이 사자를 세는 양사로 사용하였다.

⑥ 顆

'顆(낟알 과, kē)'의 원래 의미는 작은 머리이고, 후에는 양사로 사용했다. 《설문해자》는 '䫂(顆)'자에 대하여 "'顆'는 '작은 머리'라는 뜻이다. 의미부 '頁'와 소리부 '果'로 이루어진 자이다."[378]라 하였고, 남당南唐 서개徐鍇의 소서본小徐本 《설문해자계전說文解字繫傳》에서 "현재 물건을 가리키는 '一顆'라는 뜻은 '一頭'와 같다"[379]라 하였다. 이를 보아 '顆'와 '頭' 이 두 양사는 의미가 같은 동의사同義詞임을 알 수 있다.

72 北土通呼物一凷(塊), 改爲一顆.《顔氏家訓 · 書證》
북방 지역에서는 물건을 일괴一凷(塊)로 부르던 것을 일과一顆로 바꾸어 쓴다.

위의 예문으로 보아 남북조시기에 '顆'와 '塊(흙덩이 괴, kuài)'는 모두 보편적으로 사용되었음을 알 수 있다.

---

378) 《說文解字》: "顆, 小頭也. 从頁, 果聲."
379) 徐鍇《說文注》: "今言物一顆, 猶一頭也."

⑦ 粒

'粒(알 립{입}, lì)'자는 원래 곡식을 가리키며 동사로 쓰였다.

73 烝民乃粒. 萬邦作乂.《尚書 · 益稷》
그래서 백성은 드디어 밥을 먹게 되었고, 온 나라가 잘 다스려지게 되었다.

후에 명사로 바뀌어 쓰였다.

74 樂歲粒米狼戾(狼籍).《孟子 · 滕文公上》
풍년이 드는 해는 곡식이 낭자하여도.[380)]

후에 남북조 시기에 이르러 '한 알의 알갱이'를 세는 양사로 쓰이기 시작했다.

75 其中粳米燋然[381)], 至今猶在, 若服一粒, 永無瘧患.《洛陽伽藍記 · 卷五》
그 중 멥쌀이 탔지만, 아직까지 남아있어, 만약 이 한 알을 먹으면, 영원히 학질 같은 병이 없어진다.

⑧ 張

《설문해자》는 '𢐀(張)'자에 대하여 "'화살을 잡아당기다'의 뜻이다. 의미부 '弓'과 소리부 '長'으로 이루어진 자이다."[382)]라 하였고, 즉 '활시위를 잡아당기다'는 뜻이다. 후에 '장막帷幕을 펼치다'는 뜻으로 쓰이게 되었고, 이어서 장막 등의 양사로 쓰이게 되었다. 예를 들면 아래와 같다.

76 子産以幄幕九張行.《左傳 · 昭公十三年》
장막 아홉 장으로 통로를 가리어 아들을 낳았다.

---

380) '狼藉'는 '난잡하게 어질러지다'는 뜻이다.
381) '燋然'은 '燒焦'로 '불에 타다'의 뜻이다.
382)《說文解字》: "張, 施弓弦也. 从弓, 長聲."

이후에 '종이'나 '칼' 등의 양사로 확대되어 쓰였다.

77 一張紙, 兩張紙, 客量小兒[383]作天子.《北史記 · 隋宗室諸王庶人諒傳》
종이 한 장 종이 두 장으로 어린 아이 양량楊諒이 천자가 될 것이라 추측했다.

78 "潛不解音聲, 而畜素琴一張, 無弦."《宋書 · 陶潛傳》
음률을 알지 못하지만 항상 장식도 없는 소박한 거문고 한 대를 준비하고 있었는데, 심지어 줄도 없었다.

《진서》 혹 《송서》의 《도잠전陶潛傳》에서는 거문고의 양사로 '張'을 사용하였다.

79 性不解音, 而畜素琴一張, 弦徽不具, 每朋酒之會, 則撫而和之, 曰: "但識琴中趣, 何勞弦上聲!"《晋書 · 陶潛傳》
원래 천성적으로 음악을 잘 몰라, 한 거문고를 가지고는 있었으나 아름다운 소리의 곡조를 가야금으로 켜지는 못했지만, 매번 친구를 만났을 땐 그 가야금은 안고 흥으로 가야금 소리에 응했다. "가야금의 흥취를 느꼈으면 그만이지 어찌 반드시 가야금에서 나는 소리에 얽매이겠는가?"

⑨ 件

《설문해자》는 '件(사건 건, jiàn)'자에 대하여 ""나누다'의 의미이다. 의미부 '人'과 소리부 '牛'로 이루어진 자이다. '牛'는 큰 동물이기 때문에 나눌 수 있는 것이다." 라 하였다.[384] '件'은 후에 사물의 양사로 사용되었고, 당唐 나라 변문에서부터 보이기 시작한다.

80 "有數件因依不敢去", "此處說毬場, 有相道場[385], 有十件利益, 有十件不利益."《維摩詰經講經文 · 四》
"몇 가지 이유가 있어 감히 문병을 갈 수 없다네.", "격구를 예로 들어 설명하지요. 유상의 도량에는 열 가지 이익과 열 가지 불이익이 있습니다."

---

383) 楊諒의 小名이 '阿客'이고, '量'은 '諒'의 음이 같다.

384) 《說文解字》: "件, 分也. 从人, 从牛. 牛, 大物, 故可分."

385) 부처를 모시고 祭祀를 하거나 修行하고 불도를 배우는 장소.

위에서 언급한 양사 이외에 5 · 4 이후 새로 생긴 양사 또한 적지 않다. 예를 들어, '門'은 '一門炮(대포 한 개)'나 '一門課程(한 과목)' 등으로 쓰이고, '挺(뽑을 정, tǐng)'은 '一挺機關槍(기관창 한 개)', '架'는 '一架飛機(비행기 한 대)', '部'는 '一部車(차 한 대)'나 '一部機器(기기 한 대)', '台'는 '一台機器(기계 한 대)' 등으로 쓰였다.

위에서 언급한 양사는 모두 자연 명량사로 중국어만이 가지고 있는 특징 중에 하나다. 양사 중 '朋' · '丙' · '卣'와 '升'은 갑골문에서 보이고,[386] '장丈' · '척尺' · '촌寸' · '분分' · '석石' · '鈞(근 균, jūn)' · '鎰(중량 일, yì)' 등은 모두 선진先秦 시기에 보편적으로 두루 쓰였다.

3) 중국어 도량형의 기원

도량형度量衡은 앞에서 이미 언급하였다시피 사회 역사 발전의 산물이다. 원고遠古시대에 사람들의 생산은 그저 간단한 자급생활이기에 잉여 생산품이 없었고 당연히 교환 행위도 없었다. 그래서 도량형의 사용은 말 할 필요가 없었다. 상고 시기 최초의 교환 방식은 생산 공구나 혹은 무기를 사용하여 유통수단과 지불 수단으로 삼거나 직접적으로 물건과 물건을 서로 교환하는 방식을 사용했다. 《시경詩經 · 맹氓》에서 소위 말하는 '抱布貿絲.(베를 주고 실로 바꾸다.)'는 바로 이런 상황을 말하는 것으로, 생산품을 계산하는 방법은 여전히 세심하지 못했다. 그들은 보통 대략적인 생산 건수로 계산하고, 더미로 계산하는 교환 방식을 채택했다. 그래서 정밀한 도량형은 여전히 생성될 수 없었다. 후에 생산과 교환 방식이 더 발전하게 되자 도량형이 비로소 사람들의 경제생활 중 필수적인 것이 되었으며, 인간 사회 언어 중에 도량형의 명칭이 비로소 출현하게 되었다.

386) 潘允中《漢語語法史概要》에서는 갑골문의 양사는 '존尊(彝)' · '승升' · '두斗' · '분分'과 '근斤' 등이 있다하였다. 116쪽 참고. 그러나 갑골문의 양사에 대해서는 학자마다 의견이 분분하다.

중국어 도량형의 기원은 "近取諸身, 遠取諸物.[387]라는 말로 개괄할 수 있을 것이다. '가까이는 몸에서 취한다'는 '근취제신近取諸身'은 인체에서 표준을 삼은 것이고, '멀리는 사물에서는 취한다'는 '원취제물遠取諸物'은 생산물 또는 용기로 표준을 삼은 것이다.

《설문해자》는 상고시기 길이의 양사 기원에 대하여 각각 아래와 같이 설명하고 있다.

81 十發爲程, 十程爲分, 十分爲寸.《說文解字》
10발發은 정程이 되고, 10정程은 분分이 되고, 10분은 촌寸이 된다.

82 寸, 十分也, 人手卻一寸動脈謂之寸口.《說文解字》
촌寸은 10분分이다, 사람 손끝에서 동맥까지가 1촌이고, 이를 촌구寸口라 한다.

83 十寸爲尺. 周制, 尺、咫、尋、常、仞諸度量. 皆以人之體爲法.《說文解字》
10 촌寸은 한 척尺이다. 주周는 척尺 · 지咫 · 심尋 · 상常 등을 만들었는데, 이것은 모두 사람의 신체를 기준으로 한 방법이었다.

84 中婦人手長八寸, 謂之咫.《說文解字》
부인의 중간 크기 손의 길이 8촌을 일컬어 지咫라 했다.

85 "度人之兩臂爲尋, 八尺也."《說文解字》
사람의 양팔 길이를 심尋이라 하고, 8척에 해당된다.

《소이아小爾雅》에서도 아래와 같이 설명하였다.

86 跬, 一擧足(半步)也. 倍跬謂之步. 四尺謂之仞. 倍仞謂之尋. 尋, 許舒兩肱(gong)也. 倍尋謂之常.《小爾雅》
'跬(반걸음 규, kuǐ, xiè)'는 반걸음(반보)이다. 반걸음의 두 배를 보步라 한다. 4척尺을 인仞이라 하고, 인 두 배를 심尋이라 한다. 심은 두 팔뚝을 편 것이다. 심의 두 배를 일컬어 상常이라 한다.

387) 《說文解字 · 序》: "가까이는 몸에서 취하고, 멀리는 사물에서 취한다."

위의 설명 등을 통하여 길이의 양사는 '근취제신近取諸身'한 것임을 알 수 있다. 그러나 인체는 사람마다 크기가 다르기 때문에 이상적 표준은 될 수 없다. 그래서 한대漢代에는 고량미(서미黍米)를 이용하여 도度의 가장 작은 단위로 삼았고, 오도제五度制를 사용하였다. 《한서 · 율력지律歷志》에서는 '오도제'에 대하여 아래와 같이 설명하였다.

87 度者. 分寸尺丈引也. 所以度長短也. 本起於黃鍾之長. 以子穀秬黍之中者. 一黍廣度之. 九十分黃鍾之長. 一黍為一分. 十分為一寸. 十寸為尺. 十尺為丈. 十丈為一引. 而五度審矣《前漢紀 · 孝武皇帝紀五》
도度는 분 · 촌 · 척 · 장 · 인이다. 이는 장단을 재는 것이고, 본래는 황종의 율관律管의 길이이다. 중간 크기의 검은색 기장으로 길이를 취하였는데, 한 기장의 길이가 일분一分이고, 구십 분이 한 황종의 길이이다. 10분은 촌이 되고, 10촌은 척이 되고, 10척은 장이 되고, 10장은 인引이 되는 것이 오도심五度審이다.

① 양量의 명칭

양量의 명칭은 인체와 기물에서 취하였고, 그것의 기초는 역시 '근취제신'이다. 《소이아 · 광량廣量》에서 주대周代의 양제量制를 아래와 같이 설명하였다.

88 一手之盛謂之溢, 兩手謂之匊. 匊, 四升也. 四匊謂之豆(斗), 豆四謂之區(甌), 區四謂之釜, 釜二有(又)半謂之籔, 籔二有半謂之缶, 缶二謂之鍾, 鍾二謂之秉. 秉, 十六斛.《小爾雅 · 廣量》
한 움큼을 일컬어 일溢라 하고, 두 움큼을 일컬어 국匊이나 승升이라하고, 4승을 일컬어 두斗라하고, 4두를 일컬어 구區(甌, 사발 구, ōu)라 하고, 4구를 일컬어 부釜라 하고, 2부 반을 일컬어 籔(휘 수, sǒu, shù)라 하고, 2수 반을 일컬어 부缶라 하고, 2부를 일컬어 종鍾이라 하고, 2종을 일컬어 병秉이라 한다. 병은 16곡斛[388]이다.

이보다 더 정밀한 점은 한제漢制이다. 그 방법은 고량미로 금종의 관에 넣는 방법을 사용하여, 1200알을 넣어 1작勺으로 삼고, 10작이면 합合, 10합이면 승升, 10

388) 곡斛은 10두斗에 해당된다.

승이면 두斗, 10두면 곡斛이 된다.[389] 유향劉向의 《설원說苑 · 변물辨物》에서는 "10斗는 석石이다"[390] 하였다. 송 이후에는 5두斗를 1곡斛이라 했다.

② 저울(衡)의 양사 기원

《설문》은 주周나라 제도 '衡(저울대 형, héng)'에 대하여 아래와 같이 설명하였다.

89 十黍爲絫, 十絫爲銖. 又八銖爲錙, 二十四銖爲両, 二十四両爲鎰.《說文解字》
10서黍[391]는 누累가 되고, 10루는 수銖가 되고, 8수는 치錙가 되고, 24수는 량両이 되고, 24량은 일鎰이 된다.

이는 고량미를 이용해 저울의 최소 단위로 삼았음을 알 수 있다. 한나라 도량은 명칭 상 약간 다르다. 《설원說苑》에서는 한제漢制에 관하여 아래와 같이 설명하였다.

90 十粟重一圭, 十圭重一銖, 二十四銖重一兩, 十六兩重一斤, 三十斤重一鈞, 四鈞重一石."《說苑》
10 속粟[392] 중량은 1규圭이고, 10규[393] 중량은 1수銖[394], 24수 중량은 1량兩이고, 16량 중량은 1斤이고, 30근 중량은 1조鈞이고, 4조 중량은 1석石이다.

송대에 누서법累黍法을 이호법厘毫法으로 고쳤다.

1칭稱은 15근斤이 되고, 한 근이 16량兩이고, 240량[395]이 2400전錢이고, 1전錢은 10분分, 1분은 10리厘이고, 1리는 10호毫가 된다. 호毫 이하는 사絲, 홀忽이 있지만

389) 《漢書 · 律歷志》: "用度數審其容, 十龠爲合, 十合爲升, 十升爲斗, 十斗爲斛, 而五量嘉矣."
390) 劉向 《說苑 · 辨物》: "十斗爲一石."
391) '黍'는 '高粱粟米'이다.
392) '粟'은 '小米'을 가리킨다.
393) '圭'는 '100小米'이다.
394) '銖'는 '2400小米'이다.
395) '斤'이 '16량(兩)'이다.

실제로 거의 사용되지 않았다. 이러한 권형제權衡制는 송 이후에도 기본적으로 계속 사용돼왔다.

명칭 상으로는 고금古今 도량형의 양사는 거의 변화가 없었는데 그중 많은 것들이 지금까지 줄곧 사용되고 있다. 하지만 이러한 양사가 나타내는 의미와 내용은 고금이 다르다. 이는 고금의 제도가 다르고, 옛날 사람들이 말하는 척, 두, 근 등의 개념이 변화되어 지금과는 다르기 때문이다. 전반적으로 고대의 도량형 단위는 후대보다 작다.

예를 들면, 주대周代의 척尺은 지금 시장에서 말하는 척의 6촌寸에 약간 못 미치고, 진한秦漢의 척尺은 지금 시장의 척의 8촌寸 3에 약간 모자라며, 동한東漢 위진魏晉 시기의 척은 지금 척尺의 7촌寸에 해당된다. 당 · 송 · 원 · 명의 척은 지금 척의 9촌寸 3 또는 9촌 2로 차이가 있다. 청淸의 척은 9촌寸 6이다.

《몽계필담夢溪筆談》(3권)의 고증에 의하면 진한秦漢 이전엔 6두斗가 송제宋制의 1두斗7승升9이고, 한 두斗는 송제의 3승升이었다. 또한 한대漢代의 1석石은 송제宋制 3두斗와 같았고, 진한秦漢 시기의 1척尺은 송제의 4량兩 3전錢 3이었다.

원元 이후의 양제量制는 또 이전 시기보다 크다. 송宋 시기의 1석(곡)은 원元대의 7두에 해당된다.[396)]

도량형 단위가 지금이 옛 보다 큰 것은 봉건시기 통치 계급들이 노동 인민들로부터 착취한 것이 점점 가중 된 것과도 관련이 있다. 그들은 도량형의 용량을 확대하여 자기의 수입을 증가시키면서, 표면상으로는 옛날 도량형 제도가 불편하다는 핑계를 꾸며 인민들을 속였다. 청淸나라 조익趙翼은 《해여총고陔餘叢考》30권에서 후세에 두斗의 용량은 고대의 대략 4배에 해당된다 하였다.

③ 명량사 어순

명량사 어순은 시대에 따라 변천하였다.

앞에서 살펴보았듯이, 갑골문에서 양사는 명사 앞에 쓰이고 혹은 수사와 양사

396) 《元史記 · 食貨志》를 근거로 한 것이다.

는 뒤에 쓰이거나 '명사 + 수사 + 양사'의 순으로 쓰였다. 이러한 어순은 전국시기에 변화되기 시작하여 수량사는 명사 앞에 올 수 있게 되었다. 하지만 명사와 양사의 결합이 아직은 밀접하지는 않아 중간에 접속사 '之'를 삽입한다.

91 雖使五尺之童適市, 莫之或欺.《孟子 · 滕文公上》
비록 5척의 동자童子로 하여금 시장에 가게 하더라도 혹시라도 그를 속이는 자가 없을 것입니다.

92 百畝之田, 勿奪其時.《孟子 · 梁惠王上》
백묘百畝의 토지에 농사철을 빼앗지 않는다면.

93 五年而秦不益一尺之地.《韓非子 · 定法》
오년 동안 진나라는 일척의 땅도 늘리지 못했다.

94 築十版之墻, 鑿八尺之牖.《韓非子 · 外儲上》
열개의 담장을 쌓고, 팔척의 담장을 뚫었다.

이와 동시에 수량사 뒤에 바로 명사가 오는 용법이 선진先秦 작품에 나타나기 시작했다.

95 食一豆肉, 飲一豆酒, 中人之食也.《周禮考工記 · 梓人》
한 두豆의 고기를 먹고, 한 豆의 술을 먹는 것은 중인의 식사이다.

96 今之爲仁者, 猶以一杯水救一車薪之火也.《孟子 · 告子上》
지금에 인仁을 행하는 자들은 한 잔의 물로 한 수레에 가득 실은 섶의 불을 끄는 것과 같다.

97 上與病者粟, 則受三鍾, 與十束薪.《莊子 · 人間世》
병자에게 곡식을 나누어 줄 적에는 곡식 삼종과 열 단의 땔감을 준다.

한대漢代의 문학 언어에서는 이미 양사의 어법 형식이 고정적으로 사용되기 시작했고, 자연 단위의 양사든 도량형 양사든 모두 바로 명사 앞에 쓰이게 되었다.

98 烏孫以千匹馬聘漢女.《史記 · 大宛列傳》
조손烏孫은 천 필의 말로 한나라 여자에 청혼했다.

99 其富人至有四五千匹馬.《史記 · 大宛列傳》

그 부유한 사람은 최소 4,5천 필의 말이 있었다.

100 一尺布, 尙可縫; 一斗粟, 尙可舂. 兄弟二人, 不能相容.《漢書・淮南衡山列傳》
한 척의 베라도 같이 꿰맬 만하고, 한 두의 조가 있어도 같이 찧을 만한데, 형제 두 사람은 서로 다투기만 한다.

101 母見其上若一匹練狀.《論衡・吉驗》
어머니는 그의(우자대虞子大) 몸에 하얀 색깔의 비단 명주와 같은 모양을 보았다.

육조六朝 이후, 수량사가 바로 명사 앞에 쓰는 용법이 더 보편적이었다.

102 劉道眞嘗爲徒, 扶風王駿以五百疋布贖之.《世說新語・德行》
유도진은 죄를 지어 도역을 할 때, 부풍왕扶風王 사마준司馬駿은 오백 필의 천으로 그를 보석시켰다.

103 昔有一人, 有二百五十頭牛.《百喩經上》
한 사람이 이백오십 마리의 소를 가지고 있다.

104 上有二層樓, 有三層塔一所.《洛陽伽藍記・卷二》
위에 이층 누각이 있고, 삼층 탑 하나가 있다.

이러한 어법 형식은 발전은 중국어 문학 언어가 구어 언어와 결합되는 과정을 나타내기도 한다.

④ 명량사의 접미사

명량사의 또 다른 형식은 접미사화詞尾化가 되는 것으로, 명사 뒤에 양사가 온다. 하지만 이러한 양사는 이미 접미사의 성질을 가지고 있고, 양사의 용법과 또 다르다. 이러한 명사에 양사를 추가한 형식은 선진先秦 작품에 이미 보인다.《주역周易》'중부中孚'괘에서는 "馬匹亡.(말이 없어지다.)"라 하였다.

한대漢代에는 이러한 용법이 점점 많아졌다. 예를 들어, '차량車輛', '호구戶口', '인구人口', '생구牲口' 등 모두 한나라 작품에 나타난다.[397]

397) 원주: 王力《漢語史稿》은 양사 사미화詞尾化의 기원을 송원 시기로 보고(《漢語史稿》中冊, 244쪽), 劉世儒《論魏晉南北朝的量詞硏究》(1965)는 南北朝로 본다.《中國語文》, 1959年11月, 532쪽. 하지만 한 나라 시기에 이미 출현하였다.

105 史燮買石四百車輛折軸一.《居廷漢簡考釋》

史官 燮은 사백대의 마차 분량으로 운구를 샀다.

106 有黃支國, 民俗略與珠厓相類. 其州廣大, 戶口多, 多異物.《漢書 · 地理志下》

黃支國은 민간 풍속은 珠厓와 비슷하고, 그 마을은 광대하고, 호구도 많고, 기이한 물건도 많았다.

107 羌豪良願等種, 人口可萬二千人, 願為內臣.《漢書 · 王莽傳上》

오랑캐 지역의 강력한 良源 등의 종족 인구가 만이천 명인데, 나라의 신하가 되기를 원한다.

108 又令匈奴卻塞於漠北, 責單于馬萬匹, 牛三萬頭, 羊十萬頭, 及稍所略邊民生(牲)口在者皆還之.《漢書 · 王莽傳中》

또 흉노는 한나라 사막의 북방을 가로 막고 있는데, 單于에게 말 만필, 소 삼만 마리, 양 십만 마리를 배상하고, 이전에 몇 번 변방을 침범하여 잡아간 포로 백성들을 모두 되돌려 보내 주기를 요구했다.

남북조 이후 이러한 용법은 확장되어 사용되었다.

109 江南書本, "穴" 皆誤作 "六".《顏氏家訓 · 書證》

江南의 책에서는 "穴"자를 모두 "六"으로 잘 못 쓴다.

110 北土通呼物一凷(塊), 改爲一顆. "蒜顆"是俗間常語耳.《顏氏家訓 · 書證》

북쪽 지방은 물건을 一凷(塊)를 一顆로 부르고, "蒜顆"는 일반적으로 민간에서 자주 사용하는 말이다.

111 又與人共買生口, 各雇八匹. 後生口家來贖, 時價直六十匹.《三國志 · 魏書 · 王昶傳 · 裴鬆文 · 任蝦別傳》

하蝦 또 다른 사람과 함께 가축을 사고, 각각 여덟 필의 말을 샀다. 후에 그 가축의 가족들이 물물 교환하였는데, 이때의 값어치는 60필이나 되었다.

양사의 접미사화는 한대漢代에 시작되었고, 남북조 이후에 성행했음을 알 수 있다.

(3) 동량사의 발전

주진周秦시대에 동작을 나타내는 수사는 바로 동사 앞에 쓰였다.

112 三數叔魚之惡, 不爲末減.《左傳 · 昭公十四年》

아우 숙어叔魚의 죄악을 세 번에 걸쳐 책하면서 그 죄행을 경감하지 않았다.

113 弩八, 八發而止.《墨子 · 迎敵祠》

쇠뇌,[398] 여덟 발 쏘고 그쳤다.

114 七戰皆獲.《左傳 · 哀公二年》

일곱 번의 전쟁을 모두 이겼다.

115 師夜從之, 三呼皆迭對.《左傳 · 昭公十七年》

밤을 이용해 이를 뒤따랐다. 세 번의 부르자 잠복해 있던 자들이 모두 번갈아 가며 대답했다.

116 八年之中, 九合諸侯.《左傳 · 襄公十一年》

8년 동안, 제후들은 모두 아홉 번 모였다.

동작 단위를 나타내는 양사가 전문적으로 쓰이기 시작한 것은 한대이다. 하지만 대량적 사용하기 시작한 것은 위진魏晉 시기 이후였다.

1) 遍

'遍'은 '徧(두루 편, biàn, piàn)'자와 같다. 《설문》은 "'徧'은 '帀(두를 잡, zā)'의 뜻이다. '彳'과 소리부 '扁'으로 이루어진 자이다."[399]라 하였다. '帀(zā)'는 '한 바퀴 돌다'의 뜻이다. '遍'은 동량사로 쓰이고 최초로 한漢 나라 작품 《황제내경상黃帝內經上》에 보인다.[400]

398) '쇠뇌'는 여러 개의 화살이나 돌을 잇따라 쏘는 큰 활을 말한다.

399) 《說文解字》: "徧, 帀也. 从彳, 扁聲."

400) 원주: 《黃帝內經》은 《漢志》에 보인다. 姚際恒 《古今僞書考》는 진 나라 사람의 작품이라 하였다. 주조모周祖謨는 西漢 '魚'部'侯'部가 合部인 것을 참고하여 《內經》은 한 나라 사람의 작품이라 하였다.

117 腎有久病者, 可以寅時面向南, 淨神不亂思, 閉氣不息七遍, 以引頸咽氣順之, 如咽甚硬物. 如此七遍後, 餌舌下津無數.《黃帝內經上》
콩팥에 오랜 병이 있는 자는 인신寅時(오전3 - 5시)에 얼굴을 남쪽으로 향하여, 정신을 맑게 하고 집중한다. 숨을 들어 마시고 내쉬지 않기를 일곱 차례 하는데, 숨을 참을 수 없을 때까지 참았다가 마지막에 다시 목을 길게 빼고서 마치 단단한 물체를 삼키듯이 숨을 들어 마시기를 일곱 차례 한다. 그런 다음 혀 밑에 많이 고인 침을 천천히 삼킨다.

위진시기에도 '遍'이 동량사로 자주 쓰였는데, '徧'자로 썼다. 《삼국지 · 위서 · 동우전董遇傳》에서 《위략魏略》을 인용하여 말했다.

118 人有從(遇)學者, 遇不肯教, 而云'必當先讀百遍', 言讀書百遍, 而義自見.《三國志 · 魏書 · 董遇傳》
동우董遇에게 교육을 받고자 하는 사람이 있었는데, 동우는 가르쳐 주지 않으면서 말했다. "'반드시 먼저 백번을 읽어야 한다.'라고 했듯이, 백번을 읽으면, 그 뜻이 보이는 것이다."라 했다.

왕희지王羲之가 《필세론筆勢論》에서 말했다.

119 初學字時, 不可盡其形勢, 先想字成, 意在筆前, 一遍正其手腳, 二遍須學形勢, 三遍須令似本, 四遍加其遒潤, 五遍每加抽撥, 使不生澀…….《筆勢論》
처음 글자를 임모臨摹할 때 바로 그 형세를 모두 그려낼 수 없는 것이니, 먼저 생각으로 그 글자를 쓰고, 쓰고 싶어 하는 형태를 먼저 마음으로 그려내야 한다. 그리고서 먼저 그 문자들의 외형에 따라 단정하게 쓰고, 두 번째는 그 형세를 배워야 하고, 세 번째는 임모하고자 하는 문자와 거의 같게 쓰도록 하고, 그런 다음 네 번째는 자신의 멋을 더하고 활발하게 쓰고, 다섯 번째는 그 작품 중의 가장 훌륭한 곳을 찾아내 자신의 개성을 더하여 쓰도록 한다. 하지만 억지스러움이나 막힘이 없게 해야 하고……

이 양사는 남북조 시기에 보편적으로 사용하였다.

120 凡種小麥地, 以五月內耕一遍, 看幹濕轉之, 耕三遍爲度.《齊民要述 · 雜說》

이른바 보리를 심는 땅은, 오월 안에 밭을 한 번 갈고, 다시 흙이 물기가 마르게 되면 두 번째 갈고, 이렇게 세 번을 갈아야 적절하다.

121 見一男子持刀將欲入, 聞書生聲急, 謂爲已故, 逐縮走去, 客星應時而退. 如是者數遍.《小說》[401)]

한 남자가 칼을 들고 들어가려고 하는 것을 보자, 서생의 급하게 소리치는 것을 듣고, 자신을 위해 한 짓이라 하면서, 몸을 사리고 도망쳤고, 객성客星 또한 때를 맞춰 사라졌다. 이와 같이 몇 차례를 반복하였다.

2) 下

상고시기에 채찍질하는 동작으로는 양사를 사용하지 않았다.

122 鞭師曹三百.《左傳 · 襄公十四年》

사조師曹(태사 소속의 악공)에게 삼백 대를 채찍질하였다.

123 及吳兵入郢, 伍子胥求昭王. 既不得, 乃掘楚平王墓, 出其尸, 鞭之三百, 然後已.《史記 · 伍子胥列傳》

오나라 병사들이 초나라 수도를 공격하자 초楚 나라 소왕이 도망쳤다, 오자서는 그를 잡을 수가 없어서, 원수 초평왕楚平王의 시체를 파서 채찍으로 300번 때린 후에야 비로소 그만두었다.

동량사 '下'는 최초로 위진남북조魏晉南北朝에 나타났고, 후에 계속 사용되었다.

124 即鞭十下. 如是五人各打十下.《百喩經下》

열 번 채찍질 했다. 이렇게 다섯 명에게 각각 열 번씩 때렸다.

125 逐便鞭之五十, 奄然命終.《高僧傳 · 初集卷一》

뒤쫓아 가서 오십 번씩 채찍질하였더니, 갑자기 죽어버렸다.

126 乃杖祥背及兩腳百餘下.《三國志 · 魏書 · 北海王傳》

모친은 왕상王祥의 등과 두 다리에 백여 차례나 몽둥이 질 하였다.

---

401) 원주:《古小說鉤沈》, 人民文學出版社, 1954年版, 74쪽.

3) 頓

'頓(조아릴 돈, dùn, dún)'의 원래 뜻은 '머리를 조아리다(머리를 땅에 조아리다)' 라는 의미에서 파생되어 '머물다'라는 뜻으로 쓰였다. 한대에 이미 이런 용법이 있었다.

127 就善水草頓舍, 人人自便.《漢書 · 李廣傳》
이에 물이나 풀이 좋은 곳이면 쉬면서 모두 편하게 하였다.

남북조시대에는 위의 형식에서 명량사로 파생되어 사용하기 시작하였다.

128 比得一頓食, 殆無復氣力可語.《俗說》
한 끼 식사를 얻은 것에 비하여 말 할 기력도 거의 없다.
129 今日有一頓飽食, 便欲殘殺我兒子.《宋書 · 徐湛之傳》
오늘 배부르게 먹을 한 끼 식사가 있어 내 아들을 잔인하게 죽이고자한다.

'頓'자가 명량사에서 동량사로 발전된 양식이 당唐 나라 작품에 보인다.

130 臣幽閉宮中十余年, 每歲被敕枚數頓, 見瘢痕甚厚.《舊唐書 · 章懷太子傳》
태자가 예를 지켜 조용히 궁중 문을 닫고, 매년 채찍으로 여러 번 꾸짖음을 당했는데, 그 상처가 아주 깊고 두터웠다.
131 婁師德責驛長曰: 我欲打汝一頓. (張鷟《朝野僉載》)
누사덕은 역장을 꾸짖으며 말했다. '나는 너를 한 대 때리고자 한다.

먹는 것과 치는 행위는 모두 동량사 '頓'을 사용하는 것으로 보아 '頓'은 이미 순수한 동량사로 쓰였음 알 수 있다.

4) 通

'通(통할 통, tōng, tǒng)'의 원래 뜻은 '통달하다' · '장애가 없다'는 뜻이다.

132 往來不窮謂之通.《周易・系辭》
왕래하여 다하지 않음을 통通이라 이른다.

또는 '전부'라는 새로운 뜻으로 파생되어 사용하였다.

133 匡章, 通國皆稱不孝焉.《孟子・離婁下》
광장匡章을 온 나라 사람들이 모두 불효자라고 한다.

이 의미에서 파생되어 '처음부터 끝까지'를 '通'이라 한다.

134 凡爲人主, 宜寫一通, 置之坐側.《後漢書・崔駰列傳》
무릇 백성을 위한 임금은 마땅히 전체를 베껴 그것을 좌측에 두어야한다.

청나라 시기《강희자전康熙字典》은 "凡首末全曰通.(무릇 처음부터 끝까지를 이른바 '通'이라 한다.)"라 하였다. 양사 '通'은 사건에만 제한적으로 사용되지 않았다.

135 傳吏疑其僞, 乃椎鼓數十通.《後漢書・光武帝紀上》
전해 내려오는 사기가 거짓으로 의심되어, 이에 북을 수십 번 쳤다.

위 문장에서 '通'자는 동작 횟수를 가리키며, 동한東漢시기에는 전형적인 동량사로 사용되었다.

5) 回

《설문》은 '回'자에 대하여 "'回'자는 '돌다(轉)라는 뜻이다. 의미부 '囗'과 가운데 부분이 회전하는 형태로 이루어진 자이다."[402]라 하였다. 원래는 '회전하다'의 동사이었음을 알 수 있다.

---

402) 《說文解字》: "回, 轉也. 从囗, 中象回轉形. 囘, 古文."

136 是以腸一日而九回.《漢書 · 司馬遷傳》
애간장이 하루에도 아홉 번이나 끓는 듯하다.

위 문장은 '장'이 끝임 없이 움직이는 것을 말한다. 이 의미에서 파생되어, 한 번 회전하는 것을 '일회一回'라 한다. 이 의미는 다시 확대하여 보통 동작 한번을 '一回'라고 하여 동량사가 사용되게 되었다. 동량사의 사용은 대략 한나라 위나라 시대이다.《고팔변가古八變歌》에 그 예문이 보인다.

137 故鄕不可見, 長望始此回.《古八變歌》
고향을 볼 수 없어, 자주 몇 차례 그쪽을 찾다보네.

위 문장 중 '此回'는 '此番'으로 구어로 '這一次'의 뜻이다. 이는 아마 최초의 동량사가 '回'자 일 것이다. 조금 후인 작품 진晉《서곡가西曲歌 · 강릉악江陵樂》에서는 동량사로 쓰인다.

138 不複出場戲, 踶場生青草. 試作兩三回, 踶場方就好.《西曲歌 · 江陵樂》
다시는 마당놀이에 나가지 않고, 마당에 난 푸른 풀을 밟는데, 두세 번 해보면 마당을 밟은 곳은 곧 좋아지게 된다.

남북조 이후 동량사 '回'의 용례는 더 많아졌다.

동량사는 이외에 '차次' · 장'場' · '당趟' · '진陣' 등이 있다.

현대에 새로 만들어진 신흥 동량사는 상당히 적다. 우리가 지금 사용하는 말 중 "開炮一百發(대포 백발을 쏘다.)" 구절의 '發'은 새로 만들어진 동량사라 할 수도 있다. 하지만 사실상 '發'자는 앞에서 이미 언급한 《묵자》의 "弩八, 八發而止.(쇠뇌 여덟 발 쏘고 그쳤다.)" 구절 중 "發"자와 의미상으로 같다. 따라서 엄격히 말하면 새로 새겨난 동량사가 아니고, 옛날 것을 재생시킨 것이라 할 수 있다.

III 전치사의 발전

중국어의 전치사(介詞)는 《갑골문》에서 이미 '于'·'在'·'從'·'自' 등이 사용되어 왔다. 전치사는 문장 성분을 연결하는데, 거의 대다수는 단어 혹은 구(詞組) 사이에 개입되어 동사를 수식하는 관계를 발생케 한다. 갑골문에서도 그렇고 후의 현대에서도 대체로 비슷하다. 은주殷周 시기와 진한秦漢 시기에 제일 많이 사용하는 전치사는 '于(於)'·'乎'·'在'·'之'·'以'·'爲'·'與'·'同'과 '和' 등이 있다.

(1) '于(於)', '乎', '在'의 변천

《갑골문》에서는 전치사 '于'·'從'·'在' 등이 있다. 이외에 '於'자가 있지만 이 자가 전치사로 사용되는 지는 아직 확실하게 알 수 없다. 하지만 '于'자는 확실히 전치사로 사용되었고 그 용례도 많다.

1 "翌日壬, 王其迍于向, 亡哉? 从凡, 亡哉? 从梌, 亡哉?"《合28945》
그 다음 임일에 왕이 향 지방을 순방하려 하는데 재화가 없을까요? 범凡과 연합을 하면 재화가 없을까요? 도梌와 연합을 하면 재난이 없을까요?[403)]

2 戊午卜, 在潢貞: …….《合37514》
임오일에 황潢지역에서 점을 쳐 묻습니다.

《合28945》

《合37514》

403) 崔恒昇(2001)《簡明甲骨文詞典》은 '从'자를 '比'로 예정하고 '연합하다' '가까이하다'라는 뜻이라 하였다. 96쪽.

《상서》와 《시경》에서는 '于'가 가장 많이 사용되고, '於'는 가끔 사용된다. 이보다 조금 후의 작품인 《논어》·《맹자》·《순자》와 《장자》 등은 오히려 이와 반대로 '於'보다 '于'가 더 많이 쓰인다. 따라서 '於'가 '于'보다 좀 늦게 나타나는 것을 알 수 있다. '於'자는 '于'자의 고금자古今字이다.

단어의 뜻은 '于'와 '於'가 같다. 《설문》에서는 '亐(于)'자에 대하여 "'于'는 '於'이다"[404]라 하였고, 《광아·석언釋言》 역시 "'於'는 '于'의 뜻이다."[405]라 하였다. '於'자는 본래 동사로 '在'자와 같은 의미이다. 《논어·이인里仁》 "造次必於是, 顚沛必於是.(경황 중에도 반드시 인에 거하며, 위급한 상황에도 반드시 인에 거하는 것이다.)" 구절 중 '於'는 바로 '在'의 뜻이다. 하지만 후에 '於'자는 전치사로 주로 쓰이고, 원래의 동사 기능은 점점 '在'로 대체되었다.

갑골문에는 '乎'자는 또한 전치사 '于'의 용법과 같다.

3 貞: 其乍豐乎伊禦.《合 26914》
점을 쳐 묻습니다. 이윤伊尹에게 봉지를 내릴까요?[406]

《여씨춘추·귀신편貴信篇》에서 고유高誘는 "'乎'는 '於'의 뜻이다."[407]라 하였다. 금문에서 '乎'자는 이외에도 '呼(부를 호, hū)'의 의미로 쓰인다. 《송정頌鼎》 "王乎(呼)史虢生冊命頌(왕은 사관 괵생으로 하여금 간책簡冊을 읽어 송에게 명령을 하달하도록 하였다.)"[408] 구절 중 '乎'자가 주어 뒤에 사용되어 '呼(명령하다)'의 의미로 쓰인다. 후에 문장 끝의 어기 조사로 전환되어 쓰인다.

---

404) 《說文解字》: "于, 於也."

405) 《廣雅·釋言》: "於, 于."

406) 《殷墟甲骨刻辭摹釋總集》에서는 "貞: 其乍豐乎伊禦."로 예정하고 《釋文》은 "貞: 其乍豐乎伊陷."으로 예정하였다. 《漢語語法史概要》는 '伊禦'를 '伊尹'으로 읽었다. 向熹《簡明漢語史》는 '乎'자를 "행위대상"을 표시하는 전치사로 본다. 下卷 13쪽 참고. 하지만 일반적으로 '명령하다'는 동사로 해석한다. 李麗艷《甲骨文介詞連詞硏究》(2007), 9 - 10쪽. 만약에 동사로 해석하면 "점을 쳐 묻습니다. 伊尹에게 봉지를 내리도록 명령할까요?"로 할 수 있다.

407) 高誘: "乎, 於也."

408) 최남규, 《중국고대 금문의 이해》, 379쪽 참고.

1) '于(於)'의 용법

고대 한어에서 '于(於)'자는 주로 아래 용법으로 쓰인다.

① 처소사(地位詞), 시간사, 사람명사(人物詞) 등과 함께 쓰여 동사를 수식한다.
② 비교를 나타낸다.
③ 피동문의 동작 주체(施動者)를 나타낸다.

①과 ③은 '于'나 '於'를 모두 사용할 수 있고, 또한 '乎'를 사용할 수 있다. ②항은 일반적으로 '於'자를 사용하거나 간혹 '乎'를 사용하기도 한다.

① 처소사, 시간사, 사람 명사와 함께 쓰이는 경우

4 盤庚遷于殷. ……爰旣宅于茲. ……恐沈于眾. ……《尙書・盤庚上》
반경이 은殷으로 이사하려 했으나, ……내 이미 이곳에 정착하여 ……백성들을 협박하여 죄에 빠지게 하다.

5 有杕之杜, 生于道左.《詩經・唐風・有杕之杜》
우뚝선 아가위나무여, 길 왼쪽에 자란다.

6 驅馬悠悠, 言至于漕[409].《詩經・鄘風・載馳》
멀리 말 달려서 조읍漕邑의 이르렀다.

7 薄伐玁狁, 至于大原.《詩經・小雅・六月》
잠깐 험윤玁狁을 정벌하여 태원太原에 이르렀다.

8 俟我乎巷兮.《詩經・鄭風・豐》
나를 골목에서 기다렸다.

9 俟我於城隅.《詩經・邶風・靜女》
나를 성 모퉁이에서 기다렸다.

예문8에서는 '乎'를 사용했고 예문9에서 '於'를 사용하였으나 문장의 용법은 완전히 동일하다. '于'(於)와 '乎'자는 선진의 고전적에서 자주 보인다.

---

409) 邑名(작은 도시의 이름).

10 老弱轉乎溝壑.《孟子 · 梁惠王篇下》

노약자들이 시신이 구학(溝壑)에 뒹굴다.

11 老羸轉於溝壑.《孟子 · 公孫丑篇下》

노약자들의 시체가 구렁에 뒹굴고 있다.

13 及陷於罪.《孟子 · 梁惠王篇上》

마침내 죄에 빠진다.

14 及陷乎罪.《孟子 · 縢文公篇》

급기야 죄에 빠진다.

위의 문장으로 보아 '於'와 '乎'가 서로 구별되지 않고 쓰이는 것을 볼 수 있다.

15 子於是日哭, 則不歌.《論語 · 述而》

공자께서 곡하신 날에는 노래하지 않으셨다.

16 於威、宣之際, 孟子、荀卿之列, 咸遵夫子之業而潤色之, 以學顯於當世.《史記 · 儒林列傳》

제나라 위왕威王과 제나라 선왕宣王의 시대에는 맹자, 순자와 같은 사람들이 모두 공자의 유업을 본받아 윤색함으로써 학문을 당대에 알렸다.

17 奮乎百世之上, 百世之下聞者, 莫不興起也.《孟子 · 盡心下》

백세의 위에 분발하거든 백세의 아래에서 그 풍도를 들은 자가 흥기하지 않는 이가 없다.

18 雞鳴狗吠相聞, 而達乎四境.《孟子 · 公孫丑上》

닭 울음과 개 짖는 소리가 서로 들려서 사방의 국경(四境)에 도달하고 있다.

19 不愧於人, 不畏於天.《詩經 · 小雅 · 何人斯》

사람에게는 부끄럽지 않으며 하늘에 두렵지 아니한가?

20 吾甚慙於孟子.《孟子 · 公孫丑下》

나는 맹자에게 매우 부끄럽다.

21 我於辭命, 則不能也.《孟子 · 公孫丑下》

나는 사명辭命에 있어서는 능하지 못하다.

전치사 '于(於)'의 앞에 동사가 쓰이지 않는다면, 다시 말하면 동사가 전치사 뒤에 온다면 '乎'자를 '于(於)'자 대신 쓸 수 없다. 예문16, 21에는 '於'자만 사용할 수 있고, '乎'자는 사용할 수 없다. 이를 보아 '于(於)'와 '乎'가 다른 점이 있음을 알 수 있다.

22 禹拜稽首, 讓(位)於稷契暨皐陶.《尙書 · 堯典下》
우가 절하고 머리를 조아려 직稷과 설契 및 고요皐陶에게 사양하다.

23 湯武革命, 順乎天而應乎人.《周易 · 革卦 · 彖辭》
탕 · 무가 혁명을 한 것은 하늘에 응한 것이고 사람들에게 바람에 순응한 것이다.

'于'자 뒤의 목적어는 한 단어만으로 한정되지 않고, 구(詞組)가 올 수도 있다. 이 점으로 보아 '于'와 '於'의 용법이 같다는 것을 알 수 있다.

24 以五彩彰施于五色作服.《尙書 · 益稷》
오채(五采)로써 오색(五色)의 비단에 드러내어 베풀어서 옷을 만들려 하다.

25 予曷其不于前寧人圖功攸終?《尙書 · 大誥》
내 어찌 옛날 나라를 편히 하신 분(前寧人)이 꾀하시던 아름다운 명命을 끝마치지 않겠는가?

후대 사람들이 '于'와 '於'에는 구별이 있다고 하기도 하는데, 소수에만 적용이 된다. 위의 예문 중 예문5 - 6에 '于' 혹 '於'를 모두 사용할 수 있고, 예문17 - 18의 '乎'는 현대 중국어에서는 사용하지 않는다. 예문7 - 16번의 '于(於)'와 '乎'는 지금은 '在'자가 대신해서 사용된다. 예문19 - 21의 '於'는 현대 언어에서 '對'로 대체되어 사용한다.

5 · 4 이후에 일본어 번역의 영향을 받아 '於'에서 새로운 전치사 '對於' · '關于' · '由于' 등이 생겨났다. 이것은 일종의 모차어(摹借語)로써, 일본어 성분의 'に對(たい)して' · 'に關(かん)して' · 'に由(よ)して' 등을 받아들여 사용한 것이다.

위에서 설명한 '於'자는 고대 서면어에서 자주 생략되어졌다. 상고 중국어에서 전치사가 본래 사용되지 않았으므로 생략이라고 말할 필요가 없을 것 같다. 이러한 생략 용법은 선진시대부터 시작되어 한나라 이후에는 더더욱 보편적으로 사용하였다.

26 秦伯素服( )郊次.《左傳・僖公三十三年》

진백이 소복을 입고 교차에서.

27 晉軍( )函陵, 秦軍( )氾南.《左傳・僖公三十年》

晉軍은 함릉에 주둔하고 진군은 사남에 주둔하였다.

28 門啟而入, 枕尸( )股而哭.《左傳・襄公二十五年》

대문이 열리자 안으로 들어거서 시신의 다리를 베고 울다.

29 坎坎伐檀兮, 置之( )河之干兮.《詩經・魏風・伐檀》

꿍꿍 박달나무를 베어왔거늘 하수 물가에 버려둔다.

30 漢之敗楚( )彭城.《史記・黥布列傳》

초나라가 팽성에서 한왕을 물리쳤다.

31 臣數言( )康王, 康王又不用臣.《史記・孝武本紀》

신이 여러 차례 강왕에게 진언하였지만 강왕이 끝내 신의 말을 들어주지 않았습니다.

32 乃請使( )吳.《史記・晉世家》

이에 吳나라에 사신이 갈 것을 청했다.

② '于(於)'의 비교 용법

'于(於)'의 비교 용법은 일반적으로 '於'를 사용하지만, '于'이나 '乎'자를 사용하기도 한다.

33 苛政猛於虎也.《檀弓下》

가혹한 정치는 호랑이보다 사납다.

34 金重於羽者, 豈謂一鉤金與一輿羽之謂哉?《孟子・告子下》

쇠가 깃털보다 무겁다는 것은 어찌 한 갈고리의 쇠와 한 수레의 깃털을 말함이겠는가?

35 此所謂枝大於本, 脛大於股, 不折必披.《史記・武安侯傳》

이는 소위 가지가 근본보다 크며 종아리가 넓적다리보다 커 부러지지 않으면 반드시 갈라진다는 것이다.

36 曾子曰: 脅肩諂笑, 病于夏畦.《孟子・滕文公下》

증자(曾子)께서 말씀하시기를, '어깨를 수굿이 하고 아첨하며 웃는 것이 여름에 밭에서 일하는 자보다 더 수고롭다.' 하셨다.

37 故人莫貴乎生, 莫樂乎安, 所以養生安樂者, 莫大乎禮儀.《荀子・強國》

사람에게 생명보다 귀한 것이 없고 편안함보다 즐거운 것이 없으면, 생명을 기르고 편안함을 즐길 수 있는 방법은 예의보다 좋은 것이 없다.

예문33 - 37의 '於'나 '于' · '乎'는 현대 중국어에서 '比'로 대체 사용할 수 있지만 문장 성분의 배열순서는 같지 않다. 예를 들어, "猛於虎" 바로 "比虎兇.(호랑이보다 더 사납다.)"의 뜻이고, "枝大於本"는 "枝比根還大.(식물의 뿌리보다 초목의 가지 더 크다.)"라고 쓸 수 있다. 예문36의 '于'와 예문37의 '乎'는 예외적인 용법으로 쓰인다. 일반적으로 보통 형용사 뒤에는 '於'를 사용하지만 '于'나 '乎'는 사용하지 않기 때문이다.

③ 피동문 중의 동작 주체(施動者) 표시하는 경우

'于(於)'와 '乎'는 피동문의 동작 주체(施動者) 표시하기도 한다. '于'나 혹은 '於'를 사용하나, '乎'를 사용 할 수 없다.

38 憂心悄悄, 慍于群小.《詩經 · 邶風 · 柏舟》
마음에 근심이 심히 하거늘 여러 소인들에게 노여움을 얻었다.

39 禦人以口給, 屢憎于人.《論語 · 公冶長》
말재주를 어디에 쓰겠는가? 사람들에게 응답하기를 말재주로만 사람에게 미움을 산다.

2) '在'의 용법

현대 중국어 중의 전치사 '在'는 '於'자에서 직접 변천된 것이 아니라 '於'와 동시에 존재한 전치사이다. 선진 문헌에서 '在'자는 동사로 자주 사용되지만 일찍이 갑골문 시기부터 이미 전치사로 사용되었다. 그러나 본래 동사에서 분화되어 나왔기 때문에 동사성이 아직도 매우 강하게 남아있다.

40 子在齊聞韶.《論語 · 述而》
공자께서 제齊나라에 계실 적에 소악韶樂을 들으셨다.

41 在陳絕糧.《論語 · 衛靈公》
공자가 진나라에 있을 때 양식이 떨어졌다.

위의 예문 '在'는 이미 전치사화(介詞化)되었다고 말할 수 있지만 완전히 그렇지는 않고, 동사의 용법처럼 쓰인다고 할 수 있다.

아래의 예문에서 '在'가 전치사의 용법으로 쓰인다는 점은 의심할 여지가 없을 것이다. 예문42 - 43에서 '在'는 독립적이지 못하고, 동사적 성격을 지니지 못하고 있다. 동사로 해석하기엔 다소 완전하지 못하다.

42 蟄蟲鹹俯在穴.《呂氏 · 季秋紀》
칩충이 모두 동굴 속에서 숨어서 자고 있다.

43 在他人則誅之, 在弟則封之.《孟子 · 萬章上》
타인에 있어서는 죽이고, 동생에 있어서는 봉해 주시다.

'在'가 전치사로 분화된 것은, 주周 나라 말년 때라고 볼 수 있다. 분화되었기는 하지만 여전히 본래의 뜻을 그대로 유지하여 쓰기도 한다. 이러한 상황은 현대 중국어에서도 여전히 마찬가지다. 한위漢魏 이후에 전치사로서의 '在'의 용법은 이미 현대 중국어와 같다. 이러한 용례는 비교적 입말(구어)과 가까운 악부민가에서 볼 수 있다.

44 兄弟兩三人, 流宕在他縣.《豔歌行》
형제 두세 명이 다른 지방으로 옮겨 다녔다.

45 雲是忘優物, 生在北堂陲.《古意詩》[410)]
구름은 근심을 잊는 물건으로 북당에서 생겨나서 드리운다.

410) 梁武帝《古意詩》.

(2) '以'와 '爲'의 변천

1) '以'의 용법

'以'는 원래 동사로 '用'과 똑같은 뜻이고, 전치사 '以'는 이 의미에서 어법화되어 사용된 것이다. 하지만 어법화된 후에도 그의 기본의미는 여전히 '用'이고, 그의 가장 큰 특징은 뒤에 체언體言(명사나 명사성의 단어)과 연결하는 사용하는 것이다.

'以'는 선진 시기의 용법은 주로 아래 세 가지 종류가 있고, 그 변천 과정이 각각 다르다.

① 동작표시 '拿'와 '用'의 용법으로 쓰이는 경우

46 以亂易整, 不武.《左傳 · 僖公三十年》
난亂(분열)으로 안정을 바꾸는 것은 무武의 도리가 아니다.
47 以戈擊王.《左傳 · 定公四年》
과戈로 왕을 공격하다.
48 以友輔仁.《論語 · 顔淵》
벗으로써 인仁을 보충한다.
49 殺人以梃與刃, 有以異乎?《孟子 · 梁惠王上》
사람을 죽임에 몽둥이와 칼날을 사용하는 것이 차이가 있습니까?
50 以千金爲魯連壽.《戰國策 · 趙策三》
천금으로 魯連에게 사례하여 祝壽하였다.
51 許子以釜甑爨, 以鐵耕乎?《孟子 · 滕文公上》
허자許子는 가마솥과 시루로써 밥을 지으며, 쇠붙이로써 밭을 가는가?

이와 동시에 선진시대에 작품에 '用'자를 사용하는 것도 있는데, '以'와 '用'과 같은 의미이고, 어법 기능 역시 마찬가지다.

52 用貧求富, 用饑求飽.《荀子 · 議兵》

가난하기 때문에 부를 추구하고 굶주리기 때문에 배부기를 원하다.[411)]

53 吾聞用夏變夷者, 未聞變于夷者也.《孟子 · 滕文公上》

나는 중화(中華)의 법을 써서 오랑캐의 도(道)를 변화시켰다는 말은 들었고, 오랑캐에게 변화 당했다는 말은 듣지 못하였노라.

54 齊氏用戈擊公孟.《左傳 · 昭公二十年》

제시齊氏가 창으로 공맹을 치다.

위의 형식 중의 전치사 '以'는 종종 생략되어 사용되지만, 만약 '以'자의 목적어가 대사 '之'인 경우는 '之'자를 생략하고 '以'를 생략하지 않는다. 상고와 중고 이후의 문언문에서는 대체로 이러한 형식으로 쓰인다.

55 公語之故, 且告之(以)悔.《左傳 · 隐公元年》

장공은 그 까닭을 이야기하고 또 후회하고 있다는 말까지 하였다.

56 死馬且買之(以)五百金, 況生馬乎?《燕策》

죽은 말도 모두 금 오백량으로 샀는데, 산 말은 어떠하겠는가?

57 使人遺趙王(以)書.《史記 · 廉颇藺相如傳》

사람을 보내어 趙王에게 편지 한통을 보내어라.

58 秦亦不以城予趙, 趙亦終不予秦(以)壁.《史記 · 廉颇藺相如傳》

진나라 역시 조나라의 성을 베어 주지 않았고, 조나라 역시 진나라에게 화벽을 주지 않았다.

59 群臣後應者, 臣請(以)劍斬之.《漢書 · 霍光金日磾傳》

신하들 중에서 뒤늦게 응답하는 자가 있으면 신이 이 검으로 베기를 청하다.

60 宋公及楚人戰于泓, 宋人既成列. 楚人未既濟. 司馬曰: "彼眾我寡, 及其未既濟也, 請擊之." 公曰: "不可."既濟而未成列, 又以(之)告.《左傳 · 僖公二十二年》

송공이 초인과 홍泓에서 전쟁하였다. 이때 송인은 전렬을 이루었으나 초인은 아직 홍수를 다 건너지 못하였다. 사마가 "저들은 군대가 많고 우리는 적으니 저들이 다 건너기 전에 공격하소서."라고 하니, 송공은 "불가하다."고 하였다. 초군이 홍수를 다 건넜으나 아직 전렬을 이루 지 못하였을 때 사마가 또 공격하자고 고하다.

61 況貪天之功, 以(之)爲已力乎?《左傳 · 僖公二十四年》

---

411) 본 구절 중의 '用'은 원인을 표시하는 '因'의 의미로 해석할 수 있다.

실로 하늘이 주군主君을 임금으로 세운 것인데 몇몇 사람은 자신들의 공로로 여기 남을 속이는 것이 아닌가?

62 子路行, 以(之)告.《論語 · 微子》
자로가 돌아와서 말씀드리다.

그 후에 '以'자의 이러한 용법은 구어에서 '將' · '拿' · '把'로 대체해서 문장은 처치식(處置式, 存在文)으로 변했다. 하지만 '以'자의 고대 어법 용법이 현대 언어에서도 그대로 답습되어 사용되는 경우가 있다. 예를 들면, "以理論指導實踐.(이론으로 실천을 지도하다.)", "以身作則(솔선수범)" 등이 있다.

② 동작의 원인 표시하는 경우
전치사 '以'가 동작의 원인을 표시한다.

63 君子不以言擧人, 不以人廢言.《論語 · 衛靈公》
군자는 말을 잘한다고 해서 그 사람을 들어 쓰지 않으며, 사람이 나쁘다 하여 그의 좋은 말을 버리지 않는다.

64 且吾不以一眚掩大德.《左傳 · 僖公三十三年》
그리고 나는 한 번의 과오過誤로 큰 공덕을 엄폐(掩蔽)하지 않는다.

65 此木以不材得終其天年.《莊子 · 山木》
이 나무는 숲을 이루지 못하였기 때문에 평생도록 천명을 향유할 수 있다.

66 乃孔子則欲以微罪行, 不欲爲苟去.《孟子 · 告子下》
그러나 공자께서는 하찮은 죄罪로써 구실을 삼아 떠나고자 하고, 구차히 떠나려고 하지 않으신 것이다.

중고 시기에는 '以'자는 자주 '故'와 서로 호응하여 '以……故'의 형식으로 쓰인다. 현대 중국어의 '因爲……的緣故'의 뜻과 같다. 이러한 형식은 '以'자를 단독으로 쓰는 것 보다 의미적으로 더욱 완벽하다.

76 乃欲以一笑之故殺吾美人, 不亦甚乎?《史記 · 平原君虞卿列傳》
한번 웃었다는 이유로 내 애첩을 죽이려고 하니 이는 너무 심하지 않은가?

68 士固爲知己者死, 今乃以妾尚在之故, 重自刑以絕從, 妾其奈何畏殁身之誅, 終滅賢弟之名?《史記 · 刺客列傳》
선비는 본시 자기를 알아주는 사람을 위해서 죽는다는데, 지금에 와서 내가 아직 살아 있기 때문에, 자신의 몸을 해쳐 종적을 없애려고 한 것입니다. 내 어찌 죽음의 화를 두려워하여 동생의 장한 이름을 없앨 수가 있겠습니까?

③ 인솔을 표시하는 경우

'이끌다(領率)'의 의미로 표시하는 '以'의 용법은 '凭借(빙자하다)'의 기본 의미로 파생해 나오는 것이다.

69 齊侯以諸侯之師侵蔡.《左傳 · 僖公四年》
제후가 제후의 군대를 거느리고 가서 채蔡나라를 침공한다.

70 宮之奇以其族行.《左傳 · 僖公五年》
궁지기宮之奇는 가족을 이끌고 떠나다.

71 裏克、邳鄭欲內(納)重耳, 以三公子之徒作亂.《史記 · 晉世家》
이극裏克과 대부 비정邳鄭은 중이를 영접하고자 하여 세 공자의 무리를 이용하여 난을 일으켰다.

72 二十四年, 楚惠王復國, 以兵北伐, 殺陳湣公.《史記 · 陳杞世家》
24년에 초나라 혜왕이 나라를 되찾은 다음에 군대를 일으켜 북벌에 나서서 진민공陳湣公을 죽인다.

'以'의 위와 같은 용법은 이후에 구어에서 사용되지 않는다.

④ 접속사 용법으로 쓰이는 경우

전치사 '以'자는 고대 중국어 언어에서 용언의 특징(用言性, 동사나 형용사 등)을 지닌 단어나 구 · 문장 등을 연결하는 용법으로 쓰인다. 이는 위에서 이미 언급한 체언體言(명사나 명사성구)을 가지는 전치사 '以'의 용법과는 다르다. 이러한 용법의 '以'자는 접속사 성질을 가진 전치사이다.

73 將军之事: 静以幽, 正以治.《孫子兵法 · 九地》

장군이 사무를 처리하는 것은 고요하고 깊이 생각하며 엄숙하면서 조리가 있다.

74 晉侯復假道於虞以伐虢.《左傳 · 僖公五年》

진후가 다시 우나라에 길을 빌려 괵나라를 치려 하다.

75 夫子而棄常法, 以從其私欲, 用巧變以崇天災, 勤百姓以爲己名, 其殃大矣.《周語 · 下》

대부大夫로서 불변의 법칙을 버리고 그들의 개인의 욕망을 순종하여 천재(天災)를 늘어나게 부정한 수단을 쓰고 백성들을 이용해서 자기 명망을 세우면 이 죄과(罪過)는 너무 큰 것이다.

76 以無忌從之游, 尚恐其不我欲也, 今平原君乃以為羞, 其不足從游!《史記 · 魏公子列傳》

또한 내가 그들을 좇아 사귀더라도 항상 그들이 나를 좋아하지 않을까 두려워하였다. 그래서 이제 평원군이 이것을 부끄러움으로 여기니 더불어 사귀기에는 부족한 인물이라고 생각하다!

예문73의 '以'자는 두 개의 형용사를 연결한다. 예문74와 75는 모두 두 세 개의 구(詞組)를 연결한다. 예문76의 '以'자는 앞에서 두 문장을 연결하고, 뒤의 문장 부분을 돋보이게 하는 것이기 때문에 이런 '以'는 모두 접속사 기능을 가지고 있다.

2) '爲'의 용법

① '替'의 의미

고대 중국어에서 '爲'는 원래 동사로 사용되며, 행위를 표시한다. 또한 거성去聲으로 읽으면 '돕는다'는 뜻으로 쓰인다.

77 福祿來爲.《詩經 · 大雅 · 鳧鷖》

복록이 와서 도와준다.

78 冉有曰: 夫子爲衛君乎.《論語 · 述而》

염유가 말하기를 공자께서 위나라 군주를 도우실까요?

위 두 문장에 대하여 정현鄭玄의 "'爲'는 '돕다'는 뜻과 같다."[412]라 하였다. '爲'자는 선진 시기에 어법화된 전치사로, 원래 동사의 '助'를 뜻에서 '替'의 의미가 변화되어 사용되었다.

79 曾子曰: "吾日三省吾身: 爲人謀而不忠乎？與朋友交而不信乎？傳不習乎？"《論語 · 學而》

증자가 말하였다. "나는 날마다 세 가지로 내 몸을 살피니, 남을 위하여 일을 꾀하면서 충성스럽지 아니한가, 벗과 더불어 사귀면서 신실하지 아니한가, 전수받은 것을 익 히지 못 하였는가 등이다.

80 分人以財謂之惠, 教人以善謂之忠, 爲天下得人者謂之仁. 是故以天下與人易, 爲天下得難.《孟子 · 滕文公上》

남에게 재물을 나누어줌을 혜惠라 이르고, 남에게 선善을 가르쳐 줌을 충忠이라 이르고, 천하 사람들을 위하여 인재를 얻음을 인仁이라 이른다. 이러므로 천하로써 남에게 주기는 쉽고, 천하를 위하여 인재를 얻기는 어려운 것이다.

81 季氏使閔子騫爲費宰. 閔子曰: "善爲我辭焉."《論語 · 述而》

계씨가 민자건을 비읍의 읍재로 삼으려 하자, 민자건이 사자에게 말하였다. "나를 위해 잘 말했다.

82 爲天下興利除害.《史記 · 酈生陸賈列傳》

천하를 위해여 이로운 것을 일으키시고 해로운 것을 제거하다.

'替'의 의미를 나타내는 전치사 '爲'는 지금까지 계속하여 사용한다. 예를 들면, "爲人民服務.(국민을 위해 봉사하다.)" 중 '爲'는 바로 고어에서 온 용법이다.

② '因'의 의미

'爲'자의 전치사 용법은 또한 원인이나 목적을 나타낸다. 이러한 용법은 선진 시기에 이미 사용되었고, 한위漢魏 시기에도 계속하여 사용하였다.

83 仕非爲貧也, 而有時乎爲貧.《孟子 · 萬章下》

벼슬함은 가난을 위해서가 아니지만, 때로는 가난을 위한 경우가 있다.

---

412) 鄭玄: "爲, 猶助也."

84 然則一羽之不擧, 爲不用力焉.《孟子 · 梁惠王上》
그렇다면 한 깃털을 들지 못함은 힘을 쓰지 않기 때문다.
85 天下熙熙, 皆爲利來; 天下壤壤, 皆爲利往.《史記 · 貨殖列傳》
세상 사람들이 이익을 위해 벌떼처럼 모이고, 이익을 위해 사방으로 떠나간다.
86 天地不爲亂歲去春, 人君不以衰世屛德.《論衡 · 非韓》
천지는 봄을 제거하여서 계절을 어지럽게 하지 않고 임금은 덕을 버려서 세상을 쇠약하게 하지 않는다.

위의 용법으로 쓰이는 '爲'자가 만약 인과관계를 표시하는 문장 속에서 원인을 나타내는 접속사로 사용된다면, 이는 접속사이다. 하지만 접속사로 쓰이는 경우는 단어를 연결하는 것이 아니라 문장을 연결하는 역할을 한다.

87 仲尼曰: "始作俑者, 其無後乎!" 爲其象人而用之地.《孟子 · 梁惠王上》
공자께서 말씀하시기를 '처음으로 용俑을 만든 자는 그 후손이 없을 것이다.' 하셨으니, "이는 사람을 형상하여 장례에 사용하였기 때문입니다.
88 子曰: "射不主皮, 爲力不同科, 古之道也."《論語 · 八佾》
공자께서 말씀하셨다. "활을 쏘는데 가죽 뚫는 것을 주장하지 않음은 힘이 동등하지 않기 때문이니, 옛날의 활쏘는 도道이다."

'爲'자는 또한 '故'와 서로 호응해서 원인으로 나타내는데, '以……故'와 같은 '爲……故'의 형식으로 쓴다.

89 爲毛召之難故, 王室複亂.《左傳 · 宣公十六年》
모씨毛氏와 소씨召氏의 화난으로 인해 왕실이 다시 어지러운다.
90 乃止衛侯, 固請見之, 不獲命, 以其良馬見, 爲未致使故也.《左傳 · 昭公二十年》
위후가 제나라 사자를 만나 보기를 굳이 요청하자, 청에 마지못해 자기의 양마良馬를 알현의 선물로 바쳤으니 사명을 봉행하지 못하였기 때문이다.

위의 용법 중 '爲'자의 두 번째 용법은 이후 구어에서 '因爲'라는 2음절어로 바뀌었는데 그 용법은 고대로부터 이어진 것이다.

③ 피동의 의미

'爲'자는 또한 피동을 나타낸다. 예를 들면, '爲戮(被殺:죽임을 당하다)', '爲辱(被侮辱:모욕을 당하다)' 등이 있다. 이러한 용법은 '피동문被動文'에서 살펴볼 수 있다.

(3) 전치사 '與' · '同' · '和'의 변천

현대 언어 중 전치사 '和' · '跟' · '同'의 용법과 같은 상고 시기의 언어 전치사 중 '與'자가 대부분 쓰이고, '同'자는 적게 사용된다.

1) '與'의 용법

'與'는 동사 '따르다(隨從)', '가까이 지내다(親附)'의 뜻에서 어법화되어 전치사 '跟'과 '同'과 같은 뜻의 용법으로 사용되었다. 이러한 용법은 선진시기부터 쓰였고 중고 시기 이후에도 계속하여 사용되었다.

91 蟲飛薨薨, 甘與子同夢.《詩經 · 鄭風 · 雞鳴》
벌레가 날아 윙윙거리거든 그대와 함께 꿈꾸기를 좋아한다.

92 彼狡童兮, 不與我言兮.《詩經 · 鄭風 · 狡童》
저 교활한 아이가 나와 더불어 말도 하지 않는다.

93 來, 吾與爾言.《論語 · 陽貨》
이리 오시오. 내가 그대와 말을 하겠다.

94 (晏子)遂解左驂以贈之, 因載而與之俱歸.《晏子 · 內篇雜上》
안자는 왼쪽에 수레를 끌고 있는 말로 값을 치르고 월석보越石父를 되찾아 월석보과 함께 마차를 타고 제나라에 돌아가다.

95 管仲嘗嘆曰: "吾少窮困時, 嘗與鮑叔賈, 分財多自與; 鮑叔不以我爲貪, 知我貧也."《列子 · 力命》
관중이 말하기를, 내가 초기에는 매우 가난하였는데, 일찍이 鮑叔과 함께 장사를 하였 다. 돈을 나눌 때에 대부분 나에게 주었는데, 포숙은 내가 탐욕스럽다 여기지 않고, 내가 매우 가난하다는 것을 알고 있었다.

96 夫無道之人, 與狂無異.《論衡 · 書虛篇》
도가 없는 사람은 미친 사람과 다르지 않다.

현대 중국어 중의 전치사 '跟' · '同' · '和' 등은 모두 목적으로 수반하지만, 고대 중국어 중 '與'자는 반드시 수반하는 것이 아니고 목적어를 생략할 수 있다.

97 子曰: "可與( )共學, 未可與( )適道; 可與( )適道, 未可與( )立; 可與( )立, 未可與( )權."《論語 · 子罕》
공자께서 말씀하셨다. "더불어 함께 배울 수는 있어도 함께 도에 나아갈 수는 없으며, 함께 도에 나아갈 수는 있어도 함께 설 수는 없으며, 함께 설 수는 있어도 그것만으로도 함께 일의 경중에 따라 임기응변하여 나갈 수 없는 것이다.
98 可與( )言, 而不與之言, 失人.《論語 · 衛靈公》
더불어 말할 만한데도 더불어 말하지 않으면 사람을 잃는 것이다.
99 旦日, 客從外來, 與( )坐談.《戰國策 · 齊策》
아침에 손님이 밖으로부터 와서 함께 앉아서 이야기를 나누었다.
100 清河王經去官還家, 輅與( )相見.《三國志 · 魏書 · 管輅》
청하 왕경(? - 260年)이 관직을 버리고 집으로 돌아가자 노輅가 그를 만났다.

위 문장 중 생략된 성분은 대사 '之'이다. 이러한 용법은 전치사 '以'와 같다.

만약에 '與'자가 수식적 성질의 용법이 아니라 연계성 용법이라면 전치사성 접속사라고 볼 수 있다. 혹은 접속사성 전치사라고 볼 수 있다. 연계성 용법의 '與'자는 단어와 단어, 단어와 구, 구와 구 등을 연결하는 역할을 한다. 그렇다면 이는 병렬 접속사중의 하나로 볼 수 있다. 이러한 용법은 선진 시기에 이미 쓰이기 시작하였다.

101 溱與洧, 方渙渙兮. 士與女, 方秉蕑兮.《詩經 · 鄭風 · 溱洧》
진수와 유수는 넘실넘실 흐르고 있는데, 남자와 여자는 난초를 들고 있네.
102 富與貴, 是人之所欲也, 不以其道得之, 不處也.《論語 · 里仁》
부와 귀는 사람들이 바라는 것이기는 하나 정당한 방법으로 얻은 것이 아니라면 거기에 머물러 있지 않는다.
103 子見齊衰者、冕衣裳者與瞽者, 見之, 雖少必作, 過之必趨.《論語 · 子罕》

공자께서 상복을 입은 사람과 면복을 입은 사람과 눈먼 사람을 만나시는 데 있어서는, 만나시게 되면 이들이 연하하더라도 반드시 일어나시고, 이들을 지나가시게 되면 반드시 걸음을 빨리 옮기신다.

104 然則我與若與人俱不能相知也, 而待彼也邪?《莊子·齊物論》

그러면 즉 나와 너 다른 사람이 모두 서로 알 수 없는 것인데, 그런데도 그런 논리를 믿겠는가?

105 (秦)穆公歸, 至于王城, 合大夫謀曰: "殺晉君與逐出之, 與以歸之, 與復之, 孰利?"《国语·晉語三》

진나라 목공이 승리하고 돌아와 왕성王城(陝西省)에 도착하여 大夫들과 상의하였다. 진晉 나라 군주를 죽이는 것이거나, 쫓아내거나, 돌아가게 하거나, 아니면 다시 군위君位를 다시 회복시켜야 하오. 어느 것이 유리하겠소?"

예문103 - 105을 통하여 상고시기에 두 가지 용법으로 쓰인다는 것을 알 수 있다.

첫째, 예문103는 두 가지 이상의 단어를 연결하는 경우 맨 마지막 연결하고자 하는 단어에 접속사를 사용하는 경우이다.

둘째, 예문104와 예문105은 각각 연결하고자 하는 단어 사이에 접속사를 사용하는 경우이다. 아래《논어》구절 역시 이러한 용법으로 쓰인다.

106 子罕言利與命與仁.《論語·子罕》

공자께서는 이익과 명과 인을 드물게 말씀하셨다.

이러한 형식의 중국어 문언 형식은 이미 오래 전부터 사용되어진 것이다. 혹자는 이러한 용법은 외래어에서 온 것이라고 주장하기도 하지만, 꼭 그렇지는 않고 전통 방법에서 변천된 것이다.

2) '同'의 용법

상고시기 언어 중 '與'자와 같은 용법으로 쓰이는 전치사로 '同'이 있다. '同'자도 원래는 동사이다.

107 君子和而不同.《論語 · 子路》
군자는 조화를 이루고 뇌동하지 않다.

위의 예문 중 '同'은 동사의 용법으로 쓰인다. 또한 부사로도 쓰인다.

108 今王與百姓同樂, 則王矣.《孟子 · 梁惠王下》
인군이 능히 백성과 더불어 함께 즐거워하다.

선진 시기 '同'자의 이러한 용법은 후에 분화하여 쓰이기 시작하였다. 하지만 과도기적 용법으로 쓰이며 이러한 용법으로 쓰이는 예문 그다지 많지 않다.

109 同我婦子, 饁彼南畝.《詩經 · 豳風 · 七月》
우리 처자식과 함께 저 남쪽 이랑으로 밥을 내가다.

110 帝謂文王: "詢爾仇方, 同爾弟兄, 以爾鉤援, 與爾臨沖, 以伐崇墉."《詩經 · 大雅 · 皇矣》
상제께서 문왕에게 이르시되 너의 원수 나라에게 물으며, 너의 형제국(兄弟國)과 함께 하여 너의 구원鉤援과 너의 임충臨衝으로써 숭崇나라의 성을 치라 하시다.

예문109 - 110 중의 '同'자는 당연히 동사의 용법으로 쓰이고 있지만, 이미 상당히 전치사와 용법과 비슷해졌다. 예문109은 "我同老婆孩子到南苗去送飯.(나는 아내와 자식과 함께 남묘에 밥을 보내 주러 간다.)"로 해석할 수 있다. 그래서 '同'자는 이미 동사에서 전치사로 분화된 것이라 할 수 있다.

'同'자는 '共'자와 음과 뜻이 같기 때문에 중고 시기에는 자주 '共'자를 사용하였다. '共'자에 대하여《설문해자》는 "'共'은 '同'의 뜻이다."[413]라 하였다.

111 昔有大長者子, 共諸商人入海采寶.《百喻經下》
옛날 한 재주財主의 아들이 있었는데, 많은 상인들과 함께 보물을 찾으러 바다에 나갔다.

413)《說文解字》: "共, 同也."

112 昔有一人, 夜語儿言: "明(日)當共汝至彼聚落, 有所取索.《百喻經下》
이전에 한 사람이 밤에 아들에게 말했다. "내일 너와 함께 마을에 내려가 물건을 좀 취해오자."

113 誰有勇健能共我試, 請于平原校其技能.《百喻經下》
누가 나와 겨룰 용기와 능력이 있으면, 넓은 들녁에서 나와 능력을 겨뤄봅시다.

'共汝'는 곧 '同你'이고, '共我試'는 즉 '同我試試'의 뜻이다. 이러한 용법은 중고 후기의 당나라의 변문에서 성행하여 구어에서 보편적으로 사용되었다.

114 舜子抄手啓阿耶(爺): "阿耶若取(娶)得計(繼)娘來, 也共親阿娘無貳.《舜子變》
순자는 양손을 맞잡고 가슴까지 올려 절하고 아버지께 말씀 드렸다. 아버지께서 만약에 계모를 얻어 오시더라도 저 역시 친어머님처럼 모시겠습니다.

115 (道安)乃喚善慶近前 "上來言語, 總是共汝作劇, 汝也莫生颇我之心, 吾也不見汝過."《廬山遠公話》
도안이 잠시 후 선경을 옆에 불러 말한다. "선경 가까이 오시오. 방금 얘기한 것은 너에게 거짓으로 꾸며본 것이요. 그대가 나와 겨뤄보겠다는 생각을 하지 마시오. 나 역시 그대의 허물을 묻지 않을 것이요."

근대 백화소설에는 이미 '共'을 사용하지 않고 '同'을 사용한다, 예를 들면 예문 116 - 117과 같다.

116 兩公子同遽公孫都走出廳上.《儒林外史 · 十一回》
두 공자는 모두 거공손과 대청으로 나간다.

117 今我同你去會一個人.《儒林外史 · 十八回》
오늘 나는 너와 같이 가서 한 사람을 만나려고 한다.

3) '和'의 용법

현대 중국어 중의 '和'자 역시 원래는 동사인데, 중고시기에 접속사의 의미를 가진 의미로 사용되었다. 이러한 용법은 당나라 때 시가에서 볼 수 있다.

118 醉和金甲舞. (盧綸《塞下曲 · 其四》)
술 마시고 무기 들어 춤을 추네.

119 時挑野菜和根煮. (杜荀鶴《山中寡婦》)
때때로 들나물 캐어다가 뿌리까지 삶는다.

120 和雪翻營一夜行. (仲初 王建《贈李愬仆射二首》)
눈보라 내리치는데, 군영 비어두고 한 밤중 전쟁터로 나가네.

위의 예문들은 '和'는 '連帶(더불다)'라는 뜻으로 쓰이고, 송원 시기의 작품에서는 '和'자가 전치사 용법으로 쓰이기 시작하였다. 《경본통속소설京本通俗小說》을 예로 들면 아래와 같다.

[전치사 용법]

121 婦女和錦兒說了自去.《京本通俗小說 · 卷十二》
부인이 금아에게 말하고 갔다.

122 小夫人道: "和你同去問婆婆."《京本通俗小說 · 卷十三》
작은 부인이 말했다. "당신과 함께 시어머니 보러 가겠습니다."

123 吳教授和王七三管人見了, 將膝展展, 兩股不搖而自顫.《京本通俗小說 · 卷十二》
오교수는 삼관인 왕칠과 만나자, 무릎을 쭉 펴고, 두 엉덩이는 움직이지 않았지만 저절로 떨렸다.

[접속사 용법]

124 卻見小娘子和那一個後生同走, 苦死不肯回來.《京本通俗小說 · 卷十五》
새색시가 그 젊은 남자와 함께 가는 것을 보고, 죽어도 돌아오지 않았다.

악비岳飛의 《만강홍滿江紅》 "八千里路雲和月(팔천리 길에 구름과 달)" 중의 '和'자는 접속사이다.

지금 '與'자는 구어에서 이제는 잘 쓰이지 않지만 문언에서는 가끔 사용된다.

'同'과 '和'의 용법은 전치사와 접속사 두 용법으로 쓰인다. 하지만 최근엔 일반적으로 규범화되어 '同'자는 전치사로 쓰이고, '和'는 접속사로 쓰인다.

Ⅳ 접속사와 문장과의 관계

(1) 상고 접속사의 현황

고대 중국어의 접속사는 병렬並列 접속사와 주종主從 접속사가 두 가지 있다. 고대 중국어 접속사는 수량도 많고, 그 용법 또한 상당히 복잡하다. 상고 시기 접속사의 기본적인 특징을 파악할 수 있다면, 이후의 그 발전 상황 역시 쉽게 할 수 있을 것이다.

첫째, 상고 중국어는 문장과 문장 사이를 접속사를 사용하지 않고, 주로 의미적으로 연결하였다. 특히 접속사 중 주종 접속사는 매우 적게 사용하였다. 갑골문에는 병렬 접속사가 '及'·'又' 등 몇 개만 있고, 주종 접속사는 '叀'·'則'·'乃' 등이 있다. 《상서》에서 접속사는 그다지 완전하게 사용되지 않다. 아래의 예문 중 ( )는 당시 의미적으로 접속사를 사용할 수 있는 곳이고, 후세에 접속사를 사용한 부분이다.

1 若乘舟, ( )汝弗濟( )臭厥載; ( )爾忱不屬, ( )惟胥以沈.《尚書·盤庚中》
마치 배를 타고서 너희들이 제 때에 건너가지 않으면 실로 물건을 부패시키고 마는 것과 같다. 너희들의 정성이 이어지지 않으니, 바로 침몰할 뿐이오.

2 汝( )有戕則在乃心, ( )我先後綏乃祖乃父. 乃祖乃父, 乃斷棄汝, 不求乃死.《尚書·盤庚中》
너희가 해롭게 함이 너희 마음속에 있으면, 우리 선후先后께서 너희들의 조祖·부父를 회유하여 오게 하실 것이니, 그러면 너희들의 조·부는 마침내 너희들을 끊고 버려서 너희들의 죽음을 구제하지 않을 것이다.

3 昧昧我思之, 如有一介臣, 斷斷猗(兮)無他技. 其心休休焉, 其如有容. 人之有技, 若已有之; 人之彥聖, 其心好之, 不啻若自其口出. ( )是能容之, 以保我子孫( )黎民, 亦職有利哉. ( )人之有技, 冒疾以惡之, 人之彥聖, 而違之俾不達. ( )是不能容, 以不能保我子孫( )黎民, 亦曰殆哉.《尚書·秦誓》
곰곰이(昧昧히) 내 생각해보니, 만일 한 신하가 단단斷斷하고 딴 기예가 없으나 그 마음이 곱고 고와 용납함이 있는 듯하여, 남이 가지고 있는 기예를 자신이 소 유한 것처럼 여기며, 남의 훌륭하고 성스러움을 마음속에 좋아하되 입에서 나오는 것보다도 더 좋아한다면 이는 남을 포용하는 것이다. 나의 자손과 여민黎民을 보호할 것이니, 또한 이로움이 있음을 주장할 것이다. 남이 가지고 있는 기예를 시기하고 미워하며, 남의 훌륭하고 성스러움을 어겨서 통달하지 못하게 한다면 이것은 포용하지 못하는 것이다. 나의 자손(子孫)과 여민을 보호하지 못할 것이니, 또한 위태로울 것이다.

위의 예문은 상고 시기의 용례들이다. 이에 반해 춘추 전국시대에는 접속사가 점차 더 많이 사용되었고, 언어도 비교적 유연하게 변화하였다.

4 夫金鼓旌旗者, 所以一人之耳目; 人既專一, 則勇者不得獨進, 怯者不得獨退, 此用衆之法也.《孫子兵法 · 軍爭》
金鼓와 旌旗라 하는 것은, 사병들이 보고 듣는 것을 통일하고, 전투 행동을 통일하는데에 사용하는 것이다. 병사들이 모두 통일된 지휘에 복종한다면, 용감한 장병들이 단독으로 전진할 수 없고, 용기가 없는 자들 역시 단독으로 후퇴하지 않는다. 이것이 바로 대군의 전투를 지휘하는 방법이다.

5 故君爲社稷死, 則死之; 爲社稷亡, 則亡之; 若爲已而爲己亡, 非其私暱, 誰敢任之?《左傳 · 襄公二十五年》
그러므로 임금이 사직을 위해 죽으면 신하도 그를 위해 죽고 임금이 사직를 위해 도망하면 臣下도 그를 위해 도망하지만 만약 임금이 자기 자신을 위해 죽고 자신을 위해 도망하면 그 임금이 사사로이 총애하는 사람이 아니면 누가 감히 함께 죽고 함께 도망가는 일을 감당하겠는가?

6 (孟子)曰: "無恆産而有恒心者, 惟士爲能. 若民則無恆産, 因無恒心. 苟無恒心, 放辟邪侈, 無不爲已. 及陷于罪, 然後從而刑之, 是罔民也. 焉有仁人在位罔民而可爲也? 是故明君制民之產, 必使仰足以事父母, 俯足以畜妻子, 樂歲終身飽, 凶年免於死亡; 然後驅而之善,故民之從之也輕.《孟子 · 梁惠王上》
맹자가 말씀하였다. "떳떳한 생업(生業)이 없으면서도 떳떳한 마음을 가지고 있는 자는 오직 선비만이 가능한 것이요, 백성으로 말하면 떳떳이 살 수 있는 생업(生業)이 없음으로 인하여 떳떳한 마음이 없어지는 것입니다. 만일 떳떳한 마음이 없어진다면 방벽(放)함과 사치(邪侈)함을 하지 않음이 없을 것이니, 그리하여 죄(罪)에 빠짐에 이른 뒤에 따라서 이들을 형벌 한다면, 이것은 백성을 그물질하는 것입니다. 어찌 인인(仁人)이 지위에 있으면서 백성을 그물질하는 짓을 할 수 있겠습니까?" 그러므로 현명한 군주는 백성의 생업(生業)을 재정해 주되 반드시 위로는 족히 부모(父母)를 섬길 만하며, 아래로는 족히 처자(妻子)를 기를 만하여 풍년에는 1년 내

내 배부르고, 흉년에는 사망(死亡) 에서 면하게 하나니, 그런 뒤에야 백성들을 몰아서 선(善)에 가게 합니다. 그러므로 백성들이 명령을 따르기가 쉬운 것입니다.

둘째, 상고시대 접속사는 하나의 접속사가 몇 가지 용법으로 쓰인다. 이러한 접속사는 전후 문맥의 연계되는 내용에 따라 결정되는데, 가장 전형적인 예로는 '乃'와 '而'가 있다. 먼저 '乃'자를 예를 들어 살펴보면 아래와 같다.

먼저 접속사 '乃'자는 순접順接 의미를 표시하는 '于是'의 의미로 쓰인다.

7 盤庚作, 惟涉河以民遷; 乃話民之弗率, 誕告用亶.《尙書 · 盤庚》
반경이 일어나 황하를 건너 〈천도하여〉 백성들을 옮길 적에 이에 따르지 않는 백성들에게 고(告)하기를 정성으로 하였다.

《반경》의 그 다음 문장에서는 '乃'자가 역접逆接의 의미로 현대 중국어의 '却'의 용법과 같다.

8 汝不憂朕心之攸困, 乃咸大不宣乃心, 欽念以忱, 動予一人, 而惟子鞠自苦.《尙書 · 盤庚》
너희들은 내 마음의 곤궁한 바를 걱정하지 않고, 오히려 모두 크게 너희들의 마음을 펴서 공경하여 생각하되 정성으로써 하여 나 한 사람을 감동시키지 않으니, 이는 너희들 스스로 곤궁하고 너희들 스스로 괴롭게 하는 것이다.

이 뿐만 아니라, '乃'는 또한 가설 조건을 표시 하여 현대 중국어 '가령'이라는 의미의 '假如'의 뜻으로 쓰인다.

9. 乃有不吉不迪, 顚越不恭, 暫遇奸宄, 我乃劓殄滅之, 無遺育, …….《尙書 · 盤庚》
만약에 불선하고 부도不道한 사람들이 있어, 타락하고 공손하지 않음과 짧은 혼란기에 간악한 짓을 하는 자가 있으면 나는 이들을 코 베고 자손도 남겨두어 않겠다. ……

셋째, 상고 시기에 고정적인 용법으로 접속사는 많지 않고, 고대 중국어 서면어에서 흔히 보이는 접속사는 대부분 다른 품사의 역할을 겸한다. 예를 들면, '乃' · '然' · '既' 등은 원래 부사지만 접속사로 사용 된다. '與' · '于' · '因'과 '及' 등은 원래 전치사지만 동시에 접속사로 쓰인다.

(2) 접속사의 발전

본 절에서는 몇몇 병렬 접속사의 발전에 대하여 살펴보기로 한다.

상고 시기 병렬 접속사는 두 가지 용법으로 쓰인다.

첫째, 두 개의 단어(명사, 동사, 형용사와 부사) 혹은 두개의 구(句, 詞組)를 연결한다.

둘째, 두 절을 연결한다.

이러한 용법으로 쓰이는 접속사는 일반적으로 '與' · '而' · '以' · '且' · '則' · '然而' · '顧' · '但' · '但是' 등이 있다.

1) 전치사 '而' · '以'와 '且'의 발전

전치사 '而' · '以'와 '且'는 선진 시기에 모두 두 단어(詞)와 구(詞組)를 연결하거나 또한 두 절(分句)을 연결할 수 있었지만, 그 용법이 완전히 같지는 않다. '而'와 '以'는 모두 명사 · 동사와 형용사를 연결할 수 있지만, '且'는 동사와 형용사만 연결할 수 있고 명사는 연결할 수 없다. 절(分句)을 연결할 때 '而'와 '且'는 모두 병렬 관계를 표시한다. '于是'는 문장(文)과 문장 사이에 병렬 관계를 표시한다. 이들 접속사는 모두 병렬 관계를 표시하지만 아래 세 가지 점이 서로 다르다.

① '而' · '以'는 동등等立 병렬 관계를 표시하며, 연결하는 두 단어의 순서는 일반적으로 바꿀 수 없다.

10 弟子入則孝, 出則弟, 謹而信, 汎愛眾而親仁.《論語 · 學而》
제자가 들어가서는 효하고 나와서는 공손하며, 삼가고 미덥게 하며, 널리 사람들을 사랑하되 인한 사람과 친해야 한다.

11 夫學, 譬之猶礪也. 夫昆吾之金而(與)銖父之錫, 使幹越之工鑄之以爲劍而弗加砥礪, 則以刺, 不入; 以擊, 不斷.《尸子 · 勸學》
공부하는 것은, 돌 위에서 칼을 가는 것과 비교할 수 있다. 곤오에서 생산한 최상의 금속과 수부銖父에서 생산된 주석을 사용하여 오월吳越 일대에서 칼을 가장 잘 녹이는 공예가가 최상의 보검을 만들라 하지만, 이를 돌 위에서 날카롭게 갈지 않으면, 물건을 찔렀을 때 들어가지 않고, 물건을 찍었을 때 역시 자르지 못한다.

12 聞善而(與)不善, 皆以告其上.《墨子 · 尚同》
좋거나 나쁜 생각을 듣더라도, 모두 군주에게 말해야한다.

13 以管仲之聖而隰朋之智, 至其所不知, 不難師于老馬與蟻.《韓非子 · 說林》
관중처럼 능력있고, 습붕처럼 총명한 사람이라도 말과 개미한테도 배울게 있다는 것을 안다.

14 今自王叔之相也, 政以賄成, 而刑放於寵.《左傳 · 襄公十年》
오늘날 왕숙이 재상이 된 후로 정이는 뇌물로 이루어지고 법 집행은 총신에게 맡겼다.

15 如此則明塞于上, 而治壅于下, 正道捐棄, 而邪事日長.《管子 · 立政》
군주의 눈과 귀를 막아서 아랫사람에게 명령이 전달되지 않으면 바른 도는 버려지게 되고, 사악한 일은 날마다 커지게 된다.

위의 예문10 - 13의 '而'의 용법은 '與'와 차이가 별로 없다. 예문14 - 15의 '而'는 의미가 꼭 '與'와 같다고는 할 수 없지만, 연결하는 두 분절이 모두 같고 수식(편정偏正) 관계가 아니다.

접속사 '以'는 접속사 '與'와 같이 동등 병렬관계를 표시할 수 있다.

16 天大雷電以風.《尚書 · 金縢》
하늘이 크게 천둥번개를 치고 바람이 부다.

17 賦《常棣》之七章以卒.《左傳 · 襄公二十年》
무자가《상률》의 제7장과 끝 장을 읊다.

18 季康子問: "使民敬忠以勸, 如之何?"《論語 · 爲政》
계강자가 "백성으로 하여금 윗사람을 공경하고 충성하게 하며, 이것을 권면하게 하려는데, 어찌하면 되겠습니까?"라고 물었다.

이들의 접속사는 중고 시대 이후 분화되어 발전하였다. 단어와 단어의 동등 병렬관계는 '與'자가 주로 사용되고 '而' · '和'를 거의 사용하지 않았다. 그러나 병렬의 절(分句)을 연결하는 경우에는 '而'를 계속하여 사용하였다.

② '而' · '以'와 '且'가 단어와 단어의 점층層進 병렬 관계를 나타내는 경우

점층 관계를 표시할 때 이 세 '而' · '以'와 '且' 접속사의 기능과 의의는 기본적으로 같다. 즉 두 형용사를 연결할 수 있고 두 동사와 동사성 구(사조)를 연결할 수 있지만, 명사는 연결할 수 없다. 의미는 현대 중국어의 '而且'와 같다. 또한 '且'자는 문장과 문장 사이의 점층 관계를 표시할 수 있다.

19 公子鮑美而豔.《左傳 · 文公十六年》
송나라 공자포는 잘 생기고 기개가 범상치 않다.
20 其聲大而宏.《考工記 · 梓人》
그 소리가 크고 굉장하다.
21 其器高以粗.《禮記 · 月令》
그 기구가 높고 굵다.
22 河水清且漣猗.《詩經 · 魏風 · 伐檀》
하수(河水)가 맑고 또 물결이 일도다.
23 邦有道, 貧且賤焉, 恥也.《論語 · 泰伯》
나라에 도가 있을 때에 가난하고 천한 것이 부끄러운 일이다.
24 由也爲之, 比及三年, 可使有勇, 且知方也.《論語 · 先進》
제가 다스릴 경우, 3년에 이르면 백성들을 용맹하게 할 수 있고 또 의리로 향할 줄을 알게 할 수 있다.
25 公語之故, 且告之悔.《左傳 · 隱公元年》
장공은 그 까닭을 영고숙에게 이야기하고 또 그에게 후회한다 하였다.

'且'는 점층 병렬관계를 표시할 때 자주 부사와 같이 연결해서 쓰여, '既……且' 고정 형식으로 쓰인다.

26 既辱且危.《周易 · 系辭下》

이미 욕되고 위태롭다.

27 四牡既佶, 既佶且閑.《詩經・小雅・六月》

사모가 이미 건장하니, 또한 건장하고 길들여졌도다.

문장과 문장 사이에 점층 관계는 '且'자 외에는 '既…又…'의 고정 형식도 자주 사용한다.

28 既破我斧, 又缺我斨.《詩經・豩風・破斧》

이미 내 도끼를 부수고 내 도끼를 망가뜨렸다.

29 既欲其生, 又欲其死, 是惑也.《論語・顏淵》

살기를 바라고 또 죽기를 바라는 것이 미혹이다.

중고 이후에 '而'와 '且'의 이런 용법은 계속하여 사용되어 현대 중국어에서도 아직도 기본적으로 사용하고 있다. 후에는 '而'와 '且'가 함께 결합한 '而且'가 가장 많이 사용되었다.

전치사 '以'는 구어체에 가까운 문학 언어 중에는 위에서 살펴본 용법으로 더 이상 쓰이지 않게 되었다.

30 他是一個高而瘦的老人. (魯迅《從百草園到三味書屋》)

그는 키가 크고 마른 노인이다.

31 他沉默而倔強地工作著. (李株《這樣的戰士》)

그는 과묵하면서 고집 세게 일하고 있다.

32 我說一定是刀砍的, 而且是菜刀. (周立波《山鄉巨變》)

내가 생각하기에 칼로 벤 것이고, 그것은 부엌칼이다.

33 毛牛肉眨眼而且努嘴. (沙汀《在其香居茶館里》)

毛牛肉가 눈을 깜빡거리고 입을 삐죽 내밀었다.

34 他臉上黑而且瘦. (魯迅《孔乙己》)

그는 얼굴에 검고 여위었다.

③ 접속사 '而' · '以'가 상승相承(점층遞進) 관계를 나타낸다.

상승 관계는 병렬이지만 두 어휘의 선후관계는 일반적으로 변동할 수 없다.

35 鵬之背, 不知其幾千里也; 怒而飛, 其翼若垂天之云.《莊子 · 逍遙遊》

봉새의 등은 몇 천리인지 알 수 없고 떨쳐 일어나 날아가면 그 펼치는 한 쌍의 날 개가 바로 하늘에 구름이 같다.

36 驥于是俛而噴, 仰而鳴, 聲達于天, 若出金石聲者, 何也?《楚策 · 汗明见春申君》

천리마가 고개를 숙이고 크게 한숨 쉬고 또 고개를 들고 큰소리로 울부짖는데, 그 소리는 수직으로 높은 하늘에 간다. 우렁찬 소리는 금석이 부딪히는 소리와 같은데 이것은 어째서 그런 것일까요?

37 予既烹而食之.《孟子 · 萬章上》

내 이미 물고기를 삶아먹었는데.

38 曹共公聞其駢脅, 欲觀其祼, 浴, 薄而觀之.《左傳 · 僖公二十三年》

조공공은 중이의 갈비가 통뼈라는 말을 듣고 그의 알몸을 보자고 하였다. 목욕할 때 가까이 가서 확인해보았다.

39 親以無災, 又何患焉.《左傳 · 閔公二年》

임금님께서 태자를 이처럼 친애하고 또 화를 멀리 하게 하셨는데도 무엇을 걱정하십니까?

40 狐偃其舅也, 而惠以有謀; 趙衰其先君之戎御, 趙夙之弟也, 而文以忠貞; 賈佗公族也, 而多識以恭敬.《晉語 · 四》

호언은 진晉나라 공자의 외삼촌이다. 그는 인자하고 지혜가 풍부하고 계략이 많다. 조쇠趙衰는 진나라 공자 선조의 전차를 몬 조숙의 동생이다. 그는 문채가 풍부하고 충성스럽고 확고한 사람이다. 가타賈佗는 진나라의 공족이고 그는 보고 들은 것이 많고 식견이 넓고 겸손하고 예의 바르다.

예문39 - 40의 '以'의 용법은 '而'의 용법과 같아 단어와 단어의 승접承接 관계를 표시한다. 예문35 - 38의 접속사 '而'의 용법은 모두 일종의 순접 관계를 표시한다. 예문40에 '以'와 '而' 중 접속사 '以'는 단어와 사조의 연접관계로 표시하고, '而'는 분절과 분절 사이의 연접관계를 표시하며 모두 순접관계이다.

아래 예문은 접속사 '而'가 문장과 문장 사이에 순접의 상승相承관계를 표시한다.

41 人人親其親, 長其長, 而天下平.《孟子 · 離婁上》
사람마다 각기 그 어버이를 친히 하고 그 어른을 어른으로 섬기면 천하가 평해질 것이다.

42 昔者禹抑洪水, 而天下平.《孟子 · 滕文公下》
옛적에 우왕이 홍수를 억제하시자 천하가 태평해졌다.

접속사 중 '則'은 또한 구(詞組)와 구, 혹은 문장과 문장의 상승相承이나 승접承接 관계를 나타내며, 전치사 '或' 혹은 '那就'의 용법과 같다.

43 仁則榮, 不仁則辱.《孟子 · 公孫丑上》
인하면 영화롭고, 인하지 못하면 치욕을 받다.

44 思則得之, 不思則不得也.《孟子 · 告子上》
생각하면 얻고 생각하지 못하면 얻지 못한다.

45 是故財聚則民散, 財散則民聚.《禮記 · 大學》
이 때문에 재물을 모이면 민심이 흩어지고, 재물을 흩어지면 백성들은 모인다.

46 車馬非異也, 或至乎千里, 或爲人笑, 則巧拙相去遠矣.《韓非子 · 難勢》
마차는 다를 바 없는데도 한쪽은 천리를 달리고, 한쪽은 웃음거리가 된다. 이는 기술의 교묘함과 졸렬함이 크게 차이가 나기 때문이다.

47 宗邑無主, 則民不威; 疆埸無主, 則啟戎心.《左傳 · 莊公二十八年》
종정이 있는 고을에 주관하는 사람이 없으면 백성들이 두려워 복종하지 않다. 변경에 주관하는 사람이 없으면 융적戎狄에게 침범할 마을을 갖도록 인도하는 것입니다.

위에서 순접 관계로 표시하는 몇몇 접속사를 살펴보았다. 이 중 '以'는 후세에 이런 용법은 이미 없어지고, '而'와 '則'은 현대 중국어 서면어에서 고대 용법과 같이 계속하여 사용한다.

'而'는 서로 승접관계를 나타내지만, 연속되는 동작 동사를 연결하는 것은 아니다. 예를 들면 "氫氣和氧氣化合而成水(수소와 산소가 결합해서 물이 되다)" 등이 있다. '而' 또한 승접관계를 나타내는 두 개의 문장을 연접할 수 있다.

48 我看不見讀經之徒的良心怎樣, 但我覺得他們大抵是聰明人, 而這聰明就是從讀經和古文得來的. (魯迅《十四年的讀經》)
나는 유가의 경전을 읽은 제자가 양심이 어떠한지 보이지 않지만 나는 그들은 대부분 총명한 사람이고 이 총명은 바로 유가의 경전과 고문에서 얻은 것이라고 생각한다.

'則'은 현대 백화문에서 자주 순접접속사로 사용되며 '那就'의 뜻이다.

49 惟獨對于友邦, 竟敢用'侵奪'字樣, 則確也未免'激烈'一點, 因爲忘了他們正在替我們'保存國粹'之恩故也. (魯迅《談激烈》)
단지 우방국에 대하여, 감히 '침탈'이라는 문구를 쓰는 것은, 실로 '격렬'하다고 말하지 않을 수 없는데, 이는 그들이 우리를 대신하여 '국수國粹를 보존'해주는 은혜를 잊어버렸기 때문이다.

'而'는 또한 전치사구와 동사를 연결하는 용법으로 쓰인다.

50 鄕(向)爲身死而不受, 今爲宮室之美爲之; 鄕爲身死而不受, 今爲妻妾之奉爲之; 鄕爲身死而不受, 今爲所識窮乏者得我而爲之.《孟子 · 告子上》
지난번 자신을 위해서는 죽어도 받지 않다가, 이제 궁실(宮室)의 아름다움을 위해서 그 짓을 하며, 지난번 자신을 위해서는 죽어도 받지 않다가, 이제 처첩(妻妾)의 받들어 주는 것을 위하여 그 짓을 하며, 지난번 자신을 위해서는 죽어도 받지 않다가, 이제 알고 있는 궁핍한 자들이 나에게서 얻어가는 것을 위하여 받는 것이니 (이 또한 그만 둘 수 있는가?).

이러한 '爲……而……'의 어법 형식은 현대 중국어에서 큰 발전을 하였는데, 예를 들어 "爲實現共産主義而奮鬥(공산주의를 실현하기 위해서 분투하다)" · "爲超額完成1982年的國家經濟計劃而奮鬥.(1982년 국가경제계획의 정액을 초과하여 완성하기 위해서 분투하다)" 등으로 쓴다.

고대 접속사 중 '而'의 용법은 다양하다. 앞에서 이미 언급하였듯이 순접을 표시할 수 있었을 뿐만 아니라, 동시에 역접(반접)을 표시하기도 하였다. 접속사

'而'의 역접을 표시하는 경우는 현대 중국어의 '却'나 '可是'의 의미와 비슷하다.

51 人誰無過, 過而能改, 善莫大焉.《左傳 · 宣公二年》
허물없는 사람이 어디 있겠습니까? 허물을 짓고서 능히 고치면 이보다 큰 선이 없다.

52 子曰: "暴虎馮河, 死而無悔者, 吾不與也."《左傳 · 宣公二年》
공자께서 말씀하셨다. "맨손으로 범을 잡으려 하고 맨몸으로 강하를 건너려다가 죽어도 후회함이 없는 자를 나는 함께 하지 않을 것이다.

53 勞而不伐.《周易 · 系辭上》
공로가 있어도 자랑하지 않는다.

54 君子引而不發, 躍如也.《孟子 · 盡心上》
군자는 활을 당기고 쏘지 않으나, 화살이 튀어나갈 듯(躍如)한 상태이다.

접속사 '以'가 '而'의 용법과 같이 역접을 표시하기도 한다.

55 生以辱, 不如死以榮.《大戴禮 · 曾子制言》
욕을 당하며 사는 것보다 영광(榮光)스럽게 죽은 것이 더 낫겠다.

위의 문장은 "生而辱, 不如死而榮"과 같은 의미이다. 문장과 문장 사이의 역접(반접)의 상승관계는 '爾'나 '然'을 사용하거나, 이를 연용하여 '然而'을 쓰기도 한다. 이러한 문장들은 일종의 전환문轉折文으로 '然'과 '然而'의 전환 어감이 비교적 강하다.

56 吾以衆足行, 而不及子之無足, 何也?《莊子 · 秋水》
내가 매우 많은 발을 사용해서 걷는데 오히려 당신이 발 없이 걷는 것보다 못한다. 왜 이럴까요?

57 貴, 人之所欲, (舜)貴爲天子, 而不足以解憂.《孟子 · 萬章上》
귀貴는 사람들이 원하는 것인데도, 귀는 천자가 되셨으나 족히 근심을 풀지 못하셨다.

58 其妻問所與飮食者, 則盡富貴也, 而未嘗有顯者來.《孟子 · 離婁下》
그 아내가 남편에게 누구와 더불어 음식을 먹었는가를 물었더니, 모두 부귀한 사람이었다. 그런데도 일찍이 현달한 자가 찾아오는 일이 없다.

59 今王室實蠢蠢焉, 吾小國懼矣, 然大國之憂也.《左傳 · 昭公二十四年》

지금 왕실이 실로 어지러우니 우리 소국은 두렵습니다. 그러나 이는 대국의 근심이니 우리가 어찌 알 수 있겠습니까?

60 吾不能早用子, 今急而求子, 是寡人之過也; 然鄭亡, 子亦有不利焉.《左傳 · 僖公三十年》

내 일찍이 그대를 등용하지 않았다가 이제 나라가 위급하게 되어 그대에게 요구하니 이는 과인의 잘못이다. 그러나 정나라가 망한다면 그대 또한 이롭지 못함이 있을 것이다.

61 子游曰: "吾友張也爲難能也, 然而未仁."《論語 · 子張》

자유가 말하였다. "나의 벗 자장은 어려운 일을 잘하나, 그러나 인하지는 못하다."

62 足可以遍行天下, 然而未嘗一有能遍行于天下者也.《荀子 · 惡性》

발은 천하를 두루 돌아다닐 수 있지만 일찍이 천하를 두루 돌아다닌 사람은 없었다.

2) 접속사 '顧'와 '但'

역접(반접)의 어감을 나타내는 접속사 중 그 어감이 비교적 가벼운 것으로는 '顧'와 '但'이 있다. 그러나 이들 접속사는 중고 이후에 유행되었고, 선진 시기에는 가끔 하나씩 보일 뿐이다.

'顧'와 '但'은 원래 같은 용법으로 쓰인다.

63 吾每念, 常痛于骨髓, 顧計不知所出耳.《燕策》

나는 매번 이야기한다. 골수에 고통스러운 느낌이 있지만, 살펴보면 도대체 어디에서 나오는지 모르겠다.

64 彼非不愛其弟, 顧有所不能忍者也.《史記 · 越王句踐世家》

그가 동생을 사랑하지 않아서가 아니라, 단지 아까워서 돈을 쓸 줄 모르기 때문이다.

후의 구어체에 가까운 문학작품에서는 모두 '顧'를 사용하지 않고 '但'을 사용한다. '但'의 근원은 원래 선진 시기의 부사 '特' 또는 '直'이다.

65 要離曰……夫捽而浮乎江, 三入三出, 特王子慶忌爲之賜而不殺耳, 臣已爲辱矣."《呂氏春秋 · 仲冬紀 · 忠廉》

요리가 말했다……당신은 그 유골을 강에 뿌렸다. 왕자 慶忌는 특별하게 죽기지 않지만 신은 치욕으로 여긴다.

66 孟子對曰: '王好戰, 請以戰喻. 填然鼓之, 兵刃既接, 棄甲曳兵而走, 或百步而後止, 或五十步而後止. 以五十步笑百步, 則何如?' (王)曰: '不可直不百步耳, 是亦走也.'《孟子 · 梁惠王》

맹자께서 대답하셨다. "왕께서 전투를 좋아하시니, 청컨대 전투를 가지고 비유하겠습니다. 둥둥 북을 쳐서 병기와 칼날이 이미 접하거든 갑옷을 버리고 병기를 끌고 패주敗走하되, 혹은 백보를 도망한 뒤에 멈추며 혹은 50보를 도망한 뒤에 멈추어서, 50보를 패주 했다 하여 백보 패주한 자를 비웃으면 어떻습니까?" 왕이 말씀하였다. "불가하니, 다만 백보를 패주하지 않았을 뿐이지 이 또한 패주한 것입니다."

67 (犀首)謂衛君曰:"衍非有怨于(張)儀也, 值所以爲國者不同耳."《齊策》

서수犀首가 위군衛君에게 말하기를: "나는 장의張儀와 원한이 없고, 단지 국가를 다스리는 방법이 같지 않을 뿐이다."

왕인지王引之《경전석사經傳釋詞》는 "'直'은 '特'과 같은 용법으로 쓰인다. '但'과 뜻이 같다."라 하였다.[414] '直' · '特'과 '但'자의 고대 음音 중 성모가 같다. 위의 예문 중 '特'과 '直'은 모두 부사로 사용되며 '只是'와 '不過'의 뜻이다. 중고 이후에는 '直'과 '特'은 전환 접속사 '但'으로 사용되었다.

68 安與任隗舉奏諸二千石, 又它所連及貶秩免官者四十餘人, 竇氏大恨. 但安、隗素行高, 亦未有以害之.《後漢書 · 袁張韓周列傳》

원안袁安과 임외任隗가 제부지사府知事들을 범죄 행위를 까발려서 다른 연루된 면직된 관원들이 400백 명 정도 돼 두씨竇氏는 너무 분개하여 원망한다. 그렇지만 원안과 임외는 평소에 고상한 인품과 덕성이 있어서 그들을 해칠 방법이 없다.

69 初不中風, 但失愛于叔父, 故見罔(誣)耳.《三國志 · 魏書 · 太祖紀注》

나는 원래 중풍이란 병에 걸리지 않았는데 아마 삼촌이 나를 미워해서 그렇게 허튼 소리 한 것 같다.

70 公幹有逸氣, 但未遒(勁)耳.《三國志 · 魏書 · 王粲傳》

공간 유정(公干 劉幀)은 문장의 풍격이 소탈하고 분방하지만 힘의 크기는 아직도 부족하다.

---

414) 王引之《經傳釋詞》: "直, 猶特也; 但也."

현대 중국어에서 역접을 표시하는 접속사 '然而'는 고대 중국어 용법에서 직접 계승된 것으로 논리적인 문체에서 가장 많이 사용된다. '但'은 고대와 약간 달리 '但是'로 발전되어 사용되었다. 그러나 현대 중국어의 전형적인 백화문에서만 쓰인다. '但' 또는 '但是'는 차이가 없어 모두 사용할 수 있다. 하지만 어떤 사람은 고대 중국어에서는 '但'을 쓰고, 현대 중국어에서는 '但是'를 쓴다고 생각하는데, 이는 오해이다.

71 筵席上的中國菜誠然大抵濃厚, 然而並非國民的常食. (魯迅《馬上支日記》)
연회석에 중국의 요리 색이 확실히 짙지만(풍성하지만) 국민들의 일상적인 음식이 아니다.

72 頭上帶著拖花翎的紅纓帽, 一條辮子在空中飛揚, 朝靴的粉底非常之厚, 但這些都是滿洲人連累我們的. 獨有兩眼歪斜, 張嘴露齒, 卻是我們本來的相貌. ……但此後對於中國一部分人們的相貌, 我也逐漸感到不滿. ……但在成人, 只要牙齒好, 那咬筋一收縮, 便能咬碎一個核桃. 有著這麼大的力量的筋, 有時竟不能收住一人並不沉重的自己的下巴, 雖然正在看得出神的時候, 倒也情有可原, 但我總以爲究竟不是十分體面的事. (魯迅《略論中國人的臉》)
머리에는 꽃을 수놓은 붉은 술 모자(紅纓帽)를 쓰고, 한 가닥 땋은 머리는 공중에서 휘날리고 조화(朝靴: 왕가나 조정에서 신는 신발)의 굽은 매우 두껍지만, 이 모든 것들은 모두 만주사람들이 우리에게 연루되어, 눈을 흘기고, 입을 벌려 이빨을 드러내는 것 또한 우리의 본래의 모습이다. …… 그러나 이 후에 중국 일부분 사람들의 외모에 대해, 나 역시 점점 불만을 느끼게 되었다. …… 그러나 성인 중에서 치아가 좋으면, 그 교근(윗 턱의 근육)이 수축하여, 호두를 물어 깰 수 있다. 이렇게 큰 힘이 있는 사람도 어떤 때에는 무겁지 않은 자기 자신의 턱도 건사할 수 없다. 비록 지금 얼이 빠진 것을 보더라도, 오히려 당연하다. 그러나 나는 항상 체면을 차리는 일이 아니라고 여겼다.

V 문장론:
고대 중국어 구법句法의 변천

1. 중국어 어순의 변천

(1) 중국어 어순의 특징

고대 중국어에서 어순은 일반적으로 '주어 + 술어'나 '주어 + 술어 + 목적어'인 고정된 구조를 지니고 있다. 이러한 어순은 은주殷周 시기 언어로부터 진한秦漢을 걸쳐 현대 중국어까지 기본적으로 이 구조를 유지하고 있다. 따라서 이는 중국어가 가지고 있는 큰 특징 중의 하나이다.

① 組

1 盤庚遷于殷.《尙書・盤庚》
반경이 은 땅으로 옮기려 하다.

2 我王來.《尙書・盤庚》
왕인 내가 오다.

3 鳥鳴嚶嚶.《詩經・小雅・伐木》
새들이 지지지 우네.

4 我心憂傷.《詩經・小雅・正月》
나의 마음이 슬프고 아프다.

② 組

5 朕不食言.《尙書・湯誓》
나는 헛말을 하지 않는다.

6 汝有積德.《尙書・盤庚》
당신들은 쌓은 덕이 있다.

7 爾不許我, 我乃屛璧與珪.《尙書・金縢》
그대들이 나에게 허락하지 않는다면 나는 벽과 규를 거두어 들이겠다.

8 我有嘉賓.《詩經・小雅・鹿鳴》
나에게는 좋은 손님이 있다.

9 我思肥泉.《詩經 · 邶風 · 泉水》
나는 비천을 생각하다.

위의 예문 중 문장 성분의 위치가 바뀐다면 뜻이 완전히 변하기 때문에 문장성분들의 위치를 문장 안에서 바꿀 수 없다. 그래서 중국어는 어순이 유일한 특징이고 다른 특징이 뚜렷이 없다고 주장한다면 이는 잘못된 것이다. 스웨덴 칼그린(Klas Bernhard Johannes Karlgren, 1889 - 1978, 칼그린)이 중국어는 '열위어列位語(어순으로 이루어지는 언어)'로 어법 현상이 매우 빈약한 언어라고 주장하였다.[415] 그는 중국어는 형태변화가 없이 기본적으로 '단어(詞)'를 의의에 따라 적적하게 배열하거나 조사를 적절하게 사용함으로써 문장이 이루어진다고 여겼다. 이외에도 프랑스의 Henri Maspero(馬伯樂, 1883 - 1945) 역시 이러한 주장을 하였다.[416] 이러한 주장에 그동안 중국 학자들은 이를 받아들이거나 혹은 비평을 하거나 하였다. 비평도 대부분 이론적인 주장만을 제시하고 중국어의 역사학적 논증자료를 제시하지 않았다. 이는 매우 유감이 아닐 수 없다.

'열위어'라는 주장은 매우 잘못된 것이다. 이는 단편적인 것이지 중국어의 역사적 사실과는 맞지 않은 주장이다. 중국어의 어순은 중국어가 가지고 있는 가장 큰 특징이기 때문에 이를 중요한 연구 대상으로 삼아야 하지만, 어순이 유일한 특징이 아니다. 또한 중국어의 어순 역시 고정 불변하는 것이 아니라 시간이 흐름에 따라 혹은 언어가 변화 발전됨에 따라 또한 어느 정도 변화 발전하는 것이다.

위에서 제시한 예문은 단지 주어와 위어(술어)의 어순이 기본적으로 변화가 없다는 것을 설명일 뿐이지, 술어가 위치가 완전히 변하지 않는다는 것을 설명하는 것은 아니다.

예문3의 "鳥鳴嚶嚶" 중 형용사(狀詞, 象聲詞)는 동사 뒤에 쓰이고 있다.[417] 그러나 이《소아 · 벌목伐木》아래 구절 "嚶其鳴矣.(지지지 우네)" 중 '嚶'은 동사 앞에 쓰인다. 근대 언어와 현대 중국어에서 부사어는 동사 앞에 놓이는 것이 일반적이다. 만

415) 원주: 高本漢,《中國的語言》, 68쪽.
416) 원주: 馬伯樂,《中國的語言》, 51쪽.
417) '嚶嚶'을 보어로 분석하기도 한다.

약에 "鳥鳴嚶嚶" 구절을 현대 중국어로 해석한다면, "鳥兒嚶嚶地叫着"이다.

예문7의 "爾不許我" 구절은 대사가 목적어로 쓰이는 부정문이기 때문에, 만약에 고대 어법 규칙에 의한다면 어순이 "爾不我許"가 되어야 한다. 이처럼 중국어의 어순은 일반적으로 비교적 고정적인 형식을 취하나, 어떤 조건이 있으면 어순은 상당히 융통성 있게 변화한다.

(2) 상고 중국어의 어순 변천

앞에서 이미 언급하였듯이 고대 중국어의 어순은 어떤 조건이 되면 그 어순이 변할 수 있다. 그 어순을 변하게 하는 그 조건을 분류하면 아래와 같이 몇 가지로 나눌 수 있다. 이러한 어순 상황은 갑골문 언어에서 부터 찾아볼 수 있다.

1) 감탄문과 의문문 중의 어순 변화

감탄문과 의문문에서 어순은 '주어 + 술어'가 '술어 + 주어'로 변한다.

10 子曰: "君子哉若人! 尙德哉若人!"《論語 · 憲問》
君子로다, 그 사람은. 德을 숭상하는구나, 그 사람은.

11 死矣, 盆成括!《孟子 · 盡心下》
죽겠구나. 분성괄이여.

12 誰與, 哭者!《禮記 · 檀弓》
누구인가. 우는 자가.

13 少頃, 東郭牙至. 管仲曰: "子耶. 言伐莒者?"《呂氏春秋 · 重言》
조금 후에 東郭牙가 도착하자 관중이 말하였다. 그대가 거나라를 토벌한다고 말한 자인가?

14 何哉, 爾所謂達者?《論語 · 顔淵》
무엇을 의미하는 거냐, 네가 통달했다고 하는 것은?

15 亦太甚矣, 先生之言也!《戰國策 · 趙策》
또한 너무 심하십니다. 선생님의 말씀은

이러한 어순은 현대 중국어에서도 쓰인다. 아래는 《노신소설집魯迅小說集》에 나오는 문장이다.

16 阿阿, 是你? 我也萬想不到……. 《在酒樓上》
아, 너야. 나는 생각지도 못했네.
17 莫哭了啊! 好孩子. 《幸福的家庭》
우지마라! 착한 아가야.
18 是的是的, 花兒. 《幸福的家庭》
그래 그래, 화아.
19 不要多心, 薇翁. 《肥皂》
마음 쓰지 말아요. 미원薇園.[418]

선진 운문韻文 중국어 중 강렬한 감정을 표현하는 방식으로 감탄문을 사용하는 경우 술어가 주어 앞에 놓이는 경우가 있다. 그러나 현대 중국어에서 이러한 구조는 찾아 볼 수 없다.

20 有酒湑我, 無酒酤我. 坎坎鼓我, 蹲蹲舞我. 《詩經 · 小雅 · 伐木》
술 있으면 내가 거르고 술 없으면 내가 사오고, 나는 둥둥 북치고 덩실덩실 춤추네.

2) 복지 목적어 지시대사의 어순

지시대사가 목적어를 가리킬 때에는 동사와 목적어의 위치가 바뀐다. 목적어 뒤에 지시 대사가 놓여 목적어를 가리키는 경우 동사가 목적어 뒤에 위치한다. 그 어순은 아래와 같다.

'목적어 + 목적어 지시대사 + 동사'

지시대사는 일반적으로 '是' · '之'나 '斯' 등이 쓰인다.

418) '薇翁'은 '미원薇園'을 가리킨다.

21 靖共爾位, 正直是與.《詩經 · 小雅 · 小明》
다스림에 당신들 자리 삼가하여 바르고 곧게 일하기를
22 戎狄是膺, 荊舒是懲.《詩經 · 魯頌 · 閟宮》
오랑캐를 무찌르고 荊舒의 남쪽 나라를 경계하네.
23 日居月諸, 下土是冒.《詩經 · 邶風 · 日月》
해와 달은 땅을 덮어 주고 있네.
24 將虢是滅, 何愛於虞.《左傳 · 僖公五年》
장차 괵국이 멸망시키려고 하는데 어찌 우국을 보호하겠는가.
25 非子之求, 而蒲之愛.《左傳 · 宣公十二年》
아들을 찾을 생각은 않고 오히려 화살을 아끼는 것이오.
26 十月滌場. 朋酒斯饗.《詩經 · 豳風 · 七月》
시월에 타작마당 치우는데 두어 통 술 마련하여 동네 분들 대접하네.

이러한 형식은 또한 문두에 실질적인 의미가 없는 접두사(詞頭) '唯'를 추가하여 쓰기도 한다. 이때의 어순 구조는 '唯 + 목적어 + 복수지시대사 + 동사'이다.

27 余唯利是視.《左傳 · 成公十三年》
우리는 오직 이익만을 도모하다.
28 唯余馬首是瞻.《左傳 · 襄公十四年》
오직 나의 말 머리가 향하는쪽으로 나아가면 된다.
29 除君之惡, 唯力是視.《左傳 · 僖公二十四年》
신하는 군주가 미워하는 자를 제거하는데 오직 모든 힘을 다해 이를 완수할 뿐입니다.
30 去我三十里, 唯命是聽.《左傳 · 宣公十五年》
나는 삼십리를 간 후에야 그 명령을 들었다.
31 今周與四國, 服事君王, 將唯命是從, 豈其愛鼎.《左傳 · 昭王十二年》
지금 주나라 왕실과 齊 · 秦 · 魯 · 衛 네 나라가 우리 군주를 받들면서 군명을 따르고자 하는데 어찌 구정을 아끼겠습니까?

이러한 구조는 후에 더 이상 발전하지 않았다. 하지만 고대 중국어에서 쓰인 고정 형식이 현대 중국어에서 일부는 그대로 보존되어 쓰이기도 한다. 예를 들며, "資産階級唯利是圖.(부르주아지 계급은 이득만을 추구한다.)"나 "不要對他唯命

是從.(그에게 오직 명령만 내려 따르기만을 바라지 마라.)" 등이 있다.

3) 대사 목적어의 어순

대사가 목적어로 쓰이는 경우 동사와의 어순이 바뀐다. 상고 고대 어법 중 목적어가 일종의 대사인 경우는 긍정문이나 부정문에서 모두 동사가 목적어 뒤에 놓인다. 하지만 후에는 부정문에만 한정적으로 이러한 어순으로 쓰이게 되었다.[419)]

32 民獻有十夫, 予翼.《尙書·大誥》
백성이 열 사람을 바쳐와 나를 돕게 하였다.

33 赫赫師尹, 民具爾瞻.《小雅·節彼南山》
혁혁한 太師와 尹씨여, 백성들 모두 당신을 우러러보고 있네요.

34 朕不敢有後, 無我怨.《尙書·多士》
나는 감히 뒤로 미루지 못하겠으니 나를 원망하지 마시오.

35 告爾殷多士! 今予惟不爾殺, 予惟時命有申.《尙書·多士》
그대들 은나라의 여러 관리들에게 고하오. 지금 나는 그대들을 죽이지 않기로 하고 있으니, 나는 그러한 명령을 거듭 내리고 있소.

36 江有汜, 之子歸, 不我與.《召南·江有汜》
강물은 갈라져 흐르고 아가씨는 시집을 가는데, 나를 거들떠보지도 않네.

37 謂他人父, 亦莫我顧.《詩經·王風·葛藟》
남을 아버지라 부르고는 있지만, 그는 또한 나를 돌보지 않네.

38 無我惡兮, 不寁故也.《詩經·鄭風·遵大路》
나를 미워하지 밀고 옛 정을 버리지 마시오.

39 國無人莫我知兮.《離騷》
나라엔 충신이 없어 나는 이해하는 자 없구려.

40 禍福之至, 不是過也.《左傳·哀公六年》

---

419) 갑골문의 예를 들면, 戊戌卜, 㱿貞: 王曰: "侯豹往, 余不爾其合, 以乃史歸."(戊戌일에 㱿이 점을 쳐 묻습니다. 王이 "侯豹 너는 앞으로 나아가라. 나는 너와 함께 전진하지 않을 테니 너의 담당관리를 데리고 돌아가도록 하라."라 할까요?) (合3297正).과 같은 문장이 있다. '爾'자는 동사 '合'자의 목적어이다. 부정문이기 때문에 동사 '合'자 앞에 위치하고 있다. "余不爾其合" 구절은 "師不余其見."(合20391)라는 구절과 같은 구조로 되어 있다.

화복이 장차 닥치는 것은 모두 이것(강)으로부터 오는 것이 틀림없다.

41 夫兵久而國利者, 未之有也.《孫子·作戰》

전쟁이 오랫 동안 지속되면서 국가에 이득이 되는 적은 이제까지 없었다.

42 桀死于鬲山, 紂縣于赤旆. 身不先知, 人又莫之諫, 此蔽塞之禍也.《荀子·解蔽》

걸왕이 정산鬲(亭)山에서 죽고 주周 나라 왕은 머리가 잘려 붉은 깃대에 매달렸다. 자신도 먼저 알지 못하였거니와 또한 아무도 간언을 하지 않았기 때문으로 이는 바로 가려지고 막히는데서 오는 재난인 것이다.

4) 의문문 중 대사 목적어의 어순

의문문(반문 역시 포함된다)에서 대사가 목적어로 쓰이는 경우 동사가 반드시 목적어 뒤에 쓰인다.

43 爭貞, 王亥殺我? 貞, 王亥不我殺?《合7352 正》[420)]

爭이 점을 쳐 묻습니다. 王亥가 우리에게 재앙을 내릴까요? 점을 쳐 묻습니다. 王亥가 우리에게 재앙을 내리지 않을까요?

44 今爾何監, 非時伯夷播刑之迪?《尙書·呂刑》

그대들은 무엇을 거울로 삼겠소. 백이가 법령을 시행했던 방법이 아니겠소?

45 予豈汝威? 用奉畜汝衆.《尙書·盤庚中》

내가 어찌 그대들을 위협하겠소. 그럼으로써 그대들을 잘 살게 하려는 것이오.

46 人而無止, 不死何俟?《詩經·鄘風·相鼠》

사람이 예의가 없다면 죽지 않고 무얼 기다리는가?

47 豈不爾思? 子不我即.《詩經·鄭風·東門之墠》

어찌 당신을 사모하지 않겠는가. 그대는 나에게 오지도 않는가?

48 安戰也. 戰衛.《穀梁傳·莊公二十八年》

어디에서 전쟁을 하는가? 위나라에서 전쟁을 한다.

49 朕非屬趙君, 當誰任哉?《史記·李斯列傳》

짐은 조나라 군주가 아닌데, 누구를 임명해야 하겠는가?

---

420) '殺'자를 혹은 '求'자로 석문하기도 한다. 裘錫圭,《釋求》,《古文字硏究》 15輯. 이 문장 이외에도 "乙酉卜, 王貞: 師不余其見. 乙酉."(일에 王이 점을 쳐 묻습니다. 師官은 나를 알현하여 오지 않을까요?)(合20391) 등의 구절이 있다.

50 大王來何操?《史記 · 項羽本紀》
대왕께서는 무엇을 가지고 오셨습니까?

5) 어감 표시의 어순

말을 할 때 먼저 강조하고 싶은 내용을 먼저 말하기 위하여 어순을 바꾸어 말하는 경우가 있다. 이는 이른바 언어 환경으로 발생된 것으로 비교적 특수한 경우에 해당된다.

51 無使罪至, 為吳太伯, 不亦可乎, 猶有令名, 與其及也.《左傳 · 閔公元年》
죄를 뒤집어쓰는 지경에 이르지 않고 오태백과 같이 되는 것이 옳지 않겠는가! 그것이 오히려 좋은 명성을 유지하고 진나라에 화가 닥칠 때 몸을 보전하는 길이다.
52 將虢是滅, 何愛於虞, 且虞能親於桓莊乎, 其愛之也.《左傳 · 僖公五年》
진나라가 장차 자신들과 가까운 괵나라를 멸망시키려고 하는데 하물며 어찌 우나라를 보호하겠습니까? 게다가 진헌공이 우나라를 친애한들 환숙과 장백의 자손보다 더 친애할 수 있겠습니까?
53 蓋殯也. 問於郰曼父之母, 然後得合葬於防.《禮記 · 檀弓上》
본장(本葬)은 추만보의 어머니에게 물어서 아버지의 묘를 찾은 뒤에야 방에 있는 아버지의 묘에 합장할 수 있었다.

예문42 - 44중 예문43과 44가 비교적 보편적으로 사용하는 방식이다.

하지만 이러한 구조는 점차적으로 동사가 먼저 쓰이고 목적어가 뒤에 놓이는 형식으로 변화하게 되었다. 《서경》과 《시경》의 예를 들면, 제1절에서 살펴본 예문7 "爾不許我" 구절은 "爾不我許"로 쓰지 않고, 《시경 · 왕풍王風 · 서리黍離》 "不知我者, 謂我何求.(나를 모르는 자가 내게 무얼 하느냐고 하니.)" 구절은 "不我知者"로 쓰지 않고, 《대아 · 탕지십蕩之什 · 증민烝民》 "愛莫助之.(그를 사랑하는데도 도와줄게 없네.)"를 "愛莫之助."로 쓰지 않는다.

춘추 이후의 작품인 《논어》에서도 동사와 목적어의 위치를 변화하여 쓰지 않는 경우가 있다.[421)]

不食之矣.《論語 · 鄕黨》[421)]

먹지 않았다.

吾不知之矣.《論語 · 泰伯》

나는 그것을 알지 못한다.

何爲其莫知子也?《論語 · 憲問》

무엇 때문에 선생님을 아는 사람이 없다는 것입니까?

중고 시기 이후에 이러한 구조 형식은 동사가 목적어 앞에 쓰이는 정상적인 형식으로 바뀌게 되었다.

《논어 · 헌문憲問》 "莫我知也夫.(나를 아는 사람은 없구나)" 구절은《사기 · 공자세가孔子世家》는 "莫知我也"로 쓰고,《국어 · 주어周語》 "及殷周莫之發也." 주절을《사기 · 주본기周本紀》는 "比三代莫敢發之"로 쓰고,《논어 · 양화陽貨》 "天何言哉?(하늘이 무엇을 말하느냐?)" 구절은《한서 · 혹리전酷吏傳》은 이와 유사한 구절을 "武帝問: 言何?"로 쓴다.《시경 · 패풍邶風 · 격고擊鼓》 "不我活兮(나를 못살게 하네.)" 구절을 채염蔡琰《비분시悲憤詩》에서 "我曹不活女(你)"로 쓰고 "不女活"로 쓰지 않는다.《맹자 · 고자告子》 "先生將安之(선생은 장차 어디로 갑니까?)" 이나《맹자 · 양혜왕상梁惠王上》 "牛何之(소는 어디로 가는가?)" 구절을《열자列子 · 역명力命》은 "寡人將去此而之何(본인은 장차 그곳으로 가야지 어디로 가겠는가?)"로 쓰고 "何之"로 쓴다.[422)]

남북조시기 이후에는 이러한 형식이 고정화되었다. 예를 들어,《장자 · 제물론齊物論》의 "若不吾勝(당신은 나를 이길 수 없다.)"이란 구절은《세설신어 · 품조品藻》는 "韶音令辭不如我(음조音調와 언사言辭의 아름다움은 나보다 못하다.)"라 하고 "不我若"로 쓰지 않고,《시경 · 용풍鄘風 · 체동蝃蝀》 "莫之敢近(아무도 감히 가까이 하지 않네)" 구절을 남북조《소설小說》은 "自你莫近之"로 쓴다.

대사가 목적어로 쓰인 부정문이나 의문문은 중고 시기에 이르러 상고 시기와는 달리 '동사 + 목적어'로 쓰이게 되었다. 이러한 형식은 현대 중국어 어순과 같다.

---

421) '吾'자가 동사 앞에서 목적어로 쓰이는 경우가 많다. 제6장 '일인칭 대사'의 용법 참고.

422) 楊伯俊《列子集釋》(1958)은《列子》는 魏晉南北朝 시기의 위작이라 하였다.

(3) 전치사구의 어순

1) 전치사 '于' 목적어의 어순

장소(처소)를 표시하거나 혹은 전치사구로 쓰이는 전치사 '于'는 어순은 상주商周 시기 언어에서는 동사 앞에 쓰이거나 동사 뒤에 쓰이는 두 가지 형식으로 쓰였다.

> 辛亥卜, 出貞其鼓彡告于唐九牛.《合22749》
> 辛亥일에 출이 점을 쳐 묻습니다. 당에게 아홉 마리의 소를 사용하여 鼓·彡·告祭를 드려야 할까요?
> 貞, 于唐告.《合1337》
> 점을 쳐 묻습니다. 당에게 告祭를 드릴까요?
> 于弟弗念天顯.《尙書·康誥》
> 아우에게 하늘이 밝히신 도리를 생각지 않다.
> 大不友于弟.《尙書·康誥》
> 동생에게 크게 우애하지 못하다.

전치사구가 동사 술어 앞에 놓이면 부사어(狀語)이고, 동사 술어 뒤에 놓이면 보어(補語)이다. 이러한 형식은 후에 문장 구조에 따라 그 어순이 변화하게 되었다. 일반적으로 동작이 실행되는 귀착점 장소나 시간을 표시하면 동사 뒤에 쓰이고, 동작을 하는 동작 주체를 표시하면 동사 전후에 모두 쓰일 수 있다.

① 행위를 하는 장소를 표시하는 경우

동작을 하는 장소를 표시하는 경우 전치사구는 반드시 동사 뒤에 쓰여 보어 역할을 한다.

1 流共工于幽洲, 放驩兜于崇山, 竄三苗于三危, 殛鯀于羽山.《尙書·堯典》
共工을 幽洲에 귀양 보내고 驩兜를 崇山으로 몰아내고, 三苗를 三危로 쫓아내고 곤을 羽山에서 처형하였다.

2 百歲之後, 歸于其室.《詩經 · 唐風 · 葛生》

백년 이후에 그 집에 돌아오다.

3 越已勝吳, 又索卒于荊而攻晉.《韓非子 · 說林外》

월나라가 오나라에 승리를 거둔 후, 또한 초나라에게 군사를 빌려 진나라를 공격하고자 하였다.

4 寄治亂於法術, 托是非於賞罰, 屬輕重於權衡.《韓非子 · 大權》

치란을 법술에 의지하고 시비를 상벌에 의탁하며 경중을 저울대 기준에 맡긴다.

5 繁啓蕃長于春夏, 畜積收藏于秋冬, 是又禹、桀之所同也.《荀子 · 天倫》

봄 여름에는 많은 식물의 싹이 터서 무성하고 자라고, 가을 겨울에는 거둬들여 쌓아 놓는 것은 역시 우임금 때나 걸왕 때나 같았다.

6 仲尼適楚, 出于林中.《莊子 · 達生》

중니는 초나라로 가는 가는 길에 숲속을 지나갔다.

7 貨惡其棄於地也, 不必藏於己; 力惡其不出於身也, 不必爲己.《禮記 · 禮運》

재화라는 것은 헛되이 낭비되는 것을 미워하였지만 반드시 자기에게만 사사로이 독점하지 않았으며, 힘이란 것은 사람의 몸에서 나오지 않으면 안되는 것이지만 그 노력을 반드시 자기 자신의 사리를 위해서만 쓰지는 않는다.

8 是鳥也. 海運則將徙于南冥.《莊子 · 逍遙遊》

그 새는 태풍이 불면 비로소 남극의 바다로 옮아갈 수 있게 된다.

② 동작 주체가 행위를 하는 장소를 표시하는 경우는 부사어와 보어로 모두 쓰일 수 있다.

[보어補語]

9 俟我于城隅.《詩經 · 邶風 · 靜女》

성곽 모퉁이에서 나를 기다리네.

10 五民者不生于境內, 則草必墾矣.《商君書 · 墾令》

이와 같은 나쁜 행위를 한 다섯 종류의 백성을 경내에 머무르지 못하게 한다면 황폐한 땅은 반드시 잘 개간될 것이다.

11 子擊磬于衛.《論語 · 憲問》

공자가 위나라에 있을 적에 경을 치셨다.

12 入其國, 觀其士大夫, 出于其門, 入于公門; 出于公門, 歸于其家, 無有私事也.《荀

子 · 强國》

도읍에 들어가 사대부를 보니 그의 집 문을 나와서는 곧장 관청문으로 들어가고 관청의 문을 나서서는 곧장 그의 집으로 들어가 사사로운 일을 하는 적이 없습니다.

[부사어副詞語]

13 人無於水監, 當於民監.《尙書 · 酒誥》

사람을 물을 거울로 삼는 것이 아니라, 백성을 거울로 삼는다.

14 于此有人焉.《孟子 · 滕文公下》

여기에 어떤 사람이 있다.

15 于心終不忘.《孟子 · 滕文公上》

마음에서 끝내 잊혀지지 않는다.

16 子于是日哭, 則不歌.《論語 · 述而》

공자께서는 조상하기 위해 곡을 하시면 그 날에선 노래를 부르지 않았다.

17 褒于道病死, 上閔惜之.《漢書 · 嚴朱吾丘主父徐嚴終王賈傳下》

王褒가 노상에서 병들어 죽자 위 상관에서는 매우 애석해 하였다.

2) 중고 이후에 '于'자구의 발전

중고 이후에 '于자구'의 발전은 아래와 같이 정리할 수 있다.

① 행위 동작의 귀착점을 표시하는 경우에는 기본적으로 이전 형식 구조를 유지하여 일반적으로 동사 술어 뒤에서 보어로 쓰였다.

光榮歸於黨.

영광을 당에 돌리다.

敵人完全陷於被動的地位.

적들은 완전의 피동적 위치에 놓이게 되었다.

扔在水裏.

물에 던지다.

扔在地下.

땅에 내던지다.

이러한 '于자구'는 후에 '在자구'로 바뀌었지만 사실상 같은 용법이다. '於자구'가 '在자구'로 바뀐 시기는 대략 중고의 위진남북조 시기이다. 아래 예문을 통하여 위진남북조 시기부터 '在자구'가 고정적으로 쓰였다는 것을 알 수 있다.

18 張駿有疾, 夢出遊觀, ……忽然而覺, 自書記之, 封在簡中人不知也.《述異記》
장준이 병에 아팠을 때, 꿈속에서 유람을 하게 되었는데, ……홀연에 이를 기록하여 책에 봉인해 두고자하는 것은 사람들이 모른다.

19 杖浮在水上.《述異記》
물 위에 노를 저어 떠 있었다.

20 唯有一劍, 懸在空中.《述異記》
하나의 검이 공중에 걸려있었다.

② 행위의 주체를 표시하는 전치사구는 동사 전후에 놓일 수 있는 구조에서 중고 이후에 '在자구'로 바뀌고 점점 동사 앞에 놓이는 것으로 고정화되어 갔다. 즉 현대 중국어의 어순과 거의 일치하였다. 아래는《세설신어》의 용례이다.

21 玄亦疑有追, 乃坐橋下, 在水上據屐.《世說新語 · 文學篇》
정현도 역시 누가 뒤쫓지 않을까 하는 석연치 않은 기분이어서 다리 아래에서 나막신을 괴고 앉아 숨어 있었다.

22 服在外車上與人說己注傳意.《世說新語 · 文學篇》
마침 服虔이 밖에 있는 수레에서 다른 사람과 좌전의 주석에 대해서 얘기하고 있었다.

23 諸人在下坐聽, 皆云可通.《世說新語 · 文學篇》
모든 사람이 강단 아래에 앉자 들었는데 모두 이미 알아들었다 하였다.

24 時諸人士及於法師並在會稽西寺講.《世說新語 · 文學篇》
당시 많은 명사들과 도림道林 법사가 모두 회계 서사(光相寺)에서 강연을 하였다.

25 母王夫人在壁後聽之.《世說新語 · 文學篇》
모친 왕부인은 벽 뒤에서 이를 들었다.

26 夏侯泰初與廣陵陳本善. 本與玄在本母前宴飮.《世說新語 · 方正》
하후현과 광릉 진본은 사이가 좋아 본本과 현玄이 본의 모친 앞에서 술을 마시게 되었다.

이러한 '전치사 + 목적어 + 동사'의 형식 구조는 비교적 고정화된 형식으로 현대에 까지 계속되었다. 만약에 "在會稽西寺講"을 "講學在會稽西寺"로 쓰고, "在壁後聽之"를 "聽着在壁後"로 쓰고, "在本母前宴飮"을 "喝酒在陳本母前"으로 쓰게 된다면 이상한 문장이 되어 중국어의 일반적인 형식에 맞지 않다.

3) '以'자구

전치사 '以'자의 용법은 매우 다양하다. 본 문장에서는 목적어가 '도구工具'를 표시하는 용법에 대하여 살펴보도록 한다.

'以자구'는 선진 언어 중에서 동사의 전후에 모두 쓰인다.

동사의 앞에서 쓰여 부사어로 쓰이며 일반적으로 행위를 표시한다.

27 以義制事, 以禮制心.《書經 · 湯誓》
도의로써 일을 꾸미고, 예의로써 마음을 다스리다.

28 反以我爲仇.《詩經 · 邶風 · 谷風》
오히려 나를 원수로 대하네.

29 喪禮者, 以生者飾死者也.《荀子 · 禮論》
예를 해치는 자는 삶으로 죽음을 꾸미는 자이다.

30 以桀詐堯, 譬之, 若以卵投石, 以指撓沸.《荀子 · 議兵》
걸왕을 요왕으로 삼는 것은 예를 든다면, 마치 계란으로 바위를 치는 격이요 손가락으로 비등한 물을 젓는 것과 같다.

31 以隨侯之珠, 彈千仞之雀, 世必笑之. 是何也? 則其所用者重, 而所要者輕也.《莊子 · 讓王》
만약에 隨侯의 구슬 千仞에 떨어져 있는 참새에게 쏜 다면 사람들이 이를 웃을 것이다. 왜인가? 이는 즉 사용하는 것이 귀중한 것으로 극히 하찮은 것을 요구하기 때문인 것이다.

32 醒以戈逐子犯.《左傳 · 僖公二十三年》
(重耳는) 술에서 깨어난 후 큰 창을 들고 자범을 뒤쫓아 갔다.

아래는 '以' 자구가 동사 뒤에 쓰여 보어 역할을 하는 경우이다. 일반적으로 동작의 방식과 수단을 표시한다.

33 投我以木桃, 報之以瓊瑤.《詩經・衛風・木瓜》
나에게 복숭아를 보내 주었으니, 아름다운 구슬로 보답하나니.

34 故迂其途, 而誘之以利.《孫子・軍爭》
길을 돌아서 가는 것은 적에게 이롭게 함으로써 상대방을 유혹하는 것이다.

35 故令之以文, 齐之以武, 是謂必取.《孫子・行軍》
그래서 文으로 군령을 내리고 군률의 제제는 무력으로 하면 이는 반드시 승리를 취할 수 있다.

36 言會衆端, 必揆之以地, 謀之以天, 驗之以物, 參之以人.《韓非子・八經》
말을 받아들임에 있어 많은 단서를 모아 반드시 지리를 가지고 헤아리고 천시를 가지고 꾀하며 사물을 가지고 증험하고 인정에 맞추어야 한다.

37 秦割齊以啖晉、楚, 晉、楚案之以兵, 秦反受敵.《史記・穰侯列傳》
진나라는 제나라를 분할하여 삼진三晉과 초나라를 탐하려 하니, 삼진과 초나라는 군대를 파견하여 이를 대처하자, 진나라는 반대로 앞뒤로 적의 공격을 받았다.

예문30 구절 중 목적어는 추상적이기 때문에 전치사 앞에 놓일 수 있다.

禮以治之, 義以正之.《禮記・喪服四制》
예로써 다스리고, 도의로써 바르게 하다.

예문35의 문장 중 목적어 또한 어순을 바꾸어 쓸 수 있다.

文以令之, 武以齊之.《孫子・行軍篇》
문으로써 명령을 내리고, 무로써 규율을 다스리다.

위와 같은 형식 구조 또한 일반 고대 중국어의 어순에서 자주 쓰인다.
시간을 표시하는 목적어 또한 그 어순을 바꾸어 쓸 수 있다.

夜以繼日.《孟子・離婁下》
밤에서 낮까지 계속하다.

'夜以繼日'은 즉 '以夜繼日'의 뜻과 같다.

하지만 이외의 성질을 지닌 목적어를 전치사 앞에 쓰이는 어순은 매우 드물다.

선진 이후 중국어의 상황은 각기 다르다.

현대 중국어에서 서면어는 고대 중국어의 영향을 받아 전치사 '以'자를 써서 표현하기도 한다.

以理論指導實踐.
이론으로 실천을 하도록 지도하다.
以身作則.
몸소 모범을 보이다.
以勞動爲光榮.
노동을 영광으로 여기다.

'以'자와 '用'이 서로 함께 같은 뜻으로 쓰인 시기는 매우 이른 시기이다.

以, 用也.《說文解字》
'以'는 '사용하다(用)'의 뜻이다.
以親九族.《尙書 · 堯典》
친화로써 구족을 다스리다.
吾聞用夏變夷者, 未聞變於夷者也.《孟子 · 滕文公上》
나는 하나라 법으로 이족의 법을 변화시킨다고 들었으나, 이족의 법으로 변화되어진다고는 듣지 않았다.

4) 갑골문 중 '以'자의 전치사 용법

《갑골문허사사전甲骨文虛詞詞典》은 갑골문에서 '以'자는 허사로 쓰이지 않는 것으로 보았다. 갑골문 중 '以'자가 전치사의 용법으로 쓰인다고 주장하는 학자는 강보창姜寶昌[423], 조성趙誠[424]과 향희向熹[425] 등이 있다. 《갑골문허사사전》에서는

423) 姜寶昌, <卜辭虛詞試析>, 程湘清 主編《先秦漢語研究》, 濟南山東教育出版社, 1982年.
424) 趙誠, <甲骨文虛詞探索>,《古文字研究》, 第十五辑, 277~302쪽,
425) 向熹,《簡明漢語史》, 北京: 高等教育出版社, 1993 年.

갑골문 중의 '以'자를 허사로 보지 않고 '데리고 오다' 등의 동사로 해석하고 있다. 《갑골문허사사전》이 '以'자로 예정하고 있는 자는 '㠯(𠄌)'자가 아니라, '氏(厎)'로 예정하기도 하는 '[glyph]'자이다.[426] 서중서의 《갑골문자전甲骨文字典》은 '㠯(𠄌)'자는 '用'·'及'나 '祭名'으로 쓰인다 하였다.[427] 또한 주기상朱歧祥 《은허갑골문통석고殷墟甲骨文字通釋稿》는 '以(㠯)'자는 주로 '用'의 용법으로 쓰이나, 혹은 '由'의 용법으로 쓰인다 하였다.[428] 갑골문에서는 '以'자를 '𠄌'나 혹은 '[glyph]'으로 쓴다.[429]

아래 예문의 '以'자를 혹은 전치사로 보기도 하나 '데리고 가다'의 동사로 이해하는 것이 옳다.

> 辛丑卜, 賓貞: 旃眔穀氏(以)羌. 貞: 旃眔穀不其氏(以)羌.《合267正》
>
> 辛丑 일에 賓이 점을 쳐 묻습니다. 旃과 㱿은 羌族을 데려올 수 있을까요? 辛丑일에 賓이 점을 쳐 묻습니다. 旃과 㱿은 羌族을 데려올 수 없을까요?
>
> 戊戌卜, 爭貞: 㱿其氏(以). 貞: 㱿不氏(以).《合9067》
>
> 戊戌일에 爭이 점을 쳐 묻습니다. 㱿이 가지고 올까요? 가지고 오지 않을까요?
>
> 叀父丁㠯(以)于囧.《合32024》
>
> 父丁 신위를 囧에서 모시고 올까요?
>
> □亥貞: 王令𡗗㠯(以)子方, 乃奠于並.《合32833》
>
> "□亥일에 점을 쳐 묻습니다. 王이 𡗗에게 명령하여 子方을 데리고 간 후에 並 지역에 배치하면 좋을까요?"

갑골문 '㠯(𠄌)'자 혹은 '[glyph](氏)'자의 동사 용법 이외에 「以 + 목적어 + 동사」의 형식으로 전치사로 쓰이는 용례와 전치사구(以 + 목적어)가 보어로 쓰이는 단어 구성 형식은 아래 몇 가지 형식으로 나눌 수 있다. 「以 + 목적어 + 동사」 중의 동사는 '用'이나 혹은 제사 동사이다.

---

426) 朱歧祥, 《殷墟甲骨文字通釋稿》, '15', 7쪽. "象人持物之形, 隸作氏. 通作厎. 有致送·貢納之意."

427) 徐中舒, 《甲骨文字典》, 1593쪽.

428) 朱歧祥, 《殷墟甲骨文字通釋稿》, '1747', 458쪽. "辭謂此次血祭由小示開始, 或是用來祭祀小宗的." "其㠯小示."(粹 227)

429) 陳年福, 《甲骨文詞義研究》, 鄭州大學博士學位論文, 2004년, 109쪽.

① 以羌

乙巳卜, 何貞, 亞旁氏(以)姜其禦用.《合26953》

乙巳일에 何가 점을 쳐 묻습니다. 亞旁은 羌族으로 희생물로 삼아 이를 사용하여 禦祭를 지낼까요?"

壬寅卜, 㱿貞, 興方氏(以)姜用自上甲至下乙.《合270正》

"壬寅일에 㱿이 점을 쳐 묻습니다. 興方은 姜族을 희생물로 사용하여 上甲에서 下乙까지 제사를 모실까요."

貞, 龍方氏(以)姜自上甲王用至于下乙.《合271反》

"점을 쳐 묻습니다. 龍方은 강족을 사용하여 上甲에서 下乙까지 제사를 지낼까요?"

辛亥卜, 犬征㠯(以)羌用于大甲.《合32030》[430]

"犬祉以姜用于大甲."(劍 187) "辛亥일에 점을 쳐 묻습니다. 犬征은 계속해서 강족 한명을 희생물로써 대갑에게 사용할까요?"

② 以牛

癸亥, 貞, 危方㠯(以)牛其烝于來甲申.《合33191》[431]

"癸亥일에 점을 쳐 묻습니다. 危方은 소로 다음 甲申날 烝祭를 지낼까요."나 혹은 "危方이(에서) 보내온 소를 사용하여 다음 甲申날 烝祭를 지낼까요."로 번역할 수 있다.

癸亥, 貞, 危方㠯(以)牛其登于來甲申.《合32896》

癸亥 일에 점을 쳐 묻습니다. 危方은 소로 다음 甲申날 登祭를 지낼까요.

己酉卜, 𠂤㠯(以)牛其用自上甲三牢𥂴.《屯9》[432]

"己酉일에 𠂤은 소를 사용하여 上甲부터 제사를 지낼까요. 묶어 기른 소 세 마리를 자르는 방식을 사용하여 제사를 지낼까요."

己酉卜, 𠂤㠯(以)牛其用自上甲三牢𥂴大示.《屯9》

"己酉일에 𠂤은 소를 사용하여 上甲부터 제사를 지낼까요. 묶어 기른 소 세 마리를 자르는 방식을 사용하여 大示에게 제사를 지낼까요."

乙未卜, 旅貞, 又(侑)氏(以)牛其用于妣.《合23403》

---

430) "犬祉以姜用于大甲."(劍 187) 姚孝遂,《小屯南地甲骨考釋》, 110쪽. "征爲犬方酋長的私名."

431) 혹은 "危方이(에서) 보내온 소를 사용하여 다음 甲申날 烝祭를 지낼까요."로 번역할 수 있다.

432) 姚孝遂《小屯南地甲骨考釋》은 '擒'자를 '𠂤'로 예정하고 "武丁시기의 인명이라 하였다. 109쪽.

"乙未일에 旅가 점을 쳐 묻습니다. 소로 祖妣에게 제사를 지낼까요."

③ 以示(祖丁・大示・丁示)

甲申貞, 王其米㠯(以)祖丁眔父丁.《屯936》[433)]

"甲申일에 점을 쳐 묻습니다. 왕이 순방을 하는데 祖丁과 父丁의 패위를 가지고 가서 할까요?" '米'자는 '안위하다'는 뜻의 '敉'로 읽는다.

庚子卜, 爭貞, 其祀于河氐(以)大示, 至于多毓.《合14851》[434)]

"경자일에 쟁이 점을 쳐 묻습니다. 하신에게, 대시에게 더불어 多毓 등에게 제사를 드릴까요?"'大示'는 上甲부터 示癸까지의 先公이나 直系 先王의 神主를 가리킨다.

貞, 勿氐(以)丁示.《合14908》

"丁示에게 지내지 말까요?"

위의 예문 중 '以羌'과 '以牛'는 동사 앞이나 뒤에 쓰이며, 모두 '……을 가지고, ……에 사용하다'는 뜻이다. 이러한 용법은 갑골문의 다른 문장과 비교하면 '以'자가 전치사로 사용된다는 것을 알 수 있다. 동사가 '用'자나 혹은 제사 동사가 쓰이는 것으로 보아 동사 '以'의 용법과는 다르다.《갑골문허사사전》은 아래 갑골문 예문을 "이 복사는 衛에게서 보내온 노예를 전부 사용할까요, 아니면 전부 사용하지 말까요?"라 번역하였다.[435)]

甲寅卜, 永貞, 衛以僕率用. 貞, 衛氐僕勿率用.《合555正》

갑인일에 영이 점을 쳐 묻습니다. 衛에게서 보내온 노예를 모두 사용할까요, 아니면 위에게서 보내온 노예를 모두 사용하지 말까요?

'寇'는 노예와 거의 비슷한 수준의 사람으로 전쟁 시에는 사병으로 동원되고, 제사를 지낼 때에는 이들을 희생물로 삼았다. '衛'는 인명이다. '以'자는 갑골문에 '데리고 가다'라는 동사로 주로 쓰인다. 하지만 '以'자가 전치사의 용법으로 쓰이

433) '米'자는 '안위하다'는 뜻의 '敉'로 읽는다.

434) '大示'는 上甲부터 示癸까지의 先公이나 直系 先王의 神主를 가리킨다.

435) 張玉金,《甲骨文虛詞詞典》: "這條卜辭貞問, 應該把衛送來的寇全都使用了呢, 還是不應該全都使用呢?", 187쪽.

는 경우는 '以'자 다음에 일반적으로 '用'자나 '제사동사'가 온다. 아래는 《갑골문허사사전》이 '以'자를 동사적으로 해석한 예이다.

戊戌卜, 殼貞, 王曰: "侯豹往, 余不爾其合, 氐乃事歸". 《合3297正》[436)]

"戊戌일에 殼이 점을 묻습니다. 王은 '侯豹 너는 앞으로 가거라. 나는 너와 함께 가지 않고자 하니 너의 부하를 데리고 돌아가도록 하라'라고 말해야 할까요?"

叀亞擒以人狩. 《屯961》[437)]

"亞擒은 사람을 데리고 가 수렵을 할까요?"

辛丑卜, 賓貞: 叀羽令以戈人伐邛方, 𢦏. 《英564》[438)]

"辛丑날에 점쳐 묻습니다. 羽에게 戈사람들을 데리고 邛方을 정벌하도록 명령하면 승리를 얻을 수 있을까요?"

갑골문에서 '以'자의 용법이 실사에서 허사로 변화된 것은 아마도 '用'자와 밀접한 관련이 있는 것으로 보인다. 일반적으로 '以'자가 동사로 사용되는 경우에 '以'자 다음에 사람과 같은 실질적 행동으로 실행할 수 있는 능력이 있는 자가 목적어로 사용된다. 그러나 '以'자가 '用'자나 제사동사와 함께 쓰이는 경우는 스스로 행동으로 옮길 수 있는 대상이 아닌 수동적으로 행동을 받는 목적어가 출현한다. 따라서 전치사 '以'의 용법은 과도기적 용법에 해당되는 것이 아닌가 한다.

以 + 동사 → 以 + 用(혹은 제사동사) → 以 + 동사
동사 전치사 전치사

'以示(祖丁 · 大示 · 丁示)'는 '전치사 + 목적어' 형태로 동사 다음에 쓰여 보어 역할을 한다. '以'는 의미적으로는 '于'의 용법과 같다. 예를 들어, '於河以大示'는 즉 '於河于大示'의 의미와 같다.

종합적으로 살펴보면, 장옥금張玉金 《갑골문허사사전甲骨文虛詞詞典》은 갑골문

436) 《甲骨文虛詞詞典》, 65쪽.
437) 《甲骨文虛詞詞典》, 99쪽.
438) 《甲骨文虛詞詞典》, 99쪽.

중 '以'자에 허사의 용법으로 쓰이지 않는다 하였으나 전치사 등 허사의 용법으로 쓰이는 것을 알 수 있다.[439)]

서주 금문 중 '㠯(以)'자는 전치사 · 접속사 · 부사 · 조사나 '인솔하다'의 동사의 용법으로 쓰인다. 고전적 중에서 '以'자가 '把' 등의 의미로 쓰이는 예는 아래와 같다.

伯楚以呂、郤之謀告公.《國語 · 晉語四》
"이에 발제(勃鞮)가 곧 여생과 극예에게 음모를 고했다."
子路, 人告之以有過, 則喜.《孟子 · 公孫丑上》
"子路는 남이 그에게 잘못이 있다고 일러주면 기뻐하였다."

서주 금문에서 '용사성분'('사용하다'의 뜻)으로 쓰이는 '以'자구가 전치사로 쓰이는 경우는 아래와 몇 가지 형식으로 나눌 수 있다.

첫 번째는 '以 + 목적어 + 동사('고하다' 의미의 동사)'이다.

〔曶〕事(使)氒小子䠣㠯(以)限訟于井弔(叔).《曶鼎 2838》
"曶은 小子 䠣을 파견하여 井叔에게 限을 고소하였다."
㠯(以)匡季告東宮.《曶鼎 2838》
"그러자 曶이 匡季를 東宮에게 고소했다."
曶或㠯(以)匡季告東宮.《曶鼎 2838》
"그러자 曶은 또 다시 東宮에게 匡季를 고소하였다."
鬲從㠯(以)攸衛牧告于王.《鬲攸從鼎 4278》
"鬲從은 攸衛牧을 왕에게 고발하였다."

439) 갑골문 '以'자의 虛詞 용법 중 전치사 이외에 접속사 용법으로 쓰인다고 주장하기도 한다.(李麗艷, 《甲骨文介詞連詞硏究》(2007), 36쪽) 하지만 본문은 《甲骨文虛詞詞典》의 허사 용법에 대한 진위여부를 살피기 위한 목적이기 때문에 이에 대한 자세한 내용은 생략하기로 한다. 아래의 예문은 갑골문의 '以'자를 접속사의 용법으로 보기도 하며, 만약에 접속사 용법으로 우리말 해석을 하면 아래와 같다.
……於卜, 令擒以多射, 若.(英 2421) 擒과 多射에게 명령을 내리면 순조로울까요?
有疾肘以小指.(合13679正) 팔꿈치와 약지에 병이 생기다.

두 번째는 '以 + 목적어 + 동사('무찌르다'의 의미의 동사)'이다.

女(汝)休, 弗㠯(以)我車臽(陷)于𩁹(艱). 女(汝)多折首執𦣻(訊).《不𡢁簋 4329》

"너는 잘 싸워서 나의 군마로 하여금 어려움에 빠지지 않게 되었고, 너는 많은 적군을 베거나 포로로 잡았다."

凡㠯(以)公車折首二百又□又五人.《多友鼎 2835》

전차는 이백 몇 십하고도 다섯 명을 참하였다.

史兒至, 㠯(以)王令曰 : 余令汝史(使)小大邦.《中甗 949》

사아史兒가 도착하여 왕의 명령을 전달하였다. 나는 너에게 출사하여 각국을 살펴보도록 명령한다.

세 번째는 '以'자구가 보어로 쓰이는 경우이다.

仲𠭯臣□肇合㠯(以)金, 用作…….《仲𠭯臣盤 10101》

중관신은 청동으로 ……만들다.

余獻寢氏㠯(以)壺.《五年琱生簋 4292》

나 주생은 부씨婦氏(召姜)에게 호를 선물하는 예를 갖추다.

위의 예문 중의 '㠯'자는 현대 중국어 '把'나 혹은 '拿' 등으로 번역할 수 있다. 서주 언어 중 '以'자구는 '用'자구에 비하여 상대적 그 수량이 많지 않고, '以'자구는 춘추전국시기에 주로 쓰인다.[440] 따라서 갑골문에서 쓰이기 시작한 허사 '以'자는 서주에서 비교적 다양하게 쓰이며, 춘추전국시기에 더욱 활성화된 것으로 보인다.

440) 武振玉,《兩周金文詞類研究(虛詞篇)》, 185쪽. "'用'·'以'兩詞在出現的語境方面表現出很大的相似性, 特別是兩者同現于一器中的用例, 表明二詞所表示的語法意義是相同的. 不同的一是在出現頻率上'用'(600多例)遠高于'以'(100多例); 二是在出現時間上, '用'主要見于西周時期(近400 例), 其次是春秋時期(约230多例), 而'以'主要見于春秋(81例), 其次是戰國時期(34例), 西周時期用例很少(9例). 這似乎表明此類'用'·'以'大體上存在着先後替代關系."

5) '自자구'의 어순

'自자구'의 어순은 선진 언어에서 동사 전후에 쓰이는 두 가지 용법이 동시에 사용되었다.

我來自東.《詩經 · 豳風 · 東山》
나는 동쪽으로부터 올 때.
自西徂東.《詩經 · 大雅 · 綿》
서쪽으로부터 동쪽에 이르기까지.
自郊徂宮.《詩經 · 大雅 · 雲漢》
교외로부터 왕궁에 이르기까지.
公至自齊.《左傳 · 昭公二十六年》
공이 제나라부터 오다.
歸父還自晉.《左傳 · 宣公十八年》
부친을 진나라로부터 귀환시키다.
自外來也.《周易 · 益卦》
외부로부터 오도다.
有朋自遠方來.《論語 · 述而》
친구가 있어 멀리서부터 오니.

송원宋元 시기 백화문 이후에 이러한 형식 구조는 동사 앞에 놓이는 구조가 고정적으로 쓰이게 되었다.

來自群衆. / 來自民間.
백성으로부터 나오다.

위의 구문은 현대 중국어에서 "從群衆中來"이란 뜻으로 쓰인다.

중국어의 어순이 비교적 고정적인 형식을 취하고 있는 것이 특징이긴 하지만, 이외에도 매우 다양한 용법으로 쓰임을 알 수 있다.

6) 갑골문 '용사성분用事成分' 문장을 통해 본 갑골문의 어순

① '用'자를 사용하는 경우

'用'자의 의미적 목적어가 주제어로 쓰이는 경우

> 執叀𨙫各(格)于祼用, 王受祐.[441)]
> 于入自祼用, 王受祐.《合27281》
> 포로는 만약 大王이 祼祭를 드리는 장소에 이르게 되었을 무렵에 사용하여 제사를 지내면 대왕은 보우를 받을 수 있을까요?
> 만약 대왕이 관제祼祭를 드리는 장소에서 (종묘로) 들어갈 때 사용하면, 대왕은 보우를 받을 수 있을까요?

포로 '執'은 의미적 '用'자의 목적어에 해당되나 주제어로 쓰인다. 두 번째 문장은 '執'이 생략되었다.

> 𠦪年上甲, 示壬, 叀茲祝用.
> 弜唯茲用.《屯2666》
> 수확을 위해 上甲, 示壬에게 기도를 드리려고 하는데, 이를 위해 이번 祝祭를 드릴까요?
> 이것을 위해 祝祭를 지내지 말까요?

"弜唯茲用" 구절의 '茲'는 '茲祝'의 생략형이다. '茲'는 '用'의 객체단어이다. 위의 두 문장은 모두 초점표지 '叀'를 사용하고 있다.

'用'자 부정사와 함께 쓰이는 경우이나 어순이 '동사 + 목적어'로 쓰인다.

> 弜用牛豖父戊.《合22045》
> 소와 수퇘지를 사용하여 父戊에게 지내지 말까요?

441) 《殷墟甲骨刻辭摹釋總集》은 '𨙫'자를 '𨚕'로 예정하고, 于省吾《釋文》은 '饗'자로 예정하였다. 이 자를 본래 ''로 쓰는데, 형태로 보아 '𨚕'자로 예정하는 것이 옳은 것 같다.

② '用'자가 마크 '叀'와 함께 쓰이거나 혹은 '叀'자를 사용하여 목적어가 어순이 바뀌는 경우

'叀'자는 목적어 앞에 쓰여 목적어가 문장에서 초점임을 나타낸다. 이때 '叀'자는 어기부사이기 때문에 동사와 목적어 사이에 놓일 수 없다. 따라서 객체 목적어가 초점이 되고, '叀'자를 사용하여 그 초점을 나타내고자 할 때는 목적어가 동사 앞으로 놓이게 되는 것이다.

乙酉卜: 叀祖乙熹用.
乙酉卜: 叀宜熹用.
丙戌卜: 叀新豊用.
叀舊豊用.《合32536》
을유날에 점을 쳐 묻습니다. 조을의 희기熹器를 사용하는 것이 좋을까요?
을유날에 점을 쳐 묻습니다. 아니면 의제宜祭에 쓰이던 희기를 사용하는 것이 좋을까요?
병술날에 점을 쳐 묻습니다. 새로운 대고大鼓를 사용하는 것이 좋을까요?
병술날에 점을 쳐 묻습니다. 아니면 옛 대고를 쓰는 것이 좋을까요?

'熹'는 악기의 일종이다.[442] '宜'는 제사명(祭名)이고, '豊'은 큰 북이다. '叀 + 객체목적어' 뒤에 '동사 + 객체 목적어'가 쓰이는 경우.

岳燎, 叀舊𠕋用三牢, 王受祐.《合30414》
점을 쳐 묻습니다. 장차 악신岳神에게 료제燎祭를 지낼 때, 옛 간책(簡册)을 사용해야만 하고, 세 마리 가두어 키운 소를 사용하면 대왕이 신의 가호를 받을 수 있을까요?

이러한 형식의 문장 중의 동사는 두 개의 객체 목적어를 갖게 되는데,(이중 목적어가 아니다) 그 중 한 개는 강조점으로 앞에 '叀'를 써서 동사 앞에 쓰이고, 다른 하나는 강조점이 아니기 때문에 동사 뒤에 쓰인다. 이 예문에서 '用'은 '燎祭'를 잘 지내기 위해 거행된 것이다. 첫번째 예문과 "叀舊𠕋·三牢用, 王受祐"《合

---

442) 裘錫圭,《甲骨文中的幾種樂器的名稱》,《中華文史論叢》, 1980年 第2輯.

30683》를 비교하면, 예문의 '三牢'도 '用'의 목적어라는 것을 확인 할 수 있다. 다만 '三牢'를 사용하기로 했기에, 점칠 필요가 없어서 '用' 앞에 쓰이지 않았다. 점치는 사람은 '舊'을 쓰는지 쓰지 않는지에만 관심이 있기 때문에 동사 앞으로 보내고, 앞에 '叀'자를 더하였다.

'叀 + 객체 목적어' 뒤에 '동사 + 여격 목적어'의 형식으로 쓰일 수 있다.

> 叀九宰酒大甲.
> 叀十宰又五酒大甲.《合1445》
> 점을 쳐 묻습니다. 아홉 마리의 가둬 키운 양을 대갑에게 주제酒祭드릴 때 사용하면 좋을까요?
> 점을 쳐 묻습니다. 아니면 열 마리의 가둬키운 양을 주제 대갑에게 주제 드리는게 좋을까요?

점치는 사람은 이미 대갑에게 주제 드리기로 정했지만, 양 몇 마리를 올려야 할지를 몰라 이 점을 친 것이다.

'叀'자를 사용하여 '객체 목적어'가 동사 앞에 쓰이고, '동사' 다음에는 '전치사구 보어'가 쓰이는 경우가 있다.

> 叀可用于宗父甲, 王受有祐.
> 弜用父甲.《合40982》
> 점을 쳐 묻습니다. 가방可方 사람을 사용하여 종묘의 부갑에게 제사를 드리면 대왕이 신의 가호를 받을 수 있을까요?
> 점을 쳐 묻습니다. 부갑에게 드리면 안될까요?

'可'는 방국이다. '叀'자를 사용하여 '객체 목적어'가 앞에 쓰인다.

'叀 + 객체 목적어' 뒤에 '동사 술어'가 생략되는 경우가 있다.

> 癸未卜, 侑歲牛于下乙.
> 癸未卜, 叀羊于下乙.《合22088》
> 계미에 점을 쳐 묻습니다. 유侑와 세歲의 방식으로 소를 이용하여 하을下乙에게 드리는

것이 좋을까요?
계미에 점을 쳐 묻습니다. 아니면 유와 세의 방식으로 양을 이용하여 하을에게 드리는 것이 좋을까요?

'동사 술어'는 '전치사구' 앞에 쓰인다. 위 문장에서 '牛'와 '羊'은 명사가 술어의 용법으로 쓰인다. '叀 + 객체 목적어' 뒤에 '동사 술어'가 생략된 경우가 있다.

叀羊妣己.
叀牛妣己.《合21096》
점을 쳐 묻습니다. 양을 비기妣己에게 드리는 것이 좋을까요?
점을 쳐 묻습니다. 아니면 소를 비기에게 드리는 것이 좋을까요?

'동사 술어' '羊'과 '牛'는 '여격 단어'의 앞에 쓰인다.
'여격 단어'가 '叀 + 객체 목적어'의 앞에 쓰이는 경우가 있다.

父親叀豕.
父親叀牛.《合2163》
점을 쳐 묻습니다. 부친께 돼지를 사용하여 제사를 드리는 것이 좋을까요?
점을 쳐 묻습니다. 아니면 부친께 소를 돼지를 사용하여 제사를 드리는 것이 좋을까요?

'叀 + 객체 목적어'가 단문을 이루는 경우가 있다.

叀豚.
叀犬.
叀犬又豚用.《合30867》
점을 쳐 묻습니다. 새끼 돼지를 쓰는 것이 좋을까요?
점을 쳐 묻습니다. 아니면 개를 쓰는 것이 좋을까요?
점을 쳐 묻습니다. 아니면 동시에 개와 새끼 돼지를 쓰는 것이 좋을까요?

세 번째 복사를 통해 첫 번째와 두 번째 복사 뒤에 술어 '用'이 생략된 것을 알 수 있다.

'叀 + 여격 목적어'의 뒤에 '동사 + 전치사구 보어'가 쓰이는 경우가 있다.

乙卯卜: 叀祖乙用至于丁.《合1650》

을묘일에 점을 쳐 묻습니다. 조을에게 제사지낼 때 사용한 제물을 조정에게 계속해서 사용하면 좋을까요? 좋지 않을까요?

'叀 + 여격 목적어'의 뒤에는 '동사 술어'가 생략되었고, '叀 + 여격 목적어'는 희생물 명사 앞에 쓰인다. '妣'은 제사를 지내는 대상의 이름이다.

'叀 + 여격 단어'의 앞에 희생물이 놓이는 경우

庚子卜, 豕羊叀妣乙.

庚子卜, 叀豼屮(有)妣乙牛.《合22068》

경자날에 점을 쳐 묻습니다. 돼지와 양을 사용하여 비을妣乙에게 제사를 드리는 것이 좋을까요?

경자날에 점을 쳐 묻습니다. 수퇘지와 소(牛)를 사용하여 비을에게 제사 드리는 것이 좋을까요?

③ 제사동사가 쓰이는 경우

[侑祊]

乙丑卜, 出貞: 大史必酒, 先酒其屮(侑)祊于丁三十牛.《合23064》

을축에 출出이 점을 쳐 묻습니다. 주제를 지낼 무렵 사史祭를 크게 행하려고 하는데, 주제를 드리기 전에 30마리의 소를 사용하여 丁에게 유제侑祭와 팽제祊祭를 드려야 할까요?

위의 문장 중 '于丁'은 제사를 드리는 대사이고 '三十牛'는 제사를 드리는 물품으로, 의미적으로 간접목적 직접 목적어 역할을 한다.

[登祭]

"王其登黍二升, 叀各藝祼酒"《屯618》[443)]

443) "왕은 기장 二升을 받쳐 지내는 登祭는 藝祭 · 祼祭 · 酒祭를 지내는 곳에 도착할 무렵에

'叀'와 부정문이 사용되어 어순이 변하는 경우가 있다. '叀'와 '부정문'이 쓰이는 경우는 의미적 목적어가 주제어가 되거나, 동사 '用'자 앞에 쓰인다.

> 叀可用于宗父甲, 王受祐.
> 父甲弜用.《英2267》
> 가방可方 사람을 희생물로 삼아 종조의 부갑에게 제사를 드린다면 왕은 보우를 받을 수 있을까요?
> 부갑에게 (가방 사람을) 사용하지 말아야 할까요?

'可'는 '叀'를 사용하여 재료성분이 앞으로 이동하여 주제어로 쓰인다. 두 번째 문장은 부정문을 사용하여 제사를 드리는 대상이 주제어로 쓰인다.

> 叀放庸(鏞)用.
> 弜放庸用.《合27352》
> 放지역의 큰 종을 사용하는 것이 좋을까요?
> 放지역의 큰 종을 사용하지 않는 것이 좋을까요?

'放'은 지명이거나 방국 이름이다. '放庸'은 방국의 큰 종으로 동사 '用'자 앞에 쓰인다.

> 壬戌卜, 貞: 叀用.
> 貞: 弜[illegible].《合27459》[444)]
> 임술에 점을 쳐 묻습니다. [illegible]를 사용해야 할까요?
> 점을 쳐 묻습니다. [illegible]를 사용하지 말아야 할까요?

'[illegible]'자는 석문할 수 없지만, 제사용품이거나 제사의 희생물일 수 있다. 부정어 '弜'를 사용하는 경우가 있다.

해야 할까요?"

444) 于省吾《甲骨文合集釋文》(1999)은 '□'자는 '[illegible]'자로 쓰고 있다.《甲骨文合集釋文》은 본 구절을 "叀可白[illegible]乎[illegible]日牂方戲方嘉方."

'弜'자와 동사 술어 사이에 여격 단어가 놓이는 경우가 있다.

弜公歲宰.《合31678反》
선조께는 기른 양을 사용하여 세제歲祭를 지낼지 말까요?

'公'은 '선조(先公)'를 가리킨다. "壬子侑多公歲"《粹405》[445] 구절 중의 '公'은 역시 '先公'을 가리킨다. '宰'은 일부러 길러서 제사 희생물로 쓰는 양을 가리킨다.

貞: 弜羋隹(唯)吉用.《合15422》
길함을 구하기 위해 응당히 희생물을 사용하지 말까요?

'羋', '唯'는 모두 어기부사이다. '羋'의 음은 'qiāng'이고 '마땅히(宜)'·'응당히'의 뜻이다. '吉'자는 원인 단어로 쓰인다.

[酒祭][卯祭]
乙卯卜, 殼貞: 來乙亥酒下乙十伐又五, 卯十.
二旬又一日乙亥不酒, 雨.《合503正》
을묘일에 殼이 점을 쳐 묻습니다. 오는 乙亥일에 下乙에게 열 다섯 명의 노예를 희생물을 받쳐 주제酒祭를 지니고, 열 마리의 기른 양으로 묘제卯祭를 지낼까요?
이십일일이 지난 乙亥일에 주제를 지내지 않았고, 비가 내렸다.

[燎祭][卯祭]
甲午貞: 大御自上甲六大示, 燎六小, 卯九牛.《屯1138》
갑오일에 점을 쳐 묻습니다. 上甲으로부터 여섯 명의 선공 신주에게 대규모의 어제御祭를 지낼까요? 여섯 마리의 기른 양을 사용하여 요제燎祭를 지낼까요? 아홉 마리의 소리를 사용하여 묘제卯祭를 지낼까요?

'大示'는 '上甲'으로부터의 선공先公이나 직계 선왕先王의 신주神主를 가리킨다.

---

445) "壬子侑多公歲."(壬子일에 多公에게 侑祭를 지내고 歲祭를 지낼까요?)

叀燎牛.《合30784》

점을 쳐 묻습니다. 반드시 소를 태우는(燎) 방식으로 희생물로 사용해야 할까요?

‘叀’자를 사용하여 그 다음 동사가 초점을 표시한다.

④ 재료성분이 주제어로 쓰이는 경우

丙辰卜: 二牢延歲于中丁. 弜延.《屯631》

丙辰일에 점을 쳐 묻습니다. 기른 두 마리 소를 사용하여 中丁에게 계속해서 歲祭를 지낼까요? 계속해서 지내지말까요?

白牛叀二, 有正.

白牛叀三, 有正.《合 29504》.

점을 쳐 묻습니다. 제사에 쓰는 하얀 소(白牛)가 두 마리여야 족할까요?

점을 쳐 묻습니다. 제사에 쓰는 가 세 마리여야 족할까요?

‘叀’자가 동사 술어 앞에 쓰이며, 동사 술어가 초점임을 표시한다.

⑤ 제사를 지내는 대상 앞에 전치사 ‘于’를 사용하는 경우

“燎于東一牛”《屯3841》

동쪽 신에게 요제燎祭를 드릴까요?

貞: 呼子賓祼于有妣, 鼎有贏.《合3171》

점을 쳐 묻습니다. 자빈子賓에게 하여금 유비有妣에게 관제祼祭를 지내게 하면 당장에 화가 없을까요?

‘贏’자는 ‘禍’의 뜻이다.[446] 갑골문에서 ‘鼎’자는 시간 부사로 쓰인다. 행위가 진

446) 《釋文》은 ‘贏’자를 ‘龍’자로 석문하였다. 원 갑골문은 ‘’으로 쓴다. 徐中舒는 “ 《乙 4071》)” 문장을 예로 들어 卜辭에서 재앙(禍患)으로 쓰인다고 하였고(《甲

행되고 있음이나 어떤 상태에 있음을 표시한다. 현대 중국어로 '지금' · '바로'('現在' · '正在' · '正')로 번역할 수 있다.

⑥ 동사가 생략되고 명사를 직접 사용하는 경우

叀犬, 一此雨.
二犬, 此雨.《合31191》
만약에 한 마리의 개를 사용하면 비가 올까요?
만약에 두 마리의 개를 사용하면 비가 올까요?
二, 王此受祐.
三, 王此受祐.《合31190》
두 마리 기른 양을 사용하면 왕이 보우를 받을 수 있을까요?
세 마리 기른 양을 사용하면 왕이 보우를 받을 수 있을까요?

⑦ 원인이나 목적 방법 등의 성분을 표시하는 경우

叀矢往𠦪(禱)禾于河受禾.《合32001 正》
시矢는 나아가 벼의 풍년을 위하여 하신河神에게 도제禱祭를 지내야할까요?

'도제𠦪(禱)祭'를 위하여 '화제禾祭'라는 방식을 사용하는 '하신'에게 제사를 지내는 것을 말한다.

"貞 翌甲辰勿酒羌自上甲"《合419 正》[447]
다음 甲辰일에 羌族을 희생물로 사용하여 上甲부터 酒祭를 드리지 말까요?

'酒'자는 타동사로 쓰인다.

骨文字典》, 四川: 四川辭書出版社. 1260 - 1261쪽), 朱岐祥은 '龍'자는 '邕'이나 '雍'으로 읽고, '和'와 '安'의 의미로 쓰인다고 하였다.(《殷墟甲骨文字通釋稿》, 台北:文史哲出版社. '1572(𠦪)', 415 - 417쪽.)

447) "翌甲辰勿酒羌自上甲."(다음 甲辰일에 羌族을 희생물로 사용하여 上甲부터 酒祭를 드리지 말까요?)

王其又(侑)大乙 · 大丁 · 大甲, 叀彳歲公.《合27149》

대왕이 점쳐 점을 쳐 묻습니다. 대왕이 대을, 대정, 대갑에게 유제侑祭를 드릴 때 반드시 선공에게 척제彳祭와 세제歲祭를 드려야 할까요?

'侑祭'를 지내기 위해 먼저 '彳祭'와 '歲祭'를 반드시 사용하느냐의 뜻이다.

甲午貞: 于父甲告律其[步].

弜告律其步.《合32856》

갑오에 점을 쳐 묻습니다. 율律이 길을 걷는 일을 위해 부갑父甲께 고제告祭를 드릴까요?

율이 길을 걷는 일을 위해 부갑께 고제를 드리지 말까요?

'律'은 인명이다. '弜'자가 '동사 + 원인 목적어' 앞에 쓰이고 있다.

□未卜, 叀侑母庚, 呼母.《合19963》

점을 쳐 묻습니다. 반드시 유제侑祭를 모경母庚에게 드려야 할 때, 반드시 어머니를 불러야 할까요?

'용사성분'이 '어머니를 부르는' 방식을 사용한다. '叀'자 다음은 '동사 + 목적어'는 초점이다.

貞: 叀奉(禱)沚戛☑.《合3951》

점을 쳐 묻습니다. 반드시 지알沚戛의 일을 위해 신령에게 도제禱祭를 드려야 할까요?

甲寅卜, 大貞: 歲叀款祝.《合25174》

갑인날에 대大가 점을 쳐 묻습니다. 세제歲祭를 드릴 때 축제祝祭가 잘 되게 하기 위해 관제款祭를 드려야 할까요?

점치는 사람은 이미 축제祝祭를 잘 되게 하려고 제사를 거행하기로 했지만 어떤 제사가 좋을지 몰라 점을 쳤다.

이 예문은 점치는 사람이 이미 지알의 일을 위해 어떤 형식의 제사를 거행하기로 결정했지만 어떤 제사를 거행해야 할지를 몰라 점을 친 것이다. 지알에게 제사를 거행하는데, 도제를 사용할 것인가에 대한 물음이다. '叀'자 다음의 제사명이 초점이기 때문에 어떤 제사를 위하여 이 제사를 지내야 하는 내용이다.

'叀 + 원인 목적어'가 단일 동사 앞에 쓰이는 경우가 있다.

> 己巳卜, 爭貞: 王, 叀吉燕.《懷47》
> 기사날에 점을 쳐 묻습니다. 대왕이 하려하는데, 반드시 잘 되기(吉) 위해서는 연회燕饗를 행해야 할까요?

''자의 형태와 의미는 아직 자세히 알 수 없다. '燕'은 '연회를 하다'는 뜻이다. '叀吉燕'와 같은 형식은 아래와 같은 예문에서 찾아볼 수 있다.

> 叀雨燕.《合12751》
> 비를 기원하기 위하여 연회를 베풀까요?
> 叀雨𠦪(禱).《懷 922》
> 비를 기원하기 위하여 도제禱祭를 드릴까요?
>
> 辛亥卜, 何貞: 叀吉燕用.《合27846》
> 신해날에 하何가 점을 쳐 묻습니다. 길조를 위해 반드시 연회燕饗를 행하고 제물牲을 사용해야 할까요?

'用'자를 사용하는 예문들을 통하여 비록 '用'자를 직접 사용하지 않아도 있는 것으로 이해할 수 있다. 아래는 '叀+원인 목적어'가 '동사 + 전치사구 보어' 앞에 쓰이는 경우이다.

> 戊申貞: 叀雨𠦪(禱)于.《合 34271》
> 무신날에 점을 쳐 묻습니다. 기우祈雨를 위하여 神에게 기도드려야 할까요?

''자는 제사를 지내는 대상의 이름이다. 또한 '叀 + 원인 목적어'가 작은 문장을 이루는 경우에도 '用'자가 있는 것으로 이해할 수 있다.

壬辰卜, 何貞: 王, 叀吉.《合 27830》

임신날에 하何가 점을 쳐 묻습니다. 대왕大王이 를 하려 하는데, 길조를 위해 반드시 연회(燕饗)를 거행해야 할까요?

위에서 예를 든 '叀吉' 뒤에 '燕'자가 생략된 것을 알 수 있다. '叀 + 위동爲動 목적어' 뒤에 단일 동사가 쓰이는 경우를 보도록 하자.

戊辰卜, 其示于妣己, 先𢻻妣己示.

叀父己示先𢻻.《合27412》

무신날에 점을 쳐 묻습니다. 비기妣己에게 시제示祭를 지내려 하는데, 비기의 시제를 잘 해내기 위해서 먼저 타제𢻻祭를 거행해야 좋을까요?

점을 쳐 묻습니다. 아니면 먼저 부기父己의 시제示祭를 잘하기 위해 타제𢻻祭를 거행하는 것이 좋을까요?

동사 앞에는 부사 '先'이 쓰이고 있다. '示'는 제사명이다. '𢻻'도 제사명으로 '찢다'는 의미이고, 고전적(典籍)에서는 '실시하다(施)'의 의미로 가차되어 사용된다.

아래는 '叀 + 위동 목적어'의 뒤에 '동사 + 여격 목적어'가 쓰이는 경우이다.

乙未卜, 爭貞: 來辛亥酒萑祊于祖辛.

來辛亥叀萑祊酒祖辛, 侑一牛祖辛.《合190正》

을미乙未날에 쟁爭이 점을 쳐 묻습니다. 오는 신해날에 추제萑祭와 팽제祊祭를 위해서 조신에게 주제를 행하는 게 좋을까요? 좋지 않을까요?

오늘 신해날에 추제와 팽제를 잘 드리기 위해 조신에게 주제를 드리고, 유侑의 방식으로 소 한 마리를 조신에게 드리는 것이 좋을까요? 좋지 않을까요?

'萑'는 제사명으로 아마 관제灌祭를 가리키는 것이 아닌가 한다. '祊'은 제사명으로 조묘祖廟에서 선조에게 제사 지내는 것을 가리킨다. '叀'자 다음 구절 '萑祊酒' 중 '萑祊'은 동사 '酒'의 목적어이다. 이 앞 문장의 형식과 대조하여 살펴보면 알 수 있다.

⑧ 동사가 직접 '용사'의 의미를 나타내는 경우

叀冒曾, 于之擒.《屯815》
점을 쳐 묻습니다. 만약에 증지曾地에 가서 그물로 이용해서 짐승을 잡으면, 그곳에서 짐승을 잡을 수 있을까요?

'冒'는 동사로 짐승을 잡는 방법을 말한다. 즉 그물을 이용하여 사슴머리가 걸리게 하여 짐승을 잡는 것을 말한다. '曾'은 지명(地名)이다. "王次于曾, 迺呼史□(왕이 曾地에서 머무를 때, 史로 하여금 ……하도록 할까요?)"《簠游 68》[448] 중의 '曾'자 역시 지명이다.[449]

점치는 사람은 증지曾地에서 사냥하는 것은 알고 있으나, 어떤 방법으로 짐승을 잡는지 몰라 이 점을 친 것이다.

⑨ '惠 + 도구 목적어'를 사용하는 경우

庚子子卜, 惠小宰御龍母.《合21805》
경자일에 子가 점쳐 묻습니다. 반드시 가두어 키운 작은 양을 가지고 용모龍母에게 어제御祭를 드려야 할까요?
惠豭御量于天庚.《合22097》
점쳐 묻습니다. 반드시 수퇘지를 사용하여 양量을 위해서 대경에게 어제를 드려야 할까요?

---

448) "王次于曾, 迺呼史□"(簠游 68)(왕이 曾地에서 머무를 때, 史로 하여금 ……하도록 할까요?). "⧄卜㱿貞王次于曾廼呼[illegible]⧄."(合 6536) "⧄巳卜㱿貞王次于曾七月."(合 7354)

449)《尙書 · 泰誓中》: "王次于河朔."

2. 문장 어기사의 변천

(1) 고대 중국어 중 문장 어기사의 특징

1) 어기사의 용법

어기사語氣詞는 또한 '조자助字'나 '조사助詞'라 부르기도 한다. 진몽가陳夢家는 《은허복사종술殷墟卜辭綜述》에서 어기사에 대하여 아래와 같이 설명하였다.

> 언어 구조 중 강조하고 싶어 하는 부분을 어조사를 추가하여 강조하거나 과장하는 작용을 하게 한다. 문장의 강조나 꾸미고자 하는 내용은 조사를 쓰거나 쓰지 않음으로 해서 각기 달라지는데, 이는 말하고자 하는 자가 표현하고자 하는 바에 따라 각기 달라지는 것이다.[450)]

어기사는 진술문陳述文(陳述句) · 의문문疑問文 · 감탄문感歎文 어기사로 나눌 수 있다.

상고 중국어 진술문에서는 근본적으로 어기사를 사용하지 않고, 감탄문이나 의문문에 어기사를 사용하였다. 갑골문에서는 '乎'자가 어기사로 쓰이는 경우는 단 한 차례만 보이고, 나머지는 '呼召(부르다)'하다는 의미로 쓰인다.

1 丁未卜, 扶, 㞢(有)咸戊學戊乎? 《合20098》
정미丁未날에 부扶가 점쳐 묻습니다. 함무咸戊과 학무學戊에게 유제侑祭 지내야 할까요?[451)]

---

450) 원주: 陳夢家, 《殷墟卜辭綜述》, 128쪽. "能够添顯組織中需要加强闡明的部分, 强調它, 渲染它, 使助詞旣加之後, 其强弱明暗與未加的時候不同, 而這不同又正是說者所要顯示的."

451) 張玉金 《甲骨文虛詞詞典》는 '乎'자는 갑골문에서 '의문'과 '추측'을 표시하는 어감을 표시한다 하였다. 91쪽 참고.

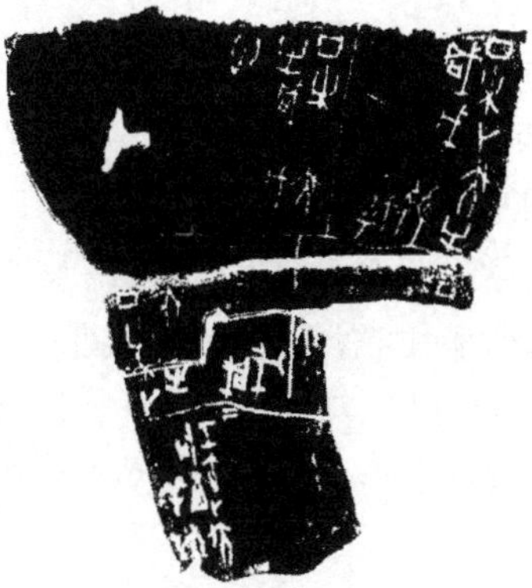

《合20098》

상고 초기 시기의 어조사의 자료는 갑골문과 금문만을 참고해서는 안된다.《상서》의 28편과 서주 초기의 작품인《시경》·《주역》등의 자료를 참고하여 설명하여야 한다. 갑골문은 점복을 기록한 문서이기 때문에 자연히 어기사를 자주 사용하지 않을 수 있다. 그래서 금문今文《상서》와는 그 문장 형식이 다르다. 금문《상서》는《우서虞書》2편,《하서夏書》3편,《상서商書》5편과《주서周書》19편이 있다. 이러한 자료는 갑골문에 비하여 상당히 풍부한 어법 내용이 포함되어 있다. 과거에 많은 학자들이《상서》의 진위여부에 대하여 상당히 논의 한 적이 있지만, 예를 들어,《우서》와《하서》중 4편에 대하여 문제를 제기하였지만, 이는《상서》전체적인 언어학적 내용으로 보아 문제되지 않는다. 또한 이가 금문《상서》의 가치에 하자가 있다는 것을 설명하는 것은 아니다. 현재 언어학자들은 출토 고대 문헌 자료를 참고하여 상고 언어 현상을 설명하는데, 이는 매우 옳은 방법이다. 그러나 이미 2000여 년 동안 전해 내려져온 전통적인 현행본을 믿지 않는다는 것은 옳은 방법은 아니다.

어떤 학자는 서주 이전에는 어기사가 없었을 것이라 주장하지만 이는 잘못된 것이다. 예를 들어《요전堯典》에 "吁！嚚訟, 可乎？(아! 그 애는 말에 성실함이 없고, 입씨름만 잘하는데 되겠소?)" 구절과 '咨'·'都'·'俞'·'于(吁)' 등 어기사가 사용되었다. 만약에《요전》의 진위 여부에 의문이 있다고 할지라도 아래《상서》의 예문은 의심할 바가 없을 것이다.

2 嗟！六事之人, 予誓告汝.……《尚書 · 甘誓》[452)]

아아! 육군의 모든 사람들이여. 나는 그대에게 훈시하여 고하는 바요.

3 嗚呼! 古我前後, ……《尚書 · 盤庚中》

아아! 옛날 우리의 임금님들은……

4 嗚呼！今予告汝不易！……往哉生生！《尚書 · 盤庚中》

아아! 나는 그대들에게 쉽지 않은 일을 고하겠다.……가서 생업에 힘들 쓰시오!

5 嗚呼！邦伯、師長、百執事之人, 尚皆隱哉！《尚書 · 盤庚下》

아아! 제후들과 관청의 우리머리들과 여러 일을 맡은 사람들은 바라건대 모두 걱정하여 주시오.

6 逖矣! 西土之人.《尚書 · 牧誓》

멀리왔도다! 서방에 있는 군중들이여.

7 今日之事, 不愆于六步、七步, 乃止齊焉, 勖哉夫子！《尚書 · 牧誓》

오늘의 전쟁에 있어서는 여섯 발자국 넘지 않게 가서는 머물러서 대오를 정리해야 하오, 장사들이여! 힘써 주오!

따라서 상고 초기의 언어 중에서는 어기사를 사용하지 않았던 것이 아니라 보편적으로 사용하지 않았을 뿐이다. 어기사를 사용하지 않았다는 것은 불가능한 사실이다. 주나라 초기와 춘추전국 시기에 이르러 어기사는 상당히 발전하게 되었고 수량 또한 상당히 증가하게 되어 보편적으로 사용되었다.

2) 어기사의 위치

어기사가 만약에 전체적인 문장의 어감을 나타내는 경우는 일반적으로 문미文尾에 놓이나, 문중文中이나 문두文頭에도 쓰일 수 있기 때문에 문장의 전체적인 의미에 따라 고려하여 살펴보아야 한다. 그렇지 않으면 어기사의 전체적인 용법에 대한 의미 파악이 쉽지 않다.

감탄사는 일반적으로 문두에 위치하기 때문에 독립적인 성격이 강하지만 이 또한 전후 문장의 내용에 따라 파악하여야 한다. 예를 들어, 위의 문장 중 예문1

452) 郭沫若은《甘誓》는《商書》에 포함시켜야 한다 하였다.

의 '嗟'나 혹은 다른 예문의 '嗚呼' · '哉'자는 모두 각각의 어감을 표시한다. 또한 위의 예문 중 '嗚呼'와 《상서 · 무일無逸》에 모두 일곱 개의 '嗚呼'가 보이는데, 모두 상심하거나 애통함을 표시하지 않고, 《고문상서古文尙書 · 오자지가五子之歌》의 "嗚呼！曷歸！予懷之悲.(아! 어디로 돌아가야 하는가? 나 마음의 슬픔이여.)" 중의 '嗚呼'를 애통함을 표시한다.

따라서 중국어 중의 어기사는 일종의 음가를 표시하는 허사이지 어떤 한정적이고 고정적인 어감을 표시하는 것은 아니다. 예를 들어 '也'자는 진술문의 어감을 주로 표시하나 이외에도 의문문이나 감탄문의 어감을 표시하기도 한다. '哉'자 또한 반감이나 감탄을 나타낸다.

하락사何樂士《고한어어법급기발전古漢語語法及其發展》에서 '어조사語助詞'와 '어기사語氣詞'를 구별하였다.

> 어조사와 어기사는 아래와 같은 차이가 있다.
>
> 첫째, 어조사는 문미에 위치하지 않고 대다수 문두에 위치하거나 혹은 문중에 위치한다. 어기사는 문두에 위치하지 않으며, 대부분 문미에 위치하고 혹은 주어나 또는 구(短語) 뒤에 위치한다.
>
> 둘째, 어조사는 문두에 위치하여 문장이 시작되면서 나타내고자 하는 문장의 뉘앙스를 표시하며, 그 문장으로 하여금 일종이 어감을 표시하거나 약간의 의미적 요소를 내포하고 있다. 어기사는 문미에 위치하며 대부분 전 문장의 의미적 제약을 받는다.
>
> 셋째, 어조사는 문장 마침 작용을 하지 않지만, 어기사는 문장 마침 작용을 한다.
>
> 넷째, 어조사는 대부분 운문 중에 보인다. 예를 들어, 《시경》 중에 상당수가 있다. 혹은 비교적 정식적인 장소나 의론하는 문장에서 출현한다. 어기사는 대부분 구어나 당시 구어를 기록한 문서 중에 주로 보인다.[453)]

---

453) 何樂士《古漢語語法及其發展》, 472쪽. "語助詞與語氣詞的區別: 一. 語助詞不位于句末, 大多位于句首, 有時位于句中. 語氣詞不位于句首, 大都在句末, 有時在主語或其他短語之末. 二. 語助詞位于句首, 是句子發出的第一信息, 往往賦予句子某種語氣或含有少許意義. 語氣詞位于句末, 大都受全句意義的制約. 三. 語助詞不標識語音停頓, 語氣詞有標識語音停頓的作用. 四. 語助詞大多出現韻文中, 如《詩經》中就有不少. 有的則出現在比較正式的場合中或議論中. 語氣詞多出現在口語中或紀錄當時口語的文獻中."

금문 중 어기조사는 어두조사로는 '雩'·'亦'·'𠦪(率)'·'叡(虘)'·'孚'·'曰'·'叀'가 보이고, 어미조사는 보이지 않는다. 즉 어조사를 찾을 수 있지만, 어기사는 찾아 볼 수 없는데, 이는 문체가 의론문이기 때문이기도 하다.

3) 어기사의 음절

중국어 중의 어기사는 일반적으로 단음절이 대부분이지만 몇 개의 어기사가 연용되어 비교적 복잡한 어감을 표기하기도 한다. 연용 어기사는 상고 초기 문서에는 적게 보이나 춘추전국 이후에는 대량으로 쓰이게 되었다. 어기사는 2개 혹은 3개의 어기사가 연용되어 쓰이기도 한다. '焉哉'·'已焉哉'·'也哉'·'也乎'·'也夫'·'也乎哉'·'也與'·'也矣'·'矣哉'·'矣乎'·'焉耳矣'·'諸'('之乎'의 합음)·'耳'·'爾'('而已'의 합음) 등은 문학 언어에서 자주 쓰이는 어기사이다. 연용 어기사의 어감은 일반적으로 마지막 어기사가 그 어감을 표시한다.

(2) 진술문의 어기사 '也(殹)'·'矣'·'焉'·'耳'의 용법

고대 중국어 중 진술문의 어기사는 '也(殹)'·'矣'·'焉'·'耳' 등이 있다. 이들은 모두 진술문의 어기사로 쓰이지만, 각각 본인의 어감 특징을 지니고 있다. 아래 표 중에서 '○'은 그 용법이 없음을 말한다.

어기사	주 요 용 법				
也(殹)	긍정	해석	열거	쉼표시[473)	完句
矣(已)	已然(과거)	將然(미래)	○	쉼표시	○
焉	긍정	지시성 긍정	열거	쉼표시	完句
耳(而已)	제한성 긍정	○	○	○	○

454) '쉼표시'는 '어감전환'을 말한다. 혹은 '제돈提頓'이라고도 한다. 문장 중의 어감 전환점을 가

1) 어기사 '也'자의 유래

갑골문과 금문에 '它'자가 보이나 '也'의 의미로는 쓰이지 않는다. '也'자는 또한 《상서》에는 보이지 않으나 《시경》 중에는 모두 77차례 보이고, 그 중 32차례는 순수하게 문미 어기사로 쓰인다. 따라서 '也'는 서주 이후에 어기사로 쓰였고 아주 이른 시기부터 가차자로 쓰였음을 알 수 있다. 진秦 문자에서는 '也'자를 '殹'자로 쓰고 진 나라 사람은 아니지만 이름에서도 '也'자를 '殹'자로 쓰기도 한다. 주周나라 선왕宣王(BC 827 - BC 772)[455] 시기의 석고문石鼓文에 '殹'자는 "汧殹沔沔(견수 가득히 흘러, 저 물굽이 돌아 잔잔히 흘러가네.)" 《汧殹》과 "馬○汧殹"[456]구절에서 두 번 보인다. 송대宋代 《고문원古文苑 · 권일卷一》에서는 모두 '殹'자는 '也'자와 같다하였다.[457]단옥재 《설문해자주》는 '殹'자와 '也'자의 관계에 대하여 아래와 같이 설명하였다.

> '殹'자는 진나라 문자에서는 어기사로 쓰고, 《저초문》에는 "禮使介老將之以自救殹."라는 문장이 있다. 설상공 《歷代鐘鼎款識》에서는 이른바 진나라 《권명》의 "其於久遠殹" · 《석고문》의 "汧殹沔沔", 《권명》 중의 '殹'자를 《琅邪臺刻石》과 기타 진나라 권명權銘이나 진나라 근명斤銘은 모두 '𠃨'자로 쓴다는 것을 알고 있었다. 따라서 주진周秦 시기 문자에서는 '殹'자는 '也'자로 쓴다는 것을 알 수 있다. 《시경》 중의 '兮'자를 《시경》의 주석가들은 '也'자로 풀이하기도 한다. 따라서 '殹' · '也'자와 '兮'자는 모두 통용된다는 것을 알 수 있다.[458]

리킨다. 예를 들어, 고대 중국어 판단구判斷句 주어 뒤에 '者'를 사용하여 문장을 끊어 읽으며 호흡을 조절한다. "陳涉者, 陽城人也." 《史記 · 陳涉世家》, "夫戰, 勇氣也." 《左傳 · 曹刿論戰》, "蓮, 花之君子者也."(周敦颐《愛蓮說》).

455) 郭沫若은 石鼓文은 秦 襄公 8年의 작품이라 하였다.

456) "馬○汧殹" 《靈雨》의 구절은 혹은 "涉馬○流, 汧殹洎洎"로 쓰기도 한다. 徐寶貴 《石鼓文整理研究》(上), 775쪽.

457) 《古文苑》(卷一): "殹卽也字."

458) 段玉裁 《說文解字注》: "秦人借爲語詞, 《詛楚文》'禮使介老將之以自救殹.' 薛尚功所見秦《權銘》'其於久遠殹', 《石鼓文》'汧殹沔沔', 《權銘》'殹'字, 《琅邪臺刻石》及他秦權秦斤皆作𠃨. 然則周秦人以'殹'爲'也'可信. 《詩》之兮字, 偁《詩》者或用'也'爲之, 三字通用也."

더욱 주목할 만한 사실은 1973년 장사長沙 마왕퇴馬王堆 한묘백서漢墓帛書《경법經法》 구절 중 '殹'자를 '也'자로 쓴다. 또한 백서《노자老子》에서 '兮'자는 '呵'로 쓰고,《노자》는 원래 진秦 나라와 문서가 아닌데 '殹'자를 또한 '也'자 쓴다. 곽말약郭沫若은 '殹'자는 '猗(아름다울 의 yī, yǐ, yì)의 가차자라 하였는데 이는 잘못된 것으로 보인다.

상고 중국어 초기에 '也'자는 '해석'이나 '긍정'을 표시하고, 형식상으로 단어를 열거하거나 혹은 어감전환이나 또는 순수한 어기사로 쓰였다.

2) 긍정 · 결단이나 당연의 어감을 표시하는 경우

① '也'

'也'자가 긍정을 표시하는 경우 반드시 판단문에서만 쓰이는 것이 아니라, 어떤 사물이나 상황에 대한 긍정적인 어감을 표시한다. 이러한 용법은 판단문 뿐만 아니라 일반 서술문에도 쓰인다. 만약에 부정부사와 함께 쓰이면 어떤 상황은 이와 같지 않다는 부정적 단정을 표시하여 어감을 더욱 강하게 하는 역할을 한다.

8 墻有茨, 不可掃也. 中冓之言, 不可道也. 所可道也, 言之醜也.《詩經 · 鄘風 · 墻有茨》
담장에 찔레가 났는데 쓸어 버릴 수도 없네. 방안의 얘기는 말할 수도 없는 것, 말해도 된대서 말해 봤자 더러운 것일 뿐이네.

9 我心匪石, 不可轉也. 我心匪席, 不可卷也. 威儀棣棣, 不可選也.《詩經 · 邶風 · 柏舟》
나의 마음 돌이 아니라 굴릴 수 없고 내 마음 돗자리도 아니니 말 수도 없네.

10 是故百戰百勝, 非善之善者也; 不戰而屈之兵, 善之善者也.《孫子 · 謀功》
그런고로 백전백승하는 것은 가장 훌륭한 승리가 아니고, 전쟁을 하지 않고도 병사를 굴복케하는 것이 가장 훌륭한 승리 중에 승리인 것이리라.

11 曩者霸上、棘門軍, 若兒戲耳. 其將固可襲而虜也.《史記 · 絳侯周勃世家》
이전에 패상霸上과 극문棘門의 군영은 완전히 아기 장난과 같았다네. 만약에 갑자기 급습한다면 그들의 장군은 완전히 포로로 잡을 수 있었다네.

12 今大王擧而東, 三秦可傳檄而定也.《史記 · 淮陰侯列傳》
지금 대왕께서 군사를 일으켜 동쪽 지방을 친다면, 그 三秦 지방은 격문하나만 전달한다면 바로 정복할 수 있을 수 것이다.

② '焉'

'焉'은 위의 예문 중의 '也' 용법과 같은 용법으로 쓰이기도 한다. '焉'은 긍정 어감을 표시하기 때문에 '也'의 용법과 같은 경우로 쓰이기도 한다.

13 安國為人多大略, 智足以當世取合, 而出於忠厚焉.《史記 · 韓長孺列傳》
한안국은 지략이 뛰어난 사람이며 그의 지혜는 당시의 세정을 꿰뚫고 있으며 모두 두터운 충정에서 나오는 것이리라.

14 不矜其能, 羞伐其德, 蓋亦有足多者焉.《史記 · 游俠列傳》
자신의 재능을 자랑하지 않고, 자신의 덕을 과찬하기 부끄러워하는데 이는 족히 과찬할만한 가치가 있으리라.

하지만 '焉'과 '也'가 다른 점은 '焉'은 대사성代詞性의 성격을 지니고 있어, 긍정적 어감을 나타낼 때 '于是' · '于之' 혹은 '之'의 의미를 내포하고 있다. 따라서 '焉'과 '也'는 완전히 같다고 할 수 없다.[459)]

15 樹成蔭, 而衆鳥息焉.《荀子 · 勸學》
수목이 우거지면 많은 새들이 그곳에 날아와 휴식을 취할 수 있네.

16 淵深而魚生之, 山深而獸往之, 人富而仁義附焉.《史記 · 貨殖列傳》
물이 깊으면 고기가 살고, 산이 깊으면 짐승이 그곳으로 간 은신하고 사람이 부자이면서 인의를 갖추면 다른 사람이 의탁할 수 있네.

③ '耳'

'耳'는 긍정적인 어감이면서 제한성을 지니고 있어 '상황이 그럴 따름이다'나 '이와 같은 따름이다'라는 뜻으로 쓰인다. 위의 예문11의 '也' 역시 이러한 용법으로 쓰인다.

17 小人之學也, 入乎耳, 出乎口, 口耳之間則四寸耳.《荀子 · 勸學》
소인의 학문은 귀로 들으면 바로 입으로 말하니 입과 귀는 단지 사촌四寸거리일 따

459) "今日之事, 不愆于六步 · 七步, 乃止齊焉. 夫子勖哉 !"(牧誓) 중의 '焉'의 용법을 참고할 수 있다.

름이라네.

18 馮先生甚貧, 猶有一劍耳.《史記 · 孟嘗君列傳》

풍선생은 매우 가난한지라 겨우 검 하나만 가지고 있네.

'耳'자는 또한 '爾'로 쓰기도 하며, '而已'의 합음이다. 현대 중국어의 '呢'와 같은 용법으로 쓰인다.

④ '矣'

'耳'의 용법은 위의 예문들을 통하여 '어떤 사정이나 사물이 그와 같을 따름이다.'는 의미를 나타내지만 시간성時間性과는 관련이 없음을 알 수 있다. '矣'와 '耳'의 용법이 다른 점이 여기에 있다.

어기사 '矣'는 '이미 그와 같다(已然)'나 혹은 '장차 그와 같다(將然)'의 어감을 표시한다. 그래서《회남자淮南子 · 설림훈說林訓》에서는 "'也'之與'矣', 相去千里.('也'의 용법은 '矣'와 매우 차이가 있다.)"라 하였다.

19 晉侯在外, 十九年矣, 而果得晉國. 險阻艱難, 備嘗之矣; 民之情僞, 盡知之矣.《左傳 · 僖公二十八年》

진후는 십구년이나 외국에서 지냈고 결국 진나라를 차지했소. 세상의 온각 역경과 간난을 겪어 사람의 진정과 거짓을 이미 모두 꿰뚫고 있소.

20 吾聞其語矣, 未見其人也.《論語 · 季氏》

나는 이미 그런 말을 들었으나, 그렇게 하는 사람은 보지 못했다.

21 馮諼曰: "狡兔有三窟, 僅得免其死耳. 今君有一窟, 未得高枕而臥也." ……還報孟嘗君曰: "三窟已就, 君姑高枕爲樂矣."《戰國策 · 齊策》

풍훤은 말하였다. 교활한 토끼는 세 개의 굴을 파 죽음을 면한다했다. 지금 군주는 하나의 굴을 팠으니 편안하게 잠자리를 들지 없다. 풍훤이 맹상군에게 보고 하기를 이미 세 개의 굴을 모두 이미 팠으니 그대는 편히 잠자리를 할 수 있으리오.

22 (顏淵)曰: 回忘仁義矣. (仲尼)曰: 可矣, 猶未也.《莊子 · 大宗師》

회는 예의를 이미 잊었습니다. 괜찮기는 하지만, 아직은 덜 되었다.

위의 예문 중의 '矣'는 상당히 현대 중국어 중의 '了'의 용법과 같다. 위의 예문 중의 '矣'는 '也'로 바꾸어 쓸 수 없다. 바꾸어 말하면 '也'를 '矣'로 쓸 수 없는 경우와 같다. 위의 예문 중 14에는 '矣'와 '也'가 함께 쓰이고 있는데, 이중 '也'는 '당연'의 어감을 나타내고 '矣'는 '已然(이미 그렇다)'의 어감을 나타냄을 알 수 있다.

⑤ '已'

'矣'자는 또한 '已'로 쓸 수 있다. '矣'와 '已'는 이체자(同音異形)이다.

'矣'와 '已'의 용법이 같지 않지만, '也矣'로 연용하여 쓸 수 있다. 혹은 '也已矣'로 쓸 수 있다.

23 泰伯, 其可謂至德也已矣.《論語 · 泰伯》
태백은 일찍이 지극한 덕을 지녔던 인물이라 할 수 있다.

24 周之德, 其可謂至德也已矣.《論語 · 泰伯》
주나라의 덕은 그야말로 지극한 덕이라 하겠다.

이러한 연용 어기사는 대부분 마지막 자에 그 어감을 중점을 둔다. '也已矣'의 어감의 중점은 '矣'에 있다. 이러한 연용 어기사는 중고 이후의 중국어 언어에 자주 쓰인다.

3) '也'가 해석의 어감을 나타내는 경우

"仁者, 人也. 義者, 宜也"[460]의 구절과 같이 '也'는 풀이 해석의 어감을 표시한다. 특히 원인과 결과를 표시하는 인과문因果文에서 자주 쓰인다. 그러나 '矣'자는 이러한 용법으로 쓰이지 않는다. '也'자는 인과문 중 원인을 나타내는 문장 문미나 결과를 나타내는 문장 문미에 모두 쓰인다. 이러한 원인과 결과의 의미는 문장의 전후 문맥을 참고하여 알 수 있다. 만약에 원인을 표시하고자 하면 원인을 해석하는 문장의 문미에 '也'를 쓰고, 만약에 결과를 표시하고자 하면 결과를 표

460) "'仁'은 '사람의 도리(人)'이고, '義'는 '마땅함(宜)'이다."

시하는 문장 문미에 '也'를 추가하여 쓴다.

25 (北山愚公), 懲山北之塞, 出入之迂也, 聚室而謀曰 : ……《列子 · 湯問》
우공은 북쪽 산이 막혀 어렵게 멀리 돌아서 출입을 해야 하기에 집안 사람들을 모아 놓고 상의를 하였다.

26 趙王、成安君陳餘聞漢且襲之也, 聚兵井陘口, 號稱二十萬.《史記 · 淮陰侯列傳》
조왕 장이長耳와 성안군 진여는 한나라 병사가 장차 그들을 습격할 것이라는 소문을 듣고 정형구에 20만 대군을 집중시켰다.

위의 예문은 모두 먼저 원인을 언급하고 뒤에 결과를 나타내는 문장이다. '也'자는 또한 먼저 결과를 나타내는 문장 말미에 놓아 그 결과를 설명하고 뒤에 그 원인에 대하여 설명하기도 한다.

27 人臣之情, 非必能愛其君也. 爲重利之故也.《韓非子 · 二柄》
신하의 감정은 반드시 그 군주를 애모해야 하는 것만은 아니다. 그것을 이로움을 중히 여기기 때문이다.

28 秦所以尤追燕急者, 以太子丹故也.《史記 · 刺客列傳》
진나라가 급히 연나라를 진공한 것은 태자 단 때문이다.

29 學士不因, 則養祿薄禮卑, 故學士爲之談也.《韓非子 · 孤憤》
학사들은 그를 의지하지 않으면 복록이 적어지고 지위가 비천해지기 때문에 그를 위하여 변호하는 것이다.

30 今吾欲變法以治, 更禮以敎百姓, 恐天下之議我也.《商君書 · 更法》
이제 나는 법을 바꾸어서 다스리고 예제를 고쳐 백성을 가르쳐 보고자 하는데, 세상 사람들이 나를 입방아 찧을까 두렵소.

4) '也'자가 열거를 표시하는 경우

어기사 '也'는 몇 가지 일을 연속적으로 열거하는 용법으로 쓰인다. 《한비자 · 망징亡徵》은 어기사 '也'를 사용하여 한 문장의 끝맺으면서 모두 47가지의 멸망의 원인에 대하여 나열하고 있다. 한 가지 일마다 '可亡也'라고 문맥을 맺고 있다. 《장자》의 예문을 살펴보면 아래와 같다.

31 野馬也, 塵埃也, 生物之以息相吹也.《莊子 · 逍遙遊》
아지랑이나 먼지는 생물의 숨결에도 날린다.

위의 '也'의 용법은 현대 중국어 중의 '呀'의 용법과 같다. 예를 들어, "槍呀, 刀呀, 棍子呀, 鋤呀, 全都成了農民的武器"[461] 중 '呀'는 열거는 하는 용법으로 쓰인다.

'焉' 역시 사건을 나열하는 용법으로 쓰이나 '也'와는 다르다. '也'는 순수한 열거 어기사이나 '焉'은 대사성의 의미를 지닌다. '焉'은 지시대사의 의미를 지니고 있기 때문에 반허사半虛詞라고 할 수 있다. 또한 '焉'은 일반적으로 장소나 혹은 시간을 열거하는 용법으로 쓰인다.

32 有民人焉, 有社稷焉, 何必讀書, 然後爲學?《論語 · 先進》
그곳에는 백성들이 있고 사직이 있습니다. 하필 책을 읽은 연후에만 공부를 했다고 하겠습니까?

5) 쉼(멈춤)을 표시하는 경우

'也'자는 쉼(제돈)을 표시하는 용법으로 쓰이고, '矣'와 '焉' 역시 이와 같은 용법으로 쓰인다. 이른바 '제돈提頓'이란 어떤 사건을 제시하거나 혹은 멈춤이나 기복을 표시하면서 아래 문장과의 기복의 전환을 더욱 확실하게 나타내 주는 역할을 한다.

33 士也罔極, 二三其德.《詩經 · 衛風 · 氓》
남자가 믿을 수 없는 것, 마음이 이러저리 흔들리네.

34 善爲國者, 其教民也. 皆作壹而得官爵, 是故不官無爵.《商君書 · 農戰》
나라를 잘 다스리는 자는 백성을 다음과 같이 다스린다. 모두 농사일에 전념토록 하여 농사를 지으면서 전쟁을 하도록 하여 관작을 얻도록 하여야 한다. 만약에 농

461) "총이나 칼이나 몽둥이나 호미는 모두 농민의 무기가 되었다."

사를 지으면서 전쟁에 공을 세우지 못하면 관작을 내리는 않는다고 가르켜야 한다.

35 子產之從政也, 擇能而使之.《左傳・襄公三十一年》

자산이 정치에 종사할 때는 능력이 있는 자를 선발하여 일을 하도록 하였다.

36 天不爲人之惡寒也輟冬, 地不爲人之惡辽远也輟廣, 君子不爲小人之匈匈也輟行.《荀子・天論》

천지는 사람이 추위를 싫어한다 해서 겨울이 오지 못하도록 하지 않고, 천지는 길이 멀다하여 천지의 넓지 않게 하지 않듯이, 군자는 소인의 흉악하게 군다하여 그 행위를 멈추지 않는 법이다.

'也'는 또한 '者'자와 같이 쓰일 수 있다. 이때 제시되어지는 어감이 비교적 무게감이 있다.

37 攖寧也者, 攖而後成者也.《莊子・大宗師》

영녕攖寧(만물을 죽이거나 생성시키는 것)이라는 것은 혼란한 뒤에 이루어지는 것이다.

'矣'와 '焉' 또한 이와 같은 용법으로 쓸 수 있다.

38 於其歸焉, 用事乎河.《公羊傳・定公四年》

채나라 소왕昭公이 석방되어 귀국을 하게 되었을 때, 황하에게 고제를 드렸다.

39 齊侯怒, 與之飮酒. 於其出焉, 使公子彭生送之. 於其乘焉. 脅幹而殺之.《公羊傳・莊公元年》

제후가 이 이야기를 듣고 크게 노하고, 노나라 환공桓公을 초대하여 술을 마시고 돌아갈 때 공자 팽생으로 그를 송별토록 하였다. 환공이 말을 탈 때 공자 팽생이 짓눌러 그를 죽였다.

40 漢之廣矣, 不可泳思. 江之永矣, 不可方思.《詩經・周南・漢廣》

한강의 넓고 넓어 헤엄쳐 갈 수 없고, 강수는 길어서 배 타고 갈 수 없네.

6) 순수 어감을 나타내는 경우

어기사 '也'는 어떤 의미를 표시하지 않고 순수한 어감만을 표시하기도 한다. 만약에 굳이 어떤 의의적 작용을 한다고 일종의 문장의 종결을 표시한다. '焉' 역시 이와 같은 역할을 하는데, 하지만 이때에는 대사의 역할을 하지 않은 순수한 종결만을 표시한다. 그러나 '矣'는 이러한 용법으로 쓰이지 않는다.

41 趙孝成王召虞卿謀. 過平原君, 平原君曰: "願卿之論從也."《史记 · 平原君虞卿列傳》
조나라 효성왕 우경을 소환하여 모의를 하고자 할 때, 평원군이 있는 곳을 지나게 되었다. 평원군은 우경 그대는 조나라 왕에게 종횡정책으로 진나라를 대체하고자 하는가요라 하였다.

42 有鳥焉, 其名爲鵬. 背若太山, 翼若垂天之雲; 搏扶搖羊角而上者九萬里, 絕雲氣, 負青天, 然後圖南, 且適南冥也.《莊子 · 逍遙遊》
거기에 또한 새가 있는데, 그 이름은 붕이라 한다. 그 등은 태산 같았고 날개는 하늘에 드리운 구름과 같았다. 빙빙 회오리 바람을 타고 선회하면서 오르기를 구만리나 하여 구름 기운도 끊이는 고도에서 푸른 하늘을 등진 다음에 남녘으로 향하는데 남극의 바다로 가려는 것이다.

43 吾聞庖丁之言, 得養生焉.《莊子 · 養生主》
난 포정의 말을 듣고 그 중의 양생의 도를 깨달았다.

44 凡天下戰國七, 燕處弱焉.《史記 · 蘇秦列傳》
당시 전국 천하엔 일곱 국가 중 연국이 비교적 나약한 환경이 처해있었다.

고대 중국어 중 순수한 어감을 표시하는 어기사는 적절한 현대 중국어 어기사로 옮길 수가 없으나, 위의 예문 중의 '也' · '焉' 등은 현대 중국어의 '呢' · '哩' · '呀' · '嘛' 등에 해당된다 할 수 있다. 하지만 이들 어기사는 반드시 어떤 역사적으로 대응적 관련이 없기 때문에 반드시 어떤 어기사에 해당된다고 말할 수는 없다.

중고 이후 고대 중국어에서의 '也' · '矣' · '焉' · '耳'는 큰 변화가 없이 계속해서 쓰였다.

어기사 '矣'는 후에 현대 중국어 '了'로 용법과 같으나, 역사적인 연변관계가 없다. '了'는 '完了'나 '了結' 중의 동사 '了'가 어법화되어 어기사로 쓰이게 된 것이다.

(3) 의문문 어기조사의 발전

1) 의문 어기사의 기원

고대 중국어 중에서 의문 어기사는 '의문'이나 '반문'을 표시한다. 의문 어기조사는 상고 초기 언어에서 이미 쓰이기 시작하였다. 하지만 이때의 언어에서는 문미 의문 어기조사를 거의 사용하지 않았다.

45 丙子卜, 今日雨不.《合 20909》
병자일에 점을 쳐 묻습니다. 오늘 비가 올까요?

46 癸酉卜, 乙亥不風, 乙亥其風.《合 10020》
계유일에 점을 쳐 묻습니다. 을해일에 바람이 불까요? 을해일에 바람이 불지 않을까요?

47 我生不有命在天?《尙書・西伯戡黎》
내가 살아있는 것은 하늘의 명이 있기 때문이 아닌가?

48 我有嘉客, 亦不夷懌.《詩經・商頌・那》
나에게 좋은 손님이 있으니 또한 기쁘지 않겠는가?

49 徒御不驚, 大庖不盈.《詩經・小雅・車功》
걷는 자나 탄 사람들 조용히 움직이며 푸주간은 그득차네.

예문은 의문이나 반문 중 모두 어기사를 사용하지 않고 있다. 그렇다면 상고 중국어 중에는 의문 어기사가 아직 존재치 않았고 춘추시기에 출현하기 시작했는가? 그렇지 않다. 춘추 이전에 의문 어기사가 비록 보편적으로 쓰이지는 않았지만 확실히 존재하였다. 아래의 문장 중 갑골문은 의문 어기사이고,《상서》의 내용은 반문을 나타낸다. 따라서 이러한 의문 어기사의 출현 시기가 상당히 이른 시기였음을 알 수 있다.

50 丁未卜, 扶, 㞢咸戊學戊乎?《合 20098》
정미날, 부扶가 점쳐 묻습니다. 함무과 학무에게 유제侑祭 지내야 할까요?

51 爾知寧王若勤哉!《尙書・大誥》

그대들은 나라를 편히 한 군주께서 어떤 일에 부지런하셨는가를 알 것이오!

《시경》에서도 의문 어기사가 상당히 많이 쓰이고 있다. 어기사를 사용하지 않고, 의문을 표시하는 예를 들어, "子不我思, 豈無他人?"[462] 《시경 · 정풍鄭風 · 건상褰裳》과 같은 문장 형식 이외에 아래 다섯 가지 형식으로 의문 어기사를 사용하고 있다.

① 어기사 '也'를 사용하는 경우

어기사 '也'는 문두에 '何'와 함께 자주 쓰인다.

52 叔兮伯兮, 何多日也? 何其處也?必有與也! 何其久也?必有與也.《詩經 · 邶風 · 旄丘》

위衛나라 대부님들 얼마나 여러 날이 갔는가? 어째서 그렇게 속 편히 있을까? 반드시 딴 나라 군사와 함께 오려는 거지? 어째서 그렇게 오래 걸릴까? 반드시 무슨 까닭이 있겠지?

《논어》에서는 '也'자만을 사용하고 '何'자를 사용하지 않고 의문을 표시하기도 한다.

53 子張問: 十世可知也.《論語 · 爲政》

자장이 물었다. 십대 후의 예를 알 수 있을까요?

54 仁者, 雖告之曰, 井有仁焉. 其從之也?《論語 · 雍也》

인자한 사람은 그에게 거짓으로 '우물 속에 仁이 있다'고 일러 주었다 하더라도 (우물 속으로) 따라 들어갈 것입니까?

② '哉'자를 사용하는 경우

55 懷哉懷哉, 曷月予還歸哉!《詩經 · 王風 · 揚之水》

462) "그대가 날 생각 않는다면 세상에 사내가 그대뿐일까?"

그립고 그리운지고 어느 달이면 나는 돌아가게 되는 건가?

56 已焉哉！天實爲之, 謂之何哉！《詩經 · 邶風 · 北門》

아서라! 하늘이 하시는 일이니 일러 무엇하리.

③ '矣'자를 사용하는 경우

57 何彼襛矣？唐棣之華?《詩經 · 召南 · 何彼襛矣》

어찌 저리 고울까? 산매자꽃 같구나.

58 侯誰在矣？張仲孝友.《詩經 · 小雅 · 六月》

④ '焉'자를 사용하는 경우

59 嗟行之人, 胡不比焉？人無兄弟, 胡不佽焉？《詩經 · 唐風 · 杕杜》

아아! 길가는 사람들은 어째서 내게 친하게 굴지 않나?

⑤ '乎'를 사용하는 경우

60 微君之故, 胡爲乎中露？《詩經 · 邶風 · 式微》

임금님 때문이 아니라면 어째서 이슬 맞으며 지내옵니까?

앞에서 이미 언급하였듯이 갑골문에도 의문 어기사 '乎'자가 보인다.《시경》에서는 특별하게 '乎'가 문중에 쓰이고 있는데, "胡爲乎中露？" 구절은 "胡爲中露乎？"와 같은 구조로 역시 문미 어미조사가 변칙으로 쓰인 것이다.

위에서 살펴본《시경》의 의문 어기사는 선진 초기 언어 중의 의문어기사의 용법의 실례이다. 이러한 의문 어기사는 춘추 전국시기에도 그대로 사용되었다. 다만 **음의 관계로 인하여 '也'에서 어기사 '邪(耶)' · '與(歟)'가 파생**되어 사용되었다.

2) 의문 어기사 '也'·'邪(耶)'의 발전

어기사 '也', '邪'는 의문과 반문의 어감을 나타낸다. '也'자와 '邪'자는 중고음이 비슷하여 모두 '喩四'에 속하고, 상고음은 '余母(r)'[463]에 속한다. '耶'는 또한 자주 '邪'로 쓴다. '邪'의 중고음은 '喩四'에 속하고 상고음은 '耶'나 '也'자와 같다. 그래서 상고 고전적에서는 '耶'자는 '邪'나 '也'로 쓴다.[464] 《순자·정명正名》 "如此者, 其求物也, 養生也? 粥壽也?(이러한 자야말로 사물을 추구할 수 있겠는가? 양생을 할 수 있겠는가? 목숨에 긍긍하지 않고 자연에 순응할 수 있겠는가?)" 구절에 대하여 당唐 양경楊倞은 "'也'는 모두 '邪'의 용법과 같다. 의문 어기사이다."[465]라 하였다.

'耶', '邪'나 '也'자가 문미 의문 어기사로 쓰일 때는 사실상 음이 같은 이체자이다. 이들 자는 부사와 함께 서로 호응하여 쓰기도 하고, 혹은 단독적으로 쓰이기도 한다.

61 敢問天道乎? 抑人故也?《國語·周語》
감히 천도에 대해 묻겠습니다. 더욱이 사람의 일이 아니던가요?

62 父邪? 母邪? 天乎? 人乎?《莊子·大宗師》
부친인가, 모친인가? 하늘의 일인가, 인간의 일인가?

63 然則物無知邪?《莊子·齊物論》
그렇다면 만물에 대해 알지 못하는 것인가?

64 不知天之棄魯耶, 抑魯君有罪於鬼神, 故及此也?《左傳·昭公二十六年》
하늘이 齊魯를 저버린지를 모르는가? 게다가 노나라 군주를 귀신께 죄를 지었다. 고로 이 지경에 이른 것이 아닌가?

65 今應侯亡地而不憂, 此其情也?《戰國策·秦策》
지금 應侯가 자신의 봉지를 잃고도 슬퍼하지 않은데 이는 정상적인 정감인가?

463) 周法高 上古 擬音이다.

464) 원주: 《顔氏家訓·音辭篇》: "'耶'者未定之詞, 北人卽呼爲'也'."

465) 楊倞: "也, 皆當爲邪, 問之辭."

[矣]

'矣'자는 선진 언어에서 두 가지 용법으로 쓰인다. 즉 '已然'을 표시하는 진술문과 의문문의 어기사로 쓰인다. 의문 어기사로 쓰일 때에는 반문을 표시하는 어기사로는 거의 쓰이지 않는다.

66 邪而詛之, 將何益矣?《左傳 · 隱公十一年》
자신이 사악하면서 사람을 저주한다면, 장차 무슨 이득이 있겠는가?

3) 의문 어기사 '乎'와 '與(歟)'의 발전

'乎'자의 중고음은 '匣母' · '模韻'(戶吳切)로 만약에 'ɣu'로 의음擬音한다면 상고음은 'ɣa'로 의음할 수 있다. '與(歟)'의 중고음은 '喻四' · '魚韻'(以諸切)에 속하며 상고음은 '余母' · '魚部'에 속하며, 상고음은 'dĭwa'로 의음할 수 있다. 음성적으로 볼 때, 이 두 자는 동원사同源詞가 아니다. 하지만 이 두 자는 상고 중국어 중에서 서로 의문이나 반문 어기사로 쓰인다. 하지만 '與'가 '乎'보다 좀 더 부드러운 어감을 표시한다. 동시에 '乎' · '與'는 또한 '也' · '耶(邪)'의 용법과 같이 의문부사와 함께 쓰이거나 혹은 의문부사 없이 단독적으로 의문의 어감을 나타내기도 한다. '與'자는 후에 '歟'로도 쓰는데, 이는 아마도 '與'자가 어법적으로 너무 다양한 용법으로 쓰이기 때문에, 어법상의 구별을 위하여 '歟'자로 써서 서로 구별한 것으로 보인다.

67 潘崇曰, 能事諸乎, 曰, 不能, 能行乎, 曰, 不能, 能行大事乎, 曰, 能.《左傳 · 文公元年》
반숭이 물었다. 능히 직을 섬겨 그에게 복종할 수 있는가? 할 수 없다. 능히 외국으로 도망가는 것을 실행할 수 있는가? 할 수 없다. 능히 정변을 할 수 있는 큰일을 도모할 수 있는가? 할 수 있다.

68 子常宣言代我相秦, 豈有此乎?《戰國策 · 秦策》
그대는 자주 공개적으로 나를 대신하여 진나라 재상이 되겠다고 하는데, 설마하니 정말 그와 같은 일이 있는가?

69 其君能下人, 必能信用其民矣, 庸可幾乎?《左傳 · 宣公十二年》
정군鄭君은 능히 예의로 아랫사람을 대하고 백성을 믿고 그들을 등용하는데 우리가 설마하니 그의 나라를 취할 수 있기를 바라는가?

70 子非三閭大夫與?《楚辭 · 漁父》
그대는 삼려대부가 아니던가요?

4) 의문 어기사 '哉'와 '焉'의 발전

'哉'는 의문과 반문 어감을 표시하는 어기사로 사용된다. 하지만 앞 부분에 '豈' · '胡' · '何' 등의 자와 함께 쓰인다. 이러한 특징은 '也' · '耶(邪)' · '乎' · '與'의 용법과 다른 점이다.

[哉]

의문

71 天實爲之, 謂之何哉!《詩經 · 邶風 · 北門》
하늘이 하도록 한 것인데, 무엇을 말하겠는가?

72 足下何以得此聲於梁楚閒哉.《史記 · 季布欒布列傳》
장군은 양梁나라 초楚나라 사이에서 어떻게 그러한 명성을 얻으셨습니까?

반문

73 身死東城, 尚不覺寤而不自責, 過矣. 乃引 '天亡我, 非用兵之罪也', 豈不謬哉?《史記 · 項羽本紀》
동성에서 죽으면서도 스스로 깨닫지도 못하고 자책도 하지 않은 것을 잘못이다. 그러면서 끝내 하늘이 나를 버린 것이지 내가 병사를 잘못 다룬 것이 아니라했는데, 이는 어찌 잘못된 것이 아니겠는가.

74 豈有簒殺之謀, 為天下僇哉?《史記 · 楚元王世家》
설마하니 사람을 죽이고 찬탈하는 음모를 꾸며 천하 백성들이 살육을 당했겠는가!

[焉]

'焉'은 《시경》 이외에 의문을 표시하는 어기사로 주로 쓰이고, 반문을 표시하는 경우는 드물다.

75 嗟行之人, 胡不比焉?《詩經 · 唐風 · 杕杜》
아아! 길 가는 행인들이여 어찌 나를 도와주지 않은가!

76 及夏之時, 有卞隨、務光者. 此何以稱焉 ?《史記 · 伯夷列傳》
하나라 시기의 변수와 무광 두 사람이 있었다고 하는데, 대체 무엇을 근거로 해서 이와 같이 말하는 것인가?

5) 의문과 감탄 겸용 어기사

의문 어기사는 거의 대부분 감탄 어기사의 용법을 겸하여 쓴다. 상고 중국어에서 이 두 가지 용법은 서로 구별이 없이 사용되는데, 이를 구별하기 위해서는 상호 문맥을 고려하여 살펴보아야 한다.

중고 이후에 의문과 감탄 어기사는 점점 구별을 하여 쓰기 시작하였다. '耶' · '乎' · '歟'는 의문을 표시하는 어기사로만 쓰이고, '也'와 '矣'는 주로 감탄 용법으로 쓰였으나 일부는 문미에 쓰여 의문 어감을 표시하기도 한다. '哉'자는 여전히 의문과 감탄을 겸용하여 사용하였다.

6) 의문 어기사의 발전

상고 중국어의 의문 어기사의 용법은 기본적으로 중고 중국어의 용법과 크게 다르지 않다.

하지만 상고 이후에 일부 어기사는 변화하여 사용되기도 하였다.

'也' · '焉'은 점점 진술 어기사로 고정적으로 쓰이고, 의문 어기사로는 거의 쓰이지 않게 되었다. 하지만 구어 중국어에서는 '也'자는 '呀'자가 출현하기 이전까지는 계속하여 의문어기사로 쓰이거나 혹은 감탄 어기사로 쓰였다. 당대의 변문에서 이와 같은 용법으로 쓰인다.

77 更被妻女, 說言道語, 道個甚言語也.《敦煌變文 · 不知名變文》
더욱이 부인으로부터 지껄리는 말을 듣게 된다면 어떤 말을 하겠는가?
78 丈人丈母不知, 今日渾成差事! 小娘子如今變也, 不是舊時精魅.《敦煌變文 · 醜女緣起》
장인 장모도 모르게 오늘 갑자기 오게 되었네요. 부인은 지금같이 변하였으니 옛날의 요괴가 아니네.

이러한 용법은 근대 언어인 송원宋元 민간 문학 작품에서도 여전히 쓰였다.

79 小行者出去買菜, 一午不見廻來, 莫是被此中人妖法定了也?《取經詩話上》
소행자가 채소를 사려 나갔는데 점심 때가 되어도 돌아오지 않는 것으로 보아 요괴의 마법에 걸려들지 않았겠는가?
80 猴行者便問主人: "我小行者買菜, 從何去也?"《取經詩話上》
후행자가 주인에게 물었다. "나 소행자는 어느쪽으로 가서 채소를 살까요?"
81 這婦人好歹也.《元曲 · 鴛鴦被》
저 부인은 좋은지 나쁜 사람인지?
82 孩兒去了也.《元曲 · 李亞仙花酒曲江池》
아이가 갔는가?

《홍루몽》 작품에서는 '呀'자가 주로 쓰이는데, 이는 청나라 초기에 '呀'자가 이미 '也'를 대신하여 쓰였다는 것을 알 수 있다. 하지만 '呀'자는 주로 문미에 쓰여 감탄이나 진술문의 단정을 표시하는 어감을 표시하였지 의문 어기사로는 쓰이는 않는다. 이게 '呀'와 '也'의 용법의 차이점이다.

현대 중국어에서 '呀'자는 감탄, 의문, 진술 등에 모두 쓰인다. 즉 '呀'의 용법은 고대 중국어에서의 '也'의 용법과 같다 할 수 있다. 따라서 '呀'는 '也'에서 연변되었다는 것을 알 수 있다.

'哉'자는 구어에서 의문 어기사로 쓰이지 않고, 대부분 감탄 어기사로 쓰인다. 하지만 일부 방언 예를 들어, '오어吳語'나 '객가어客家語'에서는 여전히 의문 어기사로 쓰인다.

총체적으로, 어기사 '也'·'耶(邪)'·'乎'는 자형적으로 볼 때 현대 중국어 중의 어기사와 어떤 연변의 과정이 없는 것 같으나 음운적으로 보면 사실상 '呵(xa)'와 '乎(ɣa)'와 동원관계이다.

'也'·'耶'와 '呀'의 연변 관계는 비교적 뚜렷하다.

'歟'와 '焉'자는 현대 중국어의 어기사와 음운상으로 비교적 차이가 있다.

(4) 현대 중국어 '呢'·'哩'·'麽'·'嗎'·'吧'·'罷'와 '啊'의 기원

현대 중국어 중의 몇몇 어기사는 고대 중국어 어기사와 관련이 있다.

1) '爾(尒)'에서 '呢'·'哩'의 변천

'呢'자는 두 가지 용법으로 쓰인다. 하나는 의문이고 하나는 정감情感을 표시한다. 이 '呢'자는 상고 중국어 '爾(尒)'자에서 연변된 것이다. '爾'자는 진한秦漢 언어에서 이미 이러한 용법으로 쓰였다. '爾'자는 고음이 '泥母'에 속하기 때문에 '呢'자의 음과 매우 근접하다. 고대 중국어 '爾'의 용법은 현대 중국어 중의 '呢'의 용법과 같다.

① 의문을 표시하는 경우

83 然則何言爾？成公意也.《公羊傳·隱公元年》
어찌 그렇게 말하는가? 은공의 호의를 위해서인가.

84 外逆女不書, 此何以書？譏.何譏爾？譏始不親迎也.《公羊傳·隱公二年》
(왜냐하면 그의 모친은 대외적으로 교제를 할 수 없기 때문이다.)《춘추》에 노나라 이외의 외지 사람이 사람을 보내 노나라 여자를 맞이하는 일을 춘추에 기록하지 않았다. 왜 기록하지 않았을까? 그렇게 풍자하기 위해서다. 왜 풍자를 한 것인가? 기국紀國 군주부터 친히 부인을 맞이하지 않은 255일을 풍자한 것이리라.

85 遠國至矣, 則中國曷為獨言齊、宋至爾?《公羊傳 · 僖公二年》
멀리 떨어져 있는 국가들 역시 盟會에 참석하였다. 그런데 중원지역에 있는 제후 국가들은 왜 단지 제나라 송나라만 언급하는가?

② 정감(情感)을 표시하는 경우

86 此吾昔日之言爾, 請以今言爲正也.《列子 · 仲尼》
이는 내가 이전한 말한 것이니 지금의 말로 바로 잡기로 하지!

중고 중국어에서의 정감을 표시하는 '爾'는 현대 중국어 중의 '呢'와 같이 지속적으로 사용하였다.

87 (張季鷹)曰: "人生貴得適意爾, 何能羈宦數千里以要名爵!" 遂命駕便歸.《世說新語 · 識鑑》
인생에 있어 가장 귀한 것은 바로 자기 마음에 만족을 얻는 것이다. 어찌 집을 떠나 천리 먼 곳까지 와서 명예와 관직을 구하랴?라 하고 수레를 준비시켜 귀행해 버렸다.

'裏'자는 근대 작품에서 문미 어미 조사로 자주 쓰인다. '裏'는 즉 '哩'자와 같은 자이다. '裏'자는 아마도 '爾'자에서 연변된 것일 것이다. '裏'자는 '來'母이고, '爾'자는 '日'母이나 '爾'자를 중고 이후에 '泥'母인 '尒'자로 쓰는 것으로 보아 'n'과 'l'을 음이 서로 혼용되어 쓰인 것으로 보인다.[466)]

88 若還替得你, 可知好裏. (曾三異《同話錄》)
만약에 너를 대신할 수 있으면 좋지 않겠는가!
89 因甚無箇阿鵲地？沒工夫說裏! (辛棄疾《謁金門 · 和陳提幹》)
제체기가 없었기 때문인가? 설명할 수가 없다네?
90 若嫁得這個官人, 可知好哩!《京本通俗小說 · 卷十二》
이 관리인에게 시집을 간다면 얼마나 좋을까!

---

466) 일부 방언에서는 'n'과 'l'의 음이 서로 구별없이 쓰인다. 唐宋 시기의 '裏'자의 용법에 대해서는 呂叔湘(1999)의《漢語語法論文集》중《景德傳燈錄中'在''著'二助詞》라는 문장을 참고할 수 있다.

91 將這十五貫錢, 給還原主, 也只好奉與衙門中人做使用, 也還不够哩!《京本通俗小說 · 卷十五》
이 15관이 되는 돈을 원래 주인에게 돌려주고 또 감옥 관리에게 돈을 주어 사용하도록 하면 어찌 좋지 않겠는가.

원대 작품에서 '哩'자는 의문 어기사로 쓰이고, 이때 이미 '呢' 역시 쓰이기 시작하였다. 성모가 'n'과 'l'인 '呢'와 '哩'가 동원관계라는 가설은 매우 가능성이 높다. 이 두 자의 용법은 서로 같고 차이점이 거의 없다. 아래에서는《원곡선元曲選》에서 그 예문을 살펴보도록 한다.

92 你做甚麼哩?《元曲 · 趙盼兒風月救風塵》
당신을 무엇을 할까?
93 大哥, 那裏是那牢哩?《元曲 · 黑旋風双献功》
형님, 어디가 그 감옥인가요?
94 我那大嫂呢?《元曲 · 黑旋風双献功》
나의 큰 형수님은요?
95 這廝, 你怎麼這等罵他, 假似他聽得呢 ?《元曲 · 黑旋風双献功》
이렇게 너는 어찌 이와 같이 그를 욕하는가? 만약에 그가 듣는다면 어찌 하겠는가?

청대 소설 언어에서 '呢'와 '哩'는 서로 용법적 차이가 있었다. '哩'자는 감탄 어기사로 쓰이고, '呢'자는 대부분 의문 어기사로 쓰였으나 일부는 감탄을 표시하는 어기사로 쓰였다.

96 多九公道: 旣無韻書, 爲何你們說的, 老夫都不懂呢?《鏡花緣 · 三十一回》
구동도가 말하였다. 기존에 운서가 없었는데, 어떻게 당신들이 말한 내용을 이 늙은이가 알지 못하는가?
97 內中缺了許多聲音, 何能傳響呢?《鏡花緣 · 三十一回》
내부에 많은 소리가 없는데 어떻게 소리가 들리는가?
98 只怕再走一年還不到哩.《鏡花緣 · 四十六回》
다시 일 년이 지난다 해도 다시 미치지 못할 것이네.

99 如此之大, 莫講不能立起, 並且翻身還不能哩!《鏡花緣 · 二十回》
이렇게 커서 일어설 수 없는 것은 말할 것도 없고 또한 몸마저도 돌릴 수 없다네.

2) '末' · '無'에서 '麽' · '嗎'의 변천

의문 어기사 '麽'의 기원은 '末'이다. '末'자는 문미에서 오랫동안 사용되다가 점점 어법화되어 어기사로 쓰이게 되었다. 제일 처음에 어기사로 쓰인 예는 한대 작품에서 찾아볼 수 있다.

100 君除吏已盡未? 吾亦欲除吏.《史記 · 魏其武安侯列傳》
당신이 임명하고자 한 관리 모두 임명하셨소? 나 또한 몇 명의 관리를 임명하고 싶소.
101 太后獨有帝, 今哭而不悲, 君知其解未?《漢書 · 外戚傳上》
태후께서는 황제 한 명뿐인데 현재 승천하셨는데 울지만 슬퍼하지 않은데, 그대는 그 속사정을 알고 계시오?

남북조南北朝 시기 역시 이러한 용법으로 쓰였다.

102 南陽宗世林, 魏武同時, 而甚薄其爲人, 不與之交. 及魏武作司空, 總朝政, 從容問宗曰: "可以交未?"《世說新語 · 方正篇 · 二》
남양의 조세림은 위무와 같은 시대 사람이지만 위무의 사람됨이 천박하다고 생각하여 교제하지 않았다. 위무가 사공이 되어 조정을 한손에 쥐게되자 조용히 종세림에게 이제 한번 교제를 터봅시다라 했다.

'末'자는 후에 상호 음이 유사하기 때문에 '無'와 '麽'로 연변되었다.
'麽'자와 '無'자는 당대唐代 시사詩詞 작품에서 의문 어기사로 쓰인다.

103 衆中遺却金釵子, 拾得從他要贖麽? (王建《宮詞》)
무릇 사람들이 남겨 준 금비녀 그대로부터 벗어날 수 있겠는가.
104 南齋宿雨後, 仍許重來麽. (賈島《王侍御男原莊詩》)
남제에 밤비 내린 후 더욱더 푸르렀는가?

105 不知陶靖節, 還動此心麽? (李中《聽蟬寄朐山孫明府》)

도정절을 모르는데 이 마음 움직일까.

106 錦衣公子見, 垂鞭立馬, 腸斷知麽?《雲謠集雜曲子 · 鳳歸雲編》

귀족자제 대면하제, 말채찍 내려 말 세우는데 애간장을 끊는 걸 모르는가?

107 淡泊知聞解好麽?《雲謠集雜曲子 · 抛球樂》

물과 같이 담백하게 사귄다는 잘 설명할 수 있는지?

108 粧罷低聲問夫婿, 畫眉深淺入時無? (朱慶余《近試上张籍水部》)

단장 마치고 낮은 소리는 남편에게 눈썹 화장 잘 화장 되었는지 묻네.

109 晚來天欲雪, 能欲一杯無? (白居易《問劉十九》)

저녁 무렵 눈이 오려하니 한 잔 더 드시게?

송대 화본에서는 완전히 '麽'자로 쓰이다가, 현대 중국어에서 완전히 의문 어기사로 고정적으로 쓰이게 되었다.

110 帝曰: 卿可召黃河神行雨麽?《元集·大宋宣和遺事》

제왕이 말했다. 그대는 황하의 신을 불러 비를 내리게 할 수 있나요?

111 徽宗又曰: "卿還見人物麽."《元集·大宋宣和遺事》

휘종이 또한 말하였다. 그대는 또한 인물을 보았는가?

112 那漢道: "可是鄭州人, 姓王小字進奴麽?"《京本通俗小說 · 卷十六》

남자가 말하였다. "바로 정주 사람이고 성이 왕이고 자는 지노인가?'

'嗎'와 '無' · '麽'는 모두 '微'母에 속하고, 의문 어기사로 쓰이기 시작한 것은 비교적 늦은 시기이다. 18세기 《홍루몽》에 쓰인 용례들이 보인다.

113 人不知鬼不覺的, 不好嗎?《紅樓夢 · 三十一回》

사람도 몰라보고 귀신이 모르니 이 좋은 것 아닌가?

114 纔鴛鴦送了好些果子來, 都湃在那水晶缸裡呢, 叫他們打發你吃不好嗎?《紅樓夢 · 三十一回》

아까 원앙이 과일을 잔뜩 가져다 수정항아리에 담가두던데 이이들을 시켜 가져오래서 잡수시는게 좋지 않아요?

115 就把扇子搬出來, 讓他盡力撕不好嗎?《紅樓夢 · 三十一回》

그렇다면 아예 그 부채를 가져다 그에게 마음대로여 힘껏 찢게 하는 것이 좋지 않아요?

116 你既拿款, 我敢親近嗎?《紅樓夢 · 三十二回》

당신이 관 티를 내시는데 내가 어찌 감히 가까이 할 수 있겠소.

'嗎'자는 명대의 《자휘字彙》에 가장 먼저 보이고 '罵'자의 속자가 아닌가한다. 당시 구어에서 '麽'자가 일반적으로 쓰인지 오래되었고, 명대 소설에서는 의문 어기사로 '麽'가 쓰였으며 '嗎'자는 아직 보이지 않았다. 대략 청대에 '嗎'자는 '麽'에서 음성적 관계로 인하여 분화되어 사용되었고, 아직은 보편적으로는 쓰이지 않았다. 《홍루몽》 이외에는 다른 작품에 거의 보이지 않는다.

3) '夫'에서 '吧'의 변천

'吧'자는 원래 '罷'자로 쓰고, 상고 언어의 '夫'자에서 유래되었다. '夫'자의 상고음은 'p - '에 속하며 '罷'의 음과 같다. 이 자가 문미에 쓰여 어기사 용법으로 쓰이는 경우에는 '罷'자의 음과 용법이 같다.

118 子在川上曰, "逝者如斯夫! 不舍晝夜."《論語 · 子罕》

공자가 냇가 위에서 말하였다. 가는 것이 저와 같구나. 밤낮없이 흐르는구나.

119 吾歌可夫?《史記 · 孔子世家》

내가 노래 부를게요. 괜찮은가요?

송원 화본 희곡에서 '罷'자가 문미 어기사로 쓰인다. 이후 줄곧 의문 어기사로 쓰였다.

120 叫大娘子收拾回家, 與劉官人做了周年, 轉了身去罷.《京本通俗小說 · 十五》

큰 아가씨에게 물건을 수습해서 집으로 돌아가 유씨 관리와 일 년을 보내고 돌아가도록 하였다.

121 有什麽話就講罷.《京本通俗小說 · 十六》

할 말 있으면 해봐라.

122 你等也不必爭論, 各自回家去罷.《元曲 · 呂洞賓度鐵拐李岳》
여러분은 말다툼할 필요없이 각자 집으로 돌아가시오.

따라서 현대 중국어 중의 어기사는 문자 형태로 보면 고대 중국어와 관련성이 없는 것 같으나, 사실상 고대 중국어와 밀접한 관련이 있다.

'呢'와 '哩'는 '尒'자에서 유래되었고, '麽'자는 '無'자에서 '無'자는 '末'자로부터 연변된 것이다. '嗎'자는 '麽'자에서 분화되었고, '罷'(吧)는 고대 중국어의 '夫'에서 연변된 것이다. 다만 '了'와 고대 언어 중의 '矣'자는 서로 어원적인 관계가 없다.

역사적 언어 관련 자료를 통하여 '尒'자에서 '呢', '末' · '無'로 다시 '麽' · '嗎', '夫'에서 '罷'로의 역사적 연변관계는 찾아볼 수 있다.

4) '後'에서 '啊'의 변천

어기사 '啊'자는 청대에 출현하였다. 태전진부太田辰夫(1958)는 어기사 '啊'는 당송시기의 가설조사의 '後', 송대의 어기조사 '呵', 원대의 어기사 '阿'에서 유래한 것이라 하였다.

123 菱花照後容雖改, 蓍草占來命已通. (劉禹錫《和蘇十郎中詩》)
능화(거울)에 비출 때 얼굴이 바랬으나 시초로 점을 칠 때 운명이 형통했네
124 若能曉了驪珠後, 只這驪珠在我身.《祖堂集 · 卷四》
만일에 이룡주를 분명히 알면 그 뒤에는 그 구슬이 나에게만 있으리.
125 我且歸家, 你而今休呵. (歐陽修《醉蓬萊》)
나는 우선 잠깐 집에 갈 테니, 당신은 지금 그만 해요.
126 仗何人, 細與丁寧問呵, 我如今怎向. (秦觀《淮海詞》)
어떤 사람에게 자세히 부탁해서 물어보아야 겠네. 나는 지금부터 어디를 향하여 가야만 할지?
127 天阿! 兀的不害殺我也! (楊顯之《瀟湘夜雨》)[467]
하늘이여, 어찌 나를 (차라리) 죽이지 않는가!

467) '兀的(wù de)'는 대사 '這'의 용법이나 조사 '놀라움'을 표시하는 어기사로 쓰인다.

손석신孫錫信(1999)은 '後'자 이외에도 조사 '阿'와 관계가 있는 어기사로는 '好' 도 있다 하였다.

128 師云: "即今是什摩心?" 學人云: "爭奈學人不識何?" 師云: "不識, 識取好."《祖堂集 · 卷十三》
스승이 말하였다. 지금 너는 어떤 마음인가? 학인이 말하였다. 학인이 알아차리지 못하는 것을 어찌 합니까? 그러자 스승이 말하였다. 알아차리지 못하는 것을 알아차리면 되는 것이다.

129 未嘗一念暫返神光, 流浪生死, 劫盡不息. 慚愧! 大須努力好!《祖堂集 · 卷七》
잠시도 생각을 돌이키지 못하고 생사의 길을 헤매나니 겁이 다하더라도 멈춤이 없겠구나. 부끄러운 일이니 무척 노력해야 할 것이다.

3. 판단문의 발전

(1) 상고시대 판단문

현대 중국어의 판단문은 일반적으로 계사繫詞 '是' · '不是'를 사용한다. 소위 말하는 계사는 문장의 주어와 표어(表語, Predicative)를 연결하여, 양자의 상동관계(긍정적인 것)나 혹은 상이관계(부정적인 것)를 판단하는 어법성분을 말한다. 판단문의 주어와 표어는 통상적으로 명사 혹은 명사성 단어(명사구名詞句)로 이루어진다. 그러나 고대 중국어의 판단문은 꼭 이런 것만은 아니다. 판단을 나타내는 계사는 동사에 속한다.

상고시대에는 긍정 판단문에 계사를 사용하지 않는 것을 원칙으로 하는데, 자주 사용된 판단을 나타내는 어법형식에는 다음 세 가지가 있다.

甲: 주어 - 표어

1 祈父! 予王之爪牙.《詩經 · 小雅 · 祈父》
기보! 저는 임금님의 무장입니다.

乙: 주어 - 표어 + 也

2 百里奚, 虞人也.《孟子 · 萬章下》
백리해는 우나라 사람이다.

丙: 주어 + '者' - 표어 + '也'.

3 《書》者, 政事之紀也.《荀子 · 勸學》
《서경》은 정치를 하는 기강紀綱을 기록한 것이다.

4 天地者, 生之本也.《荀子 · 禮論》
하늘과 땅은 생명의 근본이다.

그러나 부정 판단문은 부정부사 '非(匪)'를 사용하여 주어와 표어를 연결했다. 예를 들면, 다음과 같다.

5 我心匪石, 不可轉也.《詩經 · 邶風 · 柏丹》
내 마음은 돌이 아니라, 굴릴 수 가 없네.
6 子非我, 安知我不知魚之樂?《莊子 · 秋水》
자네는 내가 아닌데, 어떻게 내가 물고기의 즐거움을 알지 못하는 것을 아는가?
7 人死, 則曰: "非我也, 歲也."《孟子 · 梁惠王上》
사람이 죽으면 내 잘못이 아니라 흉년 탓이다.
8 子非三閭大夫與?何故至于斯?《楚辭 · 漁父》
그대는 삼려대부가 아닌가? 무슨 까닭으로 여기에 있는가?

상술한 예문의 용법은 선진 고전적에서 보편적으로 사용되었고, 또한 이러한 형식이 광범위하게 사용된 것으로 보아 비교적 일찍부터 생겨난 판단문의 기본 형식임에 틀림없다.

그러나 위의 예문 이전의 갑골복사와 서주 명문에서는 긍정 어기를 표시하는 문장의 주어와 목적어 사이에, 일찍이 어떤 어법화된 문자와 유사한 연결성 어법 성분이 쓰였다. 그 중 비교적 자주 보이는 것은 '隹'[468]자이다. 예를 들면 다음과 같다.

1) 隹(唯)

9 癸丑卜貞: 勿(勿)[469]自魚羊, 隹(唯)牛.《合 15487》

468) 갑골문에서는 '隹'로 쓰고, 금문에서 '惟'로 쓰기도 하고, 고문《尚書》에서는 '惟'자로 쓰고 금문今文《尚書》와《詩经》에서는 '維'자로 쓴다.《論語》는 또한 '唯'자로 쓴다.
469) '勿'자는 '黧'의 의미로 쓰이나, '勿'의 용법으로 쓰이기도 한다. 朱歧祥《殷墟甲骨文字通釋

계축 일에 점을 쳐 묻습니다. 물고기와 양부터 사용하지 말고, 소부터 사용해야 할까요.

《合15487》

10 我將我享, 維羊維牛.《詩經 · 周頌 · 我將》
내가 장차 제사를 드리는데, 양과 소를 올리네.

관섭초管燮初는 일찍이 고문자 중 '唯'자 용법을 전문적으로 연구하였는데,[470] 예문9의 '隹(唯)'와 예문10의 '維'의 용법이 서로 같다고 하였다. 이러한 분석은 우리에게 시사해 주는 바가 크다.[471] 그는 이러한 '唯'자를 술어를 구성하는 동사라 하였다. 이에 대해서는 논의해 볼 필요가 있다하겠다.

당唐 공영달孔颖達은 예문10 《주송周頌》에 대하여 "我所献薦都維是肥羊維是肥牛也.(내가 바친 것은 오직 살찐 양과 살찐 소이다.)"라 설명하였다. 《십삼경주소十三经注疏》의 이러한 해설을 보면, 육조六朝 고야왕顾野王의 《옥편玉篇》의 "'惟'는 '爲'의 뜻이다."[472]라는 해석과 완전히 일치한다. 이른바 옛날 판본인 《일본대

稿》, '1231', 326쪽.

470) 《中國語文》, 1962年 6月.

471) 張玉金 《甲骨文虛詞詞典》은 갑골문 판단 어감 조사 '隹'의 예문을 "癸酉貞: 日月㞢(有)食, 唯若. 癸酉貞: 日月㞢(有)食, 非若."(合33694)(계유일에 점을 쳐 묻습니다. 일식과 월식이 발생하였는데, 이는 복된 것일까요? 계유일에 점을 쳐 묻습니다. 일식과 월식이 발생하였는데, 복된 것이 아닐까요?) 등을 들고 있다. 또한 '唯'자는 '是'의 의미로 해석할 수 있다하였다. 中華書局, 1994年, 211쪽 참고.

472) 《玉篇》: "惟, 爲也."

옥편日本大玉篇》에서도 "'惟'는 '爲'이다."[473]라 하면서 모황毛晃의 "'是惟'의 '惟'이다."[474]의 말을 인용하고, 《우공禹贡》의 "濟河惟兖州(제하는 연주이다.)"의 예문을 들었다. 즉 분명히 '爲'로 '惟'자를 해석했다. '是惟'는 즉 '是爲'이다. 위에서 살펴본 공영달 '維'자를 '維是'로 해석하는 것과 같다. 청淸 왕인지王引之의 《경전석사經典釋詞》에서도 "'惟'는 '爲'이다."[475]라 하였고, 《서경 · 주고酒誥》의 문장을 예로 들었다.

11 我民用大亂喪德, 亦罔非酒惟行, 越小大邦用喪, 亦罔非酒惟辜.《尙書 · 酒誥》
우리나라 백성들이 크게 혼란하고 덕을 잃었는데, 이는 모두 술로써 행하지 않는 것이 없었고, 크고 작은 제후국들이 멸망한 것도 술로써 죄를 짓지 않는 것이 없었기 때문이다.

위의 문장을 《경전석사》는 《전傳》의 "亦無非以酒爲行, 亦無不以酒爲罪.(행동은 모두 술로써 하지 않는 것이 없었고, 술로써 죄를 짓지 않은 것이 없기 때문이다.)"란 설명을 인용하였다. 따라서 '惟'는 '爲'로 해석할 수 있고, '惟'와 '爲'가 서로 통한다는 것을 설명하는 이유이기도 하다. 그러나 현재 일부 전문 학자들은 '惟'와 '爲'가 상통한다는 것을 극구 부인하기도 한다. 그 이유는 상고시기 '惟'자는 유모餘母 지부脂部에 속하고, '爲'자는 갑모匣母 가부歌部에 속하기 때문이다. 즉 '惟'자는 유모喻母 사등운四等韻에 속하고, '爲'자는 유모喻母 삼등운三等韻에 속하여 양자는 상고시기에 서로 상통하지 않는다는 것이다. 이러한 관계에 대하여 일찍이 증명한 학자도 있다.[476] 이는 마치 이미 정론이 되어 더 이상 토론할 여지가 없는 듯하다. 그런데 언어란 일종의 복잡한 사회현상과도 같다. 특히 상고초기의 중국어는 더욱 그러하다. 연대가 오래되고 문헌이 부족하기 때문에, 사람들이 현재 알고 있는 것들은 기껏해야 대략적으로 그러하다고 할 수 있을 뿐이

473) 《大玉篇》: "惟, 爲也."

474) 《日本大玉篇》: "毛晃曰: 有是惟之惟."('是惟'의 '惟'이다.)

475) 王引之《经傳釋詞》: "惟, 爲也."(惟는 爲이다.)

476) 증운건曾運乾(1884 - 1945)이 그 대표적이다. 그는 고뉴古紐 중 '유삼귀갑喻三歸匣'과 '유사귀정喻四歸定'을 주장하였다.

지, 절대 예외가 없다고 서둘러 단정할 수는 없다.

그래서 '유삼喻四'와 '유삼喻三'의 글자, 즉 '여모餘母'와 '갑모匣母'의 글자들은 초기에 아무런 상관이 없었다고 생각하지 않는다. 예를 들면, '惟'자의 소리부는 '隹'이고, 상고음은 '유사餘四'에 속한다. 하지만 소리부가 '隹'인 '淮'자는 중고음이 '호괴절户乖切'로 상고음은 '갑모匣母'에 속한다. 또한 '帷'자는 중고음이 '유비절洧悲切'로 '우모지삼于母脂三'에 속하나, 상고음은 '갑모匣母'로 성류가 같다. 다시 예를 들면, '敫(노래할 교, jiǎo)'는 중고음이 '이작절以灼切'이고 '유사喻四'에 속한다. 그러나 소리부가 '敫'인 '覈(핵실할 핵, hé)'자는 '호결절胡結切'이고, 상고음은 갑모匣母에 속한다. 또한 이 자와 반절음이 같은 "檄"자 역시 마찬가지다. 또한 소리부가 '敫'인 '檄(격문 격, xí)'자는 중고음이 '호적절胡狄切'이고 상고음은 '갑모匣母'에 속하는 글자이다.

이러한 사실로 보면, '惟'와 '爲'는 상고음의 음과 뜻의 관계가 있어, 완전히 부정할 수 없을 것 같다. 이렇기 때문에, '爲'가 후에 '惟'자를 대신해서 준계사准繫詞 역할을 할 수 있는 것이다. 언어 문자는 점차적으로 변하고, 그 변화 자체에도 하나의 과정이 있다. 언어 문자가 변화하는 맹아 단계에서는 한 번에 수많은 예를 들 수 없는데, 예가 많지 않다고 해서 이를 부정해 버려서는 안 될 것이다. 아래는 주법고 상고음上古音 의음擬音이다.

爲 ɣiwa 歌部
維 riwər 微部

2) 乃

상고 춘추 시기에 다른 준계사準繫辭 '乃(이에 내, nǎi)'자가 자주 출현하였다. 이 자는 일찍이 갑골과 금문에서 보이나. 원래 의의는 아직 불확실하다. 이 자가 준계사로 사용된 것은 춘추시대 전후 작품에서 많이 보인다. 당시 훈고학 학자들은 '乃'자를 여러 가지로 해석하고 있는데, 가장 기본적인 풀이는 "'乃'는 '是'이고

‘爲’의 뜻”[477]이고, “‘乃’는 ‘即’의 용법과 같고, 구어에서는 ‘就是’의 뜻”[478]이다. 결국 ‘乃’는 ‘惟’와 같고, 준계사 성질을 가진 허사라는 것을 알 수 있다.

12 其木乃格.《管子 · 地員》
그 나무는 격수格樹(왕버드나무)이다.

13 此乃其精也.《管子 · 水地》
이것은 그것의 정수이다.

14 狼子野心, 是乃狼也, 其可畜乎?《左傳 · 宣公四年》
이리 새끼는 비록 어리지만 잔인한 본성을 지닌 바로 이리는 이리이다. 그런데 어찌 기를 수가 있겠느냐?

15 黍稷非馨, 明德惟馨.《左傳 · 僖公五年》
오곡이 가장 향기로운 것이 아니라 사람의 덕행이 제일 향기 나는 것이다.

위의 ‘乃’와 ‘惟’자의 용법들을 통하여 당시의 판단문은 이미 준계사의 필요성을 느끼게 되었고, 순수한 계사인 ‘是’가 생기기 전에, ‘乃’와 ‘惟’가 이러한 용법에 초보적인 역할을 하였다. 따라서 우리는 잠시 이러한 사들을 준계사라고 부르기로 한다.

갑골문 중에 아래 ‘乃’자는 용법은 계사와 관련이 있는지 연구해 볼 만하다.[479]

16 癸巳卜, 殼貞: 旬亡𡆥(禍).
王占曰: 乃茲, 亦有祟(咎), 若稱.《合10405》[480]
계사일에 각殼이 점을 쳐 묻습니다. 앞으로 십 일간 화가 없을까요?
왕이 판단하여 말하였다. 그럴 것이다, 지금 재난이 있을 것이다. 점을 칠 때 말한

477) 楊樹達《詞诠》: “是也, 爲也.”《古書虛字集釋》: “乃猶即也, 口語就是.”

478) 裴學海《古書虛字集釋》: “乃猶卽也. 口語就是.”

479) 張玉金,《甲骨文虛詞詞典》, 137쪽.

480) ‘有求’를 ‘㞢希’나 ‘有希’로 읽기도 하고 혹은 ‘有祟’로 읽기도 한다. ‘귀신이 해코지하다’의 의미이다. 徐中舒는《甲骨文字典》에서 ‘’ · ‘殺’ · ‘蔡’ 등 세자의 고음이 비슷하기 때문에 서로 통한다고 하면서, ‘殺’자로 보고 있다.(328쪽; 1055쪽, 참고) ‘’자는 혹은 ‘祟(빌미 수; sùi)’로 예정하기도 한다. 裘錫圭는 ‘求’로 예정하고 ‘咎’로 읽는다.

것처럼 그렇게 될 것이다.

17 [王]占曰: 乃兹, 有祟(咎).《合16949反》
왕이 판단하여 말하였다. 그렇게 될 것이다. 지금 재난이 있을 것이다.

또한 아래 금문 중의 '迺(乃)'자를 현대 중국어의 '就'·'便'·'于是'로 번역하기도 한다.[481]

18 東宮迺(乃)曰: "求乃人, 乃不得(得), 女(汝)匡罰大."《曶鼎·2838》
동궁이 이에 말하였다. "벼를 훔친 너(광계匡季)의 하인들을 찾아라. 만약 찾아내지 못한다면 너에게 중죄를 내리겠다."라 했다.

19 我乃至于淮, 尖(小大)邦亡敢不具逆王命.《駒父盨蓋·4464》[482]
내가 회淮 지방에 이르자 크고 작은 방국들 모두 감히 왕명을 어기는 자가 없었다.

《홀정曶鼎》의 '迺(乃)曰' 중의 '迺(乃)'는 혹은 '就'나 '於是'로 해석할 수 있을 것이다. '乃人'의 '乃'는 대사의 용법으로 쓰이고 '乃不得(得)' 중의 '乃'는 가설을 나타내는 접속사 용법으로 쓰인다.[483]

3) 爲

춘추 이후에 '爲'자는 '惟'의 용법을 대신하였다. '爲'의 실질적 의미는 원래 행위 동작을 나타내는 '하다'의 의미인 동사이다. 후에 어법화되어 주어의 행위를 표시하는 것이 아니라 주어와 표어 사이의 동이同異관계를 표시하게 되었다. 아래의 '爲'자는 모두 준계사이다.

20 余爲渾良夫, 叫天無辜!《左傳·哀公十七年》
나는 혼량부이다. 하늘을 향해 무고를 호소하고자 한다.

---

481) 崔永東,《西周金文虛詞集釋》, 27쪽 참고.

482) 馬承源,《銘文選(3)》'442' 참고.

483) '乃'자의 용법에 대해서는 陳初生《金文常用字典》, 497쪽 참고.

21 桀溺曰: "子爲誰?" 曰: "爲仲由."《論語 · 微子》

걸닉이 말했다. "당신은 누구인가?", "중유입니다"라고 대답했다.

22 左師曰: "誰為君夫人? 余胡弗知?"《左傳 · 襄公二十六年》

좌사가 말했다 "누가 군부인이란 말인가? 내가 어찌 군부인을 모르는가."

23 是爲是, 非爲非, 能爲能, 不能爲不能.《荀子 · 强國》

옳은 것은 옳다 하고 그른 것은 그르다 하며 능력이 있는 경우엔 능력이 있다하고 능력이 없는 경우엔 능력이 없다 한다.

24 楚爲荊蠻.《國語 · 晉語八》

초나라는 형지방의 야만인이다.

위 예문들의 '爲'가 준계사인 것은 다음과 같은 이유 때문이다.

첫째, 모두 실질적 의미가 없고 동사의 '하다'로 해석할 수 없다. 이것은 이미 어법화 되었다는 것을 말해준다.

둘째, 모두 문장의 주어와 술어 사이에서 연결하는 작용을 하고, 판단을 나타낸다. 이는 판단문의 계사의 기능과 기본적으로 부합되기 때문에 준계사라고 인정하지 않을 수가 없다.

셋째, 이러한 문장의 '爲'는 있어도 되고 없어도 되는 것이 아니다. '也'자로 끝나는 문장을 만들어 그 형식을 바꾼다면 가능하겠지만, '爲'를 사용하지 않으면 문장이 될 수 없다. 예를 들어, 한 문장의 형식을 바꾸면 아래와 같다.

"余, 渾良夫也."

그러나 아예 변화시킬 수 없는 것도 있다. 예를 들면, 예문 21 - 23이다. 이들 문장은 '也'자를 사용하여 문장을 만들 수 없고, '爲'를 사용해야만 한다. 이것은 계사를 사용하지 않은 구舊 형식에서 준계사를 사용하는 신新 형식으로 바뀌고 있다는 것을 설명한다.

따라서 춘추전국 시대에는 판단문의 형식은 동시에 두 가지가 존재했다. 즉 하나는 계사를 사용하지 않는 것과 하나는 준계사 '爲'자 등을 사용하는 것이다.

4) 是

‘爲’ 보다 조금 늦게, 고대 중국어 언어에서 또 다른 계사 ‘是’가 출현했다. ‘是’자의 본래 뜻은 ‘옳다(直也)’[484]라는 뜻인데, 후에 ‘맞다(對)’나 혹은 ‘옳다(不错)’라는 뜻으로 파생되었다.

선진 시기 ‘是’자의 또 다른 하나의 용법은 근지대사近稱代詞로, ‘此’의 용법과 비슷하다. 후에 더욱 분화되고 어법화되어 계사로 사용되게 되었다. 진대秦代나 혹은 진한秦漢 사이의 고전적에서 ‘是’자가 판단문 계사로 쓰인 용례가 보인다.

25 齊桓公與管仲謀伐莒, 謀未發而聞於國. ……管仲曰: “國必有聖人也.” 少頃, 東郭牙至. 管仲曰: “此必是已.”《呂氏春秋 · 重言》
제나라 환공이 관중과 더불어 거 나라를 공벌하기로 모의 하였는데, 아직 그 모의가 행해지기도 전에 그 소문이 나라 안에 퍼져 모두 알게 되었다. …… 관중이 말했다. “필경 나라 안에 성인이 있을 것입니다.” 얼마 후에 동곽아가 왔다. 관중은 “그것은 이 사람임에 틀림없다.”라 하였다.

26 蔡人不知其是陳君也, 而殺之.《穀梁傳 · 桓公六年》
채인은 그가 진군이라는 것을 모르고 그를 죽였다.

27 何如知其是陳君也？《穀梁傳 · 桓公六年》
어떻게 그가 진군이라는 것을 아는가?

28 是齊侯與？齊侯也. 何用見其是齊侯也？《穀梁傳 · 僖公元年》
제후인가? 제후이다, 무엇으로 당신이 제후인 것을 증명할 것인가?

29 君若欲無禮, 此是已！《晏子 · 內篇諫二》
군주가 만약 예를 없애고자 할 때, 그 결과가 바로 이러할 따름이다.

이상의 각 예문 중 대사 다음의 ‘是’자는 지시대사로 해석 되어지는 것이 없다. 그 중 예문25 - 29를 만약 이른 시기의 준계사 ‘爲’를 대체하여 사용할 수 있다.

우리가 하나 주의할 만 한 점이 있다. 《곡량전穀梁傳》의 저술 시기 문제이다. 이 책이 사용하는 언어 풍격으로 보아 이 책은 한대漢代의 작품일 수가 없다. 그렇다

484) 《說文解字》: “直也.”

고《좌전》과 같은 시대로 볼 수도 없다.《좌전》시대의 '是'는 아직 상술한 예문들 같은 용법으로 사용되지 않기 때문이다. 따라서《곡량전》의 저작연대는 진대秦代와 한대漢代 사이일 가능성이 가장 높다.

아래는《논어 · 미자》중의 한 편이다. 문장 중에는 '爲'와 '是'가 같은 용법으로 쓰이는가에 대하여 그동안 많은 논의가 되어 왔다.

30 長沮、桀溺耦而耕. 孔子過之, 使子路問津焉. 長沮曰:"夫執輿者爲誰?" 子路曰:"爲孔丘." 曰:"是魯孔丘與?" 曰:"是也." 曰:"是知津矣." 問於桀溺. 桀溺曰, "子爲誰?" 曰:"爲仲由." 曰:"是魯孔丘之徒與?" 對曰, "然." 曰:"滔滔者天下皆是也, 而誰以易之? 且而與其從辟人之士也, 豈若從辟世之士哉?" 耰而不輟. 子路行以告. 夫子憮然,曰:"鳥獸不可與同羣. 吾非斯人之徒與而誰與? 天下有道, 丘不與易也."《論語 · 微子》

"장저와 걸닉이 나란히 서서 밭을 갈고 있었는데, 공자께서 그곳을 지나가시다가 자로를 시켜 그들에게 나루터 있는 곳을 물어보게 하셨다. 장저가, '저 수레의 말고삐를 잡고 있는 사람은 누구요?' 하고 말했다. 자로가, '공구올시다.' 하고 말했다. '그가 노나라의 공구요?' '그렇습니다.' '그는 나루터 있는 곳을 알고 있소.' 걸닉에게 물었더니 걸닉이 '당신은 뉘시오?' 하고 말했다. '중유올시다.' '노나라 공구의 제자요?' '그렇습니다.' '온 천하가 다 한 물결에 휩쓸려 흘러가는데 누구하고 그 방향을 바꾸겠소? 또 그대는 우리 같은 사람을 피하는 인물을 따라 다니기보다는 세상을 피해 사는 인물을 따르는 게 어떻소?' 하고 말하고 뿌린 씨를 덮어가는 일을 멈추지 않았다. 자로가 가서 이 일을 말씀드렸더니 선생님께서는 서글프게, '새와 짐승들하고는 함께 떼지어 살 수 없으니, 내가 이 세상 사람들에 끼어 사는 사람이 아니라면 무엇이란 말인가? 천하에 정도가 행하여지면 나는 방향을 바꾸려 들지도 않을 것이다.'라고 말씀하셨다."

위의 문장 '爲誰' · '爲孔丘'와 '爲仲由' 중 '爲'는 계사의 용법으로 쓰이기 때문에 '是知津矣' · '是魯孔丘與' · '是魯孔丘之徒與' 구문 중 '是'자 역시 계사의 용법으로 쓰이는 것으로 보기도 한다.

(2) 근지대사 '是'의 계사로의 변천

'是'가 지시대사에서 계사로 어법화되는 과정은 아래의 세 가지 방면으로 설명할 수 있다.

1) '者 - 也'에서 '者, 是 - 也'로의 변화

앞에서 이미 예문을 들어 '者 - 也'는 선진시대 판단문의 한 가지 문형에 속한다고 했다. 그래서 '者 - 也'는 지금 우리가 사용하는 '~是~'의 뜻과 같다. '者'자는 주어 성분과 밀착 연결되어, 주어가 아무리 길어도 '者' 자체가 지시대사의 용법을 겸하고 있어서, 지시대사를 더 추가할 필요가 없다. 예를 들면, "痒者, 養也." 는 "痒就是養."이라고 할 수 있다. 만약에 이 문장을 "痒者, 是養也"라고 이해한다면, 근지대사 '是'는 필요하지 않게 된다. 하지만 선진시대에는 확실히 이러한 용법이 존재했다. 이것이 '是'자가 계사로 전환되게 된 하나의 요인이다. 아래 두 종류의 문장을 비교해 보자.

甲:

31 南冥者, 天池也.《莊子 · 逍遥游》
남극에 바다가 있는데 그것이 천지이다.

32 彼後王者, 天下之君也.《荀子 · 非相》
이 이후의 왕은 천하의 군자이다.

乙:

33 問者曰: 禮義積僞者, 是人之性, 故聖人能生之也.《荀子 · 性惡》
묻는 자가 말하였다. 어떤 사람이 작위가 쌓여 예의가 되는 것이 바로 이것이 사람의 본성이다. 그러므로 성인은 그것을 만들어 낼 수가 있는 것이다.

34 故美之者, 是美天下之本也; 安之者, 是安天下之本也; 貴之者, 是貴天下之本也.《荀子 · 富國》
그러므로 임금을 찬미하는 것은 바로 천하의 근본을 찬미하는 것이다. 임금을 안정되게 하는 것은 바로 천하의 근본을 안정되게 하는 것이다. 임금을 소중히 하는 것은 바로 천하의 근본을 소중히 하는 것이다.

'甲' 종류는 오래 전부터 사용한 판단문 형식 '者 - 也'를 사용한 것이다. '乙' 종류는 '者 - 也'와 '是'를 사용했다. 이러한 구조는 전국시대 이전에는 없었다. 일반적으로 '者 - 也'의 형식은 다시 '是'로 다시 주어를 복지할 필요가 없다. '是'자로 다시 주어를 다시 가리킨다면, '者'자를 사용할 필요가 없다. 예문34에서는 이 두 가지를 병용하고 있기 때문에 문장 속 '是'자의 지시대사 성질은 이미 어법화되었다. 하지만 '是'자는 분명히 주어와 술어의 연결 작용을 한다. 그래서 '是'의 계사 성격이 점차적으로 형성된 것이다. 아래 문장은 이 이후에 나타난 계사 '是'의 용례이다.

35 其謂霣(隕)之者皆是星也."《論衡 · 說日篇》
그곳에서 운석이 내린 다고 한 것은 모두 별이다.

예문35의 계사 '是'는 예문34의 '是'자 용법과 일맥상통하고, 예문33의 '者'는 문장의 끝에 '也'자와 호응하지 않고 쓰인다. 하지만 '是'가 '者'자와 함께 쓰이면 '是'의 계사성은 더욱 커졌다. 그것은 '是'자를 지시대사 '此'로 해석할 수 없기 때문이다. 이렇게 되어 '是'의 복지複指의 기능은 더욱 경미해지고, 연계성은 더욱 강화된 것이다.

2) ' - 是 - 也'에서 ' - 是 - '로의 전환

'- 是 - 也'의 '是'는 복수지시주어複指主語[485)]이고, 주어와 술어 사이에 위치한다. 이는 선진시기에 가장 광범위 하게 사용한 용법이다. 그러나 오래 사용하다 보니, 복지대사 '是'는 형식적 기능만 하면서 연결을 하는 허사로 변화했다.

---

485) '복지주어複指主語'는 또다시 반복적으로 가리키는 대사 역할을 하는 주어를 가리킨다.

36 信我實不德, 而以隸人之垣以贏諸侯, 是吾罪也.《左傳 · 襄公三十一年》
내가 실로 덕행을 닦지 않아 예인의 원과 같은 곳에 제후들을 맞이했소, 이는 나의 잘못이오.

37 詹何坐, 弟子侍, 有牛鳴于門外. 弟子曰: "是黑牛也, 而白在其題(額)." 詹何曰: "然, 是黑牛也, 而白在其角."《韓非子 · 解老》
첨하가 방안에 앉아 있고, 제자는 곁에 모시고 있었다. 밖에서 소 울음소리가 들렸다. 제자가 말하기를 '이것은 검정소입니다. 그리고 흰털 이마를 가졌습니다.' 이에 첨하가 말하기를 '그렇다 이것은 검정소다. 그러나 흰색은 그 뿔에 있다'고 하였다.

38 日月、星辰、瑞歷, 是禹桀之所同也.《荀子 · 天論》
해와 달과 별들이 운행되고 있는 현상은 우임금이나 걸왕 때나 같았다.

39 故非禮, 是無法也; 非師, 是無師也.《荀子 · 修身》
예를 어기는 것은 법도가 없는 것과 같고, 스승을 배반하는 것은 스승이 없는 것과 같다.

위의 예문 중 '是'는 지시대사라고 할 수 있지만, 이러한 문장이 만약에 휴지(멈춤)를 하지 않는다거나 혹은 비교적 간단하게 쓴다면 휴지를 할 필요가 없다. 그러면 '是'는 계사로 바뀔 수 있고, '是'는 계사가 된다. 위의 예문38 - 39 같은 문장은 쉽게 변할 수 있다.

예문37 역시 마찬가지다. 이 문장은 계사와 매우 유사한 성질을 갖고 있다. 이후《논형論衡》과 같은 고전적에서는 아래와 같은 문장 형식으로 쓴다.

41 風伯雨師雷公是群神也.《論衡 · 祀義篇》
풍백, 우사, 뇌공은 신이다.

42 百歲之命, 是其正也.《論衡 · 氣壽篇》
백살이 정상수명이 되어야 한다.

위의 문장의 계사 '是'의 구조는 상술한 예문36 - 39에 제시된 4가지의 '是'와 같다. 이로써 선진시대의 '- 是 - 也'가 ' - 是 - '로 변하는 과정을 알 수 있다. 물론 이러한 용법은 첫 번째 '3.2.2'의 용법보다 그 변화의 속도가 약간 느리다.

3) '是則'에서 '則是'로의 전환

'是則'의 '是'는 지시대사이고 현대 중국어의 '這就'의 뜻과 같다. '則是'의 '是'는 지시대사가 아니다. '則是'의 '是'는 차츰 어법화되어 계사성질을 가진다. '則是'는 현대 중국어의 '這就是'의 뜻이다. 아래에서 두 종류의 형식을 비교해 보자.

甲:

44 無信患作, 失援必斃, 是則然矣.《左傳・僖公十四年》
신의가 없으면 환난이 생기고 구원을 받지 못하면 반드시 망하게 마련입니다. 이번 일은 바로 이와 같습니다.

45 是則可憂也.《孟子・離婁下》
이것은 근심할 만하다.

乙:

46 文公恐懼, 綏靜諸侯, 秦師克還無害, 則是我有大造于西也.《左傳・成公十三年》
(제후들이 이를 통한히 여겨 귀국과 목숨을 걸고 싸우려 하자)진문공이 귀국의 군사가 해를 입을까 크게 우려하여 곧 제후들을 설복해 귀국의 군사가 무사히 귀환하도록 했습니다. 이는 우리가 서쪽의 귀국에 대해 대조를 세운 셈입니다.

47 東道之不通, 則是康公絕我好也.《左傳・成公十三年》
귀국의 동도가 막힌 것은 진강공이 스스로 우호관계를 끊은 데 따른 것입니다.

예문46 - 47의 두 문장의 '是'는 모두 있어도 되고 없어도 된다. '是'를 사용하지 않으면, 선진시대 어법과 더욱 부합할지도 모른다. 있어도 없어도 된다고 말하는 것은 이미 지시대사의 의미와 작용을 잃어버리고 계사로 어법화되고 전화되었기 때문이다. 후에 동한시기의 《논형》에서는 일부 계사 '是'의 용법이 바로 여기에서 기원한다.

48 如見大鳥來集, 群鳥附之,則是鳳皇.《論衡・講瑞篇》
만약에 큰 새가 날다가 멈추면 무수한 새들이 그 큰 새를 따르는 것을 보게 되는데,

이 새는 바로 봉황이다.

49 每當飲者, 起之中庭, 乃復還坐, 則是煩苦相蹈藉, 不能甚樂.《論衡 · 語增篇》
마시고자 하는 자는 매번 일어나 마당으로 갔다가 다시 돌아와 앉아야 하니, 이는 번거롭고 서로 밟히기 쉬워 것이어서 매우 즐거울 수 없다.

위의 '3.2.1'과 '3.2.2' 그리고 '3.2.3' 3가지 변천과정을 종합해보면, '是'가 지시대사에서 계사로 어법화되고, 전국戰國시대 후기 주진周秦시대에 이미 성숙한 단계에 이르렀다는 점을 알 수 있다.《순자》는 바로 당시의 작품으로, 위에서 든《순자》의 각 예문들이 가장 대표적이며, 이러한 문제를 가장 잘 설명했다. 이렇다면, 앞 '3.1.4'에서 살펴본《여씨춘추》와《곡량전》예문25 - 26의 '是'자는 계사로 보아도 문제가 없다.

서한 시기에는 계사라는 개념이 이미 완성되어 판단문에서 계사를 사용하기 시작하였다.

50 吾以爾是元子, 早有立意.《古文苑 · 漢高祖手敕太子 · 卷十》
나는 너를 세자로, 이미 마음을 정했다.

51 (齊莊公)問其御者曰: "此何虫也?" 御者曰: "此所谓螳螂者也."《韓詩外傳八》
제장공이 어자에게 물었다. "이것은 무슨 곤충인가?" 어자가 말했다. "이것은 사마귀입니다."

52 其友識之, 曰: "汝非豫讓邪?"曰: "我是也."《史記 · 刺客列傳》
그 벗이 아직 그를 알아보고 말하기를 "자네는 예양이 아닌가?"라고 하자, 예양이 말하기를 "바로 나일세"라 하였다.

53 襄子曰: "此必是豫讓也."《史記 · 刺客列傳》
양자가 말했다. "이는 필시 예양일 것이다.".

54 乃於邑曰: 其是吾弟與?《史記 · 刺客列傳》[486)]
목이 메어 말하기를 "그는 내 동생일 것이다."

55 巫嫗弟子是女子也.《史記 · 滑稽列傳》
무당할미와 그 제자들은 모두 여자이다.

---

486) '于邑'은 혹은 '於悒'으로 쓰기도 하며, '우울하고 목이 메인 슬픈 모양'의 뜻이다.

56 龜者是天下之寶也.《史記 · 龜策列傳》
거북이는 천하의 보배이다.

57 此是家人言耳.《史記 · 儒林列傳》
이것은 가족이 말한 것이다.

58 客人不知其是商君也, 曰: "商君之法, 舍人無驗者坐之."《史記 · 商君列傳》
객사의 주인은 이 사람이 상앙이라는 것을 알지 못하고 말하기를, "상군의 법에 여권(旅券)이 없는 분을 머물게 하면 손님에 연좌되어 벌을 받게 됩니다."

일부 학자는 서한시대에 계사가 있다는 것을 부정한다. 그들은《사기》에 일부 계사가 있지만[487]《사기》는 후대인들의 손을 거치면서 수정된 부분이 있고, 또《사기》에 계사가 있는 예는 소수이기 때문에 확실한 증거로 삼을 수 없다고 하였다. 하지만 소위《사기》가 위서라고 의심하는 사람은 없을 것이고, 또한 '후대인들이 고친 곳이 있다'라는 어떠한 근거도 제시하지 못한다면, 그것은 성립될 수 없다. 게다가 설사 이러한 근거가 있다하더라도, 이 계사만이 수정되었다고 할 수는 없다. 또한 예문50 - 51은 모두《사기》이외의 서한시대 저작의 용례로, 당시 계사가 확실히 존재했음을 증명하고 있다. 오직《사기》만이 문제가 있다고 말한다면, 모두 7개의 예문이 있는데, 이 많은 예문이 모두 우연의 현상이라고 말할 수 없을 것이다.[488]

서한 초기에 계사 '是'가 이미 상용되었다는 것은 1973년 말 장사長沙 마왕퇴3호 한나라 묘지에서 출토된 백서帛書의 혜성도彗星圖의 점복문에서 증명할 수 있다.[489]

*59 是是帚彗, 有内兵, 年大孰(熟).
이는 주혜의 점괘이다. 내부에서 병란이 일어나고 큰 가뭄이 있다.

*60 是是竹彗, 人主有死者.
이는 죽혜竹彗의 점괘이고 주인이 죽는 자가 있다.

---

487) 예를 들면《豫讓傳》의 "此必是豫讓也."가 있다.

488) 원주: 洪誠, 〈論南北朝以前漢語中的系詞〉《語言研究》, 1957年 제2기 참고.

489) 원주: 席澤宗, 〈馬王堆漢墓帛書中的慧星圖〉《文物》, 1987年, 제2기, 참고.

*61 是是蒿彗, 军起, 兵几(饥).
이는 호혜蒿彗의 점괘이다. 군대가 침범하고 병란과 기근이 있다.

*62 是是苫彗, 天下兵起, 若在外歸.
점혜의 점괘이다. 세상에 병란이 있어나고, 이는 외부에서 침범해 오는 것이다.

*63 是是苫發彗, 軍起, 兵几(飢).
점발혜의 점괘이다. 군대가 출동하는 일이 생기고 병란과 기근이 있다.

위의 예문 5개는 문형이 같고, 모두 전형적인 판단문이다. 각 문장의 '是是'에서 첫 번째 '是'는 근지대사로 주어이고, 두 번째 '是'는 계사이다. '是是'는 즉 '此是'이다. 이 백서는 기원전 168년[490]에 땅에 묻은 것이다. 혜성도 하나에 계사 '是'를 다섯 개나 사용했다.(위에서 든 예문 이외에 두 곳이 더 있다.) 이를 통해 당시 계사의 사용 빈도가 높았음을 알 수 있다.

이러한 형식을 가진 문장 구조의 계사 '是'자의 사용은 진秦나라 시기의 출토 문헌 호북현湖北縣 운몽현雲夢縣 《수호지진간睡虎地秦簡》에서 모두 8차례의 예문이 보인다.[491]

64 人毋(無)故鬼攻之不已, 是是刺鬼.
사람에게 원인 모를 귀신의 공격을 받으면 이는 귀신은 가시나무 귀신이다.[492]

65 人毋(無)故鬼昔(籍)其宮, 是是丘鬼.
사람에게 이유도 없이 귀신이 집안을 어지럽히면, 이 귀신은 언덕 귀신이다.[493]

66 人毋(無)故而鬼取爲膠, 是是哀鬼.
사람에게 이유도 없이 끊임없이 붙잡으면 이는 슬픈 귀신이다.[494]

67 一宅中毋(無)故而室人皆疫, 或死或病, 是是棘鬼在焉.
한 가정에 원인도 없이 가족이 모두 전염병이 걸려 죽거나 병들면 이는 가시나무 귀신이 그곳에 있기 때문이다.

490) 漢文帝, 劉恒.
491) 崔南圭, 《睡虎地語法硏究》, 博士學位論文(1994년), 252쪽.
492) 吳小强, 《秦簡日書集釋》, 134쪽. "刺鬼, 戾鬼."
493) 吳小强, 《秦簡日書集釋》, 135쪽. "藉, 《荀子 · 王霸》注: '踐也.'"
494) 吳小强, 《秦簡日書集釋》, 135쪽. "膠, 讀爲摎(맬 규, jiū,liú), 糾結."

68 一宅之中毋(無)故室人皆疫, 多瞢(夢)米(寐)死, 是是包鬼埋焉, 其上毋(無)草, 如席處, 屈(掘)而去之, 則止矣.
한 집안에 원인도 없이 가족이 전염병에 걸리고 악몽을 꾸다가 깊은 잠에 빠져 죽으면 이는 임신을 한 귀신이 그 곳에 묻혀 있기 때문이다. 이는 묻힌 곳이 풀이 없어 마치 그 위에 자리를 깔로 앉은 것 같기 때문에, 귀신의 유골을 파서 이를 없애면 그칠 것이다.

69 人毋(無)故一室人皆疫, 或死或病, 丈夫女子隋須羸髮黃目, 是宲宲 〈是是宲〉人生爲鬼.
사람에게 이유도 없이 한 가정이 전염병에 걸려 어떤 사람은 죽고 어떤 사람은 병이 들어 일어나지 못하며, 남자와 여자의 머리가 전부 빠지고 눈이 황달이 들면 이는 굶은 죽은 자가 귀신이 되어서 그렇다.

70 凡鬼恒執匴以入人室, 曰"氣(餼)我食"云, 是是餓鬼. 以屨投之, 則止矣.
귀신이 자주 밥 광주리를 들고 사람 집으로 밥 주세요'라고 하면 이는 배고픈 귀신이다. 자주 밥을 던져주면 그치게 된다.

71 鬼恒召人出宮, 是是遽鬼毋(無)所居. 罔呼其召, 以白石投之, 則止矣.
귀신이 자주 사람을 집안에서 불러내면 거처하는 이는 방황하는 귀신이 거주할 곳이 없기 때문이다. 귀신이 부르면 대답하지 말고 하얀 돌을 던지면 그치게 된다.

《수호지진간》의 '是是'는 《마왕퇴백서馬王堆帛書》의 '是是'의 구조와 같다. 이외에도 1986년에 감숙성甘肅省 천수현天水縣 방마탄放馬灘에서 중국 전국戰國 진秦나라 묘지에서 《일서日書》가 발견되었는데 이 중 네 곳의 문장이 '是是'의 형식으로 쓴다.[495] 따라서 적어도 전국시기 말기에는 이미 '是'자가 계사가 용법으로 쓰인 것으로 보인다.

계사가 동한 시기에 보편적으로 사용되었다는 것은 누구나 다 아는 사실이다. 《논형》만 보아도 많은 용례를 확인할 수 있다.

72 竇太后言於景帝, 召見, 問其故, 果是.《論衡 · 吉驗篇》
두황후가 경제에게 말하고 그를 불러들여 지난 일을 물어보니 과연 그랬다.

495) 崔南圭,《睡虎地語法硏究》, 博士學位論文(1994년), 253쪽.

73 百歲之命, 是其正也.《論衡 · 氣壽篇》
백살이 정상수명이 되어야 한다.

74 海外西南有珠樹焉, 察之是珠, 然非魚中之珠也.《論衡 · 說日篇》
해외서남방에는 주수珠樹가 있는데, 그것을 살펴보면 구슬과 같으나, 물고기 배속에 있는 진주는 아니다.

75 其謂霣之者, 皆是星也.《論衡 · 說日篇》
그곳에서 운석이 내린 다고 한 것은 모두 별이다.

위진魏晉시기 계사 사용은 더욱 보편화되었다. 산문, 운문 할 것 없이 모두 적지 않게 사용되었다.

76 問今是何世? 乃不知有漢, 無論魏晉. (陶潛《桃花源記》)
지금이 어느 시대입니까? 그들은 한나라가 있었다는 사실 조차도 몰랐고, 위와 진나라는 말할 것도 없었다.

77 本是朔方士, 今爲吳越民. (曹植《門有萬里客行》)
본래 북방의 땅인데, 지금은 오월 백성의 것이 되었다.

78 汝是大家子, 仕宦于台閣.《漢樂府 · 孔雀東南飛》
당신은 명문자제로 조정의 관리가 되었다.

위의 예들은 모두 주어와 표어를 갖춘 전형적인 판단문이다. 이로써 판단문에 사용하는 계사 '是'가 선진시대에 발생하여, 서한시대에 완성되고 보편화되었다는 것은 논의할 여지가 없는 사실이다. 남북조南北朝 이후 판단문은 한 단계 더 발전하였다. 가장 두드러진 점은 판단사 '是' 뒤의 표어가 점차적으로 확대되어 복잡한 구나 문장도 올 수 있게 되었다는 것이다.

79 其人答言: "我是某國人, 而於道路值此群賊."《百喻經》
어떤 사람이 대답했다. "나는 어느 나라 사람이다. 이 길에서 도적떼를 만났다."

80 謝太傅云: 不得爾, 此是屋下架屋耳.《世說新語 · 文學》
사안이 말했다. "이렇게 하면 안 된다. 현재 집 아래 축사를 짓고 있다."

81 又若生是稟氣而欻有, 死是氣散而欻無. 則誰爲鬼神乎? (宗密《原人論 · 斥執迷》)
만약 생이 기를 받아 갑자기 있게 되는 것이라면, 만약에 그렇다면 사람이 죽은 후에 기는 어디로 흩어져 홀연히 없어지는 것일까? 만약에 그렇다면 어느 것이 귀신으로 변하는 것인가?

82 樹上君子, 應是陸贄使來. (唐柳《上淸傳》)
나무위의 사람은 반드시 육지가 파견한 사람일 것이다.

83 玉環一枚, 是兒嬰年所弄. (元稹《鶯鶯傳》)
옥고리 하나는 내가 유년시절에 얻은 것이다.

84 其寺是五祖忍太師在彼主化.《壇經自序品》
이 절은 홍인태사가 교화를 주재하던 곳이다.

85 老管螢道: 眼見得是張團練替蔣門神報仇, 買囑張都監, 却設出這條計策陷害武松.《水滸傳 · 三十回》
노관형이 말했다. "이 단체는 장문신을 보복하기 위해서 장도감을 매수했다는 것을 눈으로 보면 알 수 있다. 그러나 오히려 이 계책으로 무송을 모해했다."

86 我是一個不戴頭巾男子漢, 叮叮當當響的婆娘.《水滸傳 · 二十四回》
나는 두건을 쓰지 않은 사내대장부이고, 정정당당한 젊은 여인이다.

계사 뒤 표어의 복잡화는 판단문의 일대 발전이다. 위의 예문들을 통하여 판단문은 간단한 판단을 하는데 적합할 뿐 아니라, 복잡한 개념을 판단하는 데 사용하기에도 적합한 문장 구조형식이라는 것을 알 수 있다. 현대에 이르러 계사는 더 큰 새로운 발전을 하였다. '是' 뒤의 표어는 몇 개의 긴 문장을 연속하여 사용하는 구성 형식을 취할 수 있다. 이러한 구조는 현대 중국어에서 자주 사용된다.

(3) 계사 '是'의 확장 용법

판단사 '是'의 발전과 더불어 형식상으로 계사 '是'를 사용하여 판단문과 유사한 성질을 가진 문장이 생겨나게 되었다. 하지만 문장 구조로 보면 판단문의 조건을 갖고 있지 않다. 이는 '是'의 용법이 확장되어 상당히 광범위하게 사용되었기 때문이다. 이러한 문장의 특징을 귀납해 보면, 아래의 4가지 대략 나눌 수 있다.

첫째, '是'자를 원래 뜻이 완전한 주어와 술어 사이에 넣어 강조를 표시하는 것이다. 이러한 술어는 모두 형용사성 혹은 동사성 술어이다.

둘째, '是'를 문두에 놓는 것으로, 일반적으로 주어와 술어를 연결하는 계사와 크게 다르지 않다.

셋째, '是'로 한 문장을 마치는 것이다. 이때 '是' 자체는 본래 간단한 술어이다.

넷째, '是'를 주어와 술어 사이에 놓지만, 주어와 술어가 의미적으로 동등관계가 아니다.

아래에서는 이 '是~的' 용법과 함께 살펴보기로 한다.

1) 강조 용법 '是'

첫 번째로 '是'자를 사용하여 문장의 어감을 강조한다. 최초의 용례는 아래와 같다.

87 袄(妖)是生于亂.《荀子 · 天論》
요사스런 변괴는 혼란으로 생겨나는 것이다.

만약에 고대 중국어의 문장 형식이라면, "袄生于亂"로 쓸 수 있다. '是'자를 사용하지 않아도 문장의 어감을 이미 충분히 나타낼 수 있으나, '是'자를 더 추가 사용하였다. 이는 긍정을 강조하기 위한 것이다. 이러한 문장 형식은《좌전 · 애공21년襄公二十一年》의 아래와 같은 문장 형식을 기원으로 하였을 것이다.

88 深山大澤, 實生龍蛇.《左傳 · 襄公二十一年》
깊은 산과 큰 못에서 실로 용사龍蛇가 태어난다.

이 문장의 '實'자는 부사로 "袄是生于亂"의 '是'자와 고대 음과 뜻이 서로 통하고, '實'의 기능과도 같아서 '是'는 어쩌면 '實'에서 기원한 것이 아닌가 한다. 이 자는 지시대사도, 전형적인 계사도 아니다. 기능상 볼 때 부사 성질을 가진 어법 성분이다.

이러한 긍정어기를 강조하는 '是'는 한대에도 지속적으로 약간 출현하였지만 일반화되지는 않았다.

89 文學曰: 有國者選衆而任賢, 學者博覽而就善. 何必是周公孔子.《鹽鐵論 · 申韓》
문학은 말한다. 정권을 장악하고 있는 사람은 많은 사람 중에 도덕과 재능을 가진 사람을 선용하여야하고, 학자는 박식하여야하고 선을 실천하는 자이어야 한다. 어찌 반드시 주공과 공자만 있겠는가?

위 문장 중 '是'자는 구조상 꼭 필요한 것이 아니다. "何必周公孔子"라고만 해도 된다. 선진 시기에 이와 유사한 문장을 자주 사용하였다.

90 何必楚.《左傳 · 宣公十二年》
하필 초와 다툴 이유가 있겠습니까?
91 何必高宗.《論語 · 憲問》
어찌 고종뿐이겠는가?

위의 문장을 통하여《염철론鹽鐵論》의 '是'자의 용법은 후에 생겨났고, 강조의 기능을 하는 구조라는 것을 알 수 있다. 중고中古 남북조南北朝시대에서 근대近代 시기 까지 이러한 문장 형식은 아주 빠르게 발전했다. 이 형식의 공통된 특징은 술어는 대부분 동사성 혹은 형용사성 단어나 구로 '是'는 꼭 필요한 것 같지 않다. 그러나 만약에 '是'를 사용하지 않는다면 문장은 강조의 기능을 잃어버리고 판단문과는 더욱 관련이 없게 된다.

92 謝太傅謂子侄曰: 中郎始是獨有千載.《世說新語 · 輕詆》
사태부가 조카들에게 말했다. "중랑이야말로 천 년의 명성을 홀로 얻었다."
93 此中最是難測地.《世說新語 · 雅量》
이 안에서 헤아릴 수 없는 곳입니다.
94 到明日略備草酌, 著紅娘來請, 你是必來一會, 別有商議.《西廂記 · 第二本》
내일까지 간단한 술자리를 준비하도록 해라. 중매쟁이가 전해주러 올 것이니, 너는 반드시 잠깐이라도 와야 한다. 이 외에도 상의할 일이 있다.
95 我儿, 你只是性氣不好, 把言語來触傷他.《水滸傳 · 二十一回》

아들아, 너는 성격이 좋지 않아서, 말로 그의 마음을 상하게 했다.

96 我是好意.《水滸傳 · 二十三回》

나는 단지 호의이다.

97 哥哥去清風寨回來, 是必再到山寨相會幾時.《水滸傳 · 三十二回》

오빠는 청풍채에 갔다 돌아와서, 반드시 다시 산채에 가서 잠시 형제들과 만나야 한다.

2) '是~的' 용법

'是'를 사용하여 강조하는 형식과 유사한 형식으로 '是~的'이 있다. 이 형식도 동사성 혹은 형용사성 단어나 구가 술어로 사용되어 강조를 나타낸다. 다만 문말에 '的' 하나를 더 첨가하여 술어 앞의 '是'와 서로 호응하여 긍정을 더욱 강조하게 된다. 이러한 구법은 송 · 원 시기에 생겨나서 이후에 지속적으로 사용되었다.

98 貧僧是普救寺來的.《西廂記 · 第二本》

빈천한 나는 보구사에서 왔다.

99 三日後不送出去, 便都是死的.《西廂記 · 第二本》

3일 후에 보내지 않으면, 죽음 뿐이다.

100 這個賊頭陀, 正是打兄弟的.《水滸傳 · 三十二回》

이 도둑 중이 바로 내 동생을 때렸다.

101 莊家們不省得師父是活佛去處來的.《水滸傳 · 五回》

농부들은 사부가 활불처에서 온 것을 잘 알 지 못했다.

102 我原叫芸香, 是花大姐姐改的.《紅樓夢 · 二十一回》

처음엔 운향이었는데 습인언니가 혜향이라고 고쳐준 거예요.

103 七房的太老爷是中過壯元的.《儒林外史 · 三十一回》

칠방의 어르신은 장원급제한 적이 있다.

위의 예문들의 술어는 원래 동사성 혹은 형용사성이지만, 자세히 보면 '是~的'을 넣어 사용한 후에는 술어에 변화가 생기게 되었다. 예문99의 "是死的"에서 가리키는 것은 죽은 사람이지 죽는 동작이 아니고, 예문100의 "是打兄弟的"에서 가리키는 것은 때리는 사람이지 때리는 행위가 아니다. 결국 '是~的'은 술어를 명사성 성질을 갖게 하는 작용을 한다. 그러나 일반적인 명사문과는 또 다르다. 명사문의 술어는 '是'의 도움을 받지 않고 그 자체가 명사성 단어 혹은 구이기 때문이다. 그러나 여기에 있는 문장들은 '是~的'을 사용하지 않는다면 동사성 혹은 형용사성 술어가 되어 문장이 성립할 수 없다. 따라서 '是'가 이러한 문형에서 분명하게 연결 작용을 하는 것을 알 수 있다. 이 점으로 보면 '是~的'과 예문92 - 97의 '是'는 완전히 같지 않으며 예문92 - 97의 '是'는 부사이고, 98 - 103의 '是~的'은 계사의 성분이다.

3) 문두의 '是'

'是'자가 무주어문장無主語文의 술어 앞 혹은 동사 앞에 '是'[496]가 사용되어 특수한 판단 어감을 나타낸다. 이러한 형식은 동시東漢 시기에 보이기 시작하였다.

104 儒書 : '楚熊渠子出, 見寢石, 以爲伏虎, 將弓射之, 矢沒其衛.'[497] 或曰 : '養由基見寢石, 以爲兕也, 射之, 矢飮羽.' 或言 : '李廣'. 便是熊渠、養由基、李廣主名不審, 無實也.《論衡 · 儒增篇》
유서가 말했다. 초나라의 웅거자가 야간에 출행하여 가로로 놓인 돌을 보고 호랑이인 줄 알고 화살을 쏘았는데 쏜 후에 화살 뒤에 있는 깃털이 보이지 않았다. 또 어떤 사람이 말하길 양유기가 가로로 놓인 돌을 보고 코뿔소로 여겨 화살을 쏘았는데 쏜 후에 화살 뒤에 있는 화살과 깃털이 보이지 않았다. 어떤 사람은 이광이라고 말하지만 바로 웅거자이다. 양유기나 이광이라고 하는 사람은 모두 이름을 자세히 알지 못하는 것으로 실질적이지 못하다.

남북조南北朝 이후 이러한 용법은 점차 증가하게 된다.

105 卿云: '艾艾, 定是幾艾?' 對曰: '鳳兮鳳兮, 故是一鳳.'《世說新語 · 言語篇》
그대는 '애……애……'라고 더듬는데 도대체 몇 개의 '애'요? 등애가 대답했다. '봉아,

---

496) 혹은 '是'와 다른 부사가 결합하기도 한다.

497) '衛'는 '箭羽', 즉 '화살의 깃'이다.

봉아'라고 말합니다만 결국 봉은 한 마리입니다.

106 定是懷王作計誤, 無事翻複用張儀. (庾信《楊柳歌》)

이는 회왕의 계획이 잘 못된 것으로 번복이 장의를 잘 못 고용한 것이 아니다.

위 문장 중 '定是'와 '故是'는 가리키는 대상이 있지만 무주어문장이고, 절에서 어떤 뜻을 실질적으로 나타내는 것은 아니다. 당송唐宋 이후의 문학 언어와 구두 언어에 이러한 용법은 더욱 보편화되기 시작했다. 그 중 일부만 발췌하면 아래와 같다.

107 後阿娘問瞽叟曰: "是你怨家修倉, 須得兩個笠子."《舜子變》

계모가 고수에게 물었다. "당신이 골치 덩어리 아들이 창고를 수리하고 있는데 삿갓 두 개가 필요하다고 한다."

108 正是江南好風景, 落花時節又逢君. (杜甫《江南逢李龜年》)

강남의 풍경이 마침 아주 좋다. 나는 낙화시절에 또한 그를 만났네.

109 終是聖明天子事, 景陽宮井又何人? (鄭畋《馬嵬坡》)

결국은 훌륭한 군주의 일이거늘, 경양궁의 우물가는 또 누구인가?

110 莫見長安行樂處, 空令歲月易蹉跎. (李欣《送魏萬之京》)

마음껏 즐길 수 있는 장안이 아니라네, 헛되이 허송세월 보내지 마시게나.

111 那時吳加亮向宋江道: "是哥哥晁蓋臨終時分道與我: 從正和年間, 朝東嶽燒香, 得一夢, 見寨上會中合得三十六數; 若果應數, 須是助行忠義, 衛護國家."《大宋宣和遺事 · 亨集》

그 때 오가량이 송강에게 말하였다. 형님 조개가 돌아가시기 전에 나한테 말했다. 정화년 간에 동악 방향을 향해 향을 피우고, 향을 하나 뽑았는데, 성채 모임 중에서 36수가 합치되어 만약 수를 같다면 충의를 널리 시행하여 국가와 고향을 보호할 수 있을 것이다.

112 是一年前, 也是賭輸了, 身邊並無一文, 夜間便去掏摸些東西.《京本通俗小說 · 錯斬崔寧》

일 년 전에, 도박에서 돈을 다 잃어버려서, 수중에는 한 푼도 남지 않아, 야밤에 도둑질을 하였다.

113 哎也! 是我走的慌了, 脚後跟直打着腦杓子.《水滸傳 · 三十二回》

아! 내가 너무 황급히 도망쳐 오느냐고, 발바닥이 뒤통수를 때릴 정도로 빨랐지.

114 是這些小事, 有甚利害, 如何敢受銀兩?《水滸傳 · 二十五回》
이 작은 일들이, 뭐가 중요하다고 감히 너의 돈을 받을 수 있겠는가?

위의 문장 중 '是'는 형식상 비슷할 뿐 실제로는 같지 않다. 예문108 - 114의 문장들은 무주어문이라고 말할 수 있다. 이러한 '是'는 연결성 계사가 아닌 마치 부사처럼 보인다. 기타 각 문장들의 '是'는 모두 문장 앞에 놓여 계사도 아니고 연사도 아닌, 실질적으로는 부사의 기능을 한다.

4) 문미의 '是'

네 번째, '是'자를 문장 끝에 써서 문장을 만든다. '是'는 단독으로 술어로 쓰이며뒤에는 어기사 '也', '矣' 등을 사용하는 것 이외에 다른 기타성분은 없다. 이러한 문형은 선진先秦 시기에 자주 보이는 '是也'에서 기원한다. 상고시대 '是也'는 두 가지 뜻이 있다.

첫째, '對啊'의 뜻이다.

115 偃之言是也.《論語 · 陽貨》
언의 말이 옳다.
116 皆是也.《孟子 · 公孫丑下》
모두 옳다.

둘째, '這 - 就是'의 뜻으로 '是'는 긍정을 나타낸다.

117 夫虞之有虢也, 如車之有輔. 輔依車, 車亦依輔, 虞虢之勢正是也.《韓非子 · 十過》
대저 우와 괵의 사이는 수레에 보, 즉 덧방나무가 있는 것과 같은 관계입니다. 수레의 덧방나무는 수레자체에 의존하며 수레 또한 그 덧방나무에 의지합니다.
118 凡物不並盛, 陰陽是也.《韓非子 · 解老》
모든 물건은 함께 흥성할 수 없다. 이것이 바로 음양의 도리이다.

여기에서 한 단계 더 발전한 것이 바로 아래와 같은 용법이다.

119 汝非豫讓邪? 曰: 我是也.《史記 · 刺客列傳》
당신은 예양이 아닌가? "바로 나일세"라고 대답했다.

위 문장의 "我是也"는 바로 현대 중국어의 "我是呀"와 같은 뜻이다. 이 두 종류 '是也'는 모두 현대 중국어의 '是'자로 문장을 마치는 용법의 기원이다. 이 문장 형식은 아래의 갑 · 을 두 용법으로 발전하였다.

甲: '是'는 '對'의 뜻으로 쓰이고, 형용사술어문에 속한다. 이는 당송 이후 자주 보이는 용법이다.

120 若佛與凡同, 所說例皆不是.《廬山遠公話》
만약 석가모니와 일반사람이 같다고 말한다면 그것은 모두 잘못된 것이다.
121 張勝道: "你也說得是."《京本通俗小說》
장성이 말했다. "당신이 말한 것도 옳다."
122 夫人, 今日卻知老僧說的是.《西廂記 · 第五本》
부인, 오늘에서야 알았소, 노승이 말한 것이 옳았다는 것을.
123 何濤聽罷, 說道: "這一論也是."《水滸傳 · 十九回》
하도가 듣고 난 후 말했다. "이 의론은 옳은 것이다."
124 巧姐聽了, 答應個"是".《紅樓夢 · 九十二回》
교저는 듣고 나서 "네"라고 대답했다.

예문124의 '是'는 비교적 어법화되었고, 실질적으로는 상대방 의견에 찬성하는 어감을 나타낸다. 그러나 그 기원에 따르면 여전히 '對(맞다)'라는 뜻 '是'에서 기원한 것이다.

乙: '是'는 '是不是'의 '是'의 뜻이다.

이러한 용법 한대漢代에 나타났다.

125 尹夫人與邢夫人同時并幸, 有詔不得相見. 尹夫人自請武帝, 願望見邢夫人. 帝許之. ……尹夫人望見之, 曰: '此眞是也.' 於是乃低頭俛而泣, 自痛其不如也.《史記 · 外戚世家(褚補)》

윤부인과 형부인은 서로 아끼는 사이였으나, 서로 만나지 못하도록 조서가 내려졌다. 윤부인이 형부인을 볼 수 있도록 무제武帝에게 간청하자, 무제가 허락을 하였다. ……윤부인은 형부인을 보자, "이것이 정말인가요."라 하였다. 머리를 숙이고 애통하게 울기를 몸을 가누지 못할 정도였다.

126 東郭牙至. 管仲云: '此必是已.'《呂氏春秋 · 重言篇》

얼마 후에 동곽아가 왔다. 관중은 "그것은 이 사람임에 틀림없다."라 하였다.

위 문장 중의 "眞是也"와 "必是矣"는 현대 중국어의 "眞是呀"와 "一定是啊"의 뜻이다. 이 문장 '是'자는 대부분 부사와 함께 쓰여 단순한 긍정을 나타낸다. 남북조南北朝 이후 이러한 용법은 보편화되었다.

127 形即是神者, 手等亦是耶? (范縝《神滅論》)

형체가 즉 정신과 결합된다는 몸 중 손과 같은 기관도 마찬가지로 정신인가

128 梳洗罷, 獨倚望江樓. 過盡千帆皆不是, 斜暉脉脉水悠悠. 腸斷白蘋洲. (温庭筠《夢江南》)

머리를 빗고 세수를 마치고, 나는 홀로 창문에 기대어 강수를 바라보네. 배 여러 대가 지나가는데, 모두 당신이 있는 배는 아니네. 석양이 점점 기울어지고 강물은 유유히 흐르는데, 내 마음 하얀 평초 무성한 강가에서 애간장을 녹이네.

129 師曰: "汝從玉泉來, 應是細作." 對曰: "不是." 師曰: "何得不是?"對曰: "未說即是, 說了不是."《六祖壇經 · 頓漸品》

대사가 말했다. "당신은 옥천사玉泉寺에서 왔으니 염탄꾼이겠지요." 지성至誠이 말했다. "아닙니다." 대사가 말하길 "왜 아닙니까?" "말을 하지 않으면 그런 것 같지만, 말을 하면 그런 것이 아니라는 것을 알 것입니다."

130 賈奕道: "止不過王公駙馬." 師師道: "也不是."《大宋宣和遺事 · 亨集》

가혁이 말했다. "단지 왕공의 부마일 뿐입니다" 스승이 말했다. "아니다."

131 智深道: "引酒家新婦房內去." 太公引至房邊, 指道: "這裏面便是."《水滸傳 · 五回》

노지심이 말했다. "술집의 새댁은 방으로 들어갔다". 태공은 노지심을 방 옆으로 데

리고 가서 가리키며 말했다. "바로 여기 입니다."

이러한 단순한 긍정과 부정을 표시하는 '是'와 '不是'는 의미상 계사 중 하나이다. 일반적인 계사는 뒤에 표어가 있다. 여기 예문에서는 모두 생략되었다. 예를 들어, "這里面便是"는 실제로 "這里面便是新婦的房子(이 안이 바로 신부의 방이다.)"의 뜻이다. '是'자 뒤에 표어가 생략되지만 전후 문맥 문장의 의미에 참고하여 계사의 변형된 형식이라는 것을 알 수 있다. 하지만 구조상 표어가 없으면 계사라고 할 수 없다. 이러한 문장에서 '是'의 기능은 주어와 술어를 연결해 주는 것이 아니라 단독적으로 술어로 사용되어 표어를 굳이 보충할 필요가 없이 긍정을 표시한다. 이 '是'자의 특수성은 바로 여기에 있다. 만약 문장 구조의 형식을 고려하지 않는다면 이를 계사로 처리해도 문제가 없을 것이다. 따라서 이러한 문장은 준판단문準判斷文이라 해야 적합할 것 같다.

5) 주어와 술어 사이에 '是'자가 동등관계가 아닌 경우

다섯 번째, '是'자가 주어와 술어 사이에 있지만 주어와 술어의 관계가 결코 동등관계이거나 종속 관계가 아닌 연관성 없는 두 개념을 '是'를 통하여 연결하는 형식이다. 이러한 문장 형식은 대략 위진魏晉 시대에 생겨났다.

132 子龍一身都是膽也.《三國志 · 蜀書 · 趙云傳》
자룡은 온 몸이 모두 담력으로 뭉쳐 있다.

위의 문장 중 '一身'은 '胆'과 동등 관계가 아니다. 이것은 "荀卿是法家.(순경은 법가이다.)"의 판단문과는 완전히 다르다. 따라서 이러한 형식 구조는 판단문이 아니고, '是'의 확대 용법이다. 남북조南北朝 이후 이러한 용법이 자주 사용되었다. 종종 방위사를 주어로 쓰인다.

133 此中謂長江以北盡是夷狄.《洛陽伽藍記 · 卷二》

여기서는 장강이북은 모두 이적라고 말한다.

134 善慶思惟既畢, 滿目是淚.《廬山遠公話》

선경이 이런 생각을 하는데 얼굴은 온통 눈물로 범벅이 되었다.

135 打開他那柳藤箱子看時, 上面都是些衣服, 下面都是些銀酒器皿.《水滸傳 · 三十回》

버드나무와 등나무로 만든 가방을 열어 보았을 때, 위를 덮고 있는 것들은 모두 옷이고, 아래는 모두 술병과 도구였다.

136 又走不數里多路, 只見前面來到一處濟濟蕩蕩魚浦, 四面都是野港闊河.《水滸傳 · 三十回》

몇 리가 안 되는 길을 또 걸어가서, 앞쪽에서 넓디넓은 어만을 보았는데, 사면은 모두 인가가 적은 항만과 넓은 강이 있다.

137 王夫人抱著寶玉, 只見他面白氣弱, 底下穿著一條綠紗小衣, 一片皆是血漬.《紅樓夢 · 三十三回》

왕부인은 보옥을 안아 일으켜 보았다. 보옥은 얼굴이 백짓장같이 핏기가 사라지고 숨소리는 끊어질 듯 말 듯 가늘었다. 푸른빛 속옷만 입은 아랫도리는 온통 피에 얼룩져 있었다.

138 鳳姐聽了, 滿臉是笑, 由不的止了步.《紅樓夢 · 二十四回》

봉저는 듣고 나서, 얼굴에 웃음에 띄고, 한 발짝 멈추었다.

이상 다섯 가지 '是'의 확대 용법은 현대 중국어에서 보편적인 발전 사용하게 되었다. 판단문이든 '是'의 확대용법이든 간에 이러한 용법은 중고中古 이래 다양한 형식으로 발전하였고 상당히 탄력적으로 운용되어 현대 중국어의 문학 언어에 상당한 영향을 끼쳐 언어 묘사를 더욱 풍성하게 하였다.

4. 묘사구의 변천

묘사구描寫句란 형용사나 형용사성 구(詞組)가 술어로 쓰이고, 의미상 사물의 상태를 묘사하는 문장을 가리킨다. 일부 동사 술어가 사물의 성질과 상태를 묘사하고, 사물의 행위를 나타내지 않는 문장을 본 문장에서는 묘사구로 보기로 한다.

묘사구는 묘사를 구사하는 문체에서 자주 사용하는 일종의 문장형식이다. 하지만 묘사구 역시 기타 다른 문체에 사용한다. 묘사문이 사용된 문장은 묘사에만 국한되지 않고, 여러 가지 기타 유형의 문장을 사용할 수 있다. 따라서 우리가 중국 고대 중국어의 묘사구를 고찰할 때 묘사문과 묘사구의 관계가 밀접할지라도. 묘사구가 곧 묘사문이라고 생각해서는 안 된다.[498]

(1) 초기 묘사문 형식

갑골문은 문체상 묘사구가 없다. 상고 초기 묘사구는 《상서》와 《시경》에서 찾아 볼 수 있다. 《상서》와 《시경》 문장의 술어형식을 보면 대략 아래의 5가지로 정리할 수 있다.

1) 형용사 묘사구

'형용사 묘사구'는 형용사나 혹은 형용사성 구가 술어로 쓰이는 경우를 말한

498) 묘사문과 묘사구 중 '描寫文'은 수사학적인 개념이고, 묘사구는 어법적 개념이다. '描寫文'은 전체 문장이나 단락에 해당되는 수사기법을 가리키고, 묘사구는 문장 중의 각 문장 성분의 구조와 형식을 가리킨다.

다. 이러한 형식이 묘사구에서 가장 많이 사용되며, 이는 묘사구의 전형적인 형식이다.

1 岳曰: 瞽子, 父頑, 母嚚, 象傲.《尙書 · 堯典》
사악이 말하기를 소경의 아들이니, 아버지는 완악하고 어머니는 어리석으며 상은 오만한다.
2 有火自上復于下, 至于王屋, 流爲烏, 其色赤, 其聲魄.《史記 · 周本記》
불꽃이 하늘에서 다시 내려와 무왕의 방 위 까지 날아와선 까마귀로 변했는데, 적색을 띠고, 울음소리는 유유자적하였다.
3 昔我往矣, 楊柳依依. 今我來思, 雨雪霏霏.《詩經 · 小雅 · 采薇》
옛날에 떠날 때엔 갯버들이 무성터니 지금에사 돌아오니 눈비만 휘날리네.
4 桑之未落, 其葉沃若.《詩經 · 衛風 · 氓》
뽕잎이 지기 전엔 싱싱함을 자랑하지.
5 其人美且仁.《詩經 · 齊風 · 盧令》
그 사람은 어질고 아름답구나.

이후 중국어 고대 언어 중 아래 문장은 형용사 혹은 형용사성 구가 술어로 쓰인 묘사구에 속한다.

6 且是人也, 蜂目而豺聲, 忍人也.《左傳 · 文公元年》
게다가 이 사람은 모습이 벌의 목과 승냥이 소리를 가진 흉상인 데다가 잔인하기까지 하다.)
7 高祖為人, 隆準而龍顏, 美須髯.《史記 · 高祖本紀》
고조는 오뚝한 코, 천자의 얼굴로 수염이 길고 아름답다.

2) 수량사를 사용한 묘사구

수량사가 술어로 쓰이는 경우 묘사의 성질이 있다.

8 鵬之徙于南冥也, 水击三千里, 搏扶搖而上者九萬里, 去以六月息者也.《莊子 · 逍遥游》
붕이 남극바다로 옮아 갈 적에는 물을 쳐서 삼천 리나 튀게 하고, 빙빙 돌며 회오리 바람을 타고 9만 리나 올라가며, 6개월을 날아가서야 쉬게 된다.

9 鄒忌修八尺有餘.《戰國策 · 齊策》
추기의 키는 8척이 넘는다.

3) 연계성 동사를 사용한 묘사구

연계성 동사 '若'과 '如' 등을 사용한 묘사구는 주어가 어떤 것과 비슷하다는 것을 표시한다. 이러한 문장은 상당히 넓게 사용되고, 구조상 큰 탄력성을 갖고 있어서, '若'과 '如' 뒤의 성분이 하나의 명사가 쓰일 수도 있고, 여러 개의 구(詞組)가 쓰일 수도 있고, 심지어는 복잡한 문장이 올 수도 있다. 수사학修辭學적 각도에서 보면, 이러한 문장은 모두 비유문比喩文에 속한다. 그러나 어법상의 관점에서 우리는 이러한 문장을 묘사구의 일종으로 보기로 한다. 이러한 묘사구는 아래 두 종류로 두 가지로 나눌 수 있다.

① 비유를 나타내는 경우

두 가지 사물을 비교하여 어떤 사물이 어떤 사물과 비슷한 것을 나타내는 것으로, 비슷한 부분이 어디에 있다고 설명하기도 하지만 말하지 않는 경우도 있다. 이러한 문장은《시경》와《서경》에서 가장 흔히 보인다. 동사 '若'과 '如'를 사용하여 표현하는데, '如'자의 사용이 더 많이 보인다. '若'과 '如'자의 상고 음이 같은 것으로 보아 이 두자는 실제로 같은 동원사이다.

10 勖哉夫子! 尚桓桓, 如虎如貔, 如熊如羆.《尙書 · 牧誓》
힘쓸지어다. 장사(將士)들아, 부디 굳세고 굳세어 범과 같고 비휴와 같으며 곰과 같고 큰곰과 같다.

11 若火之燎于原, 不可向迩, 其猶可扑滅?《尙書 · 盤庚上》
마치 불이 평원平原에 타올라 향하여 가까이 할 수 없으나 오히려 박멸할 수 있음과 같다.

② 비유를 나타내는 않는 경우

이러한 형식은 불특정 대상을 비유하는 것으로, 어떤 대상을 말하는지 분명하게 드러나지는 않지만, 분명히 두 사물을 상호 비유하는 것이다. 이러한 문장은 종종 주어를 사용하지 않는다. 이 불특정 대상을 비유하는 형식은 어떤 사물이 마치 어떠한 성질과 상태를 갖추고 있음을 나타낸다. 이러한 묘사구는《시경》과《서경》에서 기원하고, '若'과 '如'를 사용한다.

12 予若觀(爟)火, 予亦拙(炪)謀, 作乃逸. 若网在綱, 有條而不紊.《尙書 · 盤庚上》
내가 불을 보듯이 분명하게 알건만, 나도 꾀가 졸렬하여 너희들의 잘못을 이룬 것이다.

13 天保定爾, 以莫不興. 如山如阜. 如冈如陵, 如川之方至, 以莫不增. ……群黎百姓, 遍爲爾德, 如月之恒, 如日之升, 如南山之壽, 不騫不崩; 如松柏之茂, 無不爾或承.《詩經 · 小雅 · 天保》
하느님이 보우하사 우리 님께선, 불처럼 일어나서 세상 밝히네. 산 같고 언덕 같이 든든하시고, 유유히 흐르는 시냇물 같아, 불어나는 이 기세를 누가 막으리. …… 그래서 행복해진 우리 백성들, 모든 것이 님 덕이라 칭송을 하네, 하늘에 뜬 달처럼 변함없어라. 떠오르는 태양처럼 찬란하도다. 영원히 끄떡 않는 저 남산처럼 그르침도 무너짐도 아예 없으니 소나무 잣나무가 무성하듯이 님의 공은 무궁하게 이어지리라.

4) 동사 묘사구

이러한 묘사구는 술어가 동사 혹은 동사성 구(詞組)를 사용한다. 하지만 그것은 행위를 서술하는 것이 아니고, 성질 · 상태를 묘사한 표태구表态句나 혹은 어떤 가능성을 묘사하는 문장을 가리킨다. 이러한 형식은 후에 종종 묘사구로 변환된다.

14 甲子昧爽, 受(紂)率其旅若林, 會于牧野. 罔有敌于我師, 前徒倒戈, 攻于后以北, 血流漂杵.《書經 · 武成》
갑자일甲子日 이른 아침에 주紂(受)가 그 군대를 거느리되 숲처럼 많이 군사들을 이끌고 목야牧野에 모여 싸웠다. 그들은 우리 군대에게 대적하는 자가 없고, 앞에 있는 무리들이 창을 거꾸로 들어 오히려 뒤를 공격하듯 달아나니 피가 흘러 방패가

떠다녔다.

15 誰謂河廣? 一葦杭之. ……誰謂河廣? 曾不容刀.《詩經 · 周南 · 河廣》
누가 하수河水가 넓다 이르는고 한 갈대로 건널 수 있도다 누가 하수가 넓다 이르는고 일찍이 거룻배도 용납하지 못하도다

16 維南有箕, 不可以簸揚; 維北有斗, 不可以挹酒漿.《詩經 · 小雅 · 大東》
남쪽 하늘에 키 있어도 까불 수 없고, 북쪽 하늘 북두 국물도 못 떠 남쪽에 있는 키는 이제 혀를 끌어내고 북쪽 하늘 북도 국자 서쪽으로 자루 드네.

성질과 상태를 나타내는 동사 묘사구는 후에 몇 개의 동사구를 연용하여 복잡한 술어구를 만들고 사물의 성질과 상태를 충분히 표현할 수 있게 되었다.

17 臨淄之途, 車轚轂, 人肩摩, 連衽成帷, 擧袂成幕, 揮汗成雨.《戰國策 · 齊策》
임치의 거리는 얼마나 번화한지 수레는 서로 부딪치고 사람은 어깨가 닿아 걸을 수 없고, 옷깃은 이어져 휘장을 이루고 쇄는 들면 장맑을 이루며 땀을 뿌리면 비오듯 할 정도이다.

이 문장의 주어는 "臨淄之途"이고, 나머지는 동사성 구가 술어로 쓰이며, 당시 제나라 도성 임치에 수레와 사람이 많아 붐비는 성황을 표현하고 있다.

이상의 네 가지 묘사문은 기본적으로 선진 시기의 모든 묘사문형의 모습을 대표한다고 볼 수 있다. 주진周秦시대 이후의 묘사구도 이 범위를 크게 벗어나지 않는다. 하지만 이는 묘사구가 이후에 어떠한 변화 발전도 하지 않았다는 말은 아니다. 기타 다른 문형과 같이 묘사구 또한 계속해서 발전하였다. 특히 위에서 살펴 본 세, 네 번째 두 종류가 더욱 두드러지게 발전하였다. 아래에서는 이 형식을 각각 나누어서 간단히 기술하기로 한다.

(2) 연계성 동사 묘사구의 변천

춘추전국 시기 연계성 동사를 사용하여 구성한 묘사문은 《시경》과 《서경》을 계승하여 계속해서 '若'과 '如'를 사용하거나 이와 더불어 "似"와 "猶"자 등을 사용하였다.

'若'·'如'·'似'와 '猶' 등 네 자는 의미가 비슷하며 모두 '마치 - 와 같다(象, 好像, 如同)'의 뜻이다. 문법적으로 이러한 묘사구는 이미 술어 뒤에 새로운 성분 '然'을 첨가하는 형식으로 발전하였다. '然'은 부사이고, '那样'의 뜻이다. 《시경》 시기의 '然'은 동사 술어 혹은 형용사 앞에 놓여 부사어로 쓰이고, 술어나 혹은 표어表語의 뒤에 놓이는 경우는 없었다.

18 帝謂文王: 無然畔援. 無然歆羡.《詩經·大雅·皇矣》
하느님이 문왕에게 당부하셨네. 사람을 차별 말고 편들지 말며 자기 것을 챙기거나 탐내지 말라고

전국시기 제자백가 언어에서는 위의 용법과 달리 '然'자를 뒤에 놓을 수 있다. 비교적 많이 쓰이는 자는 '若(如)' 자구이고 '似 - 然'과 '猶 - 然' 구조는 모두 아직 발견되지 않았지만 '似'나 '猶'는 모두 단독으로 사용되었다.

고정 형식 '若(如) - 然'의 뜻은 '象 - 那样(마치 –과 같다)'이다. '若(如)'와 '然'자 사이에는 명사·형용사·동사성 구가 올 수 있다. '若(如) - 然' 자구는 어순이 비교적 자유로워 문장의 처음, 중간, 마지막에 모두 쓰일 수 있다.

19 如是, 則夫名聲之部發于天地之間也, 豈不如日月雷霆然矣哉!《荀子·王霸》
그렇게만 한다면 명성이 갑자기 천지 사이에 퍼지는 것이 어찌 해와 달이나 천둥이 울리는 것만 못하겠는가?

20 及以燕、趙起而攻之, 若振槁然, 而身死國亡, 爲天下大戮, 後世言惡, 則必稽焉!《荀子·王霸》
그러나 연나라와 조나라가 일어나 그들을 공격하여 마치 마른 나뭇잎을 흔들어 떨어뜨리듯 쉽게 쳐부수어 그의 몸은 죽고 나라는 멸망하는 천하의 대치욕을 당하였다. 그래서 후세에 악한 경우를 얘기할 때에는 이 일을 반드시 참고하게 되었다.

21 善養生者, 若牧羊然；視其後者而鞭之.《莊子 · 達生》
양생을 잘하는 사람은 양을 치는 것과 같은 것이어서, 그 중 뒤지는 놈을 발견하여 채찍질을 하는 것이다.

22 若性之自爲, 而民不知其所由然.《莊子 · 天地》
사람의 본성이 자연히 그렇게 되는 것과 같아서 백성들은 그렇게 되는 까닭을 알지 못합니다.

23 譬之如醫之攻人之疾者然: 必知疾之所自起, 焉能攻之; 不知疾之所自起, 則弗能攻. 治亂者何獨不然?《墨子 · 兼爱上》
예를 들면 마치 의사가 사람의 병을 고치는 것과 같다. 반드시 병이 생겨난 까닭을 알아야만 병을 고칠 수 있을 것이며, 병이 일어난 까닭을 알지 못하면 곧 고칠 수가 없는 것이다. 다스림과 혼란도 어찌 그렇지 않을 수가 있겠는가?

24 譬如築墻然, 能筑者筑, 能實壤者實壤, 能欣者欣, 然後墻成也. 爲義猶是也.《墨子 · 耕柱》
예를 들면 담을 쌓는 것과 같소. 변론을 잘하는 사람은 변론을 하고 책 해설을 잘하는 사람은 책을 해설하고 일에 종사를 잘하는 사람은 일에 종사하는 거요. 그런 뒤에야 의로운 일들이 성취될 거요.

이상은 모두 '若(如) - 然'의 용례이다. 그중 '若'과 '如'는 바꿔 쓸 수 있다. '似'와 '猶'는 일반적으로 단독으로 사용하며 뒤에 '然'자를 사용하지 않는다. 이것이 가장 큰 차이점이다.

25 故鼓似天, 钟似地, 磬似水, 竽 · 笙 · 箫 · 筦(管) · 籥似星辰日月, 鞉 · 柷 · 拊 · 鞷 · 椌 · 楬, 似萬物.《荀子 · 樂論》
그러므로 북은 하늘과 같은 것이다. 종은 땅과 같고, 경은 물과 같고, 우와 생과 관과 약은 별과 별자리와 해와 달과 같으며, 도고, 축, 부액, 강갈은 만물과 같다.

26 譬之, 猶似指測河也.《荀子 · 勸學》
그것은 마치 손가락으로 황하를 재는 것과 같다.

27 吾驚怖其言, 猶河漢而無極也.《莊子 · 逍遥游》
나는 그의 말에 놀라서 두려워지고, 그것이 마치 은하처럼 끝없는 듯이 느껴졌습니다.

28 望之似木鷄矣.《莊子 · 達生》
그를 바라보면 마치 나무로 깎아 만든 닭 같습니다.

'若 - 然'과 '如 - 然'의 사용으로 인하여 중국어 어법은 한 단계 더 발전했다고 할 수 있다.

첫 번째, 이러한 구조는 묘사구의 술어가 비교적 융통성을 갖게 하였다. '若'과 '如'의 뒤에 어떠한 성질의 술어라도 모두 쓸 수 있게 되었다. 만약 비유하고자 하는 개념이 복잡하다면 예문21, 예문24의 문장 형식과 같이 먼저 '若 - 然'을 사용하고 이어서 다시 설명을 덧붙이면 되는 것이다.

두 번째, '若(如) - 然'은 '若'과 '如'를 단독 사용하는 것보다 구조상 더 긴밀하다. 그것은 비교적 복잡한 구조를[499] '若 - 然'이나 혹은 '如 - 然' 형식을 사용하여 간단한 성분으로 변화시켜 언어가 잘 짜이게 한다.

'如 - 然'은 현대 중국어 구어(입말)의 '如 - 一般' · '同 - 一般' · '似 - 一般'과 같다. 구어 '一般'은 고어의 '然'과 같이 부사에 속한다. '一般'은 '一样'과 뜻이 같고, 중고시기에 만들어진 새로운 단어이다. 구어화된 서면어에서 이러한 구조는 당대唐代에 비로소 출현하게 된다.

29 若說殑伽河裏, 沙細人閒莫比, 恰如粉面一般, 和水渾流不止.《妙法蓮華經講經文》
만약에 항하사에 대하여 말하자면 그의 자잘한 모래알은 인간 세상에서 견줄 바 없다. 분말이나 다름없이 물과 함께 끊임없이 흘러간다.

30 暫得身居天上, 還如花下一般.《妙法蓮華經講經文》
잠시 육신이 하늘에 거하는 것은 꽃나무 아래서나 마찬가지.

31 如或信心不起, 似無手足一般.《維摩詰經講經文》
만약 믿음이 부족하다면, 손과 발이 없는 것과 같다.

현대중국어의 '象' · '象 - 一般'은 명청 소설에서 처음으로 사용하였으나 보편적이지는 않았다. 예를 들어, 《수호전전水滸全傳》에서는 습관적으로 '似'를 사용하고, '象'을 사용하지 않고, 《서유기西游記》에서는 오히려 '象'을 많이 사용했다. '一般'은 어떤 때는 '一样'으로 쓰고 혹은 '似的'으로 쓰기도 하는데, 이는 모두 부사이다. '一般' · '一样' · '似的'은 술어 뒤에 쓰여 보어 역할을 한다. 혹은 '象'이나 혹

499) 예를 들면, 예문22의 "性之自爲而民不知其所由" 구절이 있다.

은 '如'와 서로 호응하여 사용하기도 한고, 단독으로 사용하기도 한다.

이외에 '和'자가 '象'자 대신 쓰여 '和 - 一般'으로 쓰인다. '和'자는 또는 '合'자로 쓰기도 한다. 이러한 다양한 용법들은 《홍루몽》에서 가장 잘 반영하고 있다. 《유림외사儒林外史》의 용법도 대체적으로 이와 같다.

• '似 - 一般'

32 那些奇草仙藤, 愈冷愈苍翠, 都結了實, 似珊瑚豆子一般, 纍垂可爱. 《紅樓夢 · 四十回》

기이한 풀과 신선과 같은 등나무는 추울수록 초록빛을 띄고, 덩굴에는 산호같은 열매들이 주렁주렁 탐스럽게 달려 있었다.

• '如 - 一般'

33 各色筆筒, 筆海内插的筆, 如樹林一般. 《紅樓夢 · 四十回》

각양각색의 필통과 筆海에 꽂쳐 있는 붓은 마치 숲과 같다.

• '象 - 一般'

34 這园子卻是像畫兒一般. 《紅樓夢 · 四十二回》

이 정원은 그림과 같다.

• '同 - 一般'

35 侄儿糊涂死了, 既做了不肖的事, 就同那貓兒狗兒一般. 《紅樓夢 · 六十八回》

조카는 너무 흐리멍텅해서, 불초의 일을 저질렀는데 고양이나 개와 같습니다.

• '合 - 一樣'

36 嫂子的妹子, 就合我的妹子一樣. 《紅樓夢 · 六十八回》

형수님의 동생은 내 동생이나 마찬가지다.

• '似 - 一樣'

37 要是做了帐子, 糊了窗屉, 遠遠的看著, 就似煙霧一樣, 所以叫做軟煙羅. 《紅樓夢 · 四十回》

그걸로 휘장을 만들거나 창문에 발라 놓고 먼 데서 보노라면 꼭 안개구름이 낀 것 같다고 하여 연연이라고 부르는 거야.

상반相反의문이나 부정을 나타내는 문장들은 대부분 '象'을 사용하고, 일반적으로 문말에 '一般'은 사용하지 않는다. 상술한 예문들은 통하여 중국어의 연계성 동사로 이루어진 묘사구가 매우 다채롭고 풍부하게 쓰임을 알 수 있다. 이는 선진시대 연계성 동사 묘사구의 다양화된 역사발전의 결과이다.

(3) 동사술어 묘사구의 변천

위에서 살펴 본 묘사구의 특징은 다음과 같다.

> 동사 술어가 주어의 성질과 상태만을 나타내고, 하나의 동사만이 아니라 몇 개의 동사를 같이 사용할 수 있다. 이는 비교적 복잡한 사물을 묘사해 낼 수 있다는 장점이 있다.

이러한 문법 형식句式은 상고 조기에 이미 출현하였고, 전국 시기에 점차적으로 복잡해졌다.

38 而作言造語, 妄稱文武, 冠枝木之冠, 帶死牛之脅, 多辭繆說, 不耕而食, 不織而衣, 搖脣鼓舌, 擅生是非, 以迷天下之主, 使天下學士不反其本, 妄作孝弟, 而儌倖於封侯富貴者也.《莊子 · 盜跖》
그대는 말을 만들고 얘기를 조작하면서 함부로 문왕과 무왕을 칭송하고, 나뭇가지 같은 장식이 붙은 관을 쓰고, 허리에는 죽은 소가죽으로 만든 허리띠를 차고 다니며, 부질없는 소리를 멋대로 지껄이면서, 농사를 짓지도 않고 먹고 살며, 길쌈하지 않고도 입고 지낸다. 입술을 놀리고 혓바닥을 차면서 멋대로 옳고 그르다는 판단을 내려 천하의 임금들을 미혹시키고 천하의 학자들로 하여금 학문의 근본으로 되돌아가지 못하게 만들고 있다. 함부로 효도니 우애니 하는 덕성을 마련해 놓고 제후들에게 요행히 인정을 받아 부귀하도 누려 볼까 하고 있다.

39 孔子再拜趨走, 出門上車, 執轡三失, 目芒然無見, 色若死灰, 據軾低頭, 不能出氣.《莊子 · 盜跖》
공자는 두 번 절하고 잔걸음으로 달려 문을 나와 수레에 올라서는 말 고삐를 세 번이나 잡았다 놓쳤다. 눈은 멍하니 보이는 것이 없게 되었고, 얼굴빛은 죽은 재와 같이 되었다. 수레 앞 턱나무에 기대 머리를 떨구고는 숨도 제대로 쉬지 못하는 것 같았다.

예문38은 버드나무 아래에서 유하척柳下跖이 공자를 묘사한 내용이다. 복문 다섯 개를 사용하여 그의 삶을 도모하지 않고, 허울뿐인 정치를 하는 모습을 묘사하였다. 이 복문 다섯 개의 술어는 모두 동사 혹은 동사성구이지만, 주로 공자의 형상 및 그의 인품과 행동을 묘사하였지 동작을 서술하지 않았다. 예문39는 이와 상반되게 겉으로는 공자의 동작을 서술했지만, 공자의 매우 난처한 모습을 묘사하고 있어서 이 문장은 동사성 묘사구로 볼 수 있다.

이러한 묘사문은 중상고中上古 후기에 보편적으로 유행하였고, 비교적 큰 변화는 없었다.

40 高祖為人, 隆準而龍顏, 美須髯, 左股有七十二黑子. 仁而愛人, 喜施, 意豁如也.《漢書 · 高祖本紀》

고조 유방의 오뚝한 코, 천자의 얼굴로 수염이 길고 아름다웠으며,왼쪽 허벅지에는 72개의 검은 점이 있고, 성품은 관대하고, 인자하게 사람을 대하고, 생각은 아주 낙관적이다.

41 前立者一人, 狭腰長面, 多發不妝, 衣青衣, 仅可二十餘. (牛僧儒《周秦行紀》)

앞에 서 있는 사람은 허리가 가늘고, 얼굴이 길고, 머리가 많고, 화장을 하지 않고, 초록색 옷을 입고, 나이는 20살 정도 되어 보인다.

42 更有一人, 圆題、柔臉、稳身, 貌舒态逸, 光彩射遠近, 時時好频? 多服衣绣, …….(牛僧儒《周秦行紀》)

또 한사람은 얼굴은 둥글고, 성격은 온화하고, 안정되게 서 있고, 생김새는 편안하고, 몸매는 뛰어나고, 분위기가 있어 보이고, 자주 눈을 크게 뜨고, 자주 입는 옷에는 수가 놓여 있고, …….

이러한 구법은 근대 백화소설에서 변화를 가져왔다. 묘사구가 아무리 복잡하고 문장이 아무리 길어도 두 가지 고정형식으로 표현할 수 있다.

1) '只見'과 '但見'의 묘사구

첫 번째, '只見'이나 혹은 '但見'을 사용하여 많은 복잡한 묘사구를 묘사하였다. 전체적인 문장 중에서 이러한 묘사구는 모두 동사 '見'의 목적어가 된다. 의미적으로 보면, 이들은 모두 본 상황과 상태이므로 표태구表态句라고 할 수 있다.

43 只見就那汴河岸上, 起一陣狂風, 俄頃中間, 雲生四野, 霧長八方, 轟雷閃電, 雨若傾盆, 則見汴河岸水厭厭的長上岸來.《大宋宣和遺事 · 亨集》

마침 변 강기슭에 광풍이 일고, 그때 갑자기 사방은 구름이 깔리고 안개가 사방을 길게 덮고, 천둥이 크게 치고 번개가 치고, 비가 쏟아 부었다. 아주 빠른 속도로 강기슭에 물이 찼다.

44 但見頭戴一頂鋪霜耀日鑌鐵盔, 上撒著一把青纓; 身穿一副鉤嵌梅花榆葉甲, 系一條紅絨打就勒甲條, 前後獸面掩心; 上籠著一領白羅生色花袍, 垂著條紫絨飛帶; 腳登一雙黃皮襯底靴; 一張皮靶弓, 數根鑿子箭; 手中挺著渾鐵鋼槍; 騎的是梁中書那匹火塊赤千裏嘶風馬.《水滸傳 · 十三回》

마침 머리에 전쟁시 쓰는 반짝거리는 투구를 쓰고, 모자에 깃털이 하나 꽂혀 있다. 몸에는 붉은 갑옷인데 그 위에는 푸른 비단 겉옷을 걸치고 있다. 발에는 녹색 가죽신을 꿰고 허리에는 가죽띠를 두른 데다 가슴 앞 뒤 에는 심장을 보호하는 철판을 대고 있다. 사진은 큰 활과 화살통을 허리에 차고 끝이 세 갈래에 양날인 한 자루 큰 칼을 손에 든 채 장정들이 끌고 온 말에 올랐다. 온몸이 불붙은 숯 같은 적토마였다.

《홍루몽》에서는 이러한 구법은 곳곳에서 보인다. 제17회에서만 10여 개의 예문을 찾아 볼 수 있는데, 대다수 풍경을 묘사하였다. 또 다른 3 회에서는 대부분 인물의 외모를 묘사하고 있다.

45 賈政先秉正看門. 只見正門五間, 上面筩瓦泥鰍脊; 那門欄窗槅俱是細雕時新花樣, 並無朱粉塗飾, 一色水磨群牆下面白石台階, 鑿成西番草蓮花樣; 左右一望, 雪白粉牆, 下面虎皮石砌成紋理, 不落富麗俗套.《紅樓夢 · 十七回》

가정은 문을 바라보았다. 5개의 정문 위에는 기와를 미꾸라지 등과 같은 모양으로 올려져 있고, 문과 창문에는 신식의 무늬가 정교하게 새겨져있고, 그러나 강렬한 붉은 색은 없고, 대부분 비교적 옅은 색이고, 벽 아래에는 흰색으로 만든 계단은 연꽃모양이고, 둘러보니 눈과같은 하얀색의 벽, 아래는 虎皮石을 무늬모양으로 쌓아놔서, 품격이 있어 보인다.

46 只見進門便是曲折遊廊, 階下石子漫成甬路. 上面小小三間房舍, 兩明一暗, 裡面都是合著地步打的床几椅案.《紅樓夢 · 十七回》

문에 들어가니 구불구불한 회랑이 있고, 계단 아래 자갈은 벽돌 길에 가득하고, 위로는 작은 세 칸 짜리 집이 한 채 있고, 두 칸은 밝고 한 칸은 어둡고, 안에는 방 구조와 분위기에 맞게 침대와 의자와 책상을 배치하였다.

47 俯而視之, 但見清溪泻玉, 石磴穿云; 白石爲栏, 环抱池沼; 石桥三港, 兽面衔吐.《紅樓夢 · 十七回》

내려다 보니, 청계의 물은 세차게 흘러 내려가고, 돌계단은 구름을 뚫고, 흰돌은 난간으로, 큰 못을 에워싸고, 돌다리위에는 돌 3개로 만든 동물의 얼굴이 있는데 그 동물들 입에서 물을 뿜어내고 있다.

48 不一時, 只見三個奶媽並五六個丫鬟擁著三位姑娘來了: 第一個, 肌膚微豐, 身材合中, 腮凝新荔, 鼻膩鵝脂, 温柔沉默, 觀之可親; 第二個, 削肩細腰, 長挑身材, 鴨蛋臉兒, 俊眼修眉, 顧盼神飛, 文彩精華, 見之忘俗; 第三個, 身量未足, 形容尚小.《紅樓夢 · 三回》

얼마 지나지 않아, 유모 3명과 계집종 대 여섯 명이 아가씨 3명을 모시고 왔다. 첫 번째 아가씨는 몸집이 약간 크고, 피부가 좋고, 몸매는 딱 적합하고, 볼은 불그스름하고, 온유하고 말수가 적어 상냥해 보인다, 둘째 아가씨는 깎은 듯한 어깨와 가는 허리, 몸매는 호리호리하고, 계란형의 가름한 얼굴, 아름다운 눈매, 좌우를 살펴보는 눈빛이 빛나고 얼굴빛이 득의양양하고, 문체가 뛰어나고, 그녀를 보면 속세의 잡념이 사라진다. 셋째 아가씨는 아직 성장하지 않아서, 몸이 작다.

2) '生得'의 묘사구

두 번째, '生得'을 사용하여 묘사문을 나타낸다. 이러한 구법은 인물 묘사에만 쓰인다. 구조로 보면 '得'자 뒤의 성분은 보어이다.

49 看那人時, 似秀才打扮……生得眉清目秀, 面白鬚長.《水滸傳 · 十四回》

그 사람을 봤을 때, 수재처럼 꾸미고 ……그 생김새가 외모가 수려하고, 얼굴이 하얗고 수염이 길다.

50 宋江勒住馬看那人時, 生得目炯雙瞳, 眉分八字. 七尺長短身材, 三牙掩口髭鬚. 戴一頂烏縐紗抹眉頭巾, 穿一領皂沿邊褐布道服. 繫一條雜彩呂公絛, 著一雙方頭青布履.《水滸傳 · 九十回》

송강 말고삐를 잡아당기고 그 사람을 보았다. 그 사람 생김새는 두 눈 눈동자는 밝고, 팔자 눈썹이고, 키는 7척이고, 수염이 길어 입을 가리고, 눈썹을 가리는 검은 직물로 된 두건을 쓰고, 깃에 검은색 테두리가 있는 거친 천으로 된 도복을 입고, 여러 가지 색이 섞인 부귀영화를 상징하는 띠를 매고, 푸른 천으로 만든 앞이 네모난 신발을 신고 있었다.

위에서 근대 중국어에 나타난 동사 묘사구의 두 가지 변화 양상을 살펴보았다. 이는 이미 비교적 확대되어 사용되었다는 설명하고 있다. 예문44의 "騎的是梁中書那匹火块赤千里嘶風馬"와 예문46의 "進門便是曲折游廊"은 본래 모두 판단구나 혹은 준판단구이다. 예문44과 예문46에서 이 구절은 '見'의 목적어이며 상황과 상태만을 묘사한 것이지 판단을 표현한 것이 아니고 동사 묘사구의 구성 부분이다. 따라서 중국어 구형은 일정한 언어 환경에서 변화될 수 있고, 그 변화의 근거는 구조와 의미 두 가지와 관련이 있음을 알 수 있다.

5. 서술문의 특수 형식과 변천

서술문敍述文이란 일반적으로 동작을 표시하는 동사나 혹은 동사화된 단어가 술어謂語 역할을 하는 문장을 가리킨다. 서술문의 종류는 매우 다양하다. '서술문'은 '동사술어문動詞謂語文' 혹은 '동사서술문動詞敍述文'이라고도 한다.

본 장에서는 먼저 서술문인 '동목구(술목구)'의 종류를 살펴본 후, 제2절부터는 의동意動용법과 사동使動용법의 현상과 발전에 대해 자세히 살펴보기로 한다.

(1) 동목구조 서술문과 관계목적어의 종류

서술문은 목적어를 수반하는 경우와 그렇지 않는 것으로 크게 나눌 수 있다. 일반적으로 목적어를 수반하는 않는 서술문을 '동사술어'라고 하고, 목적어를 수반하는 구조는 '동목구(술목구조動賓結構)'라고 한다. 전통적인 어법 분석에서는 목적어를 수반하지 않는 동사를 '자동사' 혹은 '불급물동사不及物動詞'라 하고 목적어를 수반하는 동사를 '타동사' 혹은 '급물동사及物動詞'라 한다. 또한 목적어는 동사와의 관계에 따라 '객체受事목적어(수동목적어)' · '주체施事목적어(능동목적어)' · '관계목적어'와 '주제主題목적어'로 나눌 수 있다. '객체 목적어'는 일반적으로 목적어가 타동사 뒤에 쓰여 동사의 지배를 받는 경우로 '주체施事주어 - 동사 - 객체受事목적어'의 형식이다. '주체 목적어'는 목적어가 동사의 지배를 받는 것이 아니라 목적어가 동사의 실질적 주체가 되는 것을 말한다. '주체 목적어'는 다시 '사동使動용법'과 '피동被動용법'으로 나눌 수 있다. '관계목적어'는 동사 뒤의 목적어가 동사의 지배를 받는 것이 아니라 동작 행위의 의미적 관계를 나타내는 경우이다. '관계목적어'는 동사와 목적어의 의의 관계에 따라 다시 '목적' · '대상' · '처치處置' · '도구工具' · '공급' · '대체' · '원인' · '비교' · '정도' · '처소' 등으로 나눌 수 있다.

관계 목적어 이외에 혹은 다시 '주제 목적어'와 '객체 목적어'로 나누고, 주제목적어는 다시 '의동 목적어'와 칭위稱謂목적어로 나누기도 한다.[500] 그러나 주제목적어는 본 저서에서 말하는 '의동 목적어'에 해당되고, '객체 목적어'는 '피동문'와 '사동문'으로 나눌 수 있다.

'관계목적어'는 동사와 목적어 사이에 의미적으로 '전치사'를 포함하는 형식이다. 즉 의미적으로 전치사가 목적어를 취하여 동사 앞이나 뒤에 놓을 수 있는 경우로 '전치사 + 목적어 + 동사' 혹은 '동사 + 전치사 + 목적어'의 형식이다.

1) '목적'

'목적' 목적어는 동작 행위의 목적이나 혹은 그 목적을 위한 대상을 표시한다. 일반적으로 타동사 혹은 자동사가 주로 쓰이고, 목적어는 주로 사람을 표시하는 명사가 주로 쓰인다. 어법적 의미는 "동목動目→'爲' + 동목"이 된다.

1 伯夷死名於首陽之下, 盜跖死利於東陵之上.《莊子·駢拇》
백이를 명성을 위하여 수양산 아래에서 죽었고, 도척은 이익을 위하여 동릉(태산) 아래에서 죽었다.

2 伯氏不出而圖吾君, 伯氏苟出而圖吾君, 申生受賜而死.《禮記·檀弓上》
백씨(사부師傅 호돌狐突)가 나오지 않고 우리나라 군주를 정치를 꾀하지 않고 있는데, 만약에 백씨가 나와서 군주를 위하여 국정을 꾀한다면 신생(진나라 헌공獻公 세자)은 은혜를 입고 안심하고 죽겠다.

3 坎坎鼓我, 蹲蹲舞我.《詩經·大雅·伐木》
둥둥둥 나를 위하여 북을 울리고 둥실둥실 나는 위하여 춤을 추네.

4 小人殉財, 君子殉名.《莊子·盜跖》
소인은 재물을 위하여 죽고 군자는 이름을 위하여 죽는다.

5 衣人之衣者懷人之憂, 食人之食者死人之事.《史記·淮陰侯列傳》
남의 옷을 입는 자는 그 사람의 근심을 생각게 하고, 남의 음식을 얻어먹은 자는 그 사람의 일을 위하여 목숨을 바친다.

500) 何樂士,《古漢語語法及其發展》, 548쪽 참고.

'死人之事'는 '그 사람의 일을 위하여 목숨을 바친다.'는 뜻이다.

2) '대상'

목적어가 '대상'을 표시하는 경우엔 술어謂語가 형용사나 자동사가 대부분이고 명사가 동사로 활용되어 사용되기도 한다. 현대 중국어로 '對之'·'向之'나 '與之'로 번역할 수 있다.

6 王太仁於薛公[501], 而太不忍於諸田. 太仁薛公, 則大臣無重; 太不忍諸田, 則父兄犯法.《韓非子 · 內儲說上》
왕은 설공에게는 너무나 인자하게 대하였고, 전씨 일족에게는 지나치게 동정을 한다. 설공에게 너무나 인자하게 대하면 다른 신하들의 권위가 없어지고, 전씨 일족에게 너무 인자하면 부모형제가 법을 범하며 나라 안의 정치는 혼란스러워진다.

위의 문장 중 '太仁於薛公'은 '太仁薛公', '太不忍於諸田'은 '太不忍諸田'과 같은 의미적 구조이다.

7 諸君子皆與驩言, 孟子獨不與驩言, 是簡驩也.《孟子 · 離婁下》
여러 군자들은 다 나 환과 이야기하는데 맹자만은 나 환을 상대하지 않고 무시한다.

우사右師는 제나齊나라의 중신으로 성은 왕王이고 이름은 환驩이고, 자는 자오子敖이다. '간簡驩' 중 '간簡'은 '푸대접하여 업신여기다'는 뜻이다.

8 之狙也, 伐其巧, 恃其便以敖予, 以至此殛也.《莊子 · 徐無鬼》
이 원숭이는 자기 재주를 자랑하고 자신의 날램만 믿고서 나에게 오만하게 굴다가 이렇게 죽고 말았다.

501) 설공薛公은 맹상군孟嘗君 전문田文의 아버지인 전영田嬰이다.

'오여敖予' 중 '敖'는 '傲(거만할 오, ào)'로 읽는다. '오여'는 '나에 대하여 거만하게 굴다'라는 뜻이다.

9 河魚腹疾奈何? 曰: "目於眢井而拯之, 若為茅絰, 哭井則已"《左傳 · 宣公十二年》
설사가 나면 어떻게 하려고 하는가. 그러자 말하였다. 말라버린 우물을 보면 나를 건져주게나. 그러면 띠풀로 만든 끈을 우물에 대고 곡하거든 난 줄 알게나.

'하어복질河魚腹疾'은 '물고기가 뱃병이 난다'라는 말로, '나라가 큰 환란을 만나 곧 망하게 된다'라는 뜻이다. 혹은 '하어지질河魚之疾' · '하어지환河魚之患'이라고도 한다. '哭井' 중 '哭(울 곡, kū)'자는 자동사이며, '곡정'은 '우물을 대고 곡을 하다'라는 뜻이다.

10 哭死而哀, 非爲生者也.《孟子 · 盡心下》
죽은 사람을 곡하는 것은 산 사람을 위한 것이 아니다.

3) '처치'

'처치목적어'는 동사가 목적어를 어떻게 처리하다는 뜻을 지닌다. 왕력王力은 현대중국어 중 '파자구把字句'를 '처치식'이라 하였다.(처치식의 역사적 변천은 제8장 '처치식의 탄생과 변천' 참고)

현대 중국어에는 일종의 특수한 어법 형식 처치식處置式이다. 이 처치식은 전치사 성질을 지닌 동사 '把'자를 목적어를 동사 앞으로 이동시키는 구조이다. 의미적으로는 일종이 목적적 행위을 지닌 처치를 표시한다. ……
현대 중국어의 처치식은 당대唐代 이전에는 단지 동목구조로 표현되었다.[502)]

---

502) 王力《漢語史稿》(中冊), "在現代漢語裏有一種特殊的語法結構, 就是處置式. 就形式上來說, 它是用一個介詞性動詞'把'字把賓語提到動詞的前面; 就意義上說, 它的主要作用在於表示一種有目的的行爲, 一種處置. ……在現代漢語裏用處置式的地方, 在唐代以前只能用一般的動賓結構." 410쪽.

11 舜尙見帝, 帝館甥於貳室, 亦饗舜, 迭爲賓主, 是天子而友匹夫也.《孟子 · 萬章下》
순이 등용되어서 요堯임금을 뵈었는데, 요임금은 사위를 부궁副宮에다 유숙시키고, 또 순을 위하여 향연하였고, 서로 번갈아 객이 되고 주인이 되고 하였으니, 이것은 천자이면서 필부를 벗으로 사귄 것이다.

'관생館甥' 중 명사 '館(객사 관, guǎn)'은 동사 용법인 '유숙留宿하다'라는 뜻이다. '관생어이실館甥於貳室'은 '사위를 부용에 머무르게 하다'라는 뜻이다.

12 方暑, 闕地下冰而床焉.《左傳 · 襄公二十一年》
마침 한여름이었는데, 지하실을 파고 그 안에 얼음을 채워 넣은 뒤 침상에 누었다.

'하빙下冰'은 '얼음을 넣다'라는 뜻이다.

13 齊侯執陽虎, 將東之.《左傳 · 定公九年》
제나라 경공이 양호를 붙잡아 동쪽 변경에 수금하고자 하였다.

'東之'은 '그를 동쪽변방지역에 수금하다'라는 뜻이다.

4) 도구

'동목구조' 중 목적어로 공구나 혹은 재료를 표시하는 목적어를 '도구 목적어'라 한다.

14 褚師出, 公戟其手曰: 必斷而足.《左傳 · 哀公二十五年》
저사성자褚師聲子가 그 자리에서 물러나자 위출공衛出公이 자신의 손을 창의 모양을 하면서 "내가 반드시 그의 발을 끊어놓고 말겠다."라 했다.

'극기수戟其手'는 '손을 창 모양으로 만들다'라는 뜻이다.

15 楚越之地, 地廣人希, 飯稻羹魚.《史記 · 貨殖列傳》
초나라와 월나라의 땅은 지역은 넓고 사람이 적어 쌀로 밥먹고 고기로 죽을 먹는다.

'반도갱어飯稻羹魚'은 '쌀로 밥을 삼고 물고기를 죽으로 삼는다'라는 뜻이다.

5) 공급

'공급목적어'는 목적어가 공급되어지는 대상이다. 목적어는 일반적으로 명사나 대사가 쓰인다. 술어는 일반적으로 명사가 동사적 용법으로 쓰인다.

16 吳人曰: 宋百牢我.《左傳 · 哀公七年》
오나라 사람이 말하였다. 송나라 사람이 백 개의 우리에 갇힌 짐승을 잡아 우리에게 향연을 베풀어 주었다.

'백뢰아百牢我'는 '백뢰로 우리에게 향연을 베풀어주다'는 뜻이다.

17 有一母見信饑, 飯信, 竟漂數十日.《史記 · 淮陽侯列傳》
어떤 아낙네가 한신이 굶주린 것을 보고 한신에게 밥을 주었다. 이렇게 수십일 동안 밥을 주었다.

'반신飯信'은 '한신에게 밥을 주다'라는 뜻이다.

18 惠公之在梁也, 梁伯妻之.《左傳 · 僖公十七年》
혜공이 양 지방에 있을 때, 양백이 자신을 딸을 시집가게 하였다.

'양백처지梁伯妻之'는 '자신의 딸을 혜공의 처가 되게 하다'는 뜻이다.

6) 대체

'대체목적어'는 술어가 '목적어'를 대신해서 동작을 행해주는 것을 말한다. '공급목적어'의 목적어는 주어가 목적어에게 받도록 하는 것이지만, '대체목적어'는 주어가 목적어를 위해 대신해서 행위를 해 주는 대상이다.

19 石惡將會宋之盟, 受命而出, 衣其尸, 枕之股而哭之.《左傳 · 襄公二十七年》
석악이 송나라의 회맹에 가려고 명을 받고 나오다가 시신에 옷을 입히고, 시신의 넓적다리를 베고 곡을 하였다.

'의기시衣其尸'는 '시신을 대신하여 옷을 입히다'라는 뜻이다.

20 酌則誰先? 曰: 先酌鄉人.《孟子 · 告子上》
술을 따라 주는 건 누구에게 먼저할까요. 말하였다. 먼저 마을사람에게 따라 주어라.

'작향인酌鄉人'을 '마을 사람을 대신하여 술을 따르다'라는 뜻이다.

21 父曰: 履我! 良業爲取履, 因長跪履之.《史記 · 留侯世家》
그러자 노인이 말했다. "나한테 신겨!" 장량은 노인을 위해서 신을 주워왔으므로 두 무릎을 꿇고 앉아 신을 신겼다.

'이아履我'는 '나에게 신발을 신겨라'라는 뜻이다.

7) 원인

'원인목적어'는 목적어가 술어의 원인이 된다. 술어는 일반적으로 심리의 상태를 나타내는 자동사가 쓰인다.

22 諸侯歸晉之德只, 非歸其尸盟也.《左傳 · 襄公二十七年》

제후들은 진나라의 덕 때문에 귀의한 것이지 동맹의 주역이 되었기 때문에 귀의한 것이 아니다.

'귀진지덕歸晉之德'은 '진의 덕 때문에 귀의하다'는 뜻이고, '귀기시맹歸其尸盟'은 '맹주가 되었기 때문에 귀의하다'라는 뜻이다.

23 晉人懼其無禮於公也, 請改盟.《左傳 · 文公三年》
진나라 사람은 그들이 노문공魯文公 2년 때 그에게 무례하게 대했던 것 때문에 두려워하여 맹약 개정을 청했다.

'구기무례어공懼其無禮於公'은 '문공에게 무례하게 대했기 때문에 두려워하다'라는 뜻이다.

24 今子有大樹, 患其無用, 何不樹之於無何有之鄕, 廣莫之野, 彷徨乎無爲其側, 逍遙乎寢臥其下? 不夭斤斧, 物無害者, 無所可用, 安所困苦哉!《莊子 · 逍遥游》
지금 그대는 큰 나무를 가지고 그것이 쓸데없다고 걱정하고 있네. 왜 그것을 어디에도 없는 마을의 광야에 심어놓고 그 곁에서 한가하게 거닐며 노닐면서 그늘 아래에서 소요할 생각은 하지 못하는가? 어려서 도끼에 찍힐 일도 없어 그 무엇도 이를 해치지 않는다네. 소용없음이 어찌 고단하고 괴롭겠는가?

'불요근부不夭斤斧'는 '도끼로 인하여 베임을 당하다'라는 뜻이다.

8) 정도

'비교목적어'는 동작이 어떤 상태에 이르게 되었음을 표시한다.

25 君子成人之美, 不成人之惡. 小人反是.《論語 · 顔淵》
君子는 남의 좋은 점을 발전시켜주고 남의 나쁜 점은 자라나게 하지 않는다. 소인은 이와 반대가 되게 한다.

'반시反是'는 중 '是'는 앞 문장을 가리킨다. '반시'는 '반대가 되다'라는 뜻이다.

26 名尊地廣以至於王者, 何故? 戰勝者也. 名卑地削以至於亡者, 何故 ? 戰罷者也.《商君書 · 畫策》
이름이 나고 땅을 넓혀 천하의 왕 노릇하게 된 것은 어떤 이유인가? 전쟁에서 이겼기 때문이다. 명성이 비천해지고 땅을 빼앗기게 되는 것이 망자가 되는 것은 어떤 이유인가? 전쟁에서 패했기 때문이다.

'지왕至王'은 '천하의 왕이 되다'라는 뜻이다.

9) 비교

'비교목적어'는 목적어가 비교대상이다.

27 臣以力事君者也, 今徐子力多臣. 臣不以自代, 恐他人言之而為罪也.《韓非子 · 外儲說左下》
신은 힘으로 군주를 섬기는 자입니다. 지금 서자가 힘이 신보다 강하니 신이 저를 대신하도록 말하지 않으면 사람들이 언급하여 죄를 주라 하는 것이 두렵다.

'多臣'은 '신보다 많다'라는 뜻이다.

28 武安由此滋驕, 治宅甲諸第. 田園極膏腴.《史記 · 魏其武安侯列傳》
무안후는 그 뒤로 더욱 교만해져 집을 수리하여 어떤 저택보다 으뜸으로 만들었고 밭과 임야도 매우 기름지게 바꿨다.

'갑제제甲諸第'는 '모든 저택보다 으뜸이 되다'라는 뜻이다.

29 大夫倍上士, 上士倍中士, 中士倍下士.《孟子 · 萬章下》
대부는 상사의 배, 상사는 중사의 배, 중사는 하사의 배의 녹과 같다.

10) 처소

'처소목적어'는 목적어가 술어의 장소를 나타낸다.

30 陳勝葬碭, 謚曰隱王.《史記 · 陳涉世家》
진승은 탕 땅에서 장사지내고 시호를 은왕이라 하였다.

'장탕葬碭'은 '탕 땅에서 장사지내다'라는 뜻이다.

31 死長安即葬長安, 何必來葬為!《史記 · 吳王濞列傳》
장안에서 죽었으면 장안에서 장례를 치러야지 하필이면 이 먼 곳까지 보내 치르게 할 필요가 있는가!
32 日出東方.《莊子 · 田子方》
해는 동쪽에서 뜬다
33 朝發白帝, 暮到江陵.《水經注 · 江水》
아침에 백제성을 출발하면 저녁에는 강릉에 도착하다.

'出東方'은 '동방에서 태양이 솟다'라는 뜻이다.

(2) 의동용법의 목적어 성질의 변화

'의동용법意動用法'과 '사동용법使動用法'은 한어의 동사 용법 중 비교적 특별하기도 하며, 또한 매우 이른 시기에 발생하였기 때문에 주의하여 연구할 필요가 있다.

상고전기上古前期에는 품사가 아직은 정형화 되지 않아서 어떤 단어가 어떤 품사에 속하는지와 한 단어가 문장에서 어떤 역할을 하는 지는 아직 고정되지 않았다. 그래서 중국어의 품사는 활용적인 현상이 생겨나게 되었다. 그러나 이러한 활용 방식은 아무런 제약이 없는 것이 아니라 일종의 품사를 활용하는 방식으로 문장에서 관련성분이 기능 변화를 함으로써 발생하게 된다. 의동意動용법과 사동使

動용법은 역시 이러한 기능변화로 인해 생겨나 형식 중의 하나이다.

주법고의 《중국고대어법 - 조구편中國古代語法 - 造句編》은 사동용법은 '사실事實'적인 의미를 내포하고 있고, 의동용법은 '허구'적인 내용의 포함되어 있다 하였다.

> 이른바 '사위식'은 '사동' 혹은 '치동'이라 칭하기도 한다. 인도유럽어의 'causative'에 해당된다. '목적어로 하여금 ……하다'라는 뜻이다.
>
> '의위식(putative)'이란 혹은 '의동'이라 칭하기도 한다. '그것을 ……라고 여기다'의 뜻이다.
>
> 이들 형식 중 '사위식'은 사실적인 내용을 가리키는 것이라면, '의동식'은 허구적인 내용을 가리킨다. 이들 구조는 반드시 목적어를 수반한다. 목적어를 수반할 수 있는 동사(타동사)가 자주 '사위식'이나 '의위식'으로 변환되어 쓰이는데, 이들은 모두 목적어를 동반한다.
>
> 동사나 형용사가 이러한 용법으로 쓰이는 것 이외에, 명사가 이 용법으로 쓰이기도 한다.[503)]

사동식使動式과 의동식意動式의 품사 관계와 그 의미적 변화 관계를 도식화하면 아래와 같다.

- 사동식: 일반적으로 자동사가 술어謂語로 쓰인다.
  使 + 목적어 + 사동사使動詞
- 의동식: 일반적으로 형용사가 위어로 쓰인다.
  認爲(以爲) + 목적어 + 의동사意動詞 (形容詞)
  把 + 목적어 + 當作 + 의동사意動詞 (名詞)

고대 중국어 중 일반 타동사와 목적어의 관계는 타동사가 내놓은 행위를 목적어가 받으며 일반적으로 목적어는 피행위자(受事者) 역할을 한다. 그러나 기타 다

---

503) 周法高,《中國古代語法 - 造句編》: "所謂使謂式, 或稱使動・致動, 和印歐系語言裏的'causative'用法相當; 其意義是'使牠(賓語)怎麼樣'. 所謂意謂式(putative), 或稱意動, 其意義是'認爲牠怎麼樣'. 二者區別是: 前者是事實, 而後者是虛擬的. 這兩種用法一定要有賓語的, 往往有許多和賓語連用的謂詞變成使謂式或意謂式, 都可以有賓語了, 除了動詞和形容詞可以有這種用法外, 名詞也有之." 70쪽 참고.

른 품사가 임시적으로 타동사 역할을 할 때, 목적어의 성질이 변하여 타동사의 동작을 받는 것이 아니라 동사의 성질을 갖는다. 그래서 목적어는 실제 그런 성질을 갖는 것이 아닌 사람들에 의해 '그렇게 여겨진다(認爲, 以爲)'의 동사적 성질을 갖게 된다. 이러한 용법을 의동식意動式이라 한다.[504)]

의동意動용법은 상고전기의 은상殷商문헌에서부터 찾아볼 수 있다.

34 己未卜, 王貞: 气出(侑)塞(禱)于祖乙.[505)] 王吉兹卜.《合22913》
을미乙未일에 왕이 점을 쳐 묻습니다. 조제禱祭를 위하여 조을에게 유제侑祭를 거행할까요? 대왕은 이번의 점복은 길하다고 여겼다.

35 己亥卜王□余弗其子婦姪子.《合 21065》
기해일에 왕이 점을 쳐 묻습니다. 나는 처조카의 자식을 자식으로 여기지 않아도 괜찮을까요?

35 重我民.《尚書 · 盤庚上》
우리 백성을 중요하게 여겼다.

"王吉兹卜" 중 '吉'은 형용사이다. 여기서는 의동용법으로 쓰여, '왕은 이 점이 길할 것이라고 여겼다'라는 뜻이다. "余弗其子婦侄子" 중 '子'는 원래는 명사이나, 여기서의 첫 번째 '子'는 의동용법으로 쓰여 '처조카의 자식을 자식으로 여기지 않았다'라는 뜻이다. "重我民" 중 '重'자는 원래 형용사이나 본 구절에서는 '我民'이란 목적어를 수반하여 '우리 백성을 중요하게 여겼다'는 의미이다.

춘추전국에서 진한시기까지 문학 언어에서 형용사 혹은 명사가 타동사를 대신하는 의동용법이 계속해서 생겨났으며, 대명사가 타동사처럼 쓰이는 경우도 있었다. 의동용법의 구조는 아래 3가지 유형으로 나눌 수 있다.

---

504) 何樂士,《古漢語語法及其發展》에서는 '의동'의미를 지닌 '동목구조'를 '주제목적어(主題賓語)'라 하였다. 예를 들어, "魯弱晉而遠吳, 馮恃其衆而背君之盂.(노나라 내심 진나라가 쇠약하고 오나라는 멀리 있다고 여기고, 군사가 백성이 많음을 믿고 군주와 맺은 맹약을 어겼다.)"(《左傳 · 哀公七年》) 구절이 있다. 538 - 545쪽.

505) "己未卜王貞乞出(有)桒于祖乙."로 석문하기도 한다. '气(乞)'자는 갑골문에서 '장차……하려고 하다' 혹은 '만약에' 등의 의미로 쓰인다. 張玉金,《甲骨文虛詞詞典》, 176쪽 참고.

1) 형용사가 타동사 용법으로 쓰이는 경우

형용사가 의동동사로 쓰이는 경우 주어가 목적어를 이 형용사가 나타내는 성질 상태라고 여기는 것이다. "주어 + 以 + 목적어 + 형용사"와 같은 의미적 구조를 나타낸다.[506)]

36 齊君弱[507)]吾君, 歸弗來矣.《左傳 · 昭公十二年》
齊나라 군주는 우리 군주를 약하다고 여기니, 돌아가서 오지 않았다.

37 人主自智而愚人, 自巧而拙人.《呂氏春秋 · 知度》
군주는 자신을 총명하다고 여기지만 다른 사람을 우매하다고 여기고, 자신을 민첩하다 여기지만 다른 사람을 굼뜨다 여긴다.[508)]

38 然則吾大天地而小毫末, 可乎?《莊子 · 秋水》
그렇다면, 내가 천지를 큰 것이라 여기고, 티끌을 작은 것이라 여겨도 되겠습니까?

39 莫敖狃於蒲騷之役, 將自用也, 必小羅.《左傳 · 桓公十三年》
막오는 이미 포소[509)]의 이번 전공을 자신감에 빠져 있으니, 그는 자기의 뜻대로만 싸우려 할 뿐 아니라 반드시 라국羅國을 소국으로 여길 것이다.

40 時充國年七十餘, 上老之.《漢書 · 趙充國辛慶忌傳》
당시 조충국趙充國이 이미 70여세라, 선제宣帝는 그가 늙었다고 여겼다.

이외에도 고전적에서는 의동식을 자주 사용한다.

41 吾妻之美我者, 私我也.《戰國策 · 齊策》
내 부인이 나를 잘 생겼다고 하는 것은 나를 편애하기 때문이다.

42 甘其食, 美其服, 安其居, 樂其俗.《老子 · 第八十章》
그들의 음식이 맛있다고 여겼고 그들의 복식이 아름답다고 여겼으며 그들의 거처가 살기 좋다고 여겼고, 그들의 풍속이 순후하다고 여겼다.

---

506) 楊合鳴 편저, 최금옥 편역(2008:74).《고금중국어의 어법차이》. 한국학술정보.

507) '弱吾君'은 '以吾君爲弱者'라는 뜻이다.

508) '自智'는 '自以爲智'의 뜻이고, '愚人'은 '認爲別人愚蠢'의 뜻이고, '拙人'은 '以爲別人很笨拙'의 뜻이다.

509) '포소蒲騷'는 지명, 지금의 湖北 應城縣에 위치한다.

43 子曰: “士志于道, 而耻惡衣惡食者, 未足與議也.”《論語 · 里仁篇》
선비가 진리에 뜻을 두면서 또한 자기의 먹는 나쁜 음식과 허름한 옷을 치욕스럽게 여긴다면 이런 사람은 함께 논의할 가치도 없다.

44 孔子曰: “樂驕樂, 樂佚遊, 樂宴樂, 損矣.”《論語 · 季氏篇》
교만하게 구는데서 오는 즐거움을 즐거움으로 여기고, 절제 없이 쏘다니는 것을 즐거움으로 여기고, 편안하게 놀기를 좋아는 것을 즐거움으로 여기면 해롭다.

《순자》와 《한비자》에서 형용사가 의동용법으로 쓰인 공통적인 어휘는 총 10개이고 구체적인 용례는 다음과 같다.[510)]

[怪]

45 怪之, 可也.《荀子 · 天論》
괴이하다고 여길 수 있다.

46 智過怪其色, 因入見知伯曰: “二君貌將有變.”《韓非子 · 十過》
지과는 두 사람의 안색에 수상쩍다 여겨 곧 지백을 만나 이같이 보고했다“두 사람의 표정을 보니 장차 배신할 뜻이 있는 듯 합니다.”

[貴]

47 君子之所以貴玉而賤珉者, 何也?《荀子 · 法行》
군자가 옥을 귀하게 여기고 옥돌을 천하게 여기는데 왜 그런가.

48 夫斷死與斷生者不同, 而民爲之者, 是貴奮死也.《韓非子 · 初見秦》
무릇 죽을 각오를 하는 것과 어떻게 해서라도 살아남으려는 것은 그 결과가 같지 않으니 백성이 죽을 각오를 하는 것은 분전하다가 죽는 일을 귀하게 여기기 때문입니다.

[賤]

49 賢者賤之.《荀子 · 正論》
어진이를 천하게 여기다.

50 明君賤玩好而去淫麗.《韓非子 · 解老》
명군 역시 노리개를 천한 것으로 여기며 음란하고 사치한 것을 없애는데 주력한다.

510) 方文一(2006), 〈《荀子》與《韓非子》意動用法之比較〉, 《浙江師範大學學報》, 4(31).

[樂]

51 亂者樂其政.《荀子 · 議兵》

어지러운 자의 백성들은 왕자의 정치를 만족하게 여기고 즐거워한다.

52 昔者齊景公遊於海而樂之.《韓非子 · 十過》

옛날 제경공이 바닷가에서 놀다가 재미있다 여겼다.

[輕]

53 道義重則輕王公.《荀子 · 修身》

도의를 중하게 여기면 왕이나 공경같은 높은 사람도 하찮게 여긴다.

54 夫內無痤疽癉痔之害, 而外無刑罰法誅之禍者,其輕恬鬼也甚.《韓非子 · 解老》

무릇 안으로 부스럼이나 종기 또는 황달과 치질 같은 질병이 없고 밖으로 형벌로 인한 화가 없으면 귀신을 매우 가벼이 여길 것이다.

[榮]

55 君子能則人榮學焉.《荀子 · 不苟》

군자는 재능이 있으면 남들이 자신에게 배우는 것을 영광으로 여긴다.

56 吾入見先王之義則榮之.《韓非子 · 喻老》

나는 집에 들어와 선왕의 의를 보면 영광으로 여기었소.

[賢]

57 欲人之賢己也.《荀子 · 修身》

남들이 자신을 어질다고 하기를 바란다.

58 君聞而賢之.《韓非子 · 說難》

위영공이 이를 듣고 오히려 어질다고 여겼다.

[重]

59 (君子)重死持義而不橈.《荀子 · 榮辱》

죽음을 중히 여기고 의를 지키며 흔들리지 않는다.

60 愛子者慈於子, 重生者慈於身, 貴功者慈於事.《韓非子 · 解老》

자식을 사랑하는 자는 자식에게 자애롭고, 생명을 소중히 여기는 자는 자신의 몸에 자애롭고, 공적을 귀하게 여기는 자는 하는 일에 자애롭다.

[恥]

61 君子恥之.《荀子 · 禮論》

군자는 부끄럽게 여기다.

62 齊桓公飮酒醉, 遺其冠, 恥之, 三日不朝.《韓非子 · 難二》

제환공이 술에 취해 관을 잃어버렸다. 이를 부끄럽게 여겨 3일 동안 조정에 나가지 않았다.

[羞]

63 仲尼之門……言羞稱乎五霸.《荀子 · 仲尼》

중니(仲尼)의 문인들 사이에서는 오패 거론하기를 부끄럽게 여겼다.

64 今士大夫不羞汚泥醜辱而宦.《韓非子 · 詭使》

지금 사대부들은 더럽고 추한 욕을 먹고 있는데도 부끄럽게 여기지 않고 후안무치하게 계속 관직에 앉아 있다.

《순자》에서 형용사가 의동용법 쓰이는 용례는 아래와 같다.[511)]

65 吾鄙之.《荀子 · 宥坐》

나는 비천하게 여긴다.

66 厚其生而薄其死.《荀子 · 禮論》

태어남을 두텁게 하고 죽음을 소홀하게 여기다.

67 我甚丑之.《荀子 · 榮辱》

나는 매우 부끄럽게 여긴다.

68 大天而思之.《荀子 · 天論》

하늘을 높다고 여기고고 크게 사모하다.

69 故君子隆師而親友.《荀子 · 修身》

군자는 스승을 높이 여기고 벗은 친하다.

70 不是師法.《荀子 · 修身》

스승이나 예법을 옳다고 여기지 않다.

《한비자》에서 형용사가 의동용법으로 쓰이는 용례는 아래와 같다.[512)]

511) 方文一(2006), 〈《荀子》與《韓非子》意動用法之比較〉, 《浙江師範大學學報》, 4(31).

512) 方文一(2006), 〈《荀子》與《韓非子》意動用法之比較〉, 《浙江師範大學學報》, 4(31).

71 夫非其行而誅其身, 君之於臣也.《韓非子 · 難一》

무릇 신하의 행동에 잘못이 있다고 여기면 그를 벌하는 것이 군주가 신하를 대하는 자세이다.

72 子反之爲人也, 嗜酒, 而甘之, 弗能絶於口, 而醉.《韓非子 · 十過》

자반의 사람됨이 원래 술을 좋아했다. 일단 맛을 본 후 달콤하다고 여기면 이를 뗄 수가 없어 이내 대취하고 말았다.

73 斬敵者受賞, 而高慈惠之行.《韓非子 · 五蠹》

그럼에도 적을 죽인 자에게 상을 주면서 자혜로운 행동을 고상하게 여긴다.

74 利君死者衆, 則人主危.《韓非子 · 備內》

군주의 죽음이 이익을 얻는다고 여기는 사람이 많을수록 군주는 위험해 진다.

75 堅甲厲兵以備難, 而美荐紳之飾.《韓非子 · 五蠹》

견고한 갑옷과 날카로운 무기로 난을 대비하면서 고급관원의 의복인 천신을 아름답다 여긴다.

76 離朱易百步而難眉睫.《韓非子 · 觀行》

이주가 1백 보 밖의 것을 쉽게 볼수 있다고 여기면서도 자신의 눈썹을 보기 어렵다고 여긴다.

77 墨子大巧, 巧爲輗, 拙爲鳶.《韓非子 · 外儲說左上》

묵자는 뛰어난 기예를 지닌 사람이다. 실용적인 수레 축을 만드는 일은 훌륭하다고 여기고, 비실용적인 나무 솔개를 만든 자신의 솜씨는 졸렬하다고 여긴다.

78 吾所少而去也, 而世主之所多而求也.《韓非子 · 奸劫弑臣》

내가 이들을 경시하게 여기고 물리쳐야 할 신하로 여기지만, 지금 세상의 군주들은 그들을 중시하여 구하려 한다.

79 是故賢堯、舜、湯、武而是烈士, 天下之亂術也.《韓非子 · 忠孝》

요, 순, 탕, 무를 현자로 여기고, '열사'로 여기는 것은 곧 천하를 어지럽히는 술책이다.

80 其輕恬鬼也甚.《韓非子 · 解老》

귀신을 매우 가벼이 여길 것이다.

81 子小寡人之國以爲不足仕.《韓非子 · 外儲說右上》

그대는 우리 위나라가 작아 벼슬하기에 부족하다고 여긴다.

82 不料境內之資而易其鄰敵者, 可亡也.《韓非子 · 亡征》

나라 안 사정은 어두우면서 이웃 적국을 얕잡아 보면 그 나라는 이내 패망한다.

83 夫差智太宰嚭而愚子胥, 故滅於越.《韓非子 · 難三》

오나라 왕 부차도 태재 비를 현자로 알고 오자서를 우매하다 여긴 까닭에 월나라에 패망하고 말았다.

'지태재비智太宰嚭'는 '태재 비를 현자로 여기다'라는 뜻이고, '우자서愚子胥'는 '오자서를 우매하다고 여기다'라는 뜻이다.

84 徑省其說, 則以爲不智而拙之.《韓非子 · 說難》
유세할 때 거두절미하고 요점만 말하면 지혜가 없고 졸렬하다고 여긴다.

85 其家甚智其子, 而疑鄰人之父.《韓非子 · 說難》
그 집 사람들이 아들은 대단히 지혜롭게 여겼지만 이웃집 노인은 의심했다.

《좌전》에서 형용사가 의동용법으로 쓰인 용례는 아래와 같다.[513)]

86 及齊, 齊桓公妻之, 有馬二十乘, 公子安之.《左傳 · 僖公二十三年》
제나라에 도착하니 제나라 군주 환공은 딸을 아내로 삼게 하고 말 80필을 갖게 하니 공자가 제나라에 주저앉아 편안하게 살려 하였다.

87 秦晉匹也, 何以卑我.《左傳 · 僖公二十三年》
우리 진나라와 당신네 진나라는 동등한 나라인데 당신은 어째서 나를 업신여기는 것입니까?

88 晉中行穆子敗無終及群狄于大原, 崇卒也.《左傳 · 昭公元年》
진나라 중행목자中行穆子가 무종족과 여러 적狄 오랑캐를 대원에서 쳐부수었으니 그것은 싸움에서 보병의 능력을 중요하게 여겼기 때문이다.

89 戎狄荐居, 貴貨易土.《左傳 · 襄公四年》
융과 적 오랑캐는 수초를 따라 전진하며 생활하여 재화를 귀중히 여기고 토지를 소홀히 합니다.

90 鄭人圍許, 示晉不急君也.《左傳 · 成公九年》
정나라 사람이 허나라를 포위하여 진나라에 대해서 군주가 잡힌 일을 조급하게 여기지 않는다는 것을 보였다.

91 鹿鳴, 君所以嘉寡君也, 敢不拜嘉.《左傳 · 襄公四年》
〈녹명편〉의 시는 군주께서 저희 나라 군주를 좋아하시는 뜻을 나타낸 것인데 감히 좋아하시는 마음에 대하는 감사의 절을 하지 않으오리까.

92 杞文公來盟, 書曰子, 賤之也.《左傳 · 襄公二十九年》
기나라 문공이 노나라로 와 맹약을 맺었는데 경에 자작이라 쓴 것은 그를 천히 여

513) 方文一(2002:4), 〈《詩經》與《左傳》意動用法之比較〉, 《浙江師範大學學報》, 1(27).

겨서 였다.

93 今王子頹歌舞不倦, 樂禍也.《左傳・莊公二十年》

왕자 퇴가 노래와 춤을 멈추게 할 줄 모르는 것은 오는 화를 즐거움으로 여기는 것입니다.

94 齊人立敬仲之曾孫酁, 良敬仲也.《左傳・襄公二十九年》

제나라 사람은 경중의 증손인 연을 고씨 가문의 후계자로 삼았으니 그것은 경중을 훌륭한 인물로 존경해서였다.

95 棠公死, 偃御武子以弔焉, 見棠姜而美之, 使偃取之.《左傳・襄公二十五年》

당을 다스리는 사람이 죽자 동곽언은 최무자가 탄 수레를 조종하고가 조문했다. 최무자는 죽은 당을 다스린 자의 아내 강씨를 보고 아름답게 여겨 동곽언을 처로 맞이하려 했다.

96 不言出奔, 難之也.《左傳・隱公元年》

경문에 단이 공나라로 도망쳤다고 말하지 않은 것은 그를 내몰기가 어려운 이었기 때문이다.

97 華臣弱皋比之室.《左傳・襄公十七年》

동생인 화신은 화열의 아들로 대를 이은 고비의 집을 깔보았다.

98 君子是以善魯莊公.《左傳・莊公八年》

군자는 이 일로 노나라 장공을 칭찬하였다.

99 鮑先入晉地, 士魴禦之, 少秦師而弗設備.《左傳・襄公十一年》

포가 먼저 진나라 땅으로 쳐들어갔다 그러자 진나라 사방이 방어했는데 그는 진군이 적다고 여겨 단단히 경비하지 않았다.

100 幸災, 不仁.《左傳・僖公十四年》

재앙을 보고 요행이라 여기는 어질지 못한 일이다.

101 吳乘我喪, 謂我不能師也, 必易我而不戒.《左傳・襄公十三年》

오나라는 우리의 국상을 틈타 침공하여 우리가 군사를 낼 수 없을 거라고 여기고 있을 것이니 오군은 반드시 우리를 깔보고서 경비를 하고 있지 않고 있을 것입니다.

102 邾黑肱以濫來奔, 賤而書名, 重地故也.《左傳・昭公三十一年》

주나라의 흑굉이 남 땅을 소유한 채 우리나라로 도망왔다. 그는 지위가 낮은 사람이었지만 그의 이름을 경문에 쓴 것은 토지를 중히 여겼기 때문이다.

103 畏君之威, 聽其政, 尊其貴, 事其長, 養其親.《左傳・昭公元年》

큰 범절이란 군주의 위력을 두려워하고 나라의 정령에 복종하며, 신분이 높은 이를 존중하게 여기고 연장자를 잘 모시며, 친척을 중히 여기는 것이다.

'존기귀尊其貴'는 '신분이 높은 사람을 존중하게 여기다'라는 뜻이다.

104 牟夷非卿而書, 尊地也.《左傳 · 昭公五年》
모이는 거나라의 경이 아니었는데 그의 이름을 경문에 기록한 것은 그가 가지고 온 토지를 귀히 여겨서였다.

2) 명사가 의동용법으로 쓰이는 경우

아래에서는 명사가 동사 용법으로 쓰여 의동의 의미를 나타내는 경우를 살펴보기로 한다.

105 不如吾聞而藥之也.《左傳 · 襄公三十一年》
내가 그 말을 듣고서 바로 그것을 약으로 삼게 하는 것만 못하다.

'약지藥之'는 '약으로 여기다'라는 뜻이다.

106 托地而游宇, 友風而子雨.《荀子 · 賦篇》
구름은 대지에 의지하여 공간에서 놀며, 바람을 벗 삼고, 비를 자녀 삼았네.

'우풍友風'은 바람을 벗으로 여기고, '자우子雨'는 '비를 자식으로 삼다'라는 뜻이다.

107 孟嘗君客我.《戰國策 · 齊策一》
맹상군은 나를 손님으로 삼았다.

'객아客我'는 '나는 객으로 여기다'라는 뜻이다.

108 其謂之秦何？夷狄之也.《公羊傳 · 僖公三十三年》
여기서 진나라라고 이른 것은 무슨 뜻인가? 그들을 이적夷狄이라 여겼기 때문이다.

'夷狄之'는 '이적으로 여기다'라는 뜻이다.

109 公子乃自驕而功之, 竊為公子不取也.《史記 · 魏公子列傳》
공자는 오히려 매우 자랑스러워 하니, 자기의 공이라 여겨, 나는 암암리에 公子가 참으로 그러면 안 된다고 생각한다.

'功(공 공, gōng)'은 공로하는 뜻이다. 본 구절에서는 '공로가 있다고 여기다'라는 뜻이다.

양려楊麗(2003)[514]는 명사의 의동용법은 목적어가 나타내는 사람 혹은 사물을 이 명사가 나타내는 사람이나 사물로 보는 것으로 "以 + 목적어 + 名詞"라는 의미구조로 번역할 수 있다 하였다.

《순자》와 《한비자》에서 명사가 의동용법으로 쓰인 공통적인 어휘는 '臣'과 '子' 등이 있다.[515]

[臣]

110 今世俗之爲說者, 以桀、紂爲有天下而臣湯、武, 豈不過甚矣哉.《荀子 · 正論》
지금의 세상에서 말하는 자들은 걸과 주가 천하를 두었었고 탕 임금과 무왕이 신하다고 하였는데, 어찌 지나치게 심한 말이 아니랴!

111 堯爲人君而君其臣, 舜爲人臣而臣其君.《韓非子 · 忠孝》
요는 군주의 몸으로 보위를 신하인 순에게 물려준 뒤 신하를 군주로 모셨고, 순은 신하의 몸으로 보위를 물려받은 뒤 군주인 요를 신하로 삼았다.

[子]

112 子雨.《荀子 · 賦》
비를 자녀삼다.

113 有道者, 父固不得而子.《韓非子 · 忠孝》
도를 터득한 사람에 대해서는 부친일지라도 그를 자식으로 대할 수 없다.

《순자》에서 보이는 명사의 의동용법의 용례는 아래와 같다.

---

514) 楊麗(2003), 〈從《論語》·《孫臏兵法》看先秦漢語名詞 · 動詞 · 形容詞句法功能的多样化和複雜化〉, 《陝西師範大學》碩士學位論文.

515) 方文一(2006), 〈《荀子》與《韓非子》意動用法之比較〉, 《浙江師範大學學報》, 4(31).

114 寶之, 珍之, 貴之, 神之.《荀子 · 非相》
보배롭고 진귀하게 여기며, 귀하고 신묘하게 여긴다.

명사 '寶'와 '神'은 동사의 용법으로 쓰인다.

115 聖人也者, 本仁義.《荀子 · 儒效》
성인이라는 사람은 인과 의를 근본으로 삼는다.

명사 '本(밑 본, běn)'은 동사의 용법으로 쓰인다.

116 百姓莫不敦惡, 莫不毒孽, 若祓不祥.《荀子 · 議兵》
백성들은 이를 원망하고 미워하며 해악을 끼치는 자라 여겨 역귀를 쫓아내듯 할 것이다.

'莫不毒孽' 중 '毒(독 독, dú)'과 '孽(그루터기 얼, niè)'은 모두 명사인데 동사의 용법으로 쓰인다.

117 然則鬥與不鬥邪, 亡於辱之與不辱也.《荀子 · 正論》
그렇다면 싸우고 싸우지 않는 원인은 치욕스럽게 여기고 치욕스럽게 여기지 않는 것과 상관이 없다.

118 席薪, 枕塊.《荀子 · 禮論》
나무로 자리를 삼고, 흙으로 베개를 삼다.

119 ……又惡人之賊己也.《荀子 · 修身》
또 남들이 자신을 적으로 여기는 것을 증오한다.

《한비자》에서의 명사가 의동용법으로 쓰이는 경우는 아래와 같다.

120 聖堯, 則去舜之德化.《韓非子 · 難一》
요임금이 성인이라면 순임금의 덕화는 있을 수 없는 것이오.

121 信若《詩》之言也, 是舜出則臣其君, 入則臣其父, 妾其母, 妻其主女也.《韓非子 · 忠孝》

순은 시경의 이 구절처럼 밖으로 나가서는 자신의 군주를 신하로 삼고, 안으로 들어와서는 부친을 신하로 삼고, 모친을 노비로 삼고, 군주의 딸을 아내로 삼은 것이다.

위의 세 구절은 '臣'·'妾'과 '妻'는 동사 용법으로 쓰인다.

122 襲涿、方城, 殘齊, 平中山.《韓非子·有度》
탁현과 방성을 방패삼아 제나라를 정벌하고 중산을 평정하다.

《설문해자》는 '襲(엄습할 습, xí)'자에 대하여 "사자死者에게 입히는 왼쪽 속옷(左衽袍)"라 하였다. 원래 '속옷'이라는 뜻이다.

123 當燕之方明《奉法》·審官斷之時, 東縣齊國.《韓非子·飾邪》
연나라가 자국의 형법인 〈봉법〉의 입법취지를 분명히 하고 관원이 정사의 결정을 신중히 했을 때 동쪽으로 진출해 제나라의 영토를 현으로 만들었다.

'縣(매달 현, xiàn)'은 원래 동사인데 명사로 쓰인다.
이외에도 《좌전》에서 명사의 의동용법은 아래와 같다.[516)]

124 越國以鄙遠, 君知其難也.《左傳·僖公三十年》
월나라가 먼 정나라 땅을 영토로 삼는 다는 것은 군주께서 그 어려움을 알고 계시올 것 이옵니다.

'鄙'는 원래 '행정구역'을 나타낸다.

125 范宣子為政, 諸侯之幣重, 鄭人病之.《左傳·襄公二十四年》
범선자가 진나라의 정치를 하여 제후들이 납입할 재물의 부담이 커졌다. 정나라 사람은 그 큰 부담에 시달렸다.

---

516) 方文一(2002:4), 〈《詩經》與《左傳》意動用法之比較〉, 《浙江師範大學學報》, 1(27).

《논어 · 옹야雍也》에서는 "堯舜其猶病諸(요순도 그렇게 하기에는 부족함을 느꼈을 것이다.)"라 하여 '病'자를 동사의 용법으로 쓴다.

126 唯我知女, 女專利而不厭. 予取予求, 不女疵瑕也.《左傳 · 僖公七年》
나만은 너를 잘 알고 있다. 너는 다만 이익만 생각하여 그 이익에 대한 욕심내기를 그칠 줄 모르고 있다. 너는 나한테서 얻을 대로 얻었고 너에게 요구할 대로 요구했는데 나는 너를 나쁘다고 생각하지 않는다.

"不女疵瑕"는 원래 "不疵瑕女"의 순서가 되어야 하지만 부정문이고, 대사 '女(汝)'가 있기 때문에 어순이 바뀐 것이다.

127 叔孫氏臣其子弟.《左傳 · 昭公五年》
숙손씨는 관할구역 내 사람의 자제를 취해서 가신으로 여겼다.
128 夫子將有異志, 不君君矣.《左傳 · 昭公十七年》
계평자는 앞으로 다른 마음을 가질 것이다. 저분은 군주를 군주로 여기지 않고 있다.

《논어》"齊景公問政於孔子. 孔子對曰: 君君, 臣臣, 父父, 子子. 公曰: 善哉! 信如君不君, 臣不臣, 父不父, 子不子, 雖有粟, 吾得而食諸?(임금은 임금 노릇을 하고, 신하는 신하 노릇을 하고, 아비는 아비 노릇을 하고, 자식은 자식 노릇을 하는 것입니다라고 대답하셨다. 공이 말하기를, 좋은 말씀이요. 정말 임금이 임금 노릇을 하지 않고, 신하가 신하 노릇을 하지 않고, 아비가 아비 노릇을 하지 않고, 자식이 자식 노릇을 하지 않는다면, 곡식이 있다 한들 어찌 그것을 먹을 수 있겠소?)" 중의 '君', '臣', '父', '子'는 모두 명사가 동사의 용법으로 쓰이기도 한다.

129 吾與之同罪, 非義之也, 將何見焉?《左傳 · 文公七年》
나는 그분과 같은 죄를 짓고 있지 그분을 의로운 분이라고 알고 있지는 않는다. 그런데 어찌 만나볼 것인가?

'義(옳을 의, yì)'는 동사의 용법으로 쓰인다.

130 妾不才, 幸而有子, 將不信, 敢徵蘭乎.《左傳 · 宣公三年》
첩은 재주가 없으나 요행히 아들을 둔다 하더라도 사람들은 그 사실을 믿지 않을 것이니 감히 이 난을 신표로 삼아도 좋겠습니까?"

'徵(부를 징, zhēng, zhǐ)'는 원래 '징집'이라는 명사이나 '징표로 삼다'라는 뜻으로 쓰인다.

131 歸之而質其大子, 必得大城.《左傳 · 僖公十五年》
진나라 군주를 돌려보내고 그 태자를 인질로 삼으면 우리는 반드시 큰 성을 얻을 것이다.

'質(바탕 질, zhì)'은 '인질로 삼다'라는 뜻이다.

132 宋祖帝乙, 鄭祖厲王, 猶上祖也.《左傳 · 文公二年》
송나라는 제을을 조상으로 삼고 정나라는 주의 여왕을 조상으로 삼는데도 역시 조상으로 떠받든다.

'宋祖帝乙, 鄭祖厲王' 중의 '祖'는 '조상으로 삼다'라는 뜻이다.

3) 대명사가 동사의 용법으로 쓰이는 경우

대명사가 동사로 쓰여 의동용법을 나타내는 경우는 많지 않다.

133 且也相與吾之耳矣, 庸詎知吾所謂吾之乎?《莊子 · 大宗師》
사람들은 모두 이 형체를 나라고 여기지만, 내가 아는 소위 나는 무엇인가?

'오지吾之'는 '형제를 나라고 여기다'라는 뜻이다.

의동용법은 위에서 살펴본 3가지 형식은 모두 의미적 '以爲(여기다)' 혹은 '以……爲……(~을 ~라 여기다)'는 의미이다. 이 구조는 의미적으로 개괄성을 지니고 있어서 나중에는 이러한 의동용법이 점차 동사 '以爲'로 대체되었다.

하지만 상고후기上古後期의 '以爲'는 의동용법과 같은 시기에 동시에 존재한 또 다른 어법 형식이다.

134 孔子登東山而小鲁, 登泰山而小天下.《孟子 · 盡心篇》
공자가 동산에 올라 노나라는 작다고 여겼고, 태산에 올라 천하가 작다고 여겼다.

135 民以爲小.《孟子 · 梁惠王下篇》
백성들이 그것을 작다고 생각하다.

아래는 기타 전적에서 '以爲'를 사용하여 의동을 나타낸 예문이다.

136 始也吾以爲其人也, 而今非也.《莊子 · 養生》
처음에 나는 너희가 모두 성도한 사람인줄 알았으나 지금 보니 전혀 그렇지 않구나.

137 世主必從而禮之, 以爲自好之士.《韓非子 · 顯學》
당대 군주는 반드시 그를 예우하며, 명예를 중히 여기는 선비라고 여겼다.

138 冥冥而行者, 見寢石以爲伏虎也.《荀子 · 解蔽》
어둠 속에서 길을 걷는 사람은 누워있는 돌을 보고 호랑이가 엎드리고 있는 것이라 여긴다.

139 宋襄公即位, 以公子目夷為仁, 使為左師以聽政.《左傳 · 僖公九年》
宋나라 양공이 즉위해, 공자 목이目夷를 어질다고 여겨, 그를 좌사로 정사를 담당하게 하였다.

이외에도 《전국책 · 진책秦策》에 "蘇秦喟嘆曰: 妻不以我爲夫, 嫂不以我爲叔, 父母不以我爲子, 是皆秦之罪也.(소진은 탄식하였다. '처는 나를 지아비로 여기지 않고, 형수는 나를 시동생으로 여기지 아니하며, 부모님은 나를 자식으로 여기지 않으니 이 모든 게 나의 죄다.)"와 같이 '以……爲……'의 용법으로 사용된 용례가 있다.

동한東漢 이후 문언문과 서면어에는 계속해서 앞서 본 두 종류의 의동용법이 한 책에 동시에 존재한다.

예를 들어 앞에서 본 예5 《한서》의 "上老之" 구절은 같은 책 《이광전李廣傳》에서는 "上以爲老"로 쓴다. 문언문에서만 간혹 한 번씩 보이곤 하지만, 후에는 형용사나 명사가 타동사의 의동용법으로 쓰이는 경우가 점점 줄어들게 되었다.

140 是欲臣妾我也, 是欲劉豫我也. (胡銓《(宋)上高宗議除奸疏》)
그것은 나를 신하나 첩으로 삼고자 하고, 그것은 나를 유예로 여기고자 하는 것이다.

위의 문장 중 '臣妾'과 '劉豫'는 명사가 동사의 용법으로 쓰인다. 유예는 송나라의 제남齊南 지부知府이고, 후에 금인에 굴복하여 괴뢰황제를 되었다.

근대 백화소설과 현대 중국어에는 명사가 타동사를 대신하는 예를 찾을 수 있지만, 의동용법의 구조로 쓰이지 않는다. 아래는 명사가 동사로 쓰이는 예이다.

141 鳳姐笑道 : 好兄弟, 你是個尊貴人, 和女孩兒似的人品, 別學他們猴在馬上.《紅樓夢 · 十五回》
봉부가 웃으면서 말하였다. "얘야. 너는 존귀한사람이고 여자아이들 같은 성품을 갖추고 있으니, 원숭이같이 말에 앉아있는 것을 배우지 마라."[517)]

142 (小虎子)聽得老祥大伯說, 猫著腰, 虎虎勢勢地跑前兩步, 手掌拍得膝蓋呱呱的響. (梁斌《紅旗譜》)
소호자가 노상대백이 하는 말을 듣고, 고양이처럼 허리를 구부리고, 건장하게 두 발 앞으로 뛰어가며, 손뼉을 무릎을 딱딱 울리게 치네.

위의 문장 중 '猴'와 '猫'가 동사의 용법으로 쓰인다. '원숭이 같은' · '고양이 같은'과 같은 동작을 말한다.

4) 동사가 의동용법으로 사용되는 경우

방문일方文一(2002)은 《좌전》의 언어 자료를 분석하여 동사가 의동용법으로 쓰이면 술어가 목적어가 어떠하다고 여기거나 목적어로 인해 생긴 술어의 어떤 주

517) "猴在馬上"은 北京土語方言이다. "猴"자의 독음은 '儿'音으로 읽는다. 動詞의 용법으로 쓰인다. '의지하다'나 '뒤엉키다'의 뜻이다.

관적 감각 등의 의미를 나타낸다고 하였다.[518)]

143 子為晉國, 四鄰諸侯, 不聞令德, 而聞重幣, 僑也惑之.《左傳 · 襄公二十四年》
그대께서 진나라의 정권을 잡자 사방의 제후들은 당신의 훌륭한 덕을 전해 듣지는 못하고 남이 많은 재물을 거두어들인다는 평만 듣고 있었습니다. 그래서 교, 저는 의심스럽게 생각합니다.

144《周書》所謂"庸庸祗祗"者, 謂此物也夫, 士伯庸中行伯, 君信之, 亦庸士伯, 此之謂明德矣.《左傳 · 宣公十五年》
주서에 '써야할 사람을 쓰고 삼가야 할 일은 삼간다'고 이른 것은 이런 일을 두고 말한 것이다. 사백이 중행백을 임용할 수 있다고 여기니, 군주께서는 그의 말을 믿고 또 사백을 쓰셨으니 이야말로 밝은 덕이라 이르는 것입니다.

'惑(미혹할 혹, huò)'는 '의심스럽게 생각하다'라는 뜻이고, '庸(쓸 용, yōng)'는 '임용할 수 있다고 여기다'라는 뜻이다.

《순자》와 《한비자》에서 동사의 의동용법는 아래와 같다.[519)]

자동사	此人之所以無有[520)]而有無之時也.《荀子 · 解蔽》 이것은 사람이 없는 것을 있는 것으로 보고 있는 것을 없는 것으로 여기다. 是學不學也.[521)]《韓非子 · 喻老》 배우지 않은 것을 배운 것이라 여기다.
타동사	小人者, 其未得也, 則憂不得.《荀子 · 子道》 소인은 그 지위를 얻지 못하면 얻지 못함을 근심으로 여깁니다.

현대 중국어가 나타내는 의동의 구법은, '以爲'를 계속 사용하는 것 외에도, 동사 '認爲'도 있지만, 이것은 대략 최근 60여년에야 보편적으로 사용하기 시작한 것이다.

518) 方文一(2002), 〈《詩經》與《左傳》意動用法之比較〉, 《浙江師范大學學報》, 1(27).

519) 方文一(2006), 〈《荀子》與《韓非子》意動用法之比較〉, 《浙江師范大學學報》, 4(31).

520) 方文一(2006), 〈《荀子》與《韓非子》意動用法之比較〉, 《浙江師范大學學報》, 4(31).

521) 方文一(2006), 〈《荀子》與《韓非子》意動用法之比較〉,《浙江師范大學學報》, 4(31).

왕력王力(1980)은 《시경》·《서경》·《역경》 등 비교적 이른 시기의 자료에는 사동 용법이나 의동 용법이 아주 드물게 사용되었고, 사동 용법과 의동 용법이 보편적으로 응용되기 시작한 것은 춘추말기 혹은 전국초기라 하였다.[522] 앞서 살펴본 《좌전》의 의동용법의 출현빈도가 다른 전적들에 비해 많은 것으로 보아 왕력의 주장을 입증할 수 있는 자료가 될 수 있을 것으로 여겨진다.

(3) 사동용법과 주술관계의 변화

고대 중국어에는 보통 타동사와 주어의 관계 중 타동사가 나타내는 행위는 주어에 의하여 발생한다. 주어는 동작 주체가 되고 목적어는 피행위자가 된다. 그러나 자동사가 타동사로 쓰이거나 동사가 아닌 다른 품사가 타동사로 쓰인다면, 주술관계는 변하게 된다. 즉, 동사가 나타내는 행위는 주어에서 비롯되는 것이 아니라 주어가 목적어로 하여금 그 행위가 발생하도록 하게 하는 것이다. 이것이 소위 말하는 사역용법 혹은 치동致動이라 하는 것인데 목적어에게 그 행동을 하게 하는 것이다.

사동용법使動用法과 의동용법意動用法은 그 단어에 없는 기능을 임시로 갖게 되는 경우이다. 즉 사동은 본래 동사가 아닌 형용사나 명사가 동사의 특성을 갖게 되는 경우이다. 사동使動에 대해서 왕력(1980)은 치동이라는 용어를 쓰고 있는데 동일한 의미이다.[523]

춘추시대에서 전국시대에는 사동용법이 두루 쓰였다. 사동용법은 자동사, 형용사, 수사, 명사 등 4가지 유형이 쓰인다.

522) "在詩書易等較早的史料中, 致動和意動甚爲罕見. 致動和意動的普遍應用, 始於春秋末期或戰國初期."

523) 오문의(1993:73), 〈現代中國語 形容詞와 論項〉, 『중국언어연구』 2권.

1) 동사의 사동 용법

사동용법은 상고 전기前期에 이미 사용하기 시작하였는데, 갑골문의 복사의 예문은 아래와 같다. 갑골문 중 동사가 사동용법으로 쓰이는 경우는 아래와 같다.

145 丁歸在川人.《合21661》

丁이 川에 있는 사람을 돌아가게 하다.

146 貞, 師般其來人.《合1036》

사반師般이 외지에서 사람을 오게 할 수 있을까요? 없을까요?[524)]

147 …來雨自西.《合12872》

상제가 서쪽에서부터 비를 오게 할 수 있을까요?[525)]

148 翌日辛, 王其田, 馬其先, ….《京津 4471》

다음 辛일 왕이 사냥하러갈 때, 기마대를 먼저가게 해야 할까요?[526)]

149 丙子卜, 父乙異惟敗王. 父乙不異敗王.《合2274》

병자에 점을 칩니다. 부을가 왕으로 하여금 응당히 실패하게 할까요? 응당히 실패하게 하지 않을까요?[527)]

524) 董蓮池, 高雲海(1991:95), 〈甲骨文使動 · 爲動用法擧例〉, 《古漢語研究》, 3.

525) 董蓮池, 高雲海(1991:95), 〈甲骨文使動 · 爲動用法擧例〉, 《古漢語研究》, 3.

526) 董蓮池, 高雲海(1991:95), 〈甲骨文使動 · 爲動用法擧例〉, 《古漢語研究》, 3.

527) 董蓮池, 高雲海(1991:95), 〈甲骨文使動 · 爲動用法擧例〉, 《古漢語研究》, 3.

150 遂仕之, 使助為政.《左傳 · 襄公三十年》

그에게 관직을 맡게 하여, 자신이 정치하는 돕게 하였다.

151 重爲之禮而歸之.《左傳 · 成公三年》

초왕은 그를 예우하여 그가 진나라로 돌아가게 하였다.

152 郤子曰 : "人不難以死免其君, 我戮之不祥."《左傳 · 成公二年》

극극이 말하기를 이 사람은 죽음을 두려워하지 않고 그의 군주가 화 당하는 것을 면하게 하였소. 내가 그를 죽임은 불길한 일이오.

153 寧不亦淫從(縱)其欲以怒叔父?《左傳 · 成公二年》

제나라가 욕망을 함부로 부리어 어찌 일가인 진나라 군주를 화나게 하지 않았다고 하겠는가?

154 夫子所謂生死而肉骨也.《左傳 · 襄公二十二年》

선생이 말한바 죽은 사람을 되살려내고 백골에 살이 붙게 하는 것이다.

155 欲辟土地, 朝秦楚, 莅中國而撫四夷也.《孟子 · 梁惠王上》

영토를 확장시켜, 진나라와 초나라같은 대국들로 하여금 조회를 오게 하고, 중원지역을 통치하므로 사방의 미개인들을 다스리려는 것입니다.

156 張孟談乃行其妻之楚, 長子之韓, 次子之魏, 小子之齊.《戰國策 · 趙策一》

장맹담은 그의 부인을 초나라에 가게 했고, 장자는 한나라에, 둘째는 위나라에, 막내는 제나라에 가게 하였다.

157 秦兵圍大梁, 破魏華陽下軍, 走芒卯.《史記 · 魏公子列傳》

진나라 군대를 내어 대량을 에워싸게 하고 화양(華陽)에서 진을 치고 있는 위나라 군대를 무찔러 위나라 장군 망묘를 달아나게 하였다.

158 買臣深怨, 常欲死之.《漢書 · 嚴朱吾丘主父徐嚴終王賈傳上》

주매신은 장탕을 고발하여 장탕이 자결하게 만들었다.

'死'는 '죽게 하다'라는 뜻이다.

2) 형용사 사동 용법

갑골문 중 형용사가 사동용법으로 경우는 아래와 같다.

159 癸卯卜, 賓貞, 寧[528]風.《合13372》

계묘일에 점을 쳐 賓이 묻습니다. 바람을 잠재울 수 있을까요?[529]

160 戊申卜, 寧雨.《合33137》

무신일에 점을 칩니다. 비를 잠잠하게 할 수 있을까요?[530]

161 ……丑卜, 不雨, 帝惟熯我.《合10164》

丑일에 점을 칩니다. 하늘이 비를 내려주지 않는데, 帝는 우리로 하여금 가뭄을 겪게 할까요?[531]

162 貞, 帝不我熯.《合10174》

묻습니다. 제는 우리로 하여금 가뭄을 겪게 하지 않을까요?[532]

형용사가 사동동사로 쓰이면 주어가 목적어로 하여금 이 형용사가 나타내는 성질상태를 갖게 한다. 의미적으로 "주어 + 使 + 목적어 + 형용사" 형식이다.[533]

유방규喻芳葵(1987:99 - 100)는 "고대중국어는 단음절 어휘가 주로 사용되고 복음절 어휘는 매우 드물게 사용되었다. 어휘의 수도 현대중국어의 풍부한 어휘에는 훨씬 미치지 못했다. 이처럼 많지 않은 어휘로 다양한 주객관적인 세계를 나타내기 위해서는, 하나의 어휘가 여러 가지 의미를 지니게 되고(一詞多義), 하나의 단어가 두 가지 이상의 품사로 쓰일 수밖에 없었다. 특히 형용사가 동사로 쓰이는 용법은 고대중국어에서 상당히 신축성 있고 보편적으로 사용되었다[534]"라 하였다.

528) 일반적으로 "寧風"·"寧雨"·"寧疾"·"寧秋"는 이미 성어가 되어 일종의 제사의식(祭典)으로 사용되는데, "寧風"은 바람의 안녕을 기원하는 제(寧風之祭)를 나타내고, "寧雨"는 비의 안녕을 기원하는 제(寧雨之祭)를, "寧秋"는 수확의 안녕을 기원하는 제(寧秋之祭)를 나타낸다. 그러나 그 내부 어법의미는 모두 "使……寧", "寧風"은 "使風寧"의 의미이다.(董蓮池, 高雲海(1991:96), 〈甲骨文使動 · 爲動用法舉例〉, 古漢語研究, 3.)

529) 董蓮池, 高雲海(1991:96), 〈甲骨文使動 · 爲動用法舉例〉, 古漢語研究, 3.

530) 董蓮池, 高雲海(1991:96), 〈甲骨文使動 · 爲動用法舉例〉, 古漢語研究, 3.

531) 董蓮池, 高雲海(1991:96), 〈甲骨文使動 · 爲動用法舉例〉, 古漢語研究, 3.

532) 董蓮池, 高雲海(1991:96), 〈甲骨文使動 · 爲動用法舉例〉, 古漢語研究, 3.

533) 楊合鳴편저, 최금옥 편역(2008:73). 〈고금중국어의 어법차이〉. 한국학술정보.

534) 오문의(1993:77), 〈現代中國語形容詞와 論項〉, 《중국언어연구》 2권.

163 人潔己以進, 與其潔也, 不保其往也.《論語 · 述而》
다른 사람이 스스로를 깨끗하게 하여 나간다면 마땅히 그의 깨끗함을 찬성할 것이지, 무조건 그의 과거를 기억하지는 말아야 할 것이다.
164 高其閈閎, 厚其牆垣.《左傳 · 襄公三十一年》
대문을 높이하고, 담장을 두텁게 쌓았다.[535)]

'高'와 '厚'자는 사동용법으로 쓰인다.

165 (呂不韋)乃往見子楚, 說曰: "吾能大子之門"《史記 · 呂不韋列傳》
자초를 찾아가서 말했다."나는 당신의 가문을 크게 만들어 줄 수 있습니다."
166 趙孟談既固趙孟談既固趙宗, 廣封疆, 發五霸.《戰國策 · 趙策》
조맹담이 이미 조나라 종실과 영토를 확고히 하여 오패의 업을 발양토록 하였다.

'固'는 '확고히 하게 하다'라는 뜻이다.

167 卑其志意, 大其園囿, 高其台.《荀子 · 成相》
자기의 포부를 낮추고, 식물원을 더 크게 하고, 누대를 더 높이게 하다.
168 曰: "然則衆賢之術將奈何哉?" 子墨子言曰: "譬若欲衆其國之善射禦之士者, 必將富之、貴之、敬之、譽之, 然後國之善射禦之士, 將可得而眾也.《墨子 · 尚賢篇上》
그렇다면 현명한 인재가 많아지게 하는 정책은 장차 무엇을 해야 하는가? 묵자가 말했다. 비유해서 말하면, 나라에 훌륭한 궁수와 기수를 많이 양성하려면 반드시 그런 능력이 있는 자를 부유하고 고귀하게 해주며, 그들을 공경하고 명예롭게 해주어야 한다. 그런 연후에 비로소 나라는 훌륭한 궁수와 기수를 확보할 수 있고 많게 할 수 있는 것이다.
169 以王之強而怒周, 周恐, 必以國合於所與粟之國, 則是勁王之敵也.《戰國策 · 東周策》
(楚懷王) 왕처럼 강한 분이 주나라에게 화를 냈으니 주나라는 두려워서, 틀림없이 식량을 대준 나라들과 연합하고 말 것이며, 그러면 왕의 적군을 더 강하게 하는 것이 됩니다.

이외에도 형용사가 사동용법으로 쓰이는 예를 아래와 같다.

535) 館門造得很高, 圍牆修得很厚.(古詩文網)

170 君子遠庖廚.《孟子 · 梁惠王上篇》

군자는 주방을 멀리한다.

171 凡用兵之法, 全國爲上.《孫子 · 謀攻》

무릇 용병의 방법은 전국을 온전하게 하는 것이 상책이다.

172 能富貴將軍者, 上也.《史記 · 魏其武安侯列傳》

장군을 부귀하게 할 수 있는 자는 황상이다.

173 春風又綠江南岸, 明月何時照我還. (王安石《泊船瓜洲》)

봄바람이 또다시 강남 강안의 초목을 푸르게 하였는데 밝은 달은 언제나 내가 배 타고 돌아가는 것을 비출까?

양려楊麗(2003)는 《논어》 중 형용사가 사동용법으로 아래의 용례를 들어 설명하였다.

174 子貢曰: "固天縱之將聖, 又多能也."《論語 · 子罕篇》

그건 본래 하늘이 선생님을 성인이 되도록 만든 것이며, 또 그를 다재다능하게 하신 것입니다.

175 冉有曰: "既庶矣, 又何加焉?" 曰: "富之."《論語 · 子路篇》

염유가 말했다. "이미 백성들이 많아졌다면 그 다음은 어떻게 해야 합니까?" 공자께서 말씀하셨다. "그들을 부유하게 해야 한다."

176 對曰: "夫子欲寡其過而未能也."《論語 · 憲問篇》

사자가 대답했다. "그 분께서는 허물을 적게 하고자 하시나, 아직은 잘 되지 않는 것 같습니다."

177 曰: "工欲善其事, 必先利其器.《論語 · 衛靈公篇》

장인이 그의 일을 잘 하려면 먼저 그 연장을 날카롭게 해 놓아야 한다.

3) 수사의 사동용법

《시경》에 이러한 용법이 보인다.

178 士也罔極, 二三其德.《詩經 · 衛風 · 氓》

남편에게 정해진 기준이 없어 그의 덕행은 이랬다저랬다 한다.

179 親結其縭, 九十其儀.《詩經 · 豳風 · 東山》

어머니가 딸을 결혼시키기 위해 예식을 복잡하게 여러 번 한다.

4) 명사가 사동용법으로 쓰이는 경우

갑골문 중 명사가 사동용법으로 사용되는 경우는 아래와 같다.

180 不其來象.《合9173》

코끼리를 보내오지 않게 하다.[536]

고전적에서 동사가 일반적으로 사동용법으로 쓰인다.

《상서 · 반경상盤庚上》의 "天其永我命於茲新邑" 중 "永我命"도 사동용법이다. '우리의 생명을 길게 한다'는 뜻이다. 또 같은 편에 수록된 "以常舊服正法度" 구절 중 "正法度"도 '법도를 바로잡게 하다'는 의미이다. 《시경 · 대아 · 증민烝民》 "城彼東方" 중 '城'은 '동방의 건축물을 성읍城邑으로 하다'는 뜻이다.

고대중국어에서는 사동동사를 쓰지 않고 사동동사로 쓰이는 명사 또는 기타의 다른 품사로 대체하여 '주어 + 술어 + 목적어' 구조형식을 구성한다. 그 중에서도 명사가 사동동사로 쓰일 때에는 주어가 목적어를 이 명사가 표시하는 사람 또는 사물이 되도록 하는 것이다. 이 형식은 의미적으로 '주어 + 사역어 + 목적어 + 爲 + 명사'라는 구조를 이룬다.[537]

181 楚人城州來.《左傳 · 昭公十九年》

초나라 사람이 주래州來에 성을 쌓도록하다.

182 爾欲吳王我乎?《左傳 · 定公十年》

그대가 나를 오나라 왕처럼 되도록 할 생각인가?

183 齊威王欲將孫臏.《史記 · 孫子吳起列傳》

제나라 위왕이 손빈을 장군으로 삼으려고 하다.

184 齊桓公合諸侯而國異姓.《史記 · 晉世家》

---

536) '不把象送來'의 의미이다.

537) 楊合鳴편저, 최금옥 편역(2008:34).『고금중국어의 어법차이』. 한국학술정보.

제나라 환공은 제후들을 모아 성이 다른 나라를 보존하고 있다.

185 今我在也, 而人皆藉吾弟, 令我百歲後, 皆魚肉之矣.《史記 · 魏其武安侯列傳》
지금 내가 살아 있는데도 사람들은 다 내 동생을 짓밟고 있으니 내가 죽은 뒤에는 모두 생선이나 고기 신세가 될 것이오.

이외에도 명사가 사동용법으로 쓰이는 예를 아래와 같다.

186 縱江東父兄憐而王我, 我何面目見之?《史記 · 項羽本紀》
설사 강동의 어른들과 형제들이 나를 동정하여 나를 왕으로 삼는다 해도 내 무슨 면목이 있어 그들을 보겠는가?

187 太后豈以爲臣有愛, 不相魏其?《史記 · 魏其武安侯列傳》
태후는 내가 무슨 아끼는 것이 있어 위기를 승상이 되도록 하지 못한다고 여기는 것입니까?

188 我疆我理, 南東其畝.《左傳 · 成公二年》
밭 경계를 구획하고 도랑을 다스려 저 밭두렁을 남향 또는 동향으로 하네.

189 君子正其衣冠.《論語 · 堯曰》
군자는 그 의관을 바르게 한다.

위의 예문들은 한대 이전의 것들로 선진 및 한대 사동용법의 기본 상황을 보여주고 있다.

한대 이후 사동용법은 크게 네 가지 변화하였다,

첫째, 사동용법으로 쓸 수 있는 동사와 형용사가 합쳐 사용하게 되었고, 복합된 접미사는 행위 결과의 보어로 쓰인다. 위의 예문들 중 '怒叔父'의 '怒'는 '激怒'로 변하였고, '走芒卯'의 '走'는 '驅走'로 변하였으며, '大其園囿'의 '大'는 '擴大'로 변하였다. 오문의(1993)는 형용사의 사동 용법에 대한 표현 방법의 발달 양상을 한대 문헌에 보이는 예문을 들어 설명하고 있다. 예문에서 제시된 형용사는 대부분 결과보어로 표현하고 있어 예문이 만약 선진시기에 쓰였더라면 아마도 '怒', '遠', '正', '輕' 만이 쓰였을 것이라고 하였다.[538)]

538) 오문의(1993:73), 〈現代中國語 形容詞와 論項〉, 《중국언어연구》 2권.

190 乃激怒張儀.《史記 · 蘇秦列傳》
이리하여 장의를 자극하여 분노하게 하였다.

191 鳳不內省責, 反歸咎善人, 推遠定陶王.《漢書 · 元后傳》
왕봉王鳳은 안으로 스스로를 성찰, 질책하지 않고 오히려 다른 선한 사람에게 허물을 돌려 정도왕定陶王을 멀리 밀어내려 하고 있습니다.

192 使陛下奉承天統, 欲矯正之也.《漢書 · 眭兩夏侯京翼李傳》
폐하께 하늘의 대통을 이어 받들게 한 것은 그것을 바로잡으려는 것입니다.

193 漢氏減輕田租.《漢書 · 食貨志上》
한 왕조는 조세를 줄여 가볍게 하였다.

둘째, 사동용법의 일부기능은 동시에 존재하던 다른 어법형식인 겸어문에 그 자리를 내어 주게 된다. 그 예로는 "生死而肉骨"가 "使死者複生, 使枯骨複爲血肉"로 변하고, "來之"가 "使之來"로 변하는 것 등을 들 수 있다.

셋째, 일부 자동사의 사동용법은 역대의 문학 언어에 아직도 사용하였다. 예를 들어《좌전 · 은공원년隱公元年》의 "莊公寤生, 驚姜氏(장공은 거꾸로 태어나 강씨로 하여금 깜짝 놀라게 했다.)",《사기 · 자객열전刺客列傳》의 "大驚韓市人(한나라 사람들은 섭영의 말에 매우 놀랐다.)", 두보杜甫의 "語不驚人死不休(구의 말이 사람을 놀라게 할 정도에는 미치지 못해, 나는 절대로 중도에 그만두지 않는다.)" 구절 중에서도 '驚'이 모두 사동용법으로 쓰였다. 현대중국어에는 "很驚人(사람을 놀라게 하다.)"이라는 말은 이 구절에서 유래한 것이다. 또한《장자 · 인간세人間世》의 "鼓莢播精, 足以食十人.(사람을 대신해 점을 치니, 10명을 기를 수 있네)" 중 "食十人"은 사동용법으로, 10사람으로 하여금 먹고 배부르게 할 수 있다는 의미이다. 이것은 오늘의 "一鍋飯能吃十個人"이나 "一張凳子坐四個人"의 문장 형식과 같다. "先來一杯酒"이나 "眞氣人" 등의 문장 표현형식도 모두 고대 사동용법의 흔적이다.

넷째, 고대 형용사의 단음절형식으로 사동용법은 현대 중국어에서는 보기 힘든 용법이다. 근래 신문에 "朝氣勃勃, 形勢喜人"라는 제목 중 '喜人'은 '사람들로 하여금 좋아하게 하다'라는 의미로 형용사 '喜'가 사동용법으로 쓰이는 예이다.

현대 중국어 중 새롭게 생긴 형용사의 사동용법은 모두 쌍음절로 사용한다. "壯大革命力量"의 '壯大', "密切了黨和群衆的關系"의 '密切', "端正學習態度"의 '端正', "豐富文化生活"의 '豐富' 등이 있다. 그러나 이 종류의 형용사 사동용법은 그 수량이 많지 않을 뿐만 아니라 일종의 습관적으로 사용하는 용법 중의 하나가 되었다.

(4) 의동과 사동의 품사

고대 중국어의 의동용법과 사동용법을 연구할 때는 아래 두 가지 문제를 유념해야 한다.

첫 번째는, 고대 중국어에는 일부동사가 자동과 타동 두 가지를 모두 겸하여, 목적어를 취할 수 도 있고, 목적어를 취하지 않을 수도 있다. 이런 동사가 사동에 쓰일 때 의미는 어떻게 구분해야 하는가? 이때 동사는 타동사인가 아니면 자동사인가? 용법은 어떤 차이가 있을까? 자동사가 사동용법으로 쓰이는 것인가, 아니면 타동사에도 사동용법이 있는지 등등의 문제이다.

見
- 자동사 : 他日複見.《莊子 · 大宗師》
  뒷날 안회는 다시 공자를 알현했다.
- 타동사 : 往見盜蹠.《莊子 · 盜蹠》
  도척盜蹠을 찾아갔다.
- 사동용법 : 見其二子焉.《論語 · 微子》
  자신의 두 아들로 하여금 자로를 뵙게 했다.

從
- 자동사 : 故可以從而不從, 是不子也.《荀子 · 子道》
  마땅히 따라야 할 것을 따르지 않으면, 이것은 자식이 아니다.
- 타동사 : 從道不從君, 從義不從父.《荀子 · 子道》
  도를 따르고 군주를 따르지 않으며 의를 따르고 아버지를 따르지 않는다.
- 사동용법 : 吳王濞反, 欲從閩越, 閩越未肯行.[539]《史記 · 東越列傳》

539) 吳王劉濞謀反, 想讓閩越跟隨他反叛漢朝, 閩越不肯采取行動.(古詩文網)

오왕 유비劉濞가 반역을 꾀하여, 민월閩越이 그를 따라 한나라를 배반하게 하고자 하였으나, 민월은 감히 행동을 취할 수 없었다.

위의 용법은 구별이 쉽지 않아 의미적으로 분석을 해야만 타동사의 일반용법인지 동사의 사동용법인지를 알 수 있다. 위의 예문은 자동사인지 타동사인지 구분할 수도 없다. 위의 어휘는 사동으로 많이 쓰이지 않아 두 가지 모두 가능 하다고 볼 수 있기 때문에 굳이 타동사의 사동용법이라고 할 필요는 없다. 왜냐하면 타동사도 사동용법으로 쓰이는 용례를 아직 많이 찾을 수 없기 때문이다.

양합명楊合鳴(2008)[540)]은 고대중국어에서 동사가 사동동사로 쓰이는 것은 자동사가 많고 타동사는 적다고 하였다. 또 동사가 사동으로 쓰이는 용법을 세분화하여 자동사가 사동으로 쓰이는 경우의 예를 들고 있다.

1) 자동사가 사동용법으로 쓰이는 경우

194 莊公寤生, 驚姜氏.《左傳 · 隱公元年》

장공은 거꾸로 태어나 강씨로 하여금 깜짝 놀라게 했다.

195 項伯殺人, 臣活之.《史記 · 項羽本記》

항백이 사람을 죽인 적이 있는데 내가 그를 살려주었다.

196 須臾覺我.《三國志 · 魏書 · 武帝紀》

잠시 뒤 나를 깨어나게 했다.

197 吾爲卿等走此女.《太平廣記 · 卷七十一》

내가 너희들을 위해 이 여자를 도망치게 하겠다.

198 先生之恩, 生死而肉骨也. (馬中錫《中山狼傳》)

선생의 은덕은 죽은 사람을 다시 살아나게 하고, 백골에 살이 붙게 할 수 있다.

199 操軍方連船艦, 首尾相接, 可燒而走也.《資治通鑿 · 卷六十五》

조조의 군대는 막 전함을 수미를 연결시키고 불로 태우는 방법으로 그들을 달아나게 했다.

2) 타동사가 사동용법으로 쓰이는 경우

540) 楊合鳴편저, 최금옥 편역(2008:54 - 58).《고금중국어의 어법차이》.

200 飮餘馬於鹹池兮. (屈原《離騷》)
내 말로 하여금 함지에서 물을 마시게 한다.
201 晉侯飮趙盾酒.《左傳 · 宣公二年》
진영공은 조순에게 술을 마시게 했다.

'飮'이 이중목적어를 대동하고 있으나 조순趙盾에게 마시게 한다는 의미가 있다.

이렇게 타동사는 일반적으로 목적어를 대동하고 있고 이 때문에 일반동사와 사동동사는 판별하기가 쉽지 않다. 그러나 양합명(2008)은 문장의 뜻을 연계하여 사리상 분석해 본다면 그래도 두 가지를 구별해 낼 수 있다고 하였다.

두 가지 예를 비교해 보면 다음과 같다.

a) 武丁朝諸侯.《孟子 · 公孫醜》
무정이 제후들에게 조정에서 배알하게 하였다.
b) 孟子將朝王.《孟子 · 公孫醜》
맹자가 장차 군왕을 배알하려 하였다.

이 두 문장 중에서 a)는 사동동사의 의미로 쓰였고, b)는 일반동사로 쓰였다. 즉, a)에서 무정武丁은 군주이고, b)에서 맹자孟子는 군왕보다 지위가 낮은 인물임을 보고 일반동사와 사동동사를 구별해 낼 수 있다고 하였다.

두 번째는, 고대 몇몇 형용사들이 타동사로 쓰일 때 왕왕 이중적 성질을 갖는 것이다. 즉 의동용법으로도 쓰일 수 있고 사동용법으로 쓰일 수 있다. 양수달楊樹達의 《고등국문법高等國文法》에서는 형용사가 의동용법으로 쓰인 예를 아래와 같이 들고 있다.

小 ─ 의동용법 : 孔子登東山而小魯, 登泰山而小天下.《孟子 · 盡心上》
孔子가 東山에 올라 魯國이 작다고 여겻고, 泰山에 올라 천하가 작다고 여겼다.[541]

541) "孔子登上東山就覺得魯國小了, 登上泰山就覺得天下小了."(古詩文網)

사동용법 : 匠人斫而小之.《孟子 · 梁惠王下》
목수들이 재목을 마구 깎아내어 작게 만들어 놓다.

愚
- 의동용법 : 人主自智而愚人.《呂氏春秋 · 知度》
군주는 자신이 총명하지만 다른 사람은 우매하다고 여겼다.[542]
- 사동용법 : 古之善爲道者, 非以明民, 將以愚之.《老子 · 六十五章》
옛날에 도를 잘 행한 사람은 백성들을 총명하게 만들려고 하지 않고, 어리석게 만들려고 하였다.

美
- 의동용법: 吾妻之美我者, 私我也.《戰國策 · 齊策》
내 아내가 나를 아름답다고 한 것은 나에게 사정을 두었기 때문이요.
- 사동용법 : 故賞慶、刑罰、埶詐之爲道者, 傭徒粥賣之道也. 不足以合大眾, 美國家, 故古之人羞而不道也.《荀子 · 議兵》
그러므로 포상하고 형벌을 쓰고 권세나 속임수를 쓰는 일로써 도를 삼는 것은 품팔이 노동자나 사고파는 장사치들의 도이며 족히 대중을 합하고 나라를 아름답게 하지 못하므로 옛날 사람들이 부끄럽게 여겨서 도로 삼지 않았다.

이와 같이 의동동사와 사동동사로 동시에 쓰이는 형용사의 수는 많지 않기에 특수적인 예외 사항으로 봐도 무방하다.

위에서 살펴본 두 종류의 상황은 어떻게 봐야 할까? 이 때문에 의동용법과 사동용법이 중국어 문장구조 변화의 한 종류임을 부정할 수 있을까?

어떤 사람은 이것이 중국어의 수사 현상이라고 하고, 어떤 사람은 중국어에는 품사의 구분을 부정하고 동사 어휘는 자동과 타동이 없다고 주장하기도 한다. 따라서 위에서 제시한 의동용법과 사동용법은 어법형식의 일종으로 보는 것을 인정하지 않기도 한다.

하지만 이러한 주장은 모두 정확하지 않다. 의동용법이든 사동용법이든 이는 모두 중국어 문장구조 변화 형식 중의 일부로 보아야 한다. 즉 문장성분의 관계 변화에 따른 용법의 일종이다.

---

542) "君主認爲自己聰明卻認爲別人愚蠢."(古詩文網)

고대의 품사는 상대적으로 고정성을 갖고 있기 때문에 어떤 기능의 어휘가 다르게 쓰이게 되면 문장에서 기타 성분이 기능상의 변화를 가져오게 된다. 그 첫 번째로 가장 뚜렷한 변화는 의동문의 목적어가 보통 동사구처럼 동작을 받지 않고 그 동작의 성질을 갖게 하는 의미를 나타내기도 한다.

두 번째는 사동문의 동사가 보통 동사와 같이 직접적으로 주어의 행위를 표현하는 것이 아닌 목적어로 하여금 그 행위를 발생케 하는 것이다.

그런데 만약에 어떤 한 어휘가 품사 중 일정한 속성을 갖지 않는다면 이런 현상들은 절대 생겨날 수 없다. 동사가 목적어를 수반하는지의 여부는 조건 없이 결정되는 것은 아니다. 그렇지 않으면 사동용법의 자동사가 타동사로 용법으로 쓰이는 사동식이 나타나지 않을 것이다.

위에서 제기했던 고대 중국어 중 동사가 자동사와 타동사으로 쓰이거나 의동과 사동의 용법으로 모두 쓰일 수는 있지만, 이는 일부 단어의 가지고 있는 독특한 현상 중의 하나일 뿐이다. 이러한 다양한 용법으로 쓰이는 동사라 있다고 해서 의동과 사동의 어법적 규칙을 부정할 수는 없는 것이다.

6. 동보 구조의 변천

고대 중국어의 동보구조動補 구조는 세 종류가 있다. 첫 번째는 타동사 뒤에 자동사나 형용사를 사용하여 결과를 나타내는 결과보어이고, 두 번째는 동사 뒤에 동작방향을 표시하는 동사를 사용하여 방향을 표시하는 방향보어이다. 세 번째는 동사 뒤에 전치사구(개빈구조介賓構造) 형식으로 시간 · 처소 혹은 동사와 관련된 사물을 표시하는 목적어가 쓰이는 관계보어關係補語다. 여기에서는 앞의 두 종류의 보어구조의 발전에 대해서만 언급하기로 한다.

(1) 동보구조의 탄생과 변천

고대중국어 중 동사의 사동용법이 발전하여 동보구조로 변하게 되었다. 타동사 뒤에 자동사 혹은 형용사를 사용하여 나타낸 동작의 결과의 뒤에 목적어가 쓰이는 형식이다. 만약에 자동사가 보어를 가지는 형식이라면 뒤에 목적어가 쓰이지 않는다.

결과보어는 사동사보다 더 완벽한 표현법으로 의미를 더욱 명확하게 나타낸다. 아래 다음 두 종류의 구조를 비교해 보면 그 차이를 알 수 있다.

① 사동사使動詞(사동용법使動用法)

1 寧不亦淫從[543]其欲, 以怒叔父, 抑豈不可諫誨?《左傳 · 成公二年》
어찌 제나라를 음란방종하고 사욕을 부려 숙부로 하여금 화나게 한 것이 않았겠는가마는 혹은 타일러 깨우치게 만들 수는 없었던 것인가?

543) '從'자는 '縱'의 뜻이다.

2 走白羊、樓煩王.《史記 · 衛將軍驃騎列傳》
(한나라 장군이)백양왕과 루번왕으로 하여금 도망가게 했다.

이외에도 아래와 같은 예문을 살펴볼 수 있다.

3 欲辟土地, 朝秦楚, 莅中國而撫四夷也.《孟子 · 梁惠王上》
토지를 개척하고 진나라와 초나라에게 조회에 참여토록하고 중국에 앉아서 사이四伊를 누르려고 하는 것이지요.

4 乘勢則哀公臣仲尼.《韓非子 · 五蠹》
군세를 이용해 노나라 애공은 중니로 하여금 신하가 되게 했다.

5 敵人遠吾, 欲以火器困吾也.《清稗類鈔 · 戰事類》
적들은 나로 하여금 멀어지게 하며, 화기를 이용해 우리를 곤경에 빠뜨리려고 한다.

이러한 구조는 일반적으로 동사(주로 자동사) · 형용사나 명사가 사동용법으로 사용되고, 후에 결과보어 용법으로 변하였다.[544)]

② 동보구조(사성식使成式)

6 (蘇秦)乃激怒張儀, 入之于秦.《史記 · 蘇秦列傳》
(소진)꾀를 써서 장의를 화나게 해, 그가 진나라를 의지할 수밖에 없도록 만들었다.

7 陳餘擊走常山王張耳.《史記 · 張丞相列傳》[545)]
진여가 상산왕[546)] 장이를 격파하여 도망가게 하다.

위의 예문 중 사동사使動詞(사동용법)는 단어의 어순 때문에 생겨난 현상이다.

叔父怒 → 怒叔父.
白羊, 樓煩王走 → 走白羊, 樓煩王

544) 유영기(1998),《중국어 動補構造의 통시적 연구》, 한국언어학회, 언어학 제23호.
545) 陳餘(？~BC 204).
546) 常山王은 張耳(秦末)이다.

그러나 동보구조의 두 예문은 두 동사가 결합하여 '격노激怒' · '격주擊走'와 같은 새로운 구조로 동일한 의미를 나타냈다. 이러한 동보구조는 의미적으로 사동식보다 정밀하고 더 완벽한 의미를 나타낸다. 이러한 구조는 중국어 어법사에 있어 또 하나의 새롭게 발전된 형식이라 할 수 있다.[547)]

그렇다면 결과보어는 언제 생기게 되었을까? 선진시기에는 사동용법이 주로 사용되었지만 동사 뒤에 결과보어를 사용하는 사동식이 많이 사용된 편은 아니다. 하지만 새로운 어법구조가 돌연히 생겨나는 것은 아니다.

다음 예문은 선진시기 결과보어의 초기 단계라고 볼 수 있다.

8 若火之燎于原, 不可嚮邇, 其猶可撲滅.《尙書 · 盤庚上》

불이 평원에 타올라 그쪽으로 가까이 다가갈 수는 그것을 꺼 버릴 수 있는 것과 같은 것이 아닌가.

9 天用剿絶其命.《尙書 · 甘誓》

하늘에서 (그의) 명을 결단해서 끊으려고 하다.

10 鯀則殛死, 禹乃嗣興.《尙書 · 洪範》

곤(우임금의 아버지)은 유배되어 죽어, 우가 계승해 발전하기 시작하다.

11 必有事焉而勿正, 心勿忘, 勿助長也.《孟子 · 公孫丑上》

반드시 일삼음이 있으되 효과를 미리 기대하지도 말고 마음에 잊지도 말며 조장하지도 말라.

12 子之相燕, 坐而佯言曰: "走出門者何白馬也?"《韓非子 · 內儲說上》

자지(전국시대 연왕燕王의 재상)가 연나라 재상으로 있으면서, 앉아 있다가 거짓으로 말하기를 "문밖으로 달려가는 게 무엇인가, 흰 말이냐?"라고 하였다.

---

547) 유영기(1998),《중국어 動補構造의 통시적 연구》, 한국언어학회, 언어학 제23호, 142쪽.
결과보어와 관련된 사동용법과 사성식은 차이가 있다. 사동용법은 고대 중국어 단어가 문장 안에서 갖는 임시기능(일반적으로 품사활용)중의 하나로써, 자동사, 형용사, 명사가 타동사의 성질을 가지며, 그 뒤에 목적어도 이끌어, 목적어로 하여금 어떻게 하도록 시키다라는 의미를 갖는다. 사성식使成式은 형식상, 타동사에 형용사나 자동사가 덧붙여 진 것이며, 의미상 어떤 행위 및 그 행위가 조성해 내는 결과를 하나의 동사성 구로 표현해 내는 것이다. 사성식은 형식면과 내용 중, 무엇을 주된 것으로 보느냐에 따라, 다른 설명을 얻을 수 있다. 사성식과 동보動補구조 모두 중심요소 + 중심요소의 구조로 본다.

13 田先生坐定, 左右無人…….《戰國策 · 燕策》

(태자가)전광田光이 앉아 자리 잡고, 주위 사람들이 다 물러간 후......

14 此二士者, ……從屬彌眾, 弟子彌豐, 充滿天下.《呂氏春秋 · 仲春紀》

공자와 묵자 두 현사…… 그들을 따르는 사람은 점차 많이 지고, 천하에 분포되었다.

15 齊侯伐衛, 戰, 敗衛師.《左傳 · 莊公二十八年》

제나라 환공桓公이 위나라를 토벌해, 위나라 군사를 패배시켰다.

‘박멸撲滅’은 ‘박撲(때리다)’하여 ‘멸滅(없어지다)’하게 하다의 의미이고(撲之使滅)[548], ‘초절剿絕’은 ‘剿(끊을 초, jiǎo,chāo, 斷)’하여 ‘絕’하게 하다(斷之使絕)의 의미이며, ‘사死’는 ‘殛(죽일 극, jí)’의 결과이다. ‘조장助長’은 ‘조助(돕다)’하여 ‘長(자라다)’하게 하다(助之使長)이다. ‘전패戰敗’는 그를 패배 시켰다. 이 동사들의 공통적인 특징은 두 동사가 긴밀하게 붙어 사용되고, 두 번째 동사는 첫 번째 동사가 나타내는 행위의 결과이다. 이것이 바로 나중에 생긴 결과보어의 초기적인 형태이다. 예문13 중의 ‘定’과 예문14 중의 ‘滿’은 형용사이며, 동작이 도달한 정도를 나타냈고, 초기 형태의 결과보어의 예문 중의 하나이다. 위 예문은 다음과 같이 4종류로 나눌 수 있다.

① 타동사 + 자동사 + 목적어: 예문9, 예문15
② 동사(타동/자동) + 자동사: 예문8, 예문10, 예문11
③ 동사 + 형용사 + 목적어: 예문14
④ 동사 + 형용사: 예문13

형식①과 ②가 비교적 많이 사용되고, 형식 ③과④는 비교적 사용빈도가 적었다. 전체적으로 보아 선진시기에 이 네 종류의 형식은 모두 출현하였지만, 모든 형식이 다 많이 사용된 편은 아니다. 원인은 그 당시에는 일반적으로 ‘而’를 사용

548) 유영기(1998),《중국어 動補構造의 통시적 연구》, 한국언어학회, 언어학 제23호, 141쪽, 재인용. “余鍵萍(1957)은《使成式的起源和發展》周秦시기의 使成式(1.부사 + 동사구조, 2.연동구조, 3.병렬구조, 4.주술구조) 중에서 “撲滅(부사 + 동사)”에 해당된다 하였다. 즉 ‘쳐서 끄다’라는 뜻이라는 것으로 본다.

해서 앞뒤 관련이 있는 두 개의 동사를 연결하는 어법형식을 사용하였기 때문이다. 만약에 앞뒤 두 개의 동사가 모두 목적어 '之'를 가지면 더욱이 이러한 어법형식으로 사용하였다.

16 今夫水, 搏而躍之, 可使過顙；激而行之, 可使在山.《孟子 · 告子上》
이른바 물이란 만약 쳐서 튀어 오르게 한다면 이마보다 더 높이 올라가게 할 수도 있고, 격동시켜 흐르게 하면 산 위에 있게 할 수도 있다.

17 鯤之大, 不知其幾千里也. 化而為鳥, 其名為鵬.《莊子 · 逍遙遊》
곤의 크기는 몇 천리가 되는지 모른다. 곤은 새로 변해 새가 되었고, 붕이란 이름을 가졌다.

18 晉文公得南之威, 三日不聽朝, 遂推南之威而遠之, 曰 : "後世必有以色亡其國者."《戰國策 · 魏策》
진문공은 남지위(진晉나라 미인)를 얻으시고서, 3일 동안 정사를 보지 않다가, 마침내 남지위를 추방하여 멀리 보내고 말씀하시기를 "후대 군주 중에서 여색에 빠져 나라를 망하게 하는 사람이 있을 것이다."라고 하였다.

19 射而中之.《左傳 · 成公十六年》
쏴서 명중하다.

이외에도 아래 예문을 살펴볼 수 있다.

20 遇仇牧于門, 批而殺之.《左傳 · 莊公十二年》
성문 앞에서 구목을 만나, 그를 때려죽였다.

21 明搏而殺之.《左傳 · 宣公二年》
제미명提弥明[549)]은 맨손으로 (개를) 죽였다.

22 鮮虞推而下之曰, ……《左傳 · 襄公二十五年》
선우[550)]는 밀어냈다.

23 凡有四端於我者, 知皆擴而充之矣《孟子 · 公孫丑上》
(인, 의, 예, 지) 4종으로 시작을 하는 내용을 확대하고 충실할 수 있는 것을 알아야 한다.

---

549) 춘추시기 진(晉)나라 무사의 이름.

550)《左傳 · 襄公二十三年》중의 인물 - 申鮮虞.

상고 서한西漢 시기에 결과보어는 유행하기 시작하였다. 예문18 - 19와 같이 두 개의 동사 사이에 '而'를 사용해서 연결시키는 형식은 새로 탄생한 보어구조로 대체되었다. 예문17의 '化而爲' 형식은 "臭腐複化爲神奇(냄새나고 썩은 것들이 신비스럽고 좋은 것으로 변화한다.)" 《장자 · 지북유知北游》구절과 같이 '化爲' 구조로 보편적으로 사용되었다. '推而遠之'는 '推遠'으로 변했고, '射而中之'는 '射中'으로 변했다. 이들 변화과정을 다음과 같이 정리할 수 있다.

사동법 → 동사 + '而' + 보어 → 動補
遠之 → 推而遠之 → 推遠

위 규칙은 전체적인 변화추세를 포괄적으로 정리한 것이다. 그러나 모든 구조가 반드시 이 세 단계를 걸쳤다는 것은 아니다. '射而中之 → 射中'의 예문은 두 단계만 걸친 구조이다.

한위육조漢魏六朝에서 당대唐代 시기는 결과보어는 매우 빠르게 발전하였고, 사용범위도 점점 커졌다. 위에서 제시했던 4종류의 특징을 살펴보면 아래와 같다.

1) 타동사 + 자동사(보어) + 목적어

이 구조는 타동사가 자동사인 보어를 가진 뒤 목적어를 수반하는 경우이다.

24 旦日饗士卒, 為擊破沛公軍.《史記 · 項羽本紀》
내일 아침에 군대에게 향연을 베풀고 곧 유방의 군대를 격파할 것이다.

25 廣暫騰而上胡兒馬, 因推墮兒.《史記 · 李將軍列傳》
이광이 갑자기 뛰어 올라 흉오 사람의 말 위로 올라가 그 소년을 밀쳐 떨어트렸다.

26 奴乘涉氣與屠爭言, 斫傷屠者, 亡.《漢書 · 游俠傳》
(원섭原涉은 노비를 시장에 가서 고기를 사오라고 보냈다.) 노비는 원섭의 명세를 이용해 고기 파는 사람과 다투다가 그를 찔러서 죽인 후 도망갔다.

27 今大將軍……破壞諸營, 盡據禁兵.《三國志 · 魏書 · 曹爽傳》

현재 대장군은 군영를 파괴하고, 금병[551)]을 자기의 소유로 만들었다.

28 裁成合歡扇, 團團似明月.《樂府 · 怨歌行》

재단하여 합환의 부채를 만드니 둥글고 둥근 것이 밝은 달과 같아.

29 羊踏破菜園.《笑林 · 59》

양이 농작물을 밟아 뭉겠다.

30 打壞木棲床, 誰能坐相思？《樂府 · 讀曲歌》

쉴 수 있는 나무 침대가 부셔졌으니 누가 능히 그곳에 그리워하겠는가?

31 撑舡而衝破蓮荷.《應聖節講經文》

상앗대로 배를 저어 연꽃 연못을 뚫고 지나가네.

2) 동사(타동/자동) + 자동사(보어)

이 형식은 동사(타동/자동) 뒤에 자동사가 보어로 쓰이고 목적어는 없는 경우이다. 이러한 결과보어는 새로운 발전된 어법 형식 중의 하나이다. 타동사 뒤에 자동사가 보어가 쓰이는 것뿐만 아니라, 자동사 뒤에도 다시 하나의 자동사가 와서 보어로 쓰일 수 있다. 물론 타동과 자동 모두에 속하는 동사도 있지만, 이러한 동사의 공통적인 특징은 목적어를 수반하는 않는다. 이것이 '6.1.1' 종류와 서로 다른 점이다.

32 遂餓死於首陽山.《史記 · 伯夷列傳》[552)]

결국 수양산에서 굶어 죽었다.

33 諸侯更相誅伐, 周天子弗能禁止.《史記 · 秦始皇本紀》

제후들이 서로 침략해 주나라 천자도 막을 수 없다.

34 會大霖雨三十餘日, 或棧道斷絕.《三國志 · 魏書 · 曹眞傳》

30일 넘게 큰비가 와서 혹은 잔도가 단절되기도 하였다.

35 童謠云: "誰謂爾堅石打碎."《晉書 · 列傳第四十九》

동요에서 나오기를 "견고한 돌을 부셔버렸다고 누가 말했던가."

---

551) 궁중을 지키고 임금을 호위, 경비하던 친위병.《국어사전》

552) 王力의《中國語法理論》에서는 "餓死"의 예문을 들어 앞 주요동사를 자동사까지 확대시키는 견해를 제시하였다.

36 交伊舜子修倉, 四畔放火燒死《舜子變》

순자에게 창고를 수리하라고 하고 주변에 방화를 해 태워 죽입시다.

3) 동사 + 형용사(보어) + 목적어

37 走長安, 匡正天子, 以安高廟.《史記 · 吳王濞列傳》

장안으로 바로 가 천자의 잘못을 바로잡아 고조묘를 안정시키다.

38 漢氏減輕田租.《漢書 · 食貨志上》

한나라에서 세금을 감량한다.

39 鳳不內省責, 反歸咎善人, 推遠定陶王.《漢書 · 元后傳》

왕봉王鳳은 안으로 스스로를 성찰, 질책하지 않고 오히려 다른 선한 사람에게 허물을 돌려 정도왕을 멀리 밀어내려 하고 있다.

40 田, 塡也, 五稼塡滿其中也.《釋名 · 釋地》

'전田'은 '진塡'으로, 오곡으로 가득채운다의 뜻이다.

이외에 다른 예문을 살펴보면 아래와 같다.[553)]

41 詐斬死罪囚.《史記 · 韓長孺列傳》

죄인들을 속여 주였다.

42 使陛下奉承天統, 欲矯正之也.《漢書 · 眭兩夏侯京翼李傳》

폐하께 하늘의 대통을 이어 받들게 한 것은 그것을 바로잡으려는 것입니다.

4) 동사 + 형용사(보어)

이 구조는 동사 뒤에 형용사가 보어로 쓰이며 수반되는 목적어는 없다. 이러한 형식은 비교적 적은 편이다.

43 叟縮也, 人及物老皆縮小於舊也.《釋名 · 釋親屬》

---

553) 유영기(1998), 《중국어 動補構造의 통시적 연구》, 한국언어학회, 언어학 제23호, 144쪽, 재인용. "太田辰夫는 당대唐代에서 'v死o', 'v死'가 피동문에 사용되었다고 한다. 'v死'는 'v殺'의 뜻이 담겨 있다."

'수'는 '축'이다. 사람 및 물건이 오래되어 이전 것보다 작아졌다는 것이다.

44 我不獨食, 果自減少.《百喩經下》

나는 훔쳐 먹지 않았는데 확실히 스스로 감소된 것이다.

당대唐代 이후에는 위 네 형식을 기초로 하여 새로운 형식이 발전되었고, 어떤 형식은 남북조南北朝때부터 시작된 것도 있다.

(2) '得'자구 보어의 출현과 발전

1) 동사 + 得 + 결과보어

'得'자구의 보어는 동사와 결과보어 사이에 '得'을 추가하고 뒤에 보어가 오는 형식이다.

- 형용사 보어: 동사 + 得 + 형용사
  說得好.
  잘 말했다.
- 형용사구 보어: 동사 + 得 + 형용사구
  說得非常美妙.
  아름답게 말했다.
- 문장구조 보어: 동사 + 得 + 문장
  駁得他無話可說.
  그가 할 말 없을 만큼 반박했다.
- 동사보어: 동사 + 得 + 동사
  完得成.
  완성할 수 있다.

결과보어의 사용 폭이 넓어짐에 따라 중국어의 표현력도 풍부해졌다. 이러한 변화는 '得'자가 실사에서 허사로 어법화면서 부터이다.

선진시기 '得'는 '獲得(획득하다)' · '得到(얻다)'라는 의미의 타동사로 일반적으로 목적어를 수반한다.

45 得良友而友之, 則所見者忠信敬讓之行也.《荀子 · 性惡》
좋은 친구를 사귀게 되면, 충성과 공경 그리고 양보의 행위를 볼 수 있다.

46 得王五城, 並力而西擊秦也.《戰國策 · 趙策》
(제나라) 성 다섯 개를 가지게 되면, 협력을 해서 서쪽을 향해 秦나라를 공격할 것이다.

'得'자는 '획득獲得'에서 가능을 표시하는 의미가 파생되었고, 앞 동사의 조동사 용법으로 파생된 것이 어법화의 첫 시작이다. 예문은 다음과 같다.

47 今守度奉量之士欲以忠嬰上而不得見.《韓非子 · 詭使》
지금은 공무에 충실하고 법을 잘 지키는 사람이 군주에게 귀에 거슬리는 말을 하려면, 만날 수가 없다.

48 穰侯[554]十攻魏而不得傷者, 非秦弱而魏強也, 其所攻者, 地也.《戰國策 · 秦策》
양후가 위국을 열 번을 공격했는데 실패하였다. 진秦 나라는 작고 위魏 나라는 커서가 아니라, 양후가 얻고자하는 것은 땅일 뿐이었기 때문이다.

'不得見'은 '不能見(볼 수 없다)'의 뜻이고, '不得傷'은 '不能傷害它(그에게 해를 입힐 수 없다)'라는 뜻이다. 여기서의 '得'은 '獲得(얻다)'이라는 원래의 뜻을 벗어나 추상적인 '얻다'의 의미로 쓰이고 있기 때문에 '得'은 조동사로 변할 수 있게 되었고 동사 앞에만 놓일 수 있다.

한대에 들어서자 '得'의 이러한 용법은 눈에 띄는 변화가 생겼다. 동사 앞에서만 사용하였던 용법이 동사 뒤로 옮겨져 보어로 쓰이기 시작하였고, 동작의 결과를 나타냈다. 예문은 다음과 같다.

---

554) 秦國의 大臣.

49 今臣為王卻齊之兵而[攻]得十城.《史記 · 蘇秦列傳》
오늘날, 저는 왕을 위해서 제국의 군사들을 물리쳤고, 또한 열 개의 성도 얻어왔습니다.

50 顯為人巧慧習事, 能探得人主微指(旨).《漢書 · 佞幸傳》
석현石顯은 아주 총명해, 왕의 마음을 헤아릴 수 있다.

51 推此以省太公釣得巨魚, 刳魚得書.《論衡 · 紀妖》
태공은 큰 물고기를 잡게 되어, 물고기를 갈라 책 한권을 얻게 되었다.

52 捕得單于從兄.《後漢書 · 班梁列傳》
군주의 형을 잡았다.

53 平子饒力, 争(掙)得脫, 逾牆(窗)而走.《世說新語 · 規箴》
평자의 힘이 세, 몸부림쳐서 벗어나, 담벼락을 넘어 도망갔다.

54 眾僧聞像叫聲[555], 遂來捉得賊.《洛陽伽藍記 · 卷一》
승려들이 불상의 소리를 듣고, 마침내 그를 잡았다.

이외의《논형》에 보이는 예문을 살펴보면 아래와 같다.[556]

55 謂妊娠之時遭得惡也.《論衡 · 命義》
임신했을 때, 변을 당하다.

56 治宅遭得不吉之地.《論衡 · 偶會》
집을 짓는데 좋지 않는 곳을 얻었다.

57 堯射得之, 猶不能傷日.《論衡 · 感虛》
요가 해를 쏘고 있지만, 해를 해치면 안 된다.

58 使誠若申包胥[557], 一人擊得.《論衡 · 順鼓》
성의가 신포서와 같다면, 한 명으로도 격파할 수 있다.

예문49 - 54에서 사용된 '得'은 앞 동사와 긴밀하게 결합되어 있어서 실사로 볼

555) '像'은 '金佛像'을 가리킨다.

556) 楊平(1989),〈動詞 + 得 + 賓語結構的產生和發展〉,《中國語文》. 漢代까지 '취득하다'류 동사가 쓰인 '동사 + 得 + (목적어)' 구조에서 '得'은 連動구조의 구성성분으로서 '획득하다'라는 의미를 가졌다. 漢末에 '得'자가 일부 非 '취득하다'류 동사의 뒤에도 나타나는 예가 있다.《史記》,《漢書》,《修行本起經》 등에는 예가 없다.

557) '申包胥'는 楚國大夫이다.

수 있다. 그러나 '얻다(獲得)'라는 실제 의미를 나타내지 않는 예문53과 같은 문장도 있다. 예문53은 동사 뒤에 '得'을 사용하고 또 하나의 자동사 '脫'을 추가하여 보어로 사용하고 있다. '동보動補형식' 중 '得'자를 사용한 이러한 형식은 처음으로 나타난 새로운 구조이다. 이러한 문장은 남북조 시기에 쓰이기 시작하였고, 동사 뒤의 보어 '得'은 점차 어법화되어 쓰이기 시작하였다. 아래 예문들은 같은 시기에 나타난 문장들로 이러한 어법화 추세가 눈에 띄게 변하고 있는 것을 볼 수 있다.

59 凡種小麥地, 以五月內耕一徧, 看乾濕轉之, 耕三徧爲度. 亦秋社後卽種. 至春, 能鋤得兩徧最好.《齊民要術 · 雜說》
밀을 심는 땅은 오월 내에 한 번을 갈아줘야 하고, 습도가 촉촉해지면 세 번을 갈면 적당하다. 가을이 지나면 바로 심어, 봄에 두 번 갈면 가장 좋다.

60 徒道秋耕不堪下種. 無問耕得多少, 皆須旋蓋磨如法.《齊民要術 · 雜說》
가을에 논밭을 갈아 파종하기가 쉽지 않다. 얼마나 갈아야 하는지 물어볼 필요 없이, 반드시 자주 원칙에 따라 갈아 덮어야 한다.

예문59 - 60 중 '得'은 예문53의 '得'의 용법보다 더욱 어법화되었고, 예문36의 '得'의 용법과 마찬가지로 가장 이른 시기에 나타난 구조조사이다. '得' 뒤에 사용된 수량구 보어가 이 이전에는 없었던 현상이다. 예문49 - 54의 '得'자 뒤의 성분은 모두 명사(예문53 제외)나 명사구이며 보어가 아닌 목적어이다. 예문59 중의 '兩遍'과 예문60 중의 '多少'만 진짜 보어이다.

위의 예문을 통하여 동사 뒤에 구조조사 '得'을 사용해서 보어로 만드는 구조는 남북조 시기부터 시작되었다는 것을 알 수 있다.[558)]

이러한 구조는 당대 이후 계속 발전되어 '得'자 뒤 보어성분은 아래 여섯 가지 종류가 나타났다.

558) 《논형》은 동한 王充(27 - 97年)의 작품이다. 대략 한 章帝 元和三年(86年)에 완성된 것으로 보고 있다.

① 동사 + 得 + 명사 혹은 명사구

② 동사 + 得 + 동사 혹은 동사구

③ 동사 + 得 + 수량사 혹은 수량사구

④ 동사 + 得 + 형용사 혹은 형용사구

⑤ 동사 + 得 + 문장

⑥ 동사 + 得 + 자동사

① 동사 + 得 + 명사 혹은 명사구

이 종류의 '得'은 '도달'의 뜻을 어느 정도 가지고 있다. 만약에 '得'자가 없다면 보어는 목적어가 된다.

61 直至天明, 造得一寺, 非常有異.《廬山遠公話》
하루 저녁에 사찰 하나가 생겨났는데 매우 괴이한 모습이었다.

62 如是家中養得一男. 父母看如珠玉.《廬山遠公話》
만약에 집에 남자 한 명 키운다면, 부모는 그를 보물로 양육하다.

이외의 예문을 살펴보면 아래와 같다.

63 乃探得黃金.《搜神記》
그리하여 황금을 얻었다.

64 子胥聞得此語, 即與魚人看船.《伍子胥變文》
자서는 이 말을 듣고, 어부의 배를 봐 주었다.

② 동사 + 得 + 동사 혹은 동사구

'得'은 앞 동사의 결과를 나타낸다.

65 這兩個踢下水去的, 纔掙得起, 正待要走, ……《水滸傳 · 三十回》
물에 빠진 두 사람이 막 가까스로 일어나서, 막 가려고 하는데……

66 (武松)大笑道 : "小人眞個嬌惰了, 那裏拔得動."《水滸傳 · 二十八回》

큰 소리로 웃으면서 말하기를 "참으로 억지 부르네, 어떻게 뺄 수 있어!"

이외에 '得'과 동사 사이의 명사가 객체受事 목적어인 경우의 예를 살펴보면 아래와 같다. 즉 '동사 + 得 + 명사(객체 목적어) + 동사(보어)'[559]와 같은 형식이다.

67 十三學得琵琶成. (白居易《琵琶行》)
열세 살에 비파를 칠 줄 알았다.

68 便見公不曾看得那物事出, 謂之無眼目.《朱子語類 · 朱子十一》
보나 공이 그것을 알아보지 못하는 것을 안목이 없다고 하는 것이다.

③ 동사 + 得 + 수량사 혹은 수량사구

위 예문59 - 60 중 '得'은 완료를 나타내는 '了'와 비슷한 용법으로 사용되었지만, 자세히 살펴보면 '了'하고는 다르다. '得'은 동사의 결과보어이다. 이러한 동보 구조는 남북조시기에 생긴 후 점차 발전되었다. 예문은 다음과 같다.

69 相公問: "汝念得多少卷數?" 遠公對曰: 賤奴念得一部十二卷, 昨夜總念過.《盧山遠公話》
상공은 "당신은 몇 권을 읽었냐?"고 물었다. 원공이 대답하기를 "한 질 12권을 어제 저녁에 모두 읽었습니다."

이외의 예문을 살펴보면 아래와 같다.

70 至春, 能鋤得兩徧最好.《齊民要術 · 雜說》
봄에 두 번 갈면 더 좋다.

④ 동사 + 得 + 형용사 혹은 형용사구

동사 뒤에 '得'을 사용한 후 형용사(구)를 사용해 동작의 정도 혹은 결과를 나타낸다.

---

559) 楊伯峻, 何樂士(2001),《古漢語語法及其發展 · 下》, 語文出版社, 646쪽.

71 拍手叫道: "殺得好 ! "《京本通俗小說 · 卷十五》
박수를 치면서 말하기를 "잘 죽였어!"

72 我兩個起得早了, 好生困倦…….《水滸傳 · 六十二回》
우리 둘 다 일찍 일어나서 너무 피곤하네......

이외의 예문을 살펴보면 아래와 같다.

73 孔子說得細膩……孟子說得癲, 說得疏略.《朱子語類 · 性理一》
공자는 상세하게 말하며……맹자는 대강으로 말하고 간략하게 말을 한다.

아래 예문73은 '得'자 다음에 오는 형용사가 명사적 의미로 쓰인다.

74 謂妊娠之時, 遭得惡也.《論衡 · 命義》[560)]
임신했을 때, 안 좋은 것을 당했다.

75 某今惟要諸公看得道理分明透徹.《朱子語類 · 朱子十八》
제공들은 도리를 뚜렷하고 분명하게 보았다.

76 他看得經書極子細.《朱子語類 · 朱子十三》
그는 경서를 아주 자세히 본다.

예문74 - 75 중 형용사(보어) 앞 부분의 성분은 '得' 앞의 동사의 객체受事목적어이다.[561)]

⑤ 동사 + '得' + 문장

77 是經聲朗朗, 遠近皆聞, 清[562)]韻珊珊, 梵音遠振, 敢(感)得大石搖動, 百草亞(曲)身, 瑞鳥靈禽, 皆來贊嘆.《廬山遠公話》
낭랑한 경 읽는 소리는 낭랑하여 멀리서도 잘 들리고, 법음法音이 맑고 깨끗하며,

---

560) 楊伯峻, 何樂士(2001),《古漢語語法及其發展 · 下》, 語文出版社, 645쪽. "'惡', 形容詞用作名詞, 指不祥之物."

561) 楊伯峻, 何樂士(2001),《古漢語語法及其發展 · 下》, 語文出版社, 647쪽. "形容詞補語前的成分是"得"前動詞的受事賓語."

562) "是經聲郎朗, 遠近皆聞, 法韻珊珊."으로 쓴다. 즉 '清'자를 '法'자로 쓴다.

범음은 멀리까지 울려 퍼졌다. 이에 감동되어 큰 돌이 움직이고, 풀들은 허리를 굽혀, 상스러운 새들과 신령스런 짐승들도 모두 다가와 찬탄의 소리를 냈다.

78 諕得兩腿不搖而自動.《大宋宣和遺事》

놀래서 두 다리는 떨지 않아도 자연스레 떨어 움직였다.

79 一句話說得滿屋子裏的人都笑起來了.《紅樓夢 · 十一回》

말 한마디로 방에 있는 모든 사람들을 웃게 했다.

이외의 '得'을 생략하여 쓰기도 한다.[563]

80 花兒被嚇(得)膽碎.《敦煌變文 · 鷰子賦》

화아는 쓸개가 부서지듯 놀랬다.

⑥ 동사 + 得 + 자동사

이러한 형식은 예문53 '爭(掙)得脫' 구조의 새로운 발전이다.

81 只是他做得出來, 須差異.《朱子語類 · 邵子之書》

단지 그는 차이점을 보여야만 한다.

82 此秀才展拓得開.《朱子語類 · 朱子十一》

이 수재는 잘 진척시켜 설명할 수 있다.

83 只有彩霞還和他合得來, 倒了一種茶來遞與他.《紅樓夢 · 二十五回》

채하만이 그와 어울릴 수 있어, 그에게 차를 따라주었다.

이외에도 '동사 + 得 + 단문'[564] 중 '단문'은 보어 형식으로 쓰인다.

84 諕得兩腿不搖而自動.《大宋宣和遺事》

놀래서 두 다리를 떨지 않아도 스스로 움직여 떨었다.

85 一句話說得滿屋子裏的人都笑起來.《紅樓夢 · 十一回》

563) 楊伯峻, 何樂士(2001),《古漢語語法及其發展 · 下》, 語文出版社, 647쪽. "主謂結構"膽碎" 是對花兒被嚇的程度的一種誇張的表示, 應理解爲"花兒被嚇得膽碎, 如果理解爲花兒被嚇, 膽碎. 則花兒的膽眞的碎了."

564) 楊伯峻, 何樂士(2001),《古漢語語法及其發展 · 下》, 語文出版社, 647쪽.

말 한마디로 방에 있는 모든 사람들을 웃게 했다.

이외에도 '동사 + 得 + 보어' 중 '보어'는 병렬복문 형식으로 쓰인다.

86 目連雖是聖人, 煞(嚇)得魂驚膽落.《大目乾連冥間救母變文》
비록 목련[565]은 성인이 되었다지만, 간담이 서늘해지고 혼비백산할 것이다.

또한 동사 + 得 + 보어(複雜 복문)으로 쓰인다.

87 敢(感)得大石搖動, 百草亞(曲)身, 瑞鳥靈禽, 皆來贊嘆.《廬山遠公話》
이에 감동되어 큰 돌이 움직이고, 풀들은 허리를 굽혀, 상스러운 새들과 신령스런 짐승들도 모두 날아와 찬탄하였다.

위에서 제시된 여섯 가지 여섯 종류의 보어는 모두 앞에서 설명한 ①, ②, ③, ④ 네 종류의 '동사 + 보어' 형식에서 발전된 것이다.

2) 형용사 + 得 + 보어

'동사 + 得 + 보어' 다음으로는 형용사 뒤에 '得'과 보어를 사용한 새로운 구조가 탄생되었다.

88 好得很.
매우 좋다.

이러한 형식은 '동사 + 得 + 형용사(형용사구)'류와 비슷하지만 다르다. 이 형식은 동사 뒤에 형용사나 형용사구가 쓰여 '동사 + 得 + 형용사(구)'의 구조이지만, 형용사 뒤에 '得'을 사용한 후 보어를 사용하여 '형용사 + 得 + 보어'의 구조

565) '마우드갈리아야나'. 석가모니의 십대 제자 가운데 한 사람.

로 쓰인다. 보어의 구조도 비교적 복잡하다. 이러한 구조는 근대 문학작품에서 비로소 유행하기 시작했고, 송대 화본話本 중에 이러한 예문이 보인다.

89 這賈奕[566]晝忘飡, 夜忘寢, 禁不得這般愁悶, 直瘦得肌膚如削.《大宋宣和遺事 · 亨集》
가혁은 낮에는 밥을 먹지 않고, 밤에는 잠을 이루지 못해, 이러한 답답함을 견디지 못해 너무 말라 뼈밖에 남지 않았다.

이러한 구조는 '得' 뒤 보어는 대부분 형용사 · 부사 · 부사구 혹은 문장 등이 쓰인다.

90 我與你說他姓名, 驚得你屁滾尿流.《水滸傳 · 七十三回》
내가 너에게 그의 이름을 말해주면, 놀래서 쩔쩔맬 것이다.
91 襲人等見了, 都慌的(得)了不得.《紅樓夢 · 二十五回》
습인 등이 만났는데, 당황해서 어쩔 줄 모른다.
92 王夫人看了, ……急的(得)又把趙姨娘數落一頓.《紅樓夢 · 二十五回》
왕씨 부인이 보고나서, ……화나서 또 조씨 이모를 꾸짖었다.

3) '把'자구 + 동사 + 보어

결과보어의 또 하나의 발전은 '把'자문과 결합한 형식이다. 동사 뒤의 보어가 동작의 결과를 나타내기 때문에, 전치사 '把(將)'를 사용하여 목적어를 앞으로 전치시킨 구조와 쉽게 함께 쓸 수 있다. 즉 '보어'가 그 뒤에서 결과를 나타내기 때문이다.

93 我將這紙窗兒潤破, 悄聲兒窺視.《西廂記 · 第三本》
나는 창 창호지를 촉촉하게 해서 구멍을 내, 숨죽이고 몰래 훔쳐보았다.
94 燕青看了, 便扯扁擔, 將牌打得粉碎.《水滸傳 · 七十四回》
연청이 보고난 후, 딴 말을 꺼내 패를 부셔버렸다.

566) 송대宋代의 시인이다.

95 把生死關頭看破.《兒女英雄傳 · 十六回》
생사의 절박함을 이 달관하였다.

또한 일부 동보動補구조는 단어화가 되어 하나의 단어처럼 사용되었다. 예를 들어, '擴充', '沖破', '充滿', '破壞', '矯正' 등 단어는 이미 복합동사가 되었다. 이는 동사와 보어가 자주 밀접하게 같이 사용하기 때문에, 시간이 흐르면서 복합사로 변한 것이다.

(3) 방향보어의 변천

방향보어는 동보動補구조 중의 하나이다. 방향보어란 동사 뒤에 동작의 방향을 나타내는 동사를 보어로 하는 구조를 말한다. 보어 동사는 '去'、'來'、'下'、'起'、'過'、'出'、'上去'、'上來'、'下去'、'下來'、'起來'、'過去'、'過來'나 '出來' 등이 있다. 일반적으로 단음절 보어는 '단음절 방향보어'나 이를 줄여 '단방보單方補'라고 부르고, 복합사로 된 보어를 '다음절방향보어' 줄여서 '다방보多方補'라고 부르기도 한다. '다음절방향보어'(複趨補)의 앞 음절을 '다방보 앞자'(複趨補前)라고 하고, 그 뒤에 위치한 자를 '다방보 뒷자'(複趨補後)라고 부른다.

방향보어를 구조에 따라 귀납을 아래 5종류로 나눌 수 있다.

① 동사 + 단방보 (走去, 走來, 上去, 上來)
② 동사 + 다방보 (走上去, 走下來)
③ 동사 + 단방보 + 목적어 (走上台, 走下台)
④ 동사 + 목적어 + 단방보 (看戲去, 看戲來)
⑤ 동사 + 다방보 앞자 + 목적어 + 다방보 뒷자 (走上台去, 走下台來, 唱起歌來)

하지만 이 다섯 종류의 방향보어의 기원과 발전상황이 완전히 일치하지는 않는다. 선진 초기에는 방향보어가 쓰이지 않았다.

96 日之夕矣, 羊牛下來.《詩經 · 君子於役》
해가 이미 저물어, 양과 소는 이미 산비탈을 내려와 우리로 돌아갔네.

위 구절 중 '下來'는 상당히 예외적으로 동사 뒤에 방향보어로 쓰인 유일한 예문이다.[567] 선진 후기에 동작의 방향을 나타내는 첫 번째 종류인 '동사 + 단방보' 구조가 초기 형식이다.

97 還入於鄭.《左傳 · 僖公二十四年》
정국으로 들어갔다.
98 樓緩聞之, 逃去.《戰國策 · 趙策》
루완이 들은 후, (조趙 나라에서) 도망갔다.

세 번째 종류인 '동사 + 단방보 + 목적'의 구조가 쓰인 가장 초기 예문은《전국책 · 제책》의 문장이다.[568]

99 燕將攻下聊城.《戰國策 · 齊策》
연 나라는 요성을 점령할 것이다.

위에서 언급한 첫 번째 종류와 두 번째 종류에 해당하는 예문은 그다지 많지 않다. 그 당시에 이러한 의미를 표시하는 문장은 타동사와 방향동사 사이에 연결사 '而'를 사용하여 두 개의 서로 다른 동작을 연결시키는 일종의 연동식 구조를 사용하였기 때문이다.[569] 하지만 이러한 구조 중 뒤 동사는 의미적으로 방향보어

567)《시경》중 '下來' 중 '來'자는 보어로 쓰이는 것이 아니라 실질적인 의의를 지닌 실사의 용법으로 쓰인 것이 아닌가 한다. '下而來'의 뜻이 아닌가한다.

568) 원주: 祝敏徹《先秦兩漢時期的動詞補語》, 선진시기의 방향보어와 그 앞에 있는 동사는 아직 복합되지 않았다, 27쪽.

569) 연결사 '而'를 사용하지 않는 연동문 : "趨進, 翼如也."(걸음이 빠를 때는 새가 날개를 핀 것

의 개념이다.

100 有漁父者, 下船而來, 須眉交(皎)白.《莊子 · 漁父》
어부가 배에서 내려와, 눈썹과 수염은 새하얗다.

101 我騰躍而上.《莊子 · 逍遙遊》
나는 날듯이 뛰었다.

102 子貢趨而進曰.《莊子 · 大宗師》
자공이 빨리 걸어서 들어왔다.

위 예문을 통하여 첫 번째 종류와 세 번째 종류의 방향보어구조가 가장 이른 시기에 생겼다는 것을 알 수 있다. 이러한 구조는 선진 시기에 발생하였으며 한대에서 성행하게 되었다. 또한 이러한 구조를 기초로 하여 두 번째와 네 번째의 새로운 구조가 생겼음을 알 수 있다. 다섯 번째의 구조는 근대에 이르러 생겼다.

다음은 종류에 따라 예를 들어 발전과정과 특징을 간략하게 살펴보도록 한다.

1) 동사 + 단방보(走去, 走來, 上去, 上來)

'동사 + 단방보(走去, 走來)'와 같은 구조 형식으로 보았을 때, 양한兩漢 이후의 용법은 예문96 - 97의 예문과 큰 차이가 나지 않는다. 다만 예문96 - 97을 설명할 때 이미 언급하였다시피 선진 시기에 이러한 구조는 단지 '入'과 '去' 등만 사용되었고 그 예문 또한 많지 않다고 했다. 서한 이후에는 두 가지 특징이 나타났다. 그 중의 하나는 '入'과 '去'자를 사용하는 예문이 많아졌을 뿐만 아니라, 대부분 동사 뒤에 이 두 개('入', '去')의 단방보를 첨가하여 사용할 수 있게 된 것이다. 두 번째로는 '入'과 '去' 등 이외에 '出', '來', '下' 등도 점차 방향보어로 사용되었다.

103 於是吳王乃與其麾下壯士數千人夜亡去.《史記 · 吳王濞列傳》
그래서 오왕과 그의 군사 몇 천 명은 밤새 도망갔다.

과 같다.)《論語 · 鄉黨》.

104 今上禱祠備謹, 而有此惡神, 當除去.《史記 · 秦始皇本紀》
현재, 폐하의 부고와 제사는 주도면밀하고 정중한데, 사악한 악신이 나타났으므로, 이를 없애야 합니다.

105《詩經》舊時亦數千篇, 孔子刪去複重, 正而存三百篇.《論衡 · 正說》
옛날에 〈시경〉은 몇 천편이 있었는데, 다시 정리하여 300편으로 다시 만들었다.

106 阿奴欲放去耶?《世說新語 · 德行》
너는 그를 놓아주려 하느냐?[570]

107 武帝擇宮人不中用者, 斥出歸之.《史記 · 外戚世家》
무제는 궁궐에서 필요 없는 궁녀들을 내쫓아 돌려보냈다.

108 君為我呼入, 吾得兄事之.《史記 · 項羽本紀》
그대는 나를 대신해서 그를 불러다오, 형제를 대하는 것처럼 그를 대하려고 하오.

109 汝只[571]有一手, 那得遍笛? 我爲汝吹來.《幽明錄》[572]
그대는 한 손만 있는데 어떻게 두루 피리를 불을 수 있을까요? 제가 당신을 위해서 부를게요.

2) 동사 + 다방보(走上去, 走下來)

① 형식의 보어는 단음절單音節이지만, B는 복합동사이다. 다방보는 선진시기에 없던 용법이다.[573] 이는 서한시기에 처음으로 생겨, 한대 이후 점차 '出去' · '上去' · '過去' · '過來' 등의 고정형식이 나타났다.

110 楚圍漢王滎陽急, 漢王遁出去, 而使周苛守滎陽城.《史記 · 張丞相列傳》
초군이 형양에서 한왕을 둘러싼 매우 긴박한 상황이었다. 한왕은 몰래 도망쳐 나가며, 주가에게 형양을 지키라고 했다.

111 征和二年春, 涿郡鐵官鑄鐵, 鐵銷, 皆飛上去.《漢書 · 五行志上》
정화2년(BC91) 봄, 탁군 철관이 철을 주조할 때, 철이 녹아 하늘로 튀었다.

570) '阿奴'는 동생이라는 뜻이다.

571)《中國國學網》: "汝止有一手".

572) 원주: 魯迅(1954),《古小說鉤沈》, 人民文學出版社, 294쪽.

573)《詩經》"牛羊下來" 중의 '下來'를 예외적인 예문으로 보고 있으나, 앞에서 이미 언급하였듯이 연동식이 아닌가 한다.

112 遂有一童子, 過在街坊, 不聽[574]打鼓, 即放過去.《前漢・劉家太子傳》
그러다가 문득 한 아이가 거리를 지나가다 북을 치려 하지 않고 그냥 지나가버렸다.
113 何淸不慌不忙, 卻說出一番話來.《水滸傳・十七回》
하청은 당황하지 않고 느긋하게 말을 했다.
114 (黛玉)知道燙了, 便親自趕過來.《紅樓夢・二十五回》
데인 것을 알고, 직접 서둘러 왔다.

형용사가 동사의 용법으로 쓰일 때도 이러한 형식이다.

115 眾人看時, 只見鏊子[575]一般紅腫起來.《水滸傳・六十五回》
사람들이 봤을 때, 오자처럼 빨갛게 부어올랐다.

② 형식과는 또 다른 하나의 새로운 구조가 근대 구어체 문학 작품에서 생겼다. 즉 동사와 다방보(複趨式) 사이에 완료형식을 나타내는 접미사(詞尾) '將'을 삽입해 '跳將起來', '飛將上去' 등의 형식으로 쓰였다. 이것은 현대중국어의 '跳將起來', '飛將上去'의 용법과 같은 것이다. 동사와 방향보어 사이에 접미사 '將'이 사용된 예문은 남북조와 당대唐代 작품에서 처음으로 보인다.

116 若生女者, 輒持將去.《顏氏家訓・治家篇》
만약에 여자아이를 낳으면, 바로 데려가 죽인다.
117 惟將舊物表深情, 鈿合金釵寄將去. (白居易《長恨歌》)
장차 오래 지닐 물건으로 깊은 정을 표하려니, 자개 상자와 금비녀를 가지고 가라 하네.

이외에도 변문變文에서 자주 사용하는 '唱將來' 구절이 모두 이 형식에 속한다. 그러나 이 형식은 단방보 중에서도 위에서 살펴본 6.3.1 형식이다. 송원宋元시기에 이르러서는 6.3.2의 형식인 '跳將起來'와 같은 형식의 사용이 많아졌다.

574) '不聽'은 '不肯'의 뜻으로 "~하려 하지 않다"라는 뜻이다.《돈황변문교주2》, 100쪽 참고.
575) 중국 전병을 구울 때 쓰는 기구.

118 張勝看時, 原來是屋梁上掛著一個包, 取將下來道: ……《京本通俗小說》
장승이 봤을 때, 대들보에 가방한 개가 걸려있어, 가지고 내려와 말하기를......

119 張大公, 憑著你留下我這一條柱杖, 怕這忤逆不孝子蔡邕回來, 把這柱杖與我打將出去![576]《琵琶記》
장대공, 당신이 나에게 남겨준 이 지팡이로, 채옹 이 불효자식이 돌아오면, 이 지팡이로 그를 때려서 내보내겠어.

명청明淸 소설에서는 이 구조가 자주 쓰인다.

120 從地下叫將起來.《水滸傳 · 八回》
바닥에서 소리 지르기 시작했다.

121 這行者飛將去.《西遊記 · 四十六回》
이 행자는 날아서 올라간다.

122 寶玉聽了, 不覺心內癢將起來.《紅樓夢 · 二十六回》
보옥이 듣고 나니, 마음이 간질거리기 시작했다.

형용사 뒤에도 '將'을 쓸 수 있다.

123 天氣冷將上來.《紅樓夢 · 六回》
날씨가 추워지기 시작했다.

만약에 동사가 쌍음절이면 대부분 '將'을 쓰지 않거나 혹은 다방보를 단방보로 바꾸는데, 이는 문자를 네 자로 맞춰 쓰는 습관에서 비롯된 것으로 보인다.

124 起身搶出房門. 正待聲張起來……《京本通俗小說 · 卷十五》
몸을 일으켜 방문을 뛰어나가 퍼뜨리려고 기다리고 있다.

125 想到此間, 便又傷感起來.《紅樓夢 · 四十四回》
이것이 생각나, 또 속상하기 시작했다.

126 宋江白著眼, 卻亂打將來, 口裏亂道: ……《水滸傳 · 三十九回》
송강은 흘겨보는 눈으로 마구 때리면서 지껄이기를......

576) "前後兩個'柱'字, 在其他版本寫成了'拄'字."《古詩文網》.

127 從外搖擺將來.《金瓶梅 · 十四回》
밖에서 흔들거리면서 들어온다.

3) 동사 + 단방보 + 목적어 (走上台, 走下台)

이 형식은 '동사 + 단방보單方補(單趨補) + 목적어(走上台, 走下台)'이다. 6.3.1의 형식과 다른 점은 목적어 하나만 더 추가되어 쓰인다는 것이다. '攻下聊城'와 같이 이러한 형식은 전국책에서 가장 처음으로 나타난 구절이다. 위에서 언급했듯이 양한兩漢 이후에 '동사 + 단방보 + 목적어'의 사용빈도가 점차 많아졌다.

128 灌夫……復馳還, 走入漢壁.《史記 · 魏其武安侯列傳》
관부는 말을 타고 다시 漢국의 병영으로 왔다.
129 收去詩書百家之語以愚百姓.《史記 · 李斯列傳》
시경, 상서, 주자백가의 저작을 걷어 백성들을 무지무매하게 한다.
130 攻下睢陽、外黃十七城.《漢書 · 高帝紀》
(팽월彭越)은 휴양과 외황 등 17개의 성읍을 점령했다.
131 舜子走入宅門, 跪拜阿娘四拜.《舜子變》
순자가 문을 들어와 어머님에게 네 번의 절을 했다.
132 把馬牽去後槽上拴了.《水滸傳 · 十七回》
말을 끌어간 후, 구유에다 묶었다.

4) 동사 + 목적어 + 단방보(看戲去, 看戲來)

이 구조에서는 방향보어가 동사 뒤에 바로 쓰이는 것이 아니라 목적어 뒤에 쓰인다. 이러한 '동사1 + 목적어 + 동사2'의 구조는 겸어식兼語式과 비슷하다. 겸어식의 동사2의 행위는 목적어가 하는 것이지만, 방향동사는 그렇지 않다. 방향동사의 뒤 동사는 단지 앞의 행동의 방향을 표시하는 보충역할을 한다. 의미적으로 단음절 방향보어에 사용되는 동사는 목적어가 행하는 행위가 아니라는 것이 확실하다.

· 겸어식

133 司馬夜引袁盎起.《史記 · 袁盎鼂錯列傳》

사마는 야밤에 원앙을 일어나게 하였다.

134 左右或欲引相如去.《史記 · 廉頗藺相如列傳》

시종 중에 어떤 이는 인상여를 잡아끌고 가서 형벌을 받게 했다.

위의 '동사1 + 목적어 + 동사2'는 모두 겸어식으로 6.3.4의 동보구조와는 서로 다르다. 한대에 사용되는 전형적인 '동사 + 목적어 + 단방보' 형식의 문장을 살펴보면 아래와 같다.

135 王使人疾持其頭來.《史記 · 范雎蔡澤列傳》

왕은 사람들에게 그의 머리를 가져오라했다.

136 毛遂謂楚王之左右曰: "取雞狗馬之血來！"《史記 · 平原君虞卿列傳》

모수가 초왕의 좌우 수행들과 말하기를 "닭, 개, 말의 피를 가져오시오."

한대 이후에 사용된 '동사 + 목적어 + 단방보' 형식의 예문은 다음과 같다.

137 還儂楊州去.《樂府 · 襄陽樂》

양주로 돌아갔다.

138 蠻奴領得戰殘兵士, 便入城來.《韓擒虎話本》

만노가 전쟁에서 부상당한 병사들을 이끌고 성으로 들어갔다.

139 潙山問: "師什麼處去來？" 師曰: "看病來".《傳燈錄》

위산이 묻기를 "스승님 뭐 때문에 오셨나요?" 대사가 말하였다. "병을 보러 왔네."

140 小人也難回太師府裏去.《水滸傳 · 十七回》

소인도 태사부에 돌아가기 어렵습니다.

방향보어 '去'나 '來' 뒤에 또 다른 동사를 하나 사용하여 연동형식으로 쓸 수 있다. 이러한 형식은 송대宋代부터 사용했던 용법이다.

141 再說這魯智深就客店裏住了幾日, 等得兩件家生都完備[578], 做了刀鞘, 把戒刀插放鞘內, 禪杖卻把漆來裹了.《水滸傳 · 五回》

다시 말하자면, 노지심은 객점에서 며칠간 머물면서 기물 두 개를 다 만들고, 칼집을 만들어 칼을 칼집에다 찼는데 선장이 칠을 가져왔다.

142 (魯智深)行了半月之上, 於路不投寺院去歇, 只是客店內打火安身. 白日間酒肆裏買吃.《水滸傳 · 五回》

보름 넘게 걸어, 중간에 사원에서 머물며 쉬는 것이 아니라, 객점에서만 머문다. 낮에는 술 등을 사먹는다.

5) 동사 + 다방보 앞자 + 목적어 + 다방보 뒷자

이 형식은 복합사의 방향보어가 분리되고 그 사이에 목적어를 쓰는 것이다. 6.3.4형식과 6.3.5형식의 차이는 동사 뒤에 복합방향보어의 앞 음절이 추가된 것이다. 이러한 용법은 송대宋代 이전에 사용된 기록을 아직 발견되지 않았기 때문에 아마도 송대 이후에 새로 생긴 구조일 것이다.

143 明日捉個空, 便一逕到臨安府前叫起屈來.《京本通俗小說 · 卷十五》

내일 시간을 내어, 같이 림안부 앞에 가서 어굴함을 호소하자.

144 若是你做出事來, 老身靠誰?《京本通俗小說 · 卷十三》

만약에 네가 일을 저지르면, 나는 누구를 믿고 살아?

145 (府尹)便喚過文筆匠來, 去何濤臉上刺下"迭配……州"字樣, 空著甚處州名, ……《水滸傳 · 十七回》

문필장을 불러, 하도의 얼굴에 "질배…주"라는 글자모양을 새겨, 빈틈에 처주이름을

마찬가지로 '去'와 '來' 뒤에 다른 동사를 사용하여 연동식 구조로도 사용할 수 있다.

146 徐信且不數錢, 急走出店來看, …….《京本通俗小說 · 卷十六》

허신은 우선 돈을 세지 않고, 급하게 나와 보았다……

중국어의 방향보어는 또한 결과보어와 함께 같이 사용할 수 있는데, 근대 중국

577) "等得兩件家生都已完備."《國學網》

어에서 이러한 예문을 찾아볼 수 있다.

147 行一步, 等一步, 倒走得我困倦起來.《水滸傳 · 八回》

한 걸음 걷고, 한 걸음 기다리는 것이 오히려 나를 피곤하게 하네.

148 話說宋江因躲一杯酒, 去淨了手, 轉出廊下來, 跐了火鍁柄, 引得那漢焦燥, 跳將起來, 就欲要打宋江.《水滸傳 · 二十三回》

송강은 술 한 잔을 피하기 위해 화장실가려고 복도를 돌아 내려와 삽 손잡이를 밟았는데, 그 남자가 화를 내며 화들짝 뛰며 송강을 때리려고 했다.

위의 예문들을 통하여 중국어의 '동보구조動補構造'의 역사는 아주 오래되었고 내용 또한 상당히 풍부한 것을 알 수 있다. 이러한 동보動補 형식은 중국어가 끊임없이 발전하고 완벽해지는 중요한 수단 중 하나이면서 근대 중국어의 큰 특징 중의 하나이기도 하다.

7. 피동식의 발생과 변천

(1) 고대중국어의 피동식

고대중국어에서의 피동식被動式에 관해서는 1898년 출판된《마씨문통馬氏文通》(제4권)에서 가장 처음으로 언급하였다고 할 수 있다.《마씨문통》은 이른바 외동外動(타동他動 혹은 급물동사及物動詞)이 수동受動(피동被動) 용법으로 쓰이는 경우는 대략 여섯 가지 형식이 있다고 생각하였다.

① '爲'·'所' 두 자가 타동사 앞에 놓이는 경우[578)]

1 衛太子爲江充所敗.《漢書·霍光金日磾傳》
위태자는 강충에게 패배를 당했다.[579)]

② '爲' 한 자만 타동사 앞에 쓰이는 경우

2 道術將爲天下裂.《莊子·天下》
백성을 다스리는 도술은 장차 천하 사람들에 의해 파괴되고 말 것이다.

③ 타동사 뒤에 '於'자가 전치사로 쓰이는 경우

3 禦人以口給, 屢憎于人.《論語·公冶長》
말재주를 가지고 사람을 대하면 사람들에게 자주 미움을 받게 된다.[580)]

---

578) 두보의 시중《茅屋爲秋风所破歌》는 이러한 형식을 사용한 피동문이다.

579) 衛太子는 한(漢) 무제(武帝) 말년에 강충(江充)의 모함을 받아 병사를 일으켜 강충(江充)을 주살하려 하였으나 싸움에 져서 자살하였다.

580) '口給'은 '말재주'라는 뜻이다.

④ '見' · '被'자가 타동사 앞에 쓰이는 경우

4 百姓之不見保, 爲不用恩焉.《孟子 · 梁惠王上》
백성들이 보호받지 못하는 것은 은혜를 베풀지 않기 때문입니다.

5 錯卒以被戮.《史記 · 酷吏列傳》
조착晁錯은 끝내 죽임을 당했다.

⑤ '可' · '足'자가 동사 앞에 쓰여 수동(受動)의 의미를 나타내는 경우

6 晉楚之富, 不可及也.《孟子 · 公孫丑下》
진나라와 초나라의 부는 따라잡힐 수 없다.

7 今皆已死, 餘不足畏也.《史記 · 黥布列傳》
현재 장군들이 모두 죽었으니 그 나머지는 두려워할 필요가 없다.

⑥ 타동사가 단독으로 수동(受動)의 의미를 나타내는 경우

8 迫, 斯可以見矣.《孟子 · 滕文公下》
(저쪽에서 나에게) 다가오면, 이는 만나볼 만하다.

위의 분석은 두 가지 문제점이 있다.

첫째, 형식⑥은 개념상의 피동의미와 어법상의 피동구조를 혼동하여 서술한 것이고 형식⑤는 개념상의 피동의미마저 명확하지 않다.

둘째, 역사적 관점이 부족하여 형식 ①부터 형식 ④까지의 예시 중 어떤 형식이 먼저 발생하고 어떤 형식이 나중에 발생한 것인지 알아볼 수 없다. 물론,《마씨문통》당시로서는 이러한 결함은 피할 수 없는 부분이다. 이는 후대 사람이 계속적으로 연구해 나가야하는 문제이기도 하다.

어떤 어법학자는 극단적으로 고대중국어는 피동식이 없으며 단지 시동施動 형식으로 수동의 의미를 나타낸다고 한다.[581] 이 역시 역사 사실과 부합하지 않는

581) 高名凱의《漢語語法論》, 제2편 제7장 제1절 참고.

말이다. 고대중국어는 먼저 '주어 + 동사'의 형식으로 피동의미를 나타냈고, 점차 몇 가지 피동 어법 형식이 생겨났다. 이러한 어법 형식은 인도유럽계 언어처럼 동사의 변화로써 피동형식을 나타내는 것이 아니라, 보조사補助詞를 운용하여 나타낸다. 절대적으로 동사의 변화로 피동형식을 나타내야 만이 피동식이라고 보고 그 이외는 피동식이 아니라고 할 수는 없다. 즉, 언어의 어법 형식은 언어의 역사적 특징을 근거하여 이해하고 분석해야지 인도유럽어계의 언어만을 가지고 판단하는 것은 잘못된 것이다.

(2) 고대 중국어의 무표지 피동문 의의 표시법

상고 중국어에서 피동의 의미를 표시할 때 반드시 피동의 어법 형식을 사용해야 하는 것은 아니었고, '주어 + 동사' 형식을 사용하였다. 예를 들면, 이러한 형식은 갑골문과 금문에도 보인다.[582]

9 貞: 百牛至? 貞: 百牛毋其至.《合9214》
점을 쳐 묻습니다. 백 마리의 소가 도착하게 될까요? 백 마리의 소가 도착하지 않을까요?

10 癸巳卜: 其振鼓. 弜振. 癸巳卜: 鼓弜振, 其尊.《屯236》
계사일에 점을 칩니다. 북은 두드려져야 할까요? 북은 두드려지지 말아야 할까요? 계사일에 점을 칩니다. 북을 두드리지 말고 북을 설치해야 할까요?

11 王咸誥(誥), 何易(賜)貝卅朋. 用乍(作)庚公寶障(尊)彝.《珂尊(何尊)·6014》
왕의 훈계가 끝나고 난 후 하何에게 패貝 삼십붕三十朋을 하사하시어 부친께 제사드릴 존귀한 禮尊을 만들다.

12 公違省自東, 才(在)新邑, 臣卿易(賜)金, 用乍(作)父乙寶彝.《臣卿鼎·02595》
공위가 동쪽 지방으로부터 시찰을 하다가, 신읍에서 신경臣卿에게 청동을 하사하자, 이를 사용하여 부을에게 제사드릴 때 사용할 보배로운 청동을 만들었다.

582) 張玉金,《西周漢語語法研究》, 288쪽 참고.

고대 중국어 중 피동문은 표지를 사용하지 않거나 사용하는 형식으로 쓰인다.

13 吾不試, 故藝.[583]《論語・子罕》

내가 등용되지 못했기 때문에 재주를 익혔다.

14 春秋伐者爲客, 伐者爲主.[584]《公羊傳・莊公二十八年》

《춘추》에서는 공격하는 나라는 객客의 입장이고, 공격받는 자는 주인의 입장이다.

15 宗周既滅.《左傳・昭公十六年》

종주宗周는 이미 멸망되었다.

16 子於鄭國, 棟也；棟折榱崩[585], 僑將厭焉.《左傳・襄公三十一年》

당신은 정鄭나라의 대들보인데, 대들보가 꺾이면 서까래도 무너지는 법이고, 그러면 나(姬僑, 字子産, 號成子)는 장차 깔릴 것입니다.

17 昔者龍逢[586]斬, 比干[587]剖, 萇弘胣, 子胥靡. …… 魯酒薄而邯鄲圍[588].《莊子・胠篋》

옛날 사람 용봉은 목이 잘려 죽고, 비간은 가슴이 찢겨 죽고, 장홍은 창자가 잘려 죽고, 자서는 양자강에서 송장으로 썩혀 죽었다. …… 노나라의 술이 묽어지면 조나라의 한단이 포위된다.

피동문의 역사는 오래되어 한대에도 널리 통용되었다. 예를 들면 다음과 같다.

---

583) '試'는 '被用'의 용법으로 쓰인다.

584) 동한東漢의 하휴何休가 注: "伐人者爲客, 讀伐, 長言之; 見伐者爲主, 讀伐, 短言之. 齊人語也.('伐人者爲客'의 '伐'은 말을 길게 하여 읽고, '見伐者爲主'의 '伐'은 말을 짧게 하여 읽을 것이니 이는 제 나라 말투이다.) 말을 길게 한다는 것은 지금의 평성・상성・거성이고, 말을 짧게 한다는 것은 곧 지금의 입성을 가리킨다.

585) '棟折榱崩'은 '마룻대가 부러지면 서까래가 무너진다'는 뜻이다. 위에 있는 사람이 망하면 아래에 있는 사람까지도 망한다는 뜻이다.

586) 용봉龍逢은 하夏 나라의 현인賢人 관용봉關龍逢을 말한다. 그는 하夏 나라 걸桀의 비위非違를 간諫하다가 죽었다.

587) 비간比干은 은殷 나라의 충신 왕자 비간比干을 가리킨다. 그는 은의 주紂 왕에게 충간忠諫하다가 죽음을 당하였다. 하夏의 관용봉과 함께 충신으로 일컬어지므로 용비龍比라고도 불린다.

588) '魯酒薄而邯鄲圍': 전국시대에 노魯・조趙 두 나라가 초楚나라에 술을 바칠 때 노나라의 술은 싱겁고 조나라의 술은 독하므로 노나라의 사자使者가 술을 바꾸어 놓은 것을 초왕이 알지 못하고 조나라의 술이 싱겁다 하여 조나라의 서울 한단邯鄲을 포위한 고사가 있다. 여기서 유래하여 남 때문에 뜻밖의 재난을 당함을 이르는 말로 쓰이게 되었다.

18 嫪毐亦爲亂於秦, 覺, 夷其三族, 而呂不韋廢.《史記 · 春申君列傳》
노애嫪毐 역시 진나라에서 반란을 일으켰다가 발각되어 삼족이 멸해지고 여불위가 쫓겨났다.

19 縱有姊, 以醫幸王太后.《漢書 · 酷吏傳》
의종義縱의 누이 의후義姁는 의술이 좋아 왕태후의 총애를 받았다.

20 王稽[589]為河東守, 與諸侯通, 坐法誅.[590]《史記 · 范雎蔡澤列傳》
왕계王稽는 하동 태수를 하다가 제후들과 내통하여 그 죄로 주살되었다.

이러한 형식은 중고시기 이후에도 지속적으로 사용되었다.

21 夏侯玄[591]既被桎梏,[592] ……考掠初無一言.《世說新語 · 方正》
하후현이 수갑에 묶이게 되었고, 고문을 당하여도 처음엔 아무 말도 하지 않았다.

'被'자는 동사로 '묶어지다'의 의미이며, 목적어는 '질곡桎梏'이다. 그러나 다음 문장 '考掠初無一言' 중 '고약考掠'은 '고문당하다'라는 의미로 '被'자가 없지만 이 문장 역시 피동의 의미를 나타내고 있다. 예문21에 제시된 문장들은 모두 피동식을 사용하지 않았지만 피동의 의미는 매우 명확하다.

---

589) 왕계王稽는 진秦나라 장군.

590) 왕계는 '무익이비無翼而飛'와 관련이 있다. 중국 전한前漢 때 유향劉向이 편찬한《전국책戰國策》〈진책秦策〉에 나오는 다음 이야기에서 유래한 성어(成語)이다. 중국 전국시대戰國時代에 진秦 나라에서는 장군 왕계王稽에게 조趙나라의 중심지인 한단邯鄲을 쳐들어가게 하였으나, 1년 5개월 동안 공격한 왕계의 군사들은 성을 무너뜨리지 못했다. 그래서 장莊이라는 사람이 왕계에게 장병들의 사기를 북돋워주어야 한다고 주장하자, 왕계는 왕의 명령에 따를 뿐 다른 사람의 사정은 상관하지 않는다고 하였다. 따라서 장은 왕계에게 "장군은 이렇게 자기 혼자의 생각만으로 일을 결정하고 백성들을 무시하므로 군사들이 불만을 가집니다. 여러 사람이 한결 같이 근본적으로 이치에 맞지 않는 것을 고치자고 하면, 이러한 말은 날개가 없이도 빨리 날아가 널리 퍼뜨려 집니다."라고 말하였다. 결국 장의 말을 듣지 않은 왕계는 군대의 반란으로 진나라의 왕에게 처형되었다고 전해온다.

591) 하후현(夏侯玄, 209~254): 삼국시대 위나라 문신으로, 자는 태초太初이다. 위나라의 명장 하후상夏侯尙의 아들로 황제 조방曹芳과 함께 사마사司馬師를 토벌하려다가 처형당했다.

592) 질곡桎梏은 차꼬와 수갑이라는 말로, 몹시 속박되어 자유를 가질 수 없는 고통의 상태를 이르는 말.

고대중국어에서는 문장형식은 그다지 중요하지 않고 의미 전달이 중요하였음을 알 수 있다. 오해를 불러일으킬만한 소지만 없으면 언어는 정밀하고 간략하여도 무방하다. 이는 중국어의 전통적인 습관이기 때문이다. 또한 이러한 문장형식은 현재까지도 사용되고 있다.

22 那強盜槍斃了.
그 강도는 총살되었다.
23 飯, 吃光了.
밥을 남김없이 모두 먹었다.
24 書, 看過了.
책을 읽은 적이 있다.

위 문장 모두 동사 앞부분에 피동을 나타내는 전치사 '被'나 '給'자 등이 없지만 의미를 이해할 수 있다.

《마씨문통》에서 예시한 다섯 번째와 여섯 번째 수동식受動式은 모두 이러한 유형에 속한다. 바로 '주어 + 동사' 형식으로 피동의 의미를 표시하는 것이다.

(3) 표지 피동문의 기원과 변천

'주동문主動文'으로 피동의 뜻을 표현해내는 것은 아마 피동문 중 가장 오래된 문법형식일 것이다. 그러나 '가장 오래된 것'은 반드시 '유일한 것'을 말하는 것은 아니다. 왜냐하면 상고 전기의 고대 중국어에는 은상殷商시대에 주로 쓰던 갑골문과 서주西周시대에 대표로 쓰던 금문(일부는 상商 때의 것이다) 등이 있다. 현재는 많은 갑골문 학자들이 복사卜辭에는 피동문이 없었다고 주장하기도 한다. 이는 사실일 가능성이 있지만, 진몽가陳夢家는 금문을 "서주금문은 특히 이렇다(표지 피동문이 없다). 예를 들면, '令'자를 써서 '賜(하사하다)'나 '受賜(하사를 받다)'로 나타낸다."[612]라고 주장하고 있지만 이는 옳지 못하다.

于省吾(1979) 등은 이미 갑골문에 '于'字句 피동식이 있다고 주장하고, 이에 唐鈺明(1985) 등도 추가적으로 예문을 제시하고 있다. 이들이 주장하고 있는 '于字句' 피동문의 예문 모두 8문장에 12개의 예문이 있다. 아래 예문의 胡厚宣 주편의 《甲骨文合集釋文》을 참고하기로 한다.

丙寅〔卜〕, 亘貞: 王戠多屯, [若]于[下]上? 貞: 王戠多屯, 若于下乙? (《甲骨文合集》808 正)
병인 일에 亘가 점을 쳐 묻습니다. 왕이 전쟁 노예를 죽이면 천신으로부터 보우를 받을 수 있을까요? 점을 쳐 묻습니다. 왕이 전쟁 노예를 죽이면 조상신으로부터 보우를 받을 수 있을까요?

貞: 王戠[多]屯, 不若, 左[于]下上? 貞: 王戠多屯, 不左, 若于下上? (《甲骨文合集》809)
왕이 전쟁 노예를 죽이면 보우를 받을 수 없을까요 천신으로부터 보좌를 받을 수 있을까요? 점을 쳐 묻습니다. 왕이 전쟁 노예를 죽이면 보좌를 받을 수 없을까요? 천신으로부터 보우를 받을 수 있을까요?

己未〔卜〕, 囗貞: 旨千, 若于帝? 右. 貞: [旨]千, 不[允]若于帝, 佐.(《甲骨文合集》14199正反)
기미 일에 囗가 점을 쳐 묻습니다. 旨가 일을 도모한다면 하느님으로부터 보우를 받을 있을까요? 도움을 받을 수 있다. 旨가 일을 도모한다면 하느님이 도움을 내려 주지 않으실까요? 보좌를 할 것이다.

不若于示?(《甲骨文合集》1285)[593]
조종신이 도움을 주실까요?

貞𢍰(異)其又(左)于实?(《甲骨文合集》8084)
점을 쳐 묻습니다. 異는 实으로부터 보우를 받을 수 있을까요?

若于䰜示……?(《甲骨文合集》1023)
왕이 䰜으로부터 보우를 받을 수 있을까요?

貞: 㞢(有)不若于父乙? (《甲骨文合集》3255 正)
점을 쳐 묻습니다. 부을로부터 보우를 받을 수 있을까요?

---

593) "〔王〕不被祖宗神霊保佑嗎?" 唐玉銘이 예로 든 '《乙》8400'은 《갑골문합집》의 '4178'에 해당된다. 그러나 '4178'에는 본 구절이 보이지 않는다.

주법고周法高는 《中國古代語法: 造句編》에서 '被動式' 중 전국戰國 금문 《羌鐘》[594] 이외에 아래 서주시기 금문을 제시하고 있다.[595]

㬎(顯)孝于井(邢)医(侯). 乍(作)冊麥易(賜)金于辟医(侯), 麥䞼.(《麥尊》, 06015)

또한 형후를 평안하게 보필하고자 하였다. 그래서 작책 맥은 형후로부터 청동을 하사받고, 이를 찬양하였다.

余惠(惠)于君氏大章(璋), 報寢(婦)氏帛束 · 璜. (《五年琱生簋》, 04292)

나는 군씨君氏(소백호召伯虎의 부친인 유백幽伯)으로 부터 대장大璋을 받은 은혜를 입었기에, 부씨婦氏(소백호召伯虎의 모친인 유강幽姜)에게 한 묶음의 비단과 옥으로 만든 예기禮器 황규璜珪로 보답코자 한다.[596]

양오명楊五銘은 《서주금문피동구식간론西周金文被動句式簡論》이란 논문에서 서주 금문 중에 이미 2가지 피동문 구조가 존재한다 하였다.[597] 劉翔 등저 《商周古文字讀本》에서는 "서주 금문에서 진정한 피동문이 출현하였다. 학자들은 일반적으로 상고 중국어 피동문은 세 종류가 있다한다. 즉 '于(於)'자구 · '爲'자구와 '見'자구가 있다. 서주 금문 중에는 '于'자구만 보인다."라 하였다.[598]

당옥명唐鈺明(1987)(1988)은 표지 피동문을 통계적으로 아래와 같이 표시하였다.

	先秦	西漢	東漢	六朝
于	58%	27%	11%	1.1%
爲	24%	21%	7%	3%
見	11%	20%	19%	20%
爲×所×	0.9%	21%	52%	53%
被	1.1%	1.2%	5%	15%
	100%	100%	100%	100%

594) 《集成》 '00157 - 00161'. "賞于韓(韓)宗, 令于晉公, 卲(昭)于天子."

595) 周法高 《中國古代語法》(臺灣台聯國風出版社, 1972), 88 - 90쪽 참고.

596) 劉翔 등 편저, 《商周古文字讀本》에서는 피동문으로 보고 있다. 282쪽 참고.

597) 楊五銘 〈西周金文被動句式簡論〉, 《古文字研究》(第7輯), 中華書局, 1962년. 309 - 311쪽 참고.

598) 劉翔 등저, 《商周古文字讀本》 〈概述: 金文語法的幾個問題 - 被動句式的出現〉(語文出版社, 1989)에서 "西周金文中出現了眞正的被動文. 上古漢語的被動文, 一般學者歸納爲三類: '于(於)'字句 · '爲'字句和'見'字句. 西周金文中只有'于'字句."라 하였다. 282쪽.

또한 당옥명唐鈺明은 당대의 이백시, 두보시, 선종어록, 돈황변문집, 조당집 중에서 피동문은 모두 428의 예문이 있는데, 그중 '被'자문은 모두 371의 예문이 있어 약 87 %에 해당되고, '被'자가 관계어(동작의 실사자)와 함께 쓰이는 경우는 모두 257의 예문이 있어 약 69%에 해당된다 하였다.[599)]

① '于'자구로 동작의 실행자를 표시한 피동문

25 叔𫘜易(錫)貝于王姒, 用乍(作)寶尊彝. (《叔𫘜方彝》, 09888)
성숙무成叔武는 태사太姒한테서 화폐 조개를 하사 받고 이로써 귀한 제기를 만들었다.

왕사王姒는 문왕 왕비인 태사이고, 동작의 실행자이다. 숙비叔𫘜는 당시 문왕의 아들인 성숙무이고, 패를 하사 받은 사람이다.

② '見……于' 구조의 피동을 피동문

26 嗚呼, 乃沈子妹(昧)克蔑(伐)見猒(厭)于公休, 沈子肇斁(畢)貄(搜)賨(貯)嗇(積), 乍(作)丝(茲)毁(簋).[600)] (《沈子它簋蓋》, 4330)
아! 당신의 심자沈子는 자못 공公(周公)의 훌륭하심을 찬양하고 공의 하사에 부합되게 하고자 하며,[601)] 이에 심자는 마침내 자신의 재산을 모아

599) 蔣紹愚(2005),《近代漢語研究概要》, 236쪽 재인용.

600) 董珊,《試論周公廟龜甲卜辭及其相關問題》(北京大學考古文博學院, 2006년) 참고. "殷墟甲骨文中的'妹'字絶大多數都是用作否定詞的, 可能讀爲古書中的否定詞'蔑', 也可能跟'蔑'是个音義皆近的親屬詞. 他(李宗琨)又指出, "在殷墟卜辭的否定詞中, '妹'的性质比較特殊. 它既用来表示可能性, 也用来表示意愿. 从已有的用例来看, 否定詞'妹'都有拟議的語氣, 這一点跟古書中的否定詞'蔑'相似." '妹克蔑'是用雙重否定表示語氣較强的肯定. '見厭于公休'的'厭'是主要谓語, '厭'训爲'足', 滿足. 根据上述分析, 按原語序'乃沈子妹克蔑見厭于公休'可以就譯爲'乃沈子不能不被公休滿足'."

601) 만약에 '蔑'을 지명으로 이해하면, '이에 沈子는 蔑 지방을 정복하자 소공이 크게 만족하다'로 해석할 수 있다.

이 보배로운 궤簋를 만든다.[602]

곽말약郭沫若은 이 궤는 강소康昭시대의 제기라 하였다. '見厭于公'은 공이 심자를 만족했다는 뜻이다. 동작의 시행자는 공이고 수동자는 심자沈子라 하였다.[603]

'克'은 부사 '能'의 뜻으로,[604] '蔑'자는 '伐'의 가차자로 '찬미하다'라는 의미로 쓰이고,[605] '見'은 피동을 나타내는 조사로 쓰이고,[606] '厭'은 '마음에 맞다'라는 뜻으로 쓰인다. '妹(末)'는 의미 없는 어조사 용법으로 쓰인다.[607]

따라서 중국어 피동문의 기원은 서주초기에서 부터 시작된 것을 알 수 있다.[608] 그러나 당옥명과 주석복周錫馥은 〈논선진한어피동식적발전論先秦漢語被動式的發展〉[609]에서 '見厭于公'은 피동구조가 아니라고 주장하였다. 이들은 "초기의 피동구조는 모두 '于'자 구조이다. 서주시대부터 벌써 '見X于X' 구조가 있는 것은 설득력이 없다."라고 이의를 제기하였다. 이들은 선진시대 중국어 피동문의 출현빈

602) 《古漢語語法及其發展》, 670쪽 참고. 《金文今譯類檢》, 244쪽. '蔑'의 '심히(甚)'의 뜻이고, '厭'은 '합치되다(合)'의 뜻이고, '休'는 '찬미하다' · '하사하다', '觳狃'을 혹은 지명으로 해석하기도 한다. '貯積'은 '세금으로 바쳤던 공물'을 가리킨다. 전체적으로 "심자沈子에게 경뉴觳狃 지방에 축적해 놓은 공물을 하사하였다."로 해석하기도 한다.

603) 곽말약, 《西周金文辭大系考釋》, 49쪽.

604) 《金文常用字典》, 712쪽. 《尙書 · 堯典》: "克明俊德: 以親九族, 九族既睦."(능히 큰 덕을 밝혀 구족九族을 친親하신대 9족이 이미 화목하다.)

605) 《金文常用字典》, 434쪽. 《論語 · 公冶長》: "願無伐善, 無施勞."(내 좋은 점을 자랑함이 없고 자기의 공로를 대수롭게 늘어놓음이 없기를 바란다.)

606) 《金文常用字典》, 835쪽. "表示被動. ……楊五銘謂: '沈子見厭于公.' 卽沈子被公所厭足之意." "百姓之不見保, 爲不用恩焉.(백성들이 편안해지지 않는 것은 은혜를 베풀지 않기 때문입니다.)" 《孟子 · 梁惠王上》.

607) 馬承源, 《商周青銅器銘文選(3)》, '081', 56쪽.

608) 王力은 《漢語史稿》(420쪽)에서 "진정한 의미의 피동문은 선진시대에 비교적 적은 편이고, 그의 출현이 또한 춘추시기 이후에 발생한 일이다."라고 지적하였다. 그러나 이 시기는 적어도 몇 백 년을 앞당길 수 있다.

609) 唐鈺明 · 周錫馥, 〈論先秦漢語被動式的發展〉, 1985년, 《中國語文》 제4期.

도를 정리하여 '見厭于公'이 피동구조라는 주장이 중국어 발전법칙에 부합하지 않다하였다. 주법고周法高 등도 '見厭于公'이 피동구조가 아니라 주장하고 있다. 서주초기 금문에 있는 모든 '見'자문을 종합하여 살펴보고 당시 '見X于X' 구조가 있지만 모두 동사로 사용하고 있었고, 무리하게 피동문으로 여기면 어법발전과 맞지 않을 뿐만 아니라 어의적인 문제도 발생할 수 있다하였다. '見'과 '厭'은 모두 동사이고 '見'은 '신하가 군주를 알현하다'의 뜻이며 '厭'은 '의기투합하다'의 뜻이다. 주법고는 상고시기 동사연용의 현상을 근거로 하여 '見厭于公'을 '그가 공을 알현하자 공은 그를 마음에 들어 하다.'라고 해석하였다.[610] 하지만 이 구절을 "爲公感到滿意"이나 "沈子被公所厭足"라 해석하여 피동식으로 본다.[611] 이 문장이외에도 하낙사何樂士의 《고대한어어법급기발전古代漢語語法及其發展》에서 아래 문장은 '見……于' 구조가 피동문의 의미로 쓰인다하였다.[612]

27 隹公大史見服于宗周年, 才(在)二月既望(望)乙亥, 公大史咸見服于辟王, 辨于多正. (《作冊魖卣》, 05432)
공태사公大史가 종주宗周에 임용된 해, 이월 기망 을해일, 공태사는 모두 군왕에게 임용되었고, 많은 관리들에게 평가를 받도록 하였다.

이외에도 금문 중 '自'를 사용하여 피동문을 나타내는 경우도 있다.[613]

28 五月初吉甲申, 懋父賞御正衛馬匹自王, 用乍(作)父戊寶尊彝. (《御正衛簋》, 04044)
오월 초길 갑신일. 왕으로 부터 무부懋父에게 어정위御正衛의 말을 하사하였다. 그래서 부모에게 제사지낼 때 사용할 소중한 제기를 만들다.

---

610) 王奕心, 《周法高先生金文學研究》, 東海大學碩士論文, 2012년.
611) 《金文常用字典》, 835쪽. "表示被動. ……楊五銘謂: '沈子見厭于公.' 卽沈子被公所厭足之意." "百姓之不見保, 爲不用恩焉.(백성들이 편안해지지 않는 것은 은혜를 베풀지 않기 때문입니다.)" 《孟子·梁惠王上》.
612) 何樂士, 《古代漢語語法及其發展》, 670쪽.
613) 何樂士, 《古代漢語語法及其發展》, 674쪽.

피동문의 동작 시행자를 '于'로 표시하는 이러한 구조가 서주초기에 나타났으며, 《주역》과 《시경》에도 예문을 찾을 수 있다.

29 困于酒食.《周易 · 困》
포식과 과음으로 곤란을 겪는다.

30 困于葛藟.《周易 · 困》
칡덩굴로 인해 갇히다.

31 憂心悄悄, 慍于群小.《詩經 · 邶風 · 柏舟》
근심은 가슴을 덮고, 하찮은 무리들의 원망만 사네.

32 無射于人斯.《詩經 · 周頌 · 淸廟》
사람에게 혐오감을 주지 않는다.[614)]

피동문는 아래 4가지 형식으로 발전하였다.

1) '타동사 + 于'

'타동사 + 于'의 구조는 복사卜辭에 보이지 않는다. 서주 금문에서 출현하였고, 후에 보편적으로 사용되었다. 먼저 서주 금문의 '타동사 + 于' 피동문을 살펴보면 아래와 같다. 동작의 주동자를 나타내며, 현대 중국어로 '……에 의하여'라는 의미의 '被'로 번역할 수 있다.

33 䚄孝于井(邢)医(侯). 乍(作)冊麥易(賜)金于辟医(侯), 麥[illegible](揚). (《麥尊》, 11.6015)
또한 邢侯를 평안하게 보필하였다. 그래서 作冊 麥은 邢侯로부터 청동을 하사받고, 이를 찬양하고, 이를 이용하여 귀중한 기물을 만들었다.

'[illegible](揚)'자는 명문에서 '[illegible]' · '[illegible]' · '[illegible]' · '[illegible]' · '[illegible]' · '[illegible]' · '[illegible]' · '[illegible]' · '[illegible]' · '[illegible]' 등 아주 다양한 형태로 쓰인다. 본 '[illegible]'자는 《牆盤(史牆盤)》의 '[illegible]'의 형태와 가장 유사하다. '찬양하다'의 뜻으로 쓰인다.

614) '射'는 '혐오하다'. '斯'는 의미 없는 조사이다.

34 隹(唯)王來各(格)于成周年, 厚趠又(有)賞(饋)于遷公. (《厚趠鼎》, 2730)
왕이 성주에 머무는 해에, 후초厚趠는 견공 遷公으로부터 물건을 받게 되었다.[615]

35 隹(唯)三(四)月初吉甲午, 王雚(觀)于嘗. 公東宮內(納)鄉(饗)于王. (《效卣》, 5433)
사월 초길 갑오날, 왕이 상嘗 지역을 유람할 때, 공公 동공東宮은 왕이 베푼 향연에 참여케 되었다.

'內鄉于王'은 "東宮接受被王宴饗也(동궁은 王의 의하여 향연에 참여하게 되었다.)"의 뜻이다.[616]

36 雁(膺)受大命, 衒(率)褱(懷)不廷方, 亡不閈于文武耿光. (《毛公鼎》, 2841)
문왕과 무왕은 진심으로 하늘의 대명을 잘 받들어서 조견하기 않는 주변 국가들을 회유하니, 문왕과 무왕의 빛나는 후광을 받지 않은 자가 없었다.

'衒(率)褱(懷)不廷方' 중 '衒(率, 거느릴솔, shuài)'자는 어조사로 해석하거나, '거느리다' 혹은 '통솔하다'의 동사의 용법으로 해석한다. 여기에서는 문맥의 내용에 따라 어조사로 풀이하기로 한다. 《서경 · 입정立政》의 "亦越武王, 率惟敉功, 不敢替厥義德, 率惟謀從容(睿)德, 以竝受此丕丕基(또한 무왕께서도 유업을 완성하시고, 감히 문왕의 의로운 덕을 버리지 않으셨으며, 문왕의 밝은 덕을 꾀하시고 따르심으로써, 이 위대한 유업을 다 받으시게 되었던 것이다.)" 중의 '率'의 용법과 같다. '不廷方' 중의 '廷方'은 '조정에 조견하다'의 의미이며, 전체적으로 '조견을 하지 않은 주변국가'의 뜻이다.[617] '亡不閈于' 중 '閈'은 '覲(뵐 근, jìn)'자와 통한다. 《서경 · 입정》의 "以覲文王之耿光, 以揚武王之大烈(그리하여 문왕의 밝은 덕을 뚜렷이 밝히시고, 문왕의 큰 공을 표양하시오.)"의 중의 '覲'의 의미와 같다.[618]

---

615) 馬承源, 《商周青銅器銘文選(3)》, '120', 83쪽.

616) 馬承源, 《商周青銅器銘文選(3)》, '223', 152쪽.

617) '衒(率)'의 자형은 容庚 《금문편》 '2131 率'(873쪽) 참고. '衒(率)'의 자형은 《금문편》 '2131 率'(873쪽) 참고.

618) 郭沫若은 본 구절을 "言被文 · 武之耿光所鑑臨也."로 번역하였다. 《兩周金文辭大系圖錄考釋》, 136쪽.

37 余曁于君氏大章(璋), 報婦(婦)氏帛束 · 璜. (《琱生簋(五年召伯虎簋)》, 4292)
나는 군씨君氏(召伯虎의 부친인 幽伯)으로 부터 대장大璋을 받은 은혜를 입었기에, 부씨婦氏(召伯虎의 모친인 유강幽姜)에게 속백束帛과 옥으로 만든 예기 황璜으로 보답코자 한다.

'曁'자는 '惠'로 읽는다.

38 中乎(呼)歸(饋)生鳳于王, 埶(埶)于寶彝. (《中方鼎》, 2751)
중은 왕으로부터 봉황을 선물로 받도록 하여, 이 사실을 귀중한 예기에 기록한다.

'생봉生鳳'은 '봉황鳳凰'을 가리킨다. '예埶(埶)'는 '새기다'의 뜻이다.[619]

39 攻龠(躍)無啻(敵), 省于人身. (《疐鼎》, 2731)
체疐는 적을 공격하여 토벌하였으나, 자신의 몸은 다친 곳이 없이 좋았다.[620]

'躍(뽑을 약)'자에 대하여 《이아 · 석고釋詁》는 '뽑다(拔也)'[621]라 하였다. 《이아 · 석언釋言》은 '身'자에 대하여 '我'의 뜻이라 하였다.[622]

금문 이외에 고대 중국어 중 '타동사 + 于' 피동문은 아래와 같다.

40 君子役物, 小人役於物. 《荀子 · 修身》
군자는 사물을 사용하지만 소인은 사물에 지배된다.

41 郤克傷於矢, 流血及屨. 《左傳 · 成公二年》
郤克이 화살에 상처를 입어 흐르는 피가 신발까지 내려왔다.

42 夫破人之與破於人也, 臣人之與臣於人也, 豈可同日而言之哉? 《戰國策 · 趙策》
이렇듯 남을 격파하는 것과 남에 의해 격파 당하는 것, 그리고 남을 신하로 삼는 것과 다른 사람에 의해 신하가 되는 것을 어찌 함께 논할 수 있겠습니까?

---

619) 馬承源, 《商周青銅器銘文選(3)》, '107', 75쪽.

620) 馬承源, 《商周青銅器銘文選(3)》, '73', 51쪽.

621) 《爾雅 · 釋詁》: "躍, 拔也."

622) 《爾雅 · 釋言》: "身, 我也."

43 以勇氣聞於諸侯.《史記 · 廉頗藺相如列傳》
용맹함은 제후들에게 널리 알려졌다.

44 兵破於陳涉, 地奪於劉氏.《漢書 · 賈鄒枚路傳》
군대는 진사(陳涉)에 의해 격파되었고, 국토는 劉씨에게 빼앗겼다.

이외에도 고대 경전에서 '타동사 + 于' 형식의 예문을 살펴보면 아래와 같다.

45 予小子新命于三王.《尙書 · 金滕》
나 작은 사람이 세 임금들로부터 새로 명을 받았다.

46 用端命于上帝.《尙書 · 康王之誥》
그리하여 하늘로부터 명을 받았다.

47 梁惠王曰: 晉國, 天下莫強焉, 叟之所知也. 及寡人之身, 東敗於齊, 長子死焉 ; 西喪地於秦七百里, 南辱於楚.《孟子 · 梁惠王上》
진나라로 말하면, 천하에 그보다 더 강한 나라가 없었음은 노인께서 아시는 바입니다. 그러던 것이 과인의 대에 와서 동쪽으로는 제나라와의 전쟁에 지고, 그 전쟁에서 장자가 죽었고, 서쪽으로는 진秦 나라에게 땅을 7백 리나 빼앗겼고, 남쪽으로는 초나라에게 욕을 보았습니다.

48 通者常制人, 窮者常制於人.《荀子 · 榮辱》
매사에 형통한자는 남을 지배하고 곤궁한 자는 남에게 지배를 당한다.

49 善戰者, 致人而不善戰者致于人.《孫子 · 虛實》
작전을 잘 하는 사람은 남을 다스리고 그렇지 못한 자는 남에게 끌려 다니게 된다.

50 故內惑於鄭袖, 外欺於張儀.《史記 · 屈原賈生列傳》
안으로는 정수에 의해 미혹당하고 밖으로는 장의에게 속임을 당했다.

《안자춘추晏子春秋》에서도 '타동사 + 于' 형식의 피동문을 많이 볼 수 있다.[623)]

51 病不已, 滋甚, 予欲殺二子者, 以說于上帝, 其可乎.《晏子春秋 · 諫下》
병이 그치지 않고 자꾸 심해지니, 내 그 두 사람을 죽여 제물로 上帝에게 기쁨을 받고 싶소, 어떻게 생가하오?

52 怨聚于百姓, 而權輕于諸侯.《晏子春秋 · 諫下》

623) 이영호, 〈『晏子春秋』 文型 硏究〉, 《공자학》, 제27호, 2014. 본문에서 따로 열거한 『晏子春秋』에 관한 예문들은 모두 이영호의 연구 성과를 참고하였다.

백성에게서 원망이 모여들고 임금의 권세는 제후들에게 경시 당한다.

53 期而民散, 身滅于崔氏.《晏子春秋 · 問上》

일 년이 지나자 백성을 흩어지고 자신은 최씨에게 죽음을 당했다.

54 地侵于齊, 貨竭于晉.《晏子春秋 · 問下》

땅은 제나라에게 침식당하고 재물은 진나라에게 고갈 당했다.

55 邪人則不然, 用于上則虐民, 行于下則逆上.《晏子春秋 · 問下》

사악한 사람은 그렇지 않다. 윗사람에게 쓰이면 백성을 학대하고, 아래에서 행동하면 윗사람을 거역한다.

56 不任于上則輕議, 不篤于友則好誹.《晏子春秋 · 問下》

윗사람에게 등용 받지 못하면 마구 떠들고 다니고, 친구 사이에서 돈독함이 펴지지 못할 때는 비방하기를 좋아한다.

57 敢問正道直行則不容于世, 隱道危行則不忍.《晏子春秋 · 問下》

감히 여쭙건대 바른 도리를 곧게 행동하면 세상 사람들에게 용납을 받지 못하고 그렇다고 도를 숨기고 위험한 행동은 차마 못하겠습니다.

58 進取于君, 退得罪于士, 身死而財遷於它人.《晏子春秋 · 雜下》

임금에게 취함을 받아 나아갔다가, 물러나 선비에게 죄를 짓고, 몸이 죽어서는 가지고 있던 재산이 모두 남에게 옮겨가고 만다.

이상 예문의 동사는 모두 타동사이다. 그러나 '于' 뒤에 문장 성분은 그 동사의 목적어가 아니고 동작 주체施動者의 보어이다. 동작 주체 대신 동작시행의 장소가 나올 수 있다.

59 傅說舉於版築之間, 膠鬲舉於魚鹽之中, 管夷吾舉於士, 孫叔敖舉於海, 百里奚舉於市.《孟子 · 告子下》

부열傅說은 성벽 쌓는 일을 하다가 등용되었고, 교격膠鬲은 어물과 소금을 팔다가 등용되었고, 관이오(管夷吾, 管仲)는 옥에 갇혀 있다가 등용되었고, 손숙오孫叔敖는 바닷가에서 살다가 등용되었고, 백리해百里奚는 시장에서 등용되었다.

'于'자가 생략되는 경우도 있다. 이럴 때는 피동문이 맞지만 피동구조의 형식이 분명하게 드러나지 않기 때문에 독자들이 오해를 하기 쉽다. 아래 ( )부분은 바로 '于'자가 생략된 부분이다.

60 能謗議於市朝, 聞( )寡人之耳者, 受下賞.《戰國策 · 齊策》
시정(市井)에서 비방하는 의논을 해, 그 소문이 과인의 귀에 들리게 하는 자는 저급상(下賞)을 받게 되리라.

61 又荊州之民附操者, 逼( )兵勢耳, 非心服也.《三國志 · 蜀書 · 諸葛亮傳》
또 형주荊州의 백성들이 조조에게 귀순한 것은 군대의 위세에 핍박을 받아서 했을 뿐이요 마음으로 복종한 것은 아닙니다.

62 老人餓死, 田宅沒( )官.《笑林》
노인은 아사하였고 땅과 집도 관청에 의해 압수당하였다.

이러한 어법 형식은 실제 사용하는 언어와 거리가 있어 자신의 뜻을 분명하게 나타낼 수 없기 때문에 점차적으로 사용하지 않게 되었다.

2) '爲 + 타동사'

이러한 구조는 중간에 동작 주체를 삽입할 수 있다.[624] 이러한 구조는 전국시기 이후 보편화되었지만 춘추시기 이전에는 않았다.

63 不爲酒困.《論語 · 子罕》
술로 인하여 고생하지 않다.

64 子魚曰: "射爲背師, 不射爲戮, 射爲禮乎?" 射兩軥而還.《左傳 · 襄公十四年》
자어子魚(庾公差)가 말하기를 "활을 쏘면 스승을 배반하게 되고 활을 쏘지 않으면 죽임을 당하게 되니 활을 쏘는 것이 예에 맞는가?"라고 하고서 멍에에 두 대의 화살을 쏘아 맞히고 돌아온다.

624) 임병권, 「古代漢語 '爲(……)동' 피동문의 구조 분석(1)」, 《중국문학연구》, 제8輯, 1990. 임병권 눈문에서 '爲'를 사용하는 피동구조의 주요한 형식들을 출현한 순서에 따라 아래와 같이 구체적으로 나열하였다. 〈1〉〈爲 + 동사〉: 左傳 國語 論語 墨子. 〈2〉〈爲 + 행위자 + 동사〉: 左傳 國語 論語 墨子. 〈3〉〈爲 + 동사 + 於 + 행위자〉: 墨子. 〈4〉〈爲 + 행위자 + 之 + 동사〉: 國語. 〈5〉〈爲 + 행위자 + 所 + 동사〉: 荀子 莊子. 〈6〉〈爲 + 행위자 + 見 + 동사〉: 莊子. 〈7〉〈爲 + 행위자 + 之所 + 동사〉: 管子 賈誼集. 〈8〉〈爲 + 所 + 동사〉: 史記. 〈9〉〈爲 + 행위자 + 所見 + 동사〉: 後漢書(東漢 초기). 〈10〉〈爲 + 행위자 + 之所見 + 동사〉: 三國志

65 子聽吾言, 與子分國, 不聽吾言, 身死, 妻子爲戮.《國語 · 越語下》
그대가 내 말을 따르면 그대와 월나라를 나누어 가질 것이고, 내 말을 따르지 않으면 그대를 죽이고 처자도 죽일 것이다.

66 臣已爲辱矣.《呂氏春秋 · 忠廉》
신은 이미 치욕을 받았습니다.

'爲'자를 사용하는 피동문은 동사 '戮'、'禽'、'虜'、'殺'、'笑'、'辱' 등의 자가 주로 쓰인다. 이외에도 이러한 형식의 예문을 살펴보면 아래와 같다.

67 公子達曰: "高伯其爲戮乎! 複惡已甚矣."《左傳 · 桓公十八年》
공자 달이 말했다. "고백은 살해당하게 될거야, 보복이 너무 심했어."

68 今伐其師, 楚必救之. 戰而不克, 爲諸侯笑.《左傳 · 襄公十年》
이제 그 군대를 치면 초나라가 반드시 구원할 터인데, 싸움을 벌였다가 이기지 못하면 제후들에게 비웃음을 살 것이다.

69 止, 將爲三軍獲.《左傳 · 襄公十八年》
멈췄다가는 삼군에게 잡힐 것이다.

70 然則今有美堯, 舜, 禹, 湯, 武之道于當今之世者, 必爲新聖笑矣.《韓非子 · 五蠹》
만약 오늘날 아직도 요, 순, 탕, 우, 무왕시대의 정치주장을 찬미하며 사람들로 하여금 이에 따라 행하도록 강요한다면 틀림없이 오늘날 사람들에 의해 비웃음을 당할 것이다.

71 道術將爲天下裂.《莊子 · 天下》
도술이 장차 천하의 학자들에 의해 분열되려 한다.

72 恃楚之虛名, 輕絶强秦之敵, 必爲天下笑矣.《戰國策 · 韓策》
초나라의 헛된 이름을 믿고서 섣불리 강적 진과 관계를 끊었다가는 반드시 천하의 비웃음을 당하게 될 것이다.

73 故天禍之, 使遂失其國家, 身死爲僇於天下.《墨子 · 法儀》
그래서 하늘이 그들을 벌하여, 마침내 그 나라를 잃고 몸은 죽어 천하의 비웃음을 당하도록 하였다.

74 員不忍稱疾辟易, 以見王之親爲越之擒也.《國語 · 吳語》
저(員: 申胥)는 차마 병을 칭하고 뒤로 물러나 있다가 왕이 직접 越에게 잡히는 것을 보지 못하겠습니다.

75 東海有蟲, 巢于蟁睫, 再乳再飛, 而蟁不爲驚.《晏子春秋 · 外篇下》

동해에 벌레가 있는데 모기의 눈꺼풀에 집을 짓고 삽니다. 그 눈꺼풀에서 젖을 먹이기도 하고 날기도 하지만 모기는 그 때문에 놀라지 않는다.

76 今君不革, 將危社稷, 而爲諸侯笑.《晏子春秋 · 諫下》
임금께서 지금 고치치지 않는다면 장차 사직은 위험해지고 제후들의 웃음거리가 될 것입니다.

77 今君疾病, 爲諸侯憂.《晏子春秋 · 外篇上》
현재 임금의 병운 제후들의 근심거리가 되었다.

78 身無以用人, 而又不爲人用者卑.《晏子春秋 · 問上》
자신이 남을 쓰지 못하면서 남에 의해 쓰임을 받지 못하는 자는 비천하게 된다.

79 吾, 白帝子也, 化為蛇, 當道, 今為赤帝子斬之, 故哭.《史記 · 高祖本紀》
내 아들이 白帝의 아들인데 뱀이 되어 길을 막고 있다가 赤帝의 아들에게 목 잘려 죽게 되어 울고 있다.

80 身客死於秦, 為天下笑.《史記 · 屈原賈生列傳》
(초나라 회왕懷王은) 이국인 진나라에서 객사하여 천하 사람들의 웃음꺼리가 되었다.

이러한 구조는 한대漢代에도 여전히 사용되었다.

81 夫人無幽顯, 道在則爲尊.《西京雜記 · 卷五》
대저 사람이란 요현幽顯[625]을 막론하고 道가 있으면 곧 존경을 받는다.[626]

한대에는 '爲'자 구조는 이미 '爲……所 + 타동사'의 구조로 발전되었다. 이는 단순히 '爲'만 사용하는 구조보다 비교적 완벽해진 형식이다. '所'자는 이 구조에서 구조조사로 쓰여 타동사의 앞에 위치하여 피동문의 고정된 형식이 되었다.

82 吾聞先即制人, 後則為人所制.《史記 · 項羽本紀》
듣자하니 선수를 치면 남을 제압할 수 있고 늦게 행동하면 남에게 제압을 당하는 것이다.

83 (項)梁父即楚將項燕, 為秦將王翦所戮者也.《史記 · 項羽本紀》

625) 이름이나 명성이 드러나지 않을 때와 드러날 때를 가리킴.
626) 李瀅鎬, 〈『西京雜記』文型 硏究〉, 《공자학》, 제25호, 2013.

항량項梁의 아버지가 초나라 장수 항연項燕으로 진나라 장수 왕전王翦에게 죽임을 당한 자이다.

84 世子申生爲驪姬所譖.《國語·晉語》
세자 신생申生은 여희驪姬에게 모함 당했다.

85 微趙君, 幾為丞相所賣.《史記 · 李斯列傳》
조고가 아니었다면 승상에게 속을 뻔했소.

이러한 구조는 한대 이전에도 간혹 보인다.

86 德若堯禹, 世少知之; 方術不用, 爲人所疑.《荀子 · 堯問》
덕이 堯와 禹 같아도 세상이 아는 이가 적고, 방책과 학술은 채용되지 않아 사람들에게 의심을 받는다.

87 有制人者, 有爲人之所制者.《管子 · 樞言》
다른 나라를 제압하는 나라가 있고, 다른 나라에게 제압당하는 나라가 있다.

88 誅之則爲人主所案據, 腹而有之.《晏子春秋 · 問上》
그들을 죽이려 해도 임금에 의해 보호를 받고 있어 임금의 복부를 차지하고 있는 셈입니다.

가끔 '爲……見' 형식의 예문도 발견할 수 있다.

89 烈士爲天下見善矣, 未足以活身.《莊子 · 至樂》
열사는 온 천하의 칭찬을 받겠지만 제 몸을 살릴 수 없다.

이외에 한대 이후의 '爲……所 + 타동사' 구조는 아래와 같다.

89 趙軍爲秦所坑於長平之下.《論衡 · 辨祟》
조나라의 군대가 진의 군대에게 장평 아래에 매장 당하였다.

90 範睢爲須賈所讒.《論衡 · 變動》
범휴는 수가의 의해 참언을 당했다.

91 臣門宗二百餘口, 爲孟德所誅略盡.《三國志 · 蜀書 · 馬超傳》
저의 가문 이백여 명이 거의 모두 조조에게 주살 당하였다.

92 潁軍爲羌所圍數重.《後漢書 · 方術列傳》

영의 군대는 강 사람들에게 몇 겹으로 포위당했다.

93 高祖擊布時, 為流矢所中.《史記 · 高祖本紀》

한고조가 회남왕 영포英布를 칠 때 날아온 화살에 맞았다.

94 漢下廣吏, 吏當廣所失亡多, 為虜所生得, 當斬, 贖為庶人.《史記 · 李將軍列傳》

한의 조정에서는 이광을 형사刑史에게 넘겨 죄를 따지게 하였다. 형리는 이광이 많은 군대를 잃었고 스스로도 흉노에게 생포되었으므로 참수에 해당된다고 판결하고, 속전贖錢을 내고 평민이 되게 하였다.

95 其秋, 單于怒渾邪王、休屠王居西方爲漢所殺虜數萬人, 欲召誅之.《史記 · 匈奴列傳》

그해 가을, 서쪽에 사는 혼야왕渾邪王과 휴도왕休屠王이 한에게 군대 수만 명의 목숨을 잃은 데 대해 선우單于가 분노하여 그 두 사람을 불러 주살하려 하였다.

96 為漢使月氏, 而為匈奴所閉道.《史記 · 大宛列傳》

한의 사자로 월지국에 파견되었다가 흉노에게 붙잡혔었다.

97 食於道旁, 乃爲烏所盜肉.《前漢紀 · 孝宣皇帝紀三》

길가에서 식사를 하여서 까마귀에게 고기를 도둑맞았구나.

98 衛太子爲江充所敗.《漢書 · 霍光金日磾傳》

위태자는 강충에게 패했다.

99 舊傳此鏡見妖魅, 得佩之者為天神所福.《西京雜記 · 卷一》

옛부터 전해오기를 이 거울은 요괴와 마귀를 비춰볼 수 있고 이것을 몸에 지닌 자는 천신에게 복을 받게 될 수 있다.

100 秦末, 有白虎見於東海, 黃公乃以赤刀往厭之. 術既不行, 遂爲虎所殺.《西京雜記 · 卷三》

진나라 말기 백호가 동해에 나타나자 황공은 이에 적도를 가지고 가서 백호를 억눌렀다. 그러나 술수가 먹히지 않자 도리어 호랑이에게 죽음을 당했다.

101 廣陵王胥有勇力, 常於別囿學格熊. 後遂能空手搏之, 莫不絕脰. 後爲獸所傷, 陷腦而死.《西京雜記 · 卷三》

광릉왕유서廣陵王劉胥는 용감하고 힘이 있어 항상 별도로 우리를 만들어 놓고 곰과 격투를 연습하곤 하였다. 뒤에 능히 빈손으로 곰을 쳐 이길 수 있게 되어 어느 곰 하나 그에게 목이 부러지지 않은 것이 없었다. 그러나 결국 뒤에는 짐승에게 상처를 입어 뇌가 함몰되고 죽고 말았다.

102 公孫弘以元光五年爲國士所推, 上爲賢良.《西京雜記 · 卷五》

공손홍이 원광 오년 국사로 추천되자 임금이 현량지사賢良之士로 삼아주었다.

103 杜陵秋胡者, 能通《尚書》, 善爲古隸字, 爲翟公所禮, 欲以兄女妻之.《西京雜記 · 卷六》

두릉의 추호라는 사람은 상서에 능통하였으며 옛 글씨인 예서도 잘 써서 적공에게 좋은 예우를 받았고, 그에게 형의 딸을 주어 아내로 삼으려 하였다.

104 章後爲王莽所殺, 人無有敢收葬者.《西京雜記 · 卷三》

오장吳章이 뒤에 왕망王莽에게 죽음을 당하자 누구하나 감히 그를 거두어 장례를 치러주는 자가 없었다.

위진魏晉 이후 이러한 구조는 문학 언어에서 보편적으로 사용되었다.

105 有婦爲魅所疾.《列異傳》

어떤 부인이 귀신에게 홀려 병이 들었다.

106 蒼梧廣信女子蘇娥, 行宿高安鵠奔亭, 爲亭長龔壽所殺.《列異傳》

창오군蒼梧郡 광신현廣信縣의 여자 소아蘇娥가 여행하다가 고안현高安縣의 곡분정鵠奔亭에서 숙박했는데, 정장亭長 공수龔壽에게 살해당했다.

107 (謝允)爲蘇峻賊軍王免所掠.《甄異傳》

사윤謝允은 소준蘇峻반란군의 부장인 왕면王免에게 포로로 잡혔다.

108 屠氏明日出行, 爲虎所食.《述異記》

도호屠虎는 다음 날 외출했다가 호랑이에게 잡아먹혔다.

'所'자 대신에 '之' 혹은 '之所'를 사용하는 경우도 있다.[627]

109 身死國亡, 爲天下之大僇.《荀子 · 正論》

죽고 나라는 망하여 천하의 이른바 큰 치욕을 당했다.

110 有制人者, 有爲人之所制者.《管子 · 樞言》

다른 나라를 제압하는 나라가 있고, 다른 나라에게 제압당하는 나라가 있다.

현대 백화문에서도 이런 예문이 자주 쓰인다. 특히 '爲……所'와 '被……所'라는 구조가 자주 사용된다.

---

627) 何樂士,《古代漢語語法及其發展》, 676쪽 참고.

111 近世各國所謂民權制度, 往往爲資產階級所專有, 適成爲壓迫平民之工具.《毛澤東選集》
근대 각국의 이른바 민권제도는 종종 자산계급에게만 전유되어 마침내 서민들을 억압하는 도구가 되어버렸다.

112 逐步地展開爲當時當地內外環境所許可的一切必要的鬥爭.《毛澤東選集》
그 시대와 그 지역 내 · 외부 환경에 허락된 모든 필요한 투쟁을 점진적으로 전개하겠다.

위의 두 예문은 피동부분이 모두 문장의 한 성분인 부가어로 쓰인다. 이는 피동문의 또 다른 발전이기도 한다. 이와 같이 피동구조는 문장의 술어구조에서 복합문의 부가성분으로 발전되어 더 많은 역할을 하게 되었다.

3) '見 + 타동사'

동사 '見'은 다른 동사의 앞에 놓여 수동문의 표지가 될 수 있다. 이런 '見'의 기능을 하는 것은 '만나다, 마주치다'라는 의미의 확장과 관련 있는 것으로 보인다.

서주 금문에 보이는 '見 + 타동사 + 于'의 피동구조는 앞에서 이미 살펴보았다. '객체受事 주어 + 見 + 동사' 형식의 피동문은 갑골문에도 보인다.[628]

113 余見它. (《合》, 17375)
나는 재해를 입지 않을 까요?

114 今日王其步, 見雨, 亡災. (《合》, 12500)
오늘 왕이 산보를 하는데 비를 맞지 않고 재앙이 없을까요?

'見'은 원래 실사인데 구조조사로 사용되고 있다. 뜻은 '被'와 같지만 용법은 서로 다르다. '見'은 동사 바로 앞에 위치하고 그 위치를 벗어날 수 없지만 '被'는 그렇지 않다. 이러한 피동구조는 서주에서 춘추전국시대까지 자주 사용된다.

628) 何樂士,《古代漢語語法及其發展》, 668쪽 참고.

115 子曰: "年四十而見惡焉, 其終也已."《論語 · 陽貨》[629]

공자께서 말씀하셨다. "나이가 마흔이 되어서도 남에게 미움을 받는다면 그 사람은 아마 틀림없이 더 이상 진보하지 못하고 그 상태로 끝나고 말 것이다."

116 故君子恥不修, 不恥見汚; 恥不信, 不恥不見信.《荀子 · 非十二子》

그러므로 군자는 자신을 닦지 않은 것을 부끄럽게 여기고 사람에게 치욕당하는 것을 부끄럽게 여기지 않으며, 성실하지 않음을 부끄럽게 여기고 남에게 믿음을 보이지 못하는 것을 부끄럽게 여기지 않는다.

117 盆成括見殺.《孟子 · 盡心下》

분성괄盆成括이 피살되었다.

118 即此言愛人者必見愛也, 而惡人者必見惡也.《墨子 · 兼愛下》

곧 이 말은 남을 사랑하는 자는 사랑을 받고, 남을 미워하는 자는 미움을 받는다는 것을 이르는 말이다.

119 晏子請發粟于(與)民, 三請, 不見許.《晏子春秋 · 諫上》

안자(晏子)가 백성에게 곡식을 풀어 구제하자고 세 번이나 청하였지만, 끝내 허락을 얻어내지 못하였다.

120 郢人之以兩版垣也, 吳起變之而見惡.《呂氏春秋 · 義賞》

초나라 사람들은 판때기를 두 개씩 써서 담을 쌓았는데, 오기(吳起)가 이것을 고쳤다가 미움을 사게 되었다.

121 此二人說者, 皆當矣, 厚者爲戮, 薄者見疑； 則非知之難也, 處之則難也.《韓非子 · 說難》

이 두 사람이 말하는 것은 모두 옳았다. 그러나 심한 경우는 형벌을 받고 가벼운 경우는 의심을 받는다. 아는 것이 어려운 것이 아니라 아는 바를 처리하는 게 어려운 일이다.

그 이외에는 다른 예문을 살펴보면 아래와 같다.

122 百姓之不見保, 爲不用恩焉.《孟子 · 梁惠王上》

백성이 보호받지 못하는 것은 그들에게 은혜를 베풀지 않기 때문입니다.[630]

629) 何樂士《古代漢語語法及其發展》은 이 구절을 '見 + 動詞 + 焉' 형식으로 분류하였다. 671쪽 참고.

630) 수동표지 '見'은 주어인 '百姓'이 사람이어서 동사 '保'의 행위자로 잘못 이해될 가능성이 있기 때문이다.

123 盆成括見殺.《孟子 · 盡心下》
분성괄이 살해당했다.[631)]

124 吾長見笑於大方之家.《莊子 · 秋水》
나는 영원히 뛰어난 도를 터득한 사람들에게 비웃음을 당했을 것입니다.

본래 타동의 의미를 가진 동사뿐 아니라 타동으로 사용된 자동사나 형용사, 심지어 술어로 사용된 명사까지 '見'으로 수동의 표시를 할 수 있다.

한대 이후의 중국어에서 '見'은 가끔 동사의 주어가 아니라 화자가 피행위자가 되기도 한다. 동사의 행위자는 정상적인 주어 자리에 그대로 있다.

125 而以前之所以見賢而後獲罪者, 愛憎之變也.《韓非子 · 說難》
다른 사람을 정복하는 것과 다른 사람에게 정복을 당하는 것, 다른 사람을 신하로 삼는 것과 다른 사람에게 신하가 되는 것을 어찌 함께 논할 수 있겠습니까?

126 臣事夫子三年, 無得, 而卒見逐, 其說何也?《晏子春秋 · 雜上》
선생님을 섬긴지 삼년, 아무런 보답도 없이 마침내 쫓겨나는 신세가 되었으니 그 이유가 무엇입니까?

127 寡人得寄僻陋蠻夷之鄉, 希見教君子之行.《晏子春秋 · 外篇上》
과인이 편벽하고 누추한 야만의 땅에 붙어살고 있어서 늘 군자의 행동에 대한 가르침을 받고자 기다려 왔습니다.

128 嬰聞之, 有幸見愛, 無幸見惡, 誹謗爲類, 聲響相應.《晏子春秋 · 外篇下》
내가 듣기로 사랑을 주면 사랑을 받게 되고, 사랑을 주지 않으면 미움을 받게 된다고 하였다. 비방과 칭찬은 같은 근원에서 생기며, 소리와 메아리는 서로 응하게 되어 있다.

129 今晏子見疑, 吾將以身死白之.《說苑 · 復恩》
지금 안자가 의심을 받고 있으니, 내가 장차 죽음으로써 그의 결백을 밝혀주리라!

130 舉世皆濁我獨清, 眾人皆醉我獨醒, 是以見放.《楚辭 · 漁夫》
온 세상 사람들이 모두 혼탁한데 나 혼자만이 깨끗하고 모두들 취해 있는데 나 홀로만이 깨어 있었기 때문에 그래서 추방당했다.

131 鄙人固陋, 不知忌諱, 乃今日見教, 謹聞命矣.《史記 · 司馬相如列傳》

631) 무표지적인 수동문과 마찬가지로 행위자는 전치사 '於'로 표현될 수 있다.

시골뜨기라 고루해서 사양과 겸손을 몰랐습니다. 오늘 가르침을 받았으니 삼가 말씀대로 처리하겠습니다.

132 黯以父任, 孝景時爲太子洗馬, 以莊見憚.《史記 · 汲鄭列傳》

급암은 아버지로 인해 부임하여 효경제 때 태자세마가 되었는데, 엄숙함으로 경탄받았다.

133 小國見亡, 大國危殆.《史記 · 龜策列傳》

작은 나라는 망하고 큰 나라는 위태로워진다.

134 國一日見攻, 雖欲事秦, 不可得也.《史記 · 張儀列傳》

나라가 일단 공격을 받게 되면 진나라를 섬기려 하더라도 그렇게 할 수 없습니다.

135 淸, 寡婦也, 能守其業, 用財自衛, 不見侵犯.《史記 · 貨殖列傳》

청은 과부이나 그 가업을 지키고 재물을 이용해 스스로를 지켜 (사람들로부터)침범당하지 않았다.

136 解曰: "居邑屋至不見敬, 是吾德不脩也, 彼何罪!"《史記 · 游俠列傳》

곽해가 말했다, "살고 있는 마을에서 존경을 받지 못하는 것은 내 덕이 부족한 탓이니, 그에게 무슨 죄가 있겠소!"

137 王若欲講, 少割而有質 ; 不然, 必見欺.《史記 · 穰侯列傳》

왕께서 만약 화친하고자 한다면 땅을 적게 떼어주고 인질을 두십시오. 그렇지 않으면 반드시 속을 것입니다.

138 趙后悅之, 白上, 得出入御內, 絕見愛幸.《西京雜記 · 卷二》

趙后〈趙飛燕〉가 그 재주를 즐거워하여 황제에게 말하여 그는 御內에 출입하게 되었고 사랑을 많이 받았다.

139 昔魯有兩曾參, 趙有兩毛遂. 南曾參殺人見捕, 人以告北曾參母.《西京雜記 · 卷六》

옛날 노나라에는 두 명의 曾參이 있었고 조나라에는 두 명의 毛遂가 있었습니다. 남쪽에 살던 曾參이 사람을 죽여 체포되자, 어떤 사람이 북쪽에 사는 曾參어머니에게 알렸다.

이외에도 '爲 + 타동사' 형식과 결합하여 동사 뒤에 전치사 '于'(見X于X)로써 동작의 주체를 이끌어내는 구조도 있다.[632] 이러한 구조는 수동과 피동자를 동시에 표현해낼 수 있어서 형식 '타동사 + 于'와 '見 + 타동사'보다 더욱 발전된 모습을 보여준다. 하지만 이러한 비교적 완벽한 피동구조가 최초로 서주금문에서

632) 《馬氏文通》 校注本 208쪽 참고.

생겨났다는 점은 놀랄 만하다.[633)]

춘추 이후의 예문을 살펴보면 아래와 같다.

140 且夫有高人之行者, 固見負於世；有獨知之慮者, 必見謷於民.《商君書 · 更法》
또 다른 사람들보다 뛰어난 행동을 하는 사람은 세인의 비난을 받게 마련이며, 탁견을 가진 사람은 반드시 사람들로부터 오만하다는 소리를 듣게 마련입니다

141 以四百里之地見信於天下, 君猶得也.《呂氏春秋 · 貴信》
4백 리의 땅을 가지고 천하에 신의를 보인다면 주군께서는 오히려 득입니다.

142 昔者彌子瑕有寵於衛君.《韓非子 · 說難》
옛날 진나라 미자하(彌子瑕)가 위영공(衛靈公)에게 총애를 입었다.

143 吾長見笑於大方之家.《莊子 · 秋水》
저는 대도가(大道家)들의 큰 웃음거리가 되었을 것이다.

한대에서 위진육조魏晉六朝까지 대개 이런 구조를 사용한다. 동작의 주체를 사용하기도 하고 사용하지 않기도 한다.

144 代君死而見戮, 後人臣無忠其君者矣.《史記 · 齊太公世家》
임금의 죽음을 대신하려고 한 이가 도륙된다면, 뒤의 신하들이 그의 군주에게 충성하는 이가 없을 것이다.

145 式何故見冤於人？《史記 · 平准書》
제가 무슨 이유로 남에게 억울한 일을 당하겠습니까?

146 中郎將蘇武使匈奴, 見留二十年.《漢書 · 武五子傳》
중랑장中郎將 소무蘇武는 사신으로 흉노匈奴에 갔다가 20년 동안 구류되었다.

147 其見敬禮如此.《史記 · 汲鄭列傳》
그가 천자에게 존경을 받은 것은 이와 같았다.

148 此由禽鹿少見馴育, 則服從教制, 長而見羈, 則狂顧頓纓.《藝文類聚 · 絕交 · 晉嵇康與山濤絕交書》
이는 마치 잡힌 사슴이 어릴 때부터 훈육을 받았으면 통제와 지도에 복종할 것이었으나, 큰 사슴인 경우 굴레를 쓰게 되면 급하게 이리저리 살피고 마구 날뛰면서 고삐를 끊게 할 것이다.

633) 따라서 이러한 구조는 아마도 피동문으로 해석하는 것이 옳지 않은 듯하다.

그 이외에는 아래와 같은 예문이 있다.

149 吾嘗三仕三見逐於君, 鮑叔不以我爲不肖, 知我不遭時也.《史記 · 管晏列傳》
나는 일찍이 세 번 벼슬에 나갔다가 세 번 다 군주에게 쫓겨났지만 포숙은 나를 모자란 사람이라고 여기지 않았다. 내가 아직 때를 만나지 못한 것을 알았기 때문이다.

150 見憎於主, 則罪當而加疏.《史記 · 老子韓非列傳》
군주에게 미움을 받을 때에는 죄를 짓는 다고 하여 더욱더 멀어지는 것이다.

151 皆有功跡見述於後.《史記 · 平津侯主父列傳》
이들 모두 공적을 세워 후세에 전해서 알려졌다.

152 今見戮於刖跪, 以辱社稷, 吾猶可以齊於諸侯乎?《晏子春秋 · 內篇》
지금 다리 잘린 자에게 비난당하여 사직을 욕되게 하였으니 내가 이러고도 제후들 앞에 나란히 설 수 있겠소?

153 有間, 晏子見疑於景公, 出奔.《晏子春秋 · 雜上》
얼마의 시간이 흐른 후 안자는 경공에게 의심을 받아 쫓겨나는 신세가 되고 말았다.

154 晏子曰: "見疑於齊君, 將出奔."《晏子春秋 · 雜上》
안자는 "나는 제나라 임금에게 의심을 받아 쫓겨나고 있는 중이오."라 말했다.

155 長安有慶虯之, 亦善為賦. 嘗為《清思賦》, 時人不之貴也, 乃託以相如所作, 遂大見重於世.《西京雜記 · 卷三》
장안에 경규지慶虯之라는 사람이 있어 역시 부를 잘 지었다. 일찍이 청사부清思賦를 지었으나, 당시 사람들은 그것을 귀하게 여기지 않았다 이에 그가 사마상여의 작품이라 가탁假託하자 드디어 세상에 중시를 받게 되었다

156 方知亮直者不見容於冗輩中矣.《西京雜記 · 卷三》
그제야 사람들은 비로소 밝고 곧은 자는 용렬한 무리 속에 용납될 수 없다는 사실을 깨닫게 되었다.

157 生孩六月, 慈父見背. (李密《陳情表》)
태어난 지 여섯 달 만에 저는 인자하신 아버지를 여의였다.

그러나 이러한 피동구조는 위진육조에 와서 단어 순서에 있어 약간의 변동이 생겼다. 동작의 주체를 강조하기 위해서 동사 뒤의 주체가 앞으로 놓이게 되었다. 형식적 주어로 보이지만 실은 전치사와 목적어가 도치된 구조이다.[634] 이는 가장 오해하기 쉬운 구조 중의 하나이다. 위의 예문 중 "見留二十年"의 구절은 "被拘留于匈奴"의 뜻이다. 아래 예문 역시 이와 같은 구조이다.

158 少加孤露, 母兄見驕.《太平御覽 · 人事部一百三十一 · 怠惰》[635]
게다가 내가 어릴 때 아버지를 여위었고 몸이 또한 허약하여, 어머니와 형은 나의 응석을 받아 주었다.

159 而為儕類見宥, 不攻其過.《太平御覽 · 人事部一百三十一 · 怠惰》[636]
그러나 이런 짓들 모두 또래의 벗이 너그럽게 받아들여주었고 여태껏 책망을 받은 적이 없었다.

160 (布)因往見司徒王允, 自陳卓幾見殺之狀.《後漢書 · 劉焉袁術呂布列傳》[637]
그래서 사도 왕윤을 방문했을 때 동탁에게 거의 죽음을 당할 뻔했던 일을 스스로 말하였다.[638]

161 步有何過, 君前見攻之甚乎?《後漢書 · 王劉張李彭盧列傳》[639]
나 장보(張步)가 무슨 잘못이 있어서, 예전에 그렇게 심하게 나를 공격했습니까?[640]

162 吾有筆, 在卿處多年, 可以見還.《南史 · 江淹傳》
내게 붓이 있었는데 그대에게 가 있는지 여러 해가 되었으니 이제는 돌려다오.

선진 시기에 이러한 구조는 이미 한정적으로 사용되었다.

---

634) 呂叔湘은 이를 '見'자의 지시대사 역할로 본다. 呂叔湘,《漢語語法論文集》(1999), 46 - 50쪽, 참고. 그러나 여기 예문 39 - 41이 같은 문장에서 나온 것을 보면 분명 피동구조의 한 변화이다. 따라서 목적어의 전치로 강조하는 구조로 설명하는 것은 더 타당하다고 본다.

635) "見驕于母兄"의 뜻이다.

636) "見宥于儕類"의 뜻이다.

637) "卓幾見殺"은 "幾乎見殺于董卓"의 뜻이다.

638) 예문 '40' · '42' · '43' 등 중의 '見'은 '我' · '自己'라는 대사적 역할을 한다.《古代漢語語法及其發展》: "'見'在這裏有指代第一人稱的作用, 可理解作'我'或'自己'." 669쪽.

639) "君前見攻之甚"은 "前甚見攻于君"의 뜻이다.

640) 步拓地寖廣, 兵甲日盛. 王閎懼其衆散, 乃詣步相見, 欲誘以義方. 步大陳兵引閎, 怒曰: '步有何過, 君前見攻之甚乎!' 閎按劍曰: '太守奉朝命, 而文公擁兵相距, 閎攻賊耳, 何謂甚邪!'

163 人之情性, 莫先於父母, 皆見愛而未必治也.《韓非子 · 五蠹》
사람의 정이란 부모가 자식에 대한 사랑보다 더 큰 것이 없지만 부모한테 사랑을 입었다고 반드시 다스려지는 것은 아니다.

위의 구절 중 '父母皆見愛'는 '人皆見愛于父母'의 변형이다. 엄격히 따지면, 이러한 형식은 고대중국어 중 규범화된 형식이 아니지만 오랜 기간 사용되며 부분적으로 답습하여 사용하였다.

일반적으로 '見 + 동사' 다음에 목적어가 쓰이지 않지만, 혹은 '見 + 동사 + 객체 목적어'의 형식으로 쓰이기도 한다.[641]

164 事孝武數十年, 見謂忠謹.《太平御覽 · 服用部六 · 囊》
효제와 무제를 섬기기를 수십 년 동안 충성스럽고 근면하다고 평가를 받았다.

아래의 예문은 현재에도 자주 사용하는 말로, 상고시대에 발생하여 중고시대에 성행한 문법의 형식이다.

165 請你見諒. 양해해 주시길 바랍니다.
166 不要見笑. 비웃지 마십시오.
167 請勿見怪. 탓하지 마십시오.
168 承蒙見愛. 너무 많은 사랑을 받았습니다.

위의 예문 '見'은 더 이상 피동을 뜻하는 역할이 아니고, 동사와 결합하여 실제적 의미가 아니라 기능적 의미를 갖는 조사의 용법으로 쓰인다. 이처럼 문법이란 사회적 습관과 밀접한 관계를 가지고 발전하는 것이다.[642]

641) 何樂士,《古代漢語語法及其發展》, 671쪽.
642) 何樂士,《古代漢語語法及其發展》, 670쪽. "見 , 在這裏已完全失去表被動的作用, 成爲一個動詞兼表指代作用."

4) '被 + 타동사'

'被'자는 원래 '이불'을 뜻하는 명사이다. 선진시기에 이미 동사의 용법으로 파생되었다. 동사는 '披(걸치다)'의 뜻과 같다.

169 而越人被髮.《韓非子 · 說林上》
월나라 사람들은 머리를 풀고 지낸다.
170 若有人兮山之阿, 被薜荔兮帶女羅.《楚辭 · 九歌 · 山鬼》
누군가 산기슭에 있으니 벽려(薜荔)초 옷에 여라(女蘿)띠를 둘렀네.
171 被明月兮佩寶璐.《楚辭 · 九章 · 涉江》
등에는 명월주 박힌 옷을 걸치고 허리엔 아름다운 옥띠 둘렀네.

'걸치다'라는 의미에서 '붙다' · '붙이다' · '더하다'라는 뜻으로 파생되었고, 또 다시 '혜택을 입다'라는 의미로 파생되어 피동의 뜻을 나타내는 전치사로 쓰이게 되었다. 의미의 변천과정을《한비자》의 예문을 통하여 살펴 볼 수 있다.

172 其不可被以罪過者, 以私劍而窮之.《韓非子 · 孤憤》
죄를 뒤집어씌울 수 없을 때는 자객을 동원해 목숨을 끊어버린다.
173 今兄弟被侵必攻者廉也; 知友被辱隨仇者貞也.《韓非子 · 五蠹》
형제가 남으로부터 침해를 입었을 때 반드시 상대를 공격하는 사람을 두고 세인들은 염직廉直하다고 하고, 친구가 남으로부터 모욕을 당했을 때 친구의 원수를 갚는 사람을 두고 정직貞直하다고 한다.
174 智伯兼範、中行而攻趙不已, 韓、魏反之, 軍敗晉陽, 身死高梁之東, 遂卒被分, 漆其首以爲溲器.《韓非子 · 喻老》
자백智伯은 범씨範氏와 중항씨中行氏를 병합한 뒤 조씨趙氏를 쉬지 않고 공격했다. 도중에 한씨韓氏와 위씨魏氏가 배반하는 바람에 지백의 군사는 진양晉陽에서 대패했다. 지백은 고량高梁의 동쪽에서 죽고, 영토는 셋으로 찢어졌다. 지백의 머리는 옻칠이 더해져 요강으로 만들어졌다.

위의 첫번째 예문 '被'는 아직 '붙이다'의 의미로 사용하는 동사이다. 그 외의 예문 중 '被'자 뒤에는 모두 주요 동사가 있어, '被'는 분명 '당하다'의 뜻을 표시하는 전치사로 쓰인다. 같은 시기에 피동을 뜻하는 진정한 의미의 전치사 '被'가《전국책》에 나온 것을 확인할 수 있다. '被'자를 사용한 피동문은 전국 말기에 시작하여 한대漢代에 보편적으로 사용되었다.[643)]

175 萬乘之國被圍於趙.《戰國策 · 齊策》
일만 채의 병거가 있는 나라가 있는 만승지국萬乘之國은 조나라에게 포위당한다.
176 國一日被攻, 雖欲事秦, 不可得也.《戰國策 · 齊策》
만약 나라가 하루아침에 공격을 받게 되어 그때서야 진나라를 섬기겠다고 하더라도 되지 않게 됩니다.

당시에는 그 사용이 보편화되지 않아 많은 예문을 찾을 수는 없지만, 예문176, 177과 같이 전치사 '被'를 사용한 피동구조가 전국시대에 사용되었다는 점은 의심할 여지가 없다. 이러한 피동구조는 한대에 와서 차츰 사용되기 시작하였고, 산문이나 시가에서 자주 등장하게 되었다. 이는 피동구조가 상고시대 후기에 이미 완성되었음을 설명해주는 것이다.

177 (屈平)信而見疑, 忠而被謗.《史記 · 屈原賈生列傳》
굴평屈平은 신의를 지켰으나 의심을 받고, 충성을 다했으나 비방을 받는다.
178 被汙惡言而死.《史記 · 酷吏列傳》
추악한 말을 듣고 죽었다.
179 被戮辱者, 不太迫乎?《新書 · 階級》
피살을 당한 자들은 너무 천자에게 가깝게 지내지 않았는가?
180 雖萬被戮, 豈有悔哉!《漢書 · 司馬遷傳》
비록 수만 번 죽임을 당해도 어찌 후회스러움이 있겠습니까?
181 錯卒被戮.《漢書 · 酷吏傳》
조착晁錯은 결국 처형되었다.
182 敞身被重劾.《漢書 · 趙尹韓張兩王傳》
장창張敞이 신변에 엄격한 탄핵을 당했다.
183 仍更被驅遣, 何言復來還?《樂府 · 古詩爲焦仲卿妻作》

643) 何樂士,《古漢語語法及其發展》, 685쪽.

그런데도 쫓겨나게 되었으니 다시 돌아온다고 어찌 말하겠습니까?

184 同是被逼迫, 君爾妾亦然.《樂府 · 古詩爲焦仲卿妻作》

둘이 동시 핍박을 당하고 있으니 그대가 그러하면 저 또한 그러합니다.

그 이외에는 아래와 같은 예문을 살펴볼 수 있다.

185 為私斗者, 各以輕重被刑大小.《史記 · 商君列傳》

사사로이 싸움을 일삼는 자는 각각 그 죄의 가볍고 무거움에 따라 벌을 받는다.

186 秦王復擊軻, 軻被八創.《史記 · 刺客列傳》

진나라 왕은 다시 형가를 쳐서, 형가는 여덟 군데나 상처를 입었다.

187 上谷至遼東, 地踔遠, 人民希, 數被寇.《史記 · 貨殖列傳》

상곡에서 요동까지는 거리는 아주 멀고 백성은 적어 자주 침략 당한다.

188 種 · 代, 石北也, 地邊胡, 數被寇.《史記 · 貨殖列傳》

종과 대는 석읍현의 북쪽에 위치하고 있는데 흉노와 이웃하고 있기 때문에 자주 침략 당한다.

189 地小人眾, 數被水旱之害.《史記 · 貨殖列傳》

땅이 좁고 사람은 많은데다 수차례 수해와 가뭄의 재해를 입는다.

190 國被秦患而不與其憂.《史記 · 蘇秦列傳》

나라마다 진나라의 우환을 입을지라도 자기 나라의 근심을 나누려 하지 않습니다.

191 亭皋千里, 靡不被築.《漢書 · 司馬相如傳上》

평평한 언덕이 천리인데 잘 다져지지 않은 곳이 없다.

192 趙若受我, 秦怒, 必攻趙. 趙被兵, 必親韓.《史記 · 白起王翦列傳》

조나라가 만약 나를 받아들이면 진나라는 화가 나서 반드시 조나라를 공격할 것이다. 조나라가 진나라의 공격을 받으면 반드시 한나라와 가까워질 것이다.

193 眾庶不載, 竟被惡言.《史記 · 魏其武安侯列傳》

사람들이 떠받들지 않으니 끝내 나쁜 평가를 받게 되었다.

194 其被刑戮, 不亦宜乎!《史記 · 司馬相如列傳》

그들이 형벌을 받는 것 또한 당연하지 않은가!

195 是時九卿罪死即死, 少被刑.《史記 · 酷吏列傳》

이때 구경은 죽을 죄를 지어도 스스로 목숨을 끊어 형벌을 받는 경우는 적었다.

196 國新被寇, 使者行矣. 胡方日夜裝入見天子.《史記 · 南越列傳》

나라가 막 외적의 침략을 받았습니다. 사자께서는 (먼저) 떠나십시오. 저(조호)는 밤낮으로 행장을 꾸려 들어가 천자를 뵙겠습니다.

197 宣帝被收繫郡邸獄, 臂上猶帶史良娣合采婉轉絲繩.《西京雜記 · 卷一》

선제가 체포되어 군저옥郡邸獄에 갇히게 되었다. 그런데 팔뚝에는 조모 사량제史良娣가 짠 채색의 고은 끈을 지니고 있었다.

198 妻曰: "妾有夫, 遊宦不返, 幽閨獨處, 三年于茲, 未有被辱如今日也".《西京雜記 · 卷六》

그 여자는 "나는 지아비가 있는 몸이오, 지금 제 남편은 외지에 나가 벼슬하여 아직 돌아오지 않아 나 홀로 깊은 규방에 거처하고 있소. 지금 삼 년째이지만 아직 오늘 같은 이런 모욕을 당해본 적은 없소"라고 말하였다.

새로운 형식과 동시에 이전 형식도 계속 사용되었다.

199 其次關木索被箠楚受辱.《漢書 · 司馬遷傳》

그 다음에 죄인이 되어 형틀을 쓰고 밧줄로 묶여서 곤장을 맞으며 욕을 당하는 것이다.

200 群臣莫不被潤澤, 蒙厚德.《史記 · 李斯列傳》

신하들은 폐하의 은택을 입고 두터운 덕을 입지 않은 자가 없을 것이다.

201 勤苦如此, 尚複被水旱之災.《漢書 · 食貨志上》

이처럼 부지런히 노고해도 여전히 수재를 당했네.

'被'는 물론 동사의 용법으로 사용된다. 그러나 이 부분만을 가지고 한대漢代에 전형적인 피동문이 있다는 사실을 부정하면 안 된다.[644] 왜냐하면 이러한 형식은 옛 문법의 잔여 현상이기 때문이다. 이는 앞에서 열거한 한대의 예문들을 통해 당시의 피동문을 대표할 수 없음을 충분히 설명할 수 있다. 문언이 구어(입말)의 새로운 문법형식을 반영하면서도 어느 정도의 옛 형식을 보존하고 있는 현상을 종종 발견할 수 있다. '被'자가 동사로 사용되는 현상은《사기》뿐만 아니라 남북조 시대에 와서 구어(입말)가 충분히 반영된《세설신어》에서도 찾아볼 수 있다

644) 劉世儒는〈被動式的起源〉《語文學習》(1956.8)에서 漢 시기에 규범적인 피동문이 없다고 주장하였다.

202 夏侯玄既被桎梏.《世說新語・方正》

하후현夏侯玄이 이미 체포되어 족쇄와 수갑에 채였다.

203 大兒年未弱冠, 忽被篤疾.《世說新語・尤悔》

큰 아들이 약관의 나이가 안 되었을 때 갑자기 위중한 병에 걸렸다.

《세설신어》에 이러한 예문이 있다하여 '被'자가 남북조 시대에 피동문으로 사용된다는 사실을 부인하는 것은 잘못된 것이다.

남북조 시대 이후 피동문은 자주 사용되었을 뿐만 아니라 '被'의 뒤에 동작의 주체가 쓰이는 새로운 발전 양상을 띠게 되었다. 여기서 동작 주체가 없는 구식 문장(①)과 동작 주체가 있는 신식 문장(②) 두 가지로 나누어 설명하면 아래와 같다.

① 동작 주체가 없는 경우

204 嵇中散既被誅.《世說新語・言語》

혜중산嵇中散이 이미 주살 당했다.

205 周伯仁被收.《裴子・語林》

주백인周伯仁이 체포되었다.

206 (許允)初被收, 擧家號哭.《藝文類聚・職官部四・吏部郎》

허윤許允이 처음 체포되었을 때 온 집안이 울부짖었다.

207 鎗已被燒失脚.《藝文類聚・雜器物部・鎗》

동창銅鎗은 벌써 불에 타 나무자루를 잃게 되었네.

208 桓石虎是桓征西兒. 未被擧時, 西出獵, ……《太平御覽・獸部四・虎下》

환석호桓石虎는 환정서桓征西 아들이니 천거되기 전이었을 때 환정서가 사냥하러 갔었는데, ……

② 동작 주체가 있는 경우

209 (玄石)因問(狄)希曰: "爾作何物也, 令我一杯大醉, 今日方醒？......" 墓上人皆笑之, 被(玄)石酒氣沖入鼻中, 亦各醉臥三月.《搜神記・卷十九》

현석玄石은 이로써 적희狄希에게 물었다. "그대는 무슨 물건을 만들었기에 나로 하여금 딱 한 잔에 그렇게 취하여 오늘에야 깨어나게 한단 말이요? ……." 묘 곁에 지켜보던 사람들이 모두 웃었다. 현석 몸에 배어 있던 술기운이 코를 찔러, 그 남새를 맡은 자들도 각각 석 달씩 취해 누워 있어야 했다.

210 (庾)亮子被蘇峻害.《世說新語 · 方正》

유량庾亮의 아들이 소준蘇峻에게 살해당했다.

211 禰衡被魏武謫爲鼓吏.《世說新語 · 言語》

예형(禰衡)이 위무제의 미움을 받아 고리(鼓吏)로 폄적되었다.

212 皮袋被賊盜去.《太平廣記 · 嗤鄙二 · 孫彥高》

가죽주머니를 도둑에게 도둑질 당했다.

213 事既彰露, 便被州縣捉來.《廬山遠公話》

그 행위가 이미 드러나 그는 주현州縣에 의해 체포되었다.

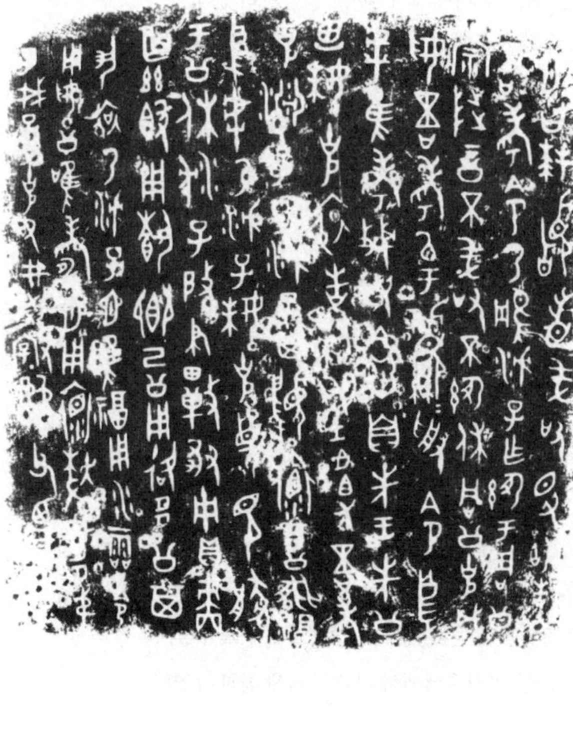

《沈子也簋蓋》《殷周金文集成 · 4330》

(4) 근대 이후의 피동문의 변천

피동식은 근대 중국어에서 현대 중국어까지 꾸준히 발전해왔다.

첫째로, 앞에서 언급한 두 종류 '被'자문은 계속해서 사용되었지만 구조는 이전보다 복잡해졌다. 예를 들어, 과거에는 동작 주체의 절대다수가 짧은 단어(單詞)였다면, 송대宋代 이후부터 부가적인 말들이 더 추가된 동작 주체가 자주 출현하게 되었다.

214 卻被這閻婆纏將我去.《水滸傳 · 二十一回》
오히려 이 염파석(閻婆惜)에게 얽혀 내가 가게 되었다.
215 我……被這兩個賊男女縛了雙手.《水滸傳 · 六十五回》
나는 …… 이 두 천한 남녀에게 두 손을 결박당하였다.
216 馬克思主義已經被大多數人承認爲指導思想. (報)
마르크스주의는 이미 대다수의 사람들에게 지도사상으로 인정을 받았다.
217 帝國主義的假和平真備戰的陰謀, 被已經覺悟起來的世界人民完全揭穿了. (報)
제국주의의 거짓 평화는 진실로 전쟁을 준비하는 음모로, 이미 자각하기 시작한 세계 사람들에게 완전히 폭로되었다.

둘째, 이전 형식에는 동사 뒤에 보어가 오는 경우가 매우 적었지만, 근대 이후로는 동사 뒤에 놓이는 보어가 많아지기 시작하였다.

218 何濤……已被割了兩個耳朵.《水滸傳 · 二十回》
하도(何濤)는 …… 이미 양쪽 귀가 모두 베어졌다.
219 (寶玉)進來, 又被王夫人數說教訓了一番.《紅樓夢 · 三十三回》
(보옥寶玉) 들어오세요. 또 왕부인에게 한바탕 꾸지람을 들으셨군요.
220 美國侵略軍在朝鮮戰場上被我們打得個落花流水. (報)
미국 침략군은 조선의 전쟁터에서 우리들에게 참패하였다.

셋째, 동작 주체 뒤에 수식어가 올 수 있는데, 이 형식 또한 송대(宋代) 이전에는 보이지 않던 것이다.

221 被林沖把棒從地下一跳, 洪教頭措手不及, ……撲地倒了.《水滸傳 · 九回》
지하에서부터 몽둥이를 들고 온 임충(林沖)에 의해 도망쳤고, 홍교두(洪教頭)가 손을 썼지만 미치지 못하였다. …… 쓰러질 정도로 때렸다.

222 看見李逵被那人在水裏揪住, 浸得眼白.《水滸傳 · 三十八回》
이규(李逵)가 물속에 있는 그 사람에 의해 끌어당겨져 눈이 하얘지도록 잠겼다.

223 那兩個提樸刀的走近一步, 卻被武松叫聲"下去", 一飛腳[645]早踢中, 翻筋鬥[646]踢下水去了.《水滸傳 · 三十回》
얇은 칼을 든 그 두 사람이 가까이 걸어왔지만 '내려가시오!'라 외치는 무송武松이 재빠르게 발을 차올리니 곤두박질치듯 발로 차여 물속으로 빠졌다.

넷째, 근대 문학 언어에서 새로운 피동을 나타내는 '吃(喫)'자가 출현하였고, 후에 '叫'자가 나타났다. '吃'자는 원대 희곡과 원 · 명 소설에 자주 등장하는데, 두 가지 뜻이 있다. 하나는 '被'와 같은 의미로, 대체로 '被'자구를 '吃(喫)'자구로 바꿔 쓸 수 있다. 다른 하나는 '(불행 또는 손해를) 당하다'라는 의미이다. 이때는 '被'자와 바꿔 쓸 수 없다. 각각의 예는 아래와 같다. (A: 첫 번째 용법, B: 두 번째 용법)

A: '被'자구를 '吃(喫)'자구로 바꿔 쓸 수 있는 경우

224 甚麼意思? 娶也不曾娶的, 我倒吃他搶白了這一場.《魯大夫秋胡戲妻》
무슨 뜻이죠? 마무라도 아직 취하지 못했는데 나는 오히려 그에게 한바탕 꾸중만 당했어요.

225 喫我直說過了, ……夫人如今喚你來, 待成合親事.《西廂記 · 第四本》
나에게 직설적으로 이야기를 듣고 나니 부인은 지금 너를 불러 혼사를 완성시키려는 거야!

226 武松右手卻吃釘住在行枷[647]上, 左手卻散著.《水滸傳 · 三十回》
무송(武松)의 오른손은 행가에 꽉 조여져 있고 왼손은 풀어져 있다.

645) 교대로 양발을 머리 높이까지 차 올리는 구식 무술의 일종. '踢飛腳'는 '양발을 교대로 계속해서 머리 높이까지 차 올리는 동작(을 하다)'라는 뜻이다.

646) 두 손을 땅에 짚고, 두 다리를 위로 뻗고, 몸을 번드쳐 재주넘는 것.

647) 행가行枷는 옥중에 있는 죄인을 다른 곳으로 옮길 때 목에 채우는 형구를 이르던 말로, 도리칼이라고도 한다.

227 若投別處去, 終久要吃拿了.《水滸傳 · 三十一回》

만약 다른 곳으로 던져버린다면 결국 (누군가) 들고 가 버릴 것이다.

B: '(불행 또는 손해를) 당하다'로 사용되는 경우

228 我可就要今番吃了三頓打.《玎玎璫璫盆儿鬼 · 第四折》

나는 이번에 세 차례나 얻어 맞겠네.

229 盆兒也, 俺可便待今番吃了三頓打.《玎玎璫璫盆儿鬼 · 第四折》

분아, 우리는 이번에 세 번이나 얻어 맞겠네.

230 又吃這一跌, 我更待乾罷.《魯大夫秋胡戲妻》

또 이번에 넘어졌으니 나는 더욱 하늘의 뜻을 기다릴 수 밖에.

231 原來武松吃斷棒之時, 卻得老管營使錢通了, …….《水滸傳 · 三十回》

원래 무송의 봉이 끊어졌을 때 오히려 得老管營은 돈이 통하게 하였다. ……

232 劉唐說道, "奉山上哥哥將令, 特使人打聽得哥哥吃官司, 直要來鄆城縣劫牢."《水滸傳 · 三十六回》

유당劉唐이 말했다. "봉산 위의 형이 군령을 내리길, 특별히 사람을 시켜 형이 감옥에 가게 되었는지 물어보게 하고, 운성현鄆城縣에 오기만 하면 뇌옥牢獄을 습격하여 수인囚人을 구출하라 하였다."

이상 '吃'자의 두 용법은 당시 정통 문언문에는 보이지 않는다. '吃'자의 연원은 아직 확실하지 않지만 당시 일종의 방언이었을 가능성이 높다. 《광운廣韻》, 《집운集韻》, 《운보韻補》에 따르면 '吃'자는 '居'자와 '乙'자의 반절反切(kiət)이고, '給'자는 '居'자와 '立'자의 반절反切 'kiəp'로, 두 자의 발음이 매우 유사하다. 따라서 근대 중국어에서의 '吃'자가 현대 중국어의 피동을 나타내는 '給'자로 바뀌게 되었을 가능성이 높다. '給'자가 전치사로 사용되어 피동의 의미를 나타내는 용례는 명 · 청대 소설에서도 매우 드물게 보이며, 현대에 들어서면서 유행하기 시작하였다. 예를 들면 다음과 같다.

233 好人給壞人擠得沒有路走啦!《少奶奶的扇子》

좋은 사람이 나쁜 사람에게 밀려서 걸어갈 길이 없잖아요!

234 看看到底兒子叫人家給打壞了沒有.《二馬》

도대체 아들이 다른 사람에게 맞았는지 안 맞았는지 좀 보세요.

위의 예문 '叫'와 '給'은 모두 피동의 의미이다. '叫'의 이러한 피동용법의 용례는 《홍루몽》에서도 찾아볼 수 있다.

235 誰知那日一下子失了腳掉下去, 幾乎沒淹死, 好容易救了上來, 到底叫那木釘把頭碰破了.《紅樓夢 · 三十八回》
그날 갑자기 발을 헛디뎌서 떨어졌는데도 물에 빠져 죽지 않고 쉽게 구해졌는데 결국 그 못이 머리에 부딪쳐 상처를 낼 줄 누가 알았겠어.

236 我叫大奶奶拉扯住說話兒, 我又沒逃了, 這麼連三接四的叫人來找!《紅樓夢 · 三十九回》
난 큰 할머니에게 잡혀서 이야기를 들었는데 또 도망가지 못했어. 이렇게 계속 사람을 시켜 나를 부르다니!

237 剛纔一個魚上來, 剛剛兒的要釣著, 叫你嚇跑了.《紅樓夢 · 八十一回》
방금 막 물고기 한 마리가 올라왔어. 마침 잡고 싶은 고기였는데 너 때문에 놀라 달아났어.

8. 처치식의 기원과 변천

중국어의 어순은 일반적으로 동사가 목적어 앞에 놓인다. 하지만 이러한 어순은 일반적인 상황이지 만약 말하는 사람이 목적어를 강조하거나 혹은 목적어를 처치의 의미를 나타내고자 한다면 전치사 '將'·'把'를 사용하여 목적어를 앞에 놓을 수 있다.

1 把工作搞好.
일을 잘 해냈다.

2 將他说服.
그를 설득시키다

왕력王力은 처치식處置式을 '파자구把字句'라 하였다.[648]

처치식은 중국어어법의 특수한 형식으로 일반적인 전치사구와는 다른 점은 문장이 처치의 뜻을 나타내는데 있다. 처치식은 후에 발전하여 처치의 의미를 표시하지 않는 경우도 생겨나게 되었다. 하지만 '처치'는 처치식의 가장 근본적인 특

648) 처치식이란 명칭은 王力(1943)에 의해 처음 사용되었다. 왕력은 중국어 문법학사의 시기 구분에서 볼 때, 서양의 문법이론을 모방하던 시기에서 혁신기로 넘어가는 데 획을 그었던 학자이다.('許璧,《中國語法學史》, 서울 삼련서점, 1993. 137~143쪽' 인용) 그는 중국어의 문형에 관해서 독창적인 관점을 제시하였는데, 문장을 '보통구조'와 '특수구조'로 나누고 '특수구조'를 또 ① 能願式, ②使成式, ③ 處置式, ④ 被動式, ⑤ 遞系式과 緊縮式과 같은 문형들로 구분하였다.(王力,《中國現代語法》,《王力文集》 제2권, 山東教育出版社, 1985, 99~100쪽 인용) 王力은 '處置式'이라고 명명하고, 다음과 같이 정의하였다. "처치식은 어떤 사람을 어떻게 처리하고, 어떻게 시키고, 어떻게 대했는지를 설명한다. 또 어떤 사물을 어떻게 처치하고, 어떤 사건을 어떻게 진행시켰는가를 말한다. 그것은 특별히 처치를 위해서 설정되었기 때문에, 처치식은 행위가 처치의 성질을 소유하지 않는다면 사용될 수 없다. 예를 들어, '我愛他'는 '我把他愛'로 말할 수 없고, '桃樹開花'는 '桃樹把花開'로 바꿔 쓸 수 없다."(王力,《中國語法理論》,《王力文集》 제1권, 山東教育出版社, 1984, 125쪽 인용) 박건영, 中國語의 把字的 研究, 학위논문(박사), 연세대학교 대학원, 1994, 10~11쪽.

징이기 때문에 처치의 의미를 지니지 않은 처치식이 있다고 해서 처치식을 부정할 수는 없다.

(1) 처치식의 기원

상고시대에는 고정된 형태의 처치식이 없지만, 처치식과 유사한 개념이 없었다고는 말할 수 없다. 다만 아직 하나의 고정된 어법 형식을 이루지 못하였을 뿐이다.

3 惟涉河以民遷.《尙書 · 盤庚中》
황하를 건너 백성들을 옮기려할 때에.
4 今予將試以汝遷.《尙書 · 盤庚中》
이제 나는 장차 너희가 옮기는 것을 시험하여.
5 以爾車來, 以我賄遷.《詩經 · 衛風 · 氓》
그대의 수레를 가지고 오라, 내 재물을 가지고 옮겨가리라.
8 天子不能以天下與人.《孟子 · 萬章上》
천자가 천하를 남에게 줄 수 없다.

위의 예문 '以'자는 모두 목적어('以' 뒤의 목적어)를 제기하는 작용을 하는데, 의미적으로는 처치식의 '把'와 비슷하다. 하지만 '以'자는 '把'나 '將'과 달리 매우 다양한 용법으로 쓰인다. 따라서 이러한 예문은 의미적인 처치식의 초기적 단계라고 할 수 있다.

상고 시대 '將'과 '把'자는 모두 실사인 동사의 용법으로 쓰이고 전치사로 사용되지 않는다.

9 之子於歸, 百兩將之.《詩經 · 召南 · 鵲巢》[649]
새아씨가 시집감에 백량으로 전송하도다.

---

649) 《毛傳》: "將, 送也."

10 不遑將母.《詩經 · 小雅 · 四牡》[650]
어머니를 봉양할 겨를이 없도다.

11 闕黨童子將命.《論語 · 憲問》[651]
궐당의 동자가 명령을 전달하였다.

12 臣左手把其袖.《史記 · 刺客列傳》[652]
신하의 왼손은 그 소매를 잡았다.

13 將甲者進.《莊子 · 秋水》
무장한 군사를 이끄는 자가 들어왔다.[653]

위의 예문 중 '把'와 '將'은 '持'의 뜻으로 쓰인다. 육덕명陸德明은《경전석문經典釋文 · 장자음의莊子音義》에서 "'將'은 본래 또한 '持'로 써야 한다."[654]라 하였다. '將'자는 '持'자와 같은 동의어이고, 현대 중국어로 '拿'의 뜻과 같다. 따라서 '將'자가 전치사의 용법으로 확대되어 쓰이게 되는 것은 자연스런 일이다.

14 蘇秦始將連横, 說秦惠王曰…….《戰國策 · 秦策》
소진이 처음에 연횡책을 가지고 진혜왕에게 유세하였다.

위의 예문은 비교적 일찍 출현한 전치사 '將'의 용법과 비슷하며 '연횡의 책략을 가지고 가서 진혜왕을 설득하다'는 뜻이다. 하지만 이러한 예문이 많지 않기 때문에, '將'자의 어법화 정도가 어느 정도인가를 판단하기 매우 어렵다.

이후의 아래 한위漢魏 악부 시의 예문에서 한층 더 어법화 되어 사용되었다.

15 將縑來比素, 新人不如故.《上山采蘼蕪》
무늬 비단을 흰 비단에 비교해 봐도 새 사람이 옛사람만 못하네.

---

650)《毛傳》: "將, 養也."

651) 馬融曰: "闕黨之童子, 將命者, 傳賓主之語出入."(궐당의 동자 중에 명령을 전달하는 자는 손님과 주인의 말을 전달하며 출입한다.)

652) '把'자는 '持(잡다)'라는 의미이다.

653) '將'은 '인솔하다'는 뜻이고, '甲'은 병사의 몸을 보호하는 철갑이다.

654)《經典釋文 · 莊公子音義》: "將, 本作持."

예문15의 '將'자는 처치식과 상당히 비슷하여 적어도 처치식의 초기 형식이라고 볼 수 있다.

중고시기 남북조시대에는 '將'과 '把'자를 사용한 초기 처치식이 계속하여 출현하였다.

16 把火出看, 了無所見.《太平廣記 · 鬼九 · 胡庇之》
불을 들고 나가 보았는데 조금도 보이는 것이 없었다.

17 把粟與鷄呼朱朱.《洛陽伽藍記 · 卷四》
좁쌀을 닭에게 주며 '주주朱朱'[655]하고 부른다.

18 便謂傍臣. 急將是梵志釋. 逐出我國界去.《佛說義足經 · 卷上 · 吳 · 異學角飛經第十》
왕이 문득 곁에 있는 신하에게 이르기를 "빨리 이 범지梵志[656]를 석방하여 우리나라에서 축출해 버려라."라고 하였다.

19 譬如有人若患眼病. 若有目瞑. 如是之人爲开眼故. 一月療治勤不休息. 過一月已眼得少開. 彼有怨惡常伺其便. 把碎蓽茇著其眼中. 令彼人眼暫暗更閉不得開明.《不必定入定入印經》
비유하자면 어떤 사람이 눈병에 걸리거나 눈이 침침함이 있는 것과 같으니, 이와 같은 사람이 눈을 뜨기 위함이라면 한 달 만에 낫게 할 수 있다. 부지런하여 그치지 않는다면 한 달을 넘겨 눈이 조금 보인다. 그런데 저 사람이 악화된 상태만을 원망하고 항상 편한 것만을 엿보다가 부순 필우蓽茇를 그 눈 속에 붙인다면 저 사람 눈을 잠시 어둡게 하다가 다시 감기게 하여 밝게 볼 수 없게 할 것이다.

(2) 처치식의 성숙과 응용

위의 예문들을 통하여 초기 처치식이 남북조시대에 출현하였음을 알 수 있다.

655) 주주(朱朱): 닭을 부르는 소리, 또는 닭의 별명.《風俗通》에 "닭을 부를 때 주주하는데, 속설(俗說)에 '옛날 주공(朱公)이란 사람이 변하여 닭이 되었기 때문에 주주하고 부른다.' 한다." 하였다.

656) 범지(梵志): 인도 사종성(四種姓)의 하나인 바라문(婆羅門)을 말하는데, 뒤에는 보통 출가한 외도(外道)의 뜻으로 쓰이게 되었다.

당대唐代에 들어서는 보편적으로 쓰였고, 변문變文과 시사詩詞에서 '將'과 '把'자가 처치식으로 사용되는 것이 일반적이었다. '將'과 '把'는 동사에서 분화되어 전치사의 용법으로 전치사구의 형식으로 동사를 수식하였다. 《변문》에서의 처치식 구조는 아래와 같다.

[將]

20 又將七寶依前施, 不禁演說事如何.《金剛般若波羅蜜經講經文》
또한 七寶[657]를 가지고 이전처럼 보시하니 사정이 어떠한지 자세히 말해줄 만 못하다네.

21 帝知枉殺孝眞, 即將梁元緯等罪人於眞墓前斬之訖.《敦煌變文・搜神記・行孝》
임금은 효진을 잘못 죽인 것을 알고, 즉시 양원위 등 죄인을 효진의 묘 앞에서 죽이는 데에 이르렀다.

22 將竹插於腰下.《伍子胥變文》
대나무를 허리에 꽂았다.

23 何處將身回避?《无常經講經文》
어디로 몸을 피할까?

24 遂將其筆望空便擲.《廬山遠公話》
마침내 그 붓을 공중을 향해 던졌다.

25 爭取天花伸供養, 竟將異寶表虔成(誠).《維摩詰經講經文・四》
너도나도 다투어 천화를 취하여 공양을 올리고, 마침내 진기한 보물을 가져다 경건한 정성을 표했네.

26 早晚曾將智惠開!《維摩詰經講經文・三》
그러면 그야말로 지혜를 열리게 할 것인가!

27 直饒便得洗至骨, 拾(恰)如將水洗烏金.《維摩詰經講經文・三》
설령 뼛속까지 씻어낸다 하더라도 물로 먹을 씨는 거나 다름없다.

[把]

28 乾坤似把紅羅展.《維摩詰經講經文・一》

---

657) 칠보七寶는 일곱 가지 보석. 금, 은, 유리(琉璃, 검푸른 보옥), 파려(玻瓈, 수정), 자거(硨磲, 백산호), 적주(赤珠, 적진주), 마노(碼碯, 짙은 녹색의 보옥). 이는 《아마타경》에서 언급한 내용이다. 《법화경》《「보탑품寶塔品》에는 파려 대신에 매괴玫瑰가 들어 있다.

하늘과 땅은 붉은 비단을 펼친 듯하다.

29 勿疏散, 愛把眼花空里翫.《維摩詰經講經文・二》

눈 앞에 현란함에 이끌리지 말라.

30 不把庭前竹馬騎.《維摩詰經講經文・四》

문 앞에서 죽마를 타지 않으려 하는구나.

31 誰知漸識會東西, 時把父娘生毀辱.《父母恩重經講經文》

누가 알리요 점차 철이 들면서 부모님께 해 끼치고 욕만 보일 줄을.

32 阿郎把數都計算, 計算錢物千疋強.《董永變文》

주인이 셈을 해보고 빌린 돈이 옷감으로 천필이나 된다하는구나.

33 莫把杭州刺史欺. (白居易《戲醉客》)[658]

항주자사를 속이지 마라.

34 欲知求友心, 須把黃金鍊. (孟郊《求友》)

벗을 구하는 마음을 알려면 모름지기 황금을 정련하는 법부터 알아야 하네.

이상의 예문을 통하여 당대唐代의 처치식은 '將'과 '把'의 구별이 없이 사용되고, 한 문장에서 '將'과 '把'가 동시에 함께 쓰이는 것을 알 수 있다.

35 乾坤如把綉屛稹, 世界似將紅綿展.《維摩詰經講經文・一》

하늘과 땅은 수놓은 병풍을 펼쳐 놓은 듯하고 세상은 붉은 비단을 깔아놓은 듯하다.

36 祇把練魔求志理, 不將諂曲順人情.《維摩詰經講經文・四》[659]

단지 부지런히 연마함으로 지극한 이치를 구하여 아첨이 마음에 깃들지 않도록 해야한다.

37 莫把嬌姿染汚我, 休將夭女惱人來.《維摩詰經講經文・五》

아리따운 자태로 나를 더럽게 물들이지 말고, 젊은 여인으로 사람을 괴롭히지 마라.

38 敢將十指夸針巧, 不把雙眉鬪畫長. (秦韜玉《貧女》)[660]

정교한 열 손가락 훌륭한 바느질 솜씨 자랑하지라도, 두 눈썹 매일 매일 길게 그려 다른 사람과 겨누지 않았다네.

---

658) 白居易 〈戲醉客〉: "莫言魯國書生懦, 莫把杭州刺史欺. 醉客請君開眼望, 綠楊風下有紅旗."

659) '魔'자는 '磨'자의 오자이고, '志理'는 '至理'로 써야 한다.

660) '針'자는 혹은 '偏'이나 '纖'으로 쓰기도 한다.

'將'과 '把'자 중 어느 것이 먼저 처치식으로 변화 발전하였는가, 혹은 초기 처치식에서 어느 것이 더 우세를 점하였는가는 아직 확실한 결론을 내릴 수 없다. 하지만 王力(1958)은 처치식의 탄생을 대략 7 - 8세기 사이로 당대 초기나 중기라 하고, 장소우蔣紹愚(2005)는 '把'자구의 처치식은 '將'자 처치식보다 조금 늦게 중당 이후에 형성되었다고 하였다.[661)]

송원宋元 시기에도 '將'과 '把'자는 구분 없이 처치식으로 사용되었으나, 《수호전》과 같은 작품에서와 같이 '把'자의 사용이 우세를 점하였다. 제7회를 예를 들어 살펴보면 모두 17개의 처치식이 있는데, 그 중에 15곳이 '把'를 사용하고 단지 두 개 만이 '將'을 사용했을 뿐이다. 또한 《유림외사》의 제2회에서는 모두 12개의 처치식이 있는데, 그 중에 10곳이 '把'자로 쓰이고 '將'자는 단지 2곳에 불과하다. 그러나 《홍루몽》의 22회에서는 11개의 처치식 중 '將'자가 오히려 7곳에 쓰이고 '把'는 다만 4곳에 쓰인다. 《홍루몽》 52회에서는 10개의 처치식이 출현하고 있는데, 그 중 '把'자는 6곳에 쓰이고, '將'자는 단지 4곳에 쓰인다.

후에 서면어에서 '將'과 '把'자는 병행되어 사용되었고, 현재까지도 동일하게 사용되고 있다.

39 將革命进行到底. (毛澤東《1949年新年賀詞》)
혁명을 끝까지 진행하자.

40 一定要把淮河修好. (毛澤東《號召》)
반드시 淮河를 잘 치수(治水)해야 한다.

위의 예문은 '將'과 '把'를 사용하고 있다. 일반적으로 구어에서는 '把'자를 사용한다.

661) 蔣紹愚(2005), 《近代漢語研究概要》, 206 - 207쪽 참고.

(3) 처치식의 변천

당대唐代의 처치식은 출현한 시간이 비교적 짧기 때문에 그 구조가 비교적 간단하다. 이를 정리하면 아래 4개의 특징을 지니고 있다.

① '把' · '將' 뒤의 목적어는 일반적으로 비교적 간단하다.
② 동사 역시 비교적 단순하고, 동사 뒤에 보어가 거의 없다.
③ 목적어 뒤에 부정사가 쓰이는 경우가 많지 않다.
④ 동사 뒤에 목적어가 쓰이지 않는다.

그러나 근대시기 송원 이후에는 발전하여 복잡하고 다양하게 점점 완전한 형태를 갖추게 되었다. 처치식은 형식에 따라 아래 네 가지로 구분할 수 있다.

1) 전치사 목적어의 복잡화

위에 제시된 예문 중 예문21과 예문30의 '목적어'가 복잡한 편이다. 예문21의 '梁元緯等'은 '罪人'의 동위어이고, 예문30의 '門前'은 '竹馬'의 부가어이다. 하지만 이러한 용례는 극히 적고, 대부분은 기본 단어 형식의 목적어가 사용된다.

송원 시기 작품에서는 목적어가 매우 긴 형식으로 사용된 것을 다음과 같이 찾아볼 수 있다.

41 楊志把那賣刀殺人的事, 一一說與孫立.《大宋宣和遺事 · 元集》
양지는 저 칼을 팔아 사람을 죽인 일을 하나하나 손립에게 말해주었다.

42 將佛氏改為宮觀, 釋迦改為天尊, 菩薩改為大士, 羅漢改為尊者, 和尚改為德士.《大宋宣和遺事 · 亨集》
불교를 고쳐서 관이라 하고, 석가를 고쳐서 천존이라 하고, 보살을 고쳐서 대사라 하고, 나한을 고쳐서 존자라 하고, 화상을 고쳐서 덕사라 하였다.

43 第一來把俺這親兄長好看成. 第二來將俺那俊男兒奈心等.《元曲 · 鴛鴦被》

첫 번째는 우리 이 친형을 체면이 서게 하였다. 두 번째는 우리 저 준수한 남자아이를 인내하며 기다렸다.

44 把一個宜梳裹臉(兒)搽.[662] (馬致遠《漢宮秋》)

한 개의 아름다운 빗이 든 꾸러미 앞면을 칠하였다.

위의 예문은 전치사 목적어와 관련이 관련되어 있는데, 이는 남송 이전에는 거의 찾아보기 어려운 형식이다. 위의 예문 중에는 목적어가 너무 길어서 목적어를 앞으로 끌어올 수밖에 없어 '把'와 '將'을 사용한 형식을 구성한 것이다.

이러한 구조는 고정화된 형식이 되고 더욱 발전하게 된다. 현대 중국어에서는 '把'자 뒤에 긴 목적어를 동반하는 형식이 보편화되었고, 과거에 비해 더욱 발전하고 완벽해졌다.

45 在劃分階級成分時, 必須注意不要把本來是中農成分的人, 錯誤地劃到富農圈子里去.《目前形势和我们的任务》

계급성분을 구분할 때 반드시 본래 중농성분의 사람을 잘못 구분하여 부농의 범위 안에 이르는 일이 없도록 주의해야 한다.

46 然後才有希望把已經繳械了和投降了的地主階級分子、官僚資産階級分子和國民黨反動集團的成員及其幇凶們給以由壞人變好人的教育, 幷盡可能地把他們變成好人."《丟掉幻想, 準備鬪爭》

그러한 뒤에야 비로소 이미 무장해제를 당하고 투항한 지주계급분자, 관료 자본계급분자와 국민당반동집단의 구성원 및 흉악한 자를 도왔던 이들을 나쁜 사람으로부터 좋은 사람으로 바꾸는 교육을 해야 희망이 있고, 이러한 교육을 통해서 아울러 되도록 그들을 좋은 사람으로 만들 수 있다.

위의 예문은 모두 목적어가 길어 처치식을 사용하지 않는다면 목적어를 처리하기가 힘들다. 이렇게 현대중국어에서 사용되는 처치식은 근대시기에 찾아보기 힘든 구조로 과거에 비해 큰 발전을 보인다.

---

662) "將兩葉賽宮樣眉兒畫, 把一個宜梳裹臉兒搽."

2) 동사의 복잡화

위에서 살펴본 바와 같이 초기 처치식의 동사는 절대다수가 단어 혹은 구로만 이루어지고, 보어성분은 쓰이지 않았다. 그러나 송원 이후 처치식은 동사가 비교적 복잡해지며 각종 보어를 가지게 되어 동보動補구조와 함께 쓰이기 시작하였다.

47 把這鴛鴦兒拆散了.《大宋宣和遺事 · 亨集》
이 원앙을 갈라놓았다.

48 如今將禮義廉恥一切埽除了.《朱子語類 · 朱子六》
지금은 예의염치를 모두 없애버렸다.

49 小夫人把適來說的話, 從頭細說了一遍.《警世通言》
소부인은 방금 했던 말을 처음부터 다시 한 번 말하였다.

50 林冲把這口刀翻來復去看了一回.《水滸傳 · 七回》
임충은 한 자루 칼을 뒤집어서 다시 한 번 보았다.

51 旁邊耳房里走出二十餘人, 把林冲橫推倒拽(得)恰似皂雕追紫燕, 渾如猛虎啖羊羔.《水滸傳 · 七回》
근처의 작은 방 안에서 스무 명 가량의 사람이 나왔는데, 임충을 함부로 밀고 거꾸로 끄는 것이 흡사 검은 수리가 보랏빛 제비를 좇는 것과 같았고 마치 사나운 호랑이가 어린양을 먹는 것과 같았다.

예문51은 '恰似皂雕追紫燕'과 '渾如猛虎啖羊羔'라는 두 개의 문장이 동시에 '拽'라는 동사를 보충하는 구조를 갖는다. 이러한 형식은 중국어 어법상의 하나의 큰 발전으로, 중국어의 표현력을 더욱 증대시키는 역할을 하였다.

3) 부정어 출현

당대唐代의 처치식에는 '把'자 뒤에 부정어가 출현하지 않았지만, 송대 이후에는 '把'자 뒤에도 부정어를 사용하게 되었다.

52 把這件事不記心了.《水滸傳 · 七回》

이 일을 마음에 두지 않았다.

53 今人所以悠悠者, 只是把學問不曾做一件事看.《朱子語類 · 學二》

지금 사람이 한가로운 이유는 다만 학문을 일찍이 하나의 일로 간주한 적이 없었기 때문이다.

54 你把共乳同胞親兄弟孫二不禮.《楊氏女殺狗勸夫》

너는 젖을 함께하고 탯줄을 같이 한 친 형제자손을 다르게 대하는 것은 예가 아니다.

55 姑奶奶平日只敬重的王家哥兒兩個, 把我們不俅不睬.《儒林外史》

고모할머니는 평상시에 존중받는 왕가의 형제들인 우리들을 거들떠보지도 않았다.

'把'자 뒤에도 부정어를 사용하는 처치식은 처치의 의의를 벗어나 단순히 목적어를 앞으로 끌어당기는 역할만 하게 되었다. 이 형식은 긍정문에서도 사용될 뿐만 아니라 현재는 부정문에서도 사용하기에 '把'자 뒤의 부정어는 처치식을 부정하는 것이 아닌 또 다른 처치식의 발전이라 할 수 있다.

4) 차목적어의 출현

처치식은 목적어를 앞으로 옮기는 역할을 하기 때문에 동사 뒤에는 다시 목적어(간접목적어 제외)가 있을 수 없다. 초기의 처치식은 확실히 이와 같았다. 하지만 송대 이후의 처치식은 동시에 두 개의 목적어가 가질 수 있었는데, '把' 뒤의 정식 목적어를 제외하고는 동사 뒤에 다시 한 개의 두 번째 목적어(차목적어)를 가질 수 있다. '차목적어'는 정식 목적어에 비하여 동사와의 관계가 더 긴밀하다.

56 把一丈青拴了雙手.《水滸傳 · 四十八回》

일장청(一丈青)을 두 손을 묶었다.

57 如何今日到把我强扭做賊.《水滸傳 · 三十三回》

어찌하여 오늘 나를 억지로 도적질을 하게 하는데 이르렀는가?

58 把春臺揩抹了灰塵.《水滸傳 · 六回》

봄 대마(大麻)로 먼지를 씻었다.

59 故意把我女兒壞了性命.《醒世恆言》

일부러 내 딸에게서 목숨을 잃게 하였다.

60 湯知縣把這情由細細寫了個禀帖.《儒林外史》
이런 사정을 청원서에 상세하게 썼다.

혹은 이러한 구조의 목적어를 '보류목적어'[663]라고도 하지만, 명칭은 사실상 중요한 것이 아니다. 근대 이후에 발전된 '동사 뒤에 다시 목적어를 가지는 처치식'이라 칭하면 될 것이다. 현대 중국어에서는 이러한 어법형식을 계승하고 더욱 발전시켰다.

61 把資産階級政黨的庸俗作風也搬進共産黨里來了.《毛澤東選集》
자본계급과 정당의 비속한 풍조를 공산당 안에 옮겨 들어왔다.

62 希特勒只好把整個方針轉入戰略防禦.《毛澤東選集》
히틀러는 어쩔 수 없이 전체 방침을 전략방어로 바꾸었다.

63 尤其是第三次 "左"傾路線的代表者, 爲貫徹其意旨起見, 在黨內曾經把一切因爲錯誤路線行不通而對它采取懷疑、不同意、不滿意、不積極擁護、不堅決執行的同志,不問其情況如何, 一律錯誤地戴上 "右傾機會主義", "富農路線", "羅明路線", "調和路線", "兩面派"等大帽子…….《毛澤東選集》
특히 제3차 "좌"경노선의 대표자는 의지를 관철하기 위해서 당내에서 일찍이 일체의 착오로 노선이 실행할 수 없었기 때문에 그들에 대해 회의를 품거나 동의하지 않거나 만족하지 않거나 적극 옹호하지 않거나 집행을 단호하게 하지 않는 동지를 그 정황이 어떠한지 묻지 않고 일률적으로 잘못 "우경기회주의", "부통로선", "라명노선", "조화노선", "양면파" 등의 큰 딱지(악평의 레테르)를 덮어 씌었다.

64 孫中山死了, 蔣介石起來. 在二十二年的長時間內, 蔣介石把中國拖到了絶境.《毛澤東選集》
손문이 죽자, 장개석이 일어났다. 22년의 긴 시간 안에서 장개석은 절망적인 상태로 끌고 갔다.

예문62와 예문64의 차목적어는 비교적 간단하지만, 예문63는 복잡한 관형어의 차목적어를 사용하고 있다. 이는 현대 이전의 처치식에서 드물게 보이는 형식이다. 예문61 - 62는 차목적어 뒤에 방향보어를 쓰이고 있는데 이는 새롭게 생긴 어법형식으로 근대 백화문에는 활용되지 않았다.

---

663) 呂淑湘《漢語語法論文集》, 113 - 134쪽 참고.

원문인용 참고도서[664)]

1. 《상서尚書(서경書經)》

《상서》는 한漢나라 초기부터 금문今文과 고문古文 두 종류가 전해 온다. 《한서漢書 · 예문지藝文志》은 《상서》는 원래 100편이 있었지만, 공자가 다시 편찬하였다고 한다.

서한 문제文帝 때 진秦의 박사였던 복생伏生이 벽 속에 감추어 두었던 29편을 얻어 예서의 글씨체로 기록해 낸 것이 '금문상서今文尚書'이다. 그 중 일부를 나누어 33편으로 쪼갠 것이 오늘날의 《상서》 속에 들어 있는 '금문상서' 33편이다. 그러다가 한나라 경제景帝 때 노魯나라 공왕恭王이 공자의 옛 집을 허물다가 옛 글자체로 쓰인 '고문상서古文尚書'를 얻었고, 한나라 무제 때 박사였던 공안국孔安國이 그 '고문상서'를 해독하니 모두 58편이었다고 한다. 하지만 공안국이 보았다는 《고문상서》는 전하지 않고 《위고문상서僞古文尚書》, 즉 가짜 '고문상서' 25편이 전해졌다. 송대宋代로부터 계속된 고찰과 분석, 그리고 논쟁 끝에 '고문상서' 25편은 동진東晉 사람의 위작僞作이란 결론이 나왔다. 청清대의 손성연孫星衍은 《상서금고문주소尚書今古文注疏》에서 선행 고정考訂의 성과를 바탕으로 25편의 위작僞作을 없애고, 편목篇目을 29권으로 재 제정함으로 한나라 《상서》의 모습을 어느 정도 찾게 되었다. 《상서》에 기록된 내용은 대부분 서誓 · 명命 · 훈訓 · 고誥와 같은 말들이다. 문자는 대부분 심오하고 난해하지만, 상형적이고 간단한 문자가 많아 이해가 어려운 곳이 많다.

《서경》은 대체로 주나라가 들어선 뒤 무왕의 아들 성왕成王이 어려서 그 숙부 주공周公이 정치를 맡아볼 때 작성된 문서가 중심을 이룬다. 그 뒤 위로 올라가 은殷나라와 관련된 내용이 추가되고 다시 그 위로 하夏나라, 다시 요堯임금과 순

664) '원문 인용 참고도서 목록'은 인터넷 '네이버 지식사전' 등 인터넷을 해당 책자 소개를 주로 참고하기로 한다.

舜임금의 시대를 기록하고 있다. 현재의 58편 가운데 '오고五誥'라고 일컬어지는 〈대고大誥〉, 〈강고康誥〉, 〈주고酒誥〉, 〈소고召誥〉, 〈낙고落誥〉 등과 〈금등金滕〉, 〈자재耔材〉, 〈다사多士〉, 〈다방多方〉 등이 맨 먼저 주나라 초기에 이루어졌을 것이다. 그러나 이 대부분의 글들도 아주 뒷날 전국시대 사람이 옛날에 대해 서술한 것이 아닌가 한다. 우임금 때 각 지방의 토산물을 중앙에 납부하는 제도를 적은 〈우공禹貢〉은 춘추 말기에 지어진 것으로 추측한다.

2. 《주역周易(역경易經)》

《주역》은 《역경》라고도 하며, 중요한 전통 경전 중의 하나이다. 주周나라 사람이 저작했다는 설이 있다. 《경經》과 《전傳》에 대한 내용이 포함되어 있다. 《경》은 주로 64괘卦와 384효爻이고, 괘卦와 효爻의 설명은 각각 따로 괘사卦辭 · 효사爻辭가 있다. 《전傳》에는 괘사와 효사를 풀이하는 총 10편으로 구성되며 이를 《십익十翼》으로 통칭한다. 주역을 공자가 편찬했다는 설이 있지만 대부분은 전국戰國 혹은 진한秦漢시기 때의 유가작품인 것으로 보아 한 사람의 작품이 아니라는 견해가 대부분이다.

《주역》은 8괘와 64괘, 그리고 괘사 · 효사 · 십익으로 되어 있다. 작자에 관하여는 여러 가지 설이 있는데, 왕필王弼은 복희씨伏羲氏가 황하黃河에서 나온 용마龍馬의 등에 있는 도형圖形을 보고 계시啓示를 얻어 천문지리를 살피고 만물의 변화를 고찰하여 처음 8괘를 만든 뒤 이를 더 발전시켜 64괘를 만들었다고 하였다. 또 사마천司馬遷은 복희씨가 8괘를 만들고 문왕文王이 64괘와 괘사 · 효사를 만들었다 하였으며, 마융馬融은 괘사는 문왕이 만들고 효사는 주공周公이, 십익은 공자孔子가 만들었다고 하는 등 작자가 명확하지 않다.

《역경》은 혹은 단순히 《역易》이라고도 한다. 이 책은 점복占卜을 위한 원전原典과도 같은 것이며, 동시에 어떻게 하면 조금이라도 흉운凶運을 물리치고 길운吉運을 잡느냐 하는 처세상의 지혜이자 우주론적 철학이기도 하다. 《주역》이란 글자 그대로 주周나라의 역易이란 말이며 주역이 나오기 전에도 하夏나라 때의 연산역

連山易, 상商나라의 귀장역歸藏易이라는 역서가 있었다고 한다. 역이란 말은 변역變易 즉, '바뀐다' · '변한다'는 뜻이며 천지만물이 끊임없이 변화하는 자연현상의 원리를 설명하고 풀이한 것이다.

3. 《좌전左傳 (춘추좌씨전春秋左氏傳)》

《좌전》은 《춘추좌씨전》의 줄인 말이며, 최초의 편년사編年史이다. 《좌전》은 《춘추春秋》를 해석하여 지은 것으로, 작자에 대하여 많은 의견들이 있으나 노魯나라의 좌구명左丘明으로 전해진다. 《좌전》은 모두 30권의 약 20만 자로, 노魯의 은공隱公 원년(BC 722)으로부터 노의 애공哀公 27년(BC 468)에 이르는 254년 동안의 춘추열국春秋列國의 역사를 기록하였다.

4. 《곡량전穀梁傳》

《곡량전》은 《곡량춘추穀梁春秋》 · 《춘추곡량전春秋穀梁傳》을 줄인 말이다. 《좌전》과 《공양전》을 포함해 《춘추》를 설명하는 3권의 책 중 하나이다. 노은공魯隱公 원년元年부터 시작해, 노애공魯哀公 14년까지에 대한 내용이 기재되어 있다. 《한서 · 예문지》의 기록을 따르면, 《춘추》를 설명하는 책은 5권이 있었으나, 《추씨전鄒氏傳》 11권과 《협씨전夾氏傳》 11권이 산실되어 《좌씨전》, 《공양전》, 《곡량전》만 지금까지 전해져, '《춘추》 삼전三傳'이라 불린다. 후세들의 고증을 따르면 《곡량전》에서 공양자公羊子의 말로 반박한 내용이 있어, 《공양전》보다 늦게 저작되었다고 한다.

5. 《국어國語》

《국어》는 중국에서 국별체國別體로 쓰여진 최초의 저작이다. 주周나라 왕실과 노魯나라, 제齊나라, 진晉나라, 정鄭나라, 초楚나라, 오吳나라, 월越나라 등 제후국諸侯國의 역사를 기록하였다. 주목왕周穆王 12년(BC 990년)부터 서북쪽 견융犬戎

부족을 정벌하는 것을 걸쳐(약 BC 947년), 지백智伯의 파멸(BC 453년)까지의 내용들이 실려 있다. 각국 귀족사이의 조빙朝聘, 연향宴饗, 풍간諷諫, 변설辨說, 대응하는 말 및 일부의 역사적인 사건과 전설들이 기재되어 있다.

《국어》의 저자에 대해서 예부터 의견이 많았으며, 지금까지 결론이 나지 않고 있다. 서한西漢 사마천司馬遷이 처음으로 《국어》의 저자가 좌구명左丘明이라 주장하였다. 사마천은 《보임안서報任安書》에서 "좌구명의 눈은 멀었으나, 《국어》를 써 냈다."라고 하였다. 그 후 동한東漢 사학가인 반고班固가 《한서 · 예문지》에서도 "《국어》 21편은 좌구명이 저작한 것이다."라 하였다. 이들의 주장에 따르면 좌구명은 《춘추》에 해석을 덧붙인 후, 불행히도 실명을 했으나, "좋은 생각들을 다 발휘하지 못해 …… 남은 글들을 모아, 다른 내용을 작성했다……."라는 것이다. 《국어》란 《춘추》을 해석하고 남은 자료들을 묶어 만들었다는 것이다. 그래서 《국어》를 반고 혹은 이앙李昂 등의 사람들은 《춘추외전春秋外傳》 또는 《좌씨외전左氏外傳》라고도 한다.

그러나 진晉나라 이후 많은 학자들이 이 주장을 의심하였다. 진晉나라 사상가인 부현傅玄이 가장먼저 반대의 의견을 제시하였다. 《좌전左傳 · 애공13년哀公十三年》의 《의(正義)》에서 "《국어》의 저자는 좌구명이 아니다. 같은 내용을 말하지만 두 문장이 다른 모든 내용들은 반드시 《국어》가 거짓이고 《좌전》이 진실이며, 그 말은 서로 어긋나니, 서로 억지로 맞출 수는 없다."라 하였다. 송宋나라 유세안劉世安, 여대광呂大光, 주희朱熹 및 청淸나라 우동尤侗, 피석서皮錫瑞 등도 《국어》의 저자가 좌구명이라는 것에 대해서 의문을 가졌다. 송宋나라 부터 강유위康有爲를 비롯한 많은 학자들이 《좌전》은 서한西漢 시기 유흠劉歆[665]의 위작僞作이라고 본다. 《국어》의 저자에 대해서 현대까지 와서도 학술계에서는 여전히 의견이 많으며, 대부분은 《국어》의 저자가 좌구명이라는 것을 부정하지만 확실한 근거는 없다.

《국어》는 전국초기에 각 나라의 역사를 잘 아는 사람들이 그 당시 주周나라 왕실王室과 각 제후국諸侯國의 역사적인 자료를 근거해 정리한 후 편찬한 것이라는

---

665) 유흠劉歆, 기원전 50년 ~ 기원후 23년. 서한西漢후기의 유명한 학자이고, 고문古文 경학經學의 진정한 창시자이며, 유학사儒學史에서 중요한 인물 중 하나이다.

의견이 보편적이다. 이들의 주장에 따르면《국어》는 한 사람, 한 시기, 한 지역에서 저작된 것이 아니라 주로 춘추春秋시기 각 나라의 사관史官이 기술한 내용이며, 그 후 역사를 능통한 사람의 손을 걸쳐 전국戰國 초기 혹은 그 후에 편찬되었다고 한다.

6.《한서漢書》

《한서》는《전한서前漢書》라고도 한다. 중국 동한東漢시기의 역사학자인 반고班固가 편찬한 것이며, 안사고顏師古가 또 다시 편찬해, 중국의 첫 번째 기전체紀傳體 단대사斷代史이다. '24사二十四史' 중 하나인《한서》는《사기》를 이어 중국의 또 하나의 중용한 사서史書이고,《사기》와《후한서後漢書》그리고《삼국지三國志》와 어울러 '전4사前四史'라고 한다.《한서》는 서한西漢 한고조漢高祖 원년元年(기원전 206년)부터 왕망王莽 지황4년地皇四年(기원후 23년) 약 230년의 역사적 사건을 기술하였다.《한서》는 기記 12편, 표表 8편, 지志 10편, 전傳 70편이 포함되어, 총 100편으로 되었지만, 후세들은 120권, 80만 자로 재구성하였다.

7.《삼국지三國志》

《삼국지》는 서진西晉 사학가史學家인 진수陳壽가 저작한 것이며, 중국 삼국시대의 단대사斷代史를 기록하면서도, 24사二十四史 중 평가가 가장 좋은 '전사사前四史' 중의 하나이기도 하다. 진수陳壽는 촉한蜀漢에서 직무를 맡았다가, 촉한蜀漢이 멸망하자 서진西晉에서도 저작랑著作郎[666]을 맡았다.《삼국지》는 그전에 이미 원고가 있었으며 당시의 위魏나라와 오吳나라는 이미 역사적 자료가 있었다. 예를 들어 왕침王沈의《위서魏書》, 어환魚豢의《위략魏略》, 위소韋昭의《오서吳書》가 진수가 근거한 기본 자료라고 볼 수 있으며, 촉蜀나라에는 역사적 자료가 없어 스스로 수집해 결국 15권을 얻어 결국 책을 만들었지만, 사관이란 직무를 맡은 사

666) 중국中國 위魏나라 명제 때부터 문서의 초안을 맡기려고 둔 벼슬 이름.

람의 작품이란 요소가 있어서《삼국지》는 삼국三國 분립分立시기가 끝난 후의 문화 재 조합의 결과물이라고 볼 수 있다. 가장 이른 시기의《삼국지》는《위지魏志》,《촉지蜀志》,《오지吳志》3권의 책으로 각자 전해졌다가, 북송北宋 함평6년鹹平六年(1003년)에 한 권으로 합쳐졌다. 또한《삼국지》는 24사 중에서 가장 특별한 책이다. 지나치게 간략하여 왕후王侯 및 백관百官세계世系를 기록한 '표表'가 없고, 경제, 지리, 관직, 예禮, 악樂, 율律, 역歷 등과 같은 '지志'도 없어,《사기》와《한서》가 세운 일반적인 정사正史의 규범規範과 부합하지 않았다.

중국 남북조시대南北朝時代 송宋 초기의 역사가로서 진수의《삼국지》에 '배송지주裴松之注' 혹은 배주裴注'라고 불리는 주석을 덧붙였다. 배송지裴松之(372년~451년)의 자는 세기世期이며, 하동河東 문희聞喜(오늘의 山西 聞喜)사람이다. 진晉 효무제孝武帝 태원太元16년(391년)에 배송지는 궁전에서 장군을 맡았고, 나이는 20세였다. 진안제晉安帝 융안隆安2년(398년)에 그의 외삼촌은 예주豫州 자사刺史[667] 유해庾楷와 연주兗州, 청주青州 자사인 왕공王恭 등과 연합해 건강建康을 공격했다. 공격에 실패하자 유해庾楷는 하구夏口의 환현桓玄을 찾아갔다. 유해庾楷가 배송지裴松之를 신야태수新野太守로 추천했지만 배송지는 위험성이 크다는 생각에 바로 움직이지 않았다. 얼마 되지 않아 싸움 끝에 유해庾楷는 환현桓玄한테 죽었으나 배송지裴松之는 목숨을 건졌다. 의희義熙 초에 배송지는 원외員外 산기시랑散騎侍郎, 오흥고장현吳興故鄣縣 현령 등 관직을 맡았다가 승진하여 조정에서 상서尚書 사부랑祠部郎 직을 맡았다. 의희義熙 12년(416년), 태위太尉 유유劉裕(송무제宋武帝)는 병사를 이끌고 북쪽으로 토벌 갔다. 이때 배송지는 사주司州 주부主簿직으로 따라갔다. 유유劉裕는 배송지裴松之를 아주 마음에 들어 했고, 재능이 있다며 치중종사사治中從事史로 그를 승진시켰다. 진晉나라 군력이 낙양洛陽을 차지한 후 유유劉裕는 그를 나라를 개척한 세자세마世子洗馬[668]라는 이름을 얻어 배송지裴松之는 유유파劉裕派 중의 중요한 한 구성원이 되었다.

---

667) 중국中國의 지방 관리官吏. 한漢 나라 때에는 민정과 군정軍政의 장관長官을 겸했으며 수隋나라, 당唐나라 때에는 주지사였는데, 송宋 나라 이후에 없앴음.

668) 관직명칭. 세자가 정사를 볼 때 옆에서 도와주는 사람.

8. 《상군서商君書》

《상군서》는 《상자商子》라고도 한다. 현재는 24편만이 있다. 《상군서》의 저자에 대해 학술계는 적지 않은 논란이 있다. 첫 번째는 《상군서》를 위서로 보는 견해이다. 이렇게 주장하는 학자는 곽말약郭沫若 · 황운미黃雲眉 · 고실顧實 · 류여림劉汝霖 등이 있다. 두 번째는 《상군서》의 저자를 상앙商鞅으로 보고 있는 의견이다. 이렇게 주장하는 학자는 역사지史志의 편찬자 이외 여사면呂思勉 · 담헌譚獻 등이 있다. 세 번째 주장은 《상군서》가 상앙 유작과 기타 법학자의 유작을 합친 것이고, 한 사람으로 의해 한 시대에 완성된 것이 아니라고 주장하고 있다. 이렇게 보는 학자는 고형(高亨) 등이 있다.

《상군서》는 문체가 다양하다. 의논체로 쓰인 것은 《농전農戰》 · 《개색開塞》 · 《획책劃策》 등 십여 편이 있다. 종합한 다음에 분석하거나 분석한 다음에 종합한 기초에서 종합설명을 더하여 앞뒤가 조응하게 한다. 때로는 비유 · 대구 · 대조 · 환유 등 수사법도 사용한다. 《내민徠民》편은 "제나라에 동곽창(東郭敞)라는 사람이 있었다.[669]"의 우언을 이용하여 형상화시키는 동시에 설득력도 향상시켰다. 설명체로 쓰인 《간령墾令》 · 《근령靳令》 · 《경내境內》 등은 진나라의 법령을 설명한 것이다. 논박체인 《경법更法》은 인물대화와 서로 논박한 것을 이용하여 중심관점을 밝힌다. 사마천司馬遷이 《사기史記 · 상군열전商君列傳)》(약간의 문자상의 변동이 있다)을 수록하여 상앙의 주장을 밝혀내었다.

9. 《묵자墨子》

묵자(생졸년 미상)이름은 묵적墨翟이다. 동주 춘추말기 전국초기 송나라 사람이다. 노양魯陽 사람이라 혹은 등국滕國 사람이라 한다. 묵자는 송나라 귀족 목이目夷의 후손이고 송나라 대부까지 올라가는 사람이다. 그는 묵가학파의 창시자이자 전국시기 유명한 사상가 · 교육가 · 과학자 · 군사 지휘자이기도 한다.

669) "齊國有個叫東郭敞的人."

묵자는 중국 역사상 유일한 농민출신의 철학자이다. 그는 묵가학설을 세웠다. 묵가는 선진시대에 영향력이 아주 크고 유가와 나란히 '현학顯學'이라고 불린다. 그는 '겸애兼愛'·'비공非攻'·'상현尙賢'·'상동尙同'·'천지天志'·'명귀明鬼'·'비명非命'·'비악非樂'·'절장節葬'·'절용節用'등의 사상[670]을 주장하였다. 겸애를 핵심 주제로 하여 절용·상현을 거점으로 삼고 묵자는 전국시대에 기하학·물리학·광학을 비롯한 광범위한 과학이론을 만들었다. 이로써 백가쟁명 시대에 '유가 아니면 묵가'라는 별명까지 얻었다. 묵자가 죽은 후 묵가사상은 상리씨(相裏氏之墨)·상부씨(相夫氏之墨)·등릉씨(鄧陵氏之墨)라는 세 개의 학파를 나누게 되었다. 그의 제자들이 묵자의 생평에 관한 자료를 근거하여 그의 어록을 모아 《묵자》라는 책을 만들어 후세에 전해진다.

10. 《논어論語》

《논어》는 유가儒家의 성전聖典이라고도 할 수 있다. 사서四書의 하나로 중국 최초의 어록語錄이기도 하다. 고대 중국의 사상가 공자孔子의 가르침을 전하는 가장 확실한 옛 문헌이다. 공자와 그 제자와의 문답이 주가 되고 공자의 발언과 행적, 그리고 고제高弟의 발언 등 인생의 교훈이 되는 말들이 간결하고도 함축적으로 기재되었다. 《논어》라는 서명書名은 공자의 말을 모아 간추려서 일정한 순서로 편집한 것이라는 뜻인데, 누가 지은 이름인지는 분명치 않다. 편자에 관해서는 숭작참崇爵讖의 자하子夏 등 64제자설六四弟子說, 정현鄭玄의 중궁仲弓·자유子游·자하子夏설, 정자程子의 증자曾子·유자有子의 제자설, 그 밖에 많은 설이 있으나 확실치 않다.

현존본은 〈학이편學而篇〉에서 〈요왈편堯曰篇〉에 이르는 20편으로 이루어졌으

670) 1 상현尙賢: 현명한 사람을 숭상해야 한다. 2 상동尙同: 윗사람을 높이 받들며 따라야 한다. 3겸애兼愛: 모든 사람을 차별 없이 사랑해야 한다. 4 비공非攻: 전쟁을 금지해야 한다. 5 절용節用: 재정 지출을 절제해야 한다. 6. 절장節葬: 장례를 간소화해야 한다. 7 천지天志: 하늘의 뜻을 따라야 한다. 8 명귀明鬼: 귀신이 존재한다는 것을 알아야 한다. 9 비악非樂: 사치의 상징인 음악을 금지해야 한다. 10 비명非命: 주체적 노력에 반하는 숙명론을 거부해야 한다.

며, 각기 편 중의 말을 따서 그 편명篇名을 붙였다. 〈학이편〉은 인간의 종신終身의 업業인 학문과 덕행을, 요왈편은 역대 성인의 정치 이상을 주제로 하였다. 이처럼 각 편마다 주제가 있기는 하나, 용어가 통일되지 않았고 같은 문장의 중복도 있다. 특히 전반前半 10편을 상론上論, 후반을 하론下論이라고 하는데 그 사이에는 문체나 내용에 약간의 차이가 있다.

《맹자孟子》나 《순자荀子》 등 옛 문헌에는 공자의 말이 '공자왈', '중니왈仲尼曰', '전왈傳曰'이라고 인용되었으나 그것이 논어에 기재된 것과 반드시 같은 것도 아니며, 또 논어가 성립되었다는 것을 제시하는 기술記述도 없다. 그러나 한漢나라 때에는 제齊나라 학자의 〈제론齊論〉22편, 노魯나라 학자의 〈노론魯論〉20편이 전해졌고, 따로 공자의 옛집의 벽 속에서 〈고론古論〉21편이 나왔다.

한漢의 장우張禹는 제 · 노 양론을 교합校合하여 〈장후론張侯論〉20편을 만들었고, 이어 후한後漢의 정현(127~200)은 이 세 가지와 고론을 교합하였다. 이 정현본鄭玄本을 바탕으로 위魏의 하안何晏이 《논어집해論語集解》라는 주석서註釋書를 저술함에 이르러 현존본의 원문이 결정되었다. 근대에 와서 내외의 학자들이 공자의 가르침의 근본을 추구하여, 여러 각도로 논어의 문헌을 비판하고 논어성립까지의 전승계통傳承系統을 탐색하였다. 한편 한漢 나라까지의 증보增補의 경과를 더듬는 등 많은 가설假說을 내세우고 있으나 아직 정설定說로 받아들이지 않고 있다.

11. 《손자孫子》

손무孫武(약 기원전545년—기원전470년)는 자가 장경長卿이고 제나라 낙안사람이다. 춘추시기 유명한 군사가 · 정치가이자 병성兵聖라고 불린다. 후세에 의해 손자 · 손무자 · 백세병가의 스승 · 동방 병학의 조상이라고 불린다.

대략 기원전 6세기말에서 기원전 5세기 초까지 활동하였다. 제나라에서 오나라로 와서 오나라 중신 오원伍員의 천거로 오나라 국왕 합려闔閭에게 자기가 쓴 병서 13편을 바쳐 중용되어 장군으로 발령되었다.

그는 일찍이 오나라 군대를 이끌고 초나라 군대를 참패시켰다. 초나라 수도 영성郢城까지 함락시켜 초나라를 멸망시켰을 셈이다. 그의 저작 《손자병법孫子兵法》 13편은 후세 병법가에게서 추앙을 받고 '병학성전兵學聖典'라는 찬사까지 받았다. 《손자병법》은 《무경칠서武經七書》[671]의 첫째자리를 차지하여 영어 · 프랑스어 · 독일어 · 일어로 번역되었고 국제적으로 가장 저명한 병학경전으로 추앙받고 있다.

12. 《순자荀子》

순자(약기원전313년~기원전238년), 이름은 황況이고 자字는 경卿이다. 한족이고 전국말기 조나라 사람이다. 유명한 사상가 · 문학가 · 정치가이기도 한다. 당시 사람들은 그를 '순경荀卿'이라고 존칭한다. '荀'과 '孫'의 고대발음이 같아서 서한 때 한漢 선제宣帝 류순劉詢의 휘諱를 피해 그를 손경孫卿이라고 불리기도 한다. 그는 일찍이 제나라 직하학궁稷下學宮[672]의 제주를 3번이나 담당하였고 후에 초란릉楚蘭陵(지금의 산동성 난릉현蘭陵縣)현령에 취임했다.

순자는 유가사상을 발달시켰다. 그는 인성에 있어 성악설性惡論을 주장했으며, 천부의 도덕관을 부정하고 후천적 환경과 교육이 인성교육에 끼친 영향을 강조하였다. 그의 학설은 늘 후세에 의해 맹자의 '성선설性善論'과 비교되었다. 순자는 유가경전의 재정리에 있어도 아주 뛰어난 업적을 남겨두었다.

---

671) 《武經七書》은 중국 고대의 군사학 저서이다. 그 중에 《孫子兵法》도 포함된다.

672) 제齊 위왕威王 때 서울 임치臨淄의 남문인 직문稷門(직문와 치수淄水를 사이에 두고 직산稷山이 바라다 보임) 부근에 훌륭한 저택을 짓고 학자들을 거처시켜, 정치에는 관여 않는 대부大夫로 우대하여 학문 연구에 전념토록 한 바, 다음 선왕宣王까지 반 세기 이상 계속되어 76명이 운집, 학문의 전당이 되니, 여기서 배출된 학자들을 직하학사라 불렀는데, 맹자孟子와 순자荀子도 여기 출신이라 함. 《사기史記 · 전경중완세가田敬仲完世家》

13.《노자老子》

노자의 《도덕경道德經》은 중국 고대 선진 제자가 각자 학술의 길에 가기 전의 저술이고, 《도덕진경道德真經》·《노자》·《오천언五千言》·《노자오천언》라고 불리기도 한다. 이 책은 춘추시기 노자(이름 이이李耳)의 철학저술이고 당시의 제자한테서 추앙을 받은 책이다. 이는 선진의 《여씨춘추주呂氏春秋注》에 《상지경上至經》으로 기록되고, 한나라 초기에 《노자》라고 불린다. 한漢나라 경제景帝부터 이 책은 《도덕경》이라고 존칭되었다. 당唐나라 태종太宗황제가 《도덕경》을 범어로 번역하라는 어명까지 내렸다. 당나라 고종高宗은 《도덕경》을 《상경上經》으로 존칭하였으며 당 현종玄宗은 이를 《도덕진경道德真經》이라고 더욱 추앙하였다.

고대 마왕퇴馬王堆판본은 상편 《덕편德篇》과 하편 《도편道篇》만 있고 장으로 따로 구별되지 않았다. 지금 보편적으로 유통하는 판본은 모두 81장 있고, 앞에 37장은 《도편》이고 뒤에 44장은 《덕편》이다. 《도덕경》이라는 이 신기한 보전寶典은 만경의 왕(만경지왕萬經之王)이라고 칭찬을 받고 중국역사상 가장 위대한 명저의 하나가 되었다. 이 책은 중국 철학 · 과학 · 정치 · 종교에 아주 깊은 영향을 끼쳤다. 유네스코의 통계에 따라 《도덕경》은 《성경聖經》이외에 외국어로 가장 많이 번역된 문화저술이다.

14.《초사보주楚詞補注》

초사楚辭는 굴원屈原이 만든 새로운 시체이고 중국문학사에 있어 첫 번째 낭만주의시가총집이다. '초사'의 명칭은 서한초기에 이미 나타나지만 유향劉向에 의해 비로소 집으로 편집되었다. 동한 왕일王逸이 이 책을 연구하여 《초사장구楚辭章句》를 지었다. 초사는 원래 전국 초나라 사람 굴원 · 송옥과 한나라 회남소산淮南小山 · 동방삭東方朔 · 왕포王褒 · 류향劉向 등의 사부辭賦만 모두 16편이 수록되었고 후에 왕일의 작품 《구사九思》까지 모두 17편이 되었다. 책은 굴원의 작품을 중심으로 하여 다른 편도 모두 굴원 부의 형식을 따르고 있었다. 작품이 초楚 지방

(호남 · 호북지역)의 문학형식 · 방언성운 및 풍토물산을 반영하여 짙은 지방색을 띠고 있어서 《초사(초나라의 가사)》라고 한다. 이는 후세 시가에 깊은 영향을 끼친다.

《초사》는 굴원이 최초의 작품창작부터 굴원 이후 문인의 모방창작을 거쳐 한나라 초기의 수집에 유향의 편집까지 거쳐 아마 기원전 26년 내지 기원전 6년의 사이에 완성되었다. 유향이 편집한 《초사》의 원서는 오래전에 이미 없어졌기 때문에 후세 사람들이 가장 잘 보존된 동한 왕일의 《초사장구楚辭章句》(원본은 역시 실전되다) · 송나라 홍흥조洪興祖의 《초사보주楚辭補注》(《초사장구》의 보충본)를 통해 초사의 원래모습을 추측해야 한다.

《초사》는 전반적으로 중국문화체계에 특별한 의미가 있고, 특히 문학에 있어 초사는 중국낭만주의문학 시가를 처음으로 만들었다. 후세는 이러한 시가의 문체를 '초사체' · '이소체離騷體'라고 칭한다. 시가 · 소설 · 산문 · 희곡 장르도 모두 초사의 영향을 어느 정도 받았다.

《초사》와 초사연구사를 연구하는 학문분야는 '초사학楚辭學'이라고 한다. 이는 한대부터 시작하고 송대에 흥하여 근대에 와서 더욱 중국고전문학전당의 유명한 학설이 되었다. 또한 《초사》는 일찍이 성당盛唐시기에 일본 등 '유가 - 중화문화권'으로 전파되었고, 16세기 이후 유럽으로 전파되었으며 19세기에 유럽 각국의 관심을 받았다. 여러 언어의 역본과 관련 연구저술이 대량으로 나타난다. 국제한학학술계에 초사는 줄곧 연구이슈의 하나가 되고있다.

16. 《제민요술齊民要術》

《제민요술》은 중국의 걸출한 농학자 가사협賈思勰이 저술한 종합농학문헌이고, 약 북위(北魏)말년(서기533년 - 544년)에 완성되었다. 북조북위시기에서 남조까지 세계 농학사에 있어 최초의 전문저서의 하나이자 중국 현존 가장 완전한 고대농서이다.

서명에 있는 '제민齊民'은 일반 백성을 말하며, '요술要術'은 생계를 도모하는 방법을 말한다. 《제민요술》은 체계적으로 6세기 이전 황하중하류지역의 농업과 축산업 생산경험 · 식품의 가공과 저장 · 야생식물의 이용법 그리고 황무지를 다스리는 방법을 기술하고 있다. 책에서 계절 · 기후 · 각종 토양 및 각종 농작물과의 관계를 세세히 소개하고, 각 지역의 구체적인 실정과 시절에 맞게 적절한 대책을 세우기를 강조하며, 정성껏 경작한 것과 가뭄대비 및 토양보습 그리고 윤작을 제창하고 있다. 녹비綠肥를 많이 사용한 것도 주장하고 있다. 과수 재배는 실생묘 재배 · 삽식 · 접붙이기 등 방법을 통해 할 수 있고, 우량품종 재배 호소 등 많은 것을 기술하고 있다. 이는 중국고대농학의 발전에 있어 아주 지대한 영향을 끼쳤다.

17. 《백유경百喩經》

《백유경》의 전체 명칭은 《백구비유경百句譬喻經》이다. 고천축古天竺 인도의 승려 가사나伽斯那의 저술로 알려진 《샤타바다나수트라》를 남조南朝 소제蕭齊 천축天竺의 삼장법사三藏法師 구나브리티(求那毘地)가 492년에 중역漢譯하여 붙인 이름이다.

희극적인 설화 · 비유 등을 집대성하여 98가지의 현학적衒學的인 교리 해석이 아니라 일반 민중들이 쉽게 이해할 수 있도록 우화로 풀어 설명하고 있는 점이 이 책의 특징이다. 따라서 특히 외도外道를 믿거나 불교를 모르는 사람들이 불교에 대해 품었던 회의와 반발 등을 적절한 교훈으로 회유하는 장면들이 많다. 이역본(異譯本)으로 《백구비유경百句譬喩經》 · 《백구비유집경百句譬喩集經》 · 《백비경百譬經》 등이 있다.

《백유경》은 '백유百喻(百喻)'라고도 하며, 백편의 비유한 이야기가 있다는 것이다. 그러나 현존한 이야기는 98편뿐이다. '백百'이라고 이름을 지은 것은 두 가지의 설법이 있다. 첫 번째는 정수整數로 여긴 것이고, 두 번째는 책 시작부분의 머리말과 마지막 부분의 참회의 내용까지 해서 모두 백 개의 규칙에서 왔다는 것이다. 《백유경》은 2만 여 자로 구성되어 있으며 구조 형식은 단일하다. 매 편마다 두 부분으로 나뉘어 있는데 첫 부분은 이야기로 다음 문장을 이끌어 내는 부분이며,

그 다음 부분은 비유로 불교의 이치를 설명하는 부분이다. 범문梵文을 한문漢文으로 번역된 이 책은 지금까지 약1500여 년의 역사를 가지고 있으며 세상에 전해지자 독자들의 사랑을 받았다.

18.《악부시집樂府詩集》

《악부시집》은 《시경》의 '풍風'을 이어, 중국 고대 악부가사樂府歌辭가 담긴 한족漢族의 시가총집이며, 북송北宋시기의 곽무천郭茂倩이 저작했다. 현존한 시집詩集은 100권이며, 악부가사樂府歌辭가 가장 온전하게 보관되어있는 시집詩集이다. 《악부시집》에는 한족漢族 민요의 중심이 담겨있으며, 내용은 풍부하고 그 시기의 사회도 잘 반영이 되었다. 주로 한위漢魏에서 당唐나라, 오대五代의 악부가사樂府歌辭 및 선진先秦에서 당말唐末까지의 가요 총 5천 여 수가 실려 있다. 이 시집詩集의 내용은 광범위하고 각 종류별로 서문이 있고 곡마다 설명이 되어있다. 악부樂府는 원래 고대에서 음악을 관리하는 관청이었고, 유명한 민요 《목란시木蘭詩》도 이 중에 포함되어 있다.

19.《돈황변문집敦煌變文集》

《돈황변문집》은 당대 돈황변문 작품의 총집으로, 왕중민王重民 · 왕경숙王慶菽 · 향달向達 · 주일량周一良 · 계공啓功 · 증의공曾毅公 등이 편집과 교정을 맡았고, 인민문학출판사에서 1957년 출판하였다. 이 책은 국내외 수장된 187부의 돈황사본敦煌寫本에 근거해서 정리 · 교감하여 78종의 작품을 골라 편집한 것이다. 편집자는 《서언》에서 그들은 "사진 혹은 원본에 근거하여 하나의 책으로 복사한 후, 한 명이 주교정을 맡고 나머지 다섯 명은 돌아가며 서로 교정을 한번 씩 하고 각자의 교감校勘 의견을 종합하여 교기校記를 만들어 매 편의 뒷부분에 덧붙였다."고 하였다. 이로써 교록의 문자가 기본적으로 사본인데도 원래의 모습을 보존할 수 있게 된 것이다.

돈황변문은 런던, 파리, 페데르부르크(레닌그라드), 북경 등에 산장되어 있으나 1957년 왕중민 · 향달 · 주일량 · 계공 · 왕경숙 등이 돈황변문 사본 190권을 수집하여, 중복된 것은 버리고 나머지 78편을 정리하여 《돈황변문집敦煌變文集》을 출간하였다. 《돈황변문집》에 실려 있는 78편은 원제原題의 파손과 결손으로 인하여 명칭을 확실하게 알 수 없었지만 내용과 형식에 근거하여 크게 두 종류로 구분하였다. 불경 즉 불가고사佛家故事의 강창과 중국의 역사고사의 강창이라고 할 수 있다.

돈황변문이란 돈황 장서 가운데 강창講唱 문학 작품을 말한다. 처음에는 불곡佛曲으로 알았으나, 뒤에 와서 본래의 사본에 '변變'자가 있는 것을 발견하게 되었다. 즉 〈팔상변八相變〉, 〈목련변目蓮變〉과 같은 것으로, 이들의 작품들을 변문變文이라고 불렸다. 이것은 당대의 속강승俗講僧과 민간의 예인藝人들이 이야기를 강창講唱하던 대본으로서, 불교의 내용을 부연하는 것 이외에 역사적인 이야기와 민간의 전설을 선택하여 제재題材로 삼았다. 언어는 통속적이고 뜻은 얕아서 깊은 환영을 받았던 문학의 양식이다. 당나라 때 출현한 변문은 사승寺僧들이 강창의 형식을 빌려서 청중들에게 불경의 신변神變 이야기를 연술하던 하나의 문체이다. 이것은 그림 가운데에서 불교 신변의 이야기를 그려서 나타내고 있는 '변상變相'과 마찬가지로 가장 먼저 불사佛寺에 출현하였다. 이것들은 모두 종교를 위하여 쓰여진 것으로서, 후에 심오한 불교의 교리를 통속화하고 청중들을 더욱 많이 포섭하기 위하여, 역사적인 이야기와 현실적인 내용들을 점차 첨가하였다. 이와 같은 강창고사講唱故事를 기록한 문체를 변문이라고 하며 돈황 장서에서 발견되었으므로 '돈황변문'이라고 한다.

변문 종류의 강창 문학은 당나라 때 출현하였다. 변문의 출현은 당나라 사회 경제 발전의 산물이며, 도시의 번영과 문화, 사상의 발달에 따르는 필연적인 결과였다. 그러나 먼저 설명되어야 할 것은 변문과 불교의 관계이다. 불교가 중국에 들어와 어느 정도 뿌리를 내린 시기는 위魏 · 진晉 시대였으며 전독轉讀, 창도唱導 등의 강경講經 형식이 나타나기 시작했다. 이와 같은 통속적인 선강宣講은 직접 불경 속에서 산문의 서술과 게찬偈讚의 가창 방식을 이어받아, 경의經義를 확대화, 민간화, 이야기화하였다.

수隋 · 당唐 시대에 불교를 제창, 사원에서의 강경이 더욱 성행함으로써 짧은 시간 내에 통속화하여 속강俗講 형식이 나타났고 속강승려俗講僧侶들도 육성되었다. 그들은 문학적 의미가 풍부한 불경 이야기를 채용하여 불교 교리와 경전의 뜻을 통속적으로 연역演繹하고, 불경의 산운문散韻文의 합체合體와 민간의 강창 형식을 이용하여 속강을 진행하였다. 이와 같은 속강의 대본들이 바로 변문이다. 당나라 중기부터 말기까지 장안의 많은 사찰에서는 늘 속강을 하였다.

20. 《세설신어世說新語》

《세설신어》는 《세어世語》라고도 한다. 주된 내용은 위진魏晋 시대 명사들의 일화逸話와 현언玄言 · 청담淸談으로, 한 편의 위진魏晋 시대의 풍류를 기록한 고사집故事集이라 할 수도 있다. 중국 위진남북조魏晋南北朝 시기 '필기소설筆記小說'의 대표작이며 중국 최초의 문언지인소설집文言志人小說集이다.

《세설신어》는 남북조南北朝 유송劉宋 왕족 유의경劉義慶이 조직한 문인들이 편저한 책으로 양梁대의 유준劉峻이 주를 달았다. 전 책은 원래 8권인데 유준이 주석한 책은 10권으로 나뉘어 있다. 현재 전해지는 책은 모두 상 · 중 · 하 3권으로, 덕행德行 · 언어言語 · 정사政事 · 문학文學 · 방정方正 · 아량雅量 등 36문門, 전 책 모두 천 여 칙則으로 나뉘어져 있으며, 한말漢末부터 유송劉宋시기에 이르기까지 명사 귀족의 일화를 기술하고 있다. 주된 내용은 인물과 관련된 평론과 청담, 현언, 그리고 기지機智를 발휘하여 응대한 고사故事이다.

《세설신어》는 위진魏晋 시대의 풍류를 연구하기에 매우 좋은 사료이다. 이 책에서는 위진魏晋 시대 명사에 관한 여러 활동과 청담 · 품제品題, 은일함 · 방탕함 · 교만함과 같은 여러 성격 특징, 그리고 각종 인생에서 추구하는 것, 이런저런 기호 등을 모두 생동감 있게 묘사하고 있다. 전 책을 종합하여 보면 위진 시기 몇 대에 걸친 선비들의 군상을 알 수 있다. 이러한 인물 형상을 통해 한 발짝 더 나아가 그 시대 상류사회의 기풍을 이해할 수 있다.

21.《임제어록臨濟語錄》

중국 불교 임제종臨濟宗의 개조 의현(義玄:?~867)의 법어法語를 수록한 책이다. 당唐나라 삼성三聖 혜연慧然이 수집하였다. 당대唐代 선승의 언행록으로, 간명하고 직접적인 방식으로 불법의 오묘함과 신비함을 찬술하고 있다. 감히 불교 어록 중 으뜸이라 할 수 있을 것이다.

이 책은 진주鎮州 임제臨濟의 혜조 선사慧照禪師 어록으로, 진주鎮州 호타하반滹沱河畔의 임제원에서 살았기 때문에 속칭 '임제선사臨濟禪師'라 하였다.(혜조慧照는 시호이다.) 선종에서 그를 중심으로 하는 갈래를 '임제종臨濟宗'이라 한다. 이 책은 그 제자 혜연慧然이 편집한 것으로, 상 · 하 두 권으로 이루어져 있으며, 상당上堂 · 시중示衆 · 감변勘辯 · 행록行錄 · 탑기塔記 다섯 편이 있다.

《진주임제혜조선사어록鎮州臨濟慧照禪師語錄》·《임제혜조선사어록臨濟慧照禪師語錄》·《임제의현선사어록臨濟義玄禪師語錄》·《혜조선사어록慧照禪師語錄》·《임제록臨濟錄》이라고도 한다.《대정장大正藏》 제47책과《선종전서禪宗全書》제39책에 수록되어 있다. 이 책은 삼성 혜연이 그의 스승 임제 의현의 말씀과 가르침을 채록하여 편집하여 이루어진 것이다. 전 책의 내용은 어록語錄 · 감변勘辨 · 행록行錄 등 세 부분으로 나누어져 있다. 어록 부분은 삼현삼요三玄三要 · 사료四料 · 사빈주四賓主 · 삼구三句 등 화칙話則이 수록되어 있고, 감변 부분은 역참제방曆參諸方 때 의견을 나눈 것이 요점만을 간추려 수록되어 있으며 행록은 그 행장과 기전記傳이 실려 있다.

근대학자의 연구에 따르면《임제록臨濟錄》의 원형은 마땅히 송宋대 판본《천성광등록天聖廣燈錄》제10 · 11권에 수록되어 있는《임제어록臨濟語錄》이라 한다. 이 판본은 원각圓覺 종연宗演이 이전의《사가어록四家語錄》의 체제대로 다시 새로이 다듬은 것이라 전해진다. 예부터 이 책은 선원禪院에서 널리 유행하였는데, 특히 임제학도들의 중시를 받았다. 주소注疏로는《매암초梅庵鈔》1권(周九)과《협산초夾山鈔》6권(夾山) 등이 있다.

22. 《시경詩經》

《시경》은 중국 노예제 사회 말기의 시집이다. 이 책은 중국 고대 시가詩歌의 시작으로, 가장 이른 시가詩歌 총집이다. 기원전 11세기부터 6세기까지의 고대 시가 305수가 수집되었고, 6수는 편명만 있고 시문은 없는 '생시笙詩'인데, 서주西周 초기부터 춘추春秋 중엽까지 약 500년간의 사회 면모를 반영하고 있다.

《시경》의 작자는 실전되었는데, 윤길보尹吉甫가 채집하고 공자가 편찬 · 교정하였다고 전해진다. 처음에는 '시詩' 혹은 '시삼백詩三百'이라고만 불렀는데 서한西漢 시기에 이르러 유가경전의 위치가 격상되면서 《시경》이라 불리게 되었다. 《시경》은 《풍風》 · 《아雅》 · 《송頌》 세 가지에 따라 분류되어 편집되었다. 《풍》은 주나라 각 지역의 가요이고, 《아》는 주나라 사람의 정성아악正聲雅樂으로, 《소아小雅》와 《대아大雅》로 다시 나뉜다. 《송》은 주周 왕정王庭과 귀족 종묘 제사의 악곡으로 《주송周頌》 · 《노송魯頌》, 그리고 《상송商頌》으로 다시 나뉜다.

《시경》의 내용은 아주 풍부하여 노동과 애정, 전쟁과 요역徭役, 억압과 반항, 풍속과 혼인, 제사와 연회, 심지어 천상天象과 지모地貌, 동물, 식물 등의 모든 방면을 반영하고 있다. 이는 주나라 사회생활의 일면을 보여주는 거울과 같다.

23. 《예기禮記》

《예기》는 서한西漢의 대성戴聖이 진한秦漢 이전 한족漢族의 예의에 관해 서술하고 집록輯錄을 더하여 편찬한 것으로 모두 49편이다. 십삼경十三經 중 하나이다. 전국戰國시대 이후부터 서한西漢시기 사회의 변동, 사회제도와 예의제도, 그리고 사람들의 관념의 계승과 변화를 포함하고 있다. 49편은 제도制度 · 통론通論 · 명당음양名堂陰陽 · 상복喪服 · 세자법世子法 · 제사祭祀 · 악기樂記 · 길사吉事 등에 각각 나뉘어 속한다. 이 책에서 찬술하고 있는 사상은 사회 · 정치 · 윤리 · 철학 · 종교 등 각개 방면을 포함하고 있는데, 그 중 《대학大學》 · 《중용中庸》 · 《예운禮運》 등의 편에는 한족의 철학사상이 비교적 풍부하게 담겨 있다. 동한東漢 말년 유명한 학자인 정현은《소대례기小戴禮記》를 지어 훌륭한 주해를 하였다. 후에 이 책이 더욱 성행하여 없어지지 않고, 경문을 해설하는 저작이 점차 경전이 되어 "당唐대에 이르러 예禮는 주례周禮 · 의례儀禮 · 예기禮記가 있게 되고, 춘추春秋는 좌전左傳 · 공양公羊 · 곡량穀梁이 있게 되었으며, 논어論語 · 이아爾雅 · 효경孝經이 더해졌으니, 이것들이 십이경十二經이다. 송명宋明 때는 맹자孟子까지 추가되어 이로써 정형화된 십삼경十三經이 되었으니" 선비된 자는 반드시 읽어야 하는 책이다.

24.《공양전公羊傳》

《춘추공양전》은 유가경전 중 하나이다. 고대 한족의 금문 경학에서 중요한 전적이다. 노은공魯隱公 원년(B.C.722)에 시작해서 노애공魯哀公 14년(B.C.481)에 끝나《춘추(春秋)》와 시작과 끝나는 시간이 같다. 작자는 자하子夏의 제자인 전국戰國시기 제齊나라 사람 공양고公羊高라고 전해져 내려온다. 처음에는 구두로만 전해져오다가 서한西漢 경제景帝 때 현손玄孫 공양수公羊壽에게까지 전해져 공양수와 호모생胡母生(자도子都)가 함께《춘추공양전》을 죽백竹帛에 새겼다.《공양전》은 동한東漢의 하휴何休가 찬한《춘추공양전》과 당唐나라 서언徐彥이 지은《공양전소公羊傳疏》, 그리고 청나라 진립陳立이 찬한《공양의소公羊義疏》가 있다.

25.《사기史記》

《사기》는 한漢대의 사마담司馬談과 사마천司馬遷 부자가 공동으로 집필한 중국 역사상 최초의 기전체 통사通史로, 황제黃帝부터 한무제漢武帝 태초太初연간까지의 삼천 여 년 동안의 역사가 기재되어 있다. 전 4사前四史의 으뜸이다. 최초에는《태사공太史公》혹은《태사공기太史公記》·《태사기太史記》라고 불렸다.《사기》는 규모가 거대하고 체계가 완비되어 있다. 게다가 이후의 기전체 사서史書에 큰 영향을 끼쳐 역대 왕조의 정사正史는 모두 이와 같은 체제를 채용하여 쓰였다. 또한 책 가운데 문자는 생동감이 있고 서사敘事의 형상성 또한 뛰어나다.

26. 《전국책(戰國策)》

《전국책》은 일부 역사학의 저작이다. 그것은 일부 나라별로 역사서를 본떠서 또 《국책國策》이라고 칭하였다. 동주東周 · 서주西周 및 진秦 · 제齊 · 초楚 · 조趙 · 위魏 · 한韓 · 연燕 · 송宋 · 위衛 · 중산中山 각국의 일을 기록하였고, 일을 기록한 연대는 전국 초년에 시작하여 진秦이 6국을 멸하는 데서 그치니, 대략 240년의 역사이다. 12책, 33권으로 구분하였고 모두 497편이다. 대부분 전국시기의 유세하는 선비의 정치 주장과 언행 책략을 기술한 유세하는 선비의 실전연습 안내책자이다. 본서는 또한 동주東周 전국시대의 역사 특징과 사회 면모를 나타내 보여 전국 역사를 연구한 중요한 전적이다.

작자는 결코 한 사람이 아니고 책을 만든 것도 결코 한 시기가 아니며, 책 속의 문장과 작자는 대부분 누구인지 알 수 없다. 서한西漢 유향劉向은 33편을 편집하고 정리하였고, 책 이름도 유향이 초안을 세운 것이다. 송나라 시대에 이미 빠진 것이 있어서 증공에 의해 수정되고 보충되었다. 동한東漢 고유高誘의 주석이 있었지만 지금 일부가 손상되었다. 송나라의 학자 포표鮑彪가 원서의 차례를 개정하여 새로운 주석을 만들었다. (원나라의)의 오사도吳師道가 《전국책교주》를 지었고, 근대의 사람 김정위金正煒는 《전국책보석戰國策補釋》을 지었으며, 현대사람 무문원繆文遠은 《전국책신교주戰國策新校注》를 지었다.

27. 《후한서後漢書》

《후한서》는 일부 중국 남조 송나라 시대의 역사학자 범엽(範曄, 398~445)에 의해서 편찬된 동한 역사를 기록한 기전체 역사서이다. 《사기》 · 《한서》 · 《삼국지》와 합쳐서 '전4사前四史'라 일컫는다. 책 속에 10기十紀 · 80열전과 8지(八志, 사마표가 이어 지음)로 구분하였다. 위로는 동한의 광무제光武帝 건무建武 원년(서기 25년)에서 시작하여 아래로는 한헌제漢獻帝 건안建安 25년(서기 220년)에 이르기까지 모두 195년의 역사를 기록하였다.

《후한서》의 기紀 10권과 열전 80권의 작자는 범엽인데, 장회태자章懷太子 이현李賢의 주석에 "이 책은 당시 유전된 7부 후한 사료를 종합한 것이다. 원굉袁宏이 지은 《후한기後漢紀》를 아울러 참고하였는데 간단명료하면서도 주도면밀하고 상세하며, 일의 결과를 진술한 것이 생동감이 있다. 그러므로 이전 각 작가의 후한의 역사서를 대체하였다."라고 하였다. 북송 시대에 어떤 사람이 진晉나라 사마표司馬彪의 《속한서續漢書》를 30권에 기록하였는데, 유소劉昭의 주석에 "그것과 더불어 간행하여 오늘날의 《후한서》를 이루었다."라고 하였다.

28. 《한비자韓非子》

한비(韓非, 약 기원전 280~233)는 화하족華夏族으로, 하남河南 정주鄭州 신정新鄭 사람이다. 전국 말기 한韓나라의 도성인 정성(鄭城: 지금 하남 신정 정한의 고성유적지)에서 출생하였는데, 전국 말기의 걸출한 사상가이자 철학가이며 산문가이다. 한비자는 상앙商鞅의 '법法', 신불해申不害의 '술術'과 신도의 '세勢'를 한 몸에 모은 법가 사상의 집대성자이다. 한비자는 노자의 변증법과 순자의 초기의 유물주의를 융합시켜 한 체제를 만들었고, 또한 선진 백가사상의 집대성자로, 유가 · 도가 · 묵가 · 법가 4대 사상유파의 정화를 한 몸에 집약하였다. 한비는 한왕韓王의 아들로, 순자의 학생이며 이사李斯의 동창이다. 저서에 《한비자》 한 권이 있는데 모두 55편이며 10여만 자이다. 선진 제자 산문 중에서 독자적으로 한 파를 형성하였다. 한비가 유물주의와 효익주의效益主義 사상을 매우 중시하고, 적극적으로 군주 전제주의 이론을 제창한 것을 드러내었는데 목적은 전제군주에게 부국강병의 패도사상을 제공하기 위해서이다.

한비자는 깊이 자기의 조국인 한韓나라를 사랑하였지만, 그의 정치 주장은 결코 한나라 왕에게 중시되지 않았다. 진秦나라 왕 영정嬴政이 도리어 한비를 얻기 위해서 병사를 내어 한나라를 공격하였다. 이사李斯가 한비의 재능을 질투함으로 말미암아 한비를 진나라에서 살해하였다. 그러나 한비의 법가사상은 오히려 진나라 왕 영정에게 중용되어 진나라가 부국강병을 도왔고, 최종적으로 6국을 통일하게 하였다. 한비자의 사상은 심오하고 시대를 앞서 우세에 영향이 깊고 크니 모택동 주석이 가장 탄복한 중국 고대사상가이다. 모택동 주석이 일찍이 말하기를 "중국 고대의 성과가 있는 정치가는 대체로 모두 법가이다."라고 하였다. 《사기》에 "진나라 왕이 《고분孤憤》·《오두五蠹》의 책을 보고 '아, 과인이 이 사람을 얻어 더불어 놀았으니 죽어도 한이 없구나.'"라고 실려 있으니, 당시에 진나라 왕이 중시했음을 알 수 있다. 《한비자》는 또한 간접적으로 사서의 빠진 부분을 보충해주어 중국 선진 시기의 사료가 부족한 것에 대해서 참고하는 중요한 사서의 하나이다. 저작 중 당대의 민간 전설과 우언, 고사가 많아 성어와 전고의 출처가 되었다.

29.《관자管子》

관중(管仲, 기원전 723~645년)은 성은 희姬이고 씨는 관管이며, 이름은 이오夷吾이고 자는 중仲이며, 시호는 경敬으로 춘추시대 법가의 대표적 인물이다. 관자管子·관이오管夷吾·관경중管敬仲으로 불리는데 영상(潁上: 지금 안휘성 부양시 영상현) 사람으로, 주목왕周穆王의 후손이다. 이 사람은 중국 고대의 저명한 철학가이자 정치가이며, 군사전문가이다. '법가선구자', '성인의 스승', '화하문명의 보호자', '화하 제일의 재상'이라고 찬양받는다. 도교에서 추앙의 반열에 들어 '병신태세관중대장군(丙申太歲管仲大將軍)'이 되었다. 관자는 중국 고대의 중요한 정치가이자 군사전문가이고 사상가이며 또한 선진 제자백가 중의 법가학파의 대표적 인물로 이 한 학파의 사상이 《관자》 한 권에 집약되고 구현되었다. 이 책은 문장의 길이가 거창하고 내용이 복잡하며 사상이 풍부하다. 《목민牧民》·《형세形勢》와 같은 편은 패도정치의 법술에 대해서 설명하였으며, 《치미侈靡》·《치국治國》 등과 같은 편에서는 경제생산을 논하는데 이 또한 《관子》의 정수로 제나라가 패권을 잡을 경제정책이라고 이를 만하다. 《칠법七法》·《병법兵法》 등과 같은 편은 병법을 말하고, 《주합宙合》·《추언樞言》 등과 같은 편에서는 철학과 음양오행 등을 말하였으며, 그 나머지 《대광大匡》·《소광小匡》·《계戒》·《제자직弟子職》·《봉선封禪》 등은 잡설이다. 《관자》는 우리 고대, 특히 선진의 학술과 문화·사상을 연구하는 중요 전적이다.

관중은 임기 내에 개혁을 크게 일으켰으니, 곧 관중개혁은 부국강병과 상업을 중시하였다. 아울러 국영창기제도를 세움으로 말미암아 일찍이 중국 성性 서비스업에 의해 수호신으로 받들어졌다. 《전국책》·《국어國語 · 제어齊語》·《사기 · 관영열전》·《관자》·《좌전》 등은 모두 그의 생활을 기록한 전기이고, 《논어》· 북송 소순蘇洵의 《관중론》은 관중의 사적(事跡)에 대한 분석과 평가를 한 것이다.

30.《장자莊子》

장자의 성은 장莊 이름은 주周, 자는 자휴子休 또는 자목子沐이라고도 한다. 송宋나라 몽蒙 사람으로, 선조는 송나라 군주 송대공宋戴公이다. 그는 동주東周 전국시대 중기의 저명한 사상가이자 철학가이며 문학가이다. 화하의 중요한 철학 학파인 장학莊學을 창립하였는데 이것은 노자의 뒤를 계승한 것이다. 전국시대의 도가학파의 대표적 인물로 도가학파의 주요한 대표적 인물의 한 명이다.

장주는 자유를 숭상함으로 말미암아 초나라 위왕의 부름에 응하지 않고, 평생 송나라 지방의 칠원리(漆園吏: 옻나무 밭을 관리하는 하급 관리)만 한 적이 있을 뿐이었다. 역사에서는 '칠원의 꼿꼿한 관리(칠원오리漆園傲吏)'라고 일컬어 지방 관리의 모범으로 평가받는다. 장자는 최초로 '내성외왕內聖外王'[673] 사상을 제기하여 유가에 대한 영향이 크다. 장자는 '역이도음양易以道陰陽(주역은 음양의 이치를 말한다)'의 이치를 깊이 깨달았고, 장자의 '삼뢰三籟' 사상과 《역경》의 삼재三才의 도는 서로 일치한다. 그의 대표작품은 《장자》인데, 그 중의 이름난 편에는 《소요유逍遙遊》·《제물론齊物論》 등이 있다. 노자와 이름을 나란히 하여 노장(老莊)이라고 일컬어진다.

장자의 상상력은 매우 풍부하고 언어의 운용이 자유자재이며 융통성이 있고 변화가 많아서 조금 미묘하여 말하기 어려운 철리哲理로써 사람을 황홀한 경지

673) 내성외왕內聖外王이란 안으로는 성인聖人이며, 밖으로는 임금의 덕을 함께 갖춘 사람이라는 뜻으로, 학식과 덕행을 모두 지닌 사람을 이르는 말이다.

로 이끌도록 설득한다. 그이 작품은 사람들에게 '문학의 철학, 철학의 문학'이라고 일컬어진다. 전傳에 근거하면 또 일찍이 남화산南華山에 은거하였기 때문에 당나라 현종玄宗 천보天寶 초기에 조서를 내려 장주를 남화진인南華真人이라고 봉하였으니, 그 저서 《장자》를 《남화진경南華真經》이라고 일컫는다.

31. 《맹자孟子》

맹자(기원전 372~289년)는 이름이 가軻, 자는 자여子輿이며, 화하족으로 지금의 산동山東 사람이다. 그는 공자의 손자인 공급(孔伋: 子思)의 재전再傳 제자이다. 그는 노나라 희성姬姓 귀족인 공자 경부慶父의 후예라고 전해지는데, 아버지의 이름은 격激이고 어머니는 장仉씨이다.

맹자는 전국시대의 위대한 사상가이자 교육가이며 정치가로서, 유가학파의 대표적 인물이다. 공자와 함께 '공맹孔孟'이라고 일컬어진다. 그의 대표적인 사상은 "어아소욕야魚我所欲也"[674] · "득도다조得道多助, 실도과조失道寡助"[675]와 "생어우환生於憂患, 사어안락死於安樂"[676] · "왕고좌우이언타王顧左右而言他"[677]라는 말에 이미 잘 나타나고 있으며, 이미 중학교 어문교과서 안에 편입되었고, "과인지어국야寡人之於國也"[678]라는 문장은 고등학교 어문교과서에 안에 편입되었다. 정치에서는 맹자는 선왕先王을 본받고 인정仁政을 행할 것을 주장하였으며, 학설에서는 그는 공자를 추앙하고 양주楊朱와 묵적墨翟을 반대하였다. 맹자는 공자의 사상을

---

674) "물고기도 내가 원하는 것이고 (곰의 발바닥도 역시 내가 원하는 것인데, 두 가지 중 모두 다 얻을 수 없는 것이라면 물고기를 취하지 않고 곰 발바닥을 취할 것이다.)" '사생취의捨生取義'의 뜻과 같다. 《孟子 · 告子上》.

675) "도道에 들어맞으면 도와주는 사람이 많고, 도에 어긋나면 도와주는 사람이 적다." 《孟子 · 公孫丑下》

676) "근심 걱정을 하는 사람은 부지런하여져 살아나가게 되고 안일을 추구하는 사람은 게으름을 피우게 되어 살아나갈 수 없다."

677) "왕은 좌우를 돌아보며 다른 것을 말하였다."(왕이 왕 노릇하지 못하면 그만 두어야 한다는 말을 듣고 할 말을 잃다.)

678) "(양혜왕이 말하였다.) 과인은 나라에 대하여 마음을 다하고 있습니다."

계승하고 또 발전시켰는데, 다만 공자의 사상과 비교하면 그는 또 자기의 유술儒術)에 대한 이해를 첨가하였다. 그는 인정(仁政)을 주장하며 '백성은 귀하고 군주는 가볍다.(민귀군경民貴君輕)'는 민본사상을 제기하였고, 제齊 · 송宋 · 등滕 · 위魏 · 노魯 등 여러 나라를 두루 돌아다니며 공자를 본받아 자기의 정치 주장을 보급할 것을 희망하였으니, 앞뒤로 보낸 세월이 20년의 오랜 세월이었다. 다만 맹자의 인정仁政 학설은 '세상일에 어둡고 융통성이 없어 실정에 오활하다'라고 인식되어 실행되지 못하였다. 최후에 그는 물러나서 학문을 강의하였으며, 그의 학생과 함께 《시경》과 《서경》을 읽고 공자의 뜻을 서술하여 맹자 일곱 편을 지었다. 후세에 맹자를 추서하여 '아성공亞聖公'이라고 하였고, 존칭하여 '아성亞聖'이라고 하였다. 그 제자와 재전제자는 맹자의 언행을 기록하여 《맹자》 한 권을 이루었는데 어록체語錄體와 산문집散文集에 속한다. 맹자의 언론을 집성한 것으로 맹자와 그 제자에 의해 공동으로 집필하여 완성한 것이다.

32. 《안자춘추晏子春秋》

《안자춘자》는 춘추시기(기원전770년 - 기원전476년) 제나라 정치가 안영晏嬰의 언행을 기록한 역사책의 일부이다. 역사자료와 민간에 전해지는 말로 엮은 것이다. 대부분 안영이 군주에게 부지런히 정사를 돌볼 것을 권고하고 향락을 탐내지 말아야 하며, 백성을 사랑해야 하고 어질고 재능이 있는 사람을 임용하는 것과 겸손하게 간언을 받아들이는 사례가 기재되어 있다. 이러한 것들이 후세사람들이 배워야 할 본보기로 되었으며 안영 자신도 매우 근검절약하여 후세통치자들의 숭경을 받았다. 책에는 생동한 줄거리들이 많은데, 이는 안영의 총명함과 민활함을 나타낸 것이다. 예를 들면 '안자사초晏子使楚' 는 민간에서 광범위하게 전해 내려왔다. 책에서는 구체적인 사례를 통하여 '和'와 '同'의 개념을 논증하여 안영晏嬰은 군주에게 언행을 따르는 것은 '同'이라고 여겼고, 비평하고 감히 군주에게 건의를 제출하고 군주의 부족함을 보충하는 것이야 말로 진정한 '和'이며 제창할 만한 행위이라고 하였다. 이러한 변증법사사의 논술은 중국철학사에 있어 높이 평가된다.

《안자춘추》는 류향劉向의 정리를 거쳐 모두 내 · 외 8편, 215장으로 되어있다.

33. 《여씨춘추呂氏春秋》

《여씨춘추》는 제자백가 중 잡가의 대표적인 작품이다. 《여람呂覽》이라고도 한다. 고대 중국의 거상이자 진의 재상인 여불위呂不韋가 전국의 논객들과 식객들을 모아 춘추전국시대의 모든 사상을 절충 · 통합시키고 세밀하게 분석하여 정치와 율령의 참고로 삼기 위해 저술하게 한 일종의 백과사전이다. 총 26권 160편으로, 연감에 해당하는 기紀 12권, 보고서에 해당하는 남覽 8권, 논문에 해당하는 논論 6권으로 구성되어 있다. 《예기禮記》의 〈월령편月令篇〉은 이들 중 12기十二紀, 즉 기紀 12권의 요약이라고 한다. 다루고 있는 학설 중에는 도가道家의 것이 가장 많고 유가儒家 · 병가兵家 · 농가農家 · 법가法家의 주장과 이론도 섞여 있다. 여불위 자신은 그중에서 천지만물, 옛날부터 지금까지의 이치가 포함되었다고 여기기 때문에 《여씨춘추》라고 불렀다.

여불위는 이 책을 진의 수도 함양 저잣거리에 전시해 놓고 "이 책에서 한 글자라도 고칠 수 있다면 천금을 주겠다."고 큰소리를 쳤다. 이 때문에 '일자천금一字千金'이라는 고사가 생겼다.

34. 《진서晉書》

《진서》는 당나라 태종太宗의 지시로 방현령房玄齡 21명이 찬한 진晉 왕조의 정사正史이다. 644년에 편찬하였으며 원래는 서례, 목차 각 1권, 제기帝紀 10권, 지志 20권, 열전列傳 70권 외에 재기載記 30권 총 132권이며 나중에 서례, 목차 실전되어 지금은 130권이다. 처음으로 재기라는 양식이 정사에 나타난 것이며, 삼국시기 사마의司馬懿부터 동진東晉 공제 원희 2년恭帝元熙二年(420년) 류유폐劉裕廢가 진晉나라 제국이 자립, 오호십육국五胡十六國 등에 관한 기록으로서 진나라 시대를 이해하는 데 도움이 된다. 주로 장영서臧榮緖의 《진서》에 의존하였고 기타 진시대사晉時代史도 참고로 하여 많은 사관史官이 집필하였다. 현존하는 유일한 '진대사' 라는 점에서 귀중한 가치가 있다. 이 책을 보완한 것으로 《진서음의晉書音義》(3권), 《진서각주晉書斠注》(130권) 등이 있다.

35. 《고소설구침古小說鉤沈》

루쉰[魯迅]이 엮은 중국의 고대소설집이다. 《고소설구침古小說鉤沈》은 수隋나라 이전의 고소설을 《태평광기太平廣記》 · 《태평어람太平禦覽》 등과 당唐 나라의 유서(類書:일종의 백과사전) 등 많은 자료에서 수집하여 교감校勘 한 것이다. 《소림笑林》 · 《열이전列異傳》 · 《술이전述異傳》 · 《제해기齊諧記》 · 《유명록幽明錄》 · 《한무고사漢武故事》 · 《현중기玄中記》 · 《집이기集異記》 · 《명상기冥祥記》 등 이른바 '육조지괴六朝志怪'를 주로 하여 6종의 지인소설과 28편의 지괴소설이 수록되어 있다.

노신은 1912년에 완성한 것을 1926년에 다시 정리하려 하였으나 이 책이 출간된 것은 노신이 죽은 후인 1938년이었다. 현재에 이르러서는 재교정을 할 필요가 있는 곳도 있지만 자료 정비가 불충분했던 시대에 이처럼 면밀하고 정확한 편집이 이루어졌다는 것은 참으로 놀랄 만한 일이다.

36. 《신간대송선화유사新刊大宋宣和遺事》

중국의 작자미상의 역사소설집이며 《대송선화유사》라 한다. 송말원초宋末元初의 작품이다. 문체는 강사講史에 속하므로 순수한 백화白話가 아니다. 《신편오대사평화新編五代史平話》와 함께 송대 문학사상 강사로서 귀중한 문헌이다.

이 책은 원대元代의 필기소설을 수집하여 기록한 것이며 다양한 유형의 필기소설을 공연하는 방식으로 결합하여 연결되었다. 원형이정元亨利貞의 4부로 나누어져 있다. 내용은 역대 제왕의 황음荒淫을 지탄하고, 송나라 휘종徽宗과 흠종欽宗이 이민족의 포로가 된 것을 통탄하며, 반항영웅反抗英雄을 동정한 민족주의적인 사실주의 작품이다. 뒷부분에 송강宋江 및 양산박梁山泊의 도적단 등《수호지水滸誌》의 원형原型이 포함되어 있는 것은 작자가 그 원본을 초록抄錄하여 삽입했거나 문장을 손질하여 삽입한 것으로 짐작된다.

37.《동산오본대사어록洞山悟本大師語錄》·《당동산오본대사어록唐洞山悟本大師語錄》

《동산오본대사어록》은《동산양가선사어록》이라고 하며《대정장大正藏》제47권,《만속장萬續藏》제119권은 조동종개선동산양가曹洞宗開祖洞山良價의 어록이다.

내용은 상당上堂 · 시종示衆 · 거고擧古 · 문답問答 등 120조항이며《보경삼미가寶鏡三昧歌》·《현중명玄中銘》·《신풍음新豐吟》·《강요송綱要頌》·《공훈오위송功勳五位頌》등 11종 가송이다. 주석본에는 부산현斧山玄의《문해聞解》· 곽당조종廓堂祖宗의《몽해蒙解》· 전묘월잠全苗月湛의《변오辯誤》등이 있다.

동산양가선사洞山良價禪師(기원807 - 869년)는 당대 고승이며 중국 불교 선종 5대가의 하나인 조동종개산曹洞宗開山의 조상이자 균주회적筠州會稽(浙江會稽)사람이며 성은 유씨이고 양가良價 혹은 동산(洞山)이라고도 한다. 약산위엄藥山惟儼(기원 751 - 834)의 법손이며 운암담성雲岩曇晟(기원782 - 841년)의 제자이자 제자인 조산본적曹山本寂(기원840 - 901년)에 공동으로 조동종(曹洞宗)을 창립하였다.

당선종대중唐宣宗大中(847 - 859년)말, 신풍산(지금 강서 선풍현 태풍항 경내)에 동산사洞山寺를 건립하고 후학을 맞이하여 널리 대도를 알리여서 동산양가洞山良價라고 불렀다. 양가良價는 평생 불교학을 연구하고 조예가 깊어서 오위군신의 말을 처음으로 제창하였다. 또한 '正' · '偏' · '兼' 이 3자로 '君' · '臣'의 지위를 분배하며 불교진여와 세계만유의 관계를 많이 분석하였다. 그의 저작으로는《보경삼매가寶鏡三昧歌》가 있으며 서거한구 당의종唐懿宗은 그를 '오본선사悟本禪師'로 수여하였고 '혜각보답慧覺寶塔'을 세우라고 명하였다.

38. 《광어록匡語錄》·《광진선사어록匡眞禪師語錄》·《운문광진선사엄록雲門匡真禪師廣錄》

《광어록》은 모두 3권이며 당唐 운문문언雲門文偃이 저술하였고 송나라 희녕熙寧 9년(1076)에 간행하였으며, 《운문록雲門錄》·《운문광록雲門廣錄》이라고도 부른다. 《대정장大正藏》의 제47권에 수록되어 있으며 내용은 3권으로 나뉘었다. 상권은 대기對機 320편·12시가十二時歌·걸송偈頌으로, 중권은 실중어요室中語要185편·수시대어垂示代語 290편으로, 하권은 감변勘辨 165편·유방유록遊方遺錄31편·유표遺表·유계遺誡·행록行錄·청소請疏로 되어있다. 그 외에 명明 곽응郭凝이 편집한 《오가어록五家語錄》 중에서도 《운문광진선사어록雲門匡真禪師語錄》·《선종전서禪宗全書》(제39권)이 있는데 내용의 편집이 이 책과 다르다.

39. 《임제록臨濟錄》·《혜조선사어록慧照禪師語錄》·《혜조록慧照錄》·《진주임제혜조선사어록鎮州臨濟慧照禪師語錄》

중국 불교 임제종臨濟宗의 개조 의현(義玄: ?~867)의 법어法語를 수록한 책이다. 원명은 《진주임제혜조선사어록》이라고 한다. 중국 당나라의 선승으로 득도하는 법으로 사갈·사료간 등 8가지 방법을 제시하였다. 모두 2권이며 제자인 삼성三聖 혜연慧然이 엮은 《임제록》은 의현의 언행들을 담고 있다. 내용은 상당上堂·시중示衆·감변勘辨·행록行錄·탑기塔記 등으로 나누어져있다. 지금 전해지고 있는 것은 의현의 사후 154년째인 1120년 북송北宋의 종연宗演이 중각·인본한 것이다. 마조馬祖·백장百丈·황벽黃檗의 어록과 나란히 4대가家 어록의 하나이며, 선종禪宗어록의 대표적인 것이다. 임제는 매우 준엄峻嚴한 선풍禪風으로 알려지고 많은 제자를 양성하고 임제종의 시조始祖가 되었으며, 《임제록》 중에는 후세에 큰 영향을 끼친 공안公案이 많다.

〈상당上堂〉의 설교에는 “적육단상赤肉團上에 일무위一無位의 진인眞人이 있도다. 항상 너희들 여러 사람의 면문面門으로 출입을 하노라. 아직 증거를 얻지 못한 자는 보라, 보라"라고 한 말이나 삼구三句 · 사빈주四賓主 등의 법문法門이 있다.

〈시중示衆〉의 설교는 분량도 많고 임제의 특색 있는 사상을 엿볼 수 있는 것으로서 4요간四料簡 · 4조용四照用 등이 설파되어 있다. 〈감변勘辨〉에는 4갈四喝이 서술되어 있으며 〈행록行錄〉 · 〈탑기塔記〉에 의하여 임제의 전기를 찾아볼 수 있다.

40. 《낙양가람기洛陽伽藍記》

《낙양가람기》는 줄여서 《가람기》라고 하며 중국고대 불교 사적史籍이다. 547년경 당시의 기성태수期城太守 양현지楊衒之가 저술한 기록문집이다. 총 5권으로 되어 있다. 본래 낙양洛陽은 북위北魏의 수도로서 번영하였고, 불교보호책으로 1300여 사찰寺刹이 있었으나 북위가 분열하여 동위東魏가 되며 수도를 하북성河北省의 예鄴로 천도하여 낙양은 황폐하였다. 547년 양현지가 낙양에 와서 성곽 · 궁실 · 사찰 · 탑 · 묘당 등의 붕괴된 모습을 보고 지난날의 영화를 회상하며, 특히 장려웅대하던 사찰의 쇠망에 크게 느낀 바가 있어 실지로 자신이 본 그대로를 후세에 전하기 위하여 이 책을 저술하였다. 낙양 성내로부터 성동 · 성남 · 성서 · 성북의 순서를 따라 그 구조와 고적 등을 상술하였고, 특히 주요한 대가람의 위치 · 사력寺歷 · 외관 등 사찰에 관한 여러 사항 등에 대하여 기록하였다. 이 책은 당시의 정치 · 불교 · 인물 · 풍속 · 지리 등과 아울러 중국을 방문한 서역인 등에 관한 내용들이 상세히 기술되어 있다. 이 책이 특히 가치를 인정받고 있는 것은 당시로서는 드물게 북위가 낙양에 천도한 이후의 불교 부흥상을 구체적으로 서술하고 있기 때문이다. 후세에는 《낙양가람기》와 역도원酈道元의 《수경주水經注》, 안지추顔之推의 《안씨가훈顔氏家訓》을 중국 북조시기의 3대 걸작이라 칭하였다.

이 책은 역대 정사의 '예문지' 중에 모두 기록되었으나, 그 조본祖本은 이미 유실되었다. 현재 볼 수 있는 《낙양가람기》는 모두 송대의 각본刻本을 조본으로 하여 본래의 내용이 많이 흐려졌다. 《사고전서四庫全書》는 이 책을 역사부史部 지리류地理類에 집어넣었다. 20세기 이래로 이 책에 대한 연구가 많이 이루어졌고 특히 문학, 사학, 도시 계획 건축 등의 분야에서 많은 연구 성과들이 이루어 졌다. 일반적으로 종교 불교학, 중고문학, 언어학, 중외문화 교류사 등의 영역에서는 이 책이 아직 많은 연구거리를 가지고 있다고 본다. 또한 이《낙양가람기》가 일찍이 일본, 한국, 영국 등 몇 개의 언어로 번역이 되었고, 국제 한학계漢學界에서 일정한 지위를 갖게 되었다.

41.《서상기西廂記》

《서상기》의 전체 이름은《최앵앵대월서상기崔鶯鶯待月西廂記》이고, 원대元代 한족 희곡의 극본으로 왕실보王實甫가 지은 것이다. 작자의 생애에 관해서는 이름을 덕신德信이라고도 하였고, 대도(大都, 지금의 北京) 사람으로 1300년 전후에 살았었다는 것 이외엔 알려진 것이 없다. 그러나 그의 작품으로는《서상기》이외에도《여춘당麗春堂》·《파요기》이 두 작품이 전해지고 또 10여 종의 작품명이 알려져 있다. 《서상기》의 고사는 당唐대의 시인 원진(778 ~ 831)의 전기소설傳記小說〈앵앵전〉(일명 會眞記)〉에서 나온 것이다.《서상기》이전에도《앵앵전》의 이야기를 바탕으로 한 문학작품으로는 조영치趙令畤(1110년경)의《상조접련화고자사商調蝶戀花鼓子詞》와 금金나라 동해원董解元의《서상기제궁조西廂記諸宮調》같은 것이 있었다.

《서상기》의 내용을 살펴보면, 왕실보는 이들 중에서도 특히《앵앵전》과 함께 《서상기제궁조》를 많이 참고했음을 알 수 있다. 원래 이야기의 내용은 장생張生이란 남자가 절간에서 최앵앵이란 미인을 만나 한동안 남몰래 열렬한 사랑을 주고받다가 결국은 제각기 집안에서 정해준 배필과 결혼하고 만다는 얘기이다. 그러나《서상기》에 이르러서는 이들 젊은 남녀가 여러 가지 어려운 고비를 겪은 끝에 마침내 결혼을 한다는 대단원大團圓으로 극을 인도하고 있다. 장생과 앵앵의 이러한 뜨거운 사랑이 많은 중국 사람들에게 커다란 감동을 준 것은, 왕실보의 아름다운 문장과 빈틈없는 연극으로서의 구성력이 컸기 때문일 것이다.

이 저서는 곳곳에 도가 사상이 배어 있다. 도가철학은 일종의 중화민족의 문화 인자로 사람학(人學)의 문학에 극대한 영향을 주었다.《서상기》중에는 도가 철학의 상선약수上善若水(물을 이 세상에서 으뜸가는 선의 표본으로 여기어 이르던 말), 소박함의 아름다움, 자유추구의 사상이 표현되지 않은 것이 없다. 이 저서의 곡조는 우아하면서 화려하고 시의 의경意境이 풍부하다. 그래서 이 저서는 중국 고전 희극의 현실주의 걸작으로 후대의 애정을 소재로 하는 소설과 희극 창작에 지대한 영향을 주었다. 중국 고대 고전물인《홍루몽》에서도 이 책을 언급하였다.

우리나라도 조선 후기에는《서상기》가 들어와 널리 읽혔으며, 그 판본은 거의 전부가 김성탄의《제육재자서》이었던 듯하다. 김성탄은 독특한 견해를 가지고《서상기》를 비평하였는데 오묘한 그의 곡문과 대화에 대한 평론은《서상기》의 특징을 한층 더 두드러지게 하였으며, 독자들로 하여금 적지 않은 영감을 갖게 한다. 그러나《서상기》의 원문까지도 자기 견해에 맞도록 뜯어 고친 곳이 많이 평론의 기점이 봉건 시대 사대부로서의 윤리관을 크게 벗어나지 못하고 있다는 것은 큰 결함이 아닐 수 없다. 어떻든《서상기》는 명각본明刻本 30종에 청각본 38종 정도가 있다는 것만으로도 중국의 고극古劇 중에서 가장 널리 읽힌 작품임을 알 수 있다.

42.《수호전水滸傳》

《수호전》은 중국 역사사상 최초로 백화문으로 농민 봉기를 찬미하는 장편장회소설이다. 송강이 이끄는 사내들을 주요 소재하여, 양산 영웅들이 억압에 저항하고 용감하게 전투를 벌이는 생동감 있는 이야기를 통해 북송 말년 통치계급의 부패와 잔혹함을 폭로하였고, 당시 첨예하게 대립한 사회 모순과 '관리의 핍박에 대한 백성의 반항'의 참혹한 현실을 들추어내었다. 총 120회 중 전반부인 70회는 각각의 사내들이 양산에 오른 것을, 후반부인 50회는 주로 송강과 모든 사내들이 조정에 투항할 것을 받아들이는 것과 간신에 의해 호환을 입게 되는 것을 서술하고 있다.

기타 현행판본 중에는 기원이 비교적 이른 100회로 된 소설에는 전호田虎와 왕경王慶을 정벌하는 부분이 없고, 간본簡本 계통 중의 전호와 왕경을 정벌하는 부분은《수호전전水滸全傳》과는 달라 김성탄金聖歎은 이런 간본은 봉기 후에 이렇다 할 내용이 없다고 평하였다.

책에서는 공통적으로 수백 명의 인물들이 출현하는데, 이것은 세계 문학사상 인물 수가 가장 많은 소설 중의 하나로 평가된다. 현존하는 판본인 120회의《수호전전》는 전체 내용이 다음과 같이 몇 가지로 나뉜다. 첫 번째, 노지심魯智深, 임충林沖, 무송武松 등의 사내들이 양산에 오르기 전의 이야기. 둘째, 송강宋江이 유배지로 가는 길과 가는 길에 사내들과 만나는 이야기 및 결국 양산에 오르는 이야기. 세 번째, 송강宋江이 양산에 들어가는 여러 번의 전투를 진두지휘한 것과 여러 사내들이 양산에 투항하게 한 것. 네 번째, 원래의 수령인 조개晁蓋가 죽은 후, 송강이 양산 수령지위를 얻고 큰 봉기를 하게 된 이야기. 다섯 번째, 큰 봉기를 치른 후 관군과 전투를 벌이고 투항할 것을 받아들인 이야기. 여섯 번째, 명령을 받아 송나라에 위협을 가하려고 정벌하던 요국遼國이야기. 일곱 번째, 전호田虎와 왕경王慶을 정벌하는 이야기. 여덟 번째, 강남江南의 방랍方臘이 2/3이상을 죽인 이야기이다. 이 책은 비극적이고 사람들이 깊은 생각에 잠기게 하는 분위기로 내용을 끝맺고 있다.

43.《홍루몽紅樓夢》

《홍루몽》은 중국고전 4대 명저 중의 으뜸으로 청대淸代 작가 조설근曹雪芹이 쓴 장회 장편소설이다. 초기에는 전반부인 80회만 필사한 부분이 전해 졌는데, 80회 뒷부분은 완성되지 않고 그 원고가 유실되었다. 원래의 이름은《지연재중평석두기脂硯齋重評石頭記》이다. 정위원程偉元이 고악高鶚을 불러 같이 정리하여 120회 전체를 출판하였고 그 제목을《홍루몽》이라 하였다. 또 어떤 판본은《금옥연金玉緣》이라고도 한다.

《홍루몽》은 세계적 영향력을 가진 감정소설 작품으로서 전 세계가 인정한 중국 고전소설의 최고봉이다. 또한 중국 봉건사회를 담고, 전통문화도 집대성하고 있다.소설은 가賈씨, 사史씨, 왕王씨, 설薛씨 4가족의 흥망성쇠를 배경으로 하여,

가賈씨 가정의 여러 일들과 규방의 한가한 감정을 중심으로 하고, 가보옥賈寶玉, 임대옥林黛玉, 설보채薛寶釵의 애정 및 혼인과 관련된 일을 주요내용으로 하고 있다. 가보옥賈寶玉과 홍루몽 속의 열 두 명의 미녀가 중심이 되어 바르고 악한 사람의 두 천성을 가진 인성미人性美와 비극미悲劇美를 그리고, 광명을 쫓아 배반하는 인물을 찬미하며, 배반자의 비극 운명을 통해 봉건사회가 걷게 될 멸망의 길을 예견하고, 봉건 말의 위기를 드러내 보였다.

《홍루몽》의 작자는 초기의 민주주의 사상을 갖고 있어서 현실 사회 나아가 궁정 및 관아의 어둡고, 봉건귀족 계급 및 그 가정의 부패, 봉건적 과거제도, 혼인제도, 노비제도, 등급제도 및 이에 상응하는 사회 통치사상 즉, 공맹의 도, 정주이학程朱理學,[679] 사회도덕관념 등에 대해 신랄한 비판을 하고, 뚜렷하지는 않지만 초보적인 민주주의 성질을 띤 이상과 주장을 제시하였다. 이러한 이상과 주장은 당시 만연한 자본주의 경제 맹아 요소의 곡절에 반영되었다.

《홍루몽》은 "주요내용이 사랑을 이야기하는 것 같지만 실제사실을 기록한 것이다"고 하였다. 단지 이치에 따라 단서와 흔적을 따라 진실을 추구하여 예전 것을 벋어 던지고, 새롭고 색다르게 비범한 예술적 업적을 이루었다. 특히 "진사은거眞事隱去, 가어존어假語存焉"[680]의 특수 필법은 더욱이 후세 독자에게 강렬한 호기심과 정탐욕이 일게 하였고, 추측하는 사람들이 점점 더 기이하다고 하였다.

44. 《유림외사儒林外史》

《유림외사》는 장편소설로 청대淸代 오경재吳敬梓가 지은 것이다. 총 56회로 이

679) 성리학을 집대성한 주자(주희)의 이름을 따서 주자학朱子學이라고도 하고, 송나라 시대의 유학이라는 뜻에서 송학宋學이라고도 하며, 송나라 시대 이전의 유학의 가르침을 집대성한 새로운 기풍의 유학이라는 뜻에서 신유학新儒學이라고도 한다. 정호程顥와 정이程頤에서 주희로 이어지는 학통이라는 뜻에서 정주학程朱學, 정주성리학程朱性理學, 또는 정주이학程朱理學으로도 불린다. 이학理學 또는 도학道學이라고도 한다.

680) '眞事隱'과 '假語存'는 《홍루몽》의 작품 표현 기법이다. 인물 '甄士隱'과 '賈雨村'의 해음諧音이기도 한다. '진실은 숨기고 거짓은 남기다'는 뜻으로 '사실을 사실이 아닌 듯 한 비유적 수단으로 묘사함'을 말한다.

루어졌고, 1749년(건륭14년) 혹은 그보다 조금 이전에 책으로 엮였으며 필사본이 먼저 알려지게 되어 1803년(가경8년)에 처음으로 출판되었다.

사실주의로 각 부류의 인사들의 '공명부귀功名富貴'에 대한 다른 표현들을 표현하였다. 한 편으로는 인성이 부패되는 과정과 원인을 진실 되게 제시하지만 당시 관리 품행의 부패와 과거의 폐단, 예교의 위선 등에 대해 신랄한 비판과 풍자를 하였다. 다른 한 편으로는 소수 인물들이 자신만의 방식으로 인성을 보호하는 것을 찬미하지만 작가의 이상에 기탁하였다. 백화문의 운용은 이미 능숙해졌고, 인물 성격의 형상화 또한 섬세해졌다. 특히 뛰어난 풍자 수법은 이 책이 중국 고전 풍자 문학 중의 뛰어난 작품이 되게 하였다. 이 책은 중국 고대 풍자 소설의 극치를 대표하며 소설로 현실 생활을 직접 평가하는 범례를 개척하였다.

《유림외사》의 탈고 이후 즉, 필사본이 세간에 알려진 후 후세사람들의 평가가 매우 높아 노신魯迅은 이 책의 사상 내용은 "공평심을 갖고, 시대의 병폐를 지적하는 것"이라 하였고, 호적胡適은 그 예술 특색을 "견고히 다듬는 것(精工提煉)"이라 하였다. 국제 한학계漢學界에서도 이 책은 영향력이 매우 커 일찍이 영어, 프랑스어, 독일어, 러시아어, 일본어, 스페인어 등 여러 언어로 세계에 널리 알려졌고, 한학계의 찬사를 받았다. 이처럼, 세계문학 걸작의 숲에 들어 설만하고, 보카치노,[681] 세르반테스,[682] 발자크,[683] 디킨스[684] 등이 쓴 작품과 동등하게 견줄 수 있어 세계 문학에 탁월한 공헌을 하였다 할 수 있다.

681) Giovanni Boccaccio, 이탈리아의 소설가 · 시인

682) Miguel de Cervantes, 스페인의 소설가, 시인, 극작가. 많은 사람들에게서 첫 근대 소설이라고 평가받는《돈 키호테》의 작가로 유명하다. 그의 작품은 문학 전체를 통틀어 가장 중요한 명작에 속한다고 언급되기도 한다.

683) Honoré de Balzac, 프랑스의 소설가. 프랑스 사실주의 문학의 거장으로 꼽히는 오노레 드 발자크는 쉰한 살이란 길지 않은 생애 동안 100여 편의 장편소설과 여러 편의 단편소설, 여섯 편의 희곡과 수많은 콩트를 써낸 정력적인 작가이다.

684) Charles John Huffam Dickens, 빅토리아 시대에 활동한 영국 소설가. 화가 시모어의 만화를 위해 쓰기 시작한 희곡 소설《픽위크 클럽》을 분책으로 출판하여 일약 유명해졌다. 그는 특히 가난한 사람에 대한 깊은 동정을 보이고, 사회의 악습에 반격을 가하면서, 사회에 대한 실제의 일들의 묘사를 이야기 형식으로 완성했다. 후기 소설에는 초기의 넘치는 풍자는 약해졌으나, 구성의 치밀함과 사회 비평의 심화는 주목할 만하다.

45. 《경본통속소설京本通俗小說》

《경본통속소설》의 원서原書는 누가 편찬했는지는 알려지지 않아서 어떤 이는 송원시대의 작품이라 하고, 어떤 이는 후대 사람이 고서를 거짓으로 지어낸 것이라고 한다. 그 권수와 편수는 모두 상세하게 전해지지 않고 현존하는 것은 10권 9편에 이르는 화본소설로 무전손繆荃孫이 1915년 발행한 것이다. 줄거리의 전개가 매우 굴곡이 많고 생동적이며, 인물을 부각시키는 심리 묘사가 일정한 수준에 이르기도 하였다. 또한 당시 사회생활과 풍속 및 감정을 생동감 있고 진실성 있게 반영하였다. 이 소설은 소설사 연구에 큰 가치가 있을 뿐만 아니라 언어 민속 연구에도 아주 중요한 가치를 지닌다.

46. 《논형論衡》

중국 후한 때에 왕충王充이 지은 당시 시국을 비판한 책이다. 불우한 가운데 한 생을 마친 그가 합리주의와실증주의 정신으로 당시의 풍조인 유가儒家 · 도가道家 · 법가法家의 사상을 비판批判한 것으로 87~88년에 완성하였다. 모두 85편 30권으로 되어 있다.

《논형》은 제목은 논의하여 저울질한다거나 저울질하여 논의한다는 뜻이다. 그는 당시 세상 사람들이 가지고 있던 믿음, 생각, 소문, 관습으로부터 정치 철학, 역사 인식을 거쳐 우주의 탄생원리, 인간의 존재 가치에 이르기까지 그의 사고가 미치는 전 영역을 장장 85편에 걸쳐 현대적인 삼단논법에 가까운 태도로 질문하고 비판하고 추론함으로써 객관적이고 상식적인 대답을 얻어내려고 했던 것이다. 왕충이 살았던 한나라는 경학이 지배하는 세상이었다. 경학은 유교사상이 담긴 책을 유일한 진리이자 경전으로 숭배하였다. 공자孔子의 '술이부작述而不作(타인의 학설을 기술할 뿐, 자신의 새로운 의견을 더하지 않다.)'의 정신을 이어받아 유교 경전을 더 잘 이해할 수 있도록 보충 · 설명 할 수는 있을지언정 자기의 견해를 피력하는 새로운 글을 창작할 수 없다는 태도를 굳건히 견지하고 있었다. 이와 같이 독창이 금지된

시대에 왕충의 글쓰기는 너무나 독창적이었다. 유교경전을 신봉하기는커녕 '공자에게 묻는다(問孔篇)', '맹자를 비판한다(刺孟篇)'는 글을 통해 공자와 맹자에게까지 비판의 붓끝을 들이대는 그의 냉철한 이성은 독창적인 재기발랄함으로 넘쳐난다. 그의 붓끝은 현실에 대한 좌절과 분노를 담아 따지고 비판하고 조롱하다가 급기야는 자신의 존재에 대한 신뢰와 우주의 질서에 대한 성찰로 깊어지고 넓혔다.

47. 《조당집祖堂集》

석가모니불을 비롯한 과거칠불過去七佛로 부터 당나라 말 오대五代까지의 선사禪師 253명의 행적과 법어 · 게송 · 선문답을 담고 있다. 모두 20권으로 952년 남당南唐의 천주泉州에서 편찬되었으며, 현재 경상남도 합천군 해인사《고려대장경》속에 단 한 본만 전해진다. 우리나라에 전해지는 것은 1245년(고종 32)에 분사 대장도감에서 판각된 것이다. 1912년 일본인 학자 간노사다(關野貞)와 오노 겐묘(小野玄妙)가 해인사에서《고려대장경》판본을 조사하다 발견하여 세상에 알려졌다. 이를 두고 야나기다 세이잔(柳田聖山)은 '초기 선종사 연구에서는 돈황문헌에 못지않은 귀중한 자료'라고 하였다.

편자는 남당 천주 초경사招慶寺에 머물던 선승 정靜과 균筠이며, 서문은 초경사 주지 정수선사 문등이 썼다. 당시 선종에서는 '북방에 조주趙州가 있고, 남방에는 설봉雪峰이 있다'고 할 정도로 많은 선승이 남방으로 모여 설봉 문하에 들어갔다. 문등은 설봉의 제자이며 정과 균은 문등의 제자이다. 설봉 문하에 모인 사람들이 옛날 자신이 수행하던 지역의 선사들을 자주 거론하였으므로 정과 균이 이를 수집하여 책으로 엮어낸 것이다. 우리나라에서 출간된 책에는 광준匡俊의 서문이 붙어 있다. 광준의 서문에 의하면 1권이 이미 유포되었으며, 나중에 10권이 또 들어왔기에 이를 합쳐서 20권으로 편찬하였다.

1권에는 과거칠불에서 제16조 나후라 존자에 이르는 23대의 행적과 법어 및 게송이 실려 있다. 2권에는 제17조 승가난제 존자에서 제28조 달마 문하의 6조 혜능까지 실려 있으며, 3권에는 제43조 도신과 제5조 홍인의 문하에서 갈라져 나온

우두 · 나찬 등 모두 8명이 실려 있다. 4~13권에는 혜능의 제자인 청원 행사와 석두 회천 계통의 선사 96명이, 14~20권에는 남악 회양과 마조도일 계통의 선사 83명이 각각 실려 있다.

모두 257명의 선사 중 신라 승려는 11명으로, 11권에 제운화상과 복청화상이 나오고 17권에 가지산문의 개조 원적과 동리산문의 개조 동리화상 등 7명이 나온다. 또 18권에 정육화상, 20권에 순지가 나온다. 특히 신라 말부터 고려 초에 산문을 세운 고승들이 중국 유학에서 돌아와 펼친 활동과 입적 등의 사항을 자세히 기록하여 편찬에 신라 출신 선승이 참여했음을 추측할 수 있다.

48.《경덕전등록景德傳燈錄》

《경덕전등록》은《법화경》·《선문염송禪門拈頌》등과 함께 예로부터 불교전문강원의 최고과정인 수의과隨意科에서 학습되어 왔다. 송나라의 도원道源이 1006년에 저술했으며, 총 30권에 이른다. 과거칠불過去七佛로부터 역대 선종의 조사들, 오가五家 52세世에 이르기까지 법등法燈을 전한 법계法系를 차례로 기록한 책이다.

제1권에서 제26권까지는 7불을 비롯하여 가섭迦葉에서 행사行思 아래의 제11세에 해당하는 법제法齊까지 1,727명을 기록하였는데, 그 중 998명은 기록이 나타나 있고 나머지 729명은 이름만 있을 뿐 전등에 관한 사항은 전하지 않는다. 제27권에는 우리나라에도 널리 알려져 존경받고 있는 보지寶誌 · 선혜善慧 · 혜사慧思 · 지의智顗 · 승가僧伽 · 법운法雲 · 풍간豐干 · 한산寒山 · 습득拾得 · 포대布袋 등 10명의 응화현성應化賢聖에 관한 전기와 함께 여러 선문禪門에서 중요시했던 말들을 수록하였다. 제28권에는 혜충慧忠 등 12명의 광어廣語를 실었고, 제29권에는 〈지공화상대승찬誌公和尙大乘讚〉 10수 등 찬 · 송 · 게(偈) · 시를 적었으며, 제30권에는 〈신심명信心銘〉을 비롯하여 중국 및 우리나라 선승禪僧들의 귀감이 되었던 명 · 기 · 잠 · 가(歌) 24편을 수록하고 있다. 또한, 이 책에는 우리나라 선승들의 전등에 관한 기록이 있어 그 가치가 매우 크다. 권별로 살펴보면 제9권에는 신라의 도의道義 · 혜철慧徹 · 홍척洪陟 · 무염無染) · 현욱玄昱 · 각체覺體 등 6명, 제10권에는 도균道均 · 품일品日 · 가지迦智 · 충언忠彦 · 대모大茅 등 5명이 실려 있다. 그리고 제11권에는 언충彦忠, 제12권에는 순지順支, 제16권에는 흠충欽忠 · 행적行寂 · 낭朗 · 청허淸虛 등 4명, 제17권에는 금장金藏 · 청원淸院 · 서암瑞巖 · 백암伯巖 · 대령大嶺 등 5명, 제19권에는 무위無爲, 제20권에는 운주雲住 · 경유慶猷 · 혜慧등 3명, 제26권에는 고려의 영감靈鑒이 기록되어 있다. 이 책은 《선문염송》과 함께 고려 및 조선시대의 승과僧科 선종선禪宗選의 시험과목으로 채택되었으며, 선승들은 이 책의 내용을 문답식 공개시험에서 해독해야만 대선大選의 법계法階를 얻을 수 있었다. 현재 우리나라 선원에서의 선문답도 이 책의 내용에서 크게 벗어나지 않고 있다. 또한 이 책은 고려 중기에 혜심慧諶이 《선문염송》을 찬술할 때 중요한 저본이 되었다. 이 책의 고간본으로는 1550년(명종5년)에 평안도의 화장사華藏寺에서 간행하여 표훈사表訓寺로 옮긴 표훈사판 일부와, 1614년(광해군6년)에 충청남도 논산시 쌍계사에서 개판한 쌍계사판이 있는데, 쌍계사판은 언제 이장되었는지 알 수 없으나 현재 그 완판이 해인사 사간판각寺刊板閣에 보관되어 있다.

49. 《선문염송禪門拈頌》

고려 후기의 승려 혜심慧諶이 편찬한 선문공안집禪門公案集으로 총 30권이며 목판본이다. 저자는 문인 진훈眞訓과 함께 선문공안 1,125칙則을 불경 또는 조사祖師의 어록에서 발췌한 다음 그에 대한 강령의 요지를 제시한 염拈과 찬송을 붙여 이 책을 완성하였다.

내용은 제1권에는 석가모니불에 대한 30가지 화제를 수록하였고, 제2권에는 석가모니 직계제자들의 화제 41개를 수록하였다. 제3권에는 여러 불경에 실린 화제와 조사에 대한 화제 32개를 수록하였고, 제4권에는 제6조 혜능慧能부터 혜충국사慧忠國師까지의 화제 33개를 수록하였다. 제5권부터는 중국 선종의 오종칠가五宗七家의 고승들이 남긴 법문 가운데 화제가 될 만한 것들을 모으고, 그 화제 밑에 염 · 송 · 법어 등을 채집하여 수록하였다. 이 책은 일찍부터 우리나라 선문의 기본학습서로 채택되어 선종의 승려들은 반드시 이를 공부하였고, 선종선禪宗選

에서도 이 책에 대한 공부는 반드시 점검하도록 되어 있었다.

초간본은 남아 있지 않으며 몽고의 전란으로 초판이 불탄 뒤 1244년(고종 31년)에 대장도감大藏都監 남해분사南海分司에서 개판하였다. 그런데 이 때 새로이 347칙을 더하여 1,472칙을 수록하였다고 한다. 그 뒤 조선시대에도 여러 차례 개판되어 현재는 1568년(선조 1년)의 법흥산 법흥사法興寺 간행본과 1634년(인조 12년)의 수청산 용복사판龍腹寺板, 1636년의 천봉산 대원사大原寺 개판본, 1682년의 대원사 간행본, 1707년(숙종 33년)의 팔영산 능가사판楞伽寺板 등이 있다.

이 책에 대한 우리나라 고승의 주석서로는 각운覺雲의 《선문염송설화禪門拈頌說話》 30권, 일연一然의 《선문염송사원禪門拈頌事苑》 30권, 유일有一의 《선문염송간병禪門拈頌看柄》 1권, 의첨義沾의 《선문염송기》 1권, 긍선亘璇의 《선문염송사기》 5권 등이 저술되었다.

50. 《벽암록碧巖錄》

《벽암록》은 중국 송宋나라 때의 불서佛書이다. 정확하게는 《불과환오선사벽암록佛果圜悟禪師碧巖錄》 또는 《불과벽암파관격절佛果碧巖破關擊節》 이라 하며, 《벽암집》이라고도 한다. 선종禪宗, 특히 임제종臨濟宗의 공안집公案集의 하나로, 10권으로 되어 있고, 1125년에 완성되었다. 설두중현雪竇重顯이 《전등록傳燈錄》 1,700칙則의 공안 가운데서 100칙을 골라 하나하나에 게송偈頌을 달고 환오극근圜悟克勤이 각칙各則에 수시垂示 · 저어著語 · 평창評唱을 덧붙여 이루어졌다. 환오의 제자에 의해 편찬 · 간행된 뒤 중국과 한국 그리고 일본에서 여러 차례 간행되었으며 선종에서는 가장 중요한 전적典籍으로 여긴다.

51. 《직지사선문염송집直指寺禪門拈頌集》

《직지사선문염송집》는 경상북도 김천시 대항면 운수리 직지성보박물관에서 소장하고 있는 고려 후기에 간행된 불서이다. 1226년(고종 13년) 고려의 선승 혜심

慧諶이 수선사修禪社(현 송광사)에서 제자 진훈眞訓 등과 함께 선가의 옛 화두話頭 1125칙과 이에 대한 여러 선사들의 염拈·송頌 등 강령의 요지를 모아서 30권으로 편찬한 선문禪門 공안집公案集이다. 선에서 수행하는 데 귀감으로 삼아 널리 읽힌 책으로 일찍부터 우리나라 선문의 기본 학습서로 채택되었으며, 선종의 승려들은 반드시 이를 공부했고 선종선禪宗選에서도 이 책에 대한 공부는 반드시 점검하도록 되어 있었다. 혜심은 보조국사 지눌의 뒤를 이어 수선사의 제2세가 된 후 지눌의 사상을 더욱 진작시켜 고려 선종의 기반을 굳건히 다진 인물이다. 자는 영을永乙, 자호自號는 무의자無衣子이며, 시호는 진각국사眞覺國師이다. 젊어서 유학을 공부하여 1201년(신종 4년) 사마시에 합격했으나, 어머니가 세상을 떠난 후 25세에 출가하였다.

몽골군의 침입 때 초판이 소실되어 1244년(고종 31년) 남해분사대장도감南海分司大藏都監에서 개판했는데 이때 347칙을 더해서 1472칙을 수록했다고 한다. 우리나라 선문의 기본 학습서로 채택되어 선종선禪宗選에서도 반드시 점검하도록 한 불서이다. 선종 글쓰기의 기본 텍스트로서 중요성을 가졌다고 할 수 있다. 특히 시문詩文으로 철학하는 양상을 잘 보여 주며 선종의 문학적 활동을 한데 모아 놓았다는 점에서 큰 의의를 가진다.

52.《선종무문관禪宗無門關》

《선종무문관》은 《무문관無門關》이라고도 한다. 1권으로 되어 있다. 고인古人의 선록禪錄 중에서 공안 48칙公案四十八則을 뽑고 여기에 염제拈提 또는 평창評唱과 송頌을 덧붙였다. 이 48칙의 총칙總則이라고 할 제1칙 '조주무자趙州無字'에서 저자는 무無를 종문(宗門)의 일관一關이라 부르고, 이 일관을 뚫고 나아가면 몸소 조주趙州로 모실 뿐 아니라 역대 조사趙師와 손을 잡고 함께 행동하며 더불어 견문을 나누는 즐거움을 같이 하게 된다고 한다. 조주에게 한 승려가 "개(狗)에게도 불성佛性이 있습니까?"하고 묻자, "없다(無)"고 대답한 것은 세상에서 말하는 유무상대有無相對의 '무無'가 아니라 유무의 분별을 절絶한 절대적 '무'를 가리킴이다. 깨달음의 절대 경지를 '무'라고 표현한 것이라고 하였는데, 본서에는 이 '무자無字'의 탐구가 전편全編에 깔려 있다. 이 책은 《벽암록碧巖錄》·《종용록從容錄》과 함께 선종의 대표적인 책이다.

53. 《종용록從容錄》

중국 조동종曹洞宗의 승려 정각正覺이 고칙공안古則公案 중에서 100칙을 선별하여 이것에 송고頌古를 더하고, 행수(行秀:1166~1246)가 평창評唱한 책이다. 정식명칭은 《만송노인평창 천동각화상송고 종용암록萬松老人評唱 天童覺和尙頌古 從容庵錄》이다. 만송은 행수의 아호이다. 이 책은 예로부터 《벽암록碧巖錄》과 함께 선문의 쌍벽을 이루는 것이라 하였으나 주로 조동종 계통에서 애용되었다.

54. 호남장사마왕퇴3호한묘백서湖南長沙馬王堆3號漢墓帛書

1973年12月에서 1974年 초까지 호남성박물관湖南省博物館이 장사시마왕퇴長沙市馬王堆에서 2호와 3호 한漢 나라 묘지 두 기基를 발굴하였다. 그 중 3호 묘지에서 매우 중요한 역사적인 죽간竹簡과 백서帛書가 발견되었다. 이 자료는 중외학자들에 신선한 충격을 주었다. 이 묘지에서 출토된 목독 중에 기년紀年에 관한 목독木牘이 있어, 그 연대가 한漢 문제文帝 전원前元12년(BC168年)이라는 것을 알 수 있다. 지금으로부터 약 2170 전이나 된 고대의 중요한 자료이다.

3호 한묘에서 모두 600여 매의 죽간이 출토되었는데, 고대 의서醫書에 관한 220매枚 이외에 나머지는 모두 수장기물隨葬器物의 청단淸單이다. 이 죽간은 보존상태는 상당히 좋아서 글자도 매우 선명하게 확인할 수 있다. 의서간醫書簡의 내용은 《십문十問》(죽간竹簡)·《합음양合陰陽》(죽간)·《잡금방雜禁方》(목간木簡)·《천하지도담天下至道談》(죽간)으로 나눌 수 있다. 그 중 《천하지도담》에 서제書題가 있는 것 이외에 나머지 세 종은 서제가 없었으나, 후에 마왕퇴백서 정리팀이 명명한 것이다.

죽목간 이외에 귀중한 자료인 백서帛書가 발견되었다. 수량이나 내용 모두는 그 전에 없었던 큰 수확이었다. 백서는 3호의 상자에서 발견되었는데 모두 십만여 자에 달한다. 이 백서의 내용은 대부분이 전해 내려오지 않은지 일천여년이 지난 고대 일서佚書이다. 금본今本(전래본)이 있는 것 중에서는 상당한 차이를 보이고 있어, 고적 연구에 매우 소중한 자료가 되고 있다. 이 백서는 《노자老子》·《주역周易》 등 20여 종의 고적이다. 중국 고대 사상·역사·군사·천문·역법·지리·의학 등 연구의 다방면에 새로운 자료를 제공한 것이다.

출토된 두개의 백서 중 하나는 편폭이 48㎝ 쯤 되고, 하나는 24㎝ 쯤 되는 견백에 쓰여진 것으로 나무에 감겨진 권卷의 형식으로 되어 있다. 전자는 변두리 부분이 파손되었으며, 후자는 천과 천이 서로 붙어 있어 파손된 부분이 비교적 많다. 일서佚書 중의 대부분이 편제가 없어 《노자老子》·《주역周易》·《전국종횡가서戰國縱橫家書》와 《춘추사어春秋事語》 등 내용에 따라 15 종류로 나누었다.

천문성점天文星占의 일서佚書는 모두 144行으로 약 6,000여 자가 있으며 편제가 없다. 이 백서는 진시황 원년元年(BC 246)부터 한漢 문제文帝 3년(BC 177)까지 70년간의 오성五星이 운행한 위치를 표시하고 있다. 이 백서는 중국 역사상 천문학에 관한 최초의 저작이다.

이 백서가 출토된 후로 1974년 《문물文物》(제7기)에 호남성박물관과 중국과학원고고연구소가 함께 편찬한 《장사마왕퇴2.3호한묘발굴간보長沙馬王堆二·三號漢墓發掘簡報》를 발표하였고, 같은 해 《문물》(제9기)에 효함曉菡이 쓴 《장사마왕퇴한묘백서개설長沙馬王堆漢墓帛書概述》장을 발표하여 이 백서에 관하여 상세하게 설명하였다. 그 후 이 백서에 관하여 《문물》에 마왕퇴백서 정리팀이 아래와 같이 계속적으로 발표하였다.

1974년 제10기 〈《노자老子》을본권전공일서역문乙本卷前古佚書譯文〉

제11기 《노자老子》갑을본甲乙本과 《오성점五星占》 석문釋文

1975년 제4기 《전국책戰國策》(即 《전국종횡가서戰國縱橫家書》 석문釋文

제6기 고의서古醫書석문釋文(一)

제9기 고의서古醫書석문釋文(二)

1977년 제1기

《춘추사어春秋事語》석문釋文(一)

제8기 《상마경相馬经》석문釋文

1984년 제3기 《육십사괘六十四卦》석문釋文

그 후 1992년에 마왕퇴 발굴 20주년을 기념하기 위하여 부거우傅擧友 · 진송장陳松長 이 합작으로 《마왕퇴한묘문물馬王堆漢墓文物》(호남출판사湖南出版社)을 출간하였다. 이 책에서 처음으로 백서 《역전易傳》 중의 《계사繫辭》의 사진과 석문釋文이 발표되었다. 1993年 《도가문화여연구道家文化與硏究》(제3집)에 진송장의 〈백서 《계사》석문帛書 《繫辭》釋文〉이 발표되었고, 진송장과 묘명춘廖名春이 함께 〈백서 《이삼자》帛書 《二三子問》〉 · 〈역지의易之意〉 · 〈《요》석문 《要》釋文〉을 발표하였다.

55. 수호지진묘죽간睡虎地秦墓竹簡

1975년 12월에 호북성박물관湖北省博物館과 운몽현雲夢縣 문화부文化部 등이 운몽현수호지雲夢縣睡虎地에서 12개의 전국 말기에 해당하는 묘와 진대秦代에 해당하는 묘장을 발굴하였다. 그 중 11호 진묘秦墓 속에서 대량의 진대의 죽간이 발견되었다. 이는 죽간의 내용이나 수량으로 보아 70년대 문물 출토 중 최고의 수확이었다.

수호지 11호 진묘는 진시황秦始皇 30년 좌우로 추산되는 묘장으로 묘주는 '희喜'라는 사람이다. 단지 몇 간만이 파손되었고 문자는 비교적 확실하게 알아볼 수 있으며, 이 죽간의 서체는 고예古隸의 형태로 서예사에 중요한 문자적 자료를 제공해 주었다. 이 죽간은 모두 1,155매[685]로 23~27.8㎝이고, 너비는 0.3~0.7㎝이며, 각 죽간마다 중간 세 곳에 묶은 흔적이 있다. 간문의 내용은 기記 · 율律과 일서日書 등을 비롯하여 모두 10종에 달한다. 《편년기編年紀》 · 《어서語書》 · 《진율18종秦律十八種》 · 《효율效律》 · 《진율잡초秦律雜抄》 · 《접율답문法律答問》 · 《봉진식封診式》 · 《위리지도爲吏之道》 · 《일서日書 · 갑종甲種》 · 《일서日書 · 을종乙種》 등이다. 그 중 《어서》 · 《효률》 · 《봉진식》와 《일서》 등 네 종류는 모두 제목이 있으며, 기타 다른 편은 정리자들이 내용을 참고하여 붙인 명칭이다.

1977年에 수호지진간睡虎地秦簡 정리조整理組가 편집한 《수호지진묘죽간睡虎地秦墓竹簡》(문물출판사文物出版社)이란 책에서는 전에 발표되지 않은 《일서日書 · 갑을종甲乙種》을 포함하고 주석하여 출간하였다. 그 후 1978년과 1981년에 각각 이전에 발표된 내용을 보충 출간하였다가, 최종적으로 1990년에 진간 정리조가 편집하여 《소호지진묘죽간睡虎地秦墓竹簡》(문물출판사文物出版社)이란 책을 출간하였다. 이 책은 수호지 11호 진묘에서 출토된 모든 죽서와 도판 · 석문 · 주석 등이 있다. 이 도판들은 모두 확대판으로 《편년기》 · 《위리지도》 · 《일서 · 갑을종》 외에는 모두 현대 한어로 번역되어 있다.

진대秦代에 출토出土된 간독편년簡牘編年[686]

명 칭	연 대	참고자료
青川木牘	BC 309년	沙孟海《中國書法史圖錄》(一)[715]
雲夢秦簡《日書甲乙》·《效律》·《秦律雜抄》	BC 278년 후	《睡虎地秦墓竹簡》[716]
雲夢秦簡《語書》	BC 227년	《睡虎地秦墓竹簡》
雲夢秦簡《編年記》	BC 244 - 217년	《睡虎地秦墓竹簡》
雲夢龍崗秦簡	BC 217년 후	劉信芳 · 梁柱《雲夢龍崗秦簡》[717]
周家臺秦簡《日書》·《病方及其它》	BC 213 - 209년	《關沮秦漢墓簡牘》[718]
天水秦簡《日書》甲本	BC 239년 이전	《文物》1989년2기

685) 80매의 殘片이 포함하지 않음.

686) 〈秦國(代)出土簡牘編年〉과 〈漢國(代)出土簡牘編年〉는 胡長春 〈從尹灣漢墓名謁木牘談關於八分的一些問題〉의 문장을 참고함(인터넷 사이트《簡帛硏究》에서 발취)

55. 《갑골문합집甲骨文合集》

요효수姚孝遂, 《은허갑골각사모석총집殷墟甲骨刻辭摹釋總集》, 中華書局, 1988

요효수姚孝遂, 《은허갑골각사모석유찬殷墟甲骨刻辭摹釋類纂》, 中華書局, 1989.

호후선胡厚宣, 《갑골문합집석문甲骨文合集釋文》, 中國社會科學出版社, 1999.

56. 《은주금문집성殷周金文集成》

상주商周의 금문에 대한 기록으로는 《한서》와 《후한서》 등을 비롯하여, 《설문해자說文解字》 〈서序〉의 "군국에서 왕왕 산천에서 정鼎과 이기彝器를 얻었는데 이 명문은 전대의 고문이다"[691]와 같은 내용으로 보아 한대漢代에 이미 발견된 것으로 보인다. 그러나 송대宋代에 들어서야 비로소 금문을 전문적인 연구하는 '금석학金石學'이 출현하였다. 유창劉敞의 《선진고기도先秦古器圖》를 시작으로 구양수歐陽修의 《집고록集古錄》과 여대림呂大臨의 《고고도考古圖》, 설상공薛尙功의 《역대종정이기관식법첩歷代鐘鼎彝器款識法帖》, 왕구王俅의 《소당집집고록嘯堂集古錄》, 왕보王黼가 편찬한 《선화박고도宣和博古圖》, 조명성趙明誠의 《금석록金石錄》 등이 송대의 금문 저서 중 비교적 후세에 영향을 끼친 저서이다.

청대부터는 대량으로 문물들이 발견되어 금문의 연구는 장족의 발전을 하였다. 비교적 중요한 저서로는 《서청고감西淸古鑑》과 《양수감고寧壽鑒古》 등 약 30종이 있다. 이들은 기물의 도형에 명문銘文과 고석考釋을 덧붙이 것과 단지 명문만을 수록한 것이 있다.

1937년에 출판된 나진옥羅振玉의 《삼대길금문존三代吉金文存》20卷은 이전에 보지 못했던 4천8백여 건의 방대한 명문 탁본을 소개하여 금문 연구에 지대한 영향

687) 上海人民美術出版社, 1991年7月.

688) 文物出版社, 1990年9月.

689) 科學出版社, 1997年7月.

690) 中華書局, 2001年8月.

691) 《說文解字》 〈序〉: "郡國亦往往于山川得鼎彝, 其銘卽前代之古文."

을 끼쳤다. 이 책은 1983년에 중화서국에서 다시 출판하였는데, 책 뒷부분에 손치추孫稚雛의 〈삼대길금문존변증三代吉金文存辨證〉이라는 문장이 추가되어 있다. 이 이후로 용경容庚 · 우성오于省吾 · 상승조商承祚 · 유체지劉體智 · 진몽고陳夢家와 서중서徐中舒 등이 금문 자료들을 편집하여 출판하였다.[692)]

금문의 자료 중 현재 가장 영향력 있는 저서는 1984년에 중국사회과학고고연구소中國社會科學院考古研究所가 편찬한 《은주금문집성殷周金文集成》이다. 줄여서 《집성集成》이라고도 한다. 모두 18책으로 되어 있는데, 제1책은 1984년 8월에 출간되었고, 제18책은 1994년 12월 출간되었다. 이 책은 모두 11983의 명문 탁본을 수록하고 있는데, 이는 중국이외의 해외를 포함하여 이른바 1980년대까지 볼 수 있는 모든 명문은 모두 수록하고 있다고 볼 수 있다. 매 책冊 뒷부분에 각 명문의 출처와 기물의 문자 수, 기물의 형태들을 설명하고 있어 매우 유용한 참고자료이다. 석문과 명문에 대한 색인은 《은주금문집성인덕殷周金文集成引得》(중화서국中華書局)과 《금문인덕金文引得》의 〈은상서주권殷商西周卷〉 · 〈춘추전국권春秋戰國卷〉(광서교육출판사廣西教育出版社)을 참고할 수 있다.

명문銘文의 고석 연구는 오대징吳大澂 · 왕국유王國維 · 곽말약郭沫若 · 당란唐蘭 · 우성오于省吾와 양수달楊樹達 등이 가장 많은 연구 성과를 내놓았다고 할 수 있다.[693)]

금문의 자형을 연구하는 공구서로는 용경容庚의 《금문편金文編》, 주법고周法高의 《금문고림金文詁林》과 《금문고림부록金文詁林附錄》, 고명高明의 《고문자류편古文字類編》, 서중서徐中舒의 《한어고문자자형표漢語古文字字形表》, 진초생陳初生의

692) 容庚 《頌齋吉金圖錄》(1933年), 《海外吉金圖錄》(1933年), 《殷周青銅器通論》(1958年); 于省吾 《雙劍誃古金圖錄》(1933年), 《商周今文錄遺》(1957年); 商承祚 《十二家吉金圖錄》(1935年); 劉體智 《善齋吉金錄》(1934年); 陳夢家 《海外中國青銅器圖錄》. 이상의 저서들은 孫稚雛의 《金文著錄簡目》(中華書局, 1981年 第一版)을 참고함.

693) 吳大澂 《說文古籀補》, 《字說》 《愙齋集古錄》; 王國維 《觀堂集林》 〈觀堂吉金文考釋五種〉; 郭沫若 《殷周青銅器銘文研究》(1931年), 《金文叢考》(1932年), 《古代銘刻匯考》(1933年), 《古代銘刻匯考續編》(1934년), 《西周金文辭大系考釋》(1935年); 唐蘭의 금문연구논문은 1995年 紫禁城出版社에서 출판한 《唐蘭先生金文論集》에 대부분 수록되어 있다; 于省吾 《雙劍誃吉金文選》(1934年); 楊樹達 《積微居金文說》(1959年).

《금문상용자전金文常用字典》, 진가상戴家祥의 《금문대자전金文大字典》과 왕문요王文耀의 《간명금문사전簡明金文辭典》 등을 들 수 있다.

주요 금문 공구서는 아래와 같다.

中國社會科學院考古研究所編,《殷周金文集成》(全十八冊), 中華書局, 1984.8 - 1994.
中國社會科學院考古研究所編,《殷周金文集成釋文》, 香港中文大學出版社, 2001.
張亞初 編著,《殷周金文集成引得》, 中華書局, 2001.
華東師範大學中國文字研究與應用中心,《金文引得(殷商西周卷)》, 廣西教育出版社, 2001.
華東師範大學中國文字研究與應用中心,《金文引得(春秋戰國卷)》, 廣西教育出版社, 2002.

주요참고문

殷周金文暨青銅器資料庫, http://app.sinica.edu.tw/bronze/qry_bronze.php
孔穎達 等,《十三經注疏》, 中華書局, 1980
孫詒讓,《周禮正義》, 中華書局, 1987
楊伯峻,《春秋左傳注》(第2版), 中華書局, 1990
許愼,《說文解字》, 中華書局, 1936
漢 班固,《漢書》, 中華書局, 1962
清 段玉裁,《說文解字注》, 上海古籍出版社, 1981
淸 朱駿聲,《說文通訓定聲》, 中華書局, 1984
淸 王念孫,《廣雅疏證》, 江蘇古籍出版社, 1984
羅振玉,《殷墟書契菁華》, 書學院出版部(民國刊本), 1914
楊伯峻,《春秋左傳注》. 中華書局, 1990
潘允中,《漢語語法史概要》, 中州書畵社, 1982
馬建忠,《馬氏文通》(校注本), 中華書局, 1954
黎錦熙,《新著國語文法》(二十二版校訂本), 商務印書館, 1955
黎錦熙·劉世儒,《漢語語法教材》, 商務印書館, 1957
湯可敬 著,《說文解字今釋》, 岳麓書社, 1997
張世超 等著,《金文形義通解》(全三冊), 日本京都中文出版社, 1996
王力,《中國現代語法》(增訂本), 中華書局, 1954
王力,《漢語語法史》, 商務印書館, 2005
王力,《漢語史稿》, 中華書局, 2005
呂叔湘,《中國文法要略》(修訂本), 商務印書館, 1956
呂叔湘·朱德熙,《語法修辭講話》, 開明書店, 1952
呂叔湘,《語法學習》, 中國青年出版社, 1953
呂叔湘,《漢語語法論文集》, 商務印書館, 1999
羅常培 · 呂叔湘,〈現代漢語規範化問題〉,《現代漢語規範化問題學術會議文件彙編》, 北京科學出版社, 1956
呂叔湘 著, 江藍生 補,《近代漢語指代詞》, 學林出版社, 1885
王輝,《中國古文字導讀 - 商周金文》, 文物出版社, 2006

高名凱,《漢語語法論》(修訂本), 科學出版社, 1957
張志公,《漢語語法常識》(改訂本), 上海教育出版社, 1959
張志公 主編,《初級中學課本·漢語(語法部分)》, 人民教育出版社, 1956
裘錫圭,《文字學概要》, 商務印書館, 2007
裘錫圭,《古文字論集》, 中華書局, 1992
裘錫圭,〈甲骨文中的幾種樂器的名稱〉,《中華文史論叢》, 上海古籍出版社, 1980(2)
裘錫圭,〈釋求〉,《古文字研究》(第15輯) , 中華書局, 1986
丁聲樹 等,《現代漢語語法講話》, 商務印書館, 1961
劉月華 等,《實用現代漢語語法》, 外語教學與研究出版社, 1983
趙元任,《中國話的文法(A grammar of spoken Chinese)》, 1968
張玉金,《甲骨文虛詞詞典》, 中華書局, 1994
張玉金,《甲骨卜辭語法研究》, 廣東高等教育出版社, 2002
張玉金,《西周漢語語法研究》, 商務印書館, 2004
張玉金,《甲骨文語法學》, 學林出版社, 2001
張玉金,《西周漢語語法研究》, 商務印書館, 2004
張玉金,〈關於殷墟甲骨文中有無被動句式的問題〉,《殷都學刊》, 2006(3)
張玉金,〈甲骨金文中'其'字意義的研究〉《殷都學刊》, 2001(1)
張玉金,〈西周金文中"雩"字用法研究〉《古文字研究》(第25輯), 中華書局, 1900
崔恒昇,《簡明甲骨文詞典》, 安徽教育出版社, 2001
朱歧祥,《殷墟甲骨文字通釋稿》, 臺灣文史哲出版社, 1989
朱歧祥 編撰,《甲骨文詞譜》(全5冊), 里仁書局, 2013
朱歧祥,《殷墟甲骨文字通釋稿》, 臺灣文史哲出版社, 1989
朱歧祥,《殷墟卜辭句法論稿》, 學生書局, 1981
徐中舒,《甲骨文字典》, 四川辭書出版社, 1988
徐中舒 編,《漢語古文字字形表》, 中華書局, 2010
官燮初,《殷墟甲骨刻辭的語法研究》, 北京中國科學院, 1953
陳夢家,《殷墟卜辭綜述》, 中華書局, 1956
陳夢家,《西周銅器斷代》(上下卷), 中華書局, 2004
王宇信 · 楊升南 · 聶玉海 主編,《甲骨文精粹釋譯》, 雲南人民出版社, 2004
于省吾 主編,《甲骨文字詁林》(全四冊), 中華書局, 1996

于省吾,《甲骨文字釋林》, 中華書局, 1979
于省吾,《甲骨文合集釋文》, 中國社會科學出版社, 1999
姜寶昌,〈卜辭虛詞試析〉,《先秦漢語研究》, 山東教育出版社, 1982
吳浩坤 · 藩悠,《中國甲骨學史》, 上海人民出版社, 1985
向熹,《簡明漢語史》, 北京高等教育出版社, 1993
向熹,《詩經詞典》, 成都四川人民出版社, 1997
沈培,《殷墟甲骨卜辭語序研究》, 台北文津出版社, 1992
楊逢彬,《殷墟甲骨刻辭詞類研究》, 廣州花城出版社, 2003
周法高,《中國古代語法》(造句編 · 稱代編 · 構詞編), 臺灣歷史言語研究所
周法高,《中國古代語法 - 虛詞編》, 手稿本
周法高 主編,《金文詁林》(全18冊), 香港中文大學出版, 1974
周法高 主編,《金文詁林補》(全8冊), 臺灣歷史語言研究所專刊之七十七, 中央研究院歷史研究所, 1982
周法高 · 李孝定 · 張日昇 編著,《金文詁林附錄》, 香港中文大學出版, 1977
楊伯峻 · 何樂士,《古漢語語法及其發展》, 北京語文出版社, 1992
楊伯峻,《古漢語虛詞》, 北京中華書局, 1981
楊伯峻,〈上古無指代詞"亡" · "罔" · "莫"〉,《中國語文》, 1963(6)
楊伯峻 · 何樂士,《中國古代語法及其發展》(修訂本), 語文出版社, 2001
何樂士,《古代漢語虛詞通釋》, 北京出版社, 1985
何樂士,《左傳範圍副詞》, 長沙岳麓書社, 1994
何樂士,《左傳虛詞研究》, 商務印書館, 2004
崔永東,《兩周金文虛詞集釋》, 中華書局, 1994
方麗娜,《西周金文虛詞研究》, 國立臺灣師範大學碩士論文, 1985
官燮初,《西周金文語法》, 商務印書館, 1981
潘玉坤,《西周金文語序研究》, 華東師範大學出版社, 2005
陳初生,《金文常用字典》, 陝西人民出版社, 2004
中國古文字研究會 編,《古文字研究》, 中華書局, 1979
劉慶柱 · 段志洪 主編,《金文文獻集成》(全46冊), 線裝書局, 2005
彭邦炯,《甲骨文醫學資料釋文考辨與研究 - 甲骨文醫學資料釋文考辨與研究》, 人民衛生出版社, 2008

中國社會科學院考古研究所編,《殷周金文集成釋文》, 香港中文大學中國文化研究所, 2001
中國社會科學院考古研究所編,《殷周金文集成》(全18冊),中華書局, 1984 - 1994
中國社會科學院考古研究所編,《殷周金文集成釋文》(全6卷), 香港中文大學中國文化研究所出版, 2001
姚孝遂,《殷墟甲骨刻辭摹釋總集》, 中華書局, 1988
姚孝遂,《殷墟甲骨刻辭摹釋類纂》, 中華書局, 1989
姚孝遂 · 肖丁 合著,《小屯南地甲骨考釋》, 中華書局, 1985
李麗艷,《甲骨文介詞連詞研究》, 河北師範大學碩士學位論文, 2007
胡厚宣 主編,《甲骨文合集釋文》, 中國社會科學出版社, 1998
吳繼光,〈用事成分的語義序列與語法規則〉,《中國語文》, 1999.3
潘玉坤,《西周金文語序研究》, 華東師範大學出版社, 2005
趙誠,《甲骨文虛詞探索》,《古文字研究》(第十五輯), 1986
趙誠,〈金文的"于"〉,《語言研究》, 1996(2)
武振玉,《兩周金文詞類研究(虛詞篇)》, 吉林大學博士學位論文, 2006
武振玉,〈金文'于'竝列連詞用法辨正〉,《長春大學學報》, 2005(5)
陳年福,《甲骨文詞義研究》, 鄭州大學博士學位論文, 2004
孫海波 編,《甲骨文編(校定)》, 中華書局, 1965
劉釗 編纂,《新甲骨文編》, 福建人民出版社, 2009
管燮初,《西周金文语法研究》, 商務印書館, 1981
唐鈺明,〈西周金文被動句式簡論〉,《古文字研究》, 1982(7)
唐鈺明 · 周錫馥,〈論古漢語被動式的起源,《學術研究》, 1985(5)
唐鈺明 · 周錫馥,〈先秦漢語被動式的發展,《中國語文》, 1985(4)
郭錫良,《漢語史論集》(增補本), 商務印書館, 2005
董蓮池,〈甲骨文中的"于"字被動式探索〉,《古籍整理研究學刊》, 1998(4\5)
潘玉坤,〈西周金文中幾個于被动式表述有關的句子〉,《中文自學指導》, 2004(1)
梅祖麟,〈介詞"于"在甲骨文和漢藏語裏的起源,《中國語文》, 2004(4)
張國光,〈西周金文被動句'于'字式質疑〉,《貴州文史叢刊》, 1997(6)
嚴志斌,〈商代金文句法研究〉,《殷都學刊》, 2006(01)
殷周金文暨青銅器資料庫, http://bronze.asdc.sinica.edu.tw/rubbing.php?05956

吳鎮烽,《金文人名匯編》, 中華書局, 1987
馬承源,《商周青銅器銘文選(3)》, 文物出版社, 1988
唐蘭,《西周青銅器銘文分代史徵》, 中華書局, 1986
容庚,《金文編》, 中華書局, 1985
楊樹達,《積微居金文說》, 中華書局, 1977
楊樹達,《詞詮》, 北京中華書局, 2004
陳年福,《甲骨文詞義研究》, 鄭州大學博士學位論文, 2004
錢宗武,《今文尚書語法研究》, 北京商務印書館, 2004
黃盛璋,〈古漢語的人身代詞研究〉,《中國語文》, 1963.6
黃盛璋,〈先秦古漢語指示詞研究〉,《語言研究》, 1983.2
周民,《尚書詞典》, 成都四川人民出版社, 1993
陳年福,《甲骨文詞義研究》, 鄭州大學博士學位論文, 2004
裴學海,《虛字集釋》, 北京中華書局, 1954
洪誠,〈論南北朝以前漢語中的系詞〉,《語言研究》, 1957(2)
席澤宗,〈馬王堆漢墓帛書中的慧星圖〉,《文物》, 1987(2)
劉翔 · 陳抗 · 陳初生 · 董琨編著,《商周古文字讀本》, 語文出版社, 1989
崔南圭,《睡虎地語法研究》, 博士學位論文, 1994
崔南圭 著,《中國古代金文의 理解 - 殷商兩周青銅器金文100選解說》, 서울신아사, 2009
崔南圭,《중국고대금문의 이해(Ⅰ)》, 신아사, 2009
李麗艷,〈甲骨文介詞連詞研究〉, 河北師範大學碩士學位論文, 2007
周生亞,〈"莫"字詞性質疑〉,《中國語文》, 1964
謝質彬,〈論古代漢語否定性的範圍副詞〉,《社會科學戰線》, 1982
林海權,〈否定詞"莫"字的詞性研究〉,《福建師範大學學報》, 1983
喻遂生,〈甲金語法札記三則〉,《甲金語言文字研究論集》, 成都巴蜀書社, 2002
楊逢彬,《殷墟甲骨刻辭詞類研究》, 廣州花城出版社, 2003
唐钰明,〈其 · 厥考辨〉,《中國語文》, 1990(4)
方文一,〈《荀子》與《韓非子》意動用法之比較〉,《浙江師範大學學報》, 2006(4:31)
方文一,〈《詩經》與《左傳》意動用法之比較〉,《浙江師範大學學報》, 2002(1:27)
楊麗,〈從《論語》·《孫臏兵法》看先秦漢語名詞 · 動詞 · 形容詞句法功能的多样化

和複雜化〉, 陝西師範大學, 碩士學位論文, 2003
董蓮池 · 高雲海, 〈甲骨文使動 · 爲動用法擧例〉, 《古漢語硏究》, 1991(3)
楊五銘, 〈西周金文被動句式簡論〉, 《古文字硏究》(第7輯), 中華書局, 1962
董珊, 〈試論周公廟龜甲卜辭及其相關問題〉, 北京大學考古文博學院, 2006
王奕心, 《周法高先生金文學硏究》, 東海大學碩士論文, 2012
李瀅鎬, 〈西京雜記文型 硏究〉, 《공자학》(제25호), 2013
劉世儒, 〈被動式的起源〉《語文學習》, 1956
容庚 編著, 張振林·馬國權 摹補, 《金文編》, 中華書局, 1985
容庚 著, 《商周彝器通考》(初版), 上海人民出版社, 2008
白川靜 著, 《白川靜著作集別卷 · 金文通釋》(初版), 日本平凡社, 2004
宋鎭豪 · 段志洪 主編, 《甲骨文文獻集成》(全40冊), 四川大學出版社, 2001
張亞初 編著, 《殷周金文集成引得》(第1版), 中華書局, 2001
張亞初, 《西周金文官制硏究》, 北京中華書局, 2004
李孝定, 《金文詁林讀後記》, 臺灣歷史硏究所專刊之八十, 中央硏究院歷史硏究所, 1982
李孝定, 《甲骨文集釋》, 臺灣歷史硏究所專刊之五十, 中央硏究院歷史硏究所, 1970
陳初生, 《金文常用字典》, 陝西人文出版社, 1987
戴家祥, 《金文大字典》, 學林出版社, 1995
吳鎭烽 編, 《金文人名匯編》, 中華書局, 1987
馬承源, 《商周青銅器銘文選》(全4冊), 文物出版社, 1986~1990
馬承源, 《中國青銅器硏究》, 上海古籍出版社, 2002
唐蘭, 《西周青銅器銘文分代史徵》, 中華書局, 1986
王煇, 《中國古文字導讀 - 商周金文》, 文物出版社, 2006
周寶宏, 《近出西周金文集釋》, 天津古籍出版社, 2005
何琳儀, 《戰國古文字典》, 中華書局, 1998
陳漢平, 《金文編訂補》, 中國社會科學出版社, 1993
董蓮池, 《金文編校補》, 東北出版社, 1995
嚴志斌, 《四版金文編校補》, 吉林大學出版社, 2001
王宇信 · 楊升南 · 聶玉海 主編, 《甲骨文精粹釋譯》, 雲南人民出版社, 2004
于省吾 主編, 《甲骨文字詁林》(全四冊), 中華書局, 1996

于省吾,《甲骨文合集釋文》, 中國社會科學出版社, 1999
古文字詁林編纂委員會編纂,《古文字詁林》(全12冊), 上海教育出版社, 2004
劉雨 · 盧岩 編著,《近出殷周金文集錄》(共4冊), 中華書局, 2002
劉雨 · 盧岩 編著,《近出殷周金文集錄二編》(共4冊), 中華書局, 2010
鍾柏生 · 陳昭容 · 黃銘崇 · 袁國華 編著,《新收殷周青銅器銘文暨器影彙編》(共2冊 · 附錄) 台北藝文印書館, 2006
吳鎮烽 編著,《商周青銅器銘文暨圖像集成》(共35冊), 上海古籍出版社, 2012
吳鎮烽 編著,《商周青銅器銘文暨圖像集成續篇》(共4冊), 上海古籍出版社, 2016
郭沫若,《兩周金文辭大系圖錄考釋》(上下卷), 上海書店出版社, 1999
郭沫若主编,《甲骨文合集》(全13冊), 中華書局, 1900
郭沫若,《殷契粹編》,《郭沫若全集 · 第三卷 · 考古編》, 科学出版社, 2017
程湘清,《先秦漢語研究》, 濟南山東教育出版社, 1992
崔立斌,《孟子詞類研究》, 開封河南大學出版社, 2005
韓峥嵘,《古漢語虛詞手册》, 長春吉林教育出版社, 1985
漢語大字典編輯委員會,《漢語大字典》, 成都四川辭書出版社, 武漢湖北辭書出版社, 1981
漢語大詞典編輯委員會,《漢語大詞典》, 上海上海辭書出版社, 1986
洪成玉,《古漢語複音虛詞與固定结構》, 杭州浙江教育出版社, 1984
黃珊,《荀子虛詞研究》, 開封河南大學出版社, 2004
黎锦熙,《新著國語文法》, 商務印書館, 1998
李運益,《論語詞典》, 商務印書館, 1993
劉淇,《助字辨略》, 中華書局, 1954
馬建忠,《馬氏文通》, 商務印書館, 1983
馬真,《現代漢語虛詞研究方法論》, 商務印書館, 2004
錢宗武,《今文尚書語法研究》, 商務印書館, 2004
吳福祥,《朱子語類輯略語法研究》, 開封河南大學出版社, 2004
許嘉璐,《古代漢語》, 北京高等教育出版社, 2003
張宜生,《助詞與相關格式 · 助詞概說》, 合肥安徽教育出版社, 2002
中國社会科學院語言研究所古代漢語研究室,《古漢語虛詞詞典》, 北京商務印書館, 1999

周秉鈞,《古代漢語綱要》, 長沙湖南教育出版社, 1998
朱德熙,《語法答問》, 商務印書館, 1981
朱德熙,《語法講義》, 商務印書館, 1982
吳小强,《秦簡日書集釋》, 岳麓書社, 2000
史存直,《漢語語法史綱要》, 中華書局, 2008
張世超 等著,《金文形義通解》(全三冊), 日本京都中文出版社, 1996
高明 編,《古文字類編》, 中華書局, 1980
劉世儒,《論魏晉南北朝的量詞研究》, 中華書局, 1965
劉世儒,〈被動式的起源〉《語文學習》, 1956(8)
蔣紹愚,《近代漢語研究概要》, 北京大學出版社, 2005
段德森,《實用古漢語虛詞》, 山西教育出版社, 1996
周秉钧《古漢語綱要》, 湖南教育出版社, 1981
丁聲樹,〈論詩經中的"何""曷""胡"〉《丁聲樹文集》, 商務印書館, 2020
楊合鳴 편저, 최금옥 편역,《고금중국어의 어법차이》. 한국학술정보, 2008
오문의,〈現代中國語 形容詞와 論項〉,《중국언어연구》(2권), 1993
유영기,〈중국어 動補構造의 통시적 연구〉,《언어학》(한국언어학회), 제23호, 1998
이영호,〈晏子春秋 文型 硏究〉,《공자학》(제27호), 2014
임병권,〈古代漢語 '爲(……)동' 피동문의 구조 분석(1)〉,《중국문학연구》(제8집), 1990
祝敏徹,〈先秦兩漢時期的動詞補語〉,《語言學論叢》(第二輯), 上海教育出版社, 1959
李曦,《殷墟卜辭語法》, 陝西師範大學出版社, 2003
韓耀隆,〈金文中稱代詞用法之硏究(1)(2)(續3)〉,《中國文字》(第22 - 25冊), 國立臺灣大學文學院中國文學系編印, 1966 - 1967
馬國權,《兩周銅器銘文代詞初探》.《中國語文研究》(第3集), 1981

崔南圭
전북대학교 중어중문학과 교수

袁曉鵬
전북대학교 중어중문학과 BK21知用合一연구단 연구원

徐眞賢
전북대학교 중어중문학과 강사

金洪臣
中國牡丹江師範大學學院文學院 講師
전북대학교 중어중문학과 박사생

劉磊磊
中國肇慶學院文學院 講師
전북대학교 중어중문학과 박사생

郝建愛
전북대학교 중어중문학과 박사생

葉鑫琼
中國福建師範大學海外教育學院 講師
전북대학교 중어중문학과 박사생

중국어 어법사 통론

초판 발행 _ 2022년 8월 30일

편 저 자 • 최남규 외 6인
발 행 인 • 정 현 걸
발　　행 • 신 아 사
인　　쇄 • 토탈프로세스
주　　소 • 서울시 은평구 통일로 59길 4(2F)
전　　화 • 02)382-6411 · 팩스 02)382-6401
홈페이지 • www.shinasa.co.kr
E-MAIL • shinasa@daum.net
출판등록 • 1956년 1월 5일 (제9-52호)

ISBN 979-11-92428-30-7(93720)

정가 35,000원